2017年浦东新区教育科研重点课题

基于核心素养理念下初中生课堂学习活动设计与实施的实践研究

黄晓峰 曹 明 主编

同济大学出版社
TONGJI UNIVERSITY PRESS
·上海·

内 容 提 要

本书是2017年浦东新区教育科研重点课题"基于核心素养理念下初中生课堂学习活动设计与实施的实践研究"的综合成果，以及后续深化研究的新成果的汇编，包括结题总报告、子课题报告、研究课课例和主题式案例4个篇章，集中阐述了学生在课堂学习活动设计和实施方面的素养发展情况，提出了发展目标以及培养内容，探讨了基于核心素养理念的学生课堂学习活动设计和实施举措，并探索了基础教育学校教师学科教与学方式与评价的改进举措。

本书提供了丰富的教学实例和案例，旨在帮助教师们规范课堂教学，改进学科教育的方式和评价举措。希望读者能在本书中获得有益的信息和可借鉴的经验，为学生创造一个更好的学习环境。

图书在版编目(CIP)数据

基于核心素养理念下初中生课堂学习活动设计与实施的实践研究 / 黄晓峰，曹明主编． —上海：同济大学出版社，2024.2

ISBN 978-7-5765-1049-2

Ⅰ．①基… Ⅱ．①黄… ②曹… Ⅲ．①课堂教学－教学研究－初中 Ⅳ．①G632.421

中国国家版本馆CIP数据核字(2024)第044964号

基于核心素养理念下初中生课堂学习活动设计与实施的实践研究
黄晓峰 曹明 主编
责任编辑 姚烨铭 金言 责任校对 徐春莲 封面设计 张微

出版发行	同济大学出版社 www.tongjipress.com.cn
	(地址：上海市四平路1239号 邮编：200092 电话：021-65985622)
经 销	全国各地新华书店
排 版	南京文脉图文设计制作有限公司
印 刷	江苏句容排印厂
开 本	787mm×1092mm 1/16
印 张	26.5
字 数	628 000
版 次	2024年2月第1版
印 次	2024年2月第1次印刷
书 号	ISBN 978-7-5765-1049-2
定 价	98.00元

本书若有印装质量问题，请向本社发行部调换　　版权所有　侵权必究

本书编委会

主　编　黄晓峰　曹　明
副主编　叶浩鸣　宋　怡
编　委　王丹旦　王　岚　王偲虹　庄轶虹　许珠莉
　　　　　杨维旎　杨　磊　邱海兵　何　蓉　张春华
　　　　　张燕莺　陆樱燕　陈旭莉　费云娇　姚佳慧
　　　　　顾丽萍　顾晨奕　徐　婕　康燕君　童晓洁
　　　　　蔡志文　蔡嘉云　戴啸天

主编简介

黄晓峰,上海市特级校长,上海市优秀校园长,现任上海市五三中学、上海市航头学校校长,上海市"园丁奖"获得者。曾主持"青年教师教育特色培育机制的构建与运行的研究""十二年制学校校本研修衔接的研究"等多项市区级课题,其中"十二年制学校校本研修衔接的研究"获上海市教育科学优秀成果三等奖、浦东新区第六届教育科研成果一等奖。主编《学校自主发展的实践研究》等多部书籍。

倡导并力行"关注每一个生命个体的成长,让每一位学生在自身层面上得到最大的发展"的理念。

黄晓峰

曹 明

曹明,上海市浦东教育发展研究院原资深科研员,中学高级教师。获上海市中青年教师历史学科教学大奖赛一等奖,被原川沙县人民政府记大功,浦东新区教育科研学科带头人,第二届"长三角地区"教育科研标兵。蹲点指导和参与撰写的教育课题研究成果,获"长三角地区"科研成果一等奖、上海市教育委员会举办的科研成果奖二等奖和教学成果奖二等奖等30余项。曾主笔起草《浦东新区教育事业发展"十五"计划与2010年远景目标》等浦东新区重要教育发展规划、教育会议文件80余项/件。独立完成与合作编著课题研究成果集共43部。

倡导并力行"绿色科研、快乐科研、享受工作、和谐共发"的理念。

前　言

"基于核心素养理念下初中生课堂学习活动设计与实施的实践研究",是为了了解国内外基于核心素养的初中生课堂学习活动设计与实施情况研究的现状,把握上海市五三中学学生课堂学习活动素养发展的现状所开展的重要课题。通过对课题内涵、文献研究、现状调查、培养目标、培养内容、课堂学习活动设计与实施、评价体系 7 项内容的系统把握,以"3 类·9 种"课堂学习活动类型"五到七要素"的基本操作和评价体系为规范准则,开展以实践操作为主的研究。其中,3 类为独立学习式、小组合作学习式和整合实施式,核心是自主学习式、小组合作学习式和整合学习式;9 种为课题研究内容中的 9 种课堂学习活动类型;五到七要素为针对情况、实施基本步骤、策略、类型、形式/具体活动、方法和激励引导。期望通过本课题,提高学生课前、课中与课后"三程"学习活动设计与实施素养;促进学生主动发展乐学善学、勤于反思和数字学习等学会学习素养;促进教师提高学生"三程"学习活动设计与实施素养和其他专业素养;促进学校特色建设和内涵发展。

开展"基于核心素养理念下初中生课堂学习活动设计与实施的实践研究",一是为了落实发展学生乐学善学、勤于反思和数字学习等学会学习核心素养的要求,落实"一切为了师生的主动发展"的学校办学理念。通过研究,改变学生被动学习、独立与合作学习素养不足的现状,提高学生"三程"学习活动素养,提升乐学善学、勤于反思和数字化学习等学会学习素养,促进学生可持续发展;促进教师提高学生"三程"学习活动设计、实施与评价素养和其他专业素养;促进学校特色建设和内涵发展。二是为了通过研究、揭示课题内涵,把握国内外文献研究现状,了解本校开展学生课堂学习活动设计、实施现状,学生通过自主式学习、合作式学习和整合式学习开展课堂学习活动设计、实施和评价现状,以及学生学会学习素养现状,厘定基于核心素养理念下学生课堂学习活动设计与实施素养发展目标,明确基于核心素养理念下学生课堂学习活动设计与实施素养发展培养内容的要素,探索基于核心素养理念下"3 类·9 种"学生课堂学习活动设计、实施之"五到七要素"的基本操作要求和评价体系,构建本课题操作框架,总结实施经验,丰富初中阶段学校实施学生课堂学习活动设计、实施与评价的理论。

本课题的研究过程,经历了以下四个阶段:准备阶段(2017 年 3—12 月);实施阶段(2018 年 1 月—2021 年 6 月),核心是四轮行动研究;结题成果总结阶段(2021 年 7 月—2022 年 1 月);拓展研究(主题式案例与实施原则和课题之评价体系为主)和综合成果选书稿出版("课例选"和"论文选"的整合版)精改阶段(2022 年 2 月—2024 年 2 月)。

在上述阶段中,本课题主要运用了五种研究方法:文献法、调查法(问卷与访谈)、行动研究法(四轮)、案例(课例和主题式案例)法和经验总结法。采取了"三大方面"系列保障的课题研究组织举措,即研究思路保障、学校内部协调保障(包括领导机制、参与人员、培训促进、实践过程、研究氛围、设备条件、特需激励的"七保障")和外部支持保障(期间,上海市浦东教育发展研究院的曹明老师对本校教师进行了数百次辅导)。完成了所定7项内容,即课题内涵、文献研究、现状调查、培养目标、培养内容、课堂学习活动设计与实施(核心是"3类·9种"课堂学习活动类型之"五到七要素"的基本操作)、评价体系的系统研究。

通过研究,取得了三大层面的研究结果。

(1) 实践成效层面:一是学生的乐学善学、勤于反思和数字化学习等学会学习核心素养有了明显提升。二是教师不断更新教育教学理念,提升了教师课堂学习活动设计、实施、评价、课例撰写、教学反思与改进能力;参与研究的部分教师,科研的兴趣浓厚;教师良好的科研习惯和规范研究意识开始养成。三是促进了学校教与学方式的改进、师资队伍素养的提升、整体教育质量的提升和学校特色建设。四是成果对外辐射影响逐步扩大。

(2) 研究内容层面:全面完成了本课题的7项研究内容,丰富了1种活动类型,即跨学科项目化学习活动;总结了配套的"3类·9种"课堂学习活动类型的针对情况、实施基本步骤、策略、类型、形式/具体活动、方法和激励引导基本操作"五到七要素"。

(3) 文本成果层面:一是研究课设计23篇。二是结题用"课例选"15篇。三是结题用"论文选"15篇。四是过程性成果发表15篇。五是过程性成果参加校外的教育教学评比获奖或公开课31篇/人。六是公开研究实验课视频23节。七是编辑出版《基于核心素养理念下初中生课堂学习活动设计与实施的实践研究》一书。

通过研究,得出以下基本结论:一是现有关于核心素养理念下初中生课堂学习活动的研究还缺少针对一所城郊公办初级中学的系统、规范研究。二是具有鲜明的问题导向和国家倡导的核心素养导向,是当前教学改善的动力。三是实践成效明显,7项研究内容全面与超额完成,成果类型丰富、数量较多、质量较高和辐射影响逐步扩大。四是研究能够取得显效成果,再次证明了区域科研专家务实的长周期蹲点指导和学校相应系列保障举措的价值。总而言之,课题研究是有很强针对性的,研究内容和所用研究方法是适切的,成效是明显的,成果是丰富和具有一定可推广性的,创意是可见的。

本书是"基于核心素养理念下初中生课堂学习活动设计与实施的实践研究"的综合成果以及后续深化研究的新成果的汇编,有以下创新之处:针对三类现实问题,顺应了学校办学理念、国家发展学生学会学习核心素养的要求,在一所城郊公办初级中学覆盖了主要学科,对7项内容,运用文献法、调查法、行动研究法、案例法和经验总结法,采取了领导机制、参与人员、培训促进、实践过程、研究氛围、设备条件、特需激励7条保障措施,由区域科研专家蹲点式指导开展了数百次辅导与讨论,进行了规范、系统、扎实的以实践为主,兼具文献、现状和评价的研究,构建起较为完整的课题研究框架,丰富了基于核心素养理念的初中学生课堂学习活动设计、实施和评价理论。

本书的出版得以顺利完成,得力于上海市浦东教育发展研究院原资深科研员曹明老师的全程悉心指导,得力于吴为民、王丽琴、俞莉丹等科研专家的鼎力协助,也得力于学校全体行政干部和教师,尤其是青年教师们的积极参与、潜心研究和辛勤付出。

本书在编写中难免存在不足之处,敬请读者指正。

目　　录

前言

第1篇　结题总报告

基于核心素养理念下初中生课堂学习活动设计与实施的实践研究
················· 黄晓峰　曹　明　王丹旦等（3）

第2篇　子课题报告

"基于核心素养理念下初中生课堂学习活动设计与实施的实践研究"情报综述
································· 蔡志文（61）
基于核心素养理念下初中生课堂学习活动设计与实施的原则 …… 曹　明　王丹旦（73）
初中生课堂学习活动乐学善学素养现状调查报告（前测） ……… 宋　怡　童晓洁（82）
基于核心素养下初中生学会学习素养现状调查报告（后测） …………… 庄轶虹（93）
"基于核心素养理念下初中生课堂学习活动设计与实施的实践研究"之评价体系研究
······························ 曹　明　王丹旦等（100）

第3篇　研究课课例

语文教学实施思维导图策略提升学生自主写作素养的阅读写作类学习活动设计
　与实施
　　——以《小站》学习活动设计、实践与分析为例 ··············· 费云娇（129）
语文教学实施"七式"提升学生整本书阅读竞赛类素养的学习活动设计与实施
　　——以《西游记》整本书阅读探究成果展示竞赛式学习活动设计、实践与分析为例
································· 王丹旦（144）
语文教学实施"四式"提升学生自主学、创、说、评诗素养的阅读写作表达类学习活动
　设计与实施
　　——以《天上的街市》学习活动设计、实践与分析为例 ··········· 张燕莺（161）
几何公式教学实施"五式"提升学生自主探究类学习活动素养的学习活动设计与实施
　　——以"圆的周长"学习活动设计、实践与分析为例 ············· 杨　磊（174）

1

数学专题复习实施"六步+1"提升学生自主梳理、练习与归纳类素养的学习活动设计
和实施
　　——以"辅助线的运用复习"学生学习活动设计、实践与分析为例 ··· 蔡志文 （187）
数学教学实施"五式五法"提升学生自主说题、解题、归纳类学习活动素养的学习活动
设计与实施
　　——以"第九章 整式的计算"复习课两次教学之学习活动设计、实践与分析为例
　　　　　　　　　　　　　　　　　　　　　　　　　　　　　　　　　 顾丽萍 （198）
数学教学实施"五式"提高学生分析概率问题素养的"独学"与"对学"类学习活动设计
与实施
　　——以"事件的概率·画树形图解题"学生学习活动设计、实施与分析为例
　　　　　　　　　　　　　　　　　　　　　　　　　　　　　　　　　 蔡嘉云 （218）
数学教学实施"四式"提高学生自主说题素养的证明举例类学习活动设计与实施
　　——以"19.2(4)证明举例"学生学习活动设计、实践与分析为例 ······ 庄轶虹 （232）
数学教学实施"五式"提高学生勾股定理证明素养的合作探究类学习活动设计与实施
　　——以"勾股定理"探究课学生学习活动设计、实践与分析为例 ······ 戴啸天 （245）
数学教学实施"五式"提高学生专题复习素养的自主梳理归纳类学习活动设计与实施
　　——以"翻折运动专题复习(1)矩形中的翻折问题"学生学习活动设计、实践与
　　　　分析为例 ··· 顾晨奕 （259）
数学教学实施"一策三式"提高学生自主解题类素养的学习活动设计与实施
　　——以"'分类讨论问题'的探究"教学中学生学习活动设计、实践与分析为例
　　　　　　　　　　　　　　　　　　　　　　　　　　　　　　　　　 邱海兵 （276）
英语教学实施"四式五法"提升学生英语连环漫画绘制类素养的学习活动设计与实施
　　——以"Comic Strips"学生学习活动设计、实践与分析为例············ 陆樱燕 （289）
英语教学实施"四策三式"提升学生说明文自主阅读素养的阅读表达类学习活动设计
与实施
　　——以"牛津英语阅读系列"5B"We must save animals"学习活动设计、实践与分析
　　　　为例 ·· 王偲虹 （305）
集体心理辅导实施"五式"提升学生正确认识自我素养的整合式类学习活动的设计和实施
　　——以"独一无二的我"集体心理辅导学习活动设计、实践与分析为例
　　　　　　　　　　　　　　　　　　　　　　　　　　　　　　　　　 陈旭莉 （320）
生命科学实施"三策四式五法"提升学生专题复习类素养的学习活动设计和实施
　　——以"脊椎动物"专题复习课学生学习活动设计、实践与分析为例
　　　　　　　　　　　　　　　　　　　　　　　　　　　　　　　　　 何　蓉 （330）

第4篇　主题式案例

以归纳、分析"五法"活动提升学生语文核心素养
　　——以"基于自主学习理念下实施'五法'组织小说人物分析、归纳学习活动"实践
　　　　与分析为例 ·· 康燕君 （345）

学生小说阅读素养,在"三程"系列活动中提升
　　——以《狼》一课学生"三程十二项"学习活动实践与分析为例……… 杨唯旎 (353)
队员主题式辩论活动素养,在少先队辩论赛活动中提升
　　——以少先队活动课"网络语言对汉语言文学的影响"辩论赛活动实践与分析为例
　　………………………………………………………………………… 姚佳慧 (363)
英语教学实效,在线上线下学生自主学习活动相融合中得以提升 ……… 陆樱燕 (371)
学生"假如唐僧师徒遭遇新冠"四格漫画创作素养,在整本书阅读项目化学习活动
　　中提升
　　——以《西游记》整本书阅读项目化学习任务群活动实践为例……… 王丹旦 (378)
学生语文课本剧编演评素养,在"七环节·37小步"的实施中得以逐步提升
　　——以《最后一课》课本剧"编演评"拓展学习活动设计、实践与分析为例
　　………………………………………………………………………… 许珠莉 (391)
学生英语自主阅读和教师研究素养,在借助 KWL＋OE 策略组织学生自主阅读和教师
　　自我成果总结活动中得以逐步提升
　　——以两项借助 KWL＋OE 策略组织学生自主阅读主题系列活动的课例研究之整合
　　成果表述实践与分析为例 ………………………………………… 王偲虹 (405)

第 1 篇

结题总报告

基于核心素养理念下初中生课堂学习活动设计与实施的实践研究

上海市五三中学　黄晓峰
上海市浦东教育发展研究院　曹　明
上海市五三中学　王丹旦　陆樱燕　庄轶虹　陈旭莉　何　蓉　王偲虹

一、问题提出

（一）概念界定

1. 基础概念界定

所谓"核心素养"，根据教育部《中国学生发展核心素养》的界定，主要指学生应具备的，能够适应终身发展和社会发展需要的必备品格和关键能力。中国学生发展核心素养，是以"全面发展的人"为核心，分为文化基础、自主发展、社会参与三个方面，综合表现为人文底蕴、科学精神、学会学习、健康生活、责任担当、实践创新六大素养。在本课题中，主要取其"自主发展"之学会学习素养，包括乐学善学、勤于反思和数字学习素养。

所谓"课堂"，是指学生学习的场所，是育人的主渠道。在本课题中，指学校有组织的基础型、拓展型、探究型三类课程之校内外场所显性与隐性地实施教育教学活动场所。"活动"，是为实现预定目的、由完整动作行为构成的系统。"学生学习活动"，有别于教师为主组织的传递、接受式学习，是以学生为主、以学生生活经验和兴趣为出发点，内容和形式尽量真实、有明确完整的目的，以多样化活动类型为载体的学习者自主、能动地进行学习的系统活动。"设计"，是把相关设想，通过合理的规划、周密的计划和相关感觉形式传达出来的过程。"实施"，是指实际的行为、实践。

"学生课堂学习活动的设计与实施"，在本课题中，是指在基础型、拓展型、探究型课程之校内外场所进行的学习活动中，由教师，或在教师的引导下，由初中学生自主或合作学习相关内容，以多样化的活动类型为载体，由学习者自主、能动地进行学习的系统过程的规划、计划，即设计学习活动主题、活动内容、活动目标、活动举措、活动过程（活动中各环节、流程的名称）+每个环节中的活动任务及指向（即学习目标）、活动准备（活动分工或角色安排、活动资源、活动环境、活动其他物化准备和非物化准备）、评价工具、预期成果等，以及根据设计开展学习活动的行动实践的过程。如，三类课程课堂学习活动前，对活动操作所需的物化和非物化准备，活动中的导入、展开、练习、巩固、小结、成果展示与评价,以及活动结束后的反思、改进的整体实践操作的过程,以此锻炼和提高学生学习活动设计与实施素养,促进学生提升乐学善学、勤于反思和数字学习等学会学习素养,促进教师学生学习活动设计与实施素养和其他专业素养发展,促进学校特色建设和内涵发展。

2. 课题完整界定

所谓"基于核心素养理念下初中生课堂学习活动设计与实施的实践研究",是指通过对所定7项内容(课题内涵、文献研究、现状调查、培养目标、培养内容、课堂学习活动设计与实施、评价体系)研究,核心是自主学习式、小组合作学习式和整合学习式(简称"3类"课堂基本学习活动),9种具体的学习活动类型[即阅读类、讨论类、演讲类、梳理—归因类(由实验类调整)、制作类、操作类、展演评价类、思维可视化类和项目化学习类(实施后期新增)——与前合称为"3类·9种"学习活动],"五到七要素"(即针对情况、实施基本步骤、策略、类型、形式/具体活动、方法和激励引导)的基本操作要求,开展以实践操作为主的研究过程,提高学生学习活动设计与实施素养,促进学生提升乐学善学、勤于反思和数字学习等学会学习核心素养;促进教师提高学生学习活动设计与实施素养和其他专业素养;促进学校特色建设和内涵发展。

(二) 研究依据

1. 元认知理论

元认知(metacognition)理论是20世纪70年代初由美国心理学家弗拉维尔提出的。它是指人类对其自身认知活动的认知,即认知主体对自己认知活动的自我察觉、自我批评和自我调节。我国学者汪玲等认为,元认知活动是一个复杂的活动过程,它包括三个组成部分:元认知知识、元认知体验和元认知监控。元认知知识,是指人认知活动的过程及其影响因素的知识;元认知体验,是伴随认知活动而产生的认知体验和情感体验;元认知监控,是指主体在进行认知活动的过程中,将自己正在进行的认知活动作为意识对象,主动地对其监视、控制和调节,它是元认知的核心——具体表现为制订计划、操作控制、自我评价、检查结果和采取补救措施等。这三方面内容紧密联系,互相影响,相互依赖,共同制约着人的认知活动。其理论核心,是强调学生个体的自我认识、自我调控,要求个体对自身认知过程的意识进行监控、调整,从而达到自动化的程度。

元认知理论认为人能有效控制自己的思维活动和学习过程,强调运用自我意识的监控作用可以实现人脑对信息的输入、加工、贮存、输出等活动的控制,从而相应调节自己的思维和学习过程。学习者对元认知的掌握就形成了元认知能力,学习者具备了元认知能力就学会了如何进行学习。

本课题依据元认知理论,希望通过分层次、不同维度、不同要求的课堂学习设计与实施活动的开展,帮助各年级学生更好地积累和应用元认知知识,形成和丰富元认知体验,同时掌握和提高元认知监控能力,从而促进自主学习效率,提升学会学习素养。这不仅有利于提高学校学生的在校学习成绩,也为其终身学习和毕生发展奠定基础,从而内化核心素养,最终实现"立德树人"的教育目标。

2. 教学活动理论

历史上关于教学活动理论可以概括为五次重大进展,包括"自然主义"教学论与"观念"教学论的奠基性探索、"经验"教学论与交往教学论的独特贡献、行为主义和认知主义与人本主义的三强鼎立、发生认识论和活动心理学与情境学习理论的历史性突破,以及教学认识论与活动教学论的本土化建构。

综合而言,在教学活动理论中,教学活动主要是一种认识活动;教学认识的实现机制是建构完整的、全面的学生主体活动;教学交往是教学认识活动得以进行的重要机制;教学活动对发展的作用取决于主体、客体两方面。教学活动,既是学生认识发展与个性发展的基本方式,也是研究学生认识与个性发展问题的基本概念工具。它是一个复杂的生成性系统,是多种要素、属性、方面,关系纵横交错,彼此交互,共同作用于学生的发展。

3. 教育部《中国学生发展核心素养》框架

2014年,教育部发布《教育部关于全面深化课程改革落实立德树人根本任务的意见》:"教育部将组织研究提出各学段学生发展核心素养体系,明确学生应具备的适应终身发展和社会发展需要的必备品格和关键能力。"2016年9月13日,教育部公布的《中国学生发展核心素养》指出,核心素养是以"全面发展的人"为核心,分为文化基础、自主发展、社会参与三个方面,综合表现为人文底蕴、科学精神、学会学习、健康生活、责任担当、实践创新六大素养。其中,"自主发展"之学会学习素养,包括乐学善学、勤于反思和数字学习。表1中学会学习核心素养的培养内容,与本课题的培养指向契合。

表1 《中国学生发展核心素养》中与本课题有关的学生学会学习核心素养

一级指标	二级指标	三级指标
核心素养	学会学习,主要表现为个体在学习态度、方式、方法、进程等方面的选择、评估与调控。	**乐学善学:** 重点是有积极的学习态度和浓厚的学习兴趣;有良好的学习习惯;能自主学习,注重合作
		勤于反思: 重点是对自己的学习状态有清楚的了解;能够根据不同情境和自身实际,选择合理有效的学习策略和方法等
		数字学习: 重点是具有信息意识;有数字化生存能力;主动适应"互联网+"等社会信息化趋势;具有网络伦理道德与信息安全意识等

4. 本校师生素养发展现状依据

1) 本校学生课堂学习活动设计与实施素养发展情况现状依据

在2015年,学校政教处借上海市浦东教育发展研究院(以下简称"浦东教发院")"社会主义核心价值观与学校发展"区级课题研究的机会,申报了以"社会主义核心价值观与主题活动教育相融合的实践研究"为主题的区级子课题。通过此次课题研究,将学生德育活动、团队活动以学校"迈好青春每一步"德育校本课程作为抓手,在各年级开展了一系列将社会主义核心价值观与主题活动融合的活动。通过丰富的活动,一定程度上提高了参与学校德育活动的积极性和育人育德的效果,并有力地推动了学校的行为规范建设,累积了一定的实践经验。但由于这一子课题仅从学校德育条线入手,是从核心素养的一个方面——社会主义核心价值观的初步教育进行教育活动的实践,并没有对全校、全学科进行系统的探索,也未关注到学生的课堂学习活动设计与实施素养的发展。因此,在区级德育课题的基础上,结合本校"一切为了师生的主动发展"办学理念,将"活动"概念、范围扩大,通过课堂学习活动设计与实施实践,提高学生的学会学习素养,这是很有必要的。

在课题开始之初,利用"精彩五三"公众微信平台,对全校学生学会学习和课堂学习活动素养的现状进行问卷调查。汇总了学校初中生共计520份有效问卷(约占学生总人数的40%,其中预备年级99份、初一年级243份、初二年级62份、初三年级116份),从学生学会学习的意识(学习态度、学习目标、学习乐趣和总体概括)和课前、课中与课后"三程"学习活动的素养(课外自主学习的时间、学习注意力、预习能力、作业能力与总体概括;独立预习习惯、课堂学习习惯和合作学习习惯与总体概括)方面进行调查,获得以下初步情况(表2)。

表2 五三中学学生课堂学习活动素养现状调查

调查内容	具体指向	预备	初一	初二	初三
	样本量	99	243	62	116
学会学习活动意识	学习态度	27.27%	32.51%	33.87%	31.03%
	学习目标	50.51%	55.97%	59.68%	53.45%
	学习乐趣	51.52%	51.44%	46.77%	47.41%
"三程"学习活动开展素养活动	课外自主学习时间(每周2~5小时及以上)	38.72%	36.21%	35.8%	38.39%
	学习注意力	38.38%	48.97%	56.46%	59.48%
	作业能力	76.77%	91.36%	88.71%	88.79%
	预习能力	13.13%	14.41%	17.74%	7.76%
	独立预习习惯	11.11%	12.76%	9.68%	11.21%
	课堂学习习惯	15.15%	22.22%	29.03%	23.28%
	合作学习习惯	51.52%	54.33%	62.9%	52.58%

从前测问卷调查结果来看,在本课题启动前,学生极少开展自主设计与实施的课堂学习活动;自主学习能力水平一般,更倾向于课堂上跟随教师思路、完成教师布置任务;在学习兴趣、学习主动性上得分较低;合作学习交流习惯一般,并呈现出明显的年级差异。

这一学生学习活动素养现状的问卷调查虽然比较粗浅,但还是说明:从学会学习视角入手,对学校全体学生进行课堂学习活动设计与实施素养进行培养的研究,是十分必要的。这一初步调查结果,也使我们可以根据各年级学生的不同现状,开展更有针对性的课堂学习活动设计、实施与评价等方面的研究,从而对学生进行学会学习素养的培养教育,提高课题设计与实施的针对性与实效。

2) 本校教师在引导学生开展课堂学习活动情况的现状依据

通过对部分青年教师的访谈,可以了解学校的一些教师在尝试进行课堂学习活动的设计与实施的实践,但课堂学习活动的设计与实施者以教师个体为主,并且大多是偶尔尝试,并未系统性、科学性地进行备课,也没有较好的实施过程记录和实施经验的提炼。

因此,开展本课题的系统研究,促进教师有目的、有计划地开展对"三程"多类型的学生课堂学习活动设计、实施与评价的探索,提升学生课堂学习活动和学会学习素养和自身的研究素养,并有机促进其他专业素养的发展,很有必要。

3) 国内外研究现状分析

具体内容参见《"基于核心素养理念下初中生课堂学习活动设计与实施的实践研究"情报综述》。

在这些研究中,学校一些先行者通过自己的探索和实践,对本课题的设计有一定的启示作用。但是,在一所城郊公办初级中学,以区级骨干教师和中青年教师为主,在十几门学科中合力进行所定7项内容的系统的、以实践探索为主的研究,让"核心素养"润化于学生学习活动设计、实施与评价之中,以提升学生课堂学习活动设计与实施素养和学会学习素养,还是缺乏现成答案的。因此,更需要立足于提升学生的核心素养,在把握课题内涵、国内外文献研究现状和本校学生学会学习和课堂学习活动设计与实施素养现状,厘定学生学会学习和课堂学习活动设计与实施素养发展目标、确定素养培养内容的基础上,组织学校师生围绕"3类·9种"课堂学习的系列化设计、实施与评价探索和课题整体评价体系进行研究,改造我们的课堂,更好地让"核心素养"润化于学生学习活动设计、实施与评价之中,以提升学生课堂学习活动设计与实施素养和学会学习素养。

二、研究概况

(一) 研究目标

1. 实践目标

通过研究,提高学生课前、课中和课后"三程"学习活动素养,提升乐学善学、勤于反思和数字化学习等学会学习素养;促进教师提高学生课堂学习活动设计、实施与评价素养和其他专业素养;促进学校特色建设和内涵发展。

2. 理论目标

通过研究,揭示课题内涵,把握国内外文献研究的现状,了解本校学生课堂学习活动设计、实施素养和学会学习素养的现状,厘定基于核心素养理念下学生课堂学习活动设计与实施素养的发展目标和学会学习核心素养发展的培养内容,探索基于核心素养理念下学生"3类·9种"课堂学习活动设计、实施"五到七要素"的基本操作要求和评价体系,构建本课题的操作框架,总结实施经验,丰富初中阶段学校实施基于学生学会学习核心素养培养的课堂学习活动设计、实施与评价的理论。

(二) 研究组织

1. 研究思路保障

1) 研究价值保障

2017年3月,在学校上一轮课题结题后,时任校长的柴建荣老师邀请浦东教发院吴为民、曹明老师,以及时任校长助理的沈华莉老师,根据学校近年来对学生发展情况的观察,进行总结提炼,并进行问题研究、分析及论证,确定了下阶段学校教育教学发展应该通过关注学生核心素养发展的方向来进行。针对学校发展难点、痛点,确认了此课题的研究内容和主要方式,为研究提供了价值引领(图1)。

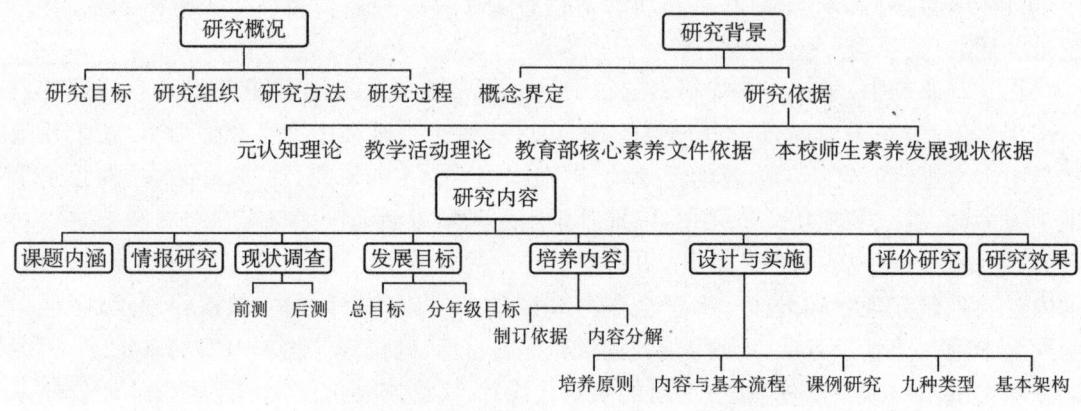

图1 2017学校区级课题研究思路(路径图)

2) 动态发展保障

课题于2017年7月立项,2018年3月启动实践研究,学校每学期对课题研究过程的年度计划进行详细规划,并在每学期结束时进行小结;与课题核心组、行动组成员们动态关注课题实践过程中碰到的问题、困难,吸收当下新时代背景下教育理念的变化中诞生的课堂学习活动开展的新形式,及时反馈到行动组老师中,做好动态把握,不断修正。这为课题的顺利推进,提供了研究动态发展保障。

2. 学校内部保障

1) 领导机制保障

本课题组原组长柴建荣,是上海市一级校长、高级教师、浦东新区中学历史学科带头人和历史教学研究会会长,具有丰富的学校管理、课题研究和学科教学经历和经验,已领导组织过五三中学多项区、市级课题研究,成果屡获区科研成果评选较高的等第奖。2018年6月,经区教育局人事安排,育人中学原校长张剑敏调任五三中学校长兼党支部书记。张剑敏校长为浦东新区语文学科带头人、高级教师,上海市语文高级职称评审专家库成员、浦东新区语文中级职称评审专家库成员、浦东新区初中语文学科团队领衔人,具有丰富的课题研究和学科教学经历、经验,科研能力突出。

2) 参与人员保障

第一批实践研究组人员,包括各教研组长、教研助理及相关一线教师近20名,年龄结构为"中+青",充满研究热情,也有丰富的教学、教科研经验,各有专长,综合素养全面。学校广大教师,尤其是青年教师参与课题研究、提升专业素养的积极性较高。课题组研究成员中,绝大多数参与过前三轮区级课题"中学和谐课堂文化建设的实践与研究""初中'三真'教育的实践与研究"和"提高青年教师课堂观察能力的实践研究"的课题研究,取得过一定的教育科研成绩,有一定的科研素养,并有开展课堂改革的热情和能力。

3)培训促进保障

学校领导团队具有较强的教育科研意识,把"科研兴校""科研引领"作为学校新四年发展规划、师资队伍建设的重要抓手。依据课题开展不同阶段教师素养提升的需求,邀请不同领域、不同专业专家来校举办讲座、课题设计和成果撰写指导培训,帮助教师在课例研究过程中,不断开阔眼界、提升素养。

4)实践研究保障

学校在政策、设备、专业指导等方面,为课题研究集聚提供了最大程度的支持和保障,让课题组能够按时、高效地进行研究。学校通过教研组、备课组组织,鼓励教师加入课题研究行动组,并开展了四轮共计23节实践研究课,形成15篇研究课例、7篇主题式案例的实践研究成果。

5)研究氛围保障

2017年来,学校发动教师参与研究,通过主题教研、集团展示等方式,组织备课研讨,组织青年、见习教师加入观察学习组,不断在教学相长的研究氛围中,推动课题研究的进行。

6)设备条件保障

学校于2017年年底整体搬迁入新校区后,搭建智慧录播教室,为课题实践课提供专业录播设备,积累了大量电子资料。近年来,逐批更新各班电子交互性白板、蓝牙音响等设备,保证了开展课堂学习活动的信息化环境。

7)特需激励保障

依据学校《上海市五三中学教师继续教育与培训制度》《上海市五三中学校本研修考核方法》《上海市五三中学"十三五"校本研修计划》等制度、规划文本中对于教师参与课题研究、教师素养培训的奖励、提升要求,对积极参与课题研究、课例与案例撰写、承担子课题情况的教师,都按规进行了一定额度的经济奖励,鼓励其参与的积极性。

3. 外部支持保障

本课题是在"十三五"阶段、社会各界对于"核心素养"概念高度传播讨论背景下,教育部门对于学生学习活动的高度重视和特别强调学生学习过程经验的基础上提出的,有较好的政策支持。在课题研究中,又得到了浦东教发院曹明等相关科研专家的全程支持。另外在本课题研究过程中,更得到了学生、家长的积极配合和周边社区的支持。

(三)研究方法

1. 文献法

在课题研究准备阶段,通过查阅"核心素养""课堂学习活动"的研究成果和其他相关信息,为课题研究方案的设计提供依据;通过搜集和分析研究各种现存有关文献资料,从中选取信息,进行基于核心素养下的课堂学习活动素养内涵的分析研究。在研究的实施与总结阶段,继续查找文献资料,为研究的实施与总结提供相关依据。

2. 调查法

1) 前测问卷调查

在课题实施前的2017年3月27日,围绕学生学习活动的意识、课堂学习活动开展的能力、合作交流能力和课堂学习活动良好行为习惯四个方面,借助"问卷星",组织四个年级学生进行素养现状的问卷调查(实际收到有效问卷520份,约占全校学生数的40%);汇总分析调查数据,找准学生课堂学习活动和学会学习素养的优势及不足,提出合适的建议,为设计、细化针对性的实践措施提供了依据。

2) 中期观察报告

在课题实施中,组织学校见习教师观察组,利用学校上一课题经验,对照本课题的研究目标和研究情况,对于课题实践研究的课堂进行观察研究,并形成初步诊断分析报告,对后期局部调整课堂学习活动设计、实施与评价的相关举措,提供了一定依据。

3) 后测问卷调查

在课题实践研究基本结束时,围绕学生自主发展维度的学会学习核心素养之"乐学善学""勤于反思"和"信息意识"三大方面的相关意识(6题)、能力(15题)和良好行为习惯(9题)共30题,借助问卷星,于2020年12月8日,完成当时在校四个年级学生的"简单随机抽样"的后测调查(调查对象包括预备、初一年级的学生,是课题开展后才入校的;初二、初三年级的学生,是经过两三年的学会学习核心素养和课堂学习活动素养培养教育实践过的,预设总的抽样调查人数为484人);实际收到的有效问卷,四个年级分别为42人/份、159人/份、105人/份、64人/份,合计为370人/份,占26.83%。后测调查的数据和基本结论,为总结实践效果提供了实证数据的依据。

3. 行动研究法

在课题实施过程中,参考学生学会学习和课堂学习活动素养现状前测的结果、课题研究的实践目标,以及所厘定的学生学会学习和课堂学习活动素养发展目标和培养内容,对基于核心素养的学生课堂"3类·9种"学习活动的设计、实施之"五到七要素"与评价标准与方法之研究内容,按照"计划—实施—观察—反思—调整"的基本步骤,实施了四轮(2018年1月—2021年6月)行动研究,基本达到了课题研究的目标。

4. 经验总结法

运用本方法,对所定研究内容的实践措施与相关操作经验进行归纳总结,撰写相关的专题小结、论文和研究报告。

(四)研究过程

本课题的研究过程,经历了以下四个阶段:准备阶段(2017年3—12月);实施阶段(2018年1月—2021年6月),核心是四轮行动研究;结题成果总结阶段(2021年7月—2022年1月);拓展研究(主题式案例与实施原则与课题之评价体系为主)和综合成果选的书稿出版("课例选"和"论文选"的整合版)精改阶段(2022年2月—2024年2月)。

在整个研究过程中,学校组织各类研讨总结会议40多次,课题组成员专题学习和专家集体辅导培训20余次,组织外出学习实践2次,课题组实践教师开设公开实践研究课4轮共23节,浦东教发院曹明老师集体、单独辅导或与相关参与研究老师讨论情况见表3。

表3 课题研究分年度实施概况记录

时间	研究工作	参与成员	主要内容
第一阶段:准备阶段(2017年3—12月)			
2017年3月20日	(1)确定课题,收集相关资料,初步制订研究方案	浦东教发院吴为民、曹明;学校校长柴建荣、校长助理沈华莉等	邀请专家到校,与课题组核心成员进行讨论、课题定题和明确主要研究内容
2017年3月22日—4月30日	(2)成立课题组,分解研究任务,确定一批一级子课题,并进行研究方案设计;完善总课题申请书设计和申报区级重点课题;组织前测调查	曹明、学校课题核心组成员(包括行政班子、教研组长等)和前测调查组成员	成立课题核心组,组建各教研组研究队伍,初步分解研究任务,讨论子课题的研究方案与实施计划;完善总课题设计;完成区级重点课题的申报工作;3月27日,由王丹旦、宋怡、童晓洁等老师,组织学生课堂学习活动和学会学习核心素养的前测问卷调查
2017年5月12日	(3)组织课题组成员学习,细化研究方案,制订研究计划	全校教师	进行全校教师开题动员活动,通晓此次课题题目、研究方案和初步的研究计划
2017年3—8月	(4)设计前测调查问卷,组织学生素养前测问卷调查研究	王丹旦、宋怡、童晓洁等	总课题组与现状调查组成员确定学生素养前测问卷调查的内容、确定四个年级学生的抽样调查对象、培训教师;初步撰写前测调查报告,得出结论,提出课题研究建议
2017年9—12月中旬	(5)组织总课题、部分一级子课题和小课题开题报告设计、参与开题现场交流材料的准备	课题组长柴建荣、曹明、课题核心组和行动组成员	一是完善了总课题的内涵、情报综述、学生素养发展目标、培养内容分解、课堂学习活动设计与实施的原则、8种(后实际扩大到9种)类型的举措和部分评价标准的设计;调整了部分课题组核心成员,增补了课题研究实时路径图,细化了分年度实施计划和预期成果。二是组织了情报综述、部分类型课例研究所定一级子课题的开题报告实化、细化设计。三是完成了参与现场开题交流用的总课题,柴建荣校长和何蓉、顾丽萍老师承担的课例研究小课题开题报告的文稿和PPT

(续表)

时间	研究工作	参与成员	主要内容
2017年12月20日	(6)组织开题论证，听取专家意见，完善总课题和子课题研究方案与实施计划	浦东教发院吴为民、曹明、俞莉丹和学校课题核心组、行动组成员等	课题组长柴建荣校长作开题总报告，何蓉、顾丽萍老师作课例研究开题报告；吴为民、俞莉丹、曹明老师提出了论证意见；柴建荣校长代表课题组呼应专家论证，并提出了后续实施要求
第二阶段：实施阶段（2018年1月—2021年6月）			
2018年1月—2019年1月	(1)第一、二轮行动研究	第一批5位教师、第二批9位教师（其中1位上了2节研究课，故第一、二轮研究课执教老师是13位，上了14节研究课）	根据课题研究方案、学生的现状调查结果、总课题所确定的发展目标、内容，对课题研究6—8的内容，制订实施计划、细化操作设计；根据计划，在本校主要学科、三大课程类型和全体学生中实施课例的行动研究；对研究情况进行观察、记录、分析、反思；根据研究过程中出现的新问题，调整研究的实施计划
2018年7月	(2)第二轮行动研究	课题组长张剑敏、课题核心组和行动组成员	因原课题组长柴建荣调任育民中学校长，学校申请更换张剑敏校长为课题组长（获批）
2019年2月—2021年6月	(3)第三、四轮行动研究	第三批4位教师、第四批5位教师（其中3位老师上了2节研究课，故第三、四轮研究课执教老师是6位，上了9节研究课）	根据调整后的计划，继续对课题研究6—8的内容，按照行动研究的基本步骤，进行第三、四轮行动研究，直至基本实现研究目标（四轮研究课的行动研究，共有19名老师执教）
2020年12月—2021年6月	(4)学生素养后测调查	庄轶虹	在浦东教发院曹明老师的指导下，庄轶虹老师完成了学生课堂学习活动和学会学习素养后测问卷调查设计（30道题目）；按当时在校的四个年级学生的总数，用"简单随机抽样"的方法（即每个班级，按学生的学号间隔3个学号，抽取调查学生，实际有效问卷比例为26.83%；2021年1月开始，陆续汇总、分析数据，构思和撰写调查报告；2021年6月，完成调查报告初稿
	(5)申请延期结题	王丹旦	受疫情防控和学校发展中心负责老师挂职锻炼人事缺乏等影响，课题组长申请区级课题延期1年进行（获批）

(续表)

时间	研究工作	参与成员	主要内容
第三阶段:结题成果总结阶段(2021年7月—2022年1月)			
2021年7月—2022年1月14日	(1) 讨论课题结题成果总结思路和撰写子课题研究报告	张剑敏、曹明、王丹旦、庄轶虹、蔡志文等	张剑敏校长与曹明、王丹旦等老师讨论课题结题总结思路和计划;在曹明老师的指导下,承担子课题研究的老师,梳理研究材料、分析甄别,初步完成结题所需子课题报告的定稿
	(2) 组织课例研究报告撰写	曹明、所有行动组(课例研究)老师	在曹明老师指导和王丹旦老师的组织下,承担课例研究报告撰写的老师,梳理研究资料,进行分析,完成结题所需的课例研究报告
	(3) 梳理总的结题报告所需材料	曹明、王丹旦	收集、整理、梳理和初步分析课题结题研究报告所需材料等
	(4) 构思和撰写结题报告	曹明、王丹旦、陆樱燕、庄轶虹、陈旭莉、何蓉、王偲虹	在曹明老师的指导下,构思课题结题研究报告所需材料,构思结题研究报告的框架;课题组核心成员参与部分研究报告内容的撰写
	(5) 结题报告定稿	曹明、王丹旦等	申请结题所需的总报告初步定稿
	(6) 修改与编辑结题成果丛书	张剑敏、曹明、王丹旦	(1) 汇编研究成果丛书之一"课例选"; (2) 汇编研究成果丛书之二"论文选"
	(7) 组织结题论证	王丽琴、吴为民、俞莉丹、曹明、张剑敏等	组织现场会,交流结题成果;听取专家意见,后续开展完善与深化研究
第四阶段:拓展研究和入选成果的精改阶段(2022年2月—2024年2月)			
2022年2月—2023年9月底	(1) 开展主题式案例的研究	曹明、王丹旦、康燕君等	在曹明老师指导、王丹旦老师的组织下,康燕君、杨唯旎、姚佳慧、陆樱燕、王丹旦、王偲虹等老师,完成7篇主题式案例的撰写
	(2) 筛选与整合"课例选"和"论文选"为"综合成果选"	张剑敏、曹明、王丹旦	课题综合成果选3名主编商议、决定:筛选与整合课题结题时的"课例选"和"论文选"为"综合成果选",甄别成果质量

(续表)

时间	研究工作	参与成员	主要内容
2022年2月—2023年9月底	（3）进行入选"综合成果选"成果的精改、定稿	曹明和各单篇成果的作者	从2023年4月20日—8月31日，先后选入了总课题结题报告1篇、子课题报告5篇、研究课课例15篇、主题式案例7篇，合计28篇课题"综合成果选"的精改、定稿
2023年10月—2024年3月	（4）配合出版社完成编校、出版工作	黄晓峰、曹明、王丹旦和各单篇成果的作者	在同济大学出版社编校书稿过程中，黄晓峰校长协调审稿事宜，曹明、王丹旦老师和各单篇成果的作者，配合出版社做好承担文稿的校改工作，配合完成《基于核心素养理念下初中生课堂学习活动设计与实施的实践研究》的出版

三、研究实施

（一）课题内涵

1."核心素养"

所谓"核心素养"，根据教育部《中国学生发展核心素养》的界定，主要指学生应具备的，能够适应终身发展和社会发展需要的必备品格和关键能力。中国学生需要发展的核心素养，是以"全面发展的人"为核心，分为文化基础、自主发展、社会参与三个方面，综合表现为人文底蕴、科学精神、学会学习、健康生活、责任担当、实践创新六大素养。

在本课题中，主要取其"自主发展"之学会学习素养，包括乐学善学、勤于反思和数字学习。根据此三个素养，课题组对学生学习活动素养进行了分解。

2."课堂"

参见前文"概念界定"中的相关部分。

3."学生课堂学习活动的设计与实施"

关于"活动"的概念，参见前文"概念界定"中的相关部分。在本课题具体操作过程中，主要是指课题研究内容中的9种（开题时为8种，后拓展到9种）主要课堂活动类型。

4."基于核心素养理念下初中生课堂学习活动设计与实施的实践研究"

"基于核心素养理念下初中生课堂学习活动设计与实施的实践研究"，是指通过对所定7项内容——课题内涵、文献研究、现状调查、培养目标、培养内容、课堂学习活动设计与实施、评价体系探索的过程，提高学生课堂学习活动设计、实施与评价素养，促进学生提升乐学善学、勤于反思和数字学习等学会学习核心素养；促进教师提高学生学习活动设计与实施素养和其他专业素养；促进学校特色建设和内涵发展。

(二) 文献研究

1. 文献的收集与梳理

在课题研究的选题、定题与申报阶段、课题开题阶段、实践研究阶段、结题总结阶段和深化研究的不同阶段,总课题组、课题的"情报综述"子课题组和参与实践研究的教师,注意根据不同阶段课题研究的需要,收集和梳理与本课题之不同层级有关联所发表的论文、出版的专著、其他网上资料及浦东新区相关学校的研究成果,按课题研究内容、不同阶段的研究推进需要等,分类整理为不同的文件,供校内相关参与人员分享与参考;提高了课题研究的针对性、科学性和实效性。

2. 课题"情报综述"研究

课题"情报综述"子课题组成员,在浦东教发院曹明老师的具体指导下,对相关电子类文献来源范围、起止时间、关键词的角度与长度,结合校内外图书馆等文献资料,进行了总课题"情报综述"的梳理概括,分为以下四个方面。

(1) 研究概况;

(2) 国内外"核心素养"理论研究现状;

(3) 国内外元认知理论研究现状;

(4) 国内外活动学习理论研究现状。

得出了在已有的学习活动研究成果中,存在"六个较少"的结论。即结合具体学科的学习活动较少,学习活动类型丰富的较少,将学习活动设计、实施和评价结合起来的研究较少,以学生为主体进行课堂学习活动设计、实施和评价结合起来的研究较少,学习活动类型以课堂中学生常态化的多种学习类型结合自主式、合作式和整合式学习的研究较少,基于核心素养之学会学习素养理念下的学生课堂学习活动设计、实施和评价相结合的整体研究较少。

鉴于在一所城郊公办初级中学对基于核心素养之学会学习素养理念下的7项内容作较为整体的、多学科参与的、学生课堂学习活动类型丰富的,并能结合自主式、合作式和整合式学习方式的,以行动实践为主兼具理论和现状调查的研究还较为少见,因此,开展这样的研究很有必要。本课题的研究需要关注解决三个关键问题。

(1) 基于核心素养理念的师生课堂学习活动设计与实施素养发展内容的要素分解;

(2) 学生课堂学习活动设计与实施的9种类型的设计、实施要点与落实举措;

(3) 四类评价标准的研制。

同时,确定了以下特色创新之处:基于相关文献研究、现状调查的分析和梳理,通过联合运用多种科研方法,在一所城郊公办初级中学,覆盖多学科,对7项内容进行较为系统的研究,构建较为完整的总体研究框架,总结一定的研究经验,丰富基于核心素养理念的初中学生课堂学习活动实施的目标、培养内容和设计、实施与评价的理论。

文献研究的成果,参见本课题之《"基于核心素养理念下初中生课堂学习活动设计与实施的实践研究"情报综述》。

(三) 现状调查

(1) 基于核心素养下初中生课堂学习活动设计与实施素养现状调查(前测),参见前述研究依据的现状调查依据和前测调查报告。

（2）基于核心素养下初中生课堂学习活动设计与实施素养现状调查（后测），参见后测调查报告。

（四）基于核心素养理念下初中生课堂学习活动设计与实施素养的发展目标

1. 总目标

提高学生学习活动设计与实施素养；促进学生提升乐学善学、勤于反思和数字学习等学会学习素养，进而提升学生的整体学习素养。

2. 分年级目标

总课题组从学生课前、课中与课后"三程"学习活动的各自意识、能力和良好行为习惯的"三维度"，对四个年级学生各自的"三维度"培养目标进行了研究（表4）。

表4 初中生课堂学科"三程"学习活动素养培养目标

学习阶段	三要素	年级	培养目标
学生课前学习活动素养	意识	预备	目标意识、预习意识
		初一	任务意识、笔记意识
		初二	问题意识、解疑意识
		初三	发散性拓展思维意识
	能力	预备	记、思相关信息能力
		初一	笔记能力、完成任务目标能力
		初二	利用资源能力、交流咨询能力
		初三	整体设计能力、组织能力
	良好行为习惯	预备	养成活动前准备、预习习惯
		初一	养成自主检索、自主学习习惯
		初二	养成发现问题、解决问题学习习惯
		初三	养成拓展学习、主动交流学习习惯
学生课堂学习活动素养	意识	预备	参与学习活动意识、了解价值意识
		初一	参与学习活动设计意识、钻研意识
		初二	概括提炼意识、联系意识
		初三	实践意识、协作意识、团队意识
	能力	预备	完成任务能力、主动参与能力
		初一	任务设计能力、思考活动能力
		初二	总结经验能力、多元内化能力
		初三	任务管理能力、小结提升能力、团队能力

(续表)

学习阶段	三要素	年级	培养目标
学生课堂学习活动素养	行为习惯	预备	主动参与活动行为习惯
		初一	坚持对任务进行思考行为习惯
		初二	主动反思学习活动的行为习惯
		初三	主动总结、拓展学习思维的习惯
学生课后学习活动素养	意识	预备	及时复习、主动作业意识
		初一	认识价值、尝试自学意识
		初二	拓展学习意识
		初三	反思、质疑意识
	能力	预备	准确完成作业能力
		初一	准确高效复习、完成作业能力
		初二	学科类拓展学习能力
		初三	兴趣爱好类拓展学习能力、反思能力
	行为习惯	预备	养成自主完成作业行为习惯
		初一	养成高效复习行为习惯
		初二	养成拓展思考行为习惯
		初三	养成内化提升课堂学习活动心得学习行为习惯

上述发展目标的厘定,使学生明确了各自年级"三程"学习活动目标的发展重心;引导了教师注意把握好培养四个年级学生的"三程"学习活动时"三维度"素养目标的发展重心,在课例研究和主题式案例研究中设计和实施"3 类·9 种"学生学习活动的目标,为提升学生学会学习的核心素养指引方向。

(五)基于核心素养理念下初中生开展课堂学习活动素养的培养内容

1. 制订依据

制订初中生课堂学习活动设计与实施素养,主要依据以下有 9 点。

一是国内外学者专著中的论述;二是国内一线教师的局部实践成果;三是各学科课程标准中的相关要求;四是 2017 年、2018 年、2019 年、2020 年上海市学校"绿色指标"调查研究报告;五是在基础教育学校中的学科教师和班主任等一线教师的实践中,所定位的培养初中生课堂学习活动素养、学生自主学习活动素养的研究资料;六是政府和教育业务部门的相关依据,如教育部《中国学生发展核心素养》内容、本轮课改的方案、教材、《上海市中学生守则》《上海市初中学生综合素养评价手册》等,对初中生的核心素养、主动学习、学会学习、学习方式改进、良好学习行为规范、信息素养等方面的内容与要求;七是五三中学学生现状调查的结果;八是学校实践者和科研专家的经验;九是学校学科教师、班主任、大队辅导员和学校管理成员和相关区域专业机构科研专家的研究成果和经验。

2. 初中生学会学习核心素养和"三程"学习活动素养培养内容

对初中生"学会学习"核心素养，从乐学善学、勤于反思和数字化学习的各自意识、能力、行为习惯"三素养"方面，进行了各自三级要素的分解，得出三级要素32项(表5)。

表5 基于核心素养理念下学生学会学习核心素养的培养内容

一级要素	二级要素	三级要素
乐学善学	意识	预习意识
		学习准备意识
		主动质疑、解疑意识
		主动自学意识
		主动学习诊断、反思、改进意识
	能力	自主阅读能力
		设计活动能力
		实践应用能力
		主动探索有效学习策略能力
	良好的学习行为习惯	注重预习习惯
		主动参与课内外学生有组织的学习活动习惯
		积极思考习惯
		注重质量习惯
勤于反思	意识	自主诊断学习情况意识
		主动改进日常学习意识
		加强总结内化意识
	能力	自主诊断不同阶段学习情况能力
		主动改进日常学习能力
		及时总结反思内化能力
	行为习惯	注意经常积极思考行为习惯
		坚持记录反思情况行为习惯
		注重反思质量行为习惯
		多元评价反思内化行为习惯
数字化学习	意识	认识价值意识
		加强学用意识
	能力	认识、运用数字化学习基本工具能力
		借助数字化学习工具尝试进行信息收集与处理能力
		尝试进行数字化学习能力
		借助数字化信息工具进行收集和处理学习资源能力

(续表)

一级要素	二级要素	三级要素
数字化学习	行为习惯	借助数字化学习工具完成规定性学习任务的行为习惯
		借助数字化学习工具完成拓展型自学任务的行为习惯
		借助数字化学习工具完成基于学生兴趣爱好的学习任务的行为习惯

对初中生"三程"学习活动的基本素养,从课前、课中和课后三个学习大环节中各自的学习活动的意识、能力和良好行为习惯"三素养",进行了三级要素的分解。由此,共分解了学生课前学习活动"三素养"的三级要素 19 项、课中 34 项和课后 18 项,学生"三程"学习活动的各自"三素养"的三级要素,合计为 71 项(表6)。

表6 初中学生"三程"学习活动素养培养内容

一级要素	二级要素	三级要素
学生课前学习活动素养	意识	价值意识	了解课堂学习活动设计对具体类型学习活动的价值意识
			了解课堂学习活动设计对学科学习的价值意识
			认识课堂学习活动设计促进学会学习素养发展的价值意识
		学习诊断意识	课堂学习活动设计素养诊断先行意识
			课堂学习活动设计素养诊断科学实施意识
		学习设计体验意识	主动尝试设计课堂学习活动意识
			主动总结课堂学习活动设计经验意识
	能力	学习整体设计能力	把握课堂学习活动设计基本要素能力
			进行课堂学习活动主题选择、目标制订、环节布局、内容呈现、落实举措和评价组织设计能力
		学习分类设计能力	学习活动分类设计信息收集运用能力
			有机迁移运用整体设计能力和分类设计能力进行课堂分类学习活动设计的能力
	良好行为习惯	注重课堂学习活动设计的程序性行为习惯	自主预习、诊断学习情况→收集处理设计信息→选择课堂学习活动设计主题→设计活动目标→设计活动基本环节→设计活动内容有效呈现策略→设计落实举措→设计如何评价
		注重把握具体方法的行为习惯	注重熟练掌握课堂学习活动基本设计方法
			注重把握课堂学习活动分类设计方法
			注重把握课堂学习活动设计细节
		注重课堂学习活动评价设计的行为习惯	注重活动目标达成度评价
			注重活动参学情况评价
			注重活动素养发展评价
			注重学会学习素养评价

(续表)

一级要素	二级要素	三级要素
学生课堂学习活动素养	意识	
	实施准备意识	活动物化准备意识
		活动知识准备意识
		活动心理准备意识
	注意程序意识	有序展开课堂学习活动过程意识
		有序参学意识
		有序合作意识
	任务驱动意识	目标意识
		担责意识
		协作意识
	借助环境意识	借助活动现场物化环境意识
		创设良好活动氛围意识
		有机运用生成资源进行活动意识
	注重质疑意识	聚焦关键问题开展活动意识
		勇于表达思索意识
		乐于自主式、合作或整合式进行探究解疑意识
	及时巩固意识	复习性巩固意识
		过程实训型练习性巩固意识
		阶段小结性巩固意识
	能力	
	乐学善学能力	课堂学习活动中集中注意力能力
		识记、理解所学内容能力
		活动程序和具体方法的实践应用能力
		善于有机运用学习策略能力
	勤于反思能力	多元内化能力
		反思小结能力
	数字化学习能力	数字化信息收集与整理能力
		利用数字媒体进行课堂学习活动设计、实施和评价能力
	评价能力	课堂学习活动中预设评价能力
		课堂学习活动随机评价能力
	良好行为习惯	
	注重质量行为习惯	严谨组织课堂相关学习活动
		加强课堂学习活动多元监控习惯
	积极思考行为习惯	对课堂学习活动设计的合理性主动进行思考习惯
		对课堂学习活动中问题及时进行调整习惯

(续表)

一级要素	二级要素	三级要素
学生课堂学习活动素养	良好行为习惯	反思内化行为习惯	主动开展课堂学习活动观察、记录的良好行为习惯
		及时进行归纳总结、反思内化相应学习活动素养的良好行为习惯
学生课后学习活动素养	意识	注重学课反思评价意识	课后对参与课堂学习活动的实施情况进行小组合作评价意识
			对自身参与课堂学习活动的实施情况进行自主评价意识
		注重随机评价意识	能据需对课堂学习活动的开展、成果汇报等应约进行随机评价
			能据需对自身参与课堂学习活动的实施情况进行随机评价意识
	能力	课堂学习活动目标达成情况评价能力	知识与技能达成情况评价能力
			学习活动过程、策略与方式方法达成情况评价能力
			情感态度与价值观达成情况的评价能力
		自主完成复习活动能力	自主梳理、提炼课堂学习活动内容、学习策略与方式方法能力
			自主把握知识体系、重点和疑难点能力
		自主完成作业活动能力	自主完成作业活动任务能力
			"有独有合"对作业完成情况进行监控评价能力
			独立纠正作业错误、参与交流作业情况能力
		自主开展适切的自学活动与进行评价能力	独立确定自学目标和制订自学计划的能力
			独立开展自学活动的能力
			借助数字化工具"有独有合"开展自学的能力
			"有独有合"开展自学情况监控评价和参与交流自学情况能力
	良好行为习惯	注重分类评价学习活动的过程与结果	注重对不同类型的课堂学习活动任务完成度、目标达成度的结果评价习惯
			注重对分类课堂学习活动中主动参学度的过程评价
		注重评价的程序性习惯	注重对课堂学习活动设计、实施和评价之基本程序的评价
			注重对参与课堂学习活动的有序性进行评价
		注重评价的激励性习惯	注重对参学情况的多元评价
			注重对具体学习对象个体和集体的纵向发展性评价

学生素养发展培养内容的确定,细化了各自的内容,引导了学生的发展方向;引导了教师(有时包括学生)课堂学习活动的设计、实施和评价;为调查问卷的设计和相关过程性评价标准、学生素养总体发展评价标准的制订,提供了依据。

（六）基于核心素养理念下初中生课堂学习活动的设计与实施

1. 设计与实施的原则

所谓"原则"，是指本课题之课堂学习活动设计与实施时所需要遵循的一定准则，以更好地引导师生开展基于学会学习核心素养理念下"3类·9种"学生课堂学习活动的设计、实施与有机评价，更好地提高学生完成相应学习活动任务的实效和提升学生课堂学习活动和学会学习的素养。基于核心素养理念下初中生课堂学习活动的设计、实施和有机评价，主要遵循三个"基于"、主体性、针对性、引导性（总课题深化研究阶段新增）、实践性、开放性、创新性、激励性（总课题深化研究阶段新增）原则（简称"8条原则"）。

课题组阐明了"8条原则"各自的含义，概述了各条原则落实的若干视角，以及各自的实效，即完整的研究结果，参见子课题报告《基于核心素养理念下初中生课堂学习活动设计与实施的原则》。

2. 基于核心素养理念下学生课堂学习活动设计与实施的内容与基本流程

基于核心素养理念下初中学生课堂学习活动设计、实施与评价的内容，学生和教师各自应关注的基本内容及其基本流程设计，见图2。

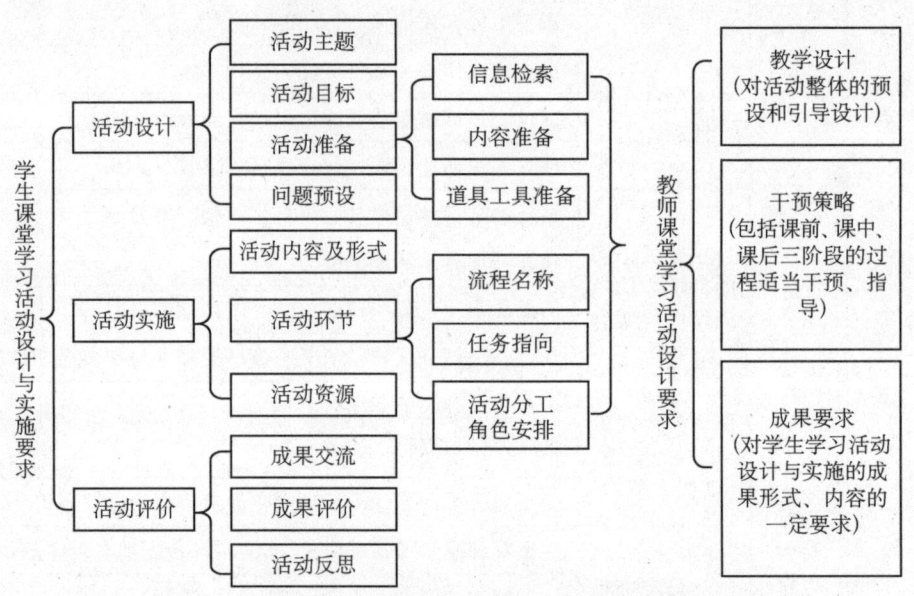

图2　基于核心素养理念下的教师与学生课堂学习活动设计与实施之基本流程

依据图2中的学习活动设计与实施的基本流程，教师通过学生的课前活动设计、课堂活动实施、课后活动评价的完整过程，使师生清楚了学习活动设计与实施之基本流程；引导了学生主动参与学习活动的思维，明确了需要完成任务的举措和学习成果，为提高完成学习任务的实效奠定了框架引领的基础；在实施过程、完成任务的结果中，有机提升了学生相关学科具体课程之"本课化"的学习活动和学会学习的素养。

3. 基于核心素养理念下学生课堂学习活动设计与实施的课例实践研究

对于上述基本流程，本课题结合相关学科研究案例的实践，以说明其如何实施及显效。

1）四轮行动研究阶段的 23 节实践研究课

研究课的概况，具体见表 7。

表 7　2018—2020 年"基于核心素养理念下初中生课堂学习活动设计与实施的实践研究"学科研究课一览

序号	轮次	时间	课例名称	开课老师	对象（班）	学科	实践层面次数	备注
1	第一轮实验课	2018 年 6 月 8 日	基于积极心理学习理论实施"五类"课堂学习活动设计和实施的研究——以心理健康自助手册《人际财富》学习活动设计、实践与分析为例*	陈旭莉	初一(9)	心理	1	讨论类
2		2018 年 6 月 8 日	语文"体悟式"作文课堂活动设计与实施的初步尝试——以"生活处处是科学"研究课教学设计*	王丹旦	预备(4)	语文	1	实验类、演讲类
3		2018 年 6 月 8 日	实施 KWL 策略开展英语自主拓展阅读课堂学习活动的实践研究——预备年级英语 Qu Yuan 课外自主阅读交流活动研究课教学设计*	王偲虹	预备(5)	英语	1	阅读类
4		2018 年 6 月 9 日	基于自主学习的初中数学课堂错题整理活动设计与实施的实践研究——"平面直角坐标系"单元复习课教学设计*	蔡嘉云	初一(3)	数学	1	操作类
5		2018 年 6 月 9 日	提高学生专题自主复习素养的"六步 + 1"梳理、练习与归纳类学习活动设计和实施——以初一年级"辅助线的运用复习"学习活动实践与分析为例	蔡志文	初一(4)	数学	1	操作类

（续表）

序号	轮次	时间	课例名称	开课老师	对象（班）	学科	实践层面次数	备注
6	第二轮实验课	2018年10月17日	数学教学实施"五式五法"提升学生自主说题、解题、归纳类学习活动素养的设计与实施——以"第九章 整式的计算"复习课学习活动设计、实践与分析为例	顾丽萍	初一(8)	数学	1	演讲类、操作类
7		2018年10月17日	数学教学实施"四式"提高学生自主说题素养的证明举例类学习活动设计与实施——以"19.2(4)证明举例"学习活动设计、实践与分析为例	庄轶虹	初二(5)	数学	1	操作类
8		2018年10月17日	学生语文核心素养是这样得以提升的——以"基于自主学习理念下实施'五法'组织小说人物分析、归纳学习活动"实践与分析为例	康燕君	初三(2)	语文	1	演讲类
9		2018年10月17日	运用导学案组织语文课堂活动设计与实施的实践研究*	朱 珍（育华集团学校）	初三(8)	语文	1	思维可视化类
10		2018年10月18日	基于自主学习理念的初中数学课堂探究学习活动设计与实施的探索*	施 刚	初一(8)	数学	1	操作类
11		2018年10月18日	基于核心素养理念的地理课堂学生活动的设计和实施的实践研究*	徐 婕	预备(5)	地理	1	操作类、展演类、思维可视化类
12		2018年10月18日	基于核心素养理念的生命科学专题复习学习活动的设计和实施研究——以"脊椎动物"专题复习课教学实践与分析为例	何 蓉	初三(6)	科学	1	梳理—归因类、操作类

(续表)

序号	轮次	时间	课例名称	开课老师	对象（班）	学科	实践层面次数	备注
13	第二轮实验课	2018年10月18日	基于乐学善学的提高初中学生英语说明文自主阅读素养学习活动设计与实施的探索——以"牛津英语阅读系列"5B"We must save animals"学习活动设计与实施为例	王偲虹	初一(5)	英语	2	阅读类
14		2018年11月29日	语文教学实施思维导图策略提升学生自主写作素养的学习活动设计与实施——以《小站》教学实践与分析为例	费云娇	预备(4)	语文	1	思维可视化类
15	第三轮实验课	2019年5月22日	提高学生分析概率问题素养的"独学"与"对学"类学习活动设计与实施——以"事件的概率·画树形图解题"学习活动设计、实践与分析为例	蔡嘉云	初二(6)	数学	2	操作类
16		2019年5月22日	提高学生数学自主解题素养的学习活动设计与实施的探索——以"'分类讨论问题'的探究"两次学习活动设计、实践与分析为例	邱海兵	初三(2)	数学	2	操作类
17		2019年5月28日	数学专题复习实施自主监控等"五式"学习活动设计与实施——以"翻折运动复习课(1)——矩形中的翻折问题"教学实践与分析为例	顾晨奕	初二(3)	数学	1	操作类
18		2019年5月28日	初中生集体心理辅导实施"三独四合"提升学生正确认识自我素养学习活动的设计和实施研究——以"独一无二的我"集体心理辅导学习活动设计、实践与分析为例	陈旭莉	初一(8)	心理	2	讨论类

(续表)

序号	轮次	时间	课例名称	开课老师	对象（班）	学科	实践层面次数	备注
19	第四轮实验课	2019年11月21日	提高学生勾股定理证明素养的合作探究类学习活动设计与实施——以"勾股定理"探究课学生学习活动设计、实施与分析为例	戴啸天	初二(3)	数学	1	操作类、制作类
20		2019年11月21日	几何公式教学实施"五式"提升学生自主探究类学习活动素养的设计与实施——以"圆的周长"学习活动设计、实践与分析为例	杨磊	预备(5)	数学	1	操作类
21		2019年12月12日	语文教学实施"四式"提高学生自主学、创、说、评诗素养类学习活动设计与实施——以《天上的街市》学习活动设计、实践与分析为例	张燕莺	初一(7)	语文	1	读写类
22		2019年12月12日	语文教学实施"七式"提升学习整本书阅读竞赛类的学习活动设计与实施——以《西游记》整本书阅读"七式"竞赛类学习活动设计、实践与分析为例	王丹旦	初一(4)	语文	2	展演评价类、读写类
23		2020年3月27日	学生语文课本剧编演评素养，在"七环节·37小步"的实施中得以逐步提升——以《最后一课》课本剧"编演评"拓展学习活动设计、实践与分析为例	许珠莉	初一(5)	语文	1	展演评价类、读写类

注：表中打 * 号的篇章未收入"综合成果选"。

以上23节课题研究课，在曹明老师研究课设计与课例撰写模板的引导和学科教研组合作讨论、实践教师自审钻研下，通过清晰的研究主题、研究思路、目标定位和过程安排与具体实施，教师引导学生开展相应学科"三程"学习活动设计、实施与过程性评价（部分为结果性评价），在提高学生参与完成"三程"相应学习活动任务的速度、质量，提高"本课化"

相关学习活动类型之素养的同时,提升了学生乐学善学、勤于反思和数字学习之相关学会学习的素养;形成15篇质量较高的研究课课例和7篇主题式案例,从而提高了课题研究的规范性、科学性和实效性。课例研究的主要内容,参见学习活动设计与实施之9种类型的实践。

2)课堂学习活动类型的基本架构

本课题"按活动内容的性质"的9种学生课堂学习活动设计与实施为主干,融合独自式学习、合作式学习和整合式学习活动,按照活动的设计、实施和评价的基本流程,架构了9种课堂(实际延伸到了课前与课后)学习活动的类型、设计、实施与评价之教师引导与学生学习的相应策略、形式和方法类的举措。"3类·9种"学生学习活动的具体架构,见图3。

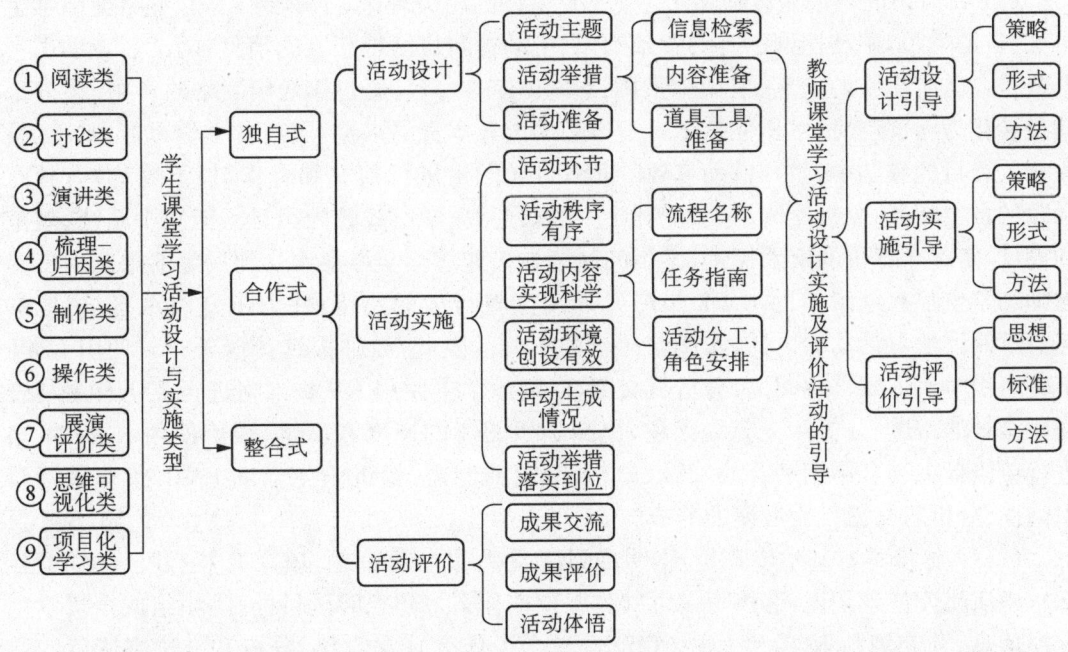

图3 基于核心素养理念下的学生课堂学习9种类型的活动之设计与实施操作要点基本架构

这一基本架构的清晰化,为参与学科实践研究的教师提供了清晰的操作思路;为教师提供了具选择性的学习活动类型;为课题组结合具体的学科,落实研究主题,设计研究方案,细化操作设计奠定了基础;提高了实践教师围绕9种类型的课堂为主、延伸到课前与课后的学习活动设计、实施与评价研究的速度和质量,具有一定独特性。

3)课堂学习活动设计与实施之9种类型的实践

这是指在自主学习式、小组合作学习式和整合学习式的"3类"课堂基本学习活动大类下,实践教师根据总课题的要求,尝试开展9种具体的学习活动类型,即阅读类、讨论类、演讲类、梳理—归因类(由实验类调整)、制作类、操作类、展演评价类、思维可视化类、项目化学习类(实施后期新增)之"五到七要素"(即针对情况、实施基本步骤、策略、类型、形式/具体活动、方法和激励引导),融合了"三程"学生学习活动设计、实施与评价要求,提高学生相关学科"本课化"学习活动的素养,提升学生乐学善学、勤于反思和数字学习之学会学习核心素养。

第1种为阅读类课堂学习活动。

这是指实践教师根据总课题的要求,尝试在英语、语文等学科教学中,注意把握针对情况、设计和实施阅读类学习活动的基本步骤、策略、"三程"具体类型并开展激励引导的课堂学习活动类型,以提高学生完成"三程"相应阅读学习活动任务的速度和质量,促进所定学生"本课化"之"三程"阅读学习活动目标的达成,提升学生乐学善学、勤于反思和数字学习之学会学习的相关意识、能力和促进良好行为习惯的养成。

以下主要以王偲虹老师英语教学中拓展阅读课的学生自主与合作相结合的阅读学习活动为例,说明教师引导学生利用KWL策略开展自主为主、合作为辅的阅读与交流学习活动的基本操作与实效。

(1) 针对情况。一是教师学习了KWL策略的相关理论,了解到KWL策略提倡学生自主、自助学习,主动挖掘已有的背景知识、主动提问自己想获取的信息,阅读后自动思考哪些是自己所需要的信息、主动探索阅读中没有的内容;通过KWL策略的实施,将外部动机转化为内部动机,可增强学生对学习活动内容本身的兴趣,提高自主学习能力。二是在相关篇目的教学中,教师借助KWL策略引导学生进行独立和合作(以下简称"有独有合")的自主阅读、分析交流活动,受到学生的欢迎,教学实效较为明显。但缺少系统、规范的设计、实施与评价的实践探索,学生的阅读效果和学会学习素养受到一定的限制。三是教师和学生都有继续借助KWL策略开展阅读教与学的愿望,并力求开展系统、规范的"三程"阅读学习活动的设计、实施与评价的实践。因此,教师拟选择课外材料使用KWL策略组织学生进行自主阅读、分析与交流,以增进学生使用KWL策略进行英语自主与合作相结合的阅读、分析和交流的兴趣,提高学生阅读的速度和质量,锻炼使用KWL策略进行英语自主与合作相结合的阅读、分析、交流的能力,促进学生借助KWL策略进行自主阅读、分析与交流行为习惯的养成。

(2) 实施步骤。基本步骤是:①明确阅读话题;②根据话题,填写K栏(我已经知道什么),激活阅读背景知识;③填写W栏(我想知道什么),建立阅读目的;④小组或全班学生交换信息,补充填写K栏和L栏(我已经学会了什么);⑤收集、分析和交流阅读后的信息,填写L栏。

王偲虹老师在"牛津英语阅读系列"5B"We must save animals"的学习活动设计与实施中的主要实施步骤为:①明确阅读话题;②个人填写K栏;③小组交换已知信息(有时为全班合作);④个人填写W栏;⑤小组(有时全班合作)交流阅读目的;⑥个人(有时为小组、全班)收集、分析和交流阅读信息;⑦个人填写L栏。具体步骤与相互关系见图4。

从而清晰地引导了学生的阅读学习活动实施过程、任务和预期,提高了实施的有序性和实效;增进了学生在开展自主与合作阅读学习活动时,需要遵守一定步骤的意识。

(3) 实施策略。主要为KWL阅读策略。教师在引导学生借助KWL表格策略开展自主阅读学习活动时,核心是引导学生把握已知(原有的阅读经验),明确想知(待构建的阅读经验),自主阅读、分析与交流(独立为主,合作为辅,运用新知,建构新的阅读经验)。

这一过程,有效帮助学生激活自身背景知识,培养阅读目标意识;锻炼学生自主判断、

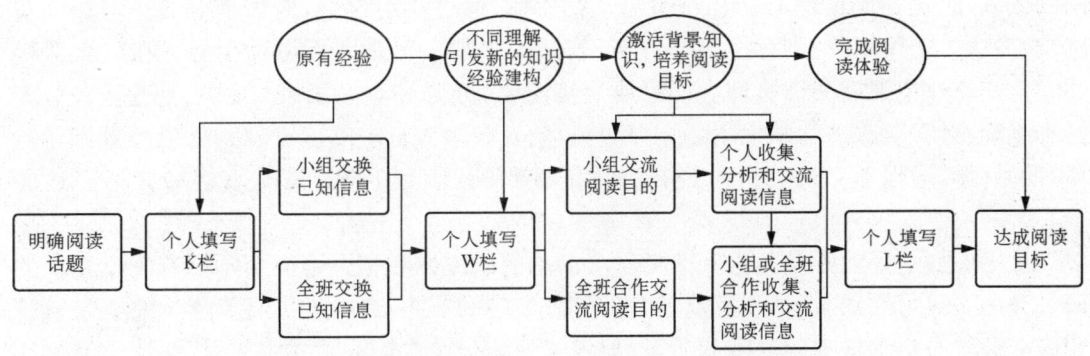

图 4　KWL 阅读类课堂活动实施主要步骤流程图

围绕想知进行阅读、分析与交流的能力,提高阅读的速度和质量,促进新的阅读经验的构建。

（4）实施类型。一是学生课前独立阅读、填写类活动——学生在 KWL 表格的指导下,阅读老师所给的阅读文章的标题,并分两步填写表格的活动。第一步,填写 K 栏。K 是 Know,即"(关于主题)我已经知道什么"。学生通过头脑风暴回忆有关"动物或者拯救动物"的信息,并写在 KWL 表格的 K 栏中。由此,帮助学生在阅读之前激活背景知识,为接下来的阅读进行铺垫。第二步,填写 W 栏。W 是 Want,即"(关于主题)我想知道什么?"学生独立思考,在 KWL 表格的 W 栏中,以问题的形式写下自己想要了解的信息。如有学生写道:"Why must we save animals?"(我们为什么必须拯救动物?),"What can we do to save animals?"(我们如何拯救动物?),这就帮助学生建立了阅读的目标,同时强调了学生在阅读中的主体地位。二是学生课中"有独有合"分享、阅读、交流和填写类活动,学生分享回家作业中填写的 KWL 表格里的 K 栏和 W 栏的信息,在信息的交换与分享中,得到更多信息;同时,帮助没有建立阅读目标的同学成功建立起阅读目标。然后,围绕学生想知道的重点内容,开展独立和小组合作阅读、分析、交流,在想了解信息的输入和输出活动中,锻炼相应能力;增进对 KWL 表格策略的价值意识和学用的兴趣。三是学生课后独立总结、反思和填写全课所学类活动,即学生先回顾与反思课前与课中自己所学。然后,独立填写 L 栏。L 是 Learned,即"(关于主题)我已经学会了什么",是学新知识必备的存档过程。在这个学习活动环节,学生可以查看 W 栏,核对是否可以回答课前提出的问题,还可以增加新的问题;同时,还可以回顾 W 栏,查看已知信息中是否有需要纠正的错误。这既锻炼了学生对想知的阅读结果自主进行梳理与判断的能力,又促进了新阅读经验的构建,还增进了阅读后的反思、质疑意识。

（5）激励引导。一是课前激励引导。这是指教师注意对课前 KWL 表格完成出色的学生进行口头表扬,并在学习单上写下激励语言,激发学生在阅读前激活已有背景知识和培养阅读目的意识。二是课堂激励引导。在学生快速阅读后回答问题时,教师对回答正确的学生给予表扬,对回答不完整的学生给予肯定,并适度引导其找到完整的答案,激发他们继续参与阅读、分析与交流的兴趣。在阅读后展开合理想象回答问题时,表扬找到特定信息并能合理归纳的学生;对个别回答错误的学生进行提示引导、耐心纠正,激发他们的阅读兴趣、培养阅读信心。在小组活动结束后，通过小组投票，对表现好的小组加以鼓励，激发学生合作阅读、创意挖掘与分析、表达的兴趣。三是课后激励引导。在后续课程中学生交流介绍课后阅读梳理与反思质疑情况时，教师注意对表现好的学生进行口头表扬和激励；对需要改进的学生耐心指导纠正，激发起学生自主阅读、判断、反思与进行新的质疑兴趣，增强学生课后自主进行阅读情况判断、填好 KWL 策略表格和参与表达的信心。

从王偲虹老师的 2 堂英语阅读类学习活动的研究课和相关语文老师带有阅读要求的研究课的实效可知：阅读类学习活动"五要素"举措的实施，有效地提高了学生完成"三程"相应阅读学习活动任务的速度和质量；促进了所定学生"本课化"之"三程"阅读学习活动目标的达成，尤其是提升了学生独立与合作相结合运用 KWL 表格策略进行英语阅读的兴趣、能力和良好行为习惯养成，为提高该策略运用的规范性和系统性积累了一定的经验；有机提升了学生学会阅读的相关三层面之三素养。

第 2 种为讨论类课堂学习活动。

这是指实践教师根据总课题的要求，尝试在心理健康等学科的学生学习活动中，针对某一问题（热点或主题），注意把握针对情况、设计和实施讨论类学习活动的基本步骤、策略、具体类型、形式和激励引导之"六要素"的举措的课堂学习活动类型，以激发学生对问题的敏觉意识，锻炼学生围绕问题进行独立思考、互动探讨、辩论及共同解决问题的能力，促进有序讨论、科学辩论的良好讨论行为习惯的养成。

以下主要以陈旭莉老师心理课中的应用为例，说明引导学生基于独立学习与合作学习相结合（以下简称"独合结合"）应用讨论类课堂学习的基本操作与实效。

（1）针对情况。一是初一年级的学生常会遇到一些身心健康方面的问题，他们对如何成为一个"独一无二的我"有自己的看法，也在意同学的想法。二是学生有一定的小组合作学习的经历、能力和经验，也对参与小组合作学习有一定兴趣，但小组合作学习的过程中，总有部分学生游离于外，影响合作学习和问题探讨的实效。因此，陈老师围绕如何做好"独一无二的我"，组织学生开展三类讨论。第一类是组织班级讨论：教师组织学生以头脑风暴的形式就如何做好"独一无二的我"进行讨论、交流活动，锻炼学生讨论合理想象、交流能力和奋进创新意识。组织学生课后和家长一起完成"独一无二的我"亲子交流活动，锻炼亲子沟通能力和进一步增进反思与创新意识。第二类是组织分组讨论。教师组织学生以小组活动的形式，评价同伴对自己认识的相似度；选择最具特点的评价表，进行全班交流活动，锻炼小组合作观察同学特征和进行交流的能力。第三类是组织学生完成学习单填写并参与讨论交流，锻炼合作梳理、小结归纳如何做好"独一无二的我"的能力，增进对全课讨论学习活动的回顾、总结和归纳意识。

（2）实施步骤。基本步骤是：①学生自选模拟动物；②交流理由；③小组讨论相似度；④班级交流；⑤小组头脑风暴；⑥班级交流；⑦小组讨论理想；⑧班级交流；⑨课后亲子交流；⑩独立填写完成学习单（图5）。

实施步骤的明确，使学生把握了在新授课中"独合结合"开展讨论类学习活动的课中与课后基本操作程序，以及如何完成"是独是合"的任务要求，为提高完成课中与课后"有独有合"地讨论如何做好"独一无二的我"的学习任务的速度和质量奠定了基础，增进了讨

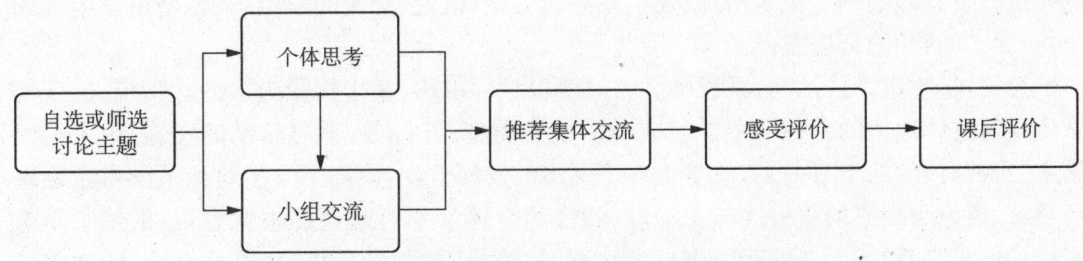

图5 "独合结合"讨论类课堂学习活动设计与实施的基本步骤

论类学习所需遵循的基本程序意识、与人合作与交流的意识和注意归纳的意识。

(3) 实施策略。一是实施讨论准备策略。课前,教师根据班级学生数,以6、7人为一组,建立混合小组,并组织学生准备开展讨论、交流与辩论等。二是实施讨论推进策略:课中借助观察动物视频推动交流。教师通过组织学生观看动物视频导入主题,引出讨论交流的话题,创造良好的讨论氛围。在小组讨论过程中,教师参与每个小组的讨论,认真观察学生动向,仔细倾听他们发言,适时进行引导,及时捕捉有用信息,并向其他小组传输。小组讨论结束后,各组派学生代表进行班级分享,展示讨论结果,教师及时反馈。三是实施随机激励策略。

(4) 实施类型。一是学生独学反思、交流、判断、设想式的"三独"学习活动:在课堂教学的第一个环节,学生观看《疯狂动物城》视频片段,激发对"独一无二的我"独立学习的兴趣,锻炼自主观察、收集相关信息的能力。在主题标志活动的环节一,学生自选模拟某种动物,交流选择该种动物的理由,锻炼学生对自选模拟动物特性进行说明的能力、培育自己正向独特性进取心的能力,增强了奋进意识。总结活动的环节一,学生再次独立观看上述视频,锻炼自主观看、归纳自我特性的能力,增进对本课学习内容、方式方法的小结意识。二是学生合学反思、交流、判断、设想式的"四合"学习活动:在课中主题探索活动的环节二,学生以小组活动的形式,评价同伴对自己特性认识的相似度,并选择最具特点的评价表进行互评与交流活动,锻炼小组合作观察同学特征和互评与交流的能力。在总结活动的环节二,学生完成自学与模拟动物相似度空格填写并交流、归纳活动,锻炼参与小组合作回顾、梳理、小结归纳自我特性的能力,增进对全课的回顾、反思、总结和归纳意识。在课堂主题活动的环节三,学生以头脑风暴的形式就如何做好"独一无二的我"进行讨论和交流活动,锻炼与同学讨论、进行合理想象、相互交流和奋进、创新的意识。课后,孩子和家长一起完成"独一无二的我"交流活动,锻炼亲子沟通能力和进一步增进反思与争做"独一无二的我"的意识。

(5) 实施形式——"三式"。即借助学习活动单式、模拟、代入多元对比反思式和借助信息技术式,提高学生"有独有合"完成观察、模拟、代入、反思对比、讨论、归纳、分享与亲子交流"独一无二的我"之课中与课后"二程"讨论类多元化学习活动任务的速度与质量;有机提升学生学会讨论类素养;增进成为"独一无二的我"的奋进意识。

(6) 激励引导。课中,教师在对学生自选模拟动物进行分享时,鼓励学生的主动分享行为;在小组合作学习时,对发表个人见解的学生及时给予口头鼓励;对学生在课上回答问题、完成学习单填写后,以及参与小组讨论时,采用随机激励的方法,鼓励学生和小组成员间进行自我激励和互相激励,激发主动参与答疑、讨论、交流的学习热情,增进学生成为"独一无二的我"的奋进意识。

总之,学生讨论式活动,是教师努力改变以教师讲解、学生接受为主的教学模式,落实学生学习主体地位的一种学生学习活动的重要类型。讨论式学习活动的实施,由于是以学生"有独有合"的学习为主,使学生有了更多的发展空间,提高了学生对相关学习主题进行学习、讨论与交流的积极性与主动性;激发了全体学生对问题的敏觉意识;锻炼了学生围绕如何成为"独一无二的我",进行独立思考、进行判断、参与探讨、进行辩论、听取家长看法、开展反思、尝试归纳、进行新的判断的能力;促进了学生有序参与讨论、科学辩论良好讨论行为习惯的养成;增进了学生成为"独一无二的我"的正向、奋进意识。

第3种为演讲类课堂学习活动。

这是指实践教师根据总课题的要求,尝试在语文、数学等学科的学生学习活动中,针对某个或多个主题,注意把握针对情况、设计和实施讨论类学习活动的基本步骤、具体类型、形式、方法和激励引导之"六要素"举措,开展课前、课中、课后"三程"相关学习活动中的"有独有合"个体或集体的演讲,并根据一定的评价标准(或非标准类的评价要求)自评互评的课堂学习活动类型,使学生更快、更好、有创意地"或独或合"地完成演讲与评价活动任务,锻炼有准备的演讲和即兴演讲的能力,提高学生逻辑表达、关注热点的能力;增进演讲活动的兴趣;促进演讲良好行为习惯的养成。

以下主要以顾丽萍老师在初一年级数学"第九章 整式的计算"复习研究课教学中的解题说题类课堂学习活动为例,说明引导学生"有独有合"进行演讲类课堂学习活动的基本操作与实效。

(1) 针对情况。一是针对学生需要通过一定时间的学习,对学习内容(特别是单元学习内容)进行有主题、有逻辑的归纳,进行总结活动演说设计、实施、评价的情况。二是针对课堂上相关学习内容完结后(如单元教学完结,数学某种题型的解答思路、步骤与方法进行归纳等)需要进行即时或有所准备的说明的情况。三是针对课上演讲学习活动,课后"或独或合"加以完善,下次课始参与课堂反馈交流与评价成果改进的情况。以激发学生"或独或合"总结学习内容、参与解题说明交流、评价和注意反思改进的兴趣;提高对解题思路、步骤、规范与方法,进行归纳总结、评价和反思改进的能力;增强做好"三程"单元复习解题说明的自信心。

(2) 实施步骤。基本步骤是:①明确解题与说明的任务;②独立完成课前解题与说明活动的任务;③课始参与完成课前解题说明的活动;④参与和听取教师的归纳;⑤明确课中解题与说明活动的任务;⑥"或独或合"梳理解题思路、步骤、规范与方法;⑦"有独有合"尝试解题;⑧参与"有独有合"的解题说明活动;⑨尝试归纳与交流;⑩听取教师的归纳总结;⑪明确课后解题与说明的任务;⑫独立完成解题与说明;⑬进行自评互评;⑭成参与下次课始的课后解题说明活动;⑮交流解题与说明的体会与经验;⑯强化单元复习之解题与说明的重点;把握解题的思路、步骤、规范与方法,以及注意进行检验、自纠。

(3) 实施类型。一是学生完成课前5次("2独3合")说题、解题、出题复习活动,既锻炼了学生"有独有合"进行课前说题(说明对题目的理解)、解题(尝试解题)、出题(为课堂说题作准备)的多样能力,又为提高课上学生"有独有合"解题与说题兴趣和质量奠定了扎实的基础。二是课中12次"有独有合"说题、解题和归纳活动:学生"有独有合"说题活动7次。学生"2独1合"解题活动3次。学生"先独后合"归纳活动2次。其核心是四项任务,在师生合作完成复习内容4道概念辨析型基础练习,再一次理解整式计算的相关概念和运算法则后,教师先示范说题,学生观察体会理解题意;然后,尝试由学生独立思考,进行说题;其后,由两名同学进行全班说题;最后,在课尾引导学生独立参与小结说题内容和活动情况,并听取教师对说题、解题和归纳的进一步指导与小结。这一过程,较好地培养了学生"有独有合"进行读题、尝试解题、参与组内和班级有条理地说题、解题归纳小结,听取教师示范说题与归纳解题思路、步骤、规范与方法的能力;增进了学生参与解题说题的兴趣,感受到了课前"有独有合"做好单元复习准备活动的重要性。三是学生课后完成3次"有独有合"的解题(独立完成学案上的某类题型的拓展类题)、说题(下次课始)、归纳、监控反馈与修正作业活动,检验了学生的解题与说题分享是否起到实效,锻炼了学生的课堂说题和听讲、归纳、监控反馈与修正作业、内化解题与说题的能力。

（4）实施形式——"五式"。一是借助"三程·三单"式,包括借助课前自主复习学习单、借助课中自主说题、解题、归纳与监控活动学习单和借助课后学习单。二是独立学习式。三是小组合作式。四是借助信息技术式(包括学生运用和教师运用)。五是借助思维导图式。"五式"的实施,引导了学生"有独有合"有序地参与"三程"自主复习、读题、解题、说题与归纳、交流的学习活动,锻炼了相应能力,提高了完成"三程"相应单元复习活动任务的速度与质量;增进了学生参与自主解题与说明的兴趣,内化了学生对"五式"在单元复习、解题与说题活动中的学习方式方法价值;增进了参与单元复习时"有独有合"地读清题意、尝试解题与说题、进行归纳与交流的自信。

（5）实施方法——"五法"。①借助(听取教师)讲授法(课始到下次课始,教师进行了五次讲授);②多元引导法("三程"教学中,教师注意运用"三程·三单"、多媒体、思维导图、设问与追问、口头说明、板演、组织学生课前独立复习和合作准备,参与课始的交流,课中的独立与合作解题、说题、归纳,课尾的集中小结,课后的独立作业和组内说题、归纳与拍摄视频、听取教师反馈意见、自主修改作业,下次课始的小组代表参与全班交流课后作业与说题、归纳情况,全程随机激励与引导等多种方式方法);③师生说题—观察法(课前、课中和下次课始);④(自主)练习法(课前4次、课上7次和课后4次);⑤(尝试)归纳法("三程"各3次)。这有机锻炼了学生课前小组合作整理错题、分析错误原因、解错题、找方法、编变式等做好说题准备的能力,课堂"独合结合"说题、解题与归纳的能力和课后检验说题实效的能力,培养了学生归纳整式计算这一章的通性通法,并将其运用到日常复习中的迁移运用能力;内化了"五法"所蕴含的学法;激发了学生思维的积极性和增进了对说题价值的认识。

（6）激励引导。学生在完成"独合结合"解题—说题任务时,教师注意加强随机激励,寻找学生在解题—说题—归纳—分享过程中出现的读题、说明解题思路、步骤、方法、规范与归纳等方面于思维、言语表达上的闪光点,及时、多次、多样化地予以肯定,鼓励学生自我激励和同学互相激励,增进学生参与相关"三程"解题—说题—归纳—分享活动的积极性。

总之,通过演讲类课堂学习活动设计与实施的过程,学生可以通过"有独有合"的读题、解题、说题和观察其他学生的说题与归纳的过程,更容易理解单元复习的内容;锻炼了学生说明解题的思路、步骤、方法,和规范地进行书写与表达的能力;通过反思解题说明的过程,促进了学生进行自我反思与改进,增进了说好题的自信;促进了学生认真读题、解题、说题、归纳、观察、听讲、积极思考,注意反思与改进解题说题等良好解题说明行为习惯的养成。

第4种为梳理—归因类课堂学习活动。

这是指实践教师根据总课题的要求,尝试在科学学科教学中,注意把握针对情况、围绕五类脊椎动物的结构与对应特征的复习,教师探索引导学生借助思维导图的气泡图完成"三程"梳理—归因学习活动任务之设计与实施的步骤、策略、具体类型、形式、方法与激励引导的举措之探究的课堂学习活动类型,以增进学生"有独有合"借助气泡图开展"三程"梳理—归因五类脊椎动物的结构与四类特征学习活动的乐趣,拓展相应知识;锻炼"有独有合"开展"三程"梳理—归因五类脊椎动物的结构与四类特征的能力;促进借助气泡图等思维导图进行复习,内化结构化知识良好行为习惯的养成。

以下主要以何蓉老师在初三年级生命科学"脊椎动物"专题复习研究课的教学中,引导学生借助思维导图"三程"开展梳理—归因学习活动为例,说明本类型活动的针对情况、实施的步骤、策略、具体类型、形式、方法与激励引导之"七要素"的基本操作与实效。

(1)针对情况。一是初三年级第二学期时,学生已经完成了"脊椎动物"新课的学习;初四年级时,需要对"脊椎动物"这部分内容进行专题复习。二是针对教师本学期开始任教的初三(3)班学生,生命科学的学习基础比较薄弱,自主学习能力一般。学生自主为主进行较为规范、系统的复习梳理—归因类学习活动的经历比较缺乏。所以,对学生的自主复习素养,尤其是复习梳理—归因类学习活动的实施步骤、策略、具体类型、形式和方法类举措,需要加以培养。三是针对课标、教材对本专题复习所涉五种脊椎动物结构与四种特征所规定的学习要求。四是尽可能将抽象的学习内容进行结构与特征间的关联化、可视化处理,以方便学生进行记忆和有效唤起。这样,可以更好地落实总课题的精神,激发学生复习时的求知欲;提升学生的借助气泡图来解决问题的能力;促进学生"三程"借助气泡图等思维导图进行复习之良好行为习惯的养成。

(2)实施步骤。基本步骤是:①明确复习梳理与归因类学习活动的任务;②学生独立预习、在气泡类思维导图学习单上进行初步的梳理与归因;③学生课始借助课前预习参与全班交流和听取教师的激励与引导;④课中展开环节,学生"有独有合"参与借助气泡图对五种脊椎动物的结构与四种基本特征进行梳理与归因;⑤学生参与全班交流和听取教师激励与引导;⑥学生课尾参与集中小结与分享;⑦学生课后独立完成复习和作业,丰富气泡类思维导图;⑧下次课始,学生合作参与全班交流和听取教师的激励与引导;⑨学生独立反思内化专题复习之梳理与归因体会与经验教训。实施步骤的明确,提高了学生"有独有合"借助思维导图完成"三程"复习梳理、归因与交流五种脊椎动物的结构与四类特征学习活动的有序性;提高了学生完成活动任务的速度和质量,锻炼了相应能力;促进了学生遵守"三程"良好学习行为习惯的养成。

(3)实施策略——"二策"。一是实施情境策略:教师借助多媒体呈现"北京奥运会吉祥物——福娃的设计理念"来引出本课的复习内容,引导学生概括原型动物的一个共同特征,激活学生关于脊椎动物都有脊柱这一共同特征的知识。课后,教师继续围绕课堂中的"北京奥运吉祥物"的案例,并结合"藏羚羊"的情境案例,要求学生独立阅读情境材料,完成其下四道练习题,激发学生课后自主巩固五类脊椎动物的结构特点以及与生活环境适应性复习内容的热情;巩固相应知识,把握相互关系。二是思维可视化策略:教师借助信息技术手段呈现相关教学内容。学生借助思维导图课前尝试独立完成五类脊椎动物结构与特征的梳理任务,课中合作完善相关思维导图,课后独立梳理、概括五类脊椎动物适应环境的结构特点,调动学生参与阅读与观察、梳理与概括,借以产生交流与表达的兴趣;锻炼相应能力,提高课堂复习效率,深化对五大类脊椎动物结构与特征的框架与一定细节的把握;增进这样进行专题复习的兴趣和尝试继续加以运用的自信。

(4)实施类型。一是课前学生独立复习建构单元知识体系思维导图类活动。即课前,学生借助思维导图形式呈现的独立复习单,进行自主复习,初步自主建构五大类脊椎动物结构特点。二是学生课中借助思维导图合作梳理、归纳五大类脊椎动物适应生活环境的结构特点之专题复习类活动。课中,学生小组合作借助思维导图,完成了梳理、概括五大类脊椎动物适应生活环境的结构特点,提高了对五类脊椎动物结构与体表特征、呼吸方式、运动方式和生殖方式四个方面共性特征的回顾、观察、记录、比较、分析,借助思维导图进行梳理、归纳的专题复习能力。三是学生借助课后复习单,独立完成阅读材料,回答四个问题的练习,及时巩固五类脊椎动物的基本结构与"四个方面"特征的知识;提高独立阅读、理解、比较、分析和归纳的复习能力。学生在此过程中,还增进了对学用气泡类思维导图进行"三程"复习梳理—归因的反思、改进意识;延伸了继续尝试学用的兴趣;促进了借助气泡图等思维导图进行"三程"学习、梳理概括与分享交流之良好行为习惯的养成。

(5)实施形式——"四式"。一是"三程"学生独立复习式。二是学生课中小组合作梳理、概括和交流(脊椎动物适应环境的结构特点)式。三是借助"三程"学习任务单式。四是随机激励式。学生从中锻炼借助气泡图思维导图为主的学习单"有独有合"进行梳理、概括和交流五类脊椎动物适应环境的结构与"四个方面"特征之知识体系的能力;提高单元复习的速度、质量和进行有效记忆,促进单元复习内容的一定的个性化表达;增进对"三程"学习单在促进自主复习、梳理、归因和交流方面的学用兴趣和意识。

(6)实施方法——"五法"。何蓉老师的研究课,主要探索识图法、比较法、归纳法、互学法和反馈法,促进学生更好地把握鱼类、两栖类、爬行类、鸟类、哺乳类五类脊椎动物之体表特征、呼吸方式、运动方式和生殖方式四个方面的结构特征知识,动物与生活环境相适应的生物学观念和人类与动物和谐相处的关系;锻炼学生借助"五法"(含结合运用气泡类思维导图)对"脊椎动物"专题复习的内容进行结构化、规范化、系统化、简洁化表述的专题复习能力,提高复习效率;促进这样进行自主专题复习良好行为习惯的养成。

(7)激励引导。一是实施课前随机激励式。教师对能够在课前独立、主动、高质借助思维导图的气泡图,并尝试梳理、概括五类脊椎动物结构特点的学生给予口头表扬,激发他们参与后续"两程"小组合作梳理、概括课堂与课后复习脊椎动物适应环境的结构特点的兴趣和这样进行复习的自信。二是实施课堂随机激励式。教师对能够积极参与答问、参与合作小组的梳理与描述出脊椎动物结构及特征的小组和在巩固性练习中能够独立、及时和正确完成任务的学生,及时给予口头鼓励,激发学生积极参与"有独有合"的相应学习活动的热情。三是实施课后随机激励式。教师对于在课后能够熟练掌握并应用课堂复习内容的学生给予鼓励,提高他们参与课后独立复习的积极性;鼓励学生独立运用已学的气泡式思维导图或其他类型的思维导图,尝试运用于下一课时专题内容的复习,巩固用法;保持这样进行专题复习的兴趣和自信。

  总之,通过实验类课堂学习活动设计与实施,较好地激发了学生"独合结合"参与课前、课堂与课后"三程"借助气泡型思维导图对鱼类、两栖类、爬行类、鸟类、哺乳类之五类脊椎动物之体表特征、呼吸方式、运动方式和生殖方式四个方面的结构特征进行梳理—归因的兴趣;拓展了这方面的知识;锻炼了学生借助气泡类思维导图与整合实施"二策四式五法"对"脊椎动物"专题复习的结构与特征进行结构化、规范化、系统化、简洁化表述的专题复习能力;提高了完成"三程"梳理—归因类学习活动任务的速度与质量;促进了运用已学的气泡式思维导图或其他类型的思维导图,尝试运用于下一课时专题内容的复习,巩固用法良好学习行为习惯的养成;内化复习梳理—归因类学习活动之针对情况、实施的步骤、策略、类型、形式、方法与激励引导之"七要素"举措所蕴含的学习策略与方式方法方面的价值。

  第5种为制作类课堂学习活动。

  这是指实践教师根据总课题的要求,尝试在数学、生命科学等学科,针对某个实体物件可以外显物化的学习成果(如相关学习内容的小报、思维导图)的制作,注意把握相关针对情况、探索设计和实施制作类学习活动实施的基本步骤、基本类型、形式和开展激励引导的"五要素"落实的课堂学习活动类型,以提高学生完成"三程"相应制作类学习活动任务的速度和质量,发展学生课前、课中与课后"三程""有独有合"完成相关实体物件,可以外显物化的学习成果之制作意识、能力和良好行为习惯,促进所定学生"本课化"之"三程"制作类学习活动目标的达成,有机提升学生乐学善学、勤于反思和数字学习之学会学习的相关意识、能力和促进良好行为习惯的养成。

  以下主要以戴啸天老师初二年级数学"勾股定理"探究研究课中的勾股定理证明学生小组合作制作小报类探究成果之"三程"学习活动为例,说明制作类"三程"学习活动的基本操作与实效。

  (1)针对情况。一是学生已经学习了勾股定理及其逆定理的知识,但在数学史背景下的小组合作探究过程,还没有完整经历过,需要对这方面的素养加以培养。二是学生已具备了一定的观察、归纳、探索和推理的能力,掌握了图形的面积求法、图形割补拼法,但对数学证明类的知识、方法、梳理与归纳,展示与交流的兴趣、能力与自信,都需要加以培养。三是学生课后独立借拓展延伸题和收集网上勾股定理文化方面的材料,尝试梳理概括,撰写勾股定理文化学习体会或小论文或小报(海报)制作设计、实施、展示、评价和反思改进的能力等素养,也需要加以培养。

  (2)实施步骤。基本步骤是:①学生明确小组合作探究活动的任务;②学生独立预习课文,上网搜索、筛选、整理古今中外勾股定理的证明方法方面的信息;③学生独立或小组合作、收集、制作古今中外勾股定理的证明方法方面的知识,确定分享文稿;④小组协定代表本组参加中外勾股定理的证明探究小报的成员,制作精美的海报等成果;⑤各组代表参与课堂分享海报,参与自评和互评;⑥课后,学生根据课上评价意见和独立反思,改进海报的制作;⑦下次课上,参与班级交流反馈和再评,具体实施基本步骤见图6。这使学生明确了"三程"海报制作需要完成的各自任务,增进了责任意识;锻炼了学生"有独有合"参与各步完成相应学习活动探究任务的能力;提高了完成任务的速度与质量;促进了制作时守序良好行为习惯的养成。

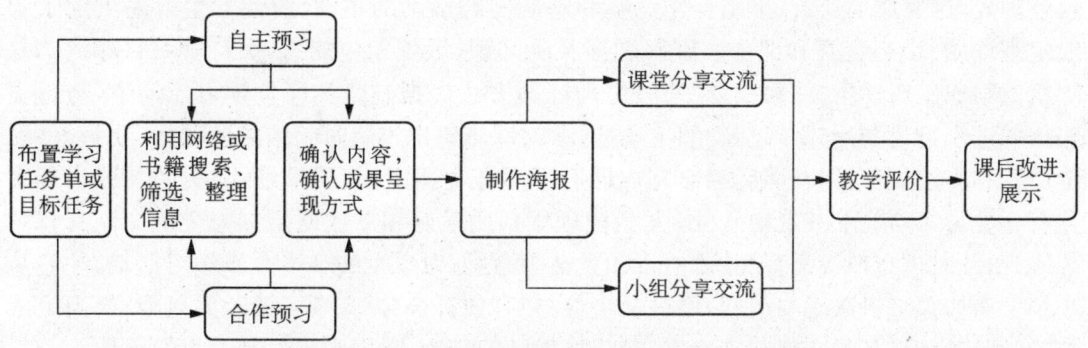

图6 制作类课堂学习活动设计与实施的基本步骤

(3) 实施类型,即学生"三程""独合结合"合作证明勾股定理探究式学习成果制作海报和展评活动。一是学生课前"或独或合"制作准备五项活动:①学生"或独或合"完成收集古今中外勾股定理证明方法;②小组合作梳理、归纳、筛选所收集信息;③分工合作撰写探究成果文本;④小组合作制作勾股定理探究式学习成果海报;⑤独立为主、合作为辅用PPT开展交流。二是学生课上制作的成果展示、评价类三项活动:①学生按课前的5个小组,分别"或独或合"地进行本组制作之海报成果的3分钟限时展示和交流;②学生自评、互评小组展示成果;③课尾集中小结。三是学生课后"有合有独"完善、反馈和再评海报类三项活动:①小组合作,完善本组制作的海报;②自主检测学生课前、课堂勾股定理证明方法合作探究成果掌握情况,锻炼监控能力;③下次课始,反馈课后学生"或独或合"改进制作成果与监控学习结果情况。"三程"多类型勾股定理证明方法之海报制作类探究活动,使学生丰富了中外在勾股定理相关证明方法方面的知识;锻炼了学生运用"三程""独合结合"进行勾股定理证明方法海报制作类成果的能力;增进了小组合作对制作类成果进行改进的意识和对学习结果进行监控的意识。

(4) 实施形式——"五式"。学生独立为辅、小组合作为主的证明勾股定理探究学习活动式、现场监控—反馈式、多元引导式、借助信息技术式和激励式。"五式"的实施,辅助了学生"三程"勾股定理相关证明方法探究成果信息收集、海报制作、交流PPT制作,成果课上展示、评价和课后改进,下次课始参与交流与再评活动的过程实施;锻炼了学生"有独有合"完成相应任务的能力;增进了学生对中外勾股定理证明方法进行自主探究和借助海报进行创意表现表达的兴趣;内化了"五式"在制作探究类成果的价值与学用意识。"三程"活动的实施,使学生丰富了勾股定理相关证明方法的知识;锻炼了学生的"三程""独合结合"进行相应主题海报制作类成果的能力;增进了小组合作对制作类成果进行改进的意识和对学习结果进行监控的意识。

(5) 激励引导。一是预设激励式:课中第一环节,在学生5个小组交流课前定理证明整理表探究成果后,教师组织学生对每组的交流情况组织自评与互评,对在规定时间内完成交流的小组进行加分。教师组织学生进行"数学史上话勾股"的定理证明方法小组竞赛,对按抢答速度和回答准确率情况进行小组打分,对获胜的小组予以加分。在课中第三环节,教师对小组合作完成运用定理进行实践应用解2道题时,对完成速度快、质量好、证明方法有特色和书写规范的小组给予加分;活跃课堂气氛,提高学生参与完成课前小组定理整理表、探究成果交流、小组合作竞赛和解题实践活动的主动性;使学生普遍巩固了勾股定理证明、小组竞赛和课中实践解题涉及的知识,锻炼相应能力,保持学习兴趣。二是随机激励式。对学生"或独或合"勾股定理证明方法海报制作类课堂学习活动中,与过去相比的进步行为、参与学习活动的主动性,参与课尾集中小结时归纳的速度快、质量好、思维严密和表述规范,以及课后独立完成课后学习任务速度快、质量好,收集的勾股定理文化材料数量多,借助 PPT 和 word 文档梳理概括质量好和下次课始参与全班交流有特色等表现,及时进行口头语言、肢体语言和表情等激励;对学生的小组合作学习活动,注意从小组层面加强随机激励与引导,增进学生参与"有独有合"探究学习活动的兴趣;提高完成相应学习活动任务的速度和正确率,锻炼被激励的行为;激发学生保持学习的兴趣。

总之,基于核心素养下的勾股定理证明方法和文化海报制作类"三程"学习活动,学生通过"或独或合"参与中外勾股定理证明方法与进行信息收集、梳理归纳、撰写成文、制作海报和交流的 PPT、现场展示和评价,课后反思、完善海报和下次课始的在全班的再交流与评价的系列活动,提高了完成相应"三程"探究任务的速度和质量,有效地锻炼了相应的能力;增进了参与海报制作类活动的主动性;激发了继续这样进行学习探究和表现表达的兴趣;培养了学生对探究成果制作类学会学习的相关意识、能力和良好行为习惯。

第6种为操作类课堂学习活动。

这是指实践教师根据总课题的要求,尝试在数学、生命科学和地理等学科的学生学习活动中,针对某个或多个主题,注意把握针对情况、设计和实施操作类学习活动的基本步骤、策略、类型、形式、方法和激励引导之"六要素"举措的课堂学习活动类型,使学生更快、更准和有创意地完成操作类学习活动的准备、实施、总结、交流与评价活动的任务,锻炼相应能力,增进参与操作活动兴趣,促进操作类活动相应良好行为习惯的养成。

以下主要以杨磊老师在初二年级开展的"圆的周长"数学教学中的合作探究操作类课堂学习活动为例,说明引导学生"三程""独合结合"进行制作类课堂学习活动的基本操作与实效。

(1)针对情况。一是针对学生的数学自主探究性学习素养总体一般的情况,需要教师在设计"三程"学习单和其他举措的引导下,开展"有独有合"几何公式的探究性学习活动,提升乐学善学素养。二是针对学生课前预习中需要进行的圆的概念、半径、直径及它们间的关系知识梳理与填写学习单类的操作活动情况。三是针对课堂上圆的周长公式运用、小组讨论变式例题解题学习学生"或独或合"进行相关数据的测量、验算和解题书写规范类的操作情况。四是针对学生参与课尾集中合作小结活动中的实际操作情况。五是针对课后学生需要"或独或合"借助操作,独立做好复习、完成作业等的情况。这些都为学生了解研究课教学设计与实施操作类活动中需要把握的重点、难点与关键点,以及提高参与操作活动实效奠定了基础。

(2)实施步骤。基本步骤是:①全体学生明确复习任务与要求;②学生课前独立梳理、概括和在学习单上填写圆的概念、半径、直径及它们间的关系;③学生课始参与反馈课前操作复习情况,听取教师点评与引导;④学生课堂"或独或合"参与圆的周长公式运用、小组讨论变式例题解题中进行相关数据的测量、验算和解题书写规范类的操作和讨论交流;⑤学生课尾参与操作应用的总结与交流反思;⑥学生课后完成操作类作业;⑦下次课始参与交流反馈。例如,操作类课堂学习活动设计与实施的基本步骤。

（3）实施类型。一是课前预习操作类活动:学生独立完成圆的概念、半径、直径及它们间的关系的梳理复习。填写课前操作复习单,提前巩固圆的概念、半径、直径及它们间的关系,锻炼课前自主操作复习、整理数学知识的能力。二是学生课堂"独合结合"操作——交流类活动:学生以小组形式自主学习圆的周长、直径的测量方法并进行实物的测量,从而掌握圆的周长公式,锻炼几何动手操作能力,增进小组合作意识。运用圆的周长公式,师生合作完成两个带有操作要求的例题,锻炼学生及时运用新知的能力,感知圆的周长公式在生活中的广泛运用。学生小组合作讨论完成圆的周长公式的变式应用题解题操作类活动,培养公式的变式灵活运用能力,加深对几何知识的理解,增强互帮互助意识。三是学生课尾参与集中合作梳理、小结操作类学习活动,锻炼对课前与课中对所学内容,以及"独合结合"探究学习的方式方法,进行回顾、梳理、概括和多元化的表现表达的能力;内化课前、课中探究学习数学概念的方式方法;增进对课尾进行集中小结的学用意识。四是学生课后"先独后合"完成带有操作性的三项作业类活动:学生独立完成课后学习单上五个带有一定操作要求的练习任务。自主查阅圆周率的知识,并制作简单PPT课件。下次课始,参与全班交流,培养学生及时复习、完成作业的良好学习习惯;提高学生合理利用网络与多媒体进行自主操作性学习活动的能力。

（4）实施形式。一是借助"三程"学习活动单式:①设计和运用学生课前独立复习活动单:学生独立完成圆的周长的概念、半径、直径及它们间的关系的梳理、概括和填写在复习单上,巩固相应知识,锻炼梳理、概括和填写的能力,促进良好的及时、独立预习行为习惯的养成,提高后续参与课堂学习活动的效率。②设计和运用课堂学习活动单:学生结合学习单上填空和表格的引导,自主合作学习圆的周长和直径的测量方法,并尝试小组合作进行动手操作,计算得出圆的周长和直径的比值,得出圆的周长公式。学生借助圆的周长公式运用学习单,"独合结合"尝试运用圆的公式,完成几个与生活相关的练习,锻炼相应能力,体会到数学知识与生活的息息相关,调动学习兴趣。③设计和运用课后作业单:学生独立完成圆的公式的复习和运用题;学生独立从网络等渠道,查阅和梳理有关圆周率的发展进程与对圆周率的研究情况知识;学生独立制作简单的PPT,下次课始参与班级交流。培养及时巩固新知的良好习惯,进一步锻炼独立完成操作类性质作业的能力;拓展相应课外知识;增进完成作业类学习活动任务的兴趣。二是借助多元引导式:板书引导。教师在课堂中通过板书展示圆的周长公式及变式,展示例题1的规范解题格式,提高学生读题、观察和解题的速度与规范性。PPT引导:教师借助PPT,将教学中的图形、图片、例题中示意图、重要的公式、各环节的引导问题,较精确、快速地呈现在学生面前,使学生更容易观察、感受所呈现的内容,提高学生的听课效率,并锻炼相应的读题、观察、感受、解题和归纳的能力。口头引导:学生小组在合作探究学习圆的周长过程中,教师注意口头引导,帮助学生解决遇到的疑惑,从而提升学生小组合作探究学习的能力。问题引导:教师设计运用圆的周长公式解决实际问题的活动,设置合理的问题,在实施中,帮助学生理解题目,提高学生审题和解题能力。追问引导:教师在组织学生进行自主复习圆的知识的反馈活动中,通过一个接一个的简单问题,让学生巩固原有知识,快速地进入本节课圆的周长公式的学习中。课中教师对多种引导方式的结合使用,提高了学生参与数学课堂的效率,锻炼了学生在问题解决中相应的能力,增进了"有独有合"参与探究学习活动的兴趣。

(5)实施方法。以顾丽萍老师在初一年级数学"第九章 整式的计算"复习课两次教学研究课中实施的"五法"为例,顾丽萍老师围绕整式计算复习,探索了讲授法(课中四个环节和下次课始)、多元引导法("三程"实施)、师生说题—观察法(课前、课中和下次课始进行)、练习法(课前4次、课上7次和课后4次)和归纳法("三程"多次进行),与所实施的"五式"(借助"三程·三单"式、独立学习式、小组合作式、借助信息技术式和借助思维导图式)一起,有机锻炼学生"有独有合""三程"参与章的复习时的梳理、复述、解题、说题归纳、监控和改进等完成单元探究复习类活动任务的能力,巩固"二式二法"整式计算的方法;能熟练用规范的数学语言和合理的解题策略解决较为复杂的整式计算问题,利用思维导图理清单元知识脉络,利用"三程"说题、解题、归纳活动提高数学的分析能力和表达能力;内化在"三程""有独有合"整合实施"五式五法"开展系列单元探究复习学习类活动中,所蕴含的方式方法;增进"有独有合"进行梳理、复述、解题、说题、归纳、监控与改进复习探究类系列学习活动的兴趣;促进单元复习时注意借助思维导图等工具进行章(单元)知识体系的结构化处理和注意利用"五式""五法"进行说题、解题、归纳的良好复习行为习惯的养成。

(6)激励引导。一是课前激励式:教师对课前独立复习圆的相关知识与课始参与反馈活动中,积极回答问题且准确率高的学生进行口头表扬,激发他们后续独立、合作参与探究学习圆的周长公式和进行应用的兴趣。二是课堂激励式:教师在提出问题要求学生回答时,对参与性表现好的学生进行鼓励,对个别回答错误的学生耐心加以指导与纠正,激发他们参与答问的兴趣和注意提高答问的速度和准确性。在学生小组动手操作探究圆的周长公式的活动中进行指导,对表现好的小组进行鼓励,提高学生小组合作操作的准确性,增进小组合作意识。教师对于积极参加过程性归纳和课尾集中小结的学生,注意随机鼓励和引导,激发他们参与相应归纳与小结活动的积极性和注意提高概括提炼的速度和质量。三是课后激励式:在学生课后独立从网络查阅圆周率发展史、借助PPT制作梳理概括的成果和下次课始参与口头交流活动中,教师对于大胆阐述自己掌握的资料并进行提炼的学生,给予肯定性激励,培养学生自主收集和梳理所需信息及借助自制的PPT进行交流展示的能力,锻炼学生语言表达能力和增进学生课后学习的自信。

总之,基于核心素养视野的操作类课堂学习活动,拓展了学生操作探究类学习活动的知识;提高了学生"有独有合"进行探究学习过程中的复习、梳理、参与反馈、读题与观察、思考、操作、解题、归纳与交流、课后自主完成作业和下次课始参与全班交流的能力;培养了学生完成相应探究类学习活动的速度、质量和思维的逻辑性;激发了学生保持这样进行课堂学习的兴趣。

第7种为展演评价类课堂学习活动。

这是指实践教师根据总课题的要求,尝试在语文、数学、地理等学科的学生课前、课中与课后学习活动中,针对某个或多个主题之学习成果展示交流与评价时,注意把握针对情况、设计和实施展评类学习活动的基本步骤、具体类型、形式、方法和激励引导之"六要素"的举措,开展课前、课中、课后"三程"相关学习中的成果准备、展示分享和借助师生研制的相关评价标准进行自评、互评,课后加以反思完善的课堂学习活动类型,使学生更快、更好、有创意地"有独有合"地完成学习成果的准备、展示交流、评价和反思完善活动的任务,锻炼相应的能力;增进参与学习成果展评活动的兴趣;促进成果展评良好行为习惯的养成。

以下主要以王丹旦老师主持的初一年级语文《西游记》整本书阅读解疑分享比赛类,以及许珠莉老师主持的初一年级语文《最后一课》课本剧编演类研究课中之学生展示与评价的学习活动为例,说明引导学生"有独有合"进行展评类学习活动的"六要素"的基本操作与实效。

(1) 针对情况。一是针对需要较长时间完成的学生学科学习成果展评的准备活动(如语文整本书阅读成果展评、课本剧表演活动,数学"说题"活动)的设计、实施和评价的情况。二是针对课上学生相应学习成果的分享交流(含比赛)(如,英语、语文等学科的艺术类表演,理化生和劳技课的现场制作相关成品,体育的相关项目技能技巧示范等)展评活动的设计、实施和评价的情况。三是针对课上学习活动成果展评,课后学生"或独或合"完善后,下次课始参与课堂反馈交流与评价成果改进的情况。激发学生"或独或合"总结学习活动成果、参与交流与评价和注意反思改进的兴趣;提高成果总结、交流、评价和改进的能力;增进做好"三程"展评类学习成果的自信。

(2) 实施步骤。如,许珠莉老师主持的研究课《最后一课》,学生选择中国抗日战争时期"某地的最后一课",进行课本剧的演前、演中与演后"三大阶段"之选、品、编、演、评、改、创"七环节",设计与实施了37小步的基本实施步骤。又如,王丹旦老师的研究课,基本步骤是:①明确整本书阅读学习的任务及目标;②开展独立或合作式学习的分类主题的阅读、梳理探究活动(课前或课中);③各自撰写分类主题的阅读、梳理探究活动;④制作分主题整本书阅读探究成果的海报;⑤制作课堂交流参与竞赛用的探究成果PPT;⑥师生合作制订评价标准;⑦学生进行"有独有合"的成果展示和竞赛;⑧根据标准学生进行自评、互评和教师参评;⑨形成和公布评价结果;⑩课后学校公微分享竞赛获奖的整本书阅读成果;⑪课后学生"独合结合"进行反思改进,迁移运用整本书阅读探究成果。这一实施基本步骤的具体流程,可参见图7。

成果展评类实施步骤的明确,锻炼了学生"有独有合"开展如语文课本剧"编演评"或"整本书"阅读探究学习成果展评学习活动之程序性的能力和相关具体方式方法性的能力;增进了学生对"有独有合"参与"三程"相应探索主题之成果展评类学习活动的兴趣;促进了学生课前精心准备展示成果,课中有序参与成果展示交流并根据评价标准进行点评,课后及时进行回顾、梳理、反思和改进展评成果之相应良好行为习惯的养成。

(3) 实施策略。一是情境化策略,教师在组织开展课前学生第一次独立阅读《西游记》整本书时,要求学生先梳理情节、分析人物、完成制作小报;然后,设置学生参与展示评比的情境,如演员、裁判、观众等身份,引导学生进入评价语境进行第一次评比。二是合理利用信息技术策略,学生借助搜集阅读问题并进行概念分类、目标引导,随后开展解答探

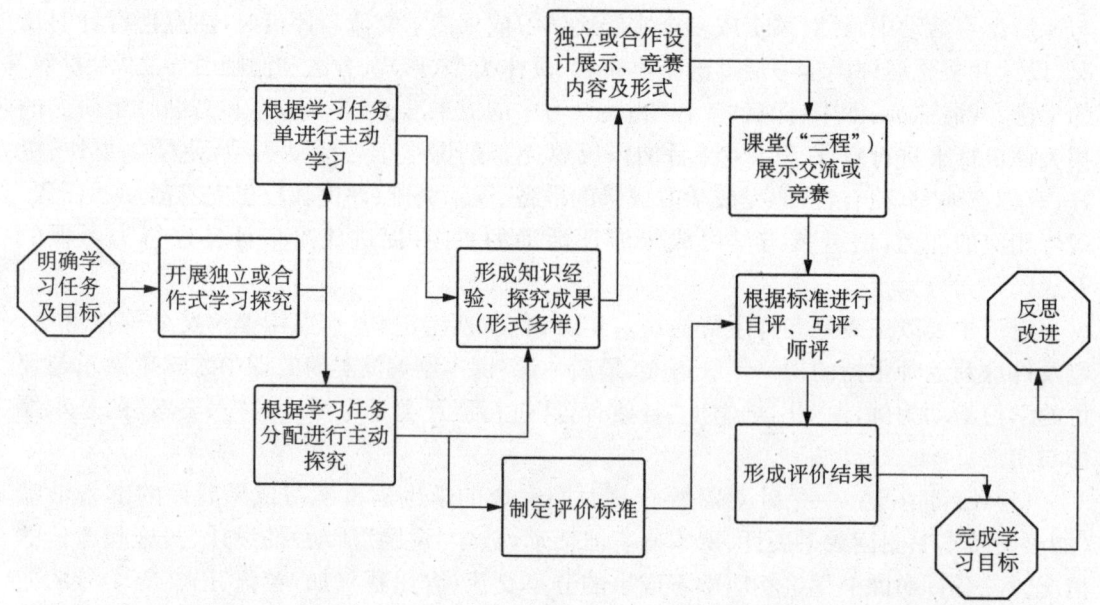

图 7 《西游记》整本书阅读学生"独合结合"展演竞赛式"三程"学习活动设计与实施基本步骤

究阅读。三是可视化策略,在课后分主题制作整本书阅读探究成果海报,将探究的问题结果可视化,以直观呈现阅读成果。

(4) 实施类型。主要分为三类:第一类是学生整本书阅读比赛类展评学习活动,如,在王丹旦老师主持的初一年级语文《西游记》整本书阅读中,学生课前、课中与课后"三程"独立为辅、小组合作为主的系列解疑成果准备、分享比赛、评价和反思改进的活动。第二类是学生课本剧表演评价类学习活动,如,在许珠莉老师主持的初一《最后一课》课本剧编演实践中,学生围绕原文学习和迁移运用到中国抗日战争时期"某地的最后一课",在演前、演中与演后的"三大阶段"之选、品、编、演、评、改、创"七环节",参与 37 小步的以"编演评"为核心的活动。第三类是学生学科相关专题学习成果的"三程"展示与评价类型学习活动,如,顾丽萍老师主持的初一年级数学"第九章 整式的计算"专题之学生"三程""有独有合"说题、解题和归纳类学习活动。这些类型的活动,锻炼了学生"或独或合"梳理与总结课前相关探究学习活动成果、课堂参与现场比赛或分享交流探究成果并根据评价标准进行评价,以及课后进行反思改进的能力;增进了参与成果展评类学习活动的兴趣和自信。

(5) 实施形式。顾丽萍老师在初一年级数学"第九章 整式的计算"专题复习研究课中,实施了"五式"——借助"三程·三单"式、独立学习式、小组合作式、借助信息技术式和借助思维导图式。王丹旦老师在初一年级语文《西游记》整本书阅读研究课中,实施了"七式",以学生独立为辅、小组合作为主开展了包括成果的准备、交流、比赛、评价、反思、改进等 12 个活动(图8)。

课前:《西游记》整本书分主题阅读、梳理、归纳、制作 PPT 和组内成果初步展评活动类。一是围绕《西游记》,学生课前按概括的四个主题,设计一个西游颁奖礼,为师徒四人写一段颁奖词并展演。唐僧为什么要去西天?取经回来之后干什么?为什么《西游记》作为说经故事,最后故事里的神佛却丧失了神圣性?并自选小组(实际为四个)进行整本书

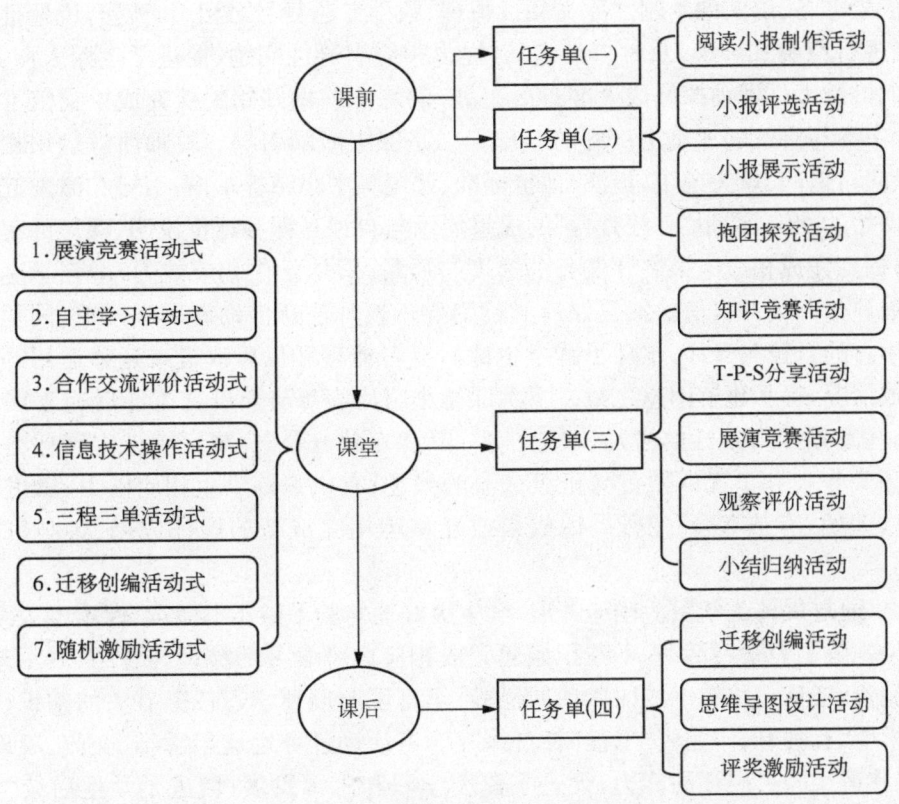

图8 《西游记》整本书阅读"三程·七式"下的12个活动

阅读,在学习单上记录相关阅读信息。二是学生独立撰写分工承担的小组阅读探究成果(文本类)。三是整合小组的成果和制作阅读小报类活动。四是组内进行成果交流和评议活动,注意自主改进小报和交流的PPT,注意改进口头交流时的不足。通过这四个活动,使学生的相应能力得到了有效锻炼;在组内展评中,自主发现交流成果的相关不足,并着手改进;激发了后续参与课堂交流展示好阅读成果的自信和参与竞赛的兴趣。

课中:学生现场完成整本书阅读的探究成果知识竞赛、演讲、展示和自评互评活动("五次"类)。以一个任务单串联起学生小组合作形式的一次知识竞赛活动、一次TPS交流分享活动、一次展演活动、一次观察评价活动和一次小结活动,从中有机锻炼了学生参与小组合作《西游记》知识竞赛、TPS交流分享、阅读小报成果展演、观察评价和小结归纳能力;增进了学生参与展评时的自信和兴趣。

课后:学生课后展评"三活动"类。学生借助完成课后一个任务单,串联起一次迁移创编(对"孙行者一调芭蕉扇"的故事内容进行重新创作,形式不限)活动、一次思维导图设计活动、一次评奖激励活动,培养了学生合作创编西游记故事、设计思维导图清晰简要表述梳理结果和根据标准进行评价的能力;评选出了"最佳创作"奖,激发起学生参与创编故事和展评阅读小报成功的兴趣和自信;延续了学生对整本书阅读的兴趣,开始了《海底两万里》《红星照耀中国》等名著阅读,学生的阅读变得更深入,也更自信。

(6)激励引导。一是课前引导。教师对于学生在课前"有独有合"主动完成整本书阅读分类成果准备、语文课本剧之原文阅读梳理、数学专题复习之相关解题与说题准备的学生,注意进行跟进式理解,及时口头表扬,提出相应引导性问题,促进学生深入探究思考,激发他们继续做好课前探究成果准备的兴趣;锻炼课前做好相关探究成果交流准备的能力,为课中参与有效展评奠定良好的基础。二是课中激励引导。教师注意运用相关实施形式、设问与追问、口头说明、板演、评价标准、课尾集中小结等举措,引导和激发起学生主动参与课始的交流、课中"有独有合"的成果展示与自评互评和评价说明、课尾的集中小结的兴趣;提高完成相应成果展评任务的速度与质量,锻炼学生相应能力;增强学生参与课中成果展评与归纳的自信。三是课后激励引导。教师注意借助课后学习单、同学之间加强课后学习的自控与互评,主动了解学生课后复习梳理和反思改进或迁移运用等展评类成果完成情况,提示化解困惑之策。下次课始小组代表参与全班交流课后完善展评类作业情况,注意给予肯定性的激励,增进学生课后"有独有合"完成完善课中展评类作业或迁移运用类作业和下次课始参与班级交流的兴趣;有机锻炼学生相应能力;增进学生课后和下次课始"有独有合"完善展评成果或迁移运用完成新的展评成果、参与班级交流的自信。

总之,通过展评类学习活动的开展,学生更好地体验了整本书阅读、课本剧表演、专题复习之说题解题类学习活动,不断积累起完成相应内容学习的梳理与总结、展示与评价、反思与完善、迁移运用和再展评活动的经验;丰富了与展评学习任务有关的知识;有效地锻炼了学生"有独有合"完成"三程"各自探究学习活动任务之成果总结、交流、展评、反思完善、迁移运用和再展评的能力,促进了深度学习和思维发展;增进了学生后续"有独有合"继续参与"三程"相关探究学习成果总结和展评活动的兴趣,以及"独合结合"反思与改进展评成果的意识。更可喜的是,学生们在此过程中,学会了尊重他人学习成果、分享总结成果和有效进行展评的经验,启发了后续学习。

第8类为思维可视化类课堂学习活动。

这是指实践教师根据总课题的要求,尝试在语文、数学、生命科学、地理等学科的学生课前、课中与课后学习活动中,针对某个或多个主题的学习活动,注意把握针对情况、设计和实施思维可视化类学习活动的基本步骤、类型、形式、方法和激励引导之"六要素"的举措,开展课前、课中、课后"三程"学生相应学习主题中"有独有合"的学习活动内容的直观、生动的思维过程可视化学习活动的设计、实施和评价的课堂学习活动类型,使学生更快更好有创意地"有独有合"地完成"三程"思维可视化学习活动的任务,锻炼相应的能力,增进这样学习的兴趣和促进良好学习行为习惯的养成。

以下主要以费云娇老师主持的预备年级语文《小站》研究课,以及何蓉老师在初三年级科学"脊椎动物"专题复习研究课教学中利用思维导图组织写作和专题复习"三程"学生学习活动设计、实施与评价的实践课例为例,概述思维可视化学习类活动"六要素"的基本操作和实效。

(1)针对情况。一是针对预习阶段,教师要求学生对语文或生命科学学科一课或一个专题学习/复习内容的大致情况和进行自学阅读、整理、把握的基础内容,以课前预习/复习任务单的形式加以呈现,鼓励学生借助思维导图进行预习梳理、归纳全课或专题内容的框架,呈现思维的结果,从而使学生快速地把握内容体系,锻炼相应阅读、梳理和归纳表达的能力。二是针对课始预习反馈,学生借助思维导图反馈课前学习/复习梳理所学内容的结果,锻炼预习成果的交流能力,方便其他学生观察交流反馈的内容,加深对课前预习或复习梳理基本内容框架的印象,激发课中继续运用思维导图等可视化工具进行作文或专题内容复习与交流的兴趣。三是针对课中展开阶段全课主体内容的学习/复习,学生在教师的引导下,借助思维导图对需要细化的学习内容作即时、快速的梳理、交流与归纳,充实、细化课前预习的课文或专题复习内容的框架,使学生一目了然地细化框架式呈现的课文学习内容或专题复习成果;锻炼学生借助思维导图即时阅读、梳理、分类和归纳总结课文或专题复习内容的能力;增进对借助思维导图等思维可视化工具精读课文、尝试构思作文框架、细化撰写设想和进行专题内容细化纲要内容的价值意识和继续加以尝试运用的兴趣。四是针对课尾集中小结,学生在思维导图、表格等引导下,小组合作为主梳理与交流全课所学/复习内容、方式方法与个性化学习体会或经验,锻炼相应能力,加深对所学内容的印象,增进对课尾集中小结的意识与兴趣。五是针对课后作业和下次课始的交流,学生在思维导图、表格等引导下,"有独有合"完成课后作业。费云娇老师研究课设计的作业是学生课后独立观察、记录身边的一处景致,以《身边的一隅》为主题(具体题目可以自拟),字数300～350字,30分钟内完成;根据《小站》课后的"阅读提示",多读几遍课文,以小组为单位,根据课上的思维导图,进行适当的修改,给文章设计一幅插图。何蓉老师研究课设计的关联作业为要求学生根据五类脊椎动物的主要特征,独立完善自己的思维导图;下次课始,参与班级交流。这使学生有效地延伸了借助思维导图、信息技术、表格等思维可视化工具"有独有合"地完成作业的兴趣;巩固了作文或专题复习的相应知识;提高了对所表达内容的清晰印象和快速把握整体的能力;搭建了后续学习的"脚手架";增进了继续尝试这样学习的乐学意识。

(2) 实施步骤。基本步骤是:①明确学习任务;②自主或合作预习借助思维可视化工具进行阅读、梳理与归纳;③完成可视化预习成果的表达;④确认内容参与组内初步交流;⑤教师引导、搭建"思维脚手架";⑥课堂师生归纳总结完善思维导图框架和具体内容;⑦课后学生借助思维可视化工具完善思维框架内容、完成其他思维可视化作业或拓展学习任务;⑧下次课始参与全班交流运用思维可视化工具完成课后作业和进行拓展学习的体会与经验。思维可视化类学生学习活动设计与实施的基本步骤见图9。

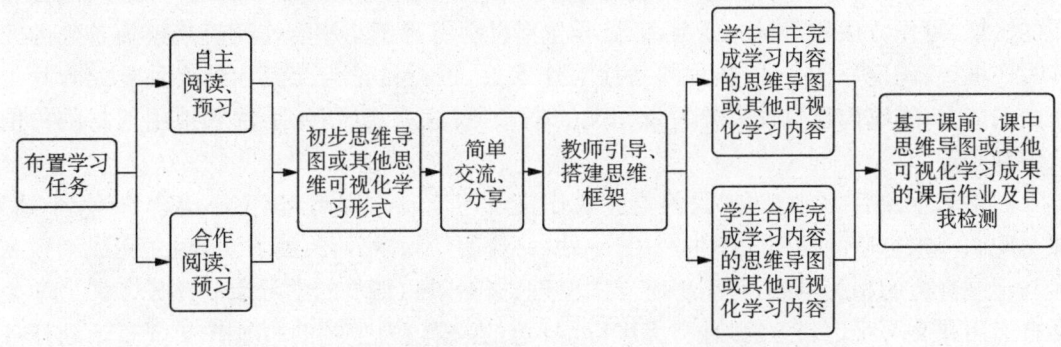

图9 可视化类课堂学习活动设计与实施的基本步骤

(3) 实施类型。在费云娇老师主持的语文《小站》研究课中，主要有学生的"三程""或独或合"运用思维导图类学习活动的探索。

一是课前学生"2合1独"写作学习活动。学生小组合作借助思维导图，完成《小站》的预习梳理活动任务，锻炼小组合作梳理课文内容、写作方法、作者的基本情况和提出预习中的困惑的能力。学生小组合作完成选择学校图书馆一角的景致，借助思维导图进行观察、记录学习任务，锻炼相应能力。结合《小站》的写作手法，学生独立结合观察、记录学校图书角的景致情况，完成《学校的图书角》(300字左右)小作文框架构思和撰写任务，锻炼相应能力。这一做法有机增进了学生对借助思维导图进行课文预习与信息梳理、校园相关景致观察与记录和构思作文框架、备注拟用写作材料的价值认识，促进了良好的课前"有独有合"借助思维导图进行预习、写作良好行为习惯的养成。

二是学生课中6次小组合作反馈、精读交流与完善习作探究式写作学习活动。在课堂中，学生小组合作完成观察我国现代高铁车站和20世纪60年代的蒸汽机车铁路小站图片、借助思维导图进行梳理、比较的学习活动任务，锻炼了学生小组合作观察、比较和借助思维导图表达车站景致差异的能力。学生小组合作参与完成反馈课前借助思维导图预习课文、收集作者信息的情况、提出困惑的学习活动任务，锻炼小组合作探究重点(即借助思维导图梳理概括课文叙述的内容、写景的方法和这样写的原因)的能力；促进养成借助思维导图对课文内容、写作手法、作者情况和存在困惑进行梳理、概括之良好行为习惯。然后，学生进行四次小组合作运用思维导图学习活动，学生小组合作完成以下三个层面对课文内容与写作方法的精读品析、讨论、交流学习任务：文章写了什么？怎样写的(小组将课文有序地划分并利用思维导图的方式归纳课文所写内容概要，并讨论若是将顺序打乱，是否可行)？为什么这样写？学生小组合作观察师生示范思维导图的基本类型与用法。学生小组合作尝试借助思维导图的相关类型和方法对精读品析的课文内容、写作方法、主旨进行梳理、讨论、交流和归纳，从中有机锻炼学生围绕教师的引导性问题，小组合作借助思维导图精读品析课文，梳理、讨论、交流和概括课文内容、写作方法、主旨的能力；增进学生对作者所表达的小站工作人员热爱生活、忠于职守精神的钦佩之情；激发学生对小组合作借助思维导图精读品析课文、进行梳理、概括和交流的价值的认识与兴趣。学生完成小组合作讨论、交流课前在借助思维导图观察、记录学校图书角素材基础上的《学校的图书角》习作，并借助思维导图的相关类型与方法，完成小组进行讨论、交流分析和修改完善习作的构思、写作方法和用材的任务，锻炼学生借助思维导图小组合作交流观察为基础的完善写作框架、确定写作手法、梳理与备注写作素材、进行讨论与交流和最终独立完善写景作文的能力；继续内化这样完善写景作文的框架、备注要点、写作手法和拟用素材的价值认识和兴趣。

三是学生课后"3独1合"完善与完成作文学习活动。课后，学生小组合作为《小站》课文配画一幅合适的插图。学生运用《小站》一课所学写景、写人的方法，独立完成细致观察与记录身边的相关景致，利用思维导图梳理、概括景致细节的学习活动任务。课后学生结合运用课文写景记叙方法，独立完成以《身边的一隅》为主题的写景作文撰写活动任务(30分钟内完成，字数为300~500字)。下次课始，小组代表完成参与全班交流课文插图和所撰写的《身边的一隅》作文任务。从中，有机锻炼学生小组合作为课文配画合适的插图、借助思维导图和课文所学写景的方法,以及独立完善课前习作、撰写新习作的能力;促进学生借助思维导图构思习作框架、备注写作要点、写作方法、拟用材料和具体进行修改完善与新作撰写的良好写作行为习惯的养成;增进这样修改完善原作、借以观察周边景致和进行新作构思与写作、交流的兴趣。

(4) 实施形式——"三式"。一是借助思维导图式。围绕《小站》一课的学习和作文,费云娇老师引导学生在学习运用思维导图和借助思维导图梳理、归纳与交流课文内容与写作方法、所表达的主旨、完善课前观察与记录,并在此基础上完成《学校的图书角》习作,课后完成"2独2合"写作学习活动(小组合作为课文配画插图、独立观察与记录身边的一处景致和撰写《身边的一隅》、下次课始参与全班交流课文插画和新的习作),初步培养学生借助思维导图"三程"系列活动进行景致观察、记录,以及文本阅读、内容与写作方法、主旨信息记录、梳理与归纳及进行两次写作、评价与交流的能力;增强学生借助思维导图等思维可视化工具学习课文、进行观察与记录和尝试写作与交流的兴趣和自信。二是应用信息技术式。如,费云娇老师借以引导学生"有独有合"构思模仿《小站》的课文写法框架、备注撰写要点和拟用素材与尝试写作、交流,锻炼学生课前作文、课中交流与完善、课后再观察与再创作的能力,从中初步学会记叙文写景细致的描写方法和锻炼有效表达文章中心思想的能力;促进学生借助思维导图观察与记录景致、构思习作框架、备注写作要点、写作方法、拟用材料、表达主旨,并具体进行写景作文撰写的良好自主写作行为习惯的养成;增强学生进行课文信息梳理、景致观察与记录、运用于作文构思与撰写并参与全班交流的兴趣。三是借助表格式。如,王丹旦老师在《西游记》整本书阅读研究课中,借助所设计的《西游记》整本书阅读文学知识质疑解疑竞赛情况记录表,引导学生提出阅读中质疑的问题,尝试解答和记录看法,彰显学生阅读中质疑解疑的结果;又借助所设计的《西游记》整本书小组专题阅读探究成果评价标准,引导学生从交流内容(即问题探究的深度)、交流表达的流畅性、媒体应用、小组合作和特色加分"五维度",进行《西游记》整本书小组所探究问题的专题阅读成果评价,引导学生专题探究的实施;促进"五维度"探究结果背后思维的外显;保证评价的客观、公正性。

(5) 实施方法。以费云娇老师的《小站》研究课为例,实际涉及思维可视化的实施"六法"。①学生课前自主预习和参与课始反馈法,②课中与下课始穿插的教师讲授学生听授法,③课中围绕课文重点内容探究的精读法,④比较法,⑤归纳法,⑥学生"三程"学习中借助思维导图的多元实践法。学生在教师引导下学习思维导图的功能、类型与基本用法的实践、借助思维导图精读课文;梳理与概括课文叙述内容、写景方法、写作原因,以及作者所表达的主旨;课前观察学校图书一角并记录素材,构思《学校的图书角》习作框架,备注拟用写作材料;课中小组合作完善《学校的图书角》写作框架、写作手法,进行讨论与交流和最终独立完善写景作文;课后独立完成观察与记录身边的相关景致,运用课文写景记叙的方法独立完成写景作文《身边的一隅》;下次课始参与全班交流新作)。有效地锻炼了学生借助思维导图课前独立观察学校图书馆情况,写作《学校的图书角》的能力;锻炼了课上从三个层面,即课文内容、记叙方法和所表达的主旨,进行独立阅读、小组讨论、交流和借助思维导图梳理、归纳的能力;课后运用课上所学记叙方法,完善课前写作《学校的图书角》的能力,细致观察身边的景致并利用思维导图整理观察到的景致细节的能力,撰写《身边的一隅》作文的能力;增进了写作兴趣和对思维导图价值的认识,提高了学生运用可视化技术学习和表达所学内容、作品的自觉性。

(6) 激励引导。以费云娇老师主持的《小站》研究课为例:一是课始,教师借助多媒体展示现代高铁车站和20世纪60年代乡村铁路小站图片,引导学生进行合作观察、比较与交流,激发学生借助思维导图观察、记录景物和概括景致特点的兴趣。二是课中展开阶段,教师注意及时、多样化地随机激励学生学习思维导图和借助思维导图,小组合作精读课文,尝试梳理、归纳课文的内容、写景记叙方法和所表达的主旨,交流与完善课前独立撰写的《学校的图书角》写作框架、确定写作手法,梳理与备注写作素材和独立完善这一写景作文等多元实践行为,有效激发学生学习思维导图基本技术和小组合作借助思维导图完成新课学习任务、完善《学校的图书角》写作框架、确定写作手法,梳理与备注写作素材和独立完善这一习作的兴趣;全体学生初步掌握借助思维导图的相关类型来梳理归纳文本信息的基本方法,有效锻炼通过合作完善课前观察景致记叙作文的框架、备注拟用观察素材和课后独立完善《学校的图书角》一文的能力,提高作者独立完善作文的速度和质量;保持撰写基于观察景致的记叙文的兴趣。三是教师注意随机激励与引导学生课后主动借助思维导图观察身边的景致细节,由此独立撰写《身边的一隅》作文,提高下次课始主动参与全班交流的兴趣;增进学生这样完成课后写作任务、完善原习作和撰写新习作的兴趣和对思维导图价值的认识,提高学生运用可视化技术独立完善课前作文与课后新作的自觉性,激发学生后续继续借助思维导图等思维可视化技术学习语文的积极性和自信心。

总之,学生通过借助思维导图、信息技术等思维可视化工具对课文学习精读内容加以梳理、分类、整合和概括的过程,有效锻炼了学生精读与梳理课文内容重点、写景记叙方法和作者所表达的主旨的能力。通过对课前与课后观察、记录《学校的图书角》和《身边的一隅》景致素材,并进行习作构思、撰写、交流评价和逐步加以完善的过程,有效地提升了"或独或合"观察、记录学校和日常生活中的景致,构思写景记叙习作框架、备注写法和拟用素材,进行实际撰写、合作讨论、交流评价,以及独立完善课前与课后习作的能力。在许多学生的课堂笔记、探究学习的过程记录里,可以看到思维导图等思维可视化类学习活动对他们的学习和思维习惯产生了积极的影响,更好地为他们提供了预习、复习、自主学习的有效手段,也帮助学生提升了乐学善学的学会学习素养。

第9种为项目化学习类课堂学习活动。

这是指实践教师根据总课题的要求,尝试以语文、生命科学等学科为基础,通过引导学生明确驱动性的真实问题,调用多学科的知识技能,按照项目化学习的六大环节的基本流程,围绕驱动性问题、"三程""或独或合"开展探究活动,通过进行项目设计、项目实施、项目评价等环节,思考问题、解决问题,表达和发布成果、评价成果的课堂学习活动类型,以此来培养学生自主探究性学习的能力,尤其是跨学科学习素养。

以下主要以王丹旦老师在初一年级语文的《西游记》整本书阅读项目化学习任务群实践中,围绕"假如唐僧师徒遭遇新冠"的驱动性问题,尝试"有独有合"创作四格漫画的项目化学习为例,说明引导学生"独合结合"进行项目化类学习活动"四要素"举措的基本操作与实效。

(1) 针对情况。一是落实教育部2022年九年义务教育语文新课标对培养学生核心素养的需求。二是针对教师探索语文新课标学习任务群设计、实施与评价的需求。三是针对学生在为期半年左右的《西游记》整本书阅读过程中，结合时处疫情这一情况，基于《西游记》整本书阅读（语文学科），整合运用其他学科的知识与技能，设想、实施与展评阅读成果的需求。

（2）实施步骤。基本步骤是：①（师生合作）确定驱动性问题（即"假如唐僧师徒遭遇新冠"）；②形成合作小组，确定分工；③自主设计活动目标和制订实施计划；④教师提供信息资源；⑤团队合作探究；⑥教师指导项目进行，学生做好合作探究过程性记录（项目日志）；⑦解决阶段性问题；⑧进行阶段成果过程性分享交流和师生合作监控项目推进质量；⑨小组合作继续探究完成成果；⑩发布成果；⑪进行多样化评价（学生自评、互评，师评，其他主体参评）；⑫形成结论、解决问题（或产生新的驱动性问题），具体见图10。

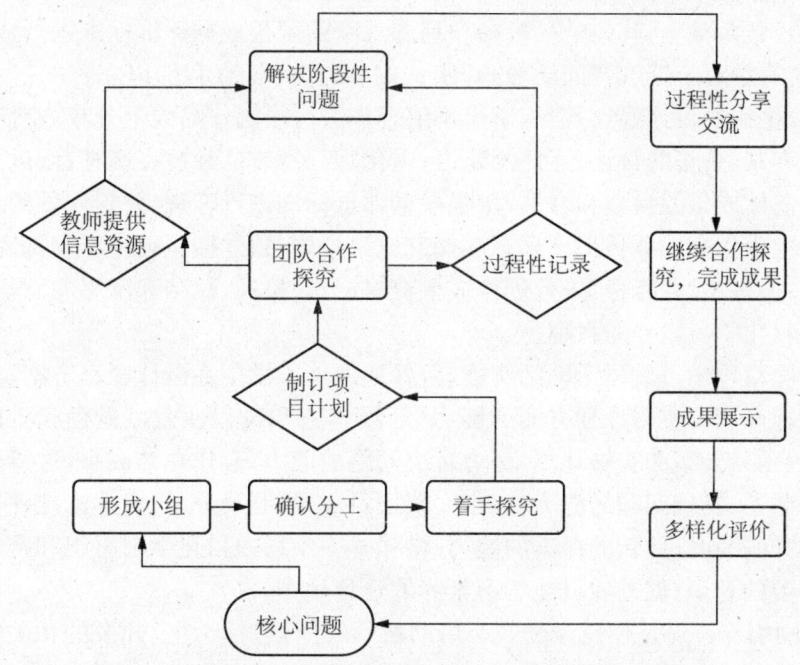

图10　项目化学习类课堂学习活动设计与实施的基本步骤

（3）实施类型，围绕"假如唐僧师徒遭遇新冠"，学生的"三程""或独或合"进行阅读、演绎探究学习活动。

课前学生独立"精读"、合作比较阅读（"跳读"）《西游记》片段和对《西游记》不同版本历史沿革合作探究活动类：一是学生根据阅读任务单，独立完成《尸魔三戏唐三藏 圣僧恨逐美猴王》"精读"活动。二是学生在对《西游记》整本书阅读的基础上，选出其中的1～2回，与"三打白骨精"片段进行比较阅读（"跳读"），找出唐僧师徒的人物性格特点。三是学生确认分组和组内分工后，每个小组做好"假如唐僧师徒遭遇新冠"的探究计划。四是学生通过小组合作阅读单，进行《西游记》不同版本历史沿革探究活动。这就使学生基本把握了唐僧师徒的人物性格特点，加深了对"西游精神"的理解，为后续分别演绎好唐僧师徒遭遇新冠疫情时的合理情况奠定了基础。

课中学生合作学习、创作、完善、展示与评价"假如唐僧师徒遭遇新冠"四格漫画探究学习活动类：一是教师针对核心问题，组织学生线上欣赏"四格漫画"设计要点，联系生活头脑风暴构思四格漫画设计逻辑链与情境，线上分配四个小组和选定分工讨论创作情节，启动小组创作实践活动。从而，拓展学生"四格漫画"设计方面的知识与技巧，锻炼相应能力；增进小组合作借助四格漫画创作唐僧师徒如何抗疫作品的兴趣与自信。二是学生分4个小组，开展"假如唐僧师徒遭遇新冠"四格漫画分组创作活动，锻炼小组合作进行漫画脚本片段的情境设计和尝试绘作、合成、修改及完善作品创作能力；增进小组合作自主反思与完善作品意识、创作的兴趣和自信。三是各小组进行阶段性成果的分享交流、评价（监控计划执行进程和阶段成果质量），提出解决问题的举措。四是总结文本性或其他形式的成果，并完成成果。五是学生各小组再次对阶段性成果分享（第二次监控）后，进行修改、改进。六是四个学生小组合作开展线上"假如唐僧师徒遭遇新冠"四格漫画成果展示发布活动，由教师、学生、其他学科教师和到课观摩的家长根据评价标准进行成果评价，锻炼学生线上"有独有合"欣赏"四格漫画"实例内容、作品特点和加以完善的能力；拓展"四格漫画"需要把握的设计要点；锻炼学生小组合作进行漫画作品线上分享、交流、展示和根据标准进行客观、公正的自评、互评的能力；内化"西游精神"和抗疫精神；增进发表项目化学习任务群总体成果的兴趣和自信；增强根据评价标准进行客观、公正评价的意识。

课后学生合作完成项目记录日志和探究成果报告，独立撰写创作反馈探究活动类，锻炼相应能力；增进"有独有合"进行创作成果资料记录、梳理、总结和反思的意识；提升后续迁移运用项目化学习素养的兴趣。

"三程"项目化学习具体活动的实施，较好地锻炼了学生在设计项目方案、清晰厘定项目化学习目标和制订实施计划方面的能力；开展实施和过程性监控进程和阶段成果质量的能力；完善项目方案和实施计划，努力解决问题的能力；合作总结成果，进行阶段性成果发布和开展监控、发现问题的能力；逐步完善项目成果，开展分享、根据标准评价和进行质疑、发现新的问题和进行新的探索的能力；增强学生学科项目化学习意识和跨学科合作开展项目化学习的意识；促进项目化学习素养的迁移运用。

（4）激励引导。一是预设激励式。借助教师（有时包括学生）开发的相关学科和跨学科项目化学习特定主题的阶段性和终结性评价标准（有时是评价内容与要求，有的是选票等），组织对学生相应阶段的学科和跨学科项目化学习的阶段性和终结性成果，进行学生自评、互评和师评等多元主体参与的评价，激发学生在不同阶段参与项目化学习的兴趣，注意保证项目推进的进度和提高质量；锻炼学生"有独有合"参与跨学科进行项目化学习成果总结、发布和评价能力，提高成果质量；增进学生根据评价标准进行客观、公正评价，注意反思与改进的意识。二是随机激励式。这是指对学生或独或参与跨学科项目化学习不同阶段活动的进步行为、参与学习活动的主动性、完成探究成果创作、总结、发布、评价等的速度、质量，思维的严密性和知识与技巧把握的正确性和一定的独特性等表现，及时进行口头语言、肢体语言和表情等激励；对学生的小组合作学习活动，注意从小组层面加强随机激励与引导，有效引导学生在探究过程中的主动参与性和注意提高完成探究成果的速度、质量、思维的严密性和知识与技巧把握的正确性、一定的独特性等行为；增进了学生保持参与项目化学习学习活动的兴趣、自信与根据标准评价与改进的意识。

总之,项目化学习类"三程"活动,真正落实了学生的自主、合作、探究地完成学习任务的体验,有效锻炼了学生的项目化学习基本流程所涉及的各种能力,锻炼了学生的实践能力和创造能力,提高了学生在项目化学习过程中参与活动的热情,促进了探究学习思维习惯的养成。

(七) 基于核心素养理念下初中生课堂学习活动设计与实施的评价体系研究

1. 六大方面评价依据

(1) 中共中央、国务院、教育部和上海市等相关考试与评价改革的政策依据。

(2) 教育部《中国学生发展核心素养》理念之学会学习素养。

(3) 上海市相关学科课程标准。

(4) 上海市中小学生学业质量绿色指标。

(5) 五三中学的学校办学理念。

(6) 本课题的研究目标、所定学生素养发展目标和素养内容等。

课题组将以上这些依据,按主题整合到相关评价标准制订、运用和评价方法的设计、运用中去,以诊断师生课堂学习活动设计与实施情况、素养发展现状,引导课堂学习活动设计、实施和评价活动的更好开展,引导师生相应素养的提升,促进了学校的更好发展。

2. "3+X项"评价标准

1)"3项"总体评价标准

围绕基于学会学习核心素养理念的初中学生课堂学习活动设计、实施和评价活动的组织,以及师生素养发展的评价,开发了以下3项课题组的总体的评价标准。

(1) 基于核心素养理念下初中生课堂学习活动设计与实施研究课评价标准。

(2) 基于核心素养理念下初中生"三程"学习活动素养发展评价标准。

(3) 基于核心素养理念下初中生学会学习素养发展评价标准。

以上3项总体评价标准,其中(1)(2)项是以表6为基础进行的评价标准研制,第(3)项是以表5为基础进行的评价标准研制。具体参见子课题报告《"基于核心素养理念下初中生课堂学习活动设计与实施的实践研究"之评价体系研究》。这些总体评价标准,引导了教师开展相应研究课的设计、实施;引导了学生学会学习核心素养和"三程"学习活动素养的发展;为研究课和学生相应素养发展的初期诊断、中期过程性评价和后期终结性评价提供了较为客观、公正的依据,提高了课题研究的科学性。

2)"X项"评价标准

"X项"评价标准,是指在相关学科研究课(或活动)中,针对特定学习内容或活动的过程性或一定阶段性的评价标准。实际包括以下6项。

(1) 学生小组合作《西游记》整本书阅读专题探究成果课堂展演交流竞赛分享活动评价标准。

(2) 学生小组合作《西游记》整本书阅读专题探究展示交流竞赛式分享学习活动各小组得分汇总统计评价标准(教师汇总用)。

以上2项评价标准,即为王丹旦老师主持的初一年级《语文教学实施"七式"提升学习整本书阅读竞赛类的学习活动设计与实施——以〈西游记〉整本书阅读"七式"竞赛类学习活动设计、实践与分析为例》研究课课例中的相应评价标准。

（3）学生自主创作诗歌评价标准，即张燕莺老师在初一年级《语文教学实施"四式"提高学生自主学、创、说、评诗素养类学习活动设计与实施——以〈天上的街市〉学习活动设计、实践与分析为例》研究课课例中的相应评价标准。

（4）《最后一课》课本剧小组合作表演类活动评价标准，即许珠莉老师在初一年级《学生语文课本剧编演评素养，在"七环节·37小步"的实施中得以逐步提升——以〈最后一课〉课本剧"编演评"拓展学习活动设计、实践与分析为例》主题式案例中的相应评价标准。

（5）学生课后独立绘制英语连环漫画评价标准（下次课始参与全班交流中用），即陆樱燕老师在英语课例中，用于下次课始学生参与全班交流上节课后所独立绘制的英语连环漫画的评价标准。

（6）《西游记》整本书阅读暨"假如唐僧师徒遇到新冠"四格漫画创作展示交流评价标准，即王丹旦老师在其项目化学习主题式案例中的相应评价标准。

这些学科研究课活动中的评价标准，引导了师生针对学科特定学习内容或活动的设计、实施和开展过程性或一定阶段性的结果评价；提高了相应评价的客观、公正性；增进了学生据标进行客观、公正评价的意识。

3．评价方法

总课题组主要探索了6种评价方法：量表法、问卷法、测试法、观察法、展评法、综评法。

评价"六法"的实施，为课题组和实践教师把握学生学会学习核心素养、"三程"相关学习活动素养的现状，开展有针对性的课题研究和学科课例研究、学习活动设计与实施，为评价设计与实施的实效，提供了基于评价方法所得的实证依据；提高了课题设计、实施的针对性和评价的客观性与科学性。

四、研究效果

（一）学生方面

围绕学生学会学习核心素养的三个层面（即乐学善学、勤于反思和数字学习）之三素养（即响应意识、能力和良好行为习惯），课题组组织的对学校预备到初三四个年级学生的"简单随机抽样"调查，所获有效问卷370人（占学生总数的26.83%）的30道题题目的后测数据（具体数据参见《基于核心素养下初中生学会学习素养现状调查报告（后测）》表明，学生学会学习三个层面的三素养，有以下三个方面的明显（个别为较为明显）提升和一大方面的特征。

1．学生学会学习的意识有明显的提升

从第1—2题和第11—14题的6道题目的调查结果数据，结合其他题目和教师的日常观察、了解可知，四个年级学生学会学习的意识有明显的提升。主要表现在以下方面。

（1）学生善学乐学的意识提高明显。

（2）学生数字化学习的意识提高明显。综合后续的相关学习学习能力与习惯中涉数字化学习的状况的数据可知,学生普遍对数字化学习工具的优势,具有明确的认识;能借助数字化信息工具进行学习资源信息的收集与处理;课堂学习活动中利用数字媒体进行课堂学习活动设计、实施和评价的能力有明显的提高;学生数字化学习的运用,在往低龄化发展。

(3) 学生勤于反思的意识提高较为明显。从教师对学生课堂与课后学习活动中的日常观察与了解可知,学生能及时内化反思课堂上的知识点;能坚持在课后对新知识进行反思总结。

(4) 学生"四个层面"的学习意识提高明显。

2. 学生课堂学习活动的能力有明显的提高

(1) 学生自主学习的"5种能力"提高显著,即学生的自主阅读的能力、主动探索有效学习策略的能力、自主诊断不同阶段学习情况的能力、主动改进日常学习不足的能力和借助数字化学习工具尝试进行收集和处理学习资源的能力,都有显著提高。

(2) 学生课堂学习活动的"7种能力"提高显著,即学生在课堂学习活动中的整体设计能力,不同类型学习活动的设计能力,集中注意力的能力,识记与理解所学内容的能力,善于有机运用学习策略的能力,利用数字媒体进行课堂学习活动的设计、实施和评价的能力,这6种能力在四个年级中均为显著提高;学生在课堂学习活动中多元内化的能力,这1种能力在预备到初二年级为显著提高,初三年级为较显著提高。

(3) 学生的"3种评价能力"提高显著,即学生课堂学习活动之预设评价的能力、本课目标达成评价的能力和学会学习素养发展评价的能力,在四个年级中评价总体均为显著提高。涉及的学生对自己在课堂学习活动中利用数字媒体进行课堂学习活动设计、实施和评价的能力,在四个年级中评价总体均为显著提高。

3. 学生自主学习和课堂学习活动"9种习惯"有较为明显的提高

(1) 学生日常"3种学习良好行为习惯"提高较为显著,即学生认为拥有的自主学习的良好行为习惯、学习中勤于反思的良好行为习惯和借助数字化技术完成学习任务的良好行为习惯,综合评价为较显著提高。

(2) 学生课堂学习活动中的"6种学习行为习惯"显著提高,即学生的课堂学习活动中注意把握程序性学习行为习惯、注重把握具体方法的行为习惯、注重学习质量的行为习惯、注意积极思考的行为习惯、注意及时反思内化的行为习惯和注重评价激励的行为习惯,综合评价为显著提高。

4. 学生学会学习的素养变化存在一定的年级差异和部分素养还有待提高

学生学会学习的意识、课堂学习活动的能力和自主学习与课堂学习活动的良好行为习惯的总体变化,初二年级的学生最为显著,初一年级学生为其次,这与两个年级的学生受到的多类型的课堂学习活动实践经历较多,为正相关。初三年级,就其自身纵向对比变化还是显著的,但与他们经历的多类型的课堂学习活动实践经历较多,不够匹配,这可能与学生处在初三年级阶段后面临的学习、考试压力重有关,也可能与对问卷内容的认识与理解、判断与把握的标准不一有关。

另外,部分年级学生学会学习的三类核心素养还待提高。例如,预备年级学生的主动改进学习不足能力、借助数字化技术收集处理学习资源能力和课堂学习活动设计能力需提高;四个年级学生的自主学习的良好行为习惯,初三年级学生的乐学善学意识、主动改进学习不足能力、借助数字化技术收集处理学习资源能力和勤于反思的良好学习行为习惯等素养,还需进一步提高。

(二) 教师方面

1. 更新了教师教育教学理念

通过本课题的研究,参与研究的教师初步树立了以下教育教学理念:以发展学生学会学习核心素养为中心,以落实学校以"一切为了师生的主动发展"办学理念为目标,践行主体化教学和活动教学的理念;以符合总课题要求的、清晰与科学的研究主题为引导,以精到的学情、课标、教材和其他依据的分析为基础,以"本课化""干货型"的学习活动和学会学习素养发展目标为定位,明确学习活动的类型、针对情况、实施的步骤、策略、具体类型、方式、方法与激励引导等为落实举措;以学生学习活动串联"三程"学习过程,尝试规范、科学和有一定特色地开展学科之学生"三程"学习活动的设计、实施与评价的探索,促进"本课化"的学生学习活动素养、学会学习素养之发展目标的达成,循序渐进地推进学校办学理念的落地。

2. 提升了教师课堂学习活动设计与实施研究的七大能力

教师通过加强学习,听取专家辅导,参与学科组互动研讨和课堂实践,一是逐步加深了对"课堂学习活动"的核心精神与操作基本要求的理解与把握的能力。二是提升了根据总课题的要求,把握学科研究的主题,尝试开展符合研究主题和学科教学要求的研究课之"三程"学生学习活动的设计能力。三是提升对设计方案据实加以实施和有机融入评价的能力。四是提高了实践后成果总结的能力。五是提升了对实践与成果进行反思与改进的能力。六是提升了部分教师借助本课题研究的过程中所积累的经验、提升的素养,迁移运用到其他教研主题、项目方面进行自主与合作探索的能力。七是提升了及时与校内、外的伙伴、备课组、教研组和学科中心组的同行探讨沟通,分享探索成果与研究心得的能力。

2018 年以来,学校教师各类科研成果数量不断增多、质量提升、获奖增多,中、高级教师职称论文鉴定通过率提高,以及评上中、高级教师职称的比例增加,也侧面体现了教师教育教学与研究能力的提高。

3. 促进了部分教师良好的科研习惯的养成

通过参与课题研究,教师的教育科研素养有了较大提升。在浦东教发院相关科研专家指导下,许多参与实践研究的教师开始注意学习运用各种研究方法进行教育教学的研究。从 2018 年开始的 5 年来,18 名教师撰写的带有一定研究性质的课例、专题总结、主题式案例、项目化学习案例等类型的成果,数量大为增多,质量有所提高。学校有 35 篇次的教师教育教学研究成果在川沙中学教育集团或在区级及以上交流、发表或获奖,这也印证了教师教育教学研究意识、成果总结意识与分享的增强,坚持研究的良好习惯正在养成,综合素养得到逐步提高。

(三) 学校方面

1. 促进了学校办学理念的落实

学校以"一切为了师生的主动发展"办学理念为目标,希望"把学校办成一所具有真正优质教育的学校"。通过近6年脚踏实地的探索，学校的办学理念得到了更为深入的落实。

2. 促进了教与学方式的改进

本课题之四轮课例行动研究，以及结题后以主题式案例为代表的深化研究，都是围绕着落实学校办学理念和教育教学理念进行的，通过课堂主体的变化、评价方式的改变，以关注学生"能力"为核心，课题组立足基础、体现教学本质、注重思维本质、关注学习过程，从设计到实施，从实施到评价，从评价到反思，从反思到再次实践，一定意义上促进了课堂中教与学方式的改变。教与学方式的变化，核心就是体现本课题之自主学习式、小组合作学习式和整合学习式这"3类"课堂基本学习活动下9种具体的学习活动类型，并探索了"3类·9种"学习活动之各自"五到七要素"的基本操作要求。这使师生们对教与学方式的探索有规可循，让教学行为和学习行为都产生了变化，化被动为主动，让课堂变成学生主动学习、发展学会学习核心素养的中心阵地。

3. 促进了学校师资队伍素养的整体提升

2018年—2023年9月，课题行动组中4名老师被列为高级职称教师评审，11名老师晋升为中级职称评审；3名老师完成了浦东新区青年新秀培训；4名老师成为浦东新区学科骨干教师，学校区级以上骨干教师增加为10名；4名老师加入浦东新区数学、心理、团队、科研中心组；1名老师参加了援疆支教，圆满完成任务后继续开展实践探索；3名老师参加区学校后备干部的培训，2名走上了学校中层行政岗位。通过课题的实践探索过程，不仅提高了行动组教师的科研素养，也提升了其综合素养。从2018年的5年来在川沙中学教育集团或在区级及以上交流、发表或获奖的成果数量逐步增多、质量和层次提高的情况来看，这也印证了教育科研一定程度上促进了学校师资队伍综合素养的提升。

4. 促进了学校教学整体质量的提升

这些年来，学校教学质量逐步提升。以2021届初三毕业生为例，其中考优秀率、及格率、录取率都在区内的高位发展，该届初三教师中，有6名是课题行动研究组的成员。

可见，课堂教与学方式的改变，促进了学校教学整体质量的提升。

5. 促进了学校的特色建设

通过对课题中"3类·9种"学生学习活动框架与落实举措"五到七项要素"举措的探索，行动组成员们不断摸索、实践，并形成了一批较有自己教学特色的课程，比如王偲虹老师的KWL英语阅读策略，她既尝试在基础课程中融合，也开设了探究课程，帮助更多的学生掌握英语阅读的提升方法。王丹旦、何蓉、徐婕老师通过对课堂学习活动中项目化学习理念的渗透和摸索，从学科课堂走入跨学科课堂，从基础课程到开设项目化学习社团……学习活动的范围，也由课堂拓展到课前，并延伸到课后。"课堂"概念的扩大、活动类型和具体活动小类的丰富，促进了学校课程特色的摸索和形成。2021年12月，学校申请成为第二批浦东新区项目化学习实验学校，锚定项目化学习这一特色教学方式和理念，从"小课堂"延伸到整个学校，促进了学校多元学科课堂的特色发展及建设。

6. 促进了成果的辐射影响和扩大

近6年来，基于学校课题，开展了四次课题实验课展示活动，并在课题行动组基础上，组织了3次教学展示周活动，目的是与周边兄弟学校一同交流分享，研讨在学校课题进程中的思考与成果。2019年,育华学校朱珍老师与课题组康燕君老师一同开展同课异构活动,参与到了课题实践行动中。自开题以来,课题组通过"精彩五三"微信公众号,发布了近10条与课题相关的实践活动信息,获近万次的浏览量,得到了家长和社会的广泛好评。每一次的展示分享,也在一定程度上扩大了课题组成果的辐射和影响。

现场结题后,学校将课题书稿出版之一的"案例选"和"论文选",进行筛选后整合为"综合成果选",并进行了深化研究,新增了2篇子课题报告和7篇主题式案例。"综合成果选"由1篇结题报告、5篇子课题报告、15篇研究课课例和7篇主题式案例,合计28篇成果构成,对核心素养背景下初中课堂学习活动设计、实施与评价的规范、系统和带有一定创意的研究,对一线教师学科教与学方式与评价改进的探索,有较高的参考价值。

五、成果与价值

(一) 主要成果

(1) 课题"综合成果选":28篇。
(2) 成果在川沙学区、川沙中学教育集团以上层面发表35篇。
(3) 课题实验课视频:23节次,皆在川沙中学教育集团进行了展示。

(二) 研究价值

1. 形成了较为系统的研究理论和框架

本课题从立项开始,对概念内涵、研究内容、研究原则、研究方法等进行了较为系统的规划和框架建设,通过对相关文献研究、现状调查的分析和梳理,通过联合运用多种科研方法,在一所城郊公办初级中学,基本覆盖所有学科,对7项内容进行了系统、扎实的实践研究,完成了较为完整的总体研究框架,形成了一定的研究经验,丰富了基于核心素养理念的初中学生课堂学习活动设计与实施的理论,具有一定新意,研究理论和框架完整。

2. 具有可操作、可复制、可辐射的推广价值

通过扎实实践,总结出9类课堂学习活动的操作流程、基本步骤和内容参考,配合电子课堂资料和课例研究,为基于素养的课堂学习活动提供了具有一定可操作、可复制、可辐射的实践模板,可广泛作为同仁们提升课堂效果、研究素养渗透的课堂教学的参考资料,具有一定的参考价值。

3. 具有可拓展、可延伸、可深入的后续研究价值

基于素养的课堂学习活动不仅只有本课题研究中的9种,在后续的课题实践研究中,尚可继续挖掘、拓展、延伸、探索更多方面和更广时空的课堂学习活动类型。本课题的研究虽至此暂告段落,但关注学生素养培养,改变提升课堂学习,让学习更好、更真实地发生在每个课堂上的探索仍在进行。

六、结论与创新

（一）基本结论

一是现有研究还缺少在一所城郊公办初级中学的系统、规范地研究。二是具有鲜明的问题导向和国家倡导的核心素养导向。三是实践成效明显，7项研究内容全面＋超额完成，成果类型丰富、数量较多、质量较高和辐射影响逐步扩大。四是研究能够取得显效，再次证明了区域科研专家务实的长周期蹲点务实指导和学校响应系列保障举措的价值。总而言之，课题研究是有很强针对性的；研究内容和所用研究方法是适切的；成效是明显的；成果是丰富和具有一定可复制性的；创意是可见的。

（二）创新之处

针对三类现实问题，顺应学校办学理念、国家发展学生学会学习核心素养要求和在一所城郊公办初级中学，覆盖主要学科，对7项内容，运用文献法、调查法、行动研究法（四轮）和经验总结法，采取了领导机制、参与人员、培训促进、实践过程、研究氛围、设备条件、特需激励7条保障措施，由区域科研专家蹲点式务实指导，开展了700多次的集中与个别辅导与讨论，进行了以规范、系统、扎实的实践为主，兼具文献、现状和评价的研究，构建起较为完整的课题研究框架，形成了一定的研究经验，丰富了基于核心素养理念的初中学生课堂学习活动设计、实施和评价的一定理论，具有一定的新意。

参考文献

[1] 核心素养研究课题组.中国学生发展核心素养[J].中国教育学刊,2016(10):1-3.

[2] 邵朝友,周文叶,崔允漷.基于核心素养的课程标准研制:国际经验与启示[J].全球教育展望,2015(8):14-22+30.

[3] 辛涛,姜宇.全球视域下学生核心素养模型的构建[J].人民教育,2019(9):54-58.

[4] 钟启泉.基于核心素养的课程发展:挑战与课题[J].全球教育展望,2016(1):3-25.

[5] 陈式华.基于学科核心素养的活动性型教学模式建构[J].思想政治研究,2016(6):77-81.

[6] 雷晓庆.义务教育阶段学生核心素养的特性与养成[J].现代中小学教育,2016(6):11-13.

[7] 胡书英.基于学生核心素养的教师教学方式的转变[J].理论探索,2016(10):12-14.

[8] 潘文斌.指向核心素养:儿童问学课堂的意蕴[J].江苏教育研究,2016(4):20-24.

[9] 石真平.加强学生课堂学习活动强度的思考与做法[J].教育导刊,2013(5):23-26.

[10] 王云生.课堂转型与学科核心素养培养——中学化学课堂教学改革探索[M].上海:上海教育出版社,2016.

[11] 郑金洲.基于新课程的课堂教学改革[M].福州:福建教育出版社,2003.

[12] 林崇德.21世界学生发展核心素养研究[M].北京:北京师范大学出版社,2017:76-128.

[13] 陈文强.核心素养与学校变革[M].厦门:厦门大学出版社,2016.

[14] 严洁.基于初中生核心素养的学校课程构建与实施研究——上海市延安初级中学的探索与实

践[M].上海:上海教育出版社,2016.
[15] 段莉.元认知理论、作用及其能力的培养[J].中北大学学报(社会科学版),2006(2):42-44.
[16] 王以新.学生写作学习活动设计的可视化路径[J].上海课程教学研究,2017(1):35-39.
[17] 李松林,李文林.教学活动理论的系统考察与方法论反思[J].外国中小学教育,2008(1):10-15.
[18] 宋宁娜.活动教学论[M].南京:江苏教育出版社,1999.
[19] 兰祖利,里斯.丰富教学模式:一本关于优质教育的指导书[M].华华,戴耘,包容,译.上海:华东师范大学出版社,2001.
[20] 周庆林.研究性学习指导·项目(活动)设计[M].桂林:广西师范大学出版社,2004.
[21] 赵呈领,徐晶晶.翻转课堂中学习适应性与学习能力发展研究——基于学习活动设计视角[J].中国电化教育,2015(6):92-98.
[22] 邵朝友,韩文杰,杨宇凡.基于分布式认知的学习活动设计[J].教育理论与实践,2020,40(20):3-7.
[23] 黄树生.简论建构主义理论观照下课堂学习活动设计的基本原则[J].江苏教育研究,2009(10):32-35.
[24] 卢强.课程学习活动设计重审:活动理论视域[J].电化教育研究,2012,33(7):95-101.
[25] 孔国忠.列昂节夫活动——个性理论述评[J].内蒙古师范大学学报(哲学社会科学版),1993(1):42-47.
[26] 廖哲勋,罗祖兵.试论学习活动方式的本质含义和重要作用——为修订课程标准和深化课程改革而作[J].课程·教材·教法,2013,33(1):3-11.
[27] 鲁满新,邓俊涛,刘彬.学会学习与学习化社会[J].中国教育研究论丛,2007:44-46.
[28] 弗里德曼,杜殿坤.学习活动理论[J].外国教育资料,1991(4):8-12.
[29] 孙海民,刘鹏飞.以活动理论审视学习活动[J].中国电化教育,2015(8):29-35.
[30] 李沂.A.H.列昂捷夫的活动理论[J].心理学报,1979(2):233-241.
[31] 张世英.关于A.H.列昂节夫活动理论的历史形成、基本思想和对它的评价[J].心理学报,1985(2):23-30.
[32] 钟启泉.教学活动理论的考察[J].教育研究,2005(5):36-42+49.
[33] 李文光,杨开城.现代教学设计理论研究的内容及方法[J].中国电化教育,2002(4):10-13.
[34] 杨开城.以学习活动为中心的教学设计理论:教学设计理论的新探索[M].北京:电子工业出版社,2005.
[35] 徐宁,刘清堂,赵呈领.学习活动设计与应用研究[J].中国教育信息化,2008(1):77-79.
[36] 乔晖.语文教科书中学习活动的设计[D].上海:华东师范大学,2010.
[37] 李松林.教学活动设计的理论框架——一个活动理论的分析视角[J].教育理论与实践,2011,31(1):54-57.
[38] 吴骏德,曹明.实施"双自"教育:促进自主发展[M].上海:同济大学出版社,2015.
[39] 金卫东,曹明."独二代"家庭教育指导新方略·论文选[M].上海:上海教育出版社,2017.
[40] 包卫达,曹明.基于积极心理学原理的有效教育实证研究——课例选[M].上海:同济大学出版社,2021.
[41] 杨龙,曹明,杨蕾.基于独立学习与合作学习相结合的教学方式研究·案例选[M].上海:同济大学出版社,2022.

第 2 篇

子课题报告

"基于核心素养理念下初中生课堂学习活动设计与实施的实践研究"情报综述

上海市五三中学 蔡志文

一、研究背景

(一) 概念界定

本课题是 2017 年学校被立项的浦东新区区级重点课题"基于核心素养理念下初中生课堂学习活动设计与实施的实践研究"课题之子课题。

"基于核心素养理念下初中生课堂学习活动设计与实施的实践研究",是指通过所定 7 项内容(课题内涵、文献研究、现状调查、培养目标、培养内容、课堂学习活动设计与实施、评价体系)的以实践操作为主的研究过程,提高学生学习活动设计与实施素养,促进学生提升乐学善学、勤于反思和数字学习等学会学习素养;促进教师提高学生学习活动设计与实施素养和其他专业素养;促进学校特色建设和内涵发展。课题的"情报综述",即本课题的文献研究,通过研究把握学习活动的国内与国外分类研究现状、核心素养的国内外研究现状,课堂学习活动的理论依据、现状调查依据,概括文献研究的结论,为学校总课题组更好地把握研究内容的重心和新意,提供合理化的建议与参考,为学校参与研究的教师提供基本的文献参考依据。

(二) 研究目标

通过研究,更好地把握学习活动的国内与国外分类研究现状、核心素养的国内外研究现状,课堂学习活动的理论依据、现状调查依据,概括文献研究的结论,为学校总课题组成员准确定位课题研究的重心和新意提供依据;对本校参与课题研究的教师提供基本的文献参考与引导;构建本课题的操作框架,总结研究经验,丰富中学学会学习核心素养背景下课堂学习设计、实施类课题情报综述研究的一定理论。

二、文献概况

(一) 情报收集渠道和方法

1. 文献搜集

通过中国知网、中国期刊网、中国基础教育期刊全文数据库,结合相关学习活动方面的专著阅读,搜集本文所需情报资料。

(1) 计算机文献检索:以与学校总课题题名紧密相关的内容关键词、限定时间与限定联网数据库等条件,利用大型门户网站的搜索引擎查找。

(2) 论文类文献查找:根据有关自主学习、探究学习、学习活动、学习方式、学习活动设计与实施学习活动评价等,在相关论文中所开列的参考文献目录或所引用的文献名目,跟踪查找有关一手文献资料的方法。

(3) 专著类文献查找:在校内外图书馆、备注文献中的专著信息和个人藏书等,收集与学生核心素养、学习活动理论、学习活动设计、实施与评价等相关的信息。

2. 文献摘录

从检索出上述相关的三大类文献中,摘取并记录与学校总课题有关信息的简要过程,分为以下四步。

(1) 浏览:只注意文献的框架脉络、核心观点和有关数据,跳过那些相关度不高的过渡段落、引文和推理过程等。

(2) 筛选:注重文献的质量即文献的可靠性和有用性;注重所选文献的代表性;从应用的角度出发,来区分文献的层次。

(3) 精读:认真理解文献所阐述的观点,详细了解文献所引用的事实,把它们与其他文献联系起来进行反复对比和研究,并对文献资料所引用的事实和论述的思想内核同课题之间的关系作出客观评判和全面评价。

(4) 记录:精读与记录同步进行,边看边记,把在精读中确认的有价值的信息记录下来;尝试依据学校总课题拟研究的7项内容,进行一定的扩展,对记录的内容进行分类,以供下一步的分析研究之用。

3. 文献分析

依据文献总量、学习活动的国内与国外分类研究现状,核心素养的国内外研究现状,课堂学习活动的理论依据与现状调查依据,对文献中的特定内容进行剖析和研究,概括相关文献的重点内容、特征,为学校总课题组成员准确定位课题研究的重心和新意提供依据,为本校参与课题研究的教师提供基本的文献参考与引导,为构建本子课题的理论目标提供分析的基础。

(二) 文献总量

在中国知网5种数据库(中国期刊全文数据库、中国重要报纸全文数据库、中国博士学位论文全文数据库、中国硕士学位论文全文数据库和中国重要会议论文全文数据库)中,以"活动"为"主题"(不设其他任何限制性条件),得到5 385 450条结果(2020年7月中旬时);以"活动"关键词+核心期刊条件+1981-01-01到2020-07-14条件,得到252 317条结果;同一时间,以"学习活动"为关键词,得到3468条结果;以"学生学习活动"为关键词,得到394条结果(以学科类研究为主);以研究课题完整的名称输入,得到0条结果。其中,"基于核心素养理念下初中生课堂学习活动"的直接研究资料,只有1种。

课题组从中国知网以"学习活动"为关键词和"2015-01-01到2020-07-14"为限制条件,再次进行了相关研究文献的搜查。对获得的前400篇篇名中具有"学习活动"字样的信息(活动类型、性质属性)进行了频度统计。结果显示:篇名中含有"学习活动"字样的,为85篇(占前400篇的21.25%)。在85篇中,学习共同体活动和学习流活动,各1篇(各占1.18%);Moodle平台学习活动,共10篇(占11.76%);MOOC活动和混合式活动,各为14篇(各占16.47%);在线学习活动,为21篇(占24.70%);学习活动设计,为24篇(占28.24%)。实际上,Moodle平台学习、MOOC学习活动,从大类上来讲,也可归入在线学习活动,其总量为45篇(占52.94%)。这样,1篇以上的学习活动研究论文,由高到低排列:以信息技术支撑的学习活动为45篇,学习活动设计为24篇,混合式活动各为14篇,这一趋向在本课题的研究中,是需要加以关注和必要的研究借鉴的。另外,除了各类论文外,也查找到了相关的活动式学习的专著,具体分类见表1。

表1 学习活动专著分类状况

专著名称	历史研究	理论研究	现状研究	实践研究			
				实施策略	实施模式	实施方法	实施评价
《活动教学论》宋宁娜	√	√	√		√	√	√
《丰富教学模式:一本关于优质教育的指导书》兰祖利,里斯		√	√		√	√	√
《新课程学习方式的变革》任长松		√			√	√	√
《自主学习方法与途径》David Little		√	√	√	√	√	
《自主学习:学与教的原理和策略》庞维国	√	√	√	√	√	√	
《核心素养导向的课堂教学》余文森	√	√	√		√	√	
《研究性学习指导:项目(活动)设计》周庆林		√	√	√	√	√	√

注:有相关内容的为"√",无相关内容为空格。

三、国内外文献分类研究现状

(一)学习活动国内外研究现状

1. 学习活动国外研究现状

"活动"一词对应的英文单词为"activity",它起源于拉丁文"act",基本含义是"doing",即"做"。古希腊哲学家亚里士多德认为,活动可以具体分为思辨、制作与实践三块,他在《范畴篇》中论述了这一问题。西方许多哲学家也在各自的认识之上对活动进行了阐述和论证,并且都得以发展。但他们当时的想法在现在看来过于片面,只承认抽象、思辨的"活动",或是呆板地理解"活动",认为活动只是个人行为、日常交际等人类行为。

"活动"在马克思主义产生后,有了更周详、更深刻的阐释:人的活动是人的感性行为,当作实践去理解"活动"。

"活动"是人类存续与发展的基本形式,是人类与外部客观事物交流与改造的过程,是人类完成对客观环境认识和需求目的的过程。劳动是人类生存的基本行为,是人类改造外部环境并建立物质财富与精神财富的过程。在教和学这一过程中,学习即是学习者的劳动,在学习的过程中,学习者完成学习活动就是对认识需求的获得与对外界环境的改造。所以,基于活动理论中的教学范畴,"活动"就是教学过程中的行为总和,也是学生对知识认知与技能发展的总和。

Helen Beetham 提出学习活动是学习者和学习群体为了完成既定的学习目标而开展的学习行为的总和。该定义以学习者和学习目标为主,学习活动是桥梁,建立了学习者与学习目标之间的关系。Mayes & Freitas 将学习活动定义为达到预先制订的学习目标,学习者与学习环境之间发生的交互活动。学习环境涵盖了内容资源、工具和手段,计算机系统和服务,以及真实世界中存在的事件和物品。Mayes & Freitas 对学习活动的理解更细化一些,将学习活动中涉及的资源、工具、平台及支持性服务归类为学习环境的范畴。

学习活动理论是苏联心理学家加里培林、塔雷金娜等提出的。他们从列昂节夫的活动心理学理论出发,认为人的学习是主体为了适应社会的需要,以得到社会经验为目的而举行的一种活动。学习活动是为满足认识需要而进行的一种活动,它不同于游戏、生产劳动。学习活动是由一定的动作来实现的。和活动一样,动作也有对象性和主体性,具有繁杂的构造。从动作的组成要素来看,它包括目的和动机,动作的对象和定向基础及操作。从动作的施行方面看,它是由定向、执行和反馈监督等环节所构成的可控系统。加里培林学派认为,学习的定向环节直接影响执行环节,对学习效果具有至关重要的意义。因此,主要以学习的定向基础来划分学习的类型。建立学习的定向基础主要包括三方面的任务:建立保证新的动作正确执行的客观条件系统,使这种条件系统在学生的意识中得到反映,选择合理的定向映像的建立过程。

在教学论里,从夸美纽斯时代起就有一条规则:教学要从个别到一般而进行。但是学习活动理论则需要以另外的方法安排教学,即从抽象到一般的东西再到具体,即个别的东西。为此,教学的基础应当依据实质概括原则,即一般性的知识应当先行于个别性和具体性的知识。这就是说,在学习某一章节时,应当一开始就让学生了解这一章节知识的、抽象的(非具体的)原理,而这些抽象原理在其展开的过程中则会逐渐增长出具体的和个别的事实与知识。

达维多夫写道:"要解决现代学校教育的根本任务,归根到底在于通过教学目标、教学内容和教学方法的设计而改变思维类型。必须使整个教学体系重新定向,'从形成儿童的知性——经验思维转向培养他们的现代科学理论思维。'"根据有目的的学习活动特点,产生了这有目的的学习活动结构,它包括三个要素:第一个要素是学习—认识动机,第二个要素是学习任务,第三个要素是学生借以解决学习任务的学习行动。

Christine Greenhow、Brad Belbas 于 2007 年提出在高等教育中如何使用以活动理论为基础的,面向活动的设计方法(ADOM)。这种方法,能够使课程设计团队和学生更全面理解合作性知识的构建过程。

在 2010 年,Miriam L. Freeman 结合布卢姆的学习水平分类和探究式学习五个环节,提出针对探究式学习五个学习环节的学习目标和学习水平,并构建了探究式学习五个环节的实施步骤。

2. 学习活动国内研究现状

近年来,我国学术界持续进行着对活动理论的翻译和介绍工作,这也让活动理论在心理学方面的理论研究得到持续的扩展进步。可是,国外学者与国内的研究者研究的关注点并不相同。国外的研究者着重于辩证逻辑的应用、活动分析单元的选取、活动系统的多义性不同。国内的研究人员通常围绕着心理学中到底用"实践"的概念合适还是用"活动"的概念贴切,特别是如何确保做到以实践第一的观点来开展。许多专家认为,实践必须放在第一位,这是心理学研究应用中应坚决贯彻的原则。但是,实践这一哲学观点无须再引入心理学的研究以及实际操作之中。用活动观点来解释一般的实践理念是可行的,在内容、形式或表达方式,这三个方面都是可取的。心理学能够使用活动观点,而且可以将活动作为基本范畴,并基于这一点出发来达成心理学基本理论问题研究的突破。

1979年,李沂首次对苏联心理学家列昂捷夫的活动理论进行了逻辑性的介绍,清晰地指出了列昂捷夫要以"活动"作为核心思想,建立自己的普通心理学理论体系。在这之后,众多研究列昂捷夫活动理论的成果陆续面世。1985年,张世英浅析了列昂节夫活动理论的形成背景,从活动是心理学研究对象、活动的定义、活动的基本特征与分类以及活动之间的关系,活动的脉络、分散与合并等方面,简要地说明了活动理论的基本思想。2005年,钟启泉在考察活动理论的历史起源和发展过程及其基本内涵后,披露了建构性教学的活动理论对于国内课程教学改革的珍贵价值。

在2002年,杨开城教授根据Daniels的活动理论模型构建了一个教学活动系统,结合了活动理论模型的6要素(工具、规则、劳动分工、主体、客体和群体)和4个子系统(生产、分配、交换和消费)及学习活动,组成了6个新的要素,分别与活动理论模型中的6要素一一对应,同时4个子系统保持不变。该教学活动系统的6个要素和各要素所涉及的具体内容与详细分类说明如图1所示。

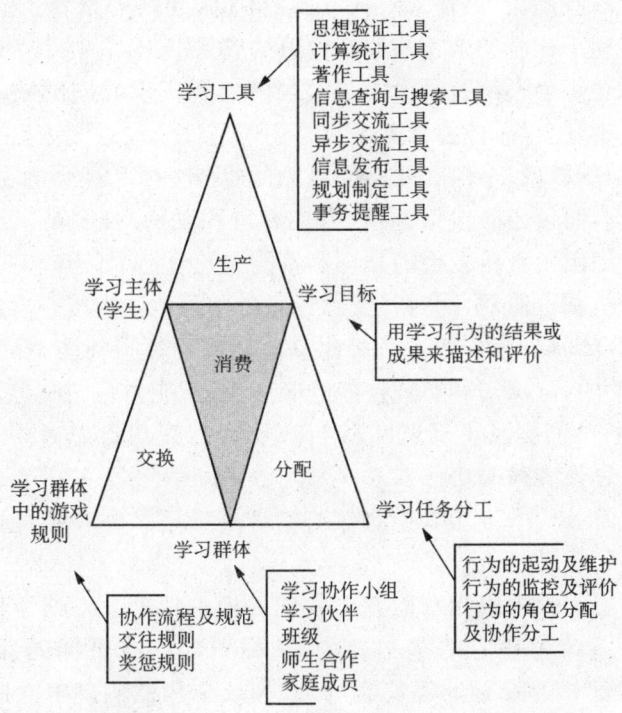

图1 杨开城教授教学活动系统的6个要素和各要素所涉及的具体内容与详细分类说明

2005年,杨开城教授在其《以学习活动为中心的教学设计理论:教学设计理论的新探索》一书中,系统讨论了教学设计中的设计技术。主要包括:教学设计观;学习活动的设计、学习环境与知识传递的设计、学习动力系统的设计,学习活动如何适应学习者个体差异;还特别介绍了知识网络图变形法来帮助设计者进行学习活动的任务设计。书末附有部分学习活动设计的实例。

(二)学生核心素养国内外研究现状

学生课堂学习活动,是指以有别于教师为主组织的传递、接受式的学习,以学生为主的,基于学生生活经历和兴趣点、内容和形式尽可能真实有效、有明确完整的目的的,承载在多样化的活动类型之上的学习者自主、能动地进行学习的系统。

1. 学生核心素养国外研究现状

经济合作与发展组织(Organization for Economic Co-operation and Development, OECD)于1997年12月启动了"素养的界定与筛选:理论和概念基础"(DeSeCo)项目。在经历了多年的讨论和研究之后,OECD于2003年出版了最终研究报告《核心素养促进成功的生活和健全的社会》,将有关学生能力素养的研究直接指向"核心素养",并建立起了一个分别触及"人与工具""人与自己"和"人与社会"三个板块的核心素养架构,主要体现在"使用工具互动""在异质群体中工作"和"自主行动"共三类九种核心素养指标条目。为了推进这一架构的实践与运用,OECD专门在2005年发布了《核心素养的界定与遴选:行动纲要》。

DeSeCo工作组从功能论(或需求导向)的视角阐述了核心素养。他们提出,核心素养具备有如下特点:有利于社会和个人获取有价值的成果产出,有利于个体满足各个社会生活层面的主要需求,对每个人都有重大意义。虽然这种需求导向的核心素养是个体适应社会所必需的,但这不是全部,核心素养不只是用来与社会沟通交流,更是个体改变社会、再创造的关键因素。所以说,个体和社会的目标性质与个体和社会的需求一样,对核心素养有着决定性的影响,而且还应包括创新、自主和自我激励。DeSeCo工作组仅仅在大方向上指出核心素养"超出了直接教授的知识和技能",它囊括了认知和实践技能的运用,创新能力以及态度、动机和价值观,同时将反思性思考和行动作为核心素养的内核。

显而易见的是,DeSeCo工作组发现了比基础知识和基本技能更高层次的内容,其不仅囊括了方法层面的内容(认知和实践技能的应用、创新能力),同时也包含了态度与价值观层面的内容;此外,他们提及了反思性思考。可以说,反思性思考同时具备方法论和认识论的双重性质,反思性实践的培养对学生核心素养的发展至关重要。这些观点都非常重要。然而,宏观地看,DeSeCo工作组对核心素养的描述又比较杂乱,并未形成严密、系统的指导性理论体系。

近十年以来,核心素养已成为欧盟教育发展的根本性理念。欧盟希望将核心素养替代传统的以"读、写、算"为核心的基本能力,从而引导各成员国的课程改革。2006年12月,欧盟通过了关于核心素养的建议案后,欧洲议会和欧盟理事会向各成员国推荐了母语、外语、数学与科学技术素养、信息素养、学习能力、公民与社会素养、创业精神以及艺术素养等八大核心素养体系,每个核心素养都分别从知识、技能和态度三个层次进行描述。在这一建议案中,核心素养被定义为:在知识社会中每个人发展自我、融入社会及胜任工作所必需的一系列知识、技能和态度的集合。

有专家指出,欧盟核心素养的核心理念是使全体欧盟公民具备终身学习能力,其主要特点在于明确了个人、社会和经济三个方向的目标和追求。相较单学科知识,欧盟的核心素养理念有着更强的整合性、跨学科性及可迁移性等特征,但是同时它也并没有排斥母语、数学和科学等传统意义上的基本技能。这证实了欧盟核心素养的基本理念是强调跨学科、综合性的能力培养,但这并不代表否定传统的基本能力,反而是将其作为核心素养的基础和出发点。这种描述核心素养体系的观点,不仅有较强地站在学习科学、教育科学成就的基础上指向人的内在品质的意图,同时也有着明显地面向问题解决的功能导向色彩,它在尊重关于核心素养具有整合性、跨学科性及可迁移性的理念上颇为新潮,在普遍意义的基础知识、基本技能与核心素养关系的厘清上,也有意无意地花了一番心思。

2. 学生核心素养国内研究现状

我国学者的看法主要受到上述两个代表性观点的影响。对于核心素养的认识,辛涛等人的观点颇具代表性。他们认为,单以内涵来论,核心素养需以个体在现在及未来社会中应该拥有的关键能力、知识技能及态度情感等为核心;以学科属性来说,核心素养并不指向某一学科知识,不针对具体领域的具体问题,而是强调个体能够积极主动并且具备一定的方法获得知识和技能,从人的成长发展与适应未来社会的角度出发,跨学科跨情境地规定了对每一个人都具有重要意义的素养;以功能指向而言,核心素养的功能超出了职业和学校的范畴,不仅限于满足基本生活和工作需要,而更有助于使学生发展成为更为健全的个体,能够更好地适应未来社会的发展变化,能够达到促进社会良好运行的目的。

另外还有一些比较具有代表性的观点,例如:核心素养是一种跨学科素养,它强调各学科都可以发展的、对学生最有用的东西;核心素养不是只适用于特定情境、特定学科或特定人群的特殊素养,而是适用于一切情境和所有人的普遍素养,这就是"核心"的含义。又如:素养是个体在特定的情境下能成功地满足情境的复杂要求与挑战,它是在个体与情境的有效互动中生成的;素养与知识(或认知)、能力(或技能)、态度(或情意)等概念的不同在于,它强调知识、能力、态度的统一。

总的来说,国内学者关于核心素养认识的方法和风格,与 OECD 和欧盟高度相似。在关于"双基"、跨学科性、功能指向(问题解决指向)等方面,国内学者对核心素养的认识基本上是对 OECD 和欧盟观点的进一步解读或是简单翻版,并无太多新意。

目前,国内基础教育界对核心素养理论的关注与讨论,承载着人们对教育寄予的所有美好期望,其尊重双基、功能论思想(指向问题解决)、跨学科性(综合性)、终身受益等诸多观点,都非常具有合理性。

这为教育部组织的核心素养研究课题组厘定核心素养的概念和《中国学生发展核心素养》的框架奠定了基础。

怎样在既有学习科学和教育科学成就的基础上,对相关问题进行批判性反思并梳理出核心素养的学理思路,这是非常具有挑战性的。

(三) 理论依据

1. 元认知理论

20世纪70年代初，美国心理学家弗拉维尔提出了元认知（metacognition）理论。它是指人类对其自身认知活动的认知，即认知主体对自己认知活动的自我察觉、自我批评和自我调节。我国学者汪玲等认为，元认知活动是一个复杂的活动过程，它包括三个组成部分：元认知知识、元认知体验和元认知监控。元认知知识，是指人的认知活动的过程及其影响因素的知识；元认知体验，是伴随认知活动而产生的认知体验和情感体验；元认知监控，是指主体在进行认知活动的过程中，将自己正在进行的认知活动作为意识对象，主动地对其进行监视、控制和调节，它是元认知的核心，具体表现为制订计划、操作控制、自我评价、检查结果、采取补救措施等。这三方面内容紧密联系，互相影响，相互依赖，共同制约着人的认知活动，其理论核心是强调学生个体的自我认识、自我调控，要求个体对自身认知过程的意识进行监控、调整，从而达到自动化程度。

元认知理论认为人能有效控制自己的思维活动和学习过程，强调运用自我意识的监控作用可以实现人脑对信息的输入、加工、贮存、输出等活动的控制，从而相应调节自己的思维和学习过程。学习者对元认知的掌握就形成了元认知能力，学习者具备了元认知能力就学会了如何进行学习。

所以，本课题依据元认知理论，希望通过分层次、不同维度、不同要求的课堂学习设计与实施活动的开展，帮助各年级学生更好地积累和应用元认知知识，形成和丰富元认知体验，同时掌握和提高元认知监控能力，从而促进学生自主学习。这不仅有利于提高学生的在校学习成绩，也为其终身学习和毕生的发展奠定基础，从而内化核心素养，最终达到"立德树人"的教育目标。

2. 教学活动理论

历史上关于教学活动理论可以概括为五次重大进展，包括"自然主义"教学论与"观念"教学论的奠基性探索、"经验"教学论与交往教学论的独特贡献、行为主义和认知主义与人本主义的三强鼎立、发生认识论和活动心理学与情境学习理论的历史性突破以及教学认识论与活动教学论的本土化建构。

综合而言，在教学活动理论中，教学活动主要是一种认识活动；教学认识的实现机制是建构完整的、全面的学生主体活动；教学交往是教学认识活动得以进行的重要机制；教学活动对发展的作用取决于主体、客体两方面。教学活动既是学生认识发展与个性发展的基本方式，也是研究学生认识与个性发展问题的基本概念工具。它是一个复杂的生成性系统，是多种要素、属性、方面、关系纵横交错，彼此交互，共同作用于学生发展的。

3. 教育部《中国学生发展核心素养》框架研究依据

2014年《教育部关于全面深化课程改革落实立德树人根本任务的意见》发布，提出"教育部将组织研究提出各学段学生发展核心素养体系，明确学生应具备的适应终身发展和社会发展需要的必备品格和关键能力"。2016年9月13日，教育部公布的《中国学生发展核心素养》框架中指出，核心素养是以"全面发展的人"为核心，分为文化基础、自主发展、社会参与三个方面,综合表现为人文底蕴、科学精神、学会学习、健康生活、责任担当、实践创新六大素养。其中,"自主发展"之学会学习素养,包括乐学善学、勤于反思和数字学习。具体参见表2。

表2 《中国学生发展核心素养》中与本课题有关的学生学会学习核心素养

一级指标	二级指标	三级指标
核心素养	学会学习,主要表现为个体在学习态度、方式、方法、进程等方面的选择、评估与调控	乐学善学:重点是有积极的学习态度和浓厚的学习兴趣;有良好的学习习惯;能自主学习,注重合作
		勤于反思:重点是对自己的学习状态有清楚的了解;能够根据不同情境和自身实际,选择合理有效的学习策略和方法等
		数字学习:重点是具有信息意识;有数字化生存能力;主动适应"互联网+"等社会信息化趋势;具有网络伦理道德与信息安全意识等

上述表2之学生学会学习核心素养的培养内容,与学校总课题的培养指向比较契合。

(四)学校活动实践与学生学会学习素养现状调查依据

1. 学校前期学生德育活动、团队活动实践依据与不足

在2015年,学校政教处借浦东教发院"社会主义核心价值观与学校发展"区级课题的研究机会,申报了以"社会主义核心价值观与主题活动教育相融合的实践研究"为主题的区级子课题。通过此次课题的研究,将学校德育活动、团队活动以学校"迈好青春每一步"德育校本课程作为抓手,在各年级开展了一系列将社会主义核心价值观与主题活动融合的活动。通过丰富的活动,一定程度上提高了德育活动的育人育德效果,对于学生主动参与德育活动的积极性方面有很大提高,并有力地推动了学校的行为规范建设,累积了一定的实践经验。但由于这一子课题仅从学校德育条线入手,是核心素养的一个方面——社会主义核心价值观的初步教育进行探索,并没有对全校、全学科学习活动进行系统的探索,也未关注到学生的课堂学习活动设计与实施素养的发展。因此,在区级德育子课题实践探索的基础上,结合本校"一切为了师生的主动发展"办学理念,将"活动"概念、范围扩大,通过课堂学习活动设计与实施的实践,提高学生的综合学习素养,是很有必要的。

2. 学生学会学习素养现状调查依据

在课题开始之初,利用"精彩五三"公众微信平台,对全校学生课堂学习活动的素养现状进行了问卷调查。以下是学校共计520份对学校初中生的有效问卷(其中预备年级99份,初一年级243份,初二年级62份,初三年级116份),从学生学会学习和课前、课中与课后"三程"学习活动与合作开展能力、学习活动良好行为习惯养成、学习意识(意志、情绪)和合作交流能力四个方面进行调查后的数据汇总,获得以下初步情况(表3)。

表3 五三中学学生课堂学习活动素养现状调查

调查内容	具体指向	预备	初一	初二	初三
	样本量	99	243	62	116
学会学习活动意识	学习态度	27.27%	32.51%	33.87%	31.03%
	学习目标	50.51%	55.97%	59.68%	53.45%
	学习乐趣	51.52%	51.44%	46.77%	47.41%
"三程"学习活动开展能力	课外自主学习时间（每周2～5小时）	38.72%	36.21%	35.8%	38.39%
	学习注意力	38.38%	48.97%	56.46%	59.48%
	作业能力	76.77%	91.36%	88.71%	88.79%
	预习能力	13.13%	14.41%	17.74%	7.76%
	独立预习习惯	11.11%	12.76%	9.68%	11.21%
	课堂学习习惯	15.15%	22.22%	29.03%	23.28%
	合作学习习惯	51.52%	54.33%	62.9%	52.58%

从前测问卷调查结果来看，学校学生极少开展自主设计与实施的课堂学习活动；自主学习能力水平一般，更倾向于课堂上跟随教师思路、完成教师布置任务；在学习兴趣、学习主动性上得分较低；合作交流学习习惯一般，并呈现出明显的年级差异。

这一学生学习活动素养现状的前测问卷调查虽然比较粗浅，但还是说明：从学会学习的核心素养视角入手，对本校全体学生进行课堂学习活动设计与实施素养进行培养的研究，还是十分必要的。这一初步的调查结果，也使我们对各年级的不同现状，开展更有针对性的课堂学习活动设计、实施与评价等方面的研究，从而对学生进行学会学习素养的培养教育，提高课题设计与实施的针对性与实效。

四、结论与建议

（1）开展"基于核心素养理念下初中生课堂学习活动设计与实施的实践研究"课题研究很有必要。

通过资料的搜集和整理，本子课题组认为，现阶段下，国内外对于核心素养以及课堂学习活动的研究，大多是以理论为主，实践研究方面的资料并不是很多；本校四个年级初中学生的学会学习核心素养，也需要全面和分年级有所侧重地结合学科教学，有机地加以培养。因此，开展"基于核心素养理念下初中生课堂学习活动设计与实施的实践研究"，显得十分迫切。

（2）开展"基于核心素养理念下初中生课堂学习活动设计与实施的实践研究"课题研究之需要把握研究内容重心和新意。

基于上述分析，学校这一课题研究，一是针对整体区域环境，即现代大都市下的城市化进程中的学校。二是生源背景,本市户籍与外省市户籍占比为6∶4。三是研究内容,包括四大方面:课题内涵与文献研究,学生课堂学习活动素养现状调查研究,基于学会学习核心素养的学生学习活动素养培养内容研究,基于学会学习核心素养的学生课堂学习活动的设计、实施、评价的实践研究,既体现了系统性、又突出了实践性的需要。四是研究者的覆盖面,涉及初中学校的所有学科和主要的实施途径(学科教学之学生学习活动的丰富类型),通过实施"核心素养理念下初中生课堂学习活动设计与实施"教育,来提升学生课前、课中与课后"三程"自主学习和学会学习的乐学善学、勤于反思和数字学习方面的核心素养,促进学生的自主发展。这一研究,能够把握学校的区域环境、整体生源的特征,既进行系统性的研究,又突出以实践性为主的内容的研究,研究者和实施途径之学科学习活动的类型覆盖面广,可以为相关研究提供实践经验的数据支撑。因此,这些研究背景与研究内容,是学校总课题的研究内容重心;研究任务的完成,可体现一定的新意。

(3) 开展"基于核心素养理念下初中生课堂学习活动设计与实施的实践研究"的情报综述课题研究,提高了总课题研究的实效。

一是本子课题在总课题组聘请的浦东教发院相关科研专家指导下完成的国内外相关情报资料、文献的研究,为总课题组成员判断和把握研究内容的系统性、确立研究重心和新意提供了依据。二是为参与学校总课题之各级子、小课题的研究教师,提供了很有价值和针对性的情报研究依据。三是提高了研究教师们开展课题设计、落实操作措施和进行成果总结提炼的实效。

参考文献

[1] 核心素养研究课题组.中国学生发展核心素养[J].中国教育学刊,2016(10):1-3.

[2] 邵朝友,周文叶,崔允漷.基于核心素养的课程标准研制:国际经验与启示[J].全球教育展望,2015(8):14-22+30.

[3] 辛涛,姜宇.全球视域下学生核心素养模型的构建[J].人民教育,2019(9):54-58.

[4] 钟启泉.基于核心素养的课程发展:挑战与课题[J].全球教育展望,2016(1):3-25.

[5] 林崇德.21世界学生发展核心素养研究[M].北京:北京师范大学出版社,2017.

[6] 陈文强.核心素养与学校变革[M].厦门:厦门大学出版社,2016.

[7] 严洁.基于初中生核心素养的学校课程构建与实施研究——上海市延安初级中学的探索与实践[M].上海:上海教育出版社,2016.

[8] 雷晓庆.义务教育阶段学生核心素养的特性与养成[J].现代中小学教育,2016(6):11-13.

[9] 胡书英.基于学生核心素养的教师教学方式的转变[J].理论探索,2016(10):12-14.

[10] 潘文斌.指向核心素养:儿童问学课堂的意蕴[J].江苏教育研究,2016(4):20-24.

[11] 孙明霞.课堂与核心素养[M].上海:华东师范大学出版社,2016.

[12] 王云生.课堂转型与学科核心素养培养——中学化学课堂教学改革探索[M].上海:上海教育出版社,2016.

[13] 郭宝仙.核心素养评价:国际经验与启示[J].教育发展研究,2017,37(4):48-55.

[14] 陈式华.基于学科核心素养的活动性型教学模式建构[J].思想政治研究,2016(6):77-81.

[15] 高贺明.中国近二十年活动理论研究现状述评[J].重庆电子工程职业学院学报,2012,21(6):

81-83.

[16] 李沂. A. H. 列昂捷夫的活动理论[J]. 心理学报,1979(2):233-241.

[17] 张世英. 关于 A. H. 列昂节夫活动理论的历史形成、基本思想和对它的评价[J]. 心理学报,1985(2):23-30.

[18] 弗里德曼,杜殿坤. 学习活动理论[J]. 外国教育资料,1991(4):8-12.

[19] 孔国忠. 列昂节夫活动——个性理论述评[J]. 内蒙古师范大学学报(哲学社会科学版),1993(0):42-47.

[19] 宋宁娜. 活动教学论[M]. 南京:江苏教育出版社,1999.

[20] 周庆平. 研究性学习指导:项目(活动)设计[M]. 桂林:广西师范大学出版社,2004.

[21] 钟启泉. 教学活动理论的考察[J]. 教育研究,2005(5):36-42+49.

[22] 李文光,杨开城. 现代教学设计理论研究的内容及方法[J]. 中国电化教育,2002(4):10-13.

[23] 杨开城. 以学习活动为中心的教学设计理论:教学设计理论的新探索[M]. 北京:电子工业出版社,2005.

[24] 徐飞. 国内外课堂互动研究状况述评[J]. 国外外语教学,2005(2):57-65.

[25] 李松林,李文林. 教学活动理论的系统考察与方法论反思[J]. 外国中小学教育,2008(1):10-15.

[26] 徐宁,刘清堂,赵呈领. 学习活动设计与应用研究[J]. 中国教育信息化,2008(1):77-79.

[27] 黄树生. 简论建构主义理论观照下课堂学习活动设计的基本原则[J]. 江苏教育研究,2009(10):32-35.

[28] 鲁满新,邓俊涛,刘彬. 学会学习与学习化社会[J]. 中国教育研究论丛,2007:44-46.

[29] 卢强. 课程学习活动设计重审:活动理论视域[J]. 电化教育研究,2012,33(7):95-101.

[30] 廖哲勋,罗祖兵. 试论学习活动方式的本质含义和重要作用——为修订课程标准和深化课程改革而作[J]. 课程·教材·教法,2013,33(1):3-11.

[31] 孙海民,刘鹏飞. 以活动理论审视学习活动[J]. 中国电化教育,2015(8):29-35.

[32] 乔晖. 语文教科书中学习活动的设计[D]. 上海:华东师范大学,2010.

[33] 吴刚. 活动理论视野下的学习反思与重构[J]. 武汉理工大学学报(社会科学版),2013,26(5):830-835.

[34] 石真平. 加强学生课堂学习活动强度的思考与做法[J]. 教育导刊,2013(5):23-26.

[35] 赵呈领,徐晶晶. 翻转课堂中学习适应性与学习能力发展研究——基于学习活动设计视角[J]. 中国电化教育,2015(6):92-98.

[36] 王以新. 学生写作学习活动设计的可视化路径[J]. 上海课程教学研究,2017(1):35-39.

[37] 汪玲,方平,郭德俊. 元认知的性质、结构与评定方法[J]. 心理学动态,1999(7):6-11.

[38] 汪玲,郭德俊. 元认知的本质和要素[J]. 心理学报,2000,32(4):458-463.

[39] 段莉. 元认知理论、作用及其能力的培养[J]. 中北大学学报(社会科学版),2006(2):42-44.

[40] 秦娟. 初中生自主学习能力结构及发展特点研究[D]. 桂林:广西师范大学,2006.

[41] 李玲杰. 学生学习活动中的元认知培养[J]. 齐齐哈尔师范高等专科学校学报,2006(3):63-64.

[42] 邵朝友,韩文杰,杨宇凡. 基于分布式认知的学习活动设计[J]. 教育理论与实践,2020,40(20):3-7.

[43] 苏晓敏. 小学语文阅读教学中的学习活动设计研究[D]. 上海:上海师范大学,2016.

基于核心素养理念下初中生课堂学习活动设计与实施的原则

上海市浦东教育发展研究院　曹　明
上海市五三中学　王丹旦

一、问题提出

(一) 概念界定

根据上海市五三中学区级重点课题"基于核心素养理念下初中生课堂学习活动设计与实施的实践研究"的界定:所谓"核心素养",是指教育部《中国学生发展核心素养》框架下之学生"自主发展"之学会学习之乐学善学、勤于反思和信息意识"三素养";课堂学习活动设计与实施,核心是指基于学会学习核心素养,对自主学习式、小组合作学习式和整合学习式(简称"3类"课堂基本学习活动)下9种具体的学习活动类型之"五到七要素"的基本操作要求,开展以实践操作为主的研究过程,来提高学生学习活动设计与实施的素养,促进学生提升乐学善学、勤于反思和信息意识等学会学习的核心素养;促进教师提高学生学习活动设计与实施素养和其他专业素养;促进学校特色建设和内涵发展。

所谓"原则",是指人们办事时所需要遵循的一定准则。本子课题《基于核心素养理念下初中生课堂学习活动设计与实施的原则》,是师生在开展基于学会学习核心素养理念下"3类·9种"学生课堂学习活动的设计、实施与有机评价时,所需遵循的三个"基于"、主体性、针对性、引导性、实践性、开放性、创新性、激励性原则(以下简称"8条原则"),以更好地引导师生尝试开展基于学会学习之"3类·9种"学生课堂(实际覆盖课前、课中与课后"三程")学习活动的设计、实施与有机评价;促进学生提高学生完成所涉"程"相应学习活动任务的实效;提升学生"三程"学习活动和学会学习的核心素养。

(二) 研究依据

本子课题的研究依据主要有三大方面:一是参阅了总课题之元认知理论、教学活动理论、教育部《中国学生发展核心素养》框架、本校师生素养发展现状"四个方面"的总体依据。二是参阅了宋宁娜教授所著的《活动教学论》第三章"活动教学原则"。三是参阅了由浦东教发院原资深科研员曹明老师指导、参与研究或直接研究的浦东新区相关学校的区、市级课题之实施原则、评价原则方面的一定成果,例如:泾南中学区级"课题改进课堂教学策略,提高学生学习效能的研究"研究报告中的"中学课堂教学策略改进的实施原则",育民中学区、市级课题"中学生公民教育系列活动的构建"评价体系研究中的"评价原则",进才中学北校区、市级课题"'独二代'家庭教育学习支持的研究"学科渗透教育支持的实践研究中的"实施原则",进才中学北校"'独二代'家庭教育学校支持评价体系的实践与研究"之"评价原则"等。

二、研究概况

(一) 研究目标

1. 实践目标

通过研究,使教师注意把握各条实施原则的落实视角;引导教师更贴切地开展基于学会学习核心素养理念下"3类·9种"学生课堂学习活动的设计、实施与有机评价;更好地引导学生提高完成相应学习活动任务的速度、质量并具一定的独特性;有机提升学生课堂学习活动和学会学习的素养。

2. 理论目标

通过研究、厘定课题概念,明确"四大方面"的研究依据,阐明"8条"实施原则的各自含义,厘清各条原则落实的若干基本视角,概述各自的实效,从而构建本子课题的研究框架,总结实施的经验,丰富基于学习学习核心素养理念下学生课堂学习活动的设计、实施与有机评价所需遵循的原则方面的一定理论。

(二) 研究方法与过程

在总课题的设计与开题阶段(2017年3—12月),本子课题组成员借助文献法,梳理中国知网等数据库基础教育类课题中的实施原则;参阅宋宁娜教授所著的《活动教学论》第三章"活动教学原则"和其他一些国内外教育教学专著中涉及的教育与教学原则等相关文献;结合研究者中所指导、参与研究或直接研究的浦东新区相关学校的区、市级课题之结题报告、评价体系子课题报告中的相关原则;结合五三中学区级重点课题的精神、要求与研究内容的设置,通过研究者的自主反思与对比,先是确定了"6条原则",即3个"基于"、主体性、针对性、实践性、开放性和创新性原则,并进行了落实视角的初步设计。2017年12月开始,在开题后的逐步推进中,本子课题成员参与、对比上述文献资料,结合自主反思,逐步细化"6条原则"的各自落实视角和明确含义;2022年1月,在总课题的结题阶段,基本形成了"6条原则"各自的含义、落实的若干基本视角和概括实效。

在总课题结题后深化研究阶段的后期(2023年4—9月上旬),本子课题成员参阅本区区、市级课题成果中的实施原则、评价原则类成果,结合学校课例与主题式案例类的实践研究,梳理、新增了引导性和激励性原则;阐明了这"2条原则"各自的含义、落实的若干基本视角和实效。

这样,就形成了本子课题完整所需把握与遵循的三个"基于"、主体性、针对性、引导性、实践性、开放性、创新性、激励性之"8条原则"。

三、研究实施

课题的基本内涵和研究的"三大方面"依据,参见前述的"概念界定"和"研究依据"。此处,主要概述基于核心素养理念下初中生课堂(实际拓展到课前和延伸到课后,故合计为"三程")学习活动设计、实施与评价时,所需把握与遵循的以下"8条原则"的各自含义、落实的若干基本视角和实效。

(一) 三个"基于"原则

这是教师在开展学生课堂学习活动设计与实施的实践研究时,需基于核心素养理念、学校办学目标、师生素养共同发展的准则。

1. 基于核心素养理念中的学会学习素养

一是基于学会学习素养。课题组根据教育部《中国学生发展核心素养》的说明,主要选择了"自主发展"之学会学习下的"乐学善学""勤于反思"和"信息意识"三要素,结合学科课标和学生素养等现状,厘定了初中生学会学习素养培养内容三级要素32项,课前、课中与课后"三程"学生学习活动的各自意识、能力和良好行为习惯各自"三素养"培养内容的三级要素71项(具体参见结题总报告中的表5和表6)。

二是基于本书结题总报告《基于核心素养理念下初中生课堂学习活动设计与实施的实践研究》中的表5和表6引导下的特定学科具体节次的研究课之所定类型学习活动的"本课化"的学生发展学会学习素养。参与课例研究的老师在专家的指导下,注意在设置每次相关学科的研究课中,体现该门学科"本课化"定位的学会学习素养。其一般包括:与所定学习活动内容、研究主题的指向有关的相应学科"本课化"的学会学习素养的相关意识、能力和良好行为习惯"三素养"(可选)。

三是基于评价的导向。总课题组和课例研究组的老师,在研制课题的总体评价标准和学科之课例的重要过程性学习内容、任务完成情况的评价标准时,注意落实相应层面学会学习素养的设定。

这样,一是明晰了区级课题的分类学会学习素养的分解设置。二是为课题组对分类学习活动的设计、实施和评价奠定了基础。三是为课例研究教师设定相应学科"本课化"的学会学习素养和课堂学习活动教学目标、组织实施和开展活动评价奠定了基础。四是直接推进了总课题之学生素养发展评价标准和课例研究中重要的特定内容与任务完成情况评价标准的研制。五是引导了师生的发展方向。

2. 基于办学理念和师生共同发展的目标

在课题研究中,参与研究的成员注意秉持学校"一切为了师生的主动发展"办学理念,希望通过参与课堂学习活动设计、实施与评价的实践研究,提升学生相应学科之学习活动的学会学习素养,有机促进教师不断改进相应学科之学习活动的设计、实施与评价的探索,加强对"三程"学生学习活动实践的总结与反思,从而提高自身的课堂学习活动设计、实施、评价、成果总结与反思素养,并提升其他专业素养。

（二）主体性原则

"主体性原则"，是指在课堂学习活动的设计、实施和评价中，注意适度改变以往以教师"独霸"的做法，注意引入学生参与到相关研究课之学习活动设计、实施与评价之中，以提高学生参与"三程"相应学习活动的主动性和锻炼参与相关学习活动的设计、实施与评价的能力、提高活动实效的准则。

主体性原则的落实，主要体现在课前、课中和课后"三程"的9类学习活动的设计、实施和过程性评价中都确定了学生的主体地位，相关类型的活动以学生的独立学习、小组合作学习或整合式学习为主，教师成为活动设计、实施与评价的辅导者和引导者。

这为落实学生在学习活动中的主体地位，提高对活动的关注性和参与的主动性，提高学习活动的实效奠定了基础，也锻炼了学生的相应能力。

（三）针对性原则

"针对性原则"，是指在学生课堂学习活动设计、实施与评价的过程中，注意照应"四个注意"的一定差异性，提高基于核心素养理念下开展课堂学习活动的设计、实施与评价时需要聚焦关注的方面，提高活动的科学性与实效，更好地促进学生提升参与相关学习活动时的学会学习素养的准则。针对性原则的落实，需加强"四个注意"的一定差异性。

一是注意提高适应不同年级学生间差异的针对性。例如，初中学生在四年学生生活中的生理、心理变化较大，所以，实践教师在进行相关学科学习活动设计、实施与评价时，注意针对其不同阶段的认知能力、逻辑思维发展能力、思辨能力等，来设定更符合不同年级的学生特征的活动。二是注意提高适应同一班级学生学习特征和学会学习素养方面差异的针对性。例如，针对同一班级学生的学习风格差异，参与实践的教师注意设计与实施不同类型的学习活动；根据学生"本课化"学习活动所需素养和学会学习整体素养的不同，参与实践的教师在进行课堂学习活动设计、实施与评价过程中，注意照应学生的素养现状，更有针对性地引导学生参与完成适切的学习活动任务，并进行更具个性化的评价。三是注意提高适应学科特性的差异性。例如，参与实践的教师注意根据文科、理科、艺体类课程学科学习素养的不同要求，在设计、实施与评价相关学习活动时，注意照应学科素养之间的差异性。四是注意提高适应课堂学习活动类型的差异性。例如，参与实践的教师注意根据讨论类课堂学习活动和实践类课堂学习活动的类型特征，对学习活动的素养发展定位、内容准备、落实举措设计和呈现时机与方式、学习的结果（成果）、评价的要求等，都注意照应一定的差异性。

针对性原则的实施，提高了实践教师进行相应学科之"三程"学习活动的设计、实施与评价时，注意切合学情、学科和学习活动类型的特征，从而提高了活动设计的科学性，提高了活动实施与评价的实效，进而更好地促进了全体学生参与相关学习活动时"本课化"学会学习素养的合理发展。

（四）引导性原则

"引导性原则"，是指基于学会学习核心素养理念下的学生"三程"学习活动设计、实施与有机评价,教师注意借助"三程"学习单、多媒体、思维导图、设问与追问、口头说明、板演等,引导学生课前独立复习和合作准备,参与课始的交流,课中的"有独有合"多类型的学习活动,课尾的集中小结,课后的独立复习、作业、自主或合作监控作业情况,以及参与下次课始的交流、听取同学和教师的反馈意见、自主修改作业。期间,教师注意加强随机激励与引导,以促进学生主动内化被引导与激励的行为,提高学生完成相应学习活动任务的兴趣、速度与质量,注意改进不足,提升学会学习的"三素养"。

例如,顾丽萍老师在执教的初一年级数学"第九章 整式的计算"复习课中,在"三程"教学中注意运用"三程·三单"、多媒体、思维导图、设问与追问、口头说明、板演等举措,引导学生课前进行独立复习和合作准备,参与课始的交流;积极参与课中的独立与合作解题、说题、归纳,课尾的集中小结;主动参与课后的独立作业和组内说题、归纳与拍摄视频、听取教师反馈意见、自主修改作业;下次课始,小组代表参与全班交流课后作业与说题、归纳情况。结合教师全程进行的随机激励等多种引导性的举措,激发起学生主动参与全程复习学习活动的兴趣,保持了很高的课堂专注度;使学生能够更快、更好地构建全章结构化的概念性知识体系,增进了对整式的计算学习重点"二式二法"的理解;能围绕重点、难点、易错点进行说错误、析错因,说解题的思路、方法、步骤和规范,能根据例题和变式的解题,归纳出"二式二法"的使用策略;在解题的过程中,能逐步熟悉将文字语言转换为解题的符号语言,能从中提炼出数学模型进行解题;在说题过程中,注意将符号语言转换为图形语言和文字语言,注重数学语言的准确性和精练性。在课尾集中小结的过程中,能内化全章的结构化知识,更好地把握"二式二法"及其使用策略,单元复习的探究类学习活动类型、方式方法(即本课研究的落实举措之"五式五法")。在课后,学生能独立完成课后拓展题,参与小组说题与归纳,拍摄视频与听取教师反馈,独立改进自己的作业,更好地参与下次课始的全班交流,如此增进了学生自主、及时和高质完成课后作业,以及参与下次课始交流的兴趣和自信,进一步提升了单元复习素养。

总之,通过引导性原则的落实,使学生真正成为"三程"学习活动的主人,普遍提高了大家的学习主动性;使学生更好地掌握了"三程"学习活动的内容与要求,提高了完成"三程"学习活动任务的速度、质量;有机提升了学生学会学习的"三素养"。

(五)实践性原则

"实践性原则",是指在设计、实施和评价相关类型的学习活动时,注意突出学生亲历"三程"多样化的实际操作类的过程,使学生经历更多实际操作体验,增进学生参与"三程"相关类型实践性活动的兴趣,锻炼实践操作能力,重视学习实践操作良好行为习惯的养成的准则。

在相关课的学习活动中,实践性原则的落实主要有七点:一是教师注意在学习活动中设计与实施学生学习相关技能的模仿性实践。二是注意在物理、科学等理科类学科学习活动中设计与实施验证性的实验操作实践和探究性实验操作的实践。三是注意在文科类学科学习活动中设计与实施部分体验感悟、积累感受性的操作实践。四是注意在各学科的学习活动中设计与实施学生学习成果展示与评价的实践。五是注意在综合实践活动中设计与实施学生跨学科多元化的实践。六是注意在项目化学习活动设计与实施学生探索性学习过程中有机融入不同阶段多元化的实践。七是注意在学习活动中设计与实施学生学课过程、学习策略、方式方法、个性化学习体会与经验的梳理总结与讨论分享的实践。

针对性原则的实施,丰富了学生单学科与多学科亲历"三程"多样化的实际操作类的学习活动的实践,增进了学生参与"三程"相关类型学习活动的兴趣;有效地锻炼了学生进行多样化实践操作的能力,提高了对知识的深刻理解与活化运用的能力,提升了思维品质;促进了学生重视学习实践操作、综合运用学科知识与技能良好行为习惯的养成。

(六)开放性原则

"开放性原则",是指学生课堂学习活动的设计、实施与评价中,主要在教育教学的相关理论与学生学习活动的相关成果吸收与融合、学生学习活动的类型、学生学习活动所涉范围与过程、研究课的设计与实施、评价的内容选择、标准制订、主体参与、等第机会、评价方法和评价时机等方面,增加一定的非限定性,以丰富学生学习活动的类型,拓展研究课设计与实施的思路,增进评价的多元性与激励性,增进学生学习活动类型的丰富体验,更好地有机提升学生"本课化"和整体学会学习的素养的准则。

开放性原则的落实,一是教师在进行课题研究过程中,注意不断吸收、融合新的教育教学理念,尤其是学生学习活动的相关成果,以此带动教师开展学习活动设计、实施与评价的开放性。二是总课题组基于相关教师项目化学习的主题式案例成果,拓展了学习活动的类型——项目化学习类,从而使课题的学习活动类型由8种增加到了9种;基于研究课的实际,将实验类学生学习活动调整为梳理—归因类学生学习活动。三是学生的学习活动,实际往往不局限于课堂,还会涉及课前与课后,课题组核心成员经过斟酌后,学生的学习活动设计、实施与评价的探索,实际上拓展到了课前、课中与课后"三程"。四是在学生"三程"学习活动过程中,教师注意包容学生的暂时错误,等待学生的认知转变。为此,教师注意根据突破学生学习活动中瓶颈的需要,调整预设,使学习活动过程、特定环境的执行能更好地服务于学生,更快更好地完成相应的学习活动任务,促进"本课化"之学科本体目标和课题研究主题之学生学会学习核心素养的达成。五是对课题总体评价标准与实践教师相关课及项目化学习活动中的过程性和一定阶段的结果性评价标准的内容选择、特色加分、要求设定、结果表述、主体参与、时机选择、评价方法运用等方面,增加了学生的多元化参与。六是在课题研究过程中,课题组向周边集团学校开放,有些教师参与部分研究课的实践,课题组还注意分享课题研究中的相关课例、主题式案例等成果和研究经验。

开放性原则的实施,拓展了教师教育教学理念,丰富了学生对学习活动的认知;拓展了学生学习活动探究的覆盖性(由课堂拓展到课前与课后)和学习活动的类型(增加了项目化学习类和调整了实验类为梳理—归因类);增进了评价标准研制与运用、评价方法探索的多元性、激励性与科学性;提升了学生相关学科具体课程"本课化"之学会学习的素养。

(七)创新性原则

"创新性原则",是指总课题组在进行研究设计、教师在进行实践研究的过程中,从研究内容、学生学习活动、类型和具体研究课的主体、活动过程、成果表述和评价等方面,注意开展一些突破性的研究尝试,丰富研究成果内涵与类型,更好地促进学生"本课化"学习目标和学会学习核心素养的发展。

创新性原则的落实,一是总课题组在文献研究和学生素养现状调查的基础上,定位了在一所城郊公办初级中学,从 7 项内容入手,开展较为系统、整体,以学生"三程"学习活动设计与实践为主,兼及理论与学生素养现状调查、评价体系研究内容的探索研究。二是如前所述,学生学习活动类型,由 8 种增加到 9 种,并调整替换 1 种;学习活动的覆盖面,由课堂向课前与课后进行了延伸。三是研究课与主题式活动的设计、实施与评价主体,注意打破教师以往"独霸"的局面,落实学生的学习主体地位,增进设计、实施与评价的一定独特性。四是教师在相关课程的学生学习活动中,注意拓展角度,聚焦新意,创设更多的机会,挖掘、提炼与分享学生更多的创意学习成果。五是总课题的总体评价标准和实践教师的课程过程性与一定阶段结果性的评价标准研制与运用,注意吸收融入学生的创意智慧,丰富评价的内容、要求和时机等,增进评价的多样性、激励性与发展性。

创新性原则的实施,使总课题组清晰地把握了课题研究内容与重心,更好地定位了新意所在,提升了课题的立意;引导了实践教师课例与主题式案例研究之带有一定创意的实践探索,提升了成果的质量;丰富了学生学习活动的总体类型,拓展了学生学习活动;凝练与分享了学生在学习活动中更多的创意成果;增进了评价标准研制与运用和评价方法运用的多样性、激励性、发展性与科学性;引导与促进了学生"三程"之"本课化"学习目标和学会学习核心素养的发展。

(八) 激励性原则

"激励性原则",是指基于学会学习核心素养的理念,在学生相关"三程"学习活动设计、实施与有机评价时,注意明确激励内容、落实激励方式发动激励的多主体、把握激励的时机,使学生受到更为贴切、多样的激励,主动内化被激励的行为,提高参与"三程"学习活动的积极性,主动发展完成特定学习活动的素养,提升乐学善学、勤于反思和信息意识之学会学习素养的实施准则。

1. 明确激励的内容

一是师生借助"本课化"的学生学习活动素养目标激励。二是借助"本课化"的学生学会学习核心素养目标激励。三是师生对学生主动参与"三程"学习活动的过程激励。四是对学生完成"三程"相关学习活动的速度、质量和一定的独特性等学习的结果激励。

2. 落实激励的方式

一是尝试预设激励,教师(有时包括学生和家长)借助预先设定的相关学习活动的内容的评价标准和其他评价要求,对学生(同学和孩子)的相关学习行为逐一进行客观的评价,并注意挖掘优势与亮点,进行鼓励。二是加强随机激励,教师(有时包括学生)关注不同学生(同学)参与相关学习活动的态度与质量情况,开展有所区别的口头语言、肢体语言、表情、加分等及时鼓励。

3. 发动激励的多主体

围绕学生"三程"相关学习活动的过程和结果,一是坚持教师多加激励。二是鼓励同桌、同组学生之间加强同伴互励。三是鼓励学生进行自我肯定(自励)。四是鼓励家长挖掘孩子在家完成相关学习活动的优点并进行激励。

4. 把握激励的时机

一是师生对学生（同学）参与相关学习活动的良好行为，注意加强及时激励。二是对一些具有挑战性学习趋向的学生，必要时教师（包括发动学生）进行延缓激励。三是对部分完成学习活动时有明显进步和具一定独特性行为的学生，进行反复激励。四是对学生在学习活动中良好学习行为习惯类素养的养成，注意进行持续性的激励。五是对于提出独特质疑（问题）和尝试创意解决问题的学生，教师（包括发动学生和家长）注意进行公开、具有吸引力的激励。

激励性原则的实施，提高了对学生完成相关"程"的学习活动进行激励的多样性，激发了学生参与"三程"相关学习活动的积极性；引导了学生主动发展被激励与肯定的相关学习活动的过程性与结果性的行为；提高了学生完成相关学习活动的速度、质量和具一定的独特性；鼓励了学生提出有价值的探究性问题和尝试创意地解决问题的行为；发展了学生的批判质疑精神，锻炼了创新思维；提升了学生完成特定学习活动的素养和乐学善学、勤于反思及信息意识之学会学习的素养；增进了学生的学习自信。

四、成效与结论

（一）主要成效

1. 实践层面

通过研究，使参与实践的教师了解了基于核心素养理念下初中生课堂学习活动设计、实施和有机评价时所需遵循的三个"基于"、主体性、针对性、引导性、实践性、开放性、创新性、激励性之"8条原则"，尤其是注意把握各条实施原则的落实视角；更好地引导了师生规范和有所创意地尝试进行基于学会学习之"3类·9种"学生课堂（实际覆盖课前、课中与课后"三程"）学习活动的设计、实施与有机评价；促进了学生注意提高完成"三程"相应学习活动任务的速度、质量并具一定的创意性；提升了学生完成"三程"之"本课化"的学习活动的素养和乐学善学、勤于反思和信息意识等学会学习的核心素养。

2. 理论层面

通过研究，厘定了课题内涵，明确了"三大方面"的研究依据；阐明了"8条"实施原则的各自含义，厘清了各条原则落实的若干基本视角，概述了各条原则落实的实效。从而构建了本子课题的研究框架，提高了原则阐述的规范性、系统性和创意性，丰富了基于学会学习核心素养理念下学生课堂学习活动的设计、实施与有机评价所需遵循的原则方面的一定理论。

（二）基本结论

本子课题在总课题的设计与开题阶段，借助文献法，梳理中国知网等数据库基础教育类课题中的实施原则；参阅宋宁娜教授所著《活动教学论》中的"活动教学原则"和其他一些国内外教育教学专著中涉及的教育与教学原则等相关文献；结合研究者中所指导、参与研究或直接研究的浦东新区相关学校的区、市级课题之结题报告、评价体系子课题报告中的相关原则；结合五三中学区级重点课题的精神、要求与研究内容的设置，通过研究者的自主反思与对比，先后确定了"6条原则"和"2条原则"。在实施阶段、结题总结阶段和深化研究阶段，逐步明确了"8条原则"各自的含义、落实的若干基本视角和实效，并在实践层面产生了三个方面的积极影响。在理论层面，提高了原则阐述的规范性、系统性和创意性，丰富了基于学会学习核心素养理念下学生课堂学习活动的设计、实施与有机评价所需遵循的原则方面的一定理论。因此，本子课题的研究内容选择是富有针对性的；研究方法是贴切的；研究过程是完整的；引领师生开展"三程"学习活动的设计、实施与评价的实践作用是明显的；对基础教育类课题实践操作与评价类原则的阐述，是较为规范、系统、科学和具有一定新意的。

参考文献

[1] 宋宁娜.活动教学论[M].南京：江苏教育出版社，1999.
[2] 赵春芳,曹明,等.改进课堂教学策略,提高学生学习效能的研究[C]//赵春芳,曹明,陈春生.教学策略与学习效能.北京：现代出版社，2014：13-14.
[3] 曹明.中学生公民教育系列活动的构建之评价体系研究[C]//孙建良.中学生公民教育系列活动的构建.上海：同济大学出版社，2016：275-288.
[4] 曹明,等."独二代"家庭教育的学科渗透教育支持的实践与研究[C]//金卫东,曹明."独二代"家庭教育指导新方略·论文选.上海：上海教育出版社，2016：140-143.
[5] 姚勇,曹明."独二代"家庭教育的学校评价体系支持的实践与研究[C]///金卫东,曹明."独二代"家庭教育指导新方略·论文选.上海：上海教育出版社，2016：189-192.

初中生课堂学习活动乐学善学素养现状调查报告（前测）

上海市五三中学　宋　怡　童晓洁

一、调查缘起

2017年3月，在认真剖析学校发展问题后，经由浦东教发院相关科研专家指导，学校申报了区级课题。同年7月，"基于核心素养理念下初中生课堂学习活动设计与实施的实践研究"的课题，被批准立项为浦东新区区级重点课题。为把握初中生课堂学习活动乐学善学素养发展的现状，从而为厘定学生课堂学习活动乐学善学素养培养内容、设计和细化针对性的实践措施提供依据，进行了本次前测调查。

二、调查方法

（1）调查内容：由于调查初期，课题组对初中生课堂学习活动乐学善学素养还未完全做好分解，也未明确课堂学习活动开展的方式，故在前测问卷中，内容指向不太明确，主要包括：学生学习活动的意识、课堂学习活动开展的能力、合作交流的能力和课堂学习活动良好行为习惯四个方面，共13题。

（2）调查对象：本次调查涉及对象为2017年全校四个年级的初中学生。

（3）调查手段：本次调查采用问卷调查法和借助"问卷星"实施具体操作。

（4）调查步骤：①选择调查对象。选择全校四个年级学生进行问卷调查。②实施正式调查。问卷调查的实施，通过"问卷星"以网络问卷的方式展开；具体由班主任将调查问卷二维码发至班级群，说明调查要求后，请班级同学进行扫码答卷。2017年3月27日，前测调查子课题组成员，将调查问卷二维码发布至学校微信平台——"精彩五三"。此次调查问卷，通过各年级班主任向家长群进行发送，收到有效样本520份（约占2017年全校在校学生总数的40%，其中包括预备年级99份，初一年级243份，初二年级62份，初三年级116份）。③分析资料，撰写调查报告。由学校宋怡、童晓洁老师汇总调查数据，进行数据的统计处理，并合作撰写前测调查报告。④听取论证意见，修改完善报告。前测子课题调查组在完成前测调查初次报告后，听取相关专家论证意见，逐步修改完善报告。

三、结果分析

分析的调查结果总人数为 520 人，调查题目与结果如下。

第 1 题　你在课堂学习中能集中注意力听讲的情况。

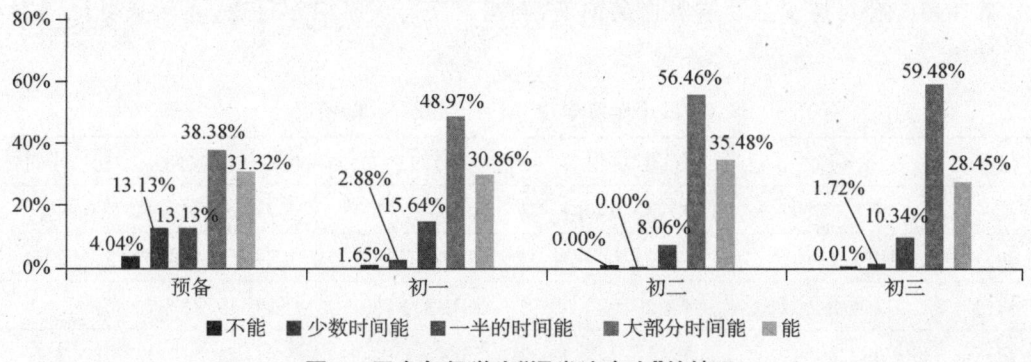

图 1　四个年级学生"课堂注意力"的情况

从图 1 看，初一、初二、初三年级，课堂学习中"能"和"大部分时间能"集中注意力听讲的总体比例尚可，其中，初二年级最高，为 91.94%，初三年级也达到了 87.93% 的较好比例；预备年级总体较低，为 69.7%。四个年级中选择"能"集中注意力的学生比例不高（在 28.45%~35.48% 间），初三年级是最低的，为 28.45%。可见，我们的课堂教学对于学生的吸引力较弱，也影响了课堂效果的提高。

第 2 题　你一周内在家用于自学的时间。

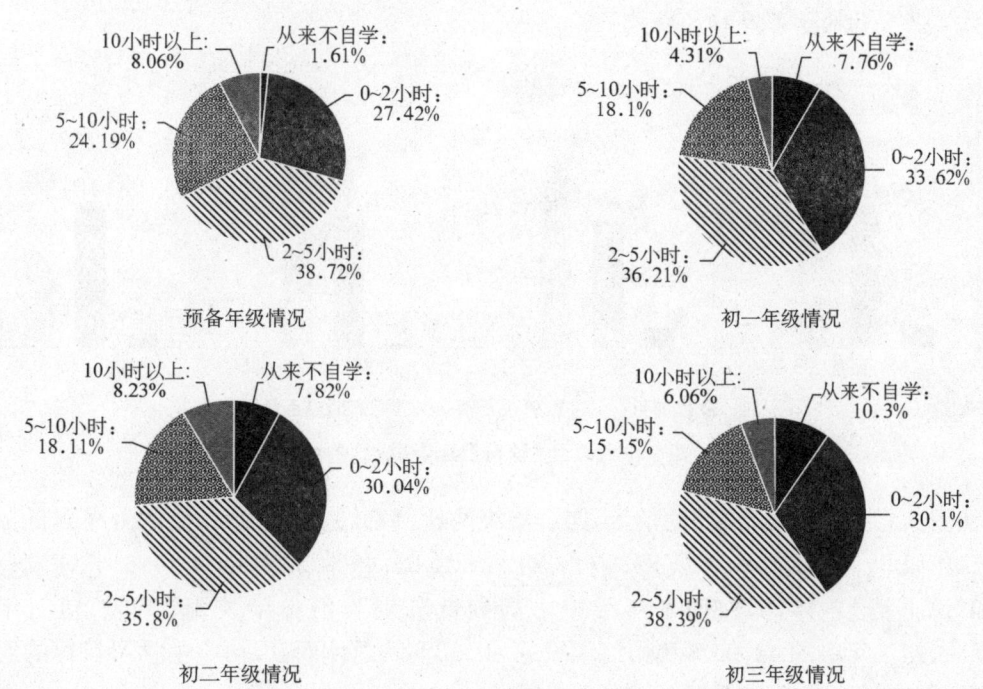

图 2　四个年级学生"一周内在家自学"的情况

从图2的数据可知,四个年级学生中能在一周内在家用较长时间(5小时以上)自学的比例总体偏低。根据数据显示,从预备到初三年级的学生,每周自主学习"5~10小时"和"10小时以上"的总体比例分别为32.25%、22.41%、26.34%和21.21%;而"从来不自学"和"0~2小时"的总体比例分别为29.03%、41.38%、37.86%和40.4%。另外,"从来不自学"的比例,由低年级向高年级呈现明显的递增趋势。

第3题 你对课堂上没有弄懂的问题,利用业余时间跟同学讨论、查阅资料把问题弄懂的情况。

表1 四个年级学生"学习问题解决"的情况

年级	不会	有,但是很少	有时会	经常会	小计
预备	8(8.08%)	33(33.33%)	37(37.37%)	21(21.22%)	99
初一	10(4.12%)	60(24.69%)	99(40.74%)	74(30.45%)	243
初二	3(4.84%)	13(20.97%)	22(35.48%)	24(38.71%)	62
初三	3(2.59%)	19(16.38%)	53(45.69%)	41(35.34%)	116

从表1看,初一和初二年级"解决问题的能力"处在中等水平,选择"经常会"和"有时会"的总体比例分别为71.19%和74.19%;初三年级表现出了较强的学习问题解决能力,选择"经常会"和"有时会"的总体比例为81.03%;预备年级的"解决问题的能力"处在偏下水平,选择"经常会"和"有时会"的总体比例为58.59%。总体而言,四个年级学生的"解决问题的能力"都需要加强培养;尤其需要提高"经常会"解决问题能力学生的比例。

第4题 你的学习目标的明确性情况。

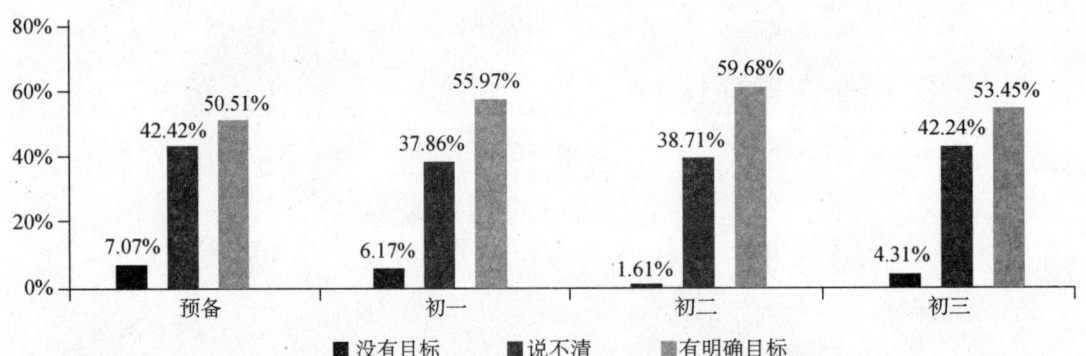

图3 四个年级学生"学习目标明确性"的数据图

从图3看,"有明确目标"的学生,四个年级的比例都超过了50%,比例由高到低分别为初二年级59.68%、初一年级55.97%、初三年级53.45%、预备年级50.51%,"没有目标"和"说不清"总体比例,四个年级中由高到低分别为预备年级49.49%、初三年级46.55%、初一年级的44.03%和初二年级的40.32%。总体而言,初中生学习目标的明确性,都还需要加以培养提高。

第4题 你在学习中遇到各种困难,会不会努力加以克服的情况。

表2 四个年级学生"遇到学习困难努力克服"的情况

年级	不会	会做出一定的努力	会尽最大努力	小计
预备	11(11.11%)	61(61.62%)	27(27.27%)	99
初一	17(7%)	147(60.49%)	79(32.51%)	243
初二	3(4.84%)	38(61.29%)	21(33.87%)	62
初三	4(3.45%)	76(65.52%)	36(31.03%)	116

从表2看,我们发现四个年级近60%的学生,都选择了"会做出一定的努力";有30%左右的学生,选择了"会尽最大努力";预备年级中,有11.11%的学生选择了"不会"。可见,在初中学习阶段学生有较大的克服学习困难的勇气,我们应该加以利用这种心理。

第6题 你对初中阶段的学习觉得有乐趣的情况。

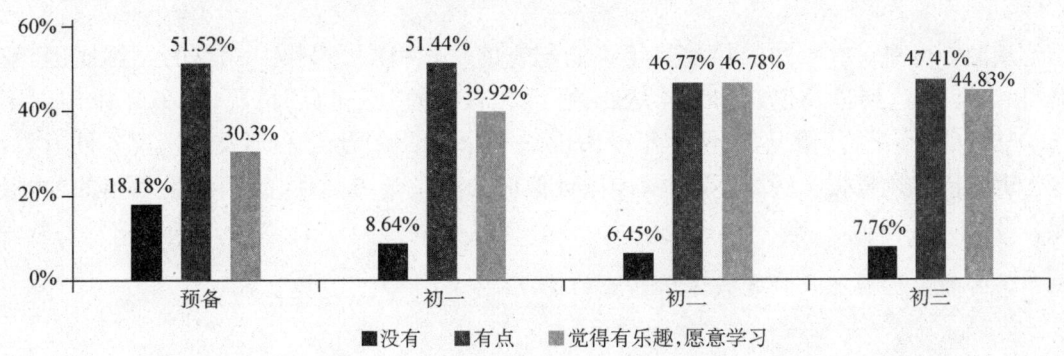

图4 四个年级学生"对于学习的乐趣"情况

从图4看,学生对于学习的乐趣,总体随着年级的提高而上升。其中,在初二年级选择"有点"和"觉得有乐趣,愿意学习"的总体比例最高为93.55%;初三年级比初一和初二年级的比例稍有下降,一方面可能与学业压力有关,另一方面可能与初三处在复习阶段,学习过程存在一定的反复有关。总体而言,学生的"学习兴趣",还需要通过组织有效的课堂学习活动加以培养。

第7题 你对课堂教学活动配合的情况。

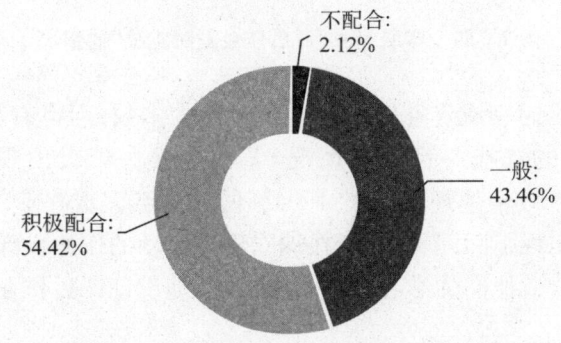

图5 学生"课堂教学配合积极度"的总体情况

从图 5 看,学生对于教师的课堂教学活动配合度("积极配合"和"一般"的总体比例)总体较高,但还需要提高"积极配合"的比例。

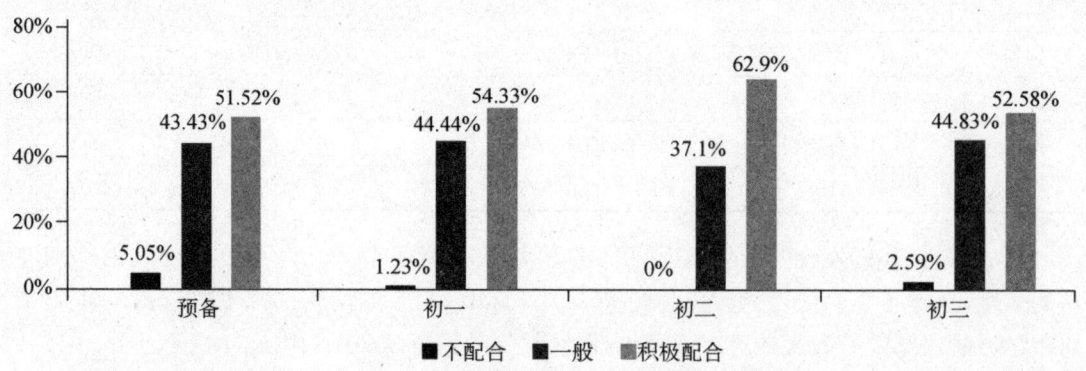

图 6　四个年级学生"课堂教学配合积极度"的情况

从图 6 可见,初一、初二和初三年级的配合度("积极配合"和"一般"的总体比例)较高;初二年级达到最高值。初三年级出现了 2.59% 的"不配合"情况,预备年级出现了"5.05%"的"不配合"情况,这两个年级出现的不"配合"情况,与心理发展情况不同有关。这告诉我们必须根据年级的不同,设计适合他们的课堂学习活动,提高学生参与的"积极配合"度。

第 8 题　你能够及时完成课后作业的情况。

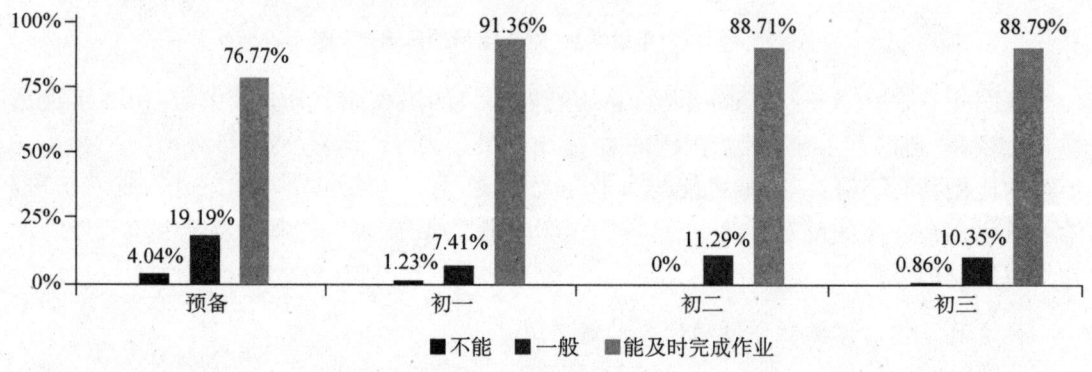

图 7　四个年级学生"课后作业及时完成"的情况

从图 7 可见,"能及时完成作业"的学生,占了绝大多数;但也有初一年级外的三个年级学生存在超过 10% 的选择"一般"的情况,尤其是预备年级出现了此选项的最高值 19.19%。此外,预备年级学生还出现了 4.04% 的"不能"完成作业的情况,可见,预备学生在完成课后作业上出现了问题。因此,在课堂学习活动的作业设计上,我们要关注预备年级的作业设计是否合适他们的学习水平,有的放矢地设计课后作业;也需要加强对学生完成作业进行的指导。

第9题 你"认真预习、复习"的情况。

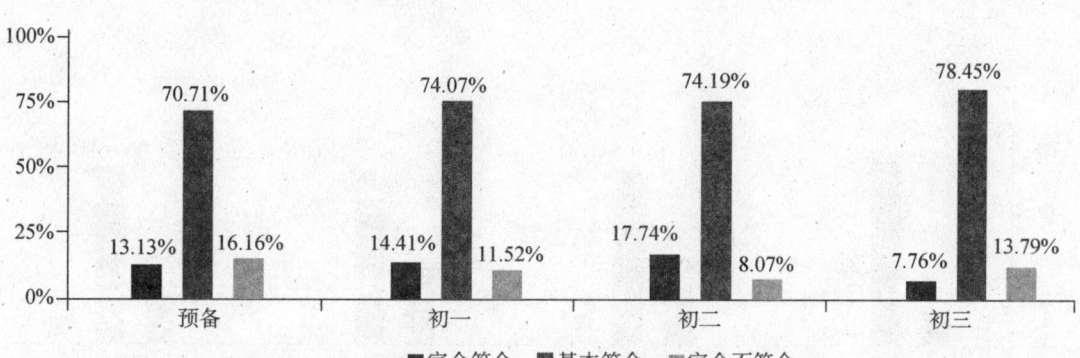

图8 四个年级学生"认真预习、复习"的情况

从图8看,全校学生能够认真预习、复习的总体情况("完全符合"和"基本符合"的总体比例)尚可。其中,预备年级、初一年级、初二年级的数据分别为83.84%、88.48%、91.93%,初二年级学生达到最高值,初三年级较初二年级有所下降,可能因为到了初三不断的重复性训练影响了他们对预习、复习活动的热情。总体而言,在学习活动设计中,需要关注如何提高全校学生"认真预习、复习"的总体比例。

第10题 你在自主学习时,能通过分析、比较、判断、联想等方法提出一些问题的情况。

表3 四个年级学生"自主学习提问"的情况

年级	完全符合	有些符合	不符合	小计
预备	11(11.11%)	70(70.71%)	18(18.18%)	99
初一	31(12.76%)	171(70.37%)	41(16.87%)	243
初二	6(9.68%)	44(70.97%)	12(19.35%)	62
初三	13(11.21%)	87(75%)	16(13.79%)	116

从表3看,四个年级在自主学习时,能够提出问题的比例(选择"完全符合"和"有些符合"的总体比例)尚可,都超过了80%;选择"完全符合"选项的比例偏低,在9.68%~12.76%,初二年级出现了最小值,初一年级出现最大值,预备年级与初三年级几乎持平;选择"不符合"(即不能提出有效问题的学生)在13.79%~19.35%,不能提出有效问题比例最高的为初二年级的学生。总体而言,需要提高四个年级学生"完全符合"提出有效问题的比例,尤其是需要关注初二年级学生提出有效问题的比例。

第11题　你在听课时,把不理解的问题或联想起来的问题记下,以便课后进一步思考、弄清楚的情况。

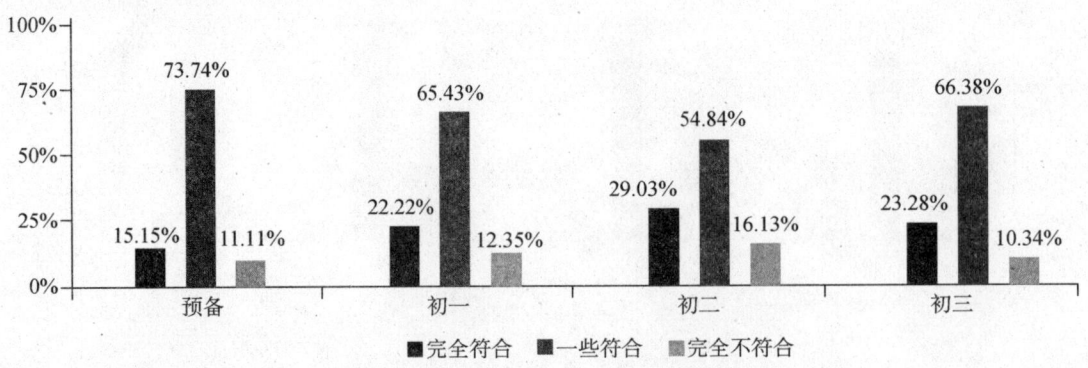

图9　四个年级学生"学习问题记录与自主解决"的情况

从图9看,四个年级中选择"完全符合"和"一些符合"的总体比例较好。其中,初二年级选择"部分符合"的比例最高为29.03%,预备年级选择"一些符合"的比例最高为73.74%,可见这两个年级在学习问题记录与自主解决方面的热情度最高;初一、初三年级数据接近,是一个稳定期。选择"完全符合"的年级在15.15%~29.03%,比例较低;选择"完全不符合"的年级在10.34%~16.13%,比例不低。故此,我们在课堂学习设计时,可以设计明确的、基础性的问题,以启发预备年级到初二年级的学生去自主思考和解决,给初三学生设计带有一定挑战性的问题,以启发他们去自主探索。

第12题　你对重视学习经验的总结和与同学们进行交流的情况。

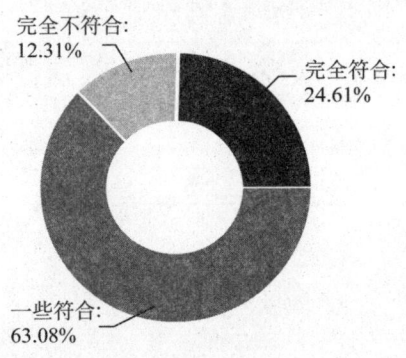

图10　学生"重视学习经验的总结和与同学们进行交流"的总体情况

从图10看,四个年级学生选择"完全符合"和"一些符合"的总体比例为87.69%,总体处在较高水平。但选择"完全符合"的年级只有24.61%;选择"完全不符合"的学生比例有12.31%。

从图11看,学生选择"一些符合"的比例在初三年级最高,为68.1%,可见,初三年

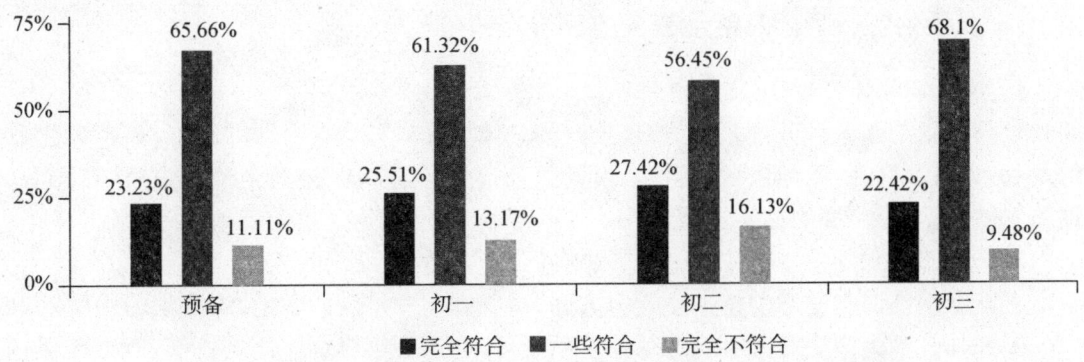

图 11　四个年级学生"重视学习经验的总结和与同学们进行交流"的情况

级的学习沟通能力较强。预备、初一、初二年级呈现递减趋势,学生注意进行自主学习经验总结与沟通的数据也是递减的。故此,我们在设计初三年级课堂学习活动时,可以偏向系统性的学习经验总结的交流、设计;在预备、初一、初二年级的课堂学习活动开展时,可以有意识地培养其团队、小组交流方式,帮助他们进行学习经验的及时总结和交流,促进有效学习活动的开展,提升学生参与学习活动的实效和素养。

第 13 题　你觉得自己会学习和具有学习自信的情况。

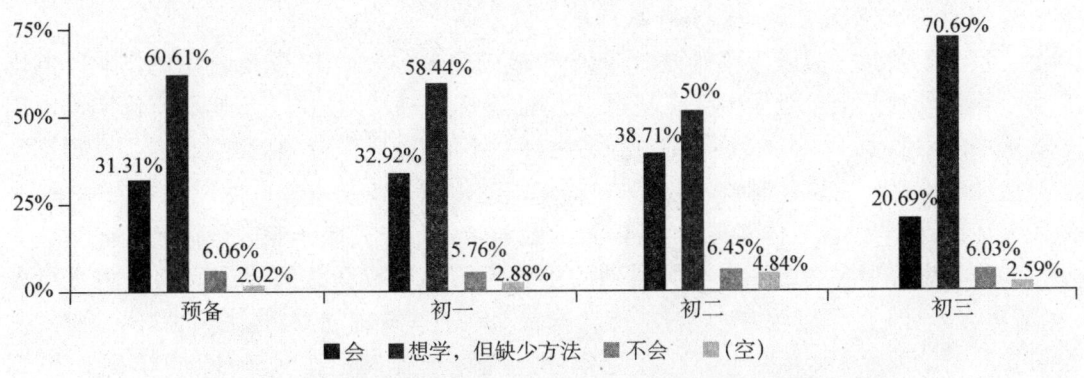

图 12　四个年级学生"会学习和具有学习自信"的情况

从图 12 看,四个年级选择"会"学习的比例与选择"想学但缺少方法"的比例有明显差异,选择"不会"和不选(视作不会)的比例为 8.08%～11.29%。其中,初三年级学生选择"会"学习的比例最低,既可能与处在初三阶段的特殊心理状态有关,也可能对"学习自信"的内涵理解不一有关。

四、结论与建议

我们把调查的数据,按学生参加学习活动的课前、课中与课后"三程"和自主学习的兴趣、能力和良好行为习惯"三维度"归类后进行分析,得出了以下基本结论,并据此对学校总课题组提出了以下学生学习活动设计与实施的建议。

（一）学生"三程"学习活动素养方面

1. 学生课前自主预习、复习方面

全校学生能够认真进行课前预习、复习的总体情况（"完全符合"和"基本符合"学生数的总和）尚可。因此，教师在学习活动设计时，还需要关注如何提高全校学生"认真预习、复习"的"完全符合"度的总体比例。

2. 学生课中参学方面

一是学生在课堂学习中集中注意力方面，初一到初三年级的学生，课堂学习中"能"和"大部分时间能"集中注意力听讲的总体比例尚可，但预备年级总体比例较低，四个年级选择总是"能"集中注意力的学生总体比例不高。因此，教师在学习活动设计时，还需要关注如何提高全校学生对课堂总是"能"集中注意力的比例；尤其是需要提高预备年级学生"能"和"大部分时间能"集中注意力听讲的总体比例，以保证课堂教学的效果和有机提升学生学会学习的素养。

二是学生课堂教学活动配合方面，四个年级学生"积极配合"和"一般"的总体比例较高，但还需要提高"积极配合"的比例。因此，教师在课堂学习活动设计时，必须根据年级的不同，设计适合他们的课堂学习活动，提高学生参与的"积极配合"度，以提高学生课堂学习活动的实效和有机提升学会学习的素养。

3. 学生课后自主完成作业和开展问题探索方面

一是学生及时完成课后作业方面，四个年级的绝大多数学生"能及时完成作业"，但也有初一年级外的三个年级学生存在超过10%的选择"一般"的情况，尤其是预备年级出现了此选项的最高值19.19%，还出现了4.04%的"不能"完成作业的情况。因此，教师在堂学习活动的课后作业设计时，需要关注预备年级的作业设计是否合适他们的学习水平，有的放矢地设计作业；在具体实施中，还需要加强对学生独立完成作业进行指导。

二是学生课后对在课中学习时遇到的不理解的问题或联想起来的问题自主进行思考、解决方面，四个年级学生中，选择"完全符合"和"一些符合"的总体比例较好。选择"完全符合"的比例在15.15%～29.03%，比例较低；选择"完全不符合"的学生比例在10.34%～16.13%，比例不低。因此，教师在进行课堂学习活动设计时，可以设计更多明确的、基础性的问题，以启发给预备到初二年级的学生进行自主思考、解决；设计带有一定挑战性的问题给初三年级的学生，以启发他们主动去进行自主探索和解决。

（二）学生自主学习"三维度"素养方面

1. 学生自主学习意识方面

一是在学生自主学习的目标方面，总体而言，四个年级学生学习目标的明确性都需要加以培养提高。二是在学生自主学习的兴趣方面，总体而言，对学生的"学习兴趣"都还需要通过教师组织有效的课堂学习活动来加以培养。

2. 学生自主学习能力方面

一是在学生自主学习时，能通过分析、比较、判断、联想等方法提出一些问题方面，四个年级学生在自主学习时，能够提出问题的比例（选择"完全符合"和"有些符合"的总体比例)尚可,但选择"完全符合"选项的比例偏低,选择"不符合"(即不能提出有效问题的学生)在 13.79%～19.35%,其中,初二年级比例最高。可见,教师在进行学生学习活动设计时,需要针对四个年级学生加强有效提问题设计的引导,尤其是需要关注在初二年级学生提出有效问题设计时的引导。

二是学生对课堂上没有弄懂的问题,在利用业余时间跟同学讨论、查阅资料把问题弄懂的能力方面,初一和初二年级处在中等水平;初三年级处在了较高水平;预备年级学生处在偏低水平。因此,四个年级学生的"问题解决能力",都需要通过教师设计有效的学习活动来加强培养,尤其是需要提高"经常会"去解决问题能力学生的比例。

三是在学生对重视学习经验的总结和与同学进行交流方面,四个年级选择"完全符合"和"一些符合"的总体比例处在较高水平,选择"完全符合"的年级比例偏低,选择"完全不符合"的年级比例偏高。初三年级的学习沟通能力较强;预备、初一、初二年级呈现递减趋势。因此,一方面,需要加强四个年级学生对学习活动经验总结和交流类学习活动的设计;另一方面,在预备、初一、初二年级学生的课堂学习活动开展时,需要有意识地设计相关过程性和结果性的学习活动,引导他们及时总结和交流学习经验,锻炼全体学生和不同阶段学生参与学习活动的经验和有效地进行交流分享的能力。

3. 学生自主学习良好行为习惯方面

一是一周内学生在家用于自学的时间方面,四个年级能在一周内在家用于自主学习超过 5 小时的学生数较少,并呈现出了一定年级差异。因此,课题组在组织学生学习活动设计与实施时,需要关注学生课外自主学习活动的时间总量,尤其是提高学生每周自主学习"5～10 小时"及"10 小时以上"的比例。

二是学生对在学习中遇到困难时加以克服的自评方面,四个年级克服学习困难的总体比例较好(指选择"会尽最大努力"和"会做出一定的努力"的总体比例为 88.89%～96.55,但选择"会尽最大努力"比例偏低,为 27.27%～33.87%)。因此,一方面,在进行学习活动设计时,可以利用好学生有较大的克服学习困难的勇气,多设计一些具有挑战性的学习内容;另一方面,应注意在进行学习活动设计和实施时,提高"会尽最大努力"的学生比例。

三是在学生对会学习和学习自信的评价方面,四个年级的学生中选择"会"学习和具有学习自信的比例总体不高;选择"想学,但缺少方法"的比例最大;选择"不会"和不选(视作不会)的比例,也占 10% 左右。其中,初三年级学生选择"会"学习的比例最低,这既可能与处在初三阶段的特殊心理状态有关,也可能与对"学习自信"的内涵理解不一有关。因此,总的来说还是需要从"会学习"的方式方法入手,加强对学生学习活动的设计与组织实施,以化解多数学生"想学但缺少方法"的问题,逐步提高学生的学习自信。

参考文献

[1] 王孝玲.教育统计学(修订版)[M].上海:华东师范大学出版社,1993.

[2] 范晓玲.教学评价论[M].长沙:湖南教育出版社,1999.

[3] 吴亚萍.统计分析指导[M].北京:教育科学出版社,2003.

[4] 潘国青.教育科研新视角[M].上海:上海科学技术文献出版社,2002.

[5] 张颖,张晓兵."独二代"家庭教育现状调查研究[C]//金卫东,曹明.独二代家庭教育指导新方略·论文选.上海:上海教育出版社,2017:82-94.

基于核心素养下初中生学会学习素养现状调查报告(后测)

上海市五三中学 庄轶虹

一、调查缘由

学校"基于核心素养理念下初中生课堂学习活动设计与实施的实践研究"的区级重点课题研究,致力于提高学生课堂学习活动设计、实施与评价素养,促进学生提升乐学、善学、勤于反思和数字学习等学会学习的核心素养。为了解课题研究对本校学生学会学习核心素养带来的成效,提高总课题研究实效总结的科学性,进行本次现状调查。

二、调查方法

(1)调查内容:参考前测调查问卷,结合学校总课题组对学生学会学习之乐学善学素养的分解定位,对学生实施调查。调查正文内容包括学生自主发展维度的学会学习核心素养之"乐学善学""勤于反思"和"信息意识"三大方面的相关意识(6题)、能力(15题)和良好行为习惯(9题),共30题。

(2)调查对象:本次调查涉及对象为全校四个年级的部分学生(按"简单随机抽样"的方法进行)。其中,初二、初三年级接受调查的学生在预备、初一年级时,参与了调查的前测。

(3)调查手段:本次调查,采用问卷调查法(四个年级的学生,按照"简单随机抽样"的方法,每个班级按学号间隔3个号进行抽取);借助"问卷星"展开具体的网上调查。

(4)调查步骤:选择调查对象,选择2020年12月初时在校的四个年级学生,按照"简单随机抽样"的调查方法,确定进行问卷调查的对象。其中,预备、初一年级的学生,是课题开展后才入校;初二、初三年级的学生,是经过3年多的学会学习核心素养培养教育实践过的。按照预定随机抽样调查学生人数,从预备到初三年级的四个年级,分别为62人、193人、140人和89人,总人数为484人(占35%)。实施正式调查,按照预定随机抽样调查学生484人,2020年12月8日,本子课题组成员将调查问卷二维码发布至学校微信平台——精彩五三。问卷调查的题目,通过"问卷星"以网络问卷的方式展开;由班主任将调查问卷二维码发至班级群,请班级同学进行扫码答卷。分析资料,撰写调查报告,实际收到的有效问卷,从预备到初三年级四个年级,分别为42人/份、159人/份、105人/份和

64人/份，合计为370人/份（占26.83%）。由学校庄轶虹老师负责整理后测调查资料，进行数据的统计处理，并撰写调查报告。听取论证意见，修改完善报告，后测调查报告初稿完成后，庄轶虹老师多次与浦东教发院相关科研专家互动，听取指导意见进行修改，并在专家的具体修改建议下，逐步完善报告后完成定稿。

三、结果分析

以下统计数据中，被抽样调查学生的总人数为370人。根据30道选择题的四个选项，将总体评价分为"优""良""合格""需要努力"四种。

第1题　你认为自己乐学善学的意识符合以下哪一项？

从第1题数据可知，预备到初三年级的学生认为自己乐学善学的意识为"优""良"的比例分别为47.52%、66.67%、62.86%、57.82%；为"合格""需要努力"的比例分别为0%、1.26%、0.95%和6.25%。

第2题　你认为自己数字化学习的意识符合以下哪一项？

从第2题数据可知，预备到初三年级的学生认为自己的数字化学习的意识为"优""良"的比例分别为47.14%、61.01%、74.29%、54.6%；为"合格""需要努力"的比例分别为0%、1.26%、2.56%和3%。

第3题　你认为自己自主阅读的能力符合以下哪一项？

从第3题数据可知，预备到初三年级的学生认为自己的自主阅读能力为"优""良"的比例分别为45.24%、61.01%、65.72%、51.57%；为"合格""需要努力"的比例分别为0%、3.14%、3.81%和6.25%。

第4题　你认为自己主动探索有效学习策略的能力符合以下哪一项？

从第4题数据可知，预备到初三年级的学生认为自己自主探索有效学习策略的能力为"优""良"的比例分别为28.57%、52.63%、58.09%、40.62%；为"合格""需要努力"的比例分别为0%、1.26%、2.86%、6.25%。

第5题　你认为自己自主诊断不同阶段学习情况的能力符合以下哪一项？

从第5题数据可知，预备到初三年级的学生认为自己自主诊断不同阶段学习情况的能力为"优""良"的比例分别为30.95%、56.6%、58.1%、39.07%；为"合格""需要努力"的比例分别为0%、3.77%、2.86%、4.69%。

第6题　你认为自己主动改进日常学习不足的能力符合以下哪一项？

从第6题数据可知，预备到初三年级的学生认为自己主动改进日常学习不足的能力为"优""良"的比例分别为42.85%、55.34%、57.15%、40.63%；为"合格""需要努力"的比例分别为4.76%、1.89%、0.95%、6.85%。

第7题　你认为自己借助数字化学习工具尝试进行收集和处理学习资源的能力符合以下哪一项？

从第7题数据可知，预备到初三年级的学生认为自己借助数字化学习工具尝试进行收集和处理学习资源的能力为"优""良"的比例分别为52.38%、57.86%、62.85%、46.31%；为"合格""需要努力"的比例分别为4.76%、1.89%、0.95%、6.25%。

第8题 你认为自己拥有良好学习行为习惯的现状符合以下哪一项?

从第8题数据可知,预备到初三年级的学生认为自己拥有良好的学习行为习惯为"优""良"的比例分别为64.29%、69.81%、70.48%、57.82%;为"合格""需要努力"的比例总体为4.13%。

第9题 你认为自己勤于反思的学习行为习惯的现状符合以下哪一项?

从第9题数据可知,预备到初三年级的学生认为自己拥有勤于反思的学习行为习惯为"优""良"的比例分别为49.53%、68.56%、69.32%、57.82%);为"合格""需要努力"的比例总体为4.34%。

第10题 你认为自己借助数字化学习完成学习任务的行为习惯的现状符合以下哪一项?

从第10题数据可知,预备到初三年级的学生认为自己能借助数字化学习完成学习任务的习惯为"优""良"的比例分别为69.05%、65.4%、67.62%、59.38%;为"合格""需要努力"的比例分别为0%、4.4%、5.71%、6.25%。

第11题 你认为自己课堂学习活动中尝试设计体验的意识符合以下哪一项?

从第11题数据可知,预备到初三年级的学生认为课堂学习活动中尝试设计体验的意识为"优""良"的比例分别为44.62%、62.26%、69.52%、53.12%;为"合格""需要努力"的比例分别为4.00%、1.89%、0%和3.13%。

第12题 你认为自己课堂学习活动中借助环境的意识符合以下哪一项?

从第12题数据可知,预备到初三年级的学生认为自己课堂学习活动中借助环境的意识为"优""良"的比例分别为57.81%、64.15%、68.57%、70%;为"合格""需要努力"的比例分别为1.56%、1.26%、0%、0%。

第13题 你认为自己课堂学习活动中注重质疑的意识符合以下哪一项?

从第13题数据可知,预备到初三年级的学生认为自己在课堂学习活动中注重质疑的意识为"优""良"的比例分别为56.25%、60.38%、59.05%、47.62%;为"合格""需要努力"的比例分别为3.13%、2.52%、0.95%、0%。

第14题 你认为自己课堂学习活动中注重随机评价的意识符合以下哪一项?

从第14题数据可知,预备到初三年级的学生认为自己课堂学习活动中注重随机评价的意识为"优""良"的比例分别为43.15%、59.12%、56.15%、54.47%;为"合格""需要努力"的比例分别为1.56%、2.52%、0.95%、0%。

第15题 你认为自己课堂学习活动的整体设计能力符合以下哪一项?

从第15题数据可知,预备到初三年级的学生认为自己课堂学习活动中的整体设计能力为"优""良"的比例分别为48.44%、60.47%、61.9%、47.62%;为"合格""需要努力"的比例分别为4.69%、1.89%、0%和2.38%。

第16题 你认为自己课堂不同类型学习活动的设计能力符合以下哪一项?

从第16题数据可知,预备到初三年级的学生认为自己课堂不同类型学习活动的设计能力为"优""良"的比例分别为47.62%、66.03%、76%和57.81%;为"合格""需要努力"的比例分别为2.38%、1.89%、0%和1.56%。

第17题 你认为自己课堂学习活动中集中注意力的能力符合以下哪一项?

从第17题数据可知,预备到初三年级的学生认为自己课堂学习活动中集中注意力的能力为"优""良"的比例分别为47.62%、70.07%、67.42%、66.15%；为"合格""需要努力"的比例分别为3.13%、1.89%、0.95%、1%。

第18题　你认为自己课堂学习活动中识记、理解所学内容的能力符合以下哪一项？

从第18题数据可知，预备到初三年级的学生认为自己课堂学习活动中识记、理解所学内容的能力为"优""良"的比例分别为45.23%、64.78%、72.38%、54.69%；为"合格""需要努力"的比例分别为1.10%、1.26%、0%、1.56%。

第19题　你认为自己课堂学习活动中善于有机运用学习策略的能力符合以下哪一项？

从第19题数据可知，预备到初三年级的学生认为自己在课堂学习活动中善于有机运用学习策略的能力为"优""良"的比例分别为42.85%、62.27%、68.57%、56.25%；为"合格""需要努力"的比例分别为0%、1.29%、0.95%、1.56%。

第20题　你认为自己课堂学习活动中多元内化的能力符合以下哪一项？

从第20题数据可知，预备到初三年级的学生认为自己在课堂学习活动中多元内化的能力为"优""良"的比例分别为54.69%、55.04%、65.71%、35.72%；为"合格""需要努力"的比例分别为1.56%、1.89%、0%、1.19%。

第21题　你认为自己课堂学习活动中利用数字媒体进行课堂学习活动设计、实施和评价的能力符合以下哪一项？

从第21题数据可知，预备到初三年级的学生认为自己在课堂学习活动中利用数字媒体进行课堂学习活动设计、实施和评价的能力为"优""良"的比例分别为62.5%、61.73%、63.71%、55.18%；为"合格""需要努力"的比例分别为1.56%、1.89%、1.90%、0%。

第22题　你认为自己课堂学习活动中预设评价的能力符合以下哪一项？

从第22题数据可知，预备到初三年级的学生认为自己在课堂学习活动中预设评价的能力为"优""良"的比例分别为47.62%、60.48%、64.76%、62.5%；为"合格""需要努力"的比例分别为0%、1.89%、1.90%、1.56%。

第23题　你认为自己课堂学习活动中本课目标达成评价的能力符合以下哪一项？

从第23题数据可知，预备到初三年级的学生认为自己在课堂学习活动中预设评价的能力为"优""良"的比例分别为42.85%、60.48%、64.76%、62.5%；为"合格""需要努力"的比例分别为0%、1.89%、0%、1.56%。

第24题　你认为自己课堂学习活动中学会学习素养发展评价的能力符合以下哪一项？

从第24题数据可知，预备到初三年级的学生认为自己在课堂学习活动中学会学习素养发展评价的能力为"优""良"的比例分别为45.23%、66.03%、72.81%、50.01%；为"合格""需要努力"的比例分别为0%、1.26%、0%和3.13%。

第25题　你认为自己在课堂学习活动中注意把握程序性学习行为习惯的现状符合以下哪一项？

从第25题数据可知，预备到初三年级的学生认为自己在课堂学习活动中的程序性学习行为习惯的现状为"优""良"的比例分别为65.62%、67.99%、75.52%、59.53%；为"合格""需要努力"的比例分别为 1.57%、1.89%、0.95%、0%。

第 26 题 你认为自己课堂学习活动中注重把握具体方法的行为习惯的现状符合以下哪一项？

从第 26 题数据可知，预备到初三年级的学生认为自己在课堂学习活动中注重把握具体方法的行为习惯的现状为"优""良"的比例分别为 62.5%、75.97%、74.32%、64.29%；为"合格""需要努力"的比例分别为 1.56%、3.14%、0%、0%。

第 27 题 你认为自己课堂学习活动中注重质量行为习惯的现状符合以下哪一项？

从第 27 题数据可知，预备到初三年级的学生认为自己在课堂学习活动中注重质量行为习惯的现状为"优""良"的比例分别为 62.53%、64.84%、75.1%、57.94%；为"合格""需要努力"的比例分别为 0%、1.89%、2.86%、1.56%。

第 28 题 你认为自己课堂学习活动中积极思考的行为习惯的现状符合以下哪一项？

从第 28 题数据可知，预备到初三年级的学生认为自己在课堂学习活动中积极思考的行为习惯的现状为"优""良"的比例分别为 57.81%、73.58%、75.1%、52.53%；为"合格""需要努力"的比例分别为 1.56%、2.52%、2.86%、0%。

第 29 题 你认为自己课堂学习活动中反思内化的行为习惯的现状符合以下哪一项？

从第 29 题数据可知，预备到初三年级的学生认为自己在课堂学习活动中反思内化的行为习惯的现状为"优""良"的比例分别为 59%、71.7%、70.48%、55.81%；为"合格""需要努力"的比例分别为 2%、3.14%、1.9%、3.13%。

第 30 题 你认为自己课堂学习活动中注重评价的激励性行为习惯的现状符合以下哪一项？

从第 30 题数据可知，预备到初三年级的学生认为自己在课堂学习活动中注重评价的激励性行为习惯的现状为"优""良"的比例分别为 64.29%、71.7%、75.43%、60.94%；为"合格""需要努力"的比例分别为 2%、3.14%、0.95% 和 3.13%。

四、基本结论

（一）学生学会学习的意识明显提升

从第 1—2 题和第 11—14 题的调查结果，结合其他题目和教师的日常观察、了解可知，四个年级学生学会学习的意识，有明显的提升。主要表现在以下方面。

1. 学生善学乐学的意识提高明显

从第 1 题可知，学生乐学善学的意识有显著变化，总体评价为"优""良"的比例较高。

2. 学生数字化学习的意识提高明显

从第 2 题可知，学生数字化学习的意识，总体评价为"优""良"的比例高；"合格""需要努力"的比例低。综合后续的相关学习学习能力与习惯中涉及数字化学习的状况的数据可知，学生普遍对数字化学习工具的优势具有明确的认识，能借助数字化信息工具进行学习资源信息的收集与处理；课堂学习活动中利用数字媒体进行课堂学习活动设计、实施和评价的能力有明显的提高,都间接地证明了学生数字化学习意识的明显增强;学生数字化学习的运用正往低龄化发展。

3. 学生勤于反思的意识提高较为明显

从第9题可知,学生拥有勤于反思的学习行为习惯,总体评价为"优""良"的比例高;"合格""需要努力"的比例低。此外,从教师对学生课堂与课后学习活动中的日常观察与了解可知,学生能及时内化反思课堂上的知识点,能坚持在课后对新知识进行反思总结。

4. 学生"四个层面"的学习意识提高明显

从第11—14题可知,学生课堂学习活动尝试体验设计的意识、借助环境学习的意识、注重质疑的意识和随机评价的意识,总体评价为"优""良"的比例较高,学习意识提高明显。

(二)学生课堂学习活动的能力明显提高

从第3—7题和第15—24题的调查结果可知,学生课堂学习活动的能力,有明显的提高。主要表现在以下方面。

1. 学生自主学习的"5种能力"提高显著

"5种能力",即学生自主阅读的能力、主动探索有效学习策略的能力、自主诊断不同阶段学习情况的能力、主动改进日常学习不足的能力和借助数字化学习工具尝试进行收集和处理学习资源的能力,总体评价为"优""良"的比例显著提高。

2. 学生课堂学习活动的"7种能力"提高显著

"7种能力",即第15—21题所调查的能力。其中,6项能力(即自己在课堂学习活动中的整体设计能力、不同类型学习活动的设计能力、集中注意力的能力、识记与理解所学内容的能力、善于有机运用学习策略的能力、利用数字媒体进行课堂学习活动设计、实施和评价的能力)的总体评价为"优""良"的比例高;1项能力(即自己在课堂学习活动中多元内化的能力)预备、初一年级总体评价为"优""良"的比例高于初二年级。

3. 学生的"3种评价能力"提高显著

"3种评价能力",即第22—24题的学生课堂学习活动之预设评价的能力、本课目标达成评价的能力和学会学习素养发展评价的能力,四个年级的学生均有所提高。另外,在第21题涉及的学生对自己在课堂学习活动中利用数字媒体进行课堂学习活动设计、实施和评价的能力,四个年级的学生也有显著提高。

(三)学生自主学习和课堂学习活动"9种习惯"明显提高

"9种习惯",即第8—10题和第25—30题中涉及的习惯。

1. 学生日常"3种学习良好行为习惯"提高较为显著

学生日常"3种自主学习良好行为习惯",即第8—10题调查的学生认为拥有的自主学习的良好行为习惯、学习中勤于反思的良好行为习惯和借助数字化技术完成学习任务的良好行为习惯,学生总体评价为"优""良"的比例较高;"合格""需要努力"的比例相对较少。所以,学生日常这"3种学习良好行为习惯"的综合评价为较好,提高较为显著。

2. 学生课堂学习活动中的"6种学习行为习惯"提高显著

学生课堂学习活动中的"6种学习行为习惯",即第25—30题的调查涉及的课堂学习活动中注意把握程序性学习行为习惯、注重把握具体方法的行为习惯、注重学习质量的行为习惯、注意积极思考的行为习惯、注意及时反思内化的行为习惯和注重评价激励的行为习惯,学生总体评价为"优""良"的比例高,能力提高显著。

(四) 学生学会学习的素养变化存在一定的年级差异和部分素养有待提高

学生学会学习的意识、课堂学习活动的能力和自主学习与课堂学习活动的良好行为习惯的总体变化,初二年级的学生最为显著;初一年级学生为其次,这与这两个年级的学生受到的多类型的课堂学习活动实践经历较多,为正相关。初三年级,就其自身纵向对比,变化还是显著的,但与他们受到的多类型的课堂学习活动实践经历为最多不够匹配,这可能既与学生面临的学习、考试压力重有关;也可能与对问卷内容的认识与理解、判断与把握的标准不一有关。

另外,部分年级学生学会学习的三类核心素养还待提高,例如,预备年级学生的主动改进学习不足能力、借助数字化技术收集处理学习资源能力和课堂学习活动设计能力,四个年级学生的自主学习的良好行为习惯,初三年级学生的乐学善学意识、主动改进学习不足能力、借助数字化技术收集处理学习资源能力和勤于反思的良好学习行为习惯等素养,还需进一步提高。

五、三点思考

一是课题组和实践教师,需要总结课堂学习活动设计、实施与评价方面的成功的经验,固化研究成果。二是针对部分年级学生学会学习的三类核心素养存在的不足,寻找原因,加强针对性的设计、实践与评价的探索,努力争取化解这些不足。三是针对学会学习素养变化年级差异最明显的初三年级,课题组需要加强个别访谈,探明究竟是学习、考试压力重,还是对问卷内容的认识与理解、判断与把握的标准不一,还是另有其他原因。在后续研究中,针对原因,尝试改进课堂学习活动类型的设计、实施与评价,争取化解九年级学生的困扰因素,进一步提升他们学会学习的整体素养。

参考文献

[1] 王孝玲.教育统计学(修订版)[M].上海:华东师范大学出版社,1993.
[2] 范晓玲.教学评价论[M].长沙:湖南教育出版社,1999.
[3] 吴亚萍.统计分析指导[M].北京:教育科学出版社,2003.
[4] 陈雪莲.新城区初中学生良好行为习惯现状调查报告(后测)[C]//金丽萍,曹明.初中生良好行为习惯养成教育.上海:同济大学出版社,2017-05:168-177.

"基于核心素养理念下初中生课堂学习活动设计与实施的实践研究"之评价体系研究

上海市浦东教育发展研究院　曹　明
上海市五三中学　王丹旦　张燕莺　许珠莉　陆樱燕

一、问题提出

(一) 概念界定

1. 基础概念界定

"评价",是指评价者通过详细、仔细地研究,依据一定的评价想法、评价内容与评价标准、评价方式方法技术手段等,对教育的实施加以引导,对需要评价的对象、材料作出过程性或结果性的价值诊断、评判和鉴定的过程。"体系",是指一定范围内的相关对象、事物、制度等按照一定的秩序和内部联系合理地加以定位,有机地构成一个完整有序和谐的结构系统。

所谓"评价体系",在本课题中,是指由"上位"的相关评价依据、指导思想,"中位"的系列评价标准(含评价内容、评价要求、计分与评价操作说明)和"下位"的6种评价方法构成的学校区级课题之整体的评价构成系统,以更好地引导学生发展课前、课中与课后"三程"学习活动和学生专题学习内容活动的相关意识、能力、良好行为习惯和学会学习之乐学善学、勤于反思和数字化学习之"三个层面"核心素养的相关意识、能力和良好行为习惯(简称各自"三素养");引导师生更好地开展学科课堂(实际拓展到课前与延伸到课后)学习活动和学生专题学习内容活动的设计、实施与评价;提高课题评价体系研究的针对性、客观性、科学性和实效性。

2. 课题界定

所谓"基于核心素养理念下初中生课堂学习活动设计与实施的实践研究"之评价体系研究,是指通过明确"上位"的评价依据和指导思想,研制3项总体评价标准和相关学科研究课之特定学习内容或学生专题学习内容活动的若干项过程性和一定阶段结果性评价标准(以下简称"具体评价标准"),设计6种评价方法去实际实施有序的、系统评价的探索过程。由此,引导学生发展课前、课中与课后"三程"学习活动和专题内容学习活动的相关意识、能力和良好行为习惯的"三素养",发展乐学善学、勤于反思和数字化学习之学会学习核心"三素养";使课题组和实践教师更好地把握学生"三程"相关学习活动之"三素养"和学会学习核心素养的现状;引导师生针对学科特定课的学习内容或专题学习活动,开展更有针对性的设计、实施和开展过程性或一定阶段性的结果评价;提高课题评价体系研究的针对性、客观公正性、科学性和实效性;增进学生根据标准进行客观、公正评价的意识;提升教师评价素养;促进学校总课题之"评价体系"的研究。

(二)研究依据

开展本子课题的研究,基于以下"七大方面"的评价研究依据。

一是 2020 年 10 月中共中央、国务院发布的《深化新时代教育评价改革总体方案》(以下简称《总体方案》)的精神。即《总体方案》所强调的要改进结果评价,强化过程评价,探索增值评价,健全综合评价,充分利用信息技术,提高教育评价的科学性、专业性、客观性。

二是教育部《中国学生发展核心素养》框架之学会学习的乐学善学、勤于反思和数字化学习之核心"三素养"。

三是教育部在《义务教育课程方案和课程标准(2022 年版)》中,关于课程实施之"改进教育评价"的精神和教育部与上海市相关学科课程标准对发展学生学科自主学习、合作学习、探究思维和实践创新等核心素养的相关要求。

四是上海市教育委员会发布的《上海市中小学生学业质量绿色指标》的要求。

五是积极心理学原理。积极心理学提倡用积极的心态来看待身边的人和事,强调发挥每个人的积极力量,即激发每个人正向的、具有建设性的力量和潜力。因此,我们的评价探索,需要把学生当作充满潜力的个体,尽力发挥学生的主动性,激发学生的正向潜能。

六是五三中学的办学理念,即学校"一切为了师生的主动发展"的办学理念。课题组将学生的课堂学习"活动"的范围拓展到课前或专题学习活动,延伸至课后或专题学习活动后,希望通过"三程"学科研究课或学生专题学习活动的设计、实施与评价的实践,提高学生的综合学习素养;并促进教师的主动发展。

七是学校总课题的研究目标、所定学生素养发展目标和学生学会学习核心素养之"三素养"的培养内容、学生"三程"学习活动之"三素养"等。

以上这些依据,课题组主要整合到相关评价指导思想的阐释、系列评价标准的制订、运用和系列评价方法的设计、运用中去,以诊断师生相关学科研究课的学生"三程"学习活动和学生专题学习活动的设计、实施与评价情况,以及学科"本课化"或"本活动化"的学生学会学习核心素养"三层面"之各自"三素养"发展现状,引导学习活动设计、实施和评价活动的更好开展,引导师生提升相应素养,促进学校总课题研究和内涵的更好发展。

二、研究概况

(一)研究目标

1. 实践目标

通过研究,形成 3 项课题总体评价标准和若干项学科研究课(或活动)中针对特定学习内容或学生专题学习活动的过程性或一定阶段性的结果性评价标准(即6项具体评价标准),尝试运用6种总体评价方法;引导教师更贴切地开展基于学会学习核心素养理念下"3类·9种"学生课堂为主,兼及课前与课后学习活动的设计、实施与有机评价;引导学生提高完成相应学习活动任务的速度、质量并具一定的独特性,有机提升学生"三程"学习活动和学会学习"三个层面"核心素养的各自"三素养";引导师生针对学科特定课的学习内容或学生专题学习活动,开展更有针对性的过程性或一定阶段性的结果性评价。由此,提高课题评价体系研究的针对性、客观公正性、科学性和实效性;增进学生据标进行客观、公正评价的意识;提升教师的评价研究素养;促进学校总课题之评价体系的研究和内涵发展。

2. 理论目标

通过研究,明确"七大方面"的评价研究依据,阐明评价体系研究的指导思想;探索课题的总体评价标准(3项)和学科研究课(或活动)中,针对特定学习内容或活动的过程性或一定阶段性的结果性具体评价标准若干项(实际完成6项);探索6种总体评价方法。从而构建本子课题的操作框架,总结实施的经验,丰富基于学习学习核心素养理念下学生课堂学习活动的设计、实施的实践研究之评价体系建设方面的一定理论。

(二) 研究方法与过程

在总课题的设计与开题阶段(2017年3—12月),本子课题组成员借助文献法,梳理中国知网等数据库基础教育类课题中的评价体系研究的文献;参阅宋宁娜教授的《活动教学论》和其他一些国内外教育教学专著中所涉及的教育、教学评价方面的相关文献;结合本子课题主要研究者中所指导、参与研究或直接研究的浦东新区的泾南中学、进才中学北校、新陆中学、育民中学、进才实验中学、蔡路中学6所学校的区、市级课题之结题报告之评价部分的成果、评价体系子课题报告;结合五三中学区级重点课题的精神、要求与研究内容的设置,通过研究者的自主反思与对比,先是初步确定了"评价体系"之"上位"的"六大方面"的评级研究依据(后增加了积极心理学原理)和评价的指导思想之框架。

2017年12月开始,在开题后的逐步推进中,本子课题成员参与、对比上述文献资料,结合自主反思,逐步细化了积极心理学原理外的"六大方面"的评价研究依据、初步阐释了评价的指导思想。2018年6月,初步研制了学科研究课的评价标准,并尝试运用于2018年10月开始第二轮行动研究之学科研究课的评价实践。2022年1月,在总课题的结题阶段,完善了研究课的评价标准,并明确了学生"三程"学习素养和学会学习"三层面"各自"三素养"的评价标准研制思路;初步形成了3项学科研究课特定学习内容或活动之过程性或一定阶段性的结果性评价标准;初步概括了练习法、展评法外的4种总体评价方法。

在总课题结题后的深化研究阶段的后期(2023年7月初至9月底),本子课题主要总结成员梳理总课题、研究课课例和主题式案例中关于评价研究的材料;参阅国内外相关活动教学相关专著中的评价研究章节和相关活动教学论文中的评价研究成果,结合参阅本区上述提到的6所学校的相关区、市级课题之结题报告之评价部分的成果、评价体系子课题报告;结合五三中学区级重点课题的精神、要求与研究内容的设置,通过研究者的自主反思与对比,逐步完成了本子课题的界定、评价研究的"七大依据"(含补充了积极心理学原理)和指导思想之评价"上位"内容的厘定和阐释;完成了评价之"中位"评价标准,即3项区级课题之总体评价标准和6项学科特定研究课内容或学生学习活动之过程性或一定阶段结果性的具体评价标准的研制与修订完善;完成了之评价"下位"6种总体评价评价方法,即量表法、问卷法、练习法(由测试法调整而来)、观察法、展评法(增补)和综评法各自含义、用法和实效的概括。

这样,就形成了本子课题完整的"三位一体"的"评价体系"。

三、研究实施

(一) 指导思想

所谓评价的"指导思想",是本"评价体系"中"上位"的评价研究之设计、实施和实践评价的引导性的想法,以提高评价体系研究的针对性、客观性、科学性和实效性。

本课题中的评价指导思想,以中共中央、国务院发布的《深化新时代教育评价改革总体方案》精神为指导,以教育部《义务教育课程方案和课程标准(2022年版)》的改进教育评价精神和教育部和上海市相关学科课程标准的评价要求为基础,参阅其他"五大方面"的评价研究依据,通过明确评价标准、方法,使评价者更好地把握评价体系的要求,尽力激发全体学生学习与评价的主动性和潜能;引导学生提高完成相应学习活动任务的速度、质量并具一定的独特性,有机提升学生"三程"和专题学习活动和学会学习"三层面"的"三素养";引导师生针对学科特定课的学习内容或专题学习活动,开展更有针对性的过程性或一定阶段性的结果性评价;提高课题评价体系研究的针对性,注意"强化过程评价,探索增值评价""改进结果评价"和"健全综合评价",提高课题评价研究的客观性、科学性和实效性;增进学生据标进行客观、公正与科学评价的意识;提升教师的评价研究素养;促进学校总课题之评价体系的研究和内涵发展。

这为课题组成员进行系列评价标准和评价方法的设计、实施、运用和改进,指明了方向;为提高系列评价标准和方法设计、实施、运用和改进的针对性、客观性、科学性、创意性和实效性,奠定了基础。

(二) 评价标准

所谓"评价标准",是指本"评价体系"中"中位"的评价"尺子",用以诊断、引导、评鉴、判断教师研究课素养和学生课中学习活动的实效,学生课前、课中与课后或专题"三程"学习活动和学会学习之乐学善学、勤于反思和数字化学习的核心素养之各自"三素养"的实践前、后整体现状,以提高课题整体研究和相关学科研究课或学生专题学习活动设计、实施和评价的针对性、客观公正性、科学性、创意性和实效性。

本子课题的评价标准体系,由以下"3项"总体评价标准和6项具体评价标准构成。

1. "3项"总体评价标准

围绕基于学会学习核心素养理念的初中学生"三程"学习活动的设计、实施和评价实践的组织,以及师生素养发展的评价,开发了以下3项课题组之总体的评价标准。

(1) 基于核心素养理念下初中生课堂学习活动设计与实施研究课评价标准,见表1。

表1 基于核心素养理念下初中生课堂学习活动设计与实施研究课评价标准

姓名			授课班级		
时间		地点		节次	
研究主题(含学习内容主题)					

评价指标(分)		符合	较符合	一般	较少符合或不符合
		9~10	8	6~7	0~5
学习活动设计思路(30)	结合学生课堂学习活动设计与实施实际,进行有针对性的相关学情、课标和教材分析;教材分析客观,对编写意图理解准确;有联系现实与教育对象实际,发扬优势与不足的适宜措施				
	学习活动内容和落实举措针对性强,符合发展学生的"学会学习"的相关意识、能力和良好行为习惯之"三素养"和相关类型(在总计9类中可选)的学习活动所蕴含之素养发展的需求				
	有学生学习活动设计思路的总体概括;体现研究主题的拟作和指向;表述确切、简练				
教学目标(20)	学科本体目标定位清楚、具体、适切(符合学情、课标和教材的实际)				
	蕴含所定学习活动类型之学会学习核心素养和落实举措中所蕴含的学习策略与方式方法类目标				
教学过程(30)	学习活动环节展开清晰,层次有坡度;学习活动举措对学生课堂分类学习活动设计、实施和评价的实践有启发性				
	学习活动的策略与方式方法和手段技术等多样、灵活,注意利用生成资源、发挥教育机制,能较好地进行师生、生生间的和谐互动				
	激发学习者的兴趣,学生学习活动参与主动、投入,勇于表达自己或小组的想法与学习成果				
教学效果(20)	学习活动的策略与方式方法和手段技术等要求落实全面、到位;关注全体学生,注重参与体验				
	对所定学生课堂学习活动或专题学习活动相关类型的"本课化"或"本活动化"之"学会学习"相关素养的目标达成度高;学生身心愉悦				

(续表)

评价指标(分)		符合	较符合	一般	较少符合或不符合
		9~10	8	6~7	0~5
特色加分(10)	加分理由:	特色明显(9~10);特色较明显(8);特色一般(6~7);特色无(0~5)			
总分		等第		评议人/身份	

评价说明	(1) 满分:110分。 (2) 评价主体与比值:评价主体为所有与课的观摩者(如执教教师自身、参与观课的教师、家长、学生和其他成员);各评价主体的比值相同,满分均为100分。 (3) 特色加分的处理:特色加分(10分),计入总分;但计入后的总分,不超过满分。 (4) 分数与等第间的转换。总分,由各评价主体所给出的总分数相加,除以总人数后得出,但分值累计不超过满分;等第,累积得分90~100分,为优;75~89分,为良;60~74分,为合格;59分及以下,为需要努力

(2)基于核心素养理念下初中生"三程"学习活动素养发展评价标准,即以前述结题总报告《基于核心素养理念下初中生课堂学习活动设计与实施的实践研究》之表6为基础,对学生课前、课中与课后"三程"学习活动素养,各自从意识、能力和良好行为习惯"三素养"层面进行了分解,得到了75项三级要素,据此进行的以下评价标准的研制(表2)。

表2 基于核心素养理念下初中生"三程"学习活动素养发展评价标准

评价内容(分)			评价要求(分)	计分(分)	
一级要素	二级要素	三级要素		每项计分	分类小计
学生课前学习活动素养(95)	意识(35)	价值意识(15)	了解课堂学习活动设计对具体类型学习活动的价值意识	明显(5);较明显(4);一般(3);较少或无(0~2)	
			了解课堂学习活动设计对学科学习的价值意识		
			认识课堂学习活动设计促进学会学习素养发展的价值意识		
		进行学习诊断意识(10)	课堂学习活动设计素养诊断先行意识		
			课堂学习活动设计素养诊断科学实施意识		

(续表)

评价内容(分)			评价要求(分)	计分(分)	
一级要素	二级要素	三级要素		每项计分	分类小计
学生课前学习活动素养(95)	意识(35)	尝试设计体验意识(10)	主动尝试设计课堂学习活动意识	明显(5);较明显(4);一般(3);较少或无(0~2)		
			主动总结课堂学习活动设计经验意识			
	能力(20)	进行整体设计能力(10)	把握课堂学习活动设计基本要素能力	强(5);较强(4);一般(3);较弱或无(0~2)		
			进行课堂学习活动主题选择、目标制订、环节布局、内容呈现、落实举措和评价组织设计能力			
		进行分类设计能力(10)	学习活动分类设计信息收集运用能力			
			有机迁移运用整体设计能力进行课堂分类学习活动设计的能力			
	良好行为习惯(40)	注重课堂学习活动设计的程序性行为习惯(5)	自主预习、诊断学习情况→收集处理设计信息→选择课堂学习活动设计主题→设计活动目标→设计活动基本环节→设计活动内容有效呈现策略→设计落实举措→设计如何评价	能够坚持(5);基本坚持(4);一般(3);较少坚持或不能坚持(0~2)		
		注重把握具体方法的行为习惯(15)	注重熟练掌握课堂学习活动基本设计方法			
			注重把握课堂学习活动分类设计方法			
			注重把握课堂学习活动设计细节			
		注重课堂学习活动评价设计的行为习惯(20)	注重活动目标达成度评价			
			注重活动参学情况评价			
			注重活动素养发展评价			
			注重学会学习素养评价			
学生课堂学习活动素养(170)	意识(90)	实施准备意识(15)	活动物化准备意识	明显(5);较明显(4);一般(3);较少或无(0~2)		
			活动知识准备意识			
			活动心理准备意识			

(续表)

评价内容(分)			评价要求(分)	计分(分)	
一级要素	二级要素	三级要素		每项计分	分类小计
学生课堂学习活动素养(170)	意识(90)	注意程序意识(15)	有序展开课堂学习活动过程意识	明显(5);较明显(4);一般(3);较少或无(0~2)	
			有序参学意识		
			有序合作意识		
		任务驱动意识(15)	目标意识		
			担责意识		
			协作意识		
		借助环境意识(15)	借助活动现场物化环境意识		
			参与创设良好活动氛围意识		
			有机运用生成资源进行活动意识		
		注重质疑意识(15)	聚焦关键问题开展活动意识		
			勇于表达思索意识		
			乐于自主式、合作式或整合式进行探究解疑意识		
		及时巩固意识(15)	及时复习、巩固性意识		
			参与过程实训型练习性巩固意识		
			参与阶段小结性巩固意识		
	能力(50)	乐学善学能力(20)	课堂学习活动中集中注意力能力	强(5);较强(4);一般(3);较弱或无(0~2)	
			识记、理解所学内容能力		
			活动程序和具体方式方法的实践应用能力		
			善于有机运用学习策略能力		
		勤于反思能力(10)	多元内化能力		
			反思小结能力		
		数字化学习能力(10)	数字化信息收集与整理能力		
			利用数字媒体进行课堂学习活动设计、实施和评价能力		
		评价能力(10)	课堂学习活动中预设评价能力		
			课堂学习活动中随机评价能力		
	良好行为习惯(30)	注重质量行为习惯(10)	认真参与课堂学习活动的习惯	能够坚持(5);基本坚持(4);一般(3);较少坚持或不能坚持(0~2)	
			加强课堂学习活动多元监控的习惯		

(续表)

评价内容(分)			评价要求(分)	计分(分)	
一级要素	二级要素	三级要素		每项计分	分类小计
学生课堂学习活动素养(170)	良好行为习惯(30)	积极思考行为习惯(10)	对课堂学习活动主动进行思考的习惯	能够坚持(5)；基本坚持(4)；一般(3)；较少坚持或不能坚持(0~2)		
			对课堂学习活动中问题及时进行调整的习惯			
		反思内化行为习惯(10)	主动开展课堂学习活动观察、记录的良好行为习惯			
			及时进行归纳总结、反思内化相应学习活动素养的良好行为习惯			
学生课后学习活动素养(110)	意识(20)	注重学课反思评价意识(10)	课后对参与课堂学习活动的实施情况进行小组合作评价意识	明显(5)；较明显(4)；一般(3)；较少或无(0~2)		
			对自身参与课堂学习活动的实施情况进行自主评价意识			
		注重随机评价意识(10)	能据需对课堂学习活动的开展、成果汇报等应约进行预设评价意识			
			能据需对自身参与课堂学习活动的实施情况进行随机评价意识			
	能力(60)	课堂学习活动目标达成情况评价能力(15)	知识与技能达成情况评价能力	强(5)；较强(4)；一般(3)；较弱或无(0~2)		
			学习活动过程、策略与方式方法达成情况评价能力			
			情感态度与价值观达成情况的评价能力			
		自主完成复习活动能力(10)	自主梳理、提炼课堂学习活动内容、学习策略与方式方法能力			
			自主梳理知识体系、重点和疑难点能力			
		自主完成作业活动能力(15)	自主完成作业活动任务能力			
			"有独有合"对作业完成情况进行监控评价能力			
			独立纠正作业错误、参与交流作业情况能力			

(续表)

评价内容(分)			评价要求(分)	计分(分)	
一级要素	二级要素	三级要素		每项计分	分类小计
学生课后学习活动素养(110)	能力(60)	自主开展适切的自学活动与进行评价能力(20)	独立确定自学目标和制订自学计划的能力	强(5); 较强(4); 一般(3); 较弱或无(0~2)		
			独立开展自学活动的能力			
			借助数字化工具"有独有合"开展自学的能力			
			"有独有合"开展自学情况监控评价和参与交流自学情况能力			
	良好行为习惯(30)	注重分类评价学习活动的过程与结果习惯(10)	注重对分类课堂学习活动中主动参与度的过程评价	能够坚持(5); 基本坚持(4); 一般(3); 较少坚持或不能坚持(0~2)		
			注重对不同类型的课堂学习活动任务完成度、目标达成度的结果评价			
		注重评价的程序性习惯(10)	注重对课堂学习活动设计、实施和评价之基本程序的评价			
			注重对参与课堂学习活动的有序性进行评价			
		注重评价的激励性习惯(10)	注重对参学情况的多元过程进行激励评价			
			注重对自身和小组成员的素养纵向发展的增值性评价			
特色加分(5)			加分理由:	明显(5); 较明显(4); 一般(3); 较少或无(0~2)		
合计(分)				等第		
评价说明			(1) 满分:375 分。 (2) 特色加分的处理:计入总分,但计入后的总分,不超过满分。 (3) 评价主体和权重:评价主体,包括①学生自己;②小组成员;③其他学生;④学科任课教师;⑤参与观课的成员;⑥其他成员(身份自填:_____);各评价主体的权重一致。 (4) 分数与等第间的转换:由各评价主体所得分(最高不超过满分)相加后,除以评价主体人数后的所得分,按以下分数作等第间的转化,337~375 分,为优;281~336 分,为良;225~280 分为合格;224 以下,为需要努力。			

（3）基于核心素养理念下初中生学会学习素养发展评价标准，即以前述结题总报告《基于核心素养理念下初中生课堂学习活动设计与实施的实践研究》之表5为基础，对学生学会学习核心素养之乐学善学、勤于反思和数字化学习的素养，从各自意识、能力、行为习惯"三素养"方面，进行了32项三级要素的分解，以此进行的以下评价标准的研制（表3）。

表3　基于核心素养理念下学生学会学习素养发展评价标准

评价内容(分)			评价要求	计分	
Ⅰ级要素	Ⅱ级要素	Ⅲ级要素		每项计分	小计
乐学善学素养(65)	意识(25)	预习意识	明显(5)；较明显(4)；一般(3)；较少或无(0~2)		
		学习准备意识			
		主动质疑、解疑意识			
		主动自学意识			
		主动学习诊断、反思、改进意识			
	能力(20)	自主阅读能力	强(5)；较强(4)；一般(3)；较弱或无(0~2)		
		设计活动能力			
		实践应用能力			
		主动探索有效学习策略与方式方法能力			
	良好学习行为习惯(20)	注意及时预习习惯	能够坚持(5)；基本坚持(4)；一般(3)；较少坚持或不能坚持(0~2)		
		主动参与课内外学生有组织的学习活动习惯			
		积极思考习惯			
		注重质量习惯			
勤于反思素养(50)	意识(15)	自主诊断学习情况意识	明显(5)；较明显(4)；一般(3)；较少或无(0~2)		
		主动改进日常学习意识			
		加强总结内化意识			
	能力(15)	自主诊断不同阶段学习情况能力	强(5)；较强(4)；一般(3)；较弱或无(0~2)		
		主动改进日常学习能力			
		及时总结反思内化学习经验能力			
	行为习惯(20)	注意经常积极思考行为习惯	能够坚持(5)；基本坚持(4)；一般(3)；较少坚持或不能坚持(0~2)		
		坚持记录反思情况行为习惯			
		注重反思质量行为习惯			
		多元评价反思内化行为习惯			

(续表)

Ⅰ级要素	Ⅱ级要素	评价内容(分) Ⅲ级要素	评价要求	计分 每项计分	小计
数字化学习素养(45)	意识(10)	认识价值意识	明显(5)；较明显(4)；一般(3)；较少或无(0~2)		
		加强学用意识			
	能力(20)	认识、运用数字化学习基本工具能力	强(5)；较强(4)；一般(3)；较弱或无(0~2)		
		借助数字化学习工具尝试进行信息收集与处理能力			
		尝试进行数字化学习能力			
		借助数字化信息工具进行收集和处理学习资源能力			
	行为习惯(15)	借助数字化学习工具完成规定性学习任务的行为习惯	能够坚持(5)；基本坚持(4)；一般(3)；较少坚持或不能坚持(0~2)		
		借助数字化学习工具完成拓展型自学任务的行为习惯			
		借助数字化学习工具完成基于学生兴趣爱好的学习任务的行为习惯			
特色加分(5)		加分理由：	明显(5)；较明显(4)；一般(3)；较少或无(0~2)		
合计(分)			等第		
评价说明		(1) 满分：160分。 (2) 特色加分的处理：计入总分，但计入后的总分，不超过满分。 (3) 评价主体和权重：评价主体，包括①学生自己；②小组成员；③其他学生；④学科任课教师；⑤其他学科教师；⑥其他成员(身份自填：_____)；各评价主体的权重一致。 (4) 分数与等第间的转换：由各评价主体所得分(最高不超过满分)相加后，除以评价主体人数后的所得分，按以下分数作等第间的转化：144~160分，为优；120~143分，为良；96~119分，为合格；95分以下，为需要努力			

3项总体评价标准的明确，引导了教师开展相应研究课和学生专题学习活动的设计、实施与评价；引导了学生"三程"学习活动和学会学习核心素养之各自"三素养"的发展；为研究课和学生相应素养发展的初期诊断、中期过程性评价和后期终结性评价提供了较为客观、公正的依据，提高了课题研究的科学性；增进了学生进行客观、公正评价的意识；提

升了教师的评价素养;促进了学校区级课题的评价体系研究。

2."6项"具体评价标准

这是指在相关学科研究课(或学生专题学习活动)中,针对学科研究课中特定学习内容的过程性标准,或一定阶段学生专题学习活动的结果性评价标准。实际包括以下6项。

(1) 学生小组合作《西游记》整本书阅读专题探究成果课堂展演交流竞赛分享活动评价标准。

这一评价标准,简称"小组合作《西游记》整本书专题阅读课堂展演评标",是在王丹旦老师主持的初一年级《语文教学实施"七式"提升学生整本书阅读竞赛类素养的学习活动设计与实施——以〈西游记〉整本书阅读"七式"竞赛类学习活动设计、实践与分析为例》研究课课例中,针对4个学生合作小组各自所选《西游记》整本书阅读专题探究主题所得成果参与课堂展示交流竞赛分享活动的评价准则与依据。课前若干周,由教师与学生协定为主而得,并在浦东教发院曹明老师的指导下修改完善(表4)。

表4 学生小组合作《西游记》整本书阅读专题探究成果课堂展演交流竞赛分享活动评价标准

班级			姓名	
组别			形式	
评价项目(Ⅰ)(分)	评价项目(Ⅱ)	评价要求(分)		得分
交流内容(问题探究深度)(30)	对整本书中的人物、内容及中心把握有深度、理解恰当	达到(27~30); 基本达到(23~26); 一般(18~22); 较少达到或未达到(0~17)		
交流表达(30)	专题探究成果展示汇报、交流逻辑清晰、表达流畅、美化合理			
媒体应用(20)	选用合理、内容表达结构化、重点突出、美化适当	达到(17~20); 基本达到(13~16); 一般(8~12); 较少达到或未达到(0~7)		
小组合作(20)	小组成员分工合理、能各司其职、商讨互动多、沟通和谐流畅有效			
特色加分(10)	上述四项评价内容有一定的创意;其他方面有一定的创意	明显(9~10); 较明显(8); 一般(6~7); 较少或无(0~5)		
计分与等第	得分:_____分;等第:_____			
评价说明	(1) 适用性:本评价标准,适用于学生对整本书阅读小组合作专题探究成果课堂展演交流竞赛分享活动情况的结果自评与互评。 (2) 满分:100分。 (3) 特色加分的处理:特色加分计入总分;但计入后的总分,不得超过满分。 (4) 分数和等第间的转换:90~100分,为优;75~89分,为良;60~74分,为合格;59分以下,为需要努力。			

"小组合作《西游记》整本书专题阅读课堂展演评标",既是引导学生小组合作进行所定专题阅读探究的过程性评价标准,即在展演前,引导了4个小组学生在围绕各自所选《西游记》整本书阅读中的探究问题(即主题),参与小组专题跳读与精读,进行思考、梳理和提取关键信息、合作解疑、形成小组专题探究成果和确定小组成果呈现形式;又是在学生各小组专题探究成果课中的展示阶段,作为小组成员自评、互评用的结果性评价标准。从学生参与评价标准的研制过程,初步锻炼了学生参与研制评价标准的能力。从根据标准进行评价的过程,有效地锻炼了学生注意从交流内容的深度、合理表达、适切地借助媒体进行成果展示、小组有序与有效合作和注意挖掘特色,进行小组专题探究成果展演的能力。由过程性专题探究学习引导和结果性评价的实施,还增进了学生对课前《西游记》整本书阅读、专题探究成果展示准备、参与评价标准研制和课中根据标准进行成果展演、自评与互评的兴趣和自信。

(2) 学生小组合作《西游记》整本书阅读专题探究成果展示交流竞赛式分享学习活动各小组得分汇总统计评价标准。

这一评价标准,简称"小组合作《西游记》整本书专题阅读竞赛式学习活动整体评价标准",也是前述王丹旦老师研究课中所用的评价标准。从形式上看,是教师作为对学生4个专题阅读探究小组成果展示竞赛汇总用的评价标准(表5)。

表5 学生小组合作《西游记》整本书阅读专题探究展示交流竞赛式分享学习活动各小组得分汇总统计评价标准(教师汇总用)

探究小组	课前小组成员独立泛读《西游记》、进行摘录、撰写感受和制作阅读小报小组优秀作品获奖数得分(20分)	课中《西游记》的文学常识、人物特性知识竞赛得分(10分)	课中小组合作《西游记》专题阅读探究成果展示交流竞赛合计得分(满分100分,折算为50分)	课后小组合作阅读《孙行者一调芭蕉扇》,根据人物性格特点创编"新西游故事"得分(20分)	特色加分(10分)	总分
第一小组						
第二小组						
第三小组						
第四小组						
评分说明	(1) 课前学生独立阅读《西游记》感受小报制作小组获优秀作品数量:占20分。每幅优秀小报为2分,1个小组的最高优秀作品获得数量为10幅,其中,各小组内优秀小报的数量有9~10幅,得18~20分;7~8幅,得14~16分;5~6幅,得10~12分;0~4幅,得0~8分。 (2) 课中《西游记》知识竞赛:占10分。以当时每组队员代表答题正确的得分数为准。 (3) 课中《西游记》小组合作专题阅读探究成果展示交流竞赛:满分原为100分,折算后占50分。根据各小组成员自评和互评后的评分汇总后,除以参评小组总数,得出的绝对值分数,按50%比例计算得分(出现小数,四舍五入)。 (4) 课后小组合作创编"新西游故事":占20分。由教师根据作文评分要求,为每个小组成员计分(每篇满分为20分,折算为2分;每个小组合计,不超过满分,即20分)。 (5) 特色加分的处理:满分10分,计入总分;但计入的小组总分数,不得超过满分。 (6) 最佳小组的获得:以上述5项评价内容,按规则计算后相加,得分最高的,为最佳小组					

但实际上,这一评价标准,课前教师借助学习单明确告知了学生。因此,引导了学生注意从课前独立泛读《西游记》并制作小报,课中小组成员参与《西游记》知识竞赛、合作展示交流专题阅读探究成果竞赛,课后创编"新西游故事"。由此,有针对性地引导学生进行小组竞赛的准备,提高了准备过程的针对性和有效性;有效地锻炼了各小组学生注意从评价标准的五个方面进行竞赛准备、实际参与竞赛和进行评价的能力;内化了学生从多维度入手进行《西游记》整本书阅读专题探究和成果展示竞赛准备的兴趣和自信;提升了学生语文深度阅读与多元表现表达的素养。

(3) 学生自主创作诗歌评价标准。

这是指张燕莺老师在初一年级《语文教学实施"四式"提高学生自主学、创、说、评诗素养类学习活动设计与实施——以〈天上的街市〉学习活动设计、实践与分析为例》研究课课例中,对学生自主创作的诗歌,由学生进行自评与互评时所需遵循的评价准则和依据(表6),以引导学生独立创作诗歌、参与合作交流与自评互评,锻炼相应的能力;增进自主创作、交流与评价诗歌的兴趣和自信。

表6 学生自主创作诗歌评价标准

评价人的班级：_____；姓名_____；学号_____

评价项目(分)	评价要求	评价分值(分)	得分
思想美(30)	表达作者的真情实感； 思想积极向上； 富有哲理	达到(27～30)； 基本达到(21～26)； 一般(18～22)； 较少达到或未达到(0～15)	
意境美(20)	诗语简洁、流畅； 意境深远	达到(19～20)； 基本达到(15～18)； 一般(12～14)； 较少达到或未达到(0～11)	
音韵美(20)	音韵和谐； 朗朗上口,节奏感强	达到(19～20)； 基本达到(15～18)； 一般(12～14)； 较少达到或未达到(0～11)	
形式美(30)	结构清晰、合理； 想象和联想方法运用恰当； 有机运用意象合理表达情感	达到(27～30)； 基本达到(21～26)； 一般(18～22)； 较少达到或未达到(0～15)	
特色加分 (10分)	加分理由：	明显(9～10)； 较明显(8)； 一般(6～7)； 较少或无(0～5)	
我的收获与不足：			
评价说明	(1) 满分100分。 (2) 特色加分的处理:计入总分,但计入后的总分,不超过满分(100分)。 (3) 分数和等间的转换:90～100分,为优;75～89分,为良;60～74分,为合格;59分及以下,为需要努力		

"学生自主创作诗歌评价标准"的明确,引导了学生独立创作诗歌和参与小组交流、评价所创作诗歌的活动,提高了这一学习活动的针对性和有效性;锻炼了学生运用联想和想象的写作方法、照应"四美"(即思想美、意境美、音韵美和形式美)及注意新意的要求独立创作诗歌、参与合作交流,以及根据课中学习之评价标准进行小组自评与互评的能力;增进了学生独立进行诗歌创作、参与课中分享和自评、互评和阐释评价理由的兴趣和自信;提升了小组合作根据标准进行客观、公正评价的意识。

(4)《最后一课》课本剧小组合作表演类活动评价标准。

这是指许珠莉老师在初一年级《学生语文课本剧编演评素养,在"七环节·37小步"的实施中得以逐步提升——以〈最后一课〉课本剧"编演评"拓展学习活动设计、实践与分析为例》主题式案例中,针对"课本剧小组合作表演"这一特定学习活动的阶段性结果,由学生各小组成员参与讨论、师生协定而来的,在表演时用于学生自评与互评的相应评价准则和依据(表7),以引导学生小组合作参与课本剧的编演评,锻炼相应的能力;增进学生参与课本剧编演评的兴趣和自信。

表7 《最后一课》课本剧小组合作表演类活动评价标准

评分项目(分)	评价项目内容细则	计分 评价要求(分)				得分
		(9~10)	(8)	(6~7)	(0~5)	
剧本主题和情节发展(30)	剧本表达的主旨符合课文原意	符合	较符合	一般符合	不太符合或不符合	
	情节编排合理,跌宕起伏,有明显的矛盾冲突	合理与明显	较合理与明显	一般合理与明显	不太合理与明显和不合理与无	
角色把握和表演技巧(30)	角色把握到位,演员举止大方,表演自然	到位和大方自然	较到位和大方自然	一般到位和大方自然	不太到位和大方自然或不到位和不大方自然	
	语言:符合角色,充满感情,口齿清晰,发音标准	符合	较符合	一般符合	不太符合或不符合	
	动作:符合角色,得体,流畅	符合	较符合	一般符合	不太符合或不符合	
成员合作和环境支持匹配(20)	演员之间的互动自然,配合默契	自然默契	较自然默契	一般自然默契	不太自然默契或不自然默契	
	服装、道具、音乐、美术、信息技术等互相支持匹配	匹配	较匹配	一般匹配	不太匹配或不匹配	
活动组织有序和富有吸引力(20)	准备工作充分,对剧本与剧情把握熟练;对其他配合性安排合理有序	有序和有吸引力	较有序和有吸引力	一般有序和有吸引力	不太有序和有吸引力或无序和无吸引力	

(续表)

评分项目(分)	评价项目内容细则	计分				得分
		评价要求(分)				
		(9~10)	(8)	(6~7)	(0~5)	
活动组织有序和富有吸引力(20)	演出时间严格控制在5~8分钟	演出时间符合限定范围	演出时间4分钟或9分钟	演出时间3分钟或10分钟	演出时间2分钟或11分钟	
	观众现场气氛投入	投入	较投入	一般投入	不太投入或不投入	
特色加分(10)	加分理由:				明显(9~10);较明显(8);一般(6~7);较少或无(0~5)	
总计	_____分	等第				
评价说明	(1) 满分:100分。 (2) 特色加分的处理:计入总分;但计入后的总分不超过满分。 (3) 各评价主体的权重:一致。 (4) 分数与等第间的转换:各评价主体的净得分总数相加后,除以评价主体的人数后所得分数,按以下标准分为四等,90~100分为优;75~89分为良;60~74分为合格;59分及以下为需要努力					

"课本剧小组合作表演"这一特定学习活动的阶段性结果评价标准,一是落实了学生作为评价主动参与者的指导思想。因为这一标准,是课前在教师组织、引导下,由班内学生通过讨论,商讨了各板块的评价内容细节、要求和板块的计分的分值;然后,教师增补了各项评价内容与要求的四级计分要求和评价的操作说明,并在浦东教发院曹明老师的指导下进一步规范了评价标准。二是引导了学生的课本剧编剧、表演设计、表演准备与实践和参与小组自评、互评。因为学生从协定评价标准的过程,明白了需要从四大块内容,即剧本主题和情节发展、角色把握和表演技巧、成员合作和环境支持匹配、活动组织有序和富有吸引力,以及"特色加分"入手,完成相应的学习活动,提高了学生参与编剧、表演设计、表演准备与实践,参与小组自评、互评和注意体现特色的针对性,提高了表演活动的实效性。三是锻炼了学生小组合作协定课本剧表演评价的内容、要求和如何计分的能力,明白了评价标准还需要有如何操作实施的评价说明,内化了评价标准如何研制及其如何在活动中加以落实的要求,增进了基于标准进行规范、客观、公正评价的意识。四是激发了学生在课本剧表演中的主人公精神,增进了参与小组合作进行课本剧选、品、编、练、演、评、改、创的兴趣和自信。

(5) 学生课后独立绘制英语连环漫画评价标准。

这是指陆樱燕老师在初三年级《英语教学实施"四式五法"提升学生英语连环漫画绘制类素养的学习活动设计与实施——以"Comic Strips"学生活动设计、实践与分析为例》研究课中,适用于下次课始学生独立参与全班交流课后所绘英语连环漫画这一特定学习活动时的阶段性评价准则与依据(表8),以引导学生课后独立设计、绘制英语连环漫画和下次课始参与全班交流、进行自评和互评,锻炼相应的能力;增进学生参与英语连环漫画设计、绘制、交流与自评和互评的兴趣和自信。

表8　学生课后独立绘制英语连环漫画评价标准(下次课始参与全班交流中用)

Ⅰ级要素(分)	Ⅱ级要素	评价要求	分值小计
Theme(30)	Clear	Good(10~9); Better(8); General(6~7); Weak(3~4); Bad(0~2)	
Theme(30)	Simple		
Theme(30)	easy to understand		
Plot(40)	fun		
Plot(40)	dramatic		
Plot(40)	with an exciting ending		
Plot(40)	moves fast		
Bubbles(20)	bubbles for speech		
Bubbles(20)	bubbles for thoughts		
Scenery(10)	makes the story come to life		
特色加分(10)	加分理由:	特色明显(9~10); 特色较明显(8); 特色一般(6~7); 特色少或无(0~5);	
总分	(分)	等第	
评价说明	(1)满分:100分。 (2)评价主体权重:一致。 (3)特色加分:计入总分;但计入后的总分,不超过满分。 (4)分数与等第间的转换:累计得分90~100分,为优;75~89分,为良;60~74分,为合格;59分及以下,为需要努力		

教师借助自己设计的课后学习单,课尾组织学生进行了初步学习,从而使学生明白了课后独立绘制英语连环漫画评价标准的四个方面和特色加分的要求,提高了学生课后独立完成相应任务的针对性和实效性;为学生下次课始如何参与全班交流与评价提供了依据;提高了连环漫画交流与评价的规范性和客观公正性;内化了学生的评价素养。

(6)《西游记》整本书阅读暨"假如唐僧师徒遭遇新冠"四格漫画创作展示交流评价标准。

这是指王丹旦老师在初一、初二年级《学生"假如唐僧师徒遭遇新冠"四格漫画创作素养,在整本书阅读项目化学习活动中提升——以〈西游记〉整本书阅读项目化学习任务群活动实践为例》主题式案例中,对《西游记》整本书阅读暨"假如唐僧师徒遭遇新冠"四格漫画创作展示交流项目化学习活动之阶段性成果的结果性评价的准则与依据(表9),以引导学生课前独立阅读《西游记》、小组合作创作四格漫画和课中参与全班交流、进行小组的自评与互评,锻炼相应的能力;增进学生参与"假如唐僧师徒遭遇新冠"四格漫画小组合作创作设计、绘制、展示交流与小组自评与互评的兴趣和自信。

表9 《西游记》整本书阅读暨"假如唐僧师徒遭遇新冠"四格漫画创作展示交流评价标准

展示小组:_____;评价任务:_____;评价者:_____

序号	一级指标(分)	二级指标(分)	评价要求(分)	计分	
				各项得分(分)	分类得分小计
1	小组成员间的合作度(30)	我在"假如唐僧师徒遭遇新冠"四格漫画创作项目化学习任务执行过程中积极、主动,专注投入,参与度高(10)	符合(9~10);较符合(8);一般(6~7);较少符合或不符合(0~5)		
		我有明确的学习目标,能学会解决小组合作中问题的方法,组内成员间能和谐地进行沟通(10)			
		我们小组成员分工明确,各成员能基本完成个人任务(10)			
2	小组漫画作品展示的成效度(30)	小组成员能积极发言,大胆表达,主动阐述清楚自己对四格漫画创作中的观点(10)	达到(9~10);较好达到(8);一般(6~7);较少达到或达不到(0~5)		
		小组的漫画展示方式灵活适切,资源运用合理,内容丰富,结构分明(10)			
		小组成员的语言表达生动规范,讲态亲切自然,能激发同学投入观赏、品鉴漫画的兴趣,气氛活跃(10)			
3	四格漫画作品的审美效果(30)	小组的漫画作品主题清晰、总体布局合理(10)			
		唐僧师徒人物形象、情节特点细节丰富到位(10)			
		画面文字、图案造型、色彩运用搭配合理,突出主题,具有艺术性(10)			

(续表)

序号	一级指标(分)	二级指标(分)	评价要求(分)	计分	
				各项得分(分)	分类得分小计
4	小组成员对《西游记》整本书阅读知识与能力的达成度(30)	通过整本书阅读,我已对《西游记》相关人物、情节熟悉,了解了他们的性格特点(10)	熟悉与了解(9~10);较熟悉和了解(8);熟悉和了解度一般(6~7);熟悉和了解度较少或不(0~5)		
		通过整本书阅读,我对《西游记》的主题有了有理有据的见解(10)	是(9~10);较多是(8);一般(6~7);较少是或不是(0~5)		
		通过整本书阅读,我掌握了整本书阅读时进行反思和总结的方法,有启发性的阅读策略和方式方法(10)	掌握(9~10);较好掌握(8);一般(6~7);较少掌握或不掌握(0~5)		
5	特色加分(20)	加分理由:	明显(18~20);较明显(15~17);一般(12~14);较少或无(0~11)		
评价说明	(1) 满分:120 分。 (2) 特色加分的处理:计入总分;但计入后的总分,不超过满分(120 分)。 (3) 各评价主题的权重:一致。 (4) 分数和等第间的转化:108~120 分,为优;96~107 分,为良;72~95 分,为合格;71 分及以下,为需要努力。				

这一评价标准,既引导学生把握了"有独有合"参与"假如唐僧师徒遭遇新冠"四格漫画创作、展示交流与评价的要求,又促进了学生独立对《西游记》整本书阅读知识与能力的达成度进行整体回顾、梳理和客观评价,还注意到了在学习活动中对小组成员间主动、有序合作的要求和参与创作与展示评价活动特色的挖掘。由此,提高了学生参与活动的实效性和科学性;提升了学生"有独有合"参与《西游记》整本书阅读和"假如唐僧师徒遭遇新冠"四格漫画创作设想、绘制、讨论完善、参与展示与评价的素养。

总之,这 6 项属于针对学科特定学习内容或学生专题学习活动的系列过程性与一定阶段的结果性评价的具体评价标准,丰富了学校总课题的评价标准类型;引导了学生的相应内容或活动的学习、设计、实践、成果展示与评价的实施;提高了相应评价的客观、公正性;增进了学生据标进行客观、公正评价的意识。

(三) 评价方法

"评价方法",是本评价体系中"下位"的评价操作实施的具体办法,以诊断和评鉴学生的课前、课中与课后"三程"学习活动,学会学习之乐学善学、勤于反思和数字化学习核心素养之各自意识、能力和良好行为习惯"三素养"的整体情况,了解教师学科研究课或特定专题学习活动研究的素养和学生学习实效,研究学科研究课或特定专题学习活动中学生"本课化"或"本活动化"素养发展的现状,引导师生有针对性地进行相关学科特定研究课或专题学习活动之方案设计、过程实施、实效和学生素养发展的评判。

总课题组的评价方法体系,主要由以下6种评价方法构成。

1. 量表法

"量表法",是指总课题组成员、实践教师通过运用"3总+6具体"的评价标准,来诊断和评鉴学生课前、课中与课后"三程"学习活动,学会学习之乐学善学、勤于反思和数字化学习核心素养之各自意识、能力和良好行为习惯各自"三素养"的整体情况和具体情况,引导教师有针对性地进行相关学科特定研究课或专题学习活动之方案设计、过程实施和实效评判的评价办法。

(1) 3项总体评价标准的运用。一是课题组借助表1、表2和表3,分别对教师课题研究课素养和学生学习实效,学生之课前、课中与课后"三程"学习活动的意识、能力和良好行为习惯,学会学习核心素养之乐学善学、勤于反思和数字化学习的各自意识、能力和良好行为习惯"三素养"等进行评价。结合问卷法进行课题实施前的总体诊断性前测与四轮行动研究结束后的总体结果性后测,使总课题组成员把握了师生各自素养、实效的现状与结果,提高了总课题组成员开展学生学习活动设计、实施的针对性、实效性和成果总结的科学性。二是承担研究课和主题式案例研究的实践教师,参阅这些评价标准和学科课标及其他关联依据,选择、变通拟定学科研究课或学生专题学习内容活动之"本课化"或"本活动化"的学生"三程"学习活动之相关核心素养的培养内容;设计相应的落实举措、过程安排和开展实践;对照学生"本课化"或"本活动化"核心素养培养内容的设定和实际执行情况,判断实效达成度。可见,这些总体评价标准,引导了师生更有针对性地开展学科研究课或专题学习内容活动的设计、实施与评价;提高了相应的实效和评价的科学性。

(2) 6项具体评价标准的运用。即借助上述表4至表9相应具体评价标准,开展各自相关研究课学习特定内容或主题式案例中学习活动的过程性或一定阶段的结果性评价。从前述的实效概括可知,这些评价标准,既引导了师生开展相应学科研究课或学生专题学习内容活动的设计、实施、学习成果的展示交流与评价的实践,提高了活动的针对性、实效性和科学性;又提高了相应评价的客观、公正性,增进了学生的相应意识;还丰富了总课题的评价标准结合量表法运用的类型和数量。

2. 问卷法

"问卷法",是指总课题组相关成员根据所设计的学生学科"三程"学习活动和学会学习核心素养的问卷,对选定的初中四个年级学生,借助"问卷星"进行相应整体素养现状前测、后测,学科课例和主题式案例研究中部分实践教师开展的相应"程"中学生"本课化"或"本活动化"之学会学习核心素养的现状问卷调查,使各自成员把握学生整体素养、特定素养的初期现状,提高课题研究和研究课与学生专题学习内容活动设计的针对性,引导实践活动和评价的实施,把握实施后的变化,提高课题设计、行动实践研究与成果总结的实效性与科学性的评价办法。

一是学生素养整体现状前测问卷调查。课题调查组成员,于2017年3月27日,根据所设计的初中生学习活动的意识、课堂学习活动开展的能力、合作交流的能力和课堂学习活动良好行为习惯四个方面共13题的问卷,将调查问卷的二维码发布至学校微信平台之"精彩五三",通过班主任组织全校学生参与调查,收到有效样本520份,调查组成员汇总、分析数据,得出结论和提出实施建议,使课题组成员把握学生学习活动相应素养的基本现状。这为厘定学生课前、课中与课后"三程"学习活动意识、能力和良好行为习惯"三素养"和学会学习三层面之"三素养"提供了基于前测整体调查的依据;提高了总课题研究内容和相关学科研究课或学生专题学习内容活动之设计与实施的针对性和后续实践研究的实效性。

二是学生素养整体现状后测问卷调查。课题调查组成员,于2020年12月8日,根据所设计的初中生学会学习之"乐学善学""勤于反思"和"数字化学习"核心素养的相关意识(6题)、能力(15题)和良好行为习惯(9题)共30道问卷调查题,按"简单随机抽样"的方法,抽取了参加过前测调查的初二、初三年级和当时在校的预备、初一年级的学生(这两个年级学生的问卷中,设计了需要与入校时的素养进行前后自比),共计480名,班主任将调查问卷星二维码发至班级群,请被抽样对象进行扫码答卷(实际回收到有效问卷370人/份,占2020年在校时学生总数的26.83%),调查组成员汇总、分析数据,得出结论和概括了三点思考。这使总课题组成员把握了初二、初三年级学生基于前、后测可比性数据进行对比的素养现状数据,以及预备、初一年级学生基于与入学时的"三程"学习活动和学会学习"三层面"之各自意识、能力和良好行为习惯"三素养"进行自比的素养现状问卷调查数据;提高了学生素养变化成效总结的实证性、科学性和可信性。

三是学科研究课课例和主题式案例研究中部分实践教师开展的学生"本课化"或"本活动化"之学会学习核心素养的现状问卷调查。相关实践教师设计了相关学科研究课或学习活动前对学生特定学习内容或专题学习活动之"本课化"或"本活动化"的较为简易的调查问卷,进行了课前、课中与课后(含下次课始)"三程"相应学习活动实效和学生"本课化"或"本活动化"之学会学习相关核心素养的现状调查。这使实践教师把握了学生相应学科研究课或学习活动"程"之素养的优势与不足;提高了"三程"学科研究课或学习活动之设计、实施与评价的有效性;提高了研究课或专题学习活动的质量和学生素养发展成效总结的科学性。

3. 练习法

"练习法",是指研究课实践教师在相关学科研究课或学生专题学习活动的课或活动的前、中、后"三程"中,借助所设计的练习题让学生进行"或独或合"的练习,以此把握学生特定内容的学习状况,或据此保留或改进教与学的举措,最终评鉴相应课或学生专题学习活动实效的评价办法。

以下以学科新授课为例,概述"三程"练习法作为课题评价方法的主要操作举措和相应实效。

一是学生课前或专题学习活动前的练习,使教师更好地把握了学生"本课化"或"本活动化"的相关学会学习核心素养的现状,引导了研究课或专题学习活动设计与实施的针对性。这为提高学生课中与课后学习、练习和评价的实效性和科学性奠定了基础。

二是学生在课中或专题学习活动中的不同阶段的练习。主要包括课的导入、新知学习的逐步展开、新知学习后的集中实施与课尾小结中的学生多样化练习,即预习反馈检测诊断性练习、新知理解接受性练习、新知学习后的多元强化与迁移性练习、课尾总结内化性练习,使师生把握了学生(或自己)课前预习性练习的实际情况;促进了教师注意根据学生反馈诊断性练习的实际情况,进行一定的研究课或学生专题学习活动落实举措的微调;引导了师生组织和参与后续三类练习,提高了师生对练习情况的即时判断能力和对落实举措的及时微调能力;提高了学生课中多样化练习的针对性、科学性、实效性;提高了教师判断这些课中练习实效的科学性。

三是学生课后或专题学习活动后的多样化练习。主要包括学生独立完成复习、整理笔记类练习,学生独立进行新学知识、技能强化巩固类练习,学生"或独或合"完成一定迁移运用、综合运用、创意运用新旧知识探究类练习。下次课始参与班级合作交流课后探究成果类练习,使学生独立巩固了新学知识与技能;锻炼了学生"或独或合"进行复习、整理学习笔记,迁移、综合和创意运用新旧知识,进行课后探究学习和参与班级交流的能力;为实践教师判断学生借助这些课后练习的实效性,提供了基于课后多样化练习的实证依据。

4. 观察法

"观察法",是指通过探索观察的类型、观察记录的技术和观察记录结果的运用,引导师生更好地进行相关学科研究课或专题学习活动的前、中、后"三程"学生学习活动的设计、实施与评价,提高观察的针对性、科学性和实效性,有机提升学生实施学习观察、进行判断、改进学习行为与结果的素养,为实践教师和总课题组总结实施的实效,提供基于观察的实证依据的评价办法。

一是观察的类型。第一是三类现场观察(为主):师生(有时包括家长和科研专业人员)对学科研究课或学生专题学习活动中教师教的行为与结果,以及学生学习的表现与结果进行现场观察。实践教师在常态自主研究课或学生专题学习活动中,对学生的表现进行现场观察。学生自己(有时包括家长)或小组成员在常态课、专题学习活动、家中对自身(或同学、孩子)的学习活动表现进行现场观察。第二是实施网上观察(为辅)。即如在疫情期间,对学生学习网课的情况,教师对相关学生、学生对自己或同学、家长对孩子的学习表现进行观察。

二是观察记录的技术。参与观察者借助总课题组研制的相关总体评价标准、实践教师开发的相关具体评价标准、实践教师设计的学生相关课或专题学习活动中的"三程"学习单中的记录要求,对学生(或自己、同伴、孩子)的相应学习行为、结果等进行观察、记录。

三是观察记录结果的运用。一方面,作为判断师生相应课或专题学习活动实效的依据;另一方面,作为学生学习的过程性评价和一定阶段的结果性评价及综合评价的依据。

观察法的实施,较好地引导了师生更有针对性地进行相关学科研究课或专题学习活动的前、中、后"三程"学生学习活动的设计、实施与评价,提高了观察法运用的针对性、科学性和实效性;有机提升了学生"有独有合"实施相关"三程"学习活动观察、作出判断、改进学习行为与结果的素养;为参与实践研究的教师和总课题组成员总结相关学科研究课或学生专题学习活动实施的实效、师生素养的发展,提供基于观察所得的实证依据。

5. 展评法

"展评法",是指通过探索学生在相关研究课或专题学习活动中的探究类学习成果的展示,以及评价的主题与要求、内容与主体、时机与类型和结果与运用(简称操作"四要素"),来引导师生更好地进行相关学科研究课或专题学习活动的前、中、后(含下次课始)"三程"学生相关探究成果展示交流与评价活动的设计、实施与评价。提高展评的针对性、科学性和实效性;提升学生"有独有合"开展相关探究成果展评准备,进行展示交流,根据标准(或其他要求)进行评价,据评进行反思总结、改进展示成果,或迁移运用于新的探究成果展评准备与下次课始的展评实施的素养;为实践教师和总课题组成员总结展评的实效;提供基于学生相应探究成果展评的实证依据的评价办法。

以下以王丹旦老师主持的初一年级语文《西游记》整本书阅读解疑分享比赛类和初一学生"假如唐僧师徒遭遇新冠"四格漫画创作项目化学习活动中的相应成果展示交流与评价活动为例,说明展评法操作"四要素"的基本做法和相应的实效。

一是展评的主题与要求。由师生在展评前协定相应探究成果展示交流的主题和相关评价标准与要求(例如,表4就是先由师生合作协定了评价标准的基本内容与四级评价的基本要求)。在具体实施展评前夕和展评后,对展评的相关评价标准与要求根据相关科研专家的意见,对局部的评价内容、四级评价要求、如何计分和评价操作的说明等,进行表述的完整性、确切性、规范性和易操作性等文字和技术规范的完善性修正(如表4的评价标准,其后由学校所聘课题全程指导的浦东教发院曹明老师作了评价标准之评价内容顺序调整,评价四级要求的要素重新提炼并配上了分别计分的要求和完善了评价的操作说明)。

二是展评的内容与主体。评价的内容,根据展示交流的主题,一般由若干项一、二级要素,有的细化到三级要素构成(例如,表9这一项目化学习活动之阶段性学习成果的结果性评价标准,由小组成员间的合作度、小组漫画作品展示的成效度、四格漫画作品的成效度、《西游记》整本书阅读知识与能力的达成度4项一级评价内容和各自3项二级评价内容要素构成;另加"特色加分"项一级要素评价内容);再配以评价的四级要求、每项细分内容和分类内容计分、评价的操作说明,组合成相应的评价标准。评价主体,由学生的自评、互评,执教老师的评价,参与现场观课的教师、家长和专家等的评价构成;各评价主体的权重一致。

三是展评的时机与类型。展评的时机,以研究课中或学生专题学习活动的现场为主,以及课中或专题学习活动后(含下次课始)。展评的类型,有的比较单一(例如,表9就是属于1项评价主题的现场展示评价,但不仅包括对学生四格漫画创作的结果性评价,还包括了对《西游记》的整本书阅读的整体评价和对小组合作情况的整体评价);有的比较丰富(例如,表5包含了学生独立为辅、小组合作为主开展的四大竞赛类任务的12个小类成果的准备、交流、比赛、评价、反思、改进类的展评活动)。

四是展评的结果与运用。既有师生用于过程性诊断、引导所定探究活动设计、实施与改进性的展评,也有用于学生相应探究活动结束时探究总体成果之结果性的展评(例如,

表 5 和表 9 都属于学生探究活动的阶段性结果展评)。展评的结果,前者主要用于相应展评活动的诊断与引导后续的改进,后者主要用于对学生探究成果阶段性结果的评鉴判断,两者又成为综合评价的累计材料。

展评法的实施,引导了师生更好地进行相关学科研究课或专题学习活动的前、中、后(含下次课始)"三程"学生相关探究成果展示交流与评价活动的设计、实施与评价,提高了展评活动的针对性、客观性和实效性;较好地提升了学生"有独有合"开展相关探究成果展示交流与评价活动的准备、实施、总结与反思改进素养;为实践教师和总课题组成员总结展评的实效;提供了基于学生相应探究成果展评的实证依据;规范了课题展评法运用的操作"四要素",并提高了成果总结的科学性。

6. 综评法

"综评法",是对本课题之实践教师、学生"三程"学习活动与学会学习核心素养、课题总体实效作出的结果性评价,由课题组核心成员对课题研究的整体成效作出价值判断,提供基于综评法的实证依据。

综评法的运用,主要包括以下三个层面。

一是对实践教师相关学科研究课或组织学生专题学习活动的综合评价。研究者主要借助表 1 的评价标准进行打分,结合参与者的现场观察、课后执教者的说课和自我反思、研究课课例或主题式案例类成果的质量,以及专家的判断,作出综合性的结果评判。

二是对学生"三程"学习活动与学会学习核心素养的综合评价。研究者主要借助前述表 1 至表 3 的学生学习实效所得,结合在教师学科研究课或组织学生专题学习活动、自主常态研究课或组织学生专题学习活动中,对学生"本课化"或"本活动化"之"三程"学会学习核心素养达成的判断,以及师生日常运用观察法与练习法、展评法之学生过程性和一定阶段结果性素养发展评判所得,先对学生"三程"学习活动与学会学习核心素养进行分项评价;然后,按一定的比例进行整体评价,得出由分项数据支撑的学生相应素养发展的等第评价和一定的文字之综合性的结果评价。

三是对课题总体实效的综合评价。研究者主要借助表 1 至表 3 的 3 项总体评价标准运用的数据,参阅表 4 至表 9 之 6 项具体评价标准运用中的数据,并参阅"评价六法"运用的证据。结合对实践教师研究课课例和主题式案例,相关子课题报告中对实施过程、师生素养变化发展的概括或记述与描述的事实,以及对部分实践教师、课题组核心成员的个别访谈交流,以 5 年多来教师的专业素养展事实,学生的整体学习质量提升和学校的内涵发展的事实,课题的系列成果、获奖情况等,对总课题的研究成效作出综合评价。

综评法的实施,引导了师生素养的各自发展;使总课题组把握了实践教师研究素养、学生"三程"学习活动与学会学习核心各自"三素养"、学生整体学习质量提升和教师专业素养、学校内涵发展的整体情况;为课题组核心成员对课题总体研究成效的判断、基本结论的得出、研究价值和新意所在的定位,提供了基于综合评价的实证依据;提高了对课题总体实效评价和价值判断的科学性。

总之,评价"六法"的实施,为总课题组和实践教师把握学生学会学习核心素养、"三程"相关学习活动素养的现状,开展有针对性的总课题的实践与评价举措和学科研究课、学生专题学习活动的设计、实施与评价之实践,提供了基于评价方法所得的实证依据;提高了课题研究设计、实施的针对性和评价的客观性与科学性;内化了师生的评价素养;丰富了总课题成果总结、整体实效把握和价值判断的实证依据;提高了课题评价方法研究的规范性和创意性。

四、价值与结论

(一) 主要价值

1. 实践层面

通过研究,一是形成了3项课题总体评价标准和6项学科研究课与学生专题学习活动中的具体评价标准,尝试运用了6种总体评价方法(其中"展评法",是结题后拓展深化研究阶段增补;"练习法",由"测试法"调整而来;各评价方法含义、运用的具体细化操作要点和实效,也是在结题后拓展深化研究阶段得以总结与完善的)。二是较好地引导了教师更贴切地开展基于学会学习核心素养理念下"3类·9种"学生"三程"学习活动的设计、实施与有机评价,引导了学生提高完成相应学习活动任务的速度、质量并具一定的独特性,提升了学生课或专题学习活动前、中、后"三程"之学习活动和学会学习之乐学善学、勤于反思和数字化学习核心素养之各自意识、能力和良好行为习惯"三素养"的发展。三是引导了师生针对学科特定研究课的学习内容或专题学习活动,开展更有针对性的过程性或一定阶段性的结果性评价,增进了学生根据标准进行客观、公正评价的意识,提升了教师的评价研究素养。四是提高了课题"评价体系"研究的针对性、公正性、规范性、科学性、创意性和实效性,为课题研究整体实效的定位和价值判断提供了依据,丰富了学校总课题之"评价体系"研究的成果,提高了课题研究的整体质量,增进了课题研究的特色。

2. 理论层面

通过研究,明确了"七大方面"的评价研究依据(其中,积极心理学原理为结题后拓展深化研究阶段新增内容;其他依据的阐释也变得更为完整与明晰),阐明了评价体系研究的指导思想、评价标准和评价方法的各自"本课题化"的含义;明确定位了评价研究的想法,即评价体系之"上位"的评价"指导思想";研制和运用了课题评价系列标准,即评价体系之"中位"的评价"尺子":3项总体评价标准和6项具体的评价评价标准(其中,在拓展深化研究阶段,完善了表1;对表2和表3的标准,由结题时的思路变为具体、客观的文本;规范了表4至表9之6项具体评价标准之符合教育类课题之"评价标准"基本要素构成和使用说明的表述);明确了6种总体评价方法的各自含义、若干基本做法和实效(全部在拓展深化研究阶段完成)。从而构建了总课题之"评价体系"研究的操作框架,总结了实施的经验,丰富了基于学会学习核心素养理念下学生课堂(实际拓展到课前和延伸到课后)学习活动的设计、实施与评价实践研究之评价体系建设方面的一定理论,把握了教育类区级课题之"评价体系"研究的一定规律。

(二) 基本结论

从本子课题的概念界定、"七大研究依据"、研究过程与方法、研究实施之"三位一体"

的系列"评价体系"之研究成果、研究之实践与理论层面的价值可知:本子课题的概念界定、"七大研究依据"的阐释、"三位一体"的"评价体系"内容选择,是富有针对性的;研究方法是贴切的;研究过程是较为完整的;结题后的拓展深化研究阶段,是有切实的拓展与深化研究内容与结果支撑的;"评价体系"对师生开展学科研究课和专题学习活动之前、中、后的"三程"学习活动的设计、实施与评价的实践引领作用,是明显的;"评价体系"成果的两类价值是显性的;对基础教育类课题之"评价体系"研究,具有较为规范、系统、可操作、一定新意和普适的价值。

参考文献

[1] 中共中央、国务院.深化新时代教育评价改革总体方案[R].2020.
[2] 核心素养研究课题组.中国学生发展核心素养[J].中国教育学刊,2016(10):1-3.
[3] 中华人民共和国教育部.义务教育课程方案(2022年版)[M].北京:北京师范大学出版社,2022.
[4] 彼得森.积极心理学[M].徐红,译.北京:群言出版社,2010.
[5] 闫黎杰.积极心理学对教育实践的启示[J].教育探索,2008(7):124-125.
[6] 宋宁娜.活动教学论.[M].南京:江苏教育出版社,1999:265-273.
[7] 贝兰卡,查普曼,斯沃茨.多元智能与多元评价:运用评价促进学生发展[M].夏惠贤,等,译.北京:中国轻工业出版社,2004.
[8] 王晓玲.教育统计学(修订版)[M].上海:华东师范大学出版社,1994.
[9] 范晓玲,杨志明.教育测量与评价[M].长沙:中南工业大学出版社,1999.
[10] 潘国青.教育科研新视角[M].上海:上海科学技术文献出版社,2002.
[11] 吴亚萍.统计分析指导[M].北京:教育科学出版社,2003.
[12] 赵春芳,曹明,等.改进课堂教学策略,提高学生学习效能的研究[C]//赵春芳,曹明,陈春生.教学策略与学习效能.北京:现代出版社,2014:24-29.
[13] 曹明.中学生公民教育系列活动的构建之评价体系研究[C]//孙建良.中学生公民教育系列活动的构建.上海:同济大学出版社,2016:275-288.
[14] 姚勇,曹明."独二代"家庭教育的学校评价体系支持的实践与研究[C]//金卫东,曹明."独二代"家庭教育指导新方略·论文选.上海:上海教育出版社,2016:187-213.
[15] 曹明,张惠英,何月清.学校实施"双自"教育 促进学生自主发展的评价体系研究[C]//吴骏德,曹明.实施"双自"教育:促进自主发展.上海:同济大学出版社,2017:187-213.
[16] 唐燕枫,曹明.新城区初中学生良好行为习惯养成教育的评价体系研究[C]//金丽萍,曹明.初中生良好行为习惯养成教育[M]//上海:同济大学出版社,2017:140-167.

第 3 篇

研究课课例

语文教学实施思维导图策略提升学生自主写作素养的阅读写作类学习活动设计与实施

——以《小站》学习活动设计、实践与分析为例

上海市五三中学　费云娇

【执教时间、地点和对象】

2018 年 11 月 29 日，上午第 2 节；录播教室；预备（3）班

一、设计思路

（一）设计依据

1. 学情分析

预备（3）班学生共 45 人，其中男生 25 人，女生 20 人。在语文学习上，他们思维活跃，但是表达能力较弱，写作中常会出现词不达意的情况。如，从学生的记叙文的写作上来看，存在写作思路存在一定混乱、事情发展先后常常交代不清、记叙内容不合理、写作内容空虚、缺乏真情实感、所要表达的中心散乱等问题。可见，学生的写作能力总体较弱。究其原因，主要是学生在日常生活中不善于观察，缺乏对有效素材的积累、归纳和运用的能力。学生通过学习第五单元中《夏天里的成长》《盼》等记叙文，懂得了不管是写人还是记事，都要注意构建框架、要点、确定写法，并从不同方面选择恰当的材料，写出自己对生活的真实感受。鉴于上述情况，学生需要加强这方面的系统训练。

此前，学生对运用思维导图有了初步的接触，并表现出继续学用的兴趣，但这方面的能力还较弱。因此，本课教师拟通过设计和实施课前、课堂、课后"三程"中相关借助思维导图写作的学习活动，即运用思维导图策略。课前，由学生小组合作预习课文、梳理内容与写作手法、作者情况与困惑，选择校园图书馆景致一角，合作进行观察、记录，并借以构思小作文框架，撰写 300 字的作文《学校的图书角》，课始参与交流和梳理概括。课上，小组合作阅读《小站》全文，小组合作梳理和归纳阅读信息、记叙方法；听取师生示范，学习借助思维导图的相关信息架构与表达方法。课后，继续借助思维导图，独立观察、记录身边的某处场景，构思《身边的一隅》作文框架、备注撰写要点、拟用写法和素材，完成 300～350 字新作文的撰写，下次课始参与全班交流的学习活动任务，以培养学生借助思维策略进行课文预习与梳理、学校图书角观察与记录、构思与撰写作文的能力。

综上,课上学习《小站》新课,梳理作者情况、课文内容、写景与写人的方法,有利于提高对《学校的图书角》写景作文写作的"梳理与交流"的能力;课后独立及时、高质地完成观察与记录身边相关场景,有利于提高学生构思与撰写《身边的一隅》写景作文和下次课始参与全班交流的能力。以此增进学生能够借助思维导图策略进行"三程"自主写作写景作文的学习活动的相应意识、兴趣,有利于促进"有独有合"学用与学习课文、尝试写作的良好行为习惯的养成。

2. 课标分析

教育部《义务教育语文课程标准(2011年版)》(以下简称"课标")指出,初一到初三年级学生的语文写作,"写作要有真情实感,力求表达自己对自然、社会、人生的感受、体验和思考。多角度观察生活,发现生活的丰富多彩,能抓住事物的特征,有自己的感受和认识,表达力求有创意。注重写作过程中搜集素材、构思立意、列纲起草、修改加工等环节,提高独立写作的能力。能从文章中提取主要信息,进行缩写;能根据文章的基本内容和自己的合理想象,进行扩写;能变换文章的文体或表达方式等,进行改写"。

本课教师拟以课前、课中和课后(以下简称"三程")结合,借助思维导图策略,结合信息技术、随机激励等实施形式,围绕写景课文的学习,校园与身边相关场景的观察、记录,进行作文的框架构思、写作要点、写法与材料的运用,以及写景作文的创作、交流与改进,引导学生进行多样化的小组合作探究。通过课文的阅读、梳理、质疑和解疑,写作的观察、记录、梳理、构思、撰写、交流和完善的系列学习活动,锻炼学生借助思维导图课前对课文进行小组合作预习与梳理,观察与记录学校图书馆一角所得。课上进行交流记录,并借以阅读课文梳理和归纳内容、学习思维导图方法,对问题进行合理释疑、梳理和归纳,构思完善课前作文框架与运用素材要点;课后与下次课始,小组合作为课文配画合适的插图,继续借助思维导图进行身边的一处景致观察、记录,构思与撰写《身边的一隅》,锻炼写作与交流完善能力。综上,增进这样进行写作的价值意识,继续尝试"有独有合"学用思维导图于品析课文、尝试观察与记录校园和身边相关现象,并进行写作和交流,是符合课标之上述要求的。

3. 教材分析

本课来自部编本教材(2018版,五四学制,人民教育出版社)六年级上第五单元课文《小站》。课文由作者简介、课文全文、新字与词的读音和注释、1张插图和课文的旁批提问组成。作者重点抓住小站的主要景观进行细致描绘,通过描写小站的大致情况、月台正面、月台中间、月台的两头、设备简陋、站台四周景色的内容,详略得当地介绍了小站的景致,以此来表现小站工作人员热爱生活、忠于职守的精神。作者记叙景致与人物的写作方式,以及主旨表达方法,基本适合借助思维导图为主的策略,组织学生"三程"独立与小组合作探究式学习活动,以此锻炼学生借助思维导图进行课前小组合作完成预习、梳理课文和观察学校图书角景致学习活动+课上交流分享学习活动的能力。课中,提高小组合作完成阅读、梳理、归纳课文信息与记叙方法学习活动的能力,观察师生示范思维导图基本类型和运用方法的学习活动的能力,借以合作完成梳理课前作文的框架、要点、写法和具体素材运用的学习活动的能力。课外,提高学生独立修改完善课前作文和用于身边相关场景的观察、记录、构思与备注新作的框架、要点、写法与素材的能力,完成新作撰写与完善任务学习活动的能力。从中提升学生参与"三程"借助思维导图进行自主写作的乐学素养和良好应用行为习惯。

(二)课题研究内容

1. 学生自主写作乐学、善学素养培养内容

1)乐学素养培养内容

学生乐于借助思维导图,课前,小组合作进行课文预习、内容与写作手法、作者情况与困惑的梳理,独立尝试写作《学校的图书角》写景作文;课中,小组合作对课文内容、写作方法(写景、写人与所表达的主旨)进行品析、梳理、概括与交流,对《学校的图书角》写景作文重新进行梳理与交流;课后,独立对身边的一处相关景致进行观察、记录、构思《身边的一隅》写景正文框架、备注写作要点、拟用方法和素材,完成作文和下次课始参与全班交流。以此增进加强日常观察、注意积累写作素材的热情。

2)善学素养培养内容

(1)课前:一是学生能小组合作借助思维导图策略,完成《小站》的预习梳理活动任务,锻炼梳理课文内容、本篇记叙文的写作方法、作者的基本情况和提出预习中的困惑的能力。二是学生能小组合作完成观察学校图书馆一角的景致,借助思维导图进行记录的学习活动任务,锻炼相应的能力。三是学生能独立结合观察、记录的学校图书角的景致情况和《小站》的写作手法,完成《学校的图书角》(300字左右)一文的写作任务,锻炼相应的能力。有机增进学生对借助思维导图进行课文预习与信息梳理、校园相关景致观察与记录和构思作文框架、备注拟用写作材料的价值认识。

(2)课中:①教学环节(一)和(二),一是学生能参与小组合作观察我国现代高铁车站和20世纪60年代的蒸汽机车铁路小站图片,进行比较的学习活动任务,锻炼合作观察、比较车站精致差异的能力。二是学生能参与小组合作反馈课前预习课文情况,提出困惑的学习活动任务,培养良好的预习习惯和提出小组合作探究重点(即借助思维导图梳理概括课文叙述内容、写景方法和这样写的原因)的能力。②教学环节(三),学生能参与小组合作完成阅读、梳理与归纳课文内容,以及写景、写人的记叙文写作方法,观察师生示范思维导图的基本类型与用法,尝试借助思维导图梳理和表述上述品析梳理课文的结果的学习活动任务,有机锻炼相应的能力;内化思维导图在梳理课文内容、写作手法、表达主旨和进行交流方面的价值。③学生能小组合作完善《学校的图书角》习作构思,锻炼借以完善写作框架、确定写作手法、梳理与备注写作素材、进行讨论与交流、独立完善写景作文的能力。以此继续内化完善写景作文的框架、备注要点、写作手法和拟用素材,促进完善写景作文的价值。

(3)课后和下次课始:一是锻炼学生小组合作为《小站》配画合适的插图学习活动任务的能力。二是运用《小站》一课所学写景、写人的方法,借助思维导图独立完成观察、记录自己身边一处场景的能力。三是独立构思《身边的一隅》写景作文框架、备注写作要点、拟用写法和素材,尝试撰写全文(30分钟内完成300~350字的作文)学习活动任务的能力。四是下次课始,参与交流课文插图和借助思维导图所撰写的《身边的一隅》习作活动任务的能力。以此有机内化借助思维导图策略完成"或独或合"写作与交流学习活动任务

的能力,促进小组合作借助思维导图策略预习课文、精读细品课文、进行梳理概括、尝试自主观察、记录日常生活景致、尝试用于撰写与完善习作良好自主写作行为习惯的养成。

2. 实施思维导图策略之"三程"学生自主写作学习活动

1) 课前3次自主(2合1独)写作学习活动

一是学生小组合作借助思维导图策略,完成《小站》的预习梳理活动任务,梳理课文内容、写作方法、作者基本情况和提出预习中的困惑。二是学生小组合作完成选择学校图书馆一角的景致,借助思维导图进行观察、记录学习任务。三是学生独立结合观察、记录学校图书角的景致情况和《小站》的写作手法,完成《学校的图书角》(300字左右)小作文框架构思和撰写任务。以此有机增进学生对借助思维导图进行课文预习与信息梳理、校园相关景致观察与记录和构思作文框架、备注拟用写作材料的价值认识,促进良好的课前"有独有合"进行预习、写作行为习惯的养成。

2) 课中6次小组合作反馈、精读交流与完善习作探究式写作学习活动

(1) 教学环节(一)和(二):①学生小组合作完成观察我国现代高铁车站和20世纪60年代的蒸汽机车铁路小站图片进行比较的学习活动任务。②学生小组合作参与完成反馈课前预习课文、收集作者信息的情况、提出困惑的学习活动任务,借助思维导图梳理概括课文叙述内容、写景方法和这样写的原因。以此增进对预习价值的认识,促进课前预习中借助思维导图对课文内容、写作手法、作者情况和存在困惑进行梳理、概括之良好行为习惯的养成。

(2) 教学环节(三):①学生小组合作完成以下三个层面对课文内容与写作方法的精读品析、讨论、交流学习任务,文章写了什么?[文章写了一个_____(形容词)的车站,我是从_____读出来的];怎样写的?(小组将课文有序地划分并利用思维导图的方式归纳课文,并讨论若是将顺序打乱,是否可行);为什么这样写?学生分析回答。②学生小组合作观察师生示范思维导图的基本类型与用法。③学生小组合作尝试借助思维导图的相关类型和方法对精读品析的课文内容、写作方法、主旨进行梳理、讨论、交流和归纳,从中有机锻炼学生围绕教师的引导性问题,小组合作借助思维导图精读品析课文,梳理、讨论、交流和概括课文内容、写作方法、主旨;增进学生对作者所表达的小站工作人员热爱生活、忠于职守精神的钦佩之情;激发学生对小组合作借助思维导图精读品析课文、进行梳理、概括和交流的价值的认识与兴趣。④学生完成小组合作讨论、交流课前独立所写《学校的图书角》习作,借助思维导图的相关类型与方法,小组进行讨论、交流、分析和修改完善习作的构思、写作方法和用材,借助思维导图小组合作完善写作框架,确定写作手法,梳理与备注写作素材,进行讨论与交流,最终独立完善写景作文。以此继续内化完善写景作文的框架、备注要点、写作手法和拟用素材,增进完善写景作文的价值认识和兴趣。

3) 课后自主("3独1合")完善与完成作文学习活动

课后,学生通过一是小组合作,为《小站》课文配画一幅合适的插图。二是运用所学《小站》一课所学写景、写人的方法,独立完成细致观察与记录身边的相关景致,利用思维导图梳理、概括景致细节的学习活动任务。三是结合运用课文写景记叙方法,独立完成以《身边的一隅》为主题的写景作文撰写活动任务(30分钟内完成,字数为300~500字)。四是下次课始,小组代表完成参与全班交流课文插图和所撰写的《身边的一隅》作文任务。

从中有机锻炼学生小组合作为课文配画合适的插图,借助思维导图和课文所学写景的方法,独立完善课前习作、撰写新的习作的能力;促进学生借助思维导图构思习作框架、备注写作要点、写作方法、拟用材料和具体进行修改完善与新作撰写的良好写作行为习惯的养成;增进修改完善原作,借以观察周边景致和进行新作构思、交流的兴趣。

(三) 设计思路

本课围绕《小站》,教师拟借助思维导图策略为主,结合信息技术整合式和随机激励式,引导学生开展课前"2 合 1 独"自主预习课文和观察、写作学习活动;课中完成 6 次小组合作写作学习活动(观察对比新老车站,反馈课前课文预习情况,精读品析课文回答问题,学习运用思维导图,借助思维导图梳理、归纳与交流课文内容与写作方法、表达主旨,完善课前所写学校《图书馆的一角》习作);课后完成"3 独 1 合"写作学习活动(小组合作为课文配画插图,独立观察与记录身边的一处景致,撰写新作《身边的一隅》,下次课始参与全班交流课文插画和新的习作)。

初步培养学生借助思维导图"三程"系列活动策略进行景致观察、记录,阅读文本,掌握内容与写作方法,记录主旨信息,梳理与归纳、交流的能力,借以构思模仿《小站》的课文写法框架,备注撰写要点和拟用素材,提高学生课前作文、课中交流与完善、课后再观察与再创作的能力,使学生学会记叙文写景细致的描写方法和有效表达文章中心;促进学生借助思维导图观察与记录景致、构思习作框架、备注写作要点、写作方法、拟用材料、表达主旨和具体进行写景作文撰写的良好自主写作行为习惯的养成;增进这样进行课文信息梳理、景致观察与记录,并运用于作文构思与撰写和参与全班交流的兴趣。

二、教学目标

(一) 知识与技能

学会本课 6 个新字和 14 个新词;学习作者细致观察、由远及近按方位顺序描写景致和抓住事物特点进行描写的方法;学会思维导图的基本类型和方法,借以进行课文精细品读、梳理、概括与交流,进行学校和身边景致观察、记录,构思作文框架、备注撰写要点、作文素材、拟表达的主旨,进行具体写作,修改完善和交流。以此增进对小组合作借助思维导图策略进行"三程"写作系列学习活动、提升自主写作乐学善学素养之价值的认识。

(二) 过程与方法

经历课前、课中和课后"三程"结合,借助思维导图策略为主、整合实施信息技术和随机激励引导式为辅,完成课前"2 合 1 独"、课中"6 合"和课后与下次课始"3 独 1 合",自主完成课文预习、反馈、精读品析、梳理与概括,学校和身边景致观察、记录,构思写景作文框架、备注写作要点、方法和拟表达的主旨,进行写作、交流、梳理完善和再创作与交流之自主作文系列学习活动任务,初步培养借助思维导图进行课文预习、反馈,景致观察、记录课前习作撰写,课文精读品析、内容、写景方法、所表达主旨之信息的记录、梳理、归纳与交流能力;借以提高构思模仿《小站》的课文写法框架、备注撰写要点、拟用素材和表达主旨,促进课前作文完善,课后再次尝试观察、记录、构思、创作与下次课始参与全班交流的能力;提高小组合作为课文配画合适的插图、以图表达文义和参与全班交流的能力;初步掌握写景记叙文按顺序和事物特点细致地进行描写的方法和有效表达文章中心思想的能力。

(三)情感、态度与价值观

展现对作者所表达的小站工作人员热爱生活、忠于职守精神的钦佩之情;激发继续借助思维导图策略进行小组合作探究观察周边景致、阅读梳理课文内容、归纳概括写作方法和尝试借助思维导图策略细化观察、完善作文构思与尝试进行写作的兴趣;促进助思维导图进行相关情况观察、记录,构思习作框架、备注写作要点、写作方法、拟用材料与表达主旨,具体进行习作撰写和修改完善,借以养成自主写作的习惯。

三、实践过程

过程一:组织小组合作观看铁路站图片比较差异,培养学生小组合作观察、比较能力(2分钟)。

师:借助多媒体分别展现今天的铁路上海站和20世纪60年代的松岭站图片,要求学生合作小组进行观察、比较二者的区别,把握小站的风貌。

生:按要求进行小组合作观察,比较二者的区别,交流观看感受。

(课题研究:培养学生小组合作观察、比较差异和交流感受的能力。)

师:我国高铁普及以来,各地都出现了不少"高大上"的火车站。但在20世纪60年代,看到更多的可能是像松岭站这样一些地处边远山区无人注意的小站。在作者袁鹰的笔下,小站是颇有特色的。课前,已经让同学们以小组为单位,合作观察了学校图书角的景致,并用思维导图记录了观察的结果;合作收集了《小站》这篇课文作者的基本情况;用思维导图初步梳理了课文内容、归纳了这篇写景记叙文的主要写作方法;结合观察、用思维导图记录的学校图书角的景致情况,以及《小站》的写作手法,自主完成了《学校的图书角》(300字左右)一文的写作。现在,我们来反馈、交流一下借助思维导图进行小组合作观察、记录和自主完成习作构思与练笔写作的情况。

生:同步听、思,准备参与交流,内化。

(课题研究:培养学生借助思维导图进行小组合作预习,梳理课文内容、写法、所表达的主旨、作者情况,借以自主进行观察、记录,构思习作框架、写作要点、拟用材料,以及完成习作的良好课前预习、写作行为习惯。)

过程二:组织学生反馈小组合作预习情况并提出困惑,培养学生良好的预习习惯和明确课中小组合作探究重点的能力(5分钟)。

(1)组织反馈、交流预习情况。

师:口头反馈学生课前预习完成率和质量情况,对完成预习任务有进步、质量高,尤其思维导图用得好(借助多媒体进行学生部分思维导图预习成果展示)的小组与个人进行随机表扬与引导。

生:同步独立听、观、思和内化。

(**课题研究**:培养学生及时完成预习任务、注意提高质量的良好预习行为习惯与能力;培养学生借助思维导图进行小组合作观察、记录,梳理课文内容与写作手法,构思与写作作文的兴趣和能力。)

师:要求学生相关合作小组代表交流《小站》作者简况和课文预习中遇到的困惑。

生:独立听、思。

被叫相关合作小组代表:参与交流课文作者袁鹰简况和《小站》一文预习中遇到的困惑。

师:边听、边用思维导图归纳、分类记录《小站》一文预习中的困惑。归纳为以下三个层面:写了什么(课文叙述的内容)? 怎样写的(叙述方法)? 为什么这样写(道理)?

(**课题研究**:培养学生及时完成预习任务、注意提高质量的良好行为习惯与能力;培养学生独立观察,教师现场示范运用思维导图策略,记录学生小组代表交流的预习课文中遇到的困惑的能力和尝试继续运用的兴趣。)

(2) 引导学生借助问题和思维导图梳理概括课文叙述内容、方法以及这样写的原因的框架。

师:其实,弄清楚一篇记叙文,可主要关注写什么(课文叙述的内容)? 怎样写的(叙述的方法)? 为什么这样写(道理)? 实际上,这也是读记叙文类文章都应该思考的问题;若我们能够借助思维导图来阅读、记录文章内容、归纳叙述方法和这样写的道理,则可以达到事半功倍的效果。

师:借助多媒体、口头说明和实例展示,简要说明思维导图的功能、基本类型和表达纲要性内容的三种方法。

生:同步独立听、观、思和内化。

(**课题研究**:培养学生根据教师的问题自主思考课文所写的内容、写法、这样写的道理和观看教师借助思维导图策略梳理课文信息之框架的兴趣与能力。)

过程三:组织学生根据教师的问题小组合作完成精读品析课文,参与讨论交流和以思维导图的形式概括所写内容、写景与写人的方法,以及所表达的主旨的学习活动任务,使学生初步掌握写景记叙文按顺序和事物特点细致的描写方法和有效表达文章中心,内化主旨,促进小组合作,借助思维导图梳理概括课文写作框架,备注写作要点、写作方法、细节材料、表达主旨,以及进行交流之自主精读与品析课文良好行为习惯的养成(23分钟)。

(1) 师:文章写了什么?

生:一个车站。(教师提示:语言表述要全面完整)

(2) 师:借助多媒体和口头说明,提出小组讨论活动的问题:文章写了一个_____(形容词)的车站,我是从_____读出来的。

教师举例:文章写了一个"小"火车站,我是从第二段"一间红瓦灰墙的小屋""几根漆成淡蓝色的木栅栏""三五个人影"读出来的。"一间"小屋,可见房屋数量不多;"几根"木栅栏,可见车站规模不大;"三五个人"可见来往的旅客人数也不多。所以说这是一个小火车站。

学生讨论、交流,最终得出:

"两旁依然是逼人而来的山崖和巨石""坐落在山坳里"——偏僻；
"只有慢车才停靠两三分钟""快车疾驰而过"——荒寂；
"二百四十一天安全无事故"——安全；
"贴着一张讲卫生的宣传画"——整洁；
"喷水池、假山、小树、小宝塔"——优美；
"把假山上的小宝塔洗得一尘不染"——干净；
"堆起假山、栽着小树、从小树下面的石孔喷出来、水珠四射、一尘不染"——精心设计；
"开得正艳、边歌边舞""活泼的喷泉、灿烂的杏花"——春意盎然、无限生机；
"没有钟、没有电铃"——简陋；
"当天的天气预报和早晨的报纸摘要"——比较便利。

师：请一名学生加以总结。

被叫学生答：文章写了一个北方山区常见的小站，它虽然规模不大、偏僻简陋，却环境优美、整洁清新，给旅客带来安全、便利的同时，精心的设计，也给人带来了盎然的春意和无限的生机之感。

（**课题研究**：培养学生小组合作阅读、梳理写景记叙文文本信息的基本方法和表达信息的兴趣与基本能力。）

（3）师：作者是怎样写的？

师：虽然，这是一座非常小的车站，但是在作者的笔下，却能够非常有层次地展现小站的"精"。那么，现在就来讨论一下，这篇文章是如何层次分明地描写小站的？请同学们根据课文的内容，通过思维导图（展示若干类型的思维导图样式，供学生参考）的方式，将课文有序地划分，并讨论若是将顺序打乱，是否可行？

生：同步听、观、思和内化。

学生讨论、交流、梳理，展示思维导图（图1）。

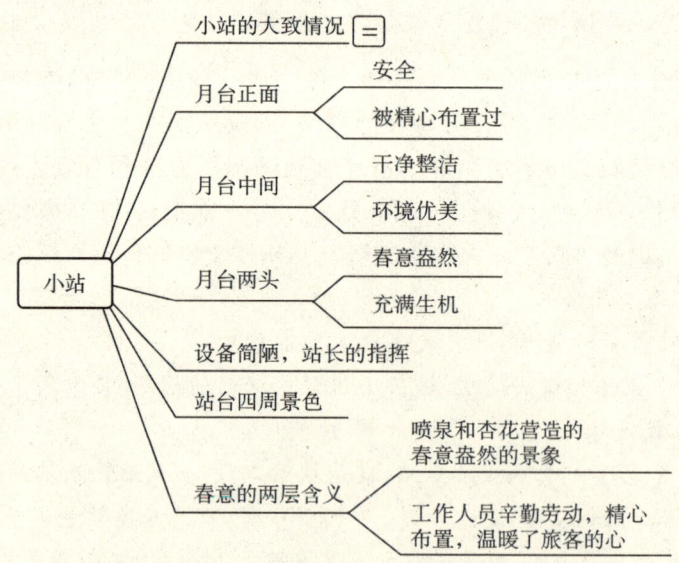

图1 学生小组合作概括的《小站》写法和主旨的思维导图

教师提问,学生分组讨论,概括结论。

师:删除前两节,和原文比较后,说说效果有什么不同?

有多名学生交流:课文前两小节的内容,介绍了小站的地理位置和大致情况,突出其小,甚至有些简陋和荒寂;课文前两段的结构,是对小站的远观,后几段是近观,是按照一定顺序介绍的小站的工作人员,在如此僻静的山坳工作,仍然能安心工作,用心去创造和享受生活,体现了他们全心全意为人民服务的精神。

师生得出结论:文章的内容与主旨,要以读者的主观感受为基础。

(**课题研究**:培养学生善于小组合作比较课文内容,概括与交流课文内容与所表达的小站工作人员热心为旅客服务主旨的能力;增进学生对文章主旨的感受。)

师:打乱三、四、五、六段的顺序,和原文比较后,说说效果有什么不同?

生组内讨论,前后有多名学生参与交流:从月台正面—月台上—月台中间—月台两头—站长的指挥,一方面是按照观察小站的顺序写作的;另一方面从工作人员的精心设计,到站长的恪尽职守更能凸显文章中心。火车的正常行驶,小站的正常运营无不倾注着全体人员的劳动和心血。若是打断交代顺序,会使得文章没有条理,表意不清。

师生得出结论:写景记叙文,需要细致观察生活、合理安排顺序。

(**课题研究**:培养学生善于小组合作阅读,梳理课文写景中有序交代景致和从细节着手描写事物的基本写法合理性的能力。)

师:删除七、八段,和原文比较后,说说效果有什么不同?

生组内讨论,前后多名学生参与交流:第七段将小站的精心设计与周围荒凉的景色进行对比,突出了小站的温暖和春意,也为第八段的议论升华进行了蓄势铺垫;第八段则含蓄地点明了中心。这两段,作为文章的结尾,不可删去。

师生得出结论:写景记叙文,篇末需要点明所表达的中心。

(**课题研究**:培养学生善于小组合作阅读,梳理和交流写景记叙文表达主旨段之不可或缺性的能力。)

(4)学生小组合作讨论:为什么这样写?

师:作者写了小站,但所写的只是小站吗?

学生小组讨论、交流:还有车站的工作人员。"二百四十一天安全无事故"——可见工作人员强烈的责任心;"当天的天气预报和早晨的报纸摘要"——是工作人员为了旅客及时了解天气和国家大事按时更换的,可见其工作细心;"堆起假山、栽着小树、种了杏树"——是工作人员为了旅客们旅途中有个好心情而刻意点缀的,可见他们热爱生活、对工作充满热忱。

师:小站虽小、偏僻、简陋,但由于工作人员的辛勤劳动,精心布置,温暖了旅客的心。所以,作者写《小站》其实是为了表达什么呢?

学生讨论、交流,一致得出:赞扬了小站工作人员热爱生活、忠于职守的强烈事业心和责任感,表达了作者对他们的钦佩和赞美。

师生得出结论:写景记叙文,不仅是写景,还需要写人;写景,可以更好服务于写人,凸显作者所想表达的主旨。

(**课题研究**:培养学生小组合作阅读、讨论、梳理与交流课文所表达的主旨和记叙文的写景服务于写人和表达文章主旨的能力;进一步增进学生对小站工作人员热爱生活、忠于职守的强烈事业心和责任感的钦佩之情。)

过程四:学生借助思维导图完成小组讨论、交流完善《学校的图书角》习作构思学习活动任务,锻炼借助思维导图小组合作梳理写作框架、备注写作内容的要点、写作手法与素材、明确表达主旨,进行讨论与交流,独立完善作文的能力,增进这样进行写作的兴趣(10分钟)。

师:我们平时在写作的过程中,也经常会描写一些景物或者景点。在这次上课之前,老师让学生通过观察学校二楼的图书角,进行了一次作文的练笔,篇幅虽小,但大家的观察却很细致。这里展示一些同学《学校的图书角》的习作。希望大家能够根据思维导图的相关类型、表达方法的相关要求,重新梳理自己《学校的图书角》一文的构思框架、内容要点、写作方法、所用素材和所表达的主旨,课后独立完善这篇习作。我们先来进行小组讨论如何写好图书角。

生:同步听、观、思;参与小组讨论、梳理、概括与交流;听取教师的随机激励与引导;思考,内化。

(**课题研究**:培养学生借助思维导图小组合作讨论、交流、概括和如何完善写作框架、内容要点、写作方法和所表达的主旨的能力;增进这样完善作文的兴趣。)

过程五:学生课后在独立观察、记录身边一处景致基础上,撰写《身边的一隅》作文和为《小站》画1幅合适的插图作业,下次课始参与全班交流,锻炼独立完成作文和课文插图作业,巩固写景记叙方法和以图表达文义,参与全班交流反馈的能力,增进这样进行写作和创作课文插图的兴趣(教师布置2分钟)。

(1)师:借助多媒体呈现学生课后的作文与配画要求。

学生课后独立观察、记录身边的一处景致,以《身边的一隅》为主题(具体题目,可以自拟),字数300~350字,30分钟内完成。根据《小站》课后的"阅读提示",多读几遍课文,以小组为单位,根据课上的思维导图,进行适当的修改,给文章设计一幅插图;并与作文一起,准备下次课始,参与全班交流。

生:同步观、听、思;独立按要求完成作文和小站插图;准备参与下次课上交流。

(2)(下次课始)被叫生:借助多媒体和口头说明,交流反馈作文和插图。

师:注意观察、倾听,并作随机鼓励与引导;

生:独立观、听、思,内化。

(**课题研究**:培养学生善于借助思维导图独立观察、记录身边的一处景致,构思《身边的一隅》写作框架、备注写作内容要点、方法、拟表达的主旨和限时具体撰写成文的能力,小组合作完善课文思维导图,进行讨论与交流和为《小站》课文配上一幅合适的插图的能力,下次课始参与全班交流反馈和从中撷取有效信息的能力;增进课后这样学习创作的兴趣;内化课文和自己习作、配画所表达的主旨。)

四、实效与反思

(一) 实效

1. 学生自主写作乐学善学素养方面

1) 课前预习课文和自主写作乐学善学素养方面

教师通过对学生习作的初步批阅和课始学生参与预习反馈的情况表明,班级学生都能够通过小组合作观察、记录学校图书角的景致,独立完成较为简单的练笔作文《学校的图书角》;都能够参与小组预习课文,完成尝试梳理概括课文框架、所写内容、作者的基本情况和提出预习中困惑的学习任务,锻炼了相应的能力;培养了学生借助用于简单构思思维导图进行小组合作探究预习课文,观察与记录相关景致,撰写写景作文习作的良好行为习惯;增进了这样进行完成课前预习学习活动任务的兴趣和价值的认识。

2) 课堂小组合作精读品析和完善课前习作乐学善学素养方面

从观课老师的评价、执教者自身对学生参与课前学习的小组合作反馈、课堂小组合作精读品析、解决课前预习的困惑与完善课前习作的观察感受,以及课后执教者与部分学生的交流沟通可知:这节实践研究课基本完成了预设的写作系列学习活动的任务,学生课堂小组合作为主借助思维套图策略进行精读品析,梳理概括尝试完善课前习作的乐学善学素养得到提高。

具体表现以下四个方面:一是课始,学生在参与小组合作观察、比较、说明教师所展示的 2 幅车站图片的对比中,锻炼了小组合作观察、比较现代与 20 世纪 60 年代火车站不同之处的能力。二是在学生借助观看教师示范思维导图的基本功能、类型和构建与表述的方法示范,学生小组合作尝试借以完成交流反馈课前预习课文与作者简况,精心阅读课文,进行写作的框架、所写内容要点与写法、所表达的主旨梳理,归纳课文信息、归纳阅读困惑学习活动任务中,初步锻炼了相应的能力。三是学生在参与完成小组合作讨论如何完善《学校的图书角》的学习活动中,锻炼了运用思维导图,梳理、概括和交流习作框架、写作的内容要点、写法与所表达的主旨的能力。四是在本节课的课堂教学过程中,教师经常使用鼓励性语言激励学生回答问题,激发了他们参与小组合作观察、比较、精读品析、梳理概括和参与交流的兴趣,提高了他们学好品析课文、用于写作和积极表达的自信心,内化了课文和自己习作所表达的主旨。由此,促进了小组合作借助思维导图进行课前预习情况反馈、精读品析、梳理概括与交流课文信息、完善课前习作良好自主作文行为习惯的养成。

3) 课后小组合作配画课文插图、独立进行再创作和参与班级交流

根据教师自身对学生课后作业的批改和下次课始观察学生参与全班作业交流的情况,可以看到:一是学生能够参与小组合作,梳理完善课文信息的思维导图,并为课文配上一幅合适的插图。二是学生能够根据自己对某一处身边的景致的观察与记录作为素材,合理地借助思维导图进行写作框架的构思,内容要点、写法、拟用观察素材的梳理、归纳与备注,进而在规定的 30 分钟时间内,完成 300~350 字《身边的一隅》新的习作的具体撰写

任务。这也说明,学生初步养成了小组合作为课文配上合适的插图,以图表达文义的良好课后学习行为习惯;培养了学生能够独立借助思维导图,进行相关景致的观察、记录,借以构思写作框架,备注写作内容要点、素材与写作手法和所表达的主旨,按限定时间和字数,独立完成写景作文撰写的兴趣和习惯。三是学生的作文和参与全班交流中,都能够按照所列的思维导图内容,合理完成,写作思路更加清晰、更有条理。这也使他们更加乐于观察周围的景物,并且积极地运用思维导图记录相应的内容,提高了作文写作的兴趣。

2. 教师素养方面

一是课题研究素养方面。结合"三程"学习活动的设计和实施,教师对课题研究课的设计、实施、总结和反思素养,都有了明显的提升。二是信息技术能力方面。本课的教学环节,对于新课的引入、思维导图的运用等广泛地运用多媒体资源,从而使语文课堂教学更加生动形象。这也促进教师更为主动地探索在日常的语文教学中,如何有效地引导学生借助思维导图"有独有合"地进行课前预习,课堂品析和梳理、概括、交流,课后自主作文和参与交流评析,从而进一步提升学生自主作文的乐学善学素养。教师运用信息技术能力得到了一定的提高,在语文的课堂教学中的效果更加显著。

(二) 反思

一是教师分析梳理课文结构,要善于引导学生自主进行分析总结。在分析课文《小站》内容并引出此文的结构时,问答形式的师生合作过多,使得上课形式过于单一。这样做虽然能够准确地引导学生往教师预设的方向回答内容,但是对于提高学生善于去自主梳理归纳文章的能力,是有所欠缺的。

二是课堂上要给学生充分的时间展示、讨论、修改自己的课前习作。在学生学习了本课借用思维导图并运用到文章的写作中后,模仿这种方法,小组讨论并修改自己课前习作片段《学校的图书角》,原本预留了 10 分钟来完成这一环节。但是,由于时间把握不当,实际仅有 5 分钟来展示和讨论。不能很好地反映学生课前习作片段的不足之处,学生也无法利用小组讨论的时间进行习作修改,失去了一次良好的学生互相讨论学习作文片段写作的机会。

五、意义揭示

本节课是基于乐学善学理念下初中语文教学中教师利用思维导图组织学生完成"三程"13 项"有独有合"的写作学习活动,并整合实施信息技术和随机激励式,提升了学生语文写作乐学善学素养方面的独特价值——"五性"。

(1) 发挥了课中、课后学生借助思维导图在促进更快更好地完成写景记叙作文任务方面的引导性。

在本节课的教学过程中,教师引导学生对文章的景物进行思维导图的梳理和展现,使得写景的顺序更有条理性,学生能够一目了然地展现所记叙的景物,在内容上更容易取舍得当。而学生在课后完成《身边的一隅》的写作作业过程中,也发现利用思维导图将所观察与记录的身边一处景致的内容,对其合理梳理分类,能使得作文的写作构思和具体撰写成文,可以变得更快并更好地完成,使文章更为有条理和生动。

可见,教师在学生的相关"三程"写作学习活动中,借助思维导图可以引导学生更快更好地完成写景课文的品析、梳理概括和记叙作文的任务。这在学生其他文体作文学习活动中,也是可以加以尝试的。

(2) 落实了课内外学生利用思维导图进行写景记叙文写作中的主体性。

从"三程"教师借助思维导图策略组织学生小组合作为主、独立学习为辅完成的 13 项"有独有合"写作学习活动的设计和实践过程可知,学生是"三程"学习活动的主体,教师只是起到辅助引导学生学习活动过程的作用。正是有了学生作为"三程"自主写作系列活动的主体性地位的落实,才保证了各项写作学习活动任务的基本完成;有效地锻炼了学生小组合作借助思维导图进行课文预习和初步梳理、课上精读品析、梳理概括和讨论交流、"有独有合"完善课前习作和课后独立进行再观察、记录与创作、参班级交流的能力;内化了学生对课文和自己习作所表达的主旨的深入理解;促进了学生小组合作借助思维导图进行课文框架、内容要点、写作方法、表达主旨进行梳理、概括与交流,以及课后独立再观察、记录和创作新的习作之良好自主写作行为习惯的养成;增进了这样学习写作的兴趣和自信。

可见,学生有效地完成"三程"借助思维导图策略自主写作学习活动的任务,有机提升自主作文的"三程"相关乐学善学素养,需要以落实学生在"三程"自主写作学习中的主体性地位为保证。

(3) 注意提高学生利用思维导图进行写景记叙文写作的趣味性。

在本节课的教学过程中,增加了学生"三程"写作学习活动的趣味性。一是能够联系生活中的景致,调动学生"有独有合"观察与记录学校和身边的熟悉的景致和用于写景记叙文写作的兴趣。例如,在课前预习阶段,组织学生小组合作观察学校图书角的景致;在课堂导入时,组织合作观看今天的铁路上海站和 20 世纪 60 年代的松岭站图片;在课后的作业中,布置学生观察与记录自己身边的一隅的景物。这些活动都联系了学生平时常见的身边的景致,调动了他们乐于观察、记录身边景致的主动性和积极性。二是借助了思维导图策略的趣味性。在学生"三程"的课文预习、精读品析、梳理概括、讨论交流,课前与课后两次习作的景致素材的观察与记录,习作框架的构思,写作内容的要点与写法、拟用素材和表达主旨的备注,完成具体撰写,参与班级交流,都借助了相关思维导图的基本类型与具体表述的方法,给学生带来了写作学习与交流的新鲜感,完成写作学习与交流任务速度和质量的提高,自主善写的素养得到提升,进一步增进了学生尝试学用思维导图于写作的兴趣和自信。三是更多地借助了学生小组合作探究学习式的趣味性。在学生完成"三程"13 项自主写作学习活动中,小组合作课前 2 次、课中 6 次与课后和下次课始 2 次,合计 10 次——这为学生有效地参与课前预习、梳理课文信息、观察与记录学校图书角景致,课中全程学习把握小组合作探究学习课文的重点、化解难点,借助思维导图梳理、概括、交流课文信息和完善课前习作,课后为课文配画合理的插图,下次课始参与交流插图和课后再观察与创作《身边的一隅》新作起到了积极作用。由此,提高了学生完成"三程"自主学习写作任务的速度与质量,提升了善写的素养,进而增加了自主写作过程的趣味性。

可见,联系学生日常熟悉的生活中的情境,借助新鲜与有效的写作策略和小组合作探究学习的形式,可有效地激发学生参与"三程"自主写作学习活动的兴趣,提高学生完成相应写作学习任务的速度与质量,进而增加学生进行自主写作的趣味性和自信心。

(4)注重了学生善于利用思维导图来进行写景记叙文写作的操作性。

本节课主要在以下"四程·十个方面"体现了运用思维导图的可操作性:一是本课时前,学生对运用思维导图有了初步的接触,并表现出继续学用的兴趣。二是课前,学生预习课文时,借助思维导图策略,完成了《小站》课文内容、写景的写作方法、作者的基本情况梳理概括,提出预习中的存在的困惑。三是学生小组合作,借助思维导图完成了学校图书馆一角的景致的观察与记录。四是学生独立尝试观察与记录所得,构建《学校的图角》习作的框架构思,备注拟写内容要点、写法和表达的主旨。在课前"有独有合"尝试运用中,学生再次熟悉了思维导图的基本类型与具体表述方法。五是课中,学生边小组合作精读品析、交流课文的相关信息,边观察了教师借助思维导图所作的课文框架。六是学生专门观察和听取教师借助多媒体所作的思维导图功能、基本类型和具体表述方法的全面、规范示范。七是学生借助思维导图,当场参与小组合作梳理与交流课前所写的习作,提出了完善的建议。这使学生较为规范和系统地了解和掌握了思维导图的基本类型和具体表述方法。八是学生课后借助思维导图,独立观察和记录了身边的一处景致。九是借以构建的新作《身边的一隅》的框架、备注了拟写内容要点、写法和所表达的主旨,完成了新作的撰写。十是下次课始,借助思维导图,参与了全班新作的介绍。这使学生进一步掌握了思维导图在写作素材观察、记录,习作构思和具体运用于撰写的能力,增进了自主学用于写作的兴趣和自信。

可见,数"程"有机嵌入式地运用和专门规范与系统示范,再有意识地运用相结合,可以有效地激发学生尝试运用思维导图的兴趣,逐步规范和系统地掌握思维导图的使用基本类型和方法,进而提高学生运用于写作的熟练度和实效,使学生切实感受到其在提高完成自主写作活动任务的速度和质量方面的优势,从而进一步增进学生自主运用的兴趣和自信。

(5)初步实现了学生利用思维导图进行写景记叙文写作的高效性。

从实践过程、学生自主写作的实效可知:运用思维导图来预习、精读品析、梳理与概括讨论与交流课文信息,观察、记录梳理归纳景物的特征,运用于写景记叙文的写作,可使学生完成课文品析与交流、景物观察与写作活动任务的速度加快、质量提高、兴趣增强、习惯初成。

可见,让学生规范和较为系统地了解思维导图的功能、掌握其基本类型和具体表述方法,并运用于课文预习、精细品析、观察与记录生活景致,进行写景记叙文习作的框架构思,备注写作内容要点、写法和拟用素材和表达的主旨,开展具体撰写成文的实践和交流,可实现学生自主学习品析课文和尝试写景记叙文写作的高效性,也可尝试让学生运用于其他文体、语文相关知识与技能的自主学习与实践,探索和挖掘其更为广泛的语文自主学习方面的应用价值,提升学生语文学习的核心素养。

参考文献

[1]中华人民共和国教育部.义务教育语文课程标准(2011年版)[M].北京:北京师范大学出版

社,2012.
[2] 李太磊.关于在初中语文作文教学中应用思维导图的策略研究[J].天天爱科学(教育前沿),2020(12):132.
[3] 任晓洁.借助思维导图 优化习作教学[J].天天爱科学(教学研究),2020(12):26.
[4] 赵影.灵活运用思维导图,提高语文写作教学效率[J].天天爱科学(教育前沿),2020(11):105.
[5] 朱律维."独合结合"语文实施体验式 提升学生写作详略素养探索——以《叙事要详略得当》区级课题研究课实践与分析为例[J].浦东教育研究,2019(8):53-57.

语文教学实施"七式"提升学生整本书阅读竞赛类素养的学习活动设计与实施

——以《西游记》整本书阅读探究成果展示竞赛式学习活动设计、实践与分析为例

上海市五三中学　王丹旦

【执教时间、地点和对象】

2019年12月12日，下午第1节；录播教室；初一(4)班

一、设计思路

(一) 设计依据

1. 学情分析

本班共有学生43人，班内有男生23人，女生20人(1人病假休学)。班级学生的整体语文能力偏弱。从考试得分情况来看，能完成基础的机械性记忆、背诵内容，但存在阅读不仔细、分析不到位、思考不深入的问题，尤其是较深的阅读理解能力、品读应用实践力和作文能力偏弱。

因此，本课题教师拟组织学生分4个小组，选择自己感兴趣的主题，对《西游记》进行为期2个多月的整本书阅读，通过整合实施"七式"，引导学生进行课前2周左右对《西游记》的基础知识进行准备，对小组合作阅读探究的成果进行梳理与概括，分组做好课上交流竞赛用的PPT；课堂参与基础知识和小组探究主题的展示交流与自评、互评，课尾进行集中小结；课后利用学习单独立进行"新西游故事"的迁移创编活动。提高学生"三程"中对《西游记》整本书阅读竞赛式学习活动的兴趣；能够独立阅读熟悉《西游记》的基础知识；结合小组主题探究活动，锻炼学生"有独有合"深入进行品读、思考、梳理，把握串联主题的脉络、寻找细节和具体的证据、进行人物故事和文学形象的分析、文学知识理解的能力；提高小组合作意识、竞赛意识，促进课内外自主进行整本书阅读良好行为习惯的养成，增进终身阅读的意识，陶冶情操；提升学生乐学善学、勤于反思、信息意识的自主学习素养。

2. 课标分析

教育部《义务教育语文课程标准(2011年版)》"课程目标与内容[第4学段(7—9年级)]"指出，学生"学会制订自己的阅读计划，广泛阅读各种类型的读物，课外阅读总量不少于260万字，每学年阅读两三部名著""9年课外阅读总量达400万字以上"，且对课外

阅读书目提出了建议。

现行的部编版初中语文教材,强调了"教读到自读,再到课外阅读"的"三位一体"的教学体系。其中,将学生对名著的阅读,也提到前所未有的高度,成为"三位一体"之一。跟以往的名著阅读相比,部编教材每册书安排的两部名著,都有基本介绍、阅读方法的指导、问题设计等较为清晰的教法指导和命题变化。

因此,本课题希望以学生独立与小组合作的方式,通过课前利用学习单自主阅读并提问,形成小组专题化问题并搜集信息解决问题,在课堂中展示、解答在《西游记》整本书阅读中的问题及寻找的答案,课后迁移创编"新西游故事",开展语文竞赛式学习活动,来锻炼他们参与完成"三程"相应活动的素养;帮助学生养成有计划地阅读,把握整体脉络、进行细节品读、寻找证据、体悟所表达的情感和加以迁移运用创编故事之良好深入阅读品位和迁移应用的整本书阅读的良好行为习惯;增进这样进行整本书阅读和应用的兴趣。

3. 教材和教参分析

本课教材属于人民教育出版社出版的 2019 年版(五四学制)七年级(上)语文教材中"名著导读"的一部分,阅读方法关注"精读和跳读";在教学参考和教学进度中,都不在"教学范围"内。在教学参考的教学引导上,提示教师关注《西游记》人物形象分析及把握小说思想的复杂性、读书方法的指导和精彩选篇的精读。

由于整本书阅读需要较长时间,本课程内容从 2019 年暑假开始布置,到 2019 年 9 月发下学习任务单(二),在学生已完成阅读全本书的情况下,根据 4 个小组自选的感兴趣的话题,再跳读与精读相结合,从《西游记》文本梳理与探索主题有关联的脉络,进行细节品读,寻找与分析证据,体味作者所表达的故事和人物的情感,进行课中竞赛;课后加以迁移运用创编故事。以此锻炼与提升学生"有独有合"深入进行整本书阅读和迁移应用的能力;增进这样进行整本书阅读的兴趣;促进学生阅读过程中善于思考、提问和解决问题良好整本书阅读行为习惯的养成。

(二) 课题研究

1. 学生整本书阅读自主学习素养方面

1) 课前自主阅读与梳理阅读成果素养方面

课前,学生的整本书自主阅读素养的培养内容,分为以下两个阶段:

(1) 第一阶段为暑期:一是锻炼学生根据教师布置的暑期《西游记》整本书课前自主阅读学习单的提示,独立完成泛读《西游记》整本书活动任务。二是锻炼学生阅读中,独立完成一定的语段摘抄、阅读信息的梳理与综合,自选主题撰写感想,参与制作读书小报竞赛等活动任务的能力。有机培养学生相应阅读信息收集、梳理和多元输出的能力;增进独立泛读、摘录、阅读信息的梳理与归纳、撰写感想和制作读书小报和勤于反思阅读收获的意识与兴趣。

(2) 第二阶段为上课前两周:锻炼学生根据教师课前学习单的要求,独立完成《西游记》整本书再读活动任务的能力;锻炼学生对整本书内容进行专题性、简洁性和细节化的研读与表述能力,以及能够围绕感兴趣的话题进行阅读探究,提出疑问、小组合作探究解疑的能力;提高学生乐学善学、质疑思考、信息意识的能力。

2) 课中自主阅读成果竞赛与评价素养方面

课堂上,锻炼学生参与完成《西游记》文学常识比赛,质疑解疑,小组探究《西游记》主题成果展示交流竞赛,根据评价标准对成果进行自评与互评活动任务的能力;锻炼学生独立在课中学习单上记录阅读感想、竞赛收获与评价体会的能力;增进学生参与课中竞赛活动的兴趣;提高他们对整本书阅读和加以多元演绎的乐学善学、勤于反思的自主学习素养。

3) 课后自主阅读梳理与创编素养方面

课后,锻炼学生根据课后学习单提示,独立阅读教材的精彩选篇《孙行者一调芭蕉扇》材料,借助思维导图梳理情节、人物形象的能力;小组合作迁移运用所学,根据人物性格特点,对本篇故事进行再创作,形成一篇"新西游故事"。下次课始,锻炼学生对课后所梳理的思维导图和创编的"新西游故事"参与班级展示分享,根据评价标准,对小组合作创编的故事,进行自评与互评,内化教师所进行的表彰激励之意的能力;激发学生独立阅读《孙行者一调芭蕉扇》,借助思维导图梳理情节和人物形象,根据所学进行迁移创编新故事的兴趣和自信;内化创作逻辑,提升语文深度阅读素养。

2. 实施形式——"七式"

1) "独合结合"展演竞赛活动式

(1) 课前竞赛:一是学生课前独立泛读《西游记》,梳理阅读收获材料,设计和制作阅读小报。二是在2019年9月开学后的学期初,学生根据评价标准,参与班内师生共同评选本班"最佳小报"。三是选出作品在班内进行展示,教师给予一定的奖品奖励,锻炼学生相应的能力。从中,内化教师的奖品奖励的目的,激发学生参与制作读书小报的兴趣。

(2) 课堂竞赛:一是学生独立参与课始《西游记》文学常识抢答比赛。二是学生独立参与《西游记》中相关问题的独立质疑解疑竞赛。三是学生4个合作小组借助课前专题探究成果参加现场成果展示竞赛活动。四是学生根据小组合作《西游记》整本书阅读专题探究评价标准,进行自评、互评。五是对学生竞赛答题情况的记录和师生现场观察与感受,对上述4项竞赛活动的得分进行统计,参考自评与互评的结果,分别评出优秀或"最佳获胜者""最佳小组",教师进行现场小物品奖励。从中,锻炼学生参与完成《西游记》文学常识抢答、进行质疑解疑、小组探究《西游记》主题成果展示交流、根据评价标准对成果进行自评互评活动任务的能力;锻炼学生独立在课中学习单上记录阅读感想、竞赛收获与评价体会的能力;增进学生参与课中竞赛活动的兴趣;提高他们对整本书阅读和加以多元演绎的乐学善学、勤于反思的自主学习素养。

(3) 课后竞赛:学生课后根据课后学习任务单的提示,精读《孙行者一调芭蕉扇》故事,借助思维导图完成故事情节和人物形象梳理后,根据故事的情节发展、人物形象与性格特征等内容,迁移创编一篇《新西游故事》。下次课始,参与全班展示交流;由师生合作,评选出"最佳创作"和教师组织颁奖仪式给最佳创作者以一定的实物奖励。从中,锻炼学生参与"三程"多样化竞赛的能力;激发学生参与"或独或合"竞赛的兴趣;促进学生独立或小组合作做好参赛准备、课中与下次课始有序参赛良好行为习惯的养成。

2) 学生自主阅读与梳理学习活动式

(1) 学生独立阅读与梳理活动式:学生通过课前两阶段的独立初读、再读过程,带着目标进行《西游记》整本书的泛读和专题性的跳读与精读的过程,进行赏析、形成疑问,加以摘录,撰写阅读体会,梳理阅读收获材料,设计和制作阅读小报,参与小组主题探究成果梳理。从中,锻炼相应的能力;提高独立阅读、梳理阅读成果的兴趣。

(2) 学生"独合结合"质疑解疑活动式:课中,学生对《西游记》文学常识提出质疑,其余学生进行抢答。从中,锻炼学生质疑和答疑的能力;培养学生在聆听、记录、比较他人想法与经验中,形成自己对疑问的看法;增进学生勤于反思、完善的意识。

(3) 学生"三程""有独有合"反思创作活动式:一是学生课前独立泛读《西游记》中的摘录、寻找收获和兴趣点中的反思,独立完成制作阅读小报。二是学生课前分小组专题性质的再读《西游记》时,进行跳读与精读,收集专题探究材料,参与小组探究成果梳理与归纳中的反思,形成小组专题探究成果。三是参与课中小组合作专题探究成果展示,参与自评与互评,听取教师评价和颁奖中的反思,促进内化如何梳理归纳和有效交流小组合作专题探究成果。四是课后独立精读《孙行者一调芭蕉扇》故事,借助思维导图完成故事情节和人物形象梳理,迁移创编一篇"新西游故事"。下次课始,参与全班展示交流;由师生合作,评选出"最佳创作"和听取颁奖活动中的反思,继续锻炼学生阅读梳理、应用创编故事的能力,促进知识迁移,提升思维品质。

3) 学生独立—合作交流评价活动式

(1) 学生课前独立"制—展—评"活动式

学生根据课前《西游记》整本书阅读独立学习单的要求,完成泛读与摘录,将阅读收获独立制作成小报;然后,在本课执教前,展示在教室后方黑板上(两周左右),要求学生独立或小组合作进行分享、欣赏、交流,同时进行"最佳小报"投票评选活动。从中,锻炼学生对《西游记》整本书进行泛读后的"制—展—评"小报的能力;激发这样进行整本书阅读与输出活动的兴趣;内化整本书阅读后主动尝试"制—展—评"的良好阅读输出的行为习惯。

(2) 学生课中"有独有合"评价活动式

学生借助课堂学习任务单中的记录、现场观察和感受、独立思考和相互讨论、对标评价标准等,对课中的 3 场竞赛,即《西游记》文学常识抢答比赛、质疑解疑竞赛和 4 个合作小组借助课前专题探究成果参加现场成果展示竞赛,进行自我评价和互评,得出小组评价分数,选出最佳抢答者和"最佳小组"。从中,锻炼学生"或独或合"的参赛能力和进行客观、公正的评价能力;增进对整本书阅读输出成果的参赛与评价兴趣,促进良好的客观、公正评价行为习惯的养成。

(3) 学生课后"有独有合"评价活动式

学生对根据课后学习任务单独立完成的精读《孙行者一调芭蕉扇》故事,借助思维导图完成故事情节和人物形象梳理的作品;根据故事的情节发展、人物形象与性格特征等内容,迁移创编的"新西游故事",在下次课始,参与全班展示交流;由教师、学生合作,评选出"最佳思维导图"和"最佳创编故事"。从中,锻炼学生独立梳理、编制故事阅读的思维导图和小组合作创编"新西游故事",进行展示交流和自评、互评与听取师评的能力;增进参赛与评价兴趣,促进良好的客观、公正评价行为习惯的养成。

4) 借助信息技术式

(1) 学生运用:一是学生在第一阶段暑期独立完成泛读《西游记》整本书活动任务后,

制作读书小报,开学后借助多媒体,参与班内展示交流与比赛。二是学生在第二阶段的上课前两周,参与完成小组对《西游记》整本书的专题跳读和精读活动,梳理小组专题阅读的探究成果,制作成 PPT,参与课中展示评价竞赛。三是下次课始,学生借助多媒体,参与交流课后独立阅读《孙行者一调芭蕉扇》后,借助思维导图所梳理、概括的故事情节、人物形象,和所创编的"新西游故事"。从中,锻炼学生相应的能力;激发参与活动的兴趣;增进"有独有合"借助信息技术进行整本书阅读后的信息梳理、概括、成果展评的兴趣、自信和意识。

(2)教师运用:教师借助信息技术,一是课前呈现学习单,布置第一、二两个阶段的学生进行《西游记》整本书独立泛读、小组专题跳读与精读,完成读书小报和小组专题探究成果等任务,说明要求。二是课中,和其他"四式五法"配合,引导学生3项竞赛活动的逐步展开。三是呈现小组合作《西游记》整本书专题阅读评价标准,引导学生参与自评与互评。四是呈现课后学生需要完成的2项作业和相应的要求。五是引导学生参与下次课始对2项作业的全班交流。从中,提高教师组织、引导学生参与"三程"相关整本书"有独有合"阅读、梳理、创编、参赛、评价等学习活动的速度与质量;锻炼学生相应的能力;激发学生参与活动的兴趣;内化借助信息技术进行整本书阅读与信息梳理、成果总结与评价的意识。

5) 借助"三程·三单"活动式

(1)借助《西游记》整本书暑期"有独有合"泛读、梳理、概括学习单:暑期,学生根据课前学习单的要求,独立完成《西游记》整本书的泛读,锻炼自主梳理作者和所处朝代,进行作品简介,回答《西游记》人物中自己最喜欢的一个和理由,摘录自己最喜欢的角色(他/她)的性格特质的段落(三段),确定最想和大家分享品读的章节与特别之处(可从叙事手法、情节展开和描写方法等入手,用 50 字左右进行概括),准备进行分享和记录思考与提出疑惑的能力;锻炼学生自主选择小组、确定研究专题和进行组内分工的能力;增进这样进行暑期整本书阅读的兴趣。

(2)借助《西游记》整本书课前小组分专题跳读与精读,课中展示交流竞赛与评价学习单:学生根据《西游记》整本书跳读与精读课中专题分享竞赛会学习单的要求,一是独立记录其他小组对《西游记》相关文学知识方面提出的问题、解答和自己对问题与解答的思考、看法。二是参与小组所选专题的班级竞赛,记录从4个小组的专题分享所学到的知识与观点。三是根据《西游记》整本书小组专题阅读探究成果展示交流评价标准,进行各组专题探究成果展示交流的自评与互评。从中,拓展学生《西游记》的相关文学常识的专题知识;锻炼学生"有独有合"完成相应任务的能力;促进学生课堂积极思考、提出问题、参与解疑、展示,交流小组专题探究成果并进行记录,以及根据标准评价等良好的课堂参学行为习惯的养成,增进课堂参学的兴趣。

(3)借助《西游记》精彩选篇《孙行者一调芭蕉扇》课后精读梳理和创编故事学习单:课后,学生根据学习任务单,结合听取教师借助多媒体和口头的说明,独立思考,完成课后2道作业。下次课始,参与小组展示交流和自评互评,听取教师颁奖、激励与引导,有机锻炼学生独立观、听、思,完成《孙行者一调芭蕉扇》的阅读。从中,锻炼学生借助思维导图进行分析、梳理故事情节、把握人物形象特点的能力;小组合作根据对《孙行者一调芭蕉扇》中人物性格特点,对故事进行再创作的能力;增进学用思维导图梳理文本故事情节和人物形象的意识和小组合作借助多元问题合理创编故事的兴趣和自信。

6）迁移创编活动式

课后，学生独立完成作业：一是根据课后学习单内容，对教材内选读的"精彩选篇"《孙行者一调芭蕉扇》进行阅读，借助思维导图梳理情节、人物形象特点。二是小组合作迁移运用所学，根据人物性格特点，对本篇故事进行再创作，形成一篇"新西游故事"。三是下次课始，借助学习单、口头说明，对课后所梳理的思维导图和创编的"新西游故事"进行展示分享。四是根据评价标准，参与自评互评，评出优秀思维导图和创作故事。五是听取教师表彰颁奖。从中，锻炼学生相应能力；激发学生阅读《孙行者一调芭蕉扇》、借助思维导图梳理情节和人物形象，根据所学进行迁移创编新故事的兴趣和自信；内化创作逻辑思维的形成；提升语文深度阅读素养。

7）随机激励式

一是在暑期第一、二阶段的学生"有独有合"的《西游记》整本书泛读、跳读与精读、梳理概括活动，教师通过线上，及时了解学生阅读与梳理情况，对及时完成阅读与梳理任务、质量好和有一定特色的情况，注意进行随机口头激励。二是在课中教学的主要环节和下次课始反馈课后作业时，教师注意加强观察、倾听、巡视，对主动完成任务，并积极参与课堂交流的学生，以及答题速度快、质量高、见解独特的学生，给予相应的口头激励和肢体语言的激励，促进学生内化"有独有合"进行《西游记》文学常识质疑与解答的能力，小组合作参与课中专题内容跳读与精读探究成果展示交流、进行客观公正评价的能力，课后独立完成《孙行者一调芭蕉扇》新故事精读，借助思维导图梳理情节和把握人物形象，迁移创编新的故事和下次课始参与班级交流，参与评价和表彰活动的能力；增进学生参与活动的主动性和整本书阅读与分享的快乐与自信。

（三）思路总括

基于上情，本课拟基于学生自主学习核心素养，围绕《西游记》整本书阅读与竞赛，教师整合实施"七式"，引导学生"有独有合"完成"三程"《西游记》整本书的泛读、专题跳读与精读，及其成果参与课中竞赛，《孙行者一调芭蕉扇》新故事精读，借助思维导图梳理故事情节和把握人物形象，迁移创编新的故事和下次课始参与班级交流，进行自评与互评和参与表彰的任务，在提高完成任务速度、质量的同时，锻炼相应能力，尤其是提高学生在对整本书阅读时注意把握细节、寻找证据、迁移思考、分析文学形象、深化理解文学知识的能力；增进学生参与"三程""有独有合"进行阅读、分析、梳理和分享、评价活动的主动性和这样学习的快乐与自信；提升学生终身阅读的素养。

二、教学目标

基于学生自主学习核心素养，围绕《西游记》整本书阅读与竞赛，在教师整合实施"七式"引导下，经历完成"三程"《西游记》整本书的课前独立泛读，小组合作分专题的跳读、精读、梳理、概括；课始独立参与《西游记》文学常识参赛、质疑答疑与记录、思考；课中参与小组4个探究专题成果展示、交流和自评与互评；课后独立品读《孙行者一调芭蕉扇》，借助思维导图梳理故事情节和把握人物形象,迁移创编新的故事和下次课始参与全班交流,进行自评与互评的任务,了解《西游记》的文学常识、原版内容,清楚《西游记》人物中自己最喜欢的一个及其角色的性格特质,最想和大家分享品读的章节与叙事手法、情节展开和描写方法之特别之处(会用 50 字左右进行概括),能体味语言特色、把握章回体小说的写作特点,认识"七式"之学习方式方面的价值。在课始,能独立参与《西游记》的文学常识及提出疑惑、参与竞答;在课中,4 个合作小组成员能够将课前分专题进行跳读、精读、梳理、概括的探究成果,分别以"颁奖礼""图画报告""章回小说"和"探究小报告"的形式,结合多媒体和口头说明,加以展示说明的竞赛;在课尾,能根据评价标准对小组展示交流的专题探究成果进行自评互评,参与师生合作小结,从中有机体悟"七式"所蕴含的学习方式;在课后,能对《孙行者一调芭蕉扇》新故事进行精读品味、借助思维导图梳理故事情节和把握人物形象,能迁移创编新的故事;能在下次课始,参与班级交流思维导图和创编的新故事,进行自评与互评和体悟主旨。从中,提升这样进行整本书名著阅读的兴趣,体会名著的文学和文化价值;提升对经典作品的文学和文化审美能力、价值理解能力和进行多元表现表达的能力;增进参与"三程""有独有合"阅读、分析、梳理和分享、竞赛、评价活动的主动性和这样学习的快乐;增进文化自信,提升终身阅读的素养。

三、实践过程

过程一:学生暑期和新学期初完成《西游记》整本书阅读的 3 项活动任务,初步了解《西游记》文学常识、小说整体内容、章回小说的特点,锻炼"有独有合"进行泛读、信息获取、梳理、概括、制作小报、进行组内和班级展评的能力,增进这样进行课外整本书阅读的兴趣和参与组内、班级展示交流与评价读书小报的自信。

第一阶段:整本书阅读课前学习活动(2019 年 7 月 1 日—9 月 10 日)。

在暑假前夕,教师要求学生准备人民文学出版社出版的《西游记》上、下两册。在为期 2 个月的暑假里,根据《西游记》整本书暑期阅读学习单的要求(见下)和口头说明,完成以下 3 项自主阅读和制作活动任务。

任务 1:独立了解《西游记》的作者、时代背景及作品意义等文学常识,记录在学习单上。

任务 2:在摘抄本上,独立摘抄阅读过程中自己喜欢的语段 30 段。

任务 3:暑期独立完成《西游记》纸质读书小报和新学期初开展展示评价活动——分以下 3 项子任务。

子任务 1:独立制作一张介绍《西游记》整本书泛读的纸质小报,准备学期初进行班内展示交流与评比。

子任务 2:各小组组长、语文课代表根据自主设计的纸质小报评价表,评选出本班"暑期《西游记》整本书优秀读书小报"10 张。

子任务 3(展示交流与评价活动 1):在班级黑板报区域,进行读书小报优秀作品展示;教师对优秀读书小报给予表彰和奖励。

(**课题研究**:使学生初步了解《西游记》的文学常识、小说整体内容、章回小说的特点;

锻炼"有独有合"进行泛读、收集、梳理与概括阅读信息、制作阅读成果小报、参与组内和班级展评的能力;增进这样进行课外整本书阅读、审美的兴趣和参与组内、班级展示交流与评价读书小报的自信。)

实效简析:在2个月里,学生全部完成摘抄选段、小报制作并进行了组内和班内评比的任务,优秀作品在班级黑板上进行了展示——优秀读书小报的作品的质量较高,并极具个人特色,有一定的创意表达(如部分学生以"猪八戒的生平"为主题进行探究,有学生以"西游路线图"为主线进行表达,有的关注三个徒弟的前后变化,等等)。学生通过这一长周期的初读,大都能够大致掌握《西游记》整本书的文学常识、基本结构、主要内容和章回小说的特点,初步形成了自己的阅读体验。

过程二:学生借助课前整本书阅读学习任务单和教师的口头说明,在新学期初完成《西游记》整本书小组专题阅读的4项活动任务,细化了解小说中的相应专题内容,锻炼自主选组与分组,参与小组文本再读(围绕小组探究问题,进行专题跳读与精读),准备好参加全班展示交流竞赛的小组专题阅读探究成果内容和成果的呈现形式,参与制订小组整本书阅读探究成果展示交流竞赛的"评价标准"能力,进一步培养质疑和思考、探究解疑、获取与整理、展示和评价信息的能力,增进这样进行课前整本书阅读和成果展示与评价准备的兴趣和自信。

第二阶段:整本书阅读课前学习活动(2019年11月)。

(1) 专项阅读分组活动:学生根据第一阶段阅读情况,按照4个问题进行专题的定向分组,每个阅读小组10~11人,全班分为4个小组,各自组成专题阅读探究的读书小组。

(2) 文本再读活动:学生根据课前学习任务单(二),独立进行跳读;参与小组讨论,寻找小组内共同疑问;根据问题,展开小组专题的精读探究,成果梳理;讨论小组探究成果的汇报形式(形成四种形式,具体见表1)。

(3) 合作共读探究成果展示准备活动:学生小组保持与老师沟通,确定专题内容,用两周左右时间,合作完成独立跳读和小组精读探究成果,准备好参加全班展示交流的内容,包括如何确定分工、寻找信息、商量讨论、制作多媒体课件、本组交流的形式、推派小组参与竞赛展示交流成果的代表等。

表1 学生4个专题阅读探究小组探究内容、成果展示交流形式一览

小组	探究内容	表现形式
探究小组1	人物形象解析:"感动千年颁奖礼",进行人物性格评析	以"颁奖礼"形式,呈现对小说人物性格的评析
探究小组2	解答:"唐僧为什么要踏上西行取经的道路?"	研究真实历史和小说中的证据,形成报告文本,以"绘图本"的形式加以呈现
探究小组3	解答:"师徒四人取经之后会做什么?"	对小说内容进行合理扩写,以续写"章回小说"文本的形式加以呈现
探究小组4	解答:"为什么西游记是宗教故事,但在创作中宗教却反而丧失了神圣性?"	以"探究小报告"的形式加以呈现

(4) 学生参与设计小组整本书专题阅读展示交流评价标准活动:学生各小组经过讨

论,教师利用语文课上的时间组织学生交流、引导表述,提出和完善评价标准研制的设想,以及后续相关科研专家进行评价项目一、二级要素(含特色加分的补入)、评级要求的具体表述、分值分配的调整和修改、评价说明的完善等,形成了以下课中拟用的"评价标准"(表2)。

表2 学生小组合作《西游记》整本书阅读专题探究成果课堂展演交流竞赛分享活动评价标准

班级:		姓名:	
组别:		形式:	
评价项目(Ⅰ)(分)	评价项目(Ⅱ)	评价要求(分)	得分
交流内容(问题探究深度)(30)	对整本书中的人物、内容及中心把握有深度、理解恰当	达到(27~30);基本达到(23~26);一般(18~22);较少达到或未达到(0~17)	
交流表达(30)	专题探究成果展示汇报、交流逻辑清晰、表达流畅、美化合理		
媒体应用(20)	选用合理、内容表达结构化、重点突出、适当美化	达到(17~20);基本达到(13~16);一般(8~12);较少达到或未达到(0~7)	
小组合作(20)	小组分工合理、能各司其职、商讨互动多、沟通和谐流畅		
特色加分(10)	上述四项评价内容有一定的创意;其他方面有一定的创意	明显(9~10);较明显(8);一般(6~7);较少或无(0~5)	
计分与等第	得分:_____分;等第:_____		
评价说明	(1) 适用性:本评价标准,适用于学生对整本书阅读小组合作专题探究成果课堂展演交流竞赛分享活动情况的结果自评与互评。 (2) 满分:100分。 (3) 特色加分的处理:特色加分计入总分,但计入后的总分,不得超过满分。 (4) 分数和等第间的转换:90~100分,为优;75~89分,为良;60~74分,为合格;59分以下,为需要努力。		

(**课题研究**:深化学生对《西游记》内容的了解,进一步熟悉章回小说的特点;提高学生围绕整本书阅读中的问题,参与小组专题跳读与精读,进行思考、梳理和提取关键信息、合作解疑、形成小组专题探究成果、确定小组成果呈现形式和参与研制评价标准的能力;增进这样进行课前整本书阅读和成果展示准备与研制评价准备的兴趣和自信。)

实效简析:在新学期初,4个小组的学生,都完成了《西游记》整本书小组专题阅读的4项活动任务;细化了对小说中的自己小组探究专题内容的了解,进一步熟悉了章回小说的特点;较好地锻炼了自主选组与分组、围绕小组探究的问题进行专题跳读与精读、准备好参加全班展示交流竞赛的小组专题阅读探究成果内容和成果的呈现形式、参与制订小组展示交流成果之"评价标准"的能力,进一步培养了学生主动进行质疑和思考、小组合作探究解疑、获取与整理、展示和交流信息的能力;增进了这样进行课前整本书阅读和成果展示准备与研制评价准备的兴趣和自信。

过程三：在教师相关"七式"引导下，学生完成参与比赛激趣、TPS解疑分享、小组合作竞赛和合作分享评价4项学习活动任务，锻炼学生根据教师提出的问题进行独立思考、合作讨论、分享解疑答案和听取教师激励与引导的能力；提升了借助小组合作阅读、梳理的专题阅读探究活动的内容、所定的交流形式、多媒体课件和口头说明展示交流本组成果的能力；培养了注意记录展示本组和他组展示交流情况、根据评价标准进行评价、口头说明评价理由和撷取师生评价说明意见的能力；激励更多的学生主动参与对《西游记》整本书阅读中质疑和解疑活动，借助多元形式交流展示小组课前《西游记》专题问题阅读，解疑探究成果的兴趣、自信和注意主动提高综合学习素养。

活动一：比赛激趣活动（3分钟）。

课始，教师借助希沃白板呈现题目，组织学生进行"《西游记》知识竞赛"趣味抢答活动（也给予没有机会代表小组参赛交流的成员参与表达的机会）。活动规则：4个小组各派代表1人，参与抢答与《西游记》有关的文学常识、人物特性方面的内容；共分三轮，每轮由两组参赛，第三轮的两个小组参加决赛，以抢答得分积分高的，为最佳小组。

（**课题研究**：锻炼学生快速阅读、判断和进行抢答的能力；激发学生的参赛兴趣；增进抢答成功的自信和促进做好课前准备良好学习行为习惯的养成。）

活动二：质疑解疑活动（10分钟）。

（1）TPS解疑分享活动：教师引入T-P-S策略（即T—Think，P—Pair，S—Share，一种即时讨论分享策略的活动），借助多媒体出示课前学习单中较为集中的1个问题："为什么唐僧可以做团队领袖，而悟空不行？"引导学生独立思考、进行讨论、分享看法，尝试对答案给予评价。学生：独立思考；与同桌分享；全班分享。

（2）课堂师评活动：对得出比较好答案的小组，给予口头评价和评分。

（**课题研究**：使学生了解T-P-S讨论分享策略的基本步骤和价值；锻炼学生根据教师的提出的问题进行独立思考、合作讨论、分享解疑答案和听取教师激励与引导的能力；激励更多的学生主动参与对《西游记》整本书阅读中质疑和解疑活动和增进表达清楚看法的自信。）

活动三：小组合作竞赛活动（16分钟）。

（1）教师借助多媒体展示4个小组选择的专题、团员构成。

（2）学生4个合作小组参与限时展示交流《西游记》专题阅读成果竞赛活动（每个小组4分钟）。4个学生合作小组的代表将学期初分专题进行的《西游记》专题跳读、精读、梳理、概括的探究成果，分别按组别的先后顺序，以"颁奖礼""图画报告""章回小说"和"探究小报告"的形式，结合多媒体和口头说明，进行展示说明；"观众"学生注意记录本组和其他小组的展示交流情况；根据"评价标准"，参与小组自评和互评，统计得分；教师（作为评委）对4个学生小组展示交流的情况，参照"评价标准"进行评分。

活动四：师生分享评价活动（11分钟）

（1）学生：借助课中学习单之"评价标准"中的记录，交流自己在小组合作专题竞赛成果交流过程中学到的知识和想法；说明自评本组和他组的评分情况和理由。

（2）师生评价总结活动（3分钟）。师生汇总各组得分情况；学生参与交流《西游记》整本书阅读学习活动中近三个月来的收获。

教师注意倾听；随机激励与引导；借助多媒体和口头说明，作如下总结：今天，我们通过多样化的方式，分享了在大家读原著、品原著的过程里，自己提出的疑问、团队合作解答的疑问。在经历的这个过程中，希望大家能明白：经典读物是"活"的，往往每一个人从不同角度去解读，就能读出新的内容、新的想法。在未来人生的某些时刻，你们也会明白，经典之所以成为经典，有其深刻的文学、文化价值和人生意义。你会理解唐僧懦弱外表下的坚定和信仰，会理解悟空为何愿意从不受管束的"妖"变为为了苍生的"佛"……希望从今天开始，大家爱上阅读，尝试多读原著、多读经典，让勤思考、善解答的思维习惯成为你一生的好伙伴。

（**课题研究**：锻炼学生借助小组合作阅读、梳理的专题阅读研究活动的内容、所定的交流形式，借助多媒体课件和口头说明，展示交流本组成果的能力，注意记录展示本组和他组展示交流情况、根据评价标准进行评价、口头说明评价理由和撷取师生评价说明意见的能力；激发学生主动借助多元形式交流展示小组课前《西游记》专题问题阅读，解疑探究成果的兴趣和注意主动提高综合学习素养。）

实效简析：学生在教师相关"七式"引导下，通过完成参与比赛激趣、TPS 解疑分享、小组合作竞赛和合作分享评价 4 项学习活动的任务，了解了 T-P-S 讨论分享策略的基本步骤和价值；锻炼了根据教师提出的问题进行独立思考、合作讨论、分享解疑答案和听取教师激励与引导的能力，借助小组合作阅读、梳理的专题阅读研究活动的内容、所定的交流形式（即"颁奖礼""图画报告""章回小说"和"探究小报告"）、多媒体课件和口头说明，展示交流本组专题跳读与精读探究成果的能力，注意记录展示本组和他组展示交流情况、根据评价标准进行评价、口头说明评价理由和合理撷取师生评价说明意见的能力；激励了更多的学生主动参与对《西游记》整本书阅读中质疑和解疑活动，借助多元形式交流展示小组课前《西游记》专题问题阅读、解疑探究成果的兴趣、自信和注意主动提高综合学习活动素养。

过程四：学生根据课后学习单独立完成精读"精彩选篇"的故事，借助思维导图梳理情节与人物形象和小组合作根据对该篇故事中人物性格特点创编 1 篇新的故事；锻炼独立精读，梳理故事情节和人物性格特点的逻辑思维、思辨能力和小组合作根据人物性格合理创编新的故事的素养。

（1）教师借助学生课后学习单、多媒体和口头说明，布置学生课后需要独立完成的作业活动一，小组合作完成作业活动二，下次课始，将组织小组展示交流和自评互评活动，进行颁奖。课后，学生独立完成作业活动一，借助思维导图梳理概括在学习单上；小组合作完成作业活动二，即根据对《孙行者一调芭蕉扇》中人物性格特点，对本篇故事以"新西游故事"的形式进行再创作。

作业活动一：学生根据课后学习单内容，对教材内选读的精彩选篇《孙行者一调芭蕉扇》进行阅读，通过思维导图梳理情节、把握人物形象。

作业活动二：根据人物性格特点，小组合作创编 1 篇"新西游故事"。

（2）教师借助微信、电话等，了解各组学生完成作业情况；注意倾听和作随机激励与引导；学生参与交流情况，独立听、思，内化。

（**课题研究**：锻炼学生根据课后学习单和教师引导，独立对教材"精彩选篇"中的《孙行者一调芭蕉扇》进行阅读和借助思维导图梳理故事情节、把握人物形象的能力,锻炼学生小组合作并结合该篇故事中人物性格特点创编新的故事的能力;增进学生学用思维导图梳理文本故事情节和人物形象的意识和小组合作借助所学,合理创编"新西游故事"的兴趣和自信。)

实效简析:学生"有独有合"完成课后作业,下次课始参与全班交流评价,听取教师激励引导和颁奖说明的过程,有效地锻炼了根据课后学习单和教师引导,独立对《孙行者一调芭蕉扇》进行精读品味和借助思维导图梳理故事情节、把握人物形象的能力,锻炼了小组合作根据对该篇故事中人物性格特点进行迁移创编新的故事的能力;增进了学用思维导图梳理文本故事情节和人物形象的意识,以及小组合作借助所学,合理创编"新西游故事"的兴趣和自信。

过程五:下次课始,学生借助学习单、口头说明对课后创编的故事进行分享交流与评价活动,评出优秀创作作品进行表彰,激发学生创作兴趣和自信,内化创作逻辑,提升语文深度阅读与表达素养。

课后,师生利用自修课时间,组织和参与分享各个小组创编的"新西游故事",进行小组自评、互评和教师参评。教师根据表3汇总课前、课中与下次课始的学生的4项《西游记》整本书阅读竞赛之各组得分总数(含特色加分);根据小组竞赛最终得分情况,得出"最佳小组"进行表彰奖励。

表3 学生小组合作《西游记》整本书阅读专题探究展示交流竞赛式分享学习活动
各小组得分汇总统计评价标准(教师汇总用)

探究小组	课前小组成员独立泛读《西游记》、进行摘录、撰写感受和制作阅读小报小组优秀作品获奖数得分(20分)	课中《西游记》的文学常识、人物特性知识竞赛得分(10分)	课中小组合作《西游记》专题阅读探究成果展示交流竞赛合计得分(满分100分,折算为50分)	课后小组合作阅读《孙行者一调芭蕉扇》,根据人物性格特点创编"新西游故事"得分(20分)	特色加分(10分)	总分
第一小组						
第二小组						
第三小组						
第四小组						

评分说明:

(1) 课前学生独立阅读《西游记》感受小报制作小组获优秀作品数量:占20分。每幅优秀小报为2分,1个小组的最高优秀作品获得数量,为10幅。其中,各小组内优秀小报的数量,有9~10幅,得18~20分;7~8幅,得14~16分;5~6幅,得10~12分;0~4幅作品获奖,得0~8分。

(2) 课中《西游记》知识竞赛:占10分,以当时每组队员代表答题正确的得分数为准。

(3) 课中《西游记》小组合作专题阅读探究成果展示交流竞赛:满分原为100分,折算后占50分。根据各组成员自评和互评后的评分汇总后,除以参评小组总数,得出的绝对值分数,按50%比率计算得分(出现小数,四舍五入)。

(4) 课后小组合作创编"新西游故事":占20分。由教师根据作文评分要求,为每个小组成员计分(每篇满分为20分,折算为2分;每个小组合计,不超过满分,即20分)。

(5) 特色加分的处理:满分10分,计入总分;但计入的小组总分数,不得超过满分。

(6) 最佳小组的获得:以上述5项评价内容,按规则计算后相加,得分最高的,为最佳小组

(**课题研究**:锻炼学生借助课后学习单、教师口头说明的要求,参与分享小组创编的"新西游故事",进行小组自评、互评、评出优秀创作作品和听取教师表彰意见的能力;内化创作逻辑;激发学生合作迁移创编故事的兴趣和自信;提升语文深度阅读与表达素养。)

实效简析:这一过程,有效地锻炼了学生借助课后学习单、教师口头说明的要求,参与分享小组课后所创编的"新西游故事",进行小组自评、互评、评出优秀创作作品和听取表彰意见的能力;内化了故事迁移创编的逻辑;激发了学生根据《孙行者一调芭蕉扇》故事的写作风格和所涉人物形象的特点,迁移创编"新西游故事"的兴趣和自信;提升了语文深度阅读与多元表现表达的素养。

四、实效与反思

(一) 实效

本课程五大环节各自的良好实效,已在各部分中作了简要的概述分析,不再赘述。以下从教师对学生为期近3个半月的《西游记》整本书阅读的整个过程,学生所完成各项任务的批阅反馈、现场观察和评价所得,就学生的阅读兴趣、信息能力、专题阅读时的探究精神和深度思维习惯"四个视角",对整体实效作点概述与简析。

(1) 重心不一、"有独有合"、形式多样化的《西游记》整本书学生自主阅读,很好地调动起学生进行整本书阅读的积极性,保持了长周期多元化阅读信息输入和表现表达学习活动的兴趣。

本次探索实践活动,教师设计了学生以整本书长周期阅读后解决阅读中的问题,并呈现解决问题成果进行竞争作为本课"三程"学习活动的主要形式,通过三个月不同阶段、不同重点的个体阅读、合作探究、课堂竞赛的方式,很好地调动了学生学习过程中的参与度和积极性,培养了学生阅读、思考、辨析、梳理、概括、创作与合作分享、评价的能力,增进了学生对参与"有独有合"进行整本书长周期阅读的成功积累与自信,从而又延续了这样进行多元化阅读信息输入和表现表达学习活动的兴趣。

(2) 以学习任务单为载体,引导了学生自主完成阅读、摘录、梳理、概括、编辑、交流、观察、评价与创编信息的任务,提高了相应的能力。

学生近3个半月《西游记》整本书自主(独立与小组合作)阅读的整个过程,是在"三程三单"引导下完成的。从中,拓展了学生《西游记》的文学常识、主要角色的形象、写作手法和章回小说的特点;锻炼了学生"有独有合"进行阅读、摘录、梳理、概括、多形式编辑与展示交流、观察、记述、评价阅读与演绎信息的能力;加强了写作创作、迁移运用知识的能力。

(3) 学生在看似不经意地完成"三程"一项项阅读、梳理、概括、质疑、解答、分享、评价、阐释、迁移应用的学习活动任务中,培养了阅读探究的精神。

从下次课始,对此前和本课所涉的4项小组阅读、探究成果可知:课前小组成员独立撰写的阅读主题体会后制作的小报竞赛、课堂《西游记》文学常识质疑解答竞赛、课堂展示交流课前小组合作专题跳读与精读成果竞赛、课后独立精读《孙行者一调芭蕉扇》故事后借助思维导图梳理写作风格和所涉人物形象的特点后小组合作迁移创编"新西游故事"竞赛,实际都是学生基于对阅读文本精心品味、思考、质疑、尝试解答、多元梳理、演绎应用的结果,彰显了学生对文献资料坚持阅读、思考、对比、立论、论证、阐释的实事求是的态度和基于证据说话的探究精神。

(4) 助力学生形成深度思维框架,培养深度思维习惯。

学生在教师整合实施"七式"、口头说明,包括多种评价表的引导下,通过参与为期近3个半月的整本书自主阅读中输入和输出信息的过程,帮助学生搭建了整本书阅读的思维框架,逐步加强了学生对阅读任务、问题的深度思考、深度阅读,帮助学生形成整本书阅读时的思维路径,又在多元化阅读成果梳理、展示交流、评价与阐释,以及课后的拓展阅读和迁移运用创编故事中,进一步提升了学生的思维品质,培养了深度思维的习惯。

(二) 反思

(1) 如何突破学生对《西游记》的"熟悉感",寻找新的生长点,促进学生深度阅读、思考与多元演绎。

对于统编本教材中整本书阅读的要求,教师必须给予学生充分的时间去阅读。但同时,这些读物对很多学生来说已经耳熟能详。如何克服这种"熟悉感",让学生与文本进行深层的"再对话",是此次活动的重点,也是新的生长点、趣味点所在。因此,教师一是注意保证学生的自主阅读的周期(近3个半月)。二是注意将自主阅读探究与多元化地加以演绎(即表现表达)的探究结合起来,来调动学生"有独有合"地进行阅读与演绎探究的兴趣。三是注意借助"三程"学习单,设计深度逐步递进的引导性问题(任务),引导学生"有独有合",在主动地进行泛读、跳读、精读、多次阅读、逐步深入阅读中,寻找证据、独立思考、参与讨论、作出判断,去解答阅读中的问题,从而促使学生与熟悉的文本进行深度对话,进行文学、文化、育人价值"内核"的挖掘。因此,这才有了教师设计逐步逐层深化阅读的引导性问题,组织学生"有独有合"进行《西游记》整本书二次深度阅读+多元化演绎探究的方式,帮助学生找到深层对话的路径,通过小组竞争式的方式最后进行成果展示交流与评价,促进了学生与具有"熟悉感"的文本进行了有效的深层"再对话",提升了对探究所得进行多元表现表达的素养,并乐在其中。

(2) 课堂时间的控制及课时安排,需做好平衡。

这堂课在推进过程中,由于时间控制的关系,第4组学生没有完全做完课堂展示交流。部分小组呈现的"成品",还有加工提高的空间。这表明,教师应该在各组学生呈现成果之前,进行必要的逐组沟通和辅导。其实,这堂课的前期、后期"工程"量很大,也对正常课时有一定影响。如何做好平衡,也是需要教师加强思考、学习,探索改进之道的。

五、意义揭示

一是发挥了"三程"整合实施"七式",在引导学生"独合结合"进行整本书阅读竞赛学习活动方面的独特价值——"六性"。

(1) 凸显了学生在为期近3个半月整本书自主阅读和多元演绎中的主体性。

这堂课,其实覆盖了从暑假开始,为期近3个半月的学生对《西游记》整本书自主阅读的全过程。从整个活动的设计、实施可知：在《西游记》整本书的阅读、多元化演绎竞赛、评价、阐释过程中，都实实在在是以学生为主的，从而带来《西游记》整本书"有独有合"的自主阅读与多元化演绎全过程的明显实效。

可见，促进学生与具有"熟悉感"的文本进行有效的深层"再对话"，从而提升对探究所得进行多元表现表达的素养，并乐在其中——落实学生在整本书全程学习活动中的主体地位，是重要保障。

（2）注重了"三程"学习任务单在引导学生阅读与演绎中锻炼思维的逻辑性。

学生在进行整本书阅读时，若是缺少足够的时间保证和教师科学的引导，通常比较容易出现"囫囵吞枣""只阅读，不思考"的浅阅读、走过场的现象，思维的逻辑性也就难以得到真正的锻炼和发展。而当教师能够提供长周期阅读的学习任务单作为他们阅读的支架，学生通过"初读把握文本大意—再读找出问题—细读解答问题—再读理解内涵的"的学习和多元化地加以演绎的过程，不仅可以避免"浅阅读、走过场"现象的出现，还能有意识地注意逐步抓住思考的重点，有效地锻炼阅读与演绎时的逻辑思维，促进深度阅读和思维的发展，提升自主阅读与多元化地加以演绎的整体素养。

可见，要提升学生在自主阅读与演绎中锻炼思维的逻辑性，既需要有长周期的时间保证，又需要教师注重对学生思维逻辑性渐进性发展的科学引导，即"三程"学习任务单的精心设计。

（3）借助了学生对《西游记》的"熟悉感"和整合了"三程""有独有合"阅读与演绎阅读探究成果下小组竞赛活动内容与形式的趣味性。

从学情、设计思路、实践过程和反思的第一点等可知：本课程的整个过程，教师一是借助了学生对"西游记"的"熟悉感"作为整本书阅读的材料。二是保证了过程的长周期（近3个半月）。三是设计了递进性的"三程"学习单的问题与任务。四是整合了"三程""有独有合"阅读与如何演绎阅读探究成果下小组"竞赛"活动内容与形式，例如，课前独立阅读主题感受小报制作，课前小组二次深度阅读的抱团探究，课始问题与解答知识竞赛，小组主题深度阅读探究成果汇报、自主打分，课后独立阅读《西游记》中的新故事，创意改编新故事和下次课始的展评等方式，学生在丰富的、具有一定挑战性、创意性要求逐步提高的"有独有合"的阅读和演绎探究过程中，不断地体会学习的乐趣和成就感，结合多次评价的实施，获得了"进阶鼓励"，让整个阅读与演绎过程充满了乐趣，增加了他们对《西游记》这一具有"熟悉感"的整本书的阅读与演绎探究的兴趣。

可见，学生对整本书的"熟悉感"，可以成为学生阅读兴趣激发的新的生长点，关键在于教师要从阅读周期保证，加强学生"有独有合"的自主阅读梯度、阅读和演绎探究内容与形式设计、实施过程的落实、有机评价的跟进，来保障趣味性设想的落实；并从学生自主阅读与多元演绎结果的成就感、素养的发展感，来保持和提升学生这样进行整本书阅读的趣味性。

（4）体现了学生自主阅读和多元演绎表达探究成果内容与形式的一定创意性。

例如，学生课前独立泛读、摘录感受后撰写的阅读优秀小报制作小组得分竞赛，课始的质疑、抢答解疑小组得分，4个合作小组课前围绕问题主题进行的跳读、精读、细品成果的"四种形式"的展示交流，课后学生先独立品读，再小组合作创编"新西游故事"的展示交流比赛——这4项"有独有合"的阅读与演绎成果,既有分项目的最佳小组评价,又有综合的最佳小组的评价的形式,都具有一定的创新性,提高了学生在整本书阅读与演绎中的一定创造性发展素养;这也保持了学生在整个学习活动过程中的趣味性。

可见,学生在整本书阅读中,教师注意进行学生"有独有合"、多元阅读与演绎的创意设计、实施与评价,既可以提高学生完成活动任务的实效、促进在整本书阅读与演绎中创造素养的发展;又能够保持了学生在整个活动过程中的趣味性,从而实现学生整本书自主阅读与演绎探究任务完成实效提高、素养发展和兴趣保持间的良性互动发展。

(5) 落实了整本书阅读全程中师生教与学过程中的反思性。

在学生《西游记》阅读过程,无论是教师借助"七式"的引导设计,还是每个阶段学生阅读实施前、中、后与现场竞赛活动课之前、中、后的"三程"指导,都充满着执教者的预设与随机反思与调整。学生在暑期泛读、摘录、确定主题与撰写阅读感受制作小报,小组合作围绕问题进行主题跳读与精读、梳理与概括,借助一定的形式准备参与课中的展示与交流竞赛,课始的参与质疑与解答,4个小组各自形式的竞赛式展示与交流,参与自评与互评和从中撷取有用信息,课后的独立阅读新故事和借助思维导图梳理故事情节与人物形象特征,创编"新西游故事",下次课始参与班级展示交流与评价,同样都充满着学生"有独有合"有意识的集中反思和随机的反思。从而使教师在不断比较、反思的过程中,一次次提升、改善了自己原有的设计和应用;保证了学生各项阅读与演绎阅读探究任务的顺利完成;并有机提升了学生深度阅读的素养;增进了师生预设反思与随机反思、学生独立反思与合作反思、师生合作反思与改进、提升质量的意识。

(6) 实现了学生整本书长周期自主阅读与多元演绎的有效性。

从学生自主阅读素养的课前自主阅读与梳理阅读成果素养、课中自主阅读成果竞赛与评价素养、课后自主阅读梳理与创编素养的定位,教学目标的设定,对比实践过程的五大环节(含下次课始)之实效简析,从教师对学生长周期的阅读过程,学生所完成各项任务的批阅反馈、现场观察和评价所得,以及学生对整本书阅读的兴趣、阅读信息的收集与处理能力、专题阅读时的探究精神和深度思维习惯"四个视角"的整体实效的把握可知:本课程基本全面达到了教师所定的预设目标,全体学生对整本书阅读与多元化演绎之"四个视角"的素养,都有了明显的提升。

可见,教师借助"七式",引导学生围绕整本书的自主阅读与演绎,参与开展多样化的长周期的学习活动,能够做到"有独有合"地进行真阅读、真思考、真梳理、真概括、真演绎、真评价,能够更好地提升学生对整本书自主阅读与演绎的乐学善学素养、信息技术素养,保证整本书自主阅读的实效性。

二是彰显了"三程·三单"在逐步促进学生对整本书自主阅读与多元演绎方面的引导性价值。

从学生《西游记》整本书自主阅读与多元化演绎的"三程"学习单和有机结合其他"六式"的设计、实践过程和相关实效可知,教师(也包括了学生的部分参与,如学生4个小组各自阅读探究主题与成果表达形式;该成果课前小组自评和课中竞赛时所用之自评与互评之评价标准的商讨制订等)设计的《西游记》整本书长周期的学生自主学习"三程"学习"三单",很好地引导了学生了围绕任务,进行课前第一阶段的独立泛读、摘录、思考、梳理、选择主题、撰写阅读体会,编制阅读小报;第二阶段的 4 个小组,围绕各自确定的问题,合作进行主题再读(跳读与精读、细品),辑录阅读证据,梳理阅读成果,各组以一种形式,反映各自的小组合作专题阅读探究的成果;课中,有效地聚焦到学习单的任务,参与前四个环节的竞赛;课后,聚焦到 2 项作业和下次课始的全班交流与评价任务,"先独后合"地去加以完成。可以看出,这有效地引导了学生"有独有合"地主动去完成"三程"的各项阅读与演绎的任务,提高了完成任务的兴趣、速度与质量;促进了学生主动参与"三程""有独有合"的多元化的阅读、思考、梳理、概括、创编、表达、评价、反思、改进的过程;引导了学生了解了更多、更深、更有趣的《西游记》相关知识,发展了相应的能力,更好地把握了小说的历史、文学和文化价值;实现了学生由对《西游记》的最初貌似的"熟悉感"到对文本内核的更为深入的把握;激发了学生的探究意识,让学生的阅读体验更加完整。

参考文献

［1］中华人民共和国教育部.义务教育语文课程标准(2011 年版)[M].北京:北京师范大学出版社,2012.

［2］吕俐敏.谈如何设计有价值的课外阅读学习任务——以阅读《西游记》为例[J].语文建设,2022(04):14-19.

［3］徐静怡.趣谈《西游记》的"三"——《西游记》重点突破课教学设计[J].中国多媒体与网络教学学报(下旬刊),2021(3):24-27.

［4］杨燕.部编本初中写景游记文言文有效教学研究[J].文学教育(上),2020(9):94-95.

［5］彭晓春.于"重复"处走向深入——《西游记》整本书阅读的深度推进策略[J].中学语文,2022(32):72-73.

［6］朱律维."独合结合"语文实施体验式 提升学生写作详略素养探索——以《叙事要详略得当》区级课题研究课实践与分析为例[J].浦东教育研究,2019(8):53-57.

语文教学实施"四式"提升学生自主学、创、说、评诗素养的阅读写作表达类学习活动设计与实施

——以《天上的街市》学习活动设计、实践与分析为例

上海市五三中学　张燕莺

【首次执教时间、地点和对象】

2019 年 12 月 12 日；录播教室；初一(7)班

一、设计思路

(一) 设计依据

1. 学情分析

初一(7)班学生共 44 人,其中男生 20 人,女生 24 人。十二三岁的孩子,正值青春期,大多心思细腻,思维活跃,对事物有自己的想法见解,但是此时的他们过于腼腆,不敢也不愿在大家面前表现自己,不喜欢把自己的所思所想大胆地与大家交流,导致口头表达时会出现词不达意的情况,也影响了书面表达的效果,出现写作内容空虚、缺乏真情实感、缺乏想象等问题。学生在小学和初中预备阶段,进行过诗歌的学习赏析;学习本诗歌时,学生已经学习了《寓言故事四则》;但缺少独立创作诗歌、参与全班交流和根据诗歌创作评价标准进行客观、公正评价和阐释评价理由(简称学、创、说、评和释诗歌)的经历和相应素养。

因此,本课教师拟结合课文《天上的街市》诗歌和补充材料,通过课前、课堂、课后(简称"三程")结合,整合实施"三式",引导学生独立学习式活动为主、小组合作学习式活动为辅进行诗歌的学、创、说、评,以锻炼学生的口头准确、流利表达的能力,增进表达的自信;理解《天上的街市》所表达的内容和诗歌创作手法,培养诗歌创作中的联想、想象能力;注意丰富写作内容,表达真情实感;提升语文自主学习诗歌的素养和激发学生写作诗歌、参与说和评的兴趣。

2. 课标分析

《义务教育语文课程标准(2019 年版)》(以下简称"课标")课程理念的第 4 条提出："义务教育语文课程实施从学生语文生活实际出发,创设丰富多样的学习情境,设计富有挑战性的学习任务,激发学生的好奇心、想象力、求知欲,促进学生自主、合作、探究学习。"课标总目标第 6 条中提出："积极观察、感知生活,发展联想和想象,激发创造潜能,丰富语

言经验,培养语言直觉,提高语言表现力和创造力,提高形象思维能力。"在课标第四学段(7—9年级)表达与交流的第5条中提出:"能与他人交流写作心得,互相评改作文,以分享感受沟通见解。"

所以,本堂课以学生独立学习活动为主,小组合作学习活动为辅,"三程"结合和整合实施"三式",引导学生学习、创作、交流、评价诗歌,提高学生的口头准确、流利表达能力,增进表达的自信;锻炼想象和联想的能力;注意丰富写作内容,表达真情实感;提升语文自主学习素养和激发学生诗歌写作的兴趣和创造性,是符合课标上述要求的。

3. 教材分析

《天上的街市》来自人民教育出版社出版的2019版义务教育语文教科书七年级上册第6单元。这单元文章共同的特点,是通过虚构的故事和景象曲折地反映现实,目的就是让学生感受文学的奇思妙想,体验虚构和想象的力量,扩大自身的视野。《天上的街市》这首诗歌,改写了"牛郎织女"的神话传说,将悲剧改为喜剧,牛郎和织女幸福地生活在一起,为我们呈现了一个充满诗情画意的美妙世界。课文由四部分组成,分别为"预习引导""诗歌""思考探究"和"积累拓展",旨在引导学生自主预习、研读诗歌、有独有合进行思考探究和加强诗歌方面的赏析知识与技能的积累,促进后续的学习。对教材"预习引导"的板块,教师拟借助学生对牛郎织女的传说故事,激发学习诗歌文本的兴趣,参与想象他们在天上过着怎样的生活。对于诗歌文本,需要组织学生进行朗读和精读品味,并根据"思考探究"中的提示,比较神话故事与诗歌内容的不同点。对于"积累拓展",拟于课后独立自选1篇中国古代神话故事,进行诗歌创编和下次课始的合作交流与评价结合,既锻炼学生相应能力,又激发赏析品味和课后加以模仿、对比运用的兴趣。

教师在组织学生学习《天上的街市》时,将"三程"结合、学生独立为主、小组合作为辅,结合其他"三式"的运用,在引导学、创、议、说、评、释和善诗的探究学习活动过程中,有机锻炼学生的诗歌创作的想象、联想和注意照应思想、意境、音韵和形式美(简称"四美")要求的能力,引导和鼓励学生像诗人一样大胆想象,激发学生独立写诗的兴趣和创造性,并敢于参与议、说、评、释(阐释评议理由)所创作的诗歌,促进独立完善所创作的诗歌。

(二)课题研究内容

1. 学生自主学习、创作和评议诗歌素养培养内容

1) 学生课前"有独有合"收集整理时代背景作者生平素养方面

一是锻炼学生借助课前学习单,独立搜集五四运动之后的背景和诗人郭沫若的生平信息以及进行梳理、概括的能力。二是锻炼学生小组合作,概括后进行组内交流、整合和制作成演示PPT,准备参与课堂交流的能力。以此促进学生及时做好新课学习收集与梳理概括相关历史和作者生平、参与组内交流和准备参与课中全班交流准备之良好行为习惯的养成。

2) 学生课中学、写、议、享、评、释、善诗歌素养方面

①课始:锻炼了学生独立观、听、思,对教师多媒体出示的"星空"图片进行想象和联想,并进行口头表达的能力,引发学习课文诗歌的兴趣。②课堂展开时:一是锻炼学生自主朗读"天上的街市"诗歌能力,内化对诗歌音韵美的感受。二是锻炼学生参与小组讨论、

分析体会诗歌的联想和想象写作方法的赏析能力,初步内化创作诗歌所需的想象和联想的能力,激发写诗歌的兴趣和创造性。三是锻炼学生仿照《天上的街市》写作手法,独立创作诗歌,参与小组合作交流所创作的诗歌和借助课中学习单之"自主创作诗歌评价标准"进行自评、互评和说明评价理由的能力,进一步内化诗歌创作中的想象、联想能力和口头准确、流利交流的能力;增进表达的自信和初步内化根据标准评价的意识;注意丰富写作内容,表达真情实感;激发诗歌写作的兴趣和创造性。③课尾:锻炼学生在教师口头提示小结内容、板书、追问、协助概括和随机激励的引导下,提高参与全班课尾合作小结全课所学活动的主动性;锻炼学生合作对全课所学内容,尤其是诗歌的想象与联想写作手法、情感表达和蕴含"四美",注意特色加以概括和参与全班交流的能力;增进学生对课尾集中小结的价值意识;激发运用所学课后独立创作诗歌的兴趣。

3) 学生课后独立改编神话故事尝试创作诗歌素养方面

锻炼学生根据本课作者对神话类故事进行合理的联想、想象,结合诗歌创作的"四美"和注意表达自身情感的要求,课后独立选择1篇中国古代的神话故事,再次进行新的诗歌创作的能力,参与组内交流、评议、独立完善自己和小组诗歌的能力,小组代表参与全班交流和全体学生参与评议的能力;激发自主创作诗歌的兴趣和敢于交流评议、自主完善的自信。

2. 实施形式——"四式"

1) "三程""独合结合"多元探究学习活动式

(1) 学生课前学生"有独有合"收集收集整理时代背景、作者生平探究学习活动。学生根据课前学习单的要求,一是独立完成五四运动后历史背景和郭沫若的生平信息收集和梳理概括学习活动。二是学生各自概括内容后,参与组内交流。三是小组成员群策群力,将本组概括的内容进行整合和制作成演示PPT,准备参与课堂交流。四是教师注意随机激励与引导,培养学生课前独立收集特定信息、进行梳理概括的探究能力,以及参与小组交流与整合、制作成PPT、做好课中参与全班合作交流的能力;拓展学生五四运动后历史背景和郭沫若的生平方面的知识;促进"有独有合"做好新课学习前背景知识准备之良好学习行为习惯的养成。

(2) 课堂学生"独合结合"学习《天上的街市》诗歌,重点合作讨论联想和想象写作方法,诗歌独立创编与小组交流,全班合作评价与课尾集中小结探究学习活动。①课始:锻炼学生独立观、听、思,对教师多媒体出示的"星空"图片进行联想和想象,并进行口头表达的能力;引发学习课文诗歌的兴趣。②课堂展开时:一是在学生借助多媒体与口头说明,教师借助学习单、多媒体、口头说明、预设问题和追问、板书、评价标准、预设和随机激励与引导下,完成上述任务,培养学生"有独有合"学习《天上的街市》诗歌,小组合作反馈课前学习情况,合作讨论联想和想象,注意表达情感和体现诗歌"四美"要求的写作方法,仿照写法独立创编诗歌与小组同学交流,参与全班交流与合作评价,听取教师预设和随机激励与引导+自主内化"有独有合"学诗歌和尝试写、议、享(即交流分享)、评、释和善(即改进完善)诗歌的能力;增进这样学习诗歌的兴趣和写后敢于议、享、评、释和善的自信。

(3) 课尾:学生在教师口头提示小结内容、板书、追问、协助概括和随机激励引导下的集中小结活动。学生参与教师多元引导下的全班课尾集中小结全课所学内容、方式方法和个性化的学习体会和经验,增进参与活动的主动性;锻炼学生合作对全课所学内容,尤其是诗歌的想象与联想写作手法、情感表达和蕴含"四美"、个性化的学习体会和经验类特色加以概括和参与全班交流的能力;增进这样小结的价值意识,课后再创作的兴趣和自信。

(4)课外学生独立改编神话故事尝试创作诗歌活动。一是学生根据课后学习单和教师口头说明的要求,课后独立选择一个神话故事,尝试运用联想和想象、注意照应"四美"和特色评价的要求,创编一首诗歌。二是先在组内进行交流评议、独立完善各自的诗歌,然后协作完善小组推荐的优秀习作,做好参与全班交流的准备。三是下次课上参与全班说诗、评诗活动;使学生自主巩固联想和想象、注意照应"四美"的要求创作诗歌的方法、合作说诗、评诗和说明评价理由能力;增进诗歌创作、交流与评议的兴趣和自信。

2)借助"三程·三单"式

(1)借助课前学习单式:一是学生独立完成搜集五四运动时、五四运动后的历史背景和诗人郭沫若的生平资料,梳理、记录于课前学习单上。二是参与组内交流梳理概括的结果。三是推荐本组优秀的整理材料1篇,协作加以完善,准备课中参与全班交流,锻炼相应能力。从中,激发后续参与课中敢于参与交流的兴趣、自信和为理解郭沫若《天上的街市》所表达的情感奠定背景知识的基础。

(2)借助课中学习单式:一是全班合作学习"自主创作诗歌评价标准"。二是借助评价标准,进行小组自评和互评。三是交流评价理由。从中,锻炼学生自主理解评价标准、借以进行小组自评、互评和进行评价说明的能力;增进学生根据标准进行客观、公正评价的意识和说明评价理由的自信。

(3)借助课后学习单式:一是学生根据课后学习单的要求和课上所学,独立另选1篇中国古代神话故事,再创作1篇诗歌。二是先在组内交流评议、独立完善诗歌,再推荐1篇组内优秀诗歌、协作加以完善和做好下次课始参与交流的准备。三是小组代表参与全班交流,各小组进行自评、互评和听取教师随机激励与引导。从中,使学生自主巩固联想和想象、注意照应"四美"的要求创作新的诗歌的方法;提高独立与合作说诗、评诗和进行评价说明的能力;增进诗歌创作、交流与评议的兴趣和自信。

3)借助信息技术式

(1)课前与课中:学生借助信息技术,独立从网上收集五四运动时和其后不久中国的历史背景和郭沫若生平,进行梳理概括;小组合作,做好课中参与全班交流小组课前探究成果用的PPT;小组代表借此对全班学生进行展示说明,其余学生注意从中撷取有效的信息记录于课前学习单上。以此锻炼学生相应能力,拓展五四运动前后和作者郭沫若相关生平知识,增进参与全班交流的自信和参与后续学习诗歌的兴趣。

(2)课堂新课学习的七个环节:师生借助多媒体呈现作者生平与时代背景文字、教材诗歌、配套朗读声音和其他视频、学生合作交流材料、课中学习单的"自主创作诗歌评价标准"、课尾集中小结的要求等,加快呈现的速度和呈现历史背景与作者生平资料、学生生成性学习资源。以此激发学生课中参与独立与小组合作学习诗歌的兴趣,提高学生利用多种感官学习内化诗歌写作中运用联想、想象和注意照应"四美"要求的能力,课尾参与集中合作小结的能力;增进继续开展这样学、写、议、享、评和释诗的兴趣和自信。

(3）课后与下次课始：一是学生课后借助信息技术收集，选定1篇中国古代神话故事。二是仿照所学，进行诗歌化的改编创作。三是参与组内交流与根据标准评议。四是推荐1篇代表小组参加下次课始全班交流与评议的诗歌新作。五是小组代表借助多媒体参与全班交流，全体学生参与评议。以此有机锻炼学生相应的能力；巩固诗歌的写作方法；促进在实践中及时巩固所学良好的课后学习行为相关的养成；增进写好诗歌、参与小组、班级交流与评议的兴趣和自信。

4）预设和随机激励式

（1）预设激励式：学生根据课中学习单"自主创作诗歌评价标准"，注意从思想、意境、音韵和形式美与特色加分的评价内容入手，对照四个层级的评级要求，对自己和同学的作品进行自评和互评；根据评价说明，得出所创作诗歌的分值，以锻炼学生对自己和同学创作的诗歌进行客观、公正的自评、互评和进行交流说明的能力；内化评价标准对学生诗歌创作的引导价值；增进学生根据标准评价的意识，提高评价的客观、公正性。

（2）随机激励式：在学生"三程"学习（含下次课始）中，教师对主动完成任务并积极参与课堂交流的学生以及完成任务时速度快、质量高、创作有特色、交流与评议见解独特的学生，给予相应的口头激励和肢体语言的激励，鼓励学生的主动参与，让学生体验到学、写、议、享、评、释诗的快乐；内化本领类行为，提高学习的有效性；增进这样学习和创作诗歌、进行交流与评议的兴趣和自信。

（三）设计思路

本课教师拟围绕《天上的街市》学习，基于自主学习理念，根据厘定的学生自主学习、创作和评议诗歌素养培养内容，整合实施"四式"，引导学生"三程""有独有合"完成学、写、议、享、评、释和善诗歌探究为主类学习活动的任务，在提高完成任务主动性、速度和质量的同时，培养课前独立收集与整理历史背景与作者生平类信息、课中合作分享的能力，拓展所分享的知识。提高课中赏析联想和想象写诗方法的能力，独立尝试创作诗歌的能力；锻炼合作整理、归纳、交流同学课前收集的特定信息、交流分享所创作的诗歌、根据"评价标准"进行赏析评价和阐释评价理由的能力。提高课后根据学习单和课上所学写作方法，进行神话故事类体裁的诗歌在创作、交流与评价、阐释的能力。增进课前、课堂、课外"三程""有独有合"收集网上信息，学习教材内外诗歌，尝试创作与交流，评价与阐释，反思与完善诗歌，内化联想和想象，照应"四美"写诗方法，进行公开分享、评议与阐释的兴趣和自信。

二、教学目标

（一）知识和技能

拓展五四时期历史背景和郭沫若生平知识，理解诗歌联想与想象、"四美"写作方法和根据评价标准进行评价的知识；锻炼课前根据特定要求独立收集、整理作者与时代背景的能力，课中参与交流课前小组特定信息收集整理成果的能力，课堂、课外"有独有合"地学、写、议、享、评、释、善诗的能力，巩固诗歌创作中的联想和想象、"四美"写作方法；增进对这样学习诗歌价值的认识。

（二）过程和方法

围绕教材诗歌《天上的街市》内容，通过课前收集与整理历史背景和作者生平信息，课内、课外"有独有合"的学、写、议、享、评、释、善诗的探究为主学习活动的过程，结合其他"三式"的引导，培养课前、课堂、课外"三程""有独有合"学习教材内外诗歌，独立收集与整理特定信息，合作整理与归纳、交流同学课前收集的特定信息，课中参与学、写、议、享、评、释和善诗的能力；体悟自主学习理念下整合实施"四式"开展系列诗歌学习实践探究为主的活动所蕴含的学习方式方法。

（三）情感、态度与价值观

体会诗人对自由、幸福的生活的向往，培养乐观的品质，珍惜现有的幸福生活。增进学生课前、课堂、课外"三程""有独有合"学习教材内外诗歌，尝试创作与分享、评价和阐释，内化联想和想象，照应"四美"要求，注意一定特色写诗方法这样学用诗歌的兴趣和自信。

三、实践过程

过程一：学生自主观赏、联想和想象活动。学生独立观看教师借助多媒体呈现的星空图片，进行观赏、联想、想象和交流，引发自主学习诗歌兴趣和培养联想和想象的能力（3分钟）。

师：多媒体出示"星空"图片，提示学生思考想到一些什么？

生：独立观、听、思，参与联想和想象和答问。

师：注意倾听和随机激励与引导。

生：独立观、听、思，内化。

师：让我们一起走进郭沫若的诗歌《天上的街市》，用心感受诗人所追求的那份美丽，那份新奇。

（课题研究：引发学生赏析想象诗歌的兴趣；锻炼学生独立观、听、思，进行想象和联想，并作口头表达的能力。）

过程二：学生独立观、听多媒体播放的《天上的街市》诗歌朗诵音频和视频，朗读本诗歌的要求，齐读和独立朗读本诗歌和小组成员互相点评（两次），独立改进朗读学习活动。提升独立观、听多媒体播放的本诗歌朗诵音频和视频，朗读本诗歌的要求，齐读和参与小组成员诗歌自主朗读，互相点评朗读情况，自主加以改进的能力和体会诗歌的音乐美、节奏感和小组成员互相点评的价值（7分钟）。

生：独立听老师多媒体播放的教材诗歌朗诵音频和视频，揣摩朗读技巧，自由朗读诗歌。相关生：小组内朗读诗歌。

其余生：独立听、思，评价小组成员朗读的优点和不足，提出改进建议。

相关生：再次进行朗读。其余生：独立听、思，再次评价。

师：注意倾听和随机激励与引导。

师：多媒体出示本首诗歌朗读要求：注意节奏缓急、音量大小和速度快慢，做到轻松、柔和、舒缓；把握好这首诗美好、恬静、自在、清新而略带忧郁的感情；标出诗歌的节奏与重音；借助音频，播放本首诗歌的示范朗诵，组织全班学生齐读。

生：独立听、忆、思，参与齐读；注意本诗歌的朗读的技巧和读出感情，揣摩内化。

（**课题研究**：锻炼学生独立观、听多媒体播放的《天上的街市》诗歌朗诵音频和视频，朗读本诗歌的要求，独立和参与小组朗读，互相点评朗读情况和加以改进的能力，体会诗歌的音乐美、节奏感和小组成员互相点评及注意自主改进的价值。）

过程三：小组合作讨论《天上的街市》中联想和想象的写作方法学习活动。锻炼学生小组合作精读品味诗歌全文，进行讨论、交流、分析、理解诗歌中联想和想象的形象化表达的语言能力和体会诗人所表达的情思(7分钟)。

师：借助多媒体和口头说明，提出学生小组合作精读课文，讨论《天上的街市》中联想和想象的写作方法学习活动的要求，组织活动。

生：独立观、听、思，按要求展开精读品味，进行圈画，尝试梳理、交流、分析诗歌中联想和想象的写作手法和体会诗人所表达的情感主旨。

师：巡视学生精读品味、讨论交流情况；注意倾听；并作随机激励与引导。

生：独立观、听、思，内化。

（**课题研究**：锻炼学生小组合作精读品味诗歌全文，参与讨论、交流，尝试分析、概括诗歌文句表达中的联想和想象，注意体现思想美、意境美、音韵美和形式美之写作方法的能力；体会诗人所表达的情感主旨。）

过程四：学生小组合作讨论教师引导的探究教材诗歌问题、独立学习联想、想象和"四美"的写作方法活动：教师借助多媒体和口头说明，引导学生小组合作完成探究问题任务，锻炼合作讨论教材诗歌问题、独立学习联想和想象的写作方法能力和初步感受写法的魅力(6分钟)。

师：借助多媒体出示和口头说明以下两个学生需要小组合作探究的问题："诗歌四小节分别出现了哪些事物？这些事物，是如何联系起来的，运用了哪些写作方法？"

生：独立观、思，参与小组合作讨论两个问题，并组织语言。

被叫学生小组代表：到讲台处交流本组的答案，并板书在黑板上。

师：注意倾听与观察，作随机激励与引导。

生：独立听、观、思，内化。

师：多媒体出示"联想和想象"的概念和区别，结合口头说明，明确所谓"联想"，就是由一事物想到另一相似事物的过程；"想象"，就是在原有感性形象的基础上，创造出新形象的过程。

生：独立观、听、悟，内化理解"联想和想象"的概念和区别。

（**课题研究**：锻炼学生根据问题，小组合作讨论、分析、表达教材诗歌中四小节分别出现的事物、它们间的联系和所运用的"联想和想象"写作方法的事实的能力,锻炼学生独立观、听教师说明,理解诗歌"联想和想象"两种写作方法的概念和区别的能力;初步感受诗歌中联想和想象写法的魅力。)

过程五:学生深入独立思考、参与交流活动;锻炼学生独立进行比较、深入思考、参与交流诗人用诗歌表达与神话不一样结局的情感能力,增进改变神话故事,用诗歌表达与原故事相异情感的意识(1分钟)。

师:多媒体出示"牛郎织女"神话传说的结局和本首诗歌的结局的区别,提问与交流产生区别的原因。

生:独立观、听、思,参与交流,体会诗人用诗歌表达与神话不一样结局的情感。

(**课题研究**:锻炼学生深入进行独立思考、参与交流"牛郎织女"神话传说的结局和本首诗歌的结局的区别的能力,体会郭沫若用诗歌表达与神话不一样结局的情感。以此增进改变神话故事,用诗歌表达与原故事相异情感的意识。)

过程六:小组成员借助多媒体合作展示作者生平与五四时期的时代背景的材料学习活动,锻炼学生小组合作借助多媒体和口头说明展示课前小组合作收集整理的特定信息的能力和从中合理撷取信息的能力,拓展相应知识和增进这样学习诗歌的兴趣(6分钟)。

师:课前,我们组织了同学们独立收集郭沫若生平和五四运动时及之后不久的时代背景的相关信息,开展了小组合作整合所收集的信息、制作交流展示的PPT的探究活动,现在,我们请相关小组代表作现场交流。

生:独立听、忆、思,相关小组派代表借助PPT参与课堂展示交流,其余学生听、思,并在预习单上进行记录。

师:注意观察和倾听,进行随机激励与引导。

生:独立听、忆、思,内化。

(**课题研究**:锻炼学生小组合作整合的课前小组成员各自独立搜集、筛选的"五四"运动时及之后不久的时代背景和郭沫若生平信息,借助多媒体参与全班交流分享的能力,理解诗歌表现的情感与诗人所处的背景和诗人自身的状态有关,体悟"我手写我心"的语文写作要求,激发后续独立创作诗歌的兴趣和促进课前学习良好行为习惯的养成。)

过程七:学生独立创作诗歌和小组交流、评价活动,锻炼运用联想和想象写作方法,照应"四美"要求独立创作诗歌,进行合作交流,根据课中学习之评价标准进行小组自评与互评的能力,增进诗歌创作兴趣,参与分享和自评互评和阐释评价理由的兴趣和自信(3分钟)。

(1)学生独立创作诗歌活动(7分钟)。

师:借助多媒体出示和口头说明学生独立创作诗歌的要求:以"露珠、一弯新月或者孩子的眼睛"为话题,运用联想、想象等创作方法,注意"四美"的诗歌写作要求,独立撰写一首诗歌,尽量争取有一定的特色。

生:独立观、听、忆、思,按要求进行自主创作。

(**课题研究**:锻炼学生独立观、听、思,按创作诗歌的要求,回忆联想、想象等创作方法、照应"四美"要求,构思写法和尝试独立创作诗歌的能力;巩固联想、想象和"四美"的写诗方法;增进创作诗歌的兴趣。)

(2) 小组交流、评价诗歌活动(6分钟)。

师:多媒体出示课中学习单之"学生自主创作诗歌评价标准"(表1),要求学生以小组为单位,根据评价标准进行组内自评和互评,记录优点与不足,独立进行自主改进。

生:独立观、听和阅读学习单上的评价标准,独立思考,参与小组内的自评、互评;合理吸收互评意见,尝试自主改进。

表1 学生自主创作诗歌评价标准

评价人的班级:_____;姓名_____;学号_____

评价项目(分)	评价要求	评价分值(分)	得分
思想美(30)	表达作者的真情实感; 思想积极向上; 富有哲理	达到(27~30); 基本达到(21~26); 一般(18~22); 较少达到或未达到(0~15)	
意境美(20)	诗语简洁、流畅; 意境深远	达到(19~20); 基本达到(15~18); 一般(12~14); 较少达到或未达到(0~11)	
音韵美(20)	音韵和谐; 朗朗上口,节奏感强	达到(19~20); 基本达到(15~18); 一般(12~14); 较少达到或未达到(0~11)	
形式美(30)	结构清晰、合理; 想象和联想方法运用恰当; 有机运用意象合理表达情感	达到(27~30); 基本达到(21~26); 一般(18~22); 较少达到或未达到(0~15)	
特色加分(10分)	加分理由:	明显(9~10); 较明显(8); 一般(6~7); 较少或无(0~5)	
我的收获与不足:			
评价说明	(1) 满分100分。 (2) 特色加分的处理:计入总分,但计入后的总分,不超过满分(100分)。 (3) 分数和等第间的转换:90~100分,为优;75~89分,为良;60~74分,为合格;59分及以下,为需要努力		

师:组织交流诗歌作品、评价、记录和改进情况,注意随机激励和引导。

生:独立观、听、思,注意补充记录、内化。

(**课题研究**:使学生内化诗歌创作的"四美"和联想与想象写作方法;提升小组合作评价能力和根据标准进行客观、公正评价的意识。)

过程八：学生合作小结全课学习活动，增进学生课尾集中小结意识和锻炼综合小结能力（3分钟）。

师：口头提示对全课合作小结的内容与表达、交流方式。

生：独立听、记、忆、思；参与全班合作小结，交流全课所学内容、方式方法和个性化的学习体会和经验。

师：注意倾听、随机激励与引导。

生：独立听、记、忆、思，注意内化。

（课题研究：锻炼学生课尾参与集中小结和进行综合小结语言交流的方式方法；增进课尾需要进行综合小结的意识。）

过程九：课外独立选择一个神话故事尝试运用联想、想象和"四美"方法创编一首诗歌，下次课上进行合作说诗、评诗与说明，使学生自主巩固联想、想象和照应"四美"要求的诗歌写作方法，合作说诗、评诗与进行说明的能力，增进这样创作诗歌的兴趣（1分钟）。

师：牛郎织女由不幸的生活，到了诗人郭沫若笔下过上了幸福的生活。请在课外独立选择一个中国古代的神话传说，尝试写一首诗歌（借助多媒体出示具体要求）；下次课上，组织说诗、合作评诗和说明理由活动，老师将作随机激励与引导。

生：独立观、听、记、忆、思；课后，独立尝试创作；下次课前，参与组内交流，推荐小组1首优秀的诗歌，协助完善；下次课始，参与全班说诗、合作评诗和阐释评价理由，听取教师随机激励与引导，内化对神话故事加以联想与想象，融入"四美"要求尝试写诗。增进参与公开分享所创作的诗歌，进行自评互评、阐释理由，加以完善的兴趣和自信。

（课题研究：培养学生独立、及时完成课后作业的良好学习行为习惯；自主巩固联想和想象，照应"四美"，基于原神话故事融入自己独特情感的诗歌写作方法，以及合作说诗与评诗和阐释评价理由的能力；增进这样创作诗歌的兴趣和参与公开分享所创作的诗歌，进行自评互评、阐释理由，并加以完善的兴趣和自信。）

四、实效与反思

（一）主要实效

1. 学生"三程"自主学习、创作和评议诗歌素养方面

1) 学生课前"有独有合"收集整理历史背景和作者生平素养方面

一是锻炼了学生课前学习单，独立收集五四运动时和之后的历史背景和诗人郭沫若的生平信息，进行梳理、概括的能力。二是锻炼了学生小组成员参与组内交流课前梳理、概括的特定信息能力。三是锻炼了学生小组合作整合本组成员梳理概括的信息、制作成演示PPT，准备参与课堂交流的能力。从中，促进了学生及时做好新课学习收集与梳理概括相关历史和作者生平信息，参与组内交流和准备参与课中全班交流准备之良好行为习惯的养成。

2) 学生课中"有独有合"学、创、议、享、评、释和善诗歌素养方面

（1）课始：锻炼了学生独立观、听、思，对教师多媒体出示的"星空"图片进行联想和想

象,并进行口头表达的能力;引发了学习课文诗歌的兴趣。

(2) 课堂展开时:一是锻炼了学生独立朗读《天上的街市》诗歌能力,内化了对诗歌音韵美的感受。二是锻炼了学生独立观、听多媒体播放的《天上的街市》朗诵音频和视频、朗读本诗歌的要求,齐读诗歌和参与小组朗读诗歌,互相点评朗读情况,独立加以改进的能力;体会诗歌的音乐美、节奏感和小组成员互相点评的价值。三是锻炼学生仿照《天上的街市》写作手法,独立创作诗歌,参与小组合作交流所创作的诗歌,以及借助课中学习单之"学生自主创作诗歌评价标准"进行自评、互评和说明评价理由的能力。从中,进一步内化学生诗歌创作中的想象、联想的方法与照应诗歌"四美"写作的能力,进行口头准确、流利交流的能力;增进表达的自信和初步内化根据标准评价的意识;注意丰富写作内容,表达真情实感;激发诗歌写作的兴趣和创造性。

(3) 课尾:激发了学生在教师多元引导和随机激励下,参与课尾全班合作进行综合性小结活动的主动性;锻炼了学生合作对全课所学内容,尤其是诗歌的想象与联想写作手法,蕴含的"四美",注意特色尝试加以概括和参与全班交流的能力;增进了学生对课尾集中小结的价值意识;激发了运用所学课后独立创作诗歌的兴趣和自信。

3) 学生课后独立改编神话故事尝试创作与交流评说诗歌素养方面

从教师对学生的作业的批阅,下次课始参与全班交流的反馈来看,锻炼了学生根据本课作者对神话类故事进行合理的联想、想象,和诗歌创作的"四美"的要求,课后独立选择1篇中国古代的神话故事,再次进行新的诗歌创作的能力,学生参与组内交流、评议、独立完善自己和小组诗歌的能力,小组代表参与全班交流和全体学生参与评议诗歌的能力;激发了学生独立运用所学,尝试创作诗歌的兴趣和敢于交流评议、自主完善的自信。

2. 教师素养方面

一是提升了教师课例研究的素养。二是促进了课例研究素养迁移运用到日常学科教学的相关主题教研活动中,提升了日常学科教研素养。

3. 学校方面

一是促进了学校语文学科诗歌教学的改革,即学生"三程"自主与实践探究为主的学习活动设计和实施的探索。二是丰富了学校区级课题学科学生"三程""有独有合"自主探究类学习活动的课例类成果。三是启示了学校同类课例的实践研究。

(二) 若干反思

1. 诗歌教学改革的价值方面

传统的诗歌教学一般是朗读和内容分析。这样的教学容易使原本意境美内涵丰富的诗歌,变得枯燥乏味。所以,教师在参与学校区级课题实践研究时,想要尝试打破这种不足,把课堂学习的主体地位交给学生,让学生投身于诗歌背景、写法、创作、交流、评价、阐释和完善等的实践探究中,全面地融入诗歌学习和创评中。由此,学生对诗歌的理解也会更加深刻;同时"以学促写",培养学生的兴趣,激发学生创作的欲望。

2. 学生诗歌创作的时间方面

本课在推进过程中,由于时间控制关系,留给学生进行独立创作和合作交流分享的时间较少,学生诗歌创作时打磨的时间较少,不得不使用课后的时间。无法对较多"新鲜出炉"的诗歌进行及时的欣赏和点评。

五、意义揭示

本课能够取得较为明显的实效,彰显了基于自主学习核心素养理念,教师"三程"整合实施"四式",在引导学生"有独有合"学、写、议、享、评、释和善诗歌素养类学习活动设计、实施、评价与完善方面的独特价值——"四性"。

(一)加强落实学生参与"三程""有独有合"学习时的主体性

由"三程""独合结合"多元探究学习活动式和借助"三程·三单"式的举措和教学实践过程可知,学生成了本课"三程"学习活动的真正主体,变枯燥乏味为生动活泼、变纸上谈兵式学习为实践操作探究式学习,有效地锻炼了学生课前的独立收集、梳理、概括与小组合作整合交流课前的特定信息的能力;培养了课中的学、写、议、享、评、释和善诗歌素养;提升了课后的再独立创作和参与组内、全班公开交流、评议和阐释理由的能力;增进了这样学习诗歌、尝试创作和评议完善的兴趣和自信。

可见,"三程"学习,尤其是课堂真正交给学生,以学生独立学习活动为主,结合小组合作学习活动,辅以其他多形式的引导,组织学生以实践操作探究式为主的学习活动,可以有效提高学生"有独有合"学习理解诗歌写作方法和所表达的情感,尝试创作、交流、评价、阐释和完善诗歌的能力,提高学生的敢于和善于口头准确、流利表达的能力;增进了创作与表达的兴趣和自信。

(二)注意提高学生参与"三程""有独有合"学习时的趣味性

学生们一直认为诗歌创作离自己很遥远,难度很大。但在这堂课中,学生在经历"三程"饶有趣味的"有独有合"收集、梳理、整合与交流特定信息,尝试学、写、议、享、评、释和善诗歌的过程中,基本掌握了联想和想象、照应"四美"要求的诗歌创作与完善的方法,锻炼了大胆交流自己所创作的诗歌,参与小组自评与互评、提出完善建议的能力。这一过程,让学生充满了趣味性和成就感,也使他们在交流与评议、阐释中,获得完善诗歌习作的灵感和中肯的建议,增进了他们的独立完善诗歌创作成果的兴趣和自信。

可见,教师改进教与学的设计,变枯燥乏味为生动活泼、变纸上谈兵式学习为实践操作探究式学习,可以彰显学习、创作活动设计与实施的趣味性,也可以使自评互评增进趣味性。从而保证学生"三程"学习、创作与交流、评议与完善活动的实效,促进学生自主学习素养的发展。

(三)关注促进学生参与"三程""有独有合"学习时的创造性和落实有效性

一是由于学生课前先是独立收集、梳理与概括五四时期历史背景和郭沫若的生平,再参与组内交流整合,课中又参与全班交流,从而使课前分享的收集与整合的特定信息,不是单一的,而是丰富多元的。二是学生课中运用联想、想象、"四美"方法独立创作诗歌,参与组内讨论、交流和全班分享时的内容和表现形式,是各有千秋、具有活力的。三是课中评议,虽然有表1的评价标准引导,但在具体评价和阐释中,由于参评人的经历、视角、审美观等的差异,他们所发表的评议意见,也是仁者见仁、智者见智,各有特色的。四是课后自选与改编中国古代1篇神话故事,运用所学方法再独立创作1首诗歌、先后参与小组和全班交流。同学们所选的故事、所开展的联想与想象、所写的内容、表达的情感和创作的风格,也是丰富多彩的。这样的创意性,带来了生动活泼的学习氛围,丰富多彩的灵动学习资源,拓宽了学生学习和创作的视野,有效地提升了语文学生自主写作诗歌的兴趣和一定的创造性。

可见,学习内容的趣味性,学生"三程"学习活动设计与实施学生为主、实践为主的特征,评价标准的客观性,分享与评议的多元化等,都可以彰显学生参与"三程""有独有合"学习时的创造性,进而增进学习活动的趣味性和创意性,从而保证学生自主学习活动的实效和有机提升自主学习的素养。

参考文献

[1] 中华人民共和国教育部.义务教育语文课程标准(2019年修订版)[M].北京:北京师范大学出版社,2019.

[2] 吴俊.语文美育理论与实践[M].成都:西南交通大学出版社,2013.

[3] 林林,黄侯兴.郭沫若诗词鉴赏[M].石家庄:河北人民出版社,1994.

[4] 朱律维."独合结合"语文实施体验式 提升学生写作详略素养探索——以《叙事要详略得当》区级课题研究课实践与分析为例[J].浦东教育研究,2019(8):53-57.

几何公式教学实施"五式"提升学生自主探究类学习活动素养的学习活动设计与实施

——以"圆的周长"学习活动设计、实践与分析为例

上海市五三中学 杨 磊

【首次执教时间、地点和对象】
2019年11月21日,上午第3节;录播教室;预备(5)班

一、设计思路

(一) 设计依据

1. 学情分析

此前,学生已经理解了周长的意义,掌握了长方形、正方形周长的计算公式;认识了圆的各要素名称,知道了半径、直径之间存在的数量关系;还能使用圆规,按要求正确地画一个圆。这为本课组织以学生自主为主,学习圆的周长的探究性学习活动打下了较好的知识与技能基础。但预备(5)班学生的数学自主探究性学习能力总体一般,对于在教师设计的课前、课堂和课后(简称"三程")学习单(课前旧知复习单、课堂学习单和课后作业单)和其他"四式"的引导下,自主探究学习几何公式的活动,还没有完整经历过。故此,开展自主探究性学习活动的乐学善学素养,也需要加以培养。

因此,本课拟围绕"圆的周长"公式内容,学生在教师整合实施"三程""独合结合"探究学习活动式等"五式"的引导下,完整地经历探究圆的周长公式的学习活动,在拓展圆的周长知识(周长含义、圆周率的意义和圆的周长公式),提高公式类新知学习活动实效的同时,有机提升"三程"自主探究几何公式类学习活动之相应乐学善学的素养。

2. 课标分析

教育部《义务教育数学课程标准(2011年版)》(以下简称"课标")指出,数学教学活动,特别是课堂教学应激发学生兴趣,调动学生积极性,引发学生的数学思考,鼓励学生的创造性思维;要注重培养学生良好的数学学习习惯,使学生掌握恰当的数学学习方法。学生学习应当是一个生动活泼的、主动的和富有个性的过程。认真听讲、积极思考、动手实践、自主探索、合作交流等,都是学习数学的重要方式。学生应当有足够的时间和空间经历观察、实验、猜测、计算、推理、验证等活动过程。

因此，本课基于乐学善学的核心素养理念，在初中几何公式学习中，在教师整合实施"三程""独合结合"探究学习活动式等"五式"的引导下，组织学生开展自主探究圆的周长公式的学习活动的完整过程，使学生理解圆的周长含义、圆周率的意义和圆的周长公式，并能够运用圆的周长公式，"有独有合"解课中例题和课后独立解系列应用题，有机提升课前、课中与课后"三程"自主探究几何公式类学习活动之乐学善学素养，是符合数学课标的上述精神与要求的。

3．教材分析

"4.1 圆的周长"是上海教育出版社出版的数学课本六年级第一学期"第四章 圆和扇形"第一节的教学内容。本课一共涉及三个概念：圆的周长含义、圆周率的意义、圆的周长公式。圆的周长含义根据已有周长的概念，学生很容易理解，而圆的周长公式其核心是理解圆周率。对于学生来说，学习的重点和难点是理解圆周率的意义。

教材的内容，主要分为三个部分：第一部分，通过赛车比赛问题引入圆的周长。第二部分，通过测量硬币并推导出圆的周长的公式。第三部分，运用圆的周长公式进行计算。对于本课的引入，教师拟选用教材内的赛车比赛问题，以生活中的实例引入课题，激发学生对圆的周长学习的兴趣。对圆的周长公式的实验操作与推导，教师拟补充课堂学习单，结合学生小组合作的形式，进行实验操作，合作探究圆的周长公式。对圆的周长公式的应用，教师拟直接选用教材中的三个例题（王莲叶子周长问题、卫星飞行问题、圆环问题），让学生独立思考、讨论交流、尝试解题，能熟练运用圆的周长公式进行解题，并感受圆的周长公式在生活中的重要作用。

为了更好地开展圆的周长公式的学习，教师补充设计了学生课前独立复习单，主要使学生通过独立复习，巩固周长的概念、圆的半径与直径的旧知；课后独立作业单，使学生通过独立完成教师补充的五个圆的周长的应用题，培养学生独立、及时进行复习、完成运用圆的周长公式新知解系列应用题巩固新知的能力和良好的课后作业习惯。

（二）课题研究

1．学生自主探究圆的周长公式之乐学善学素养

1）课前独立复习梳理乐学善学素养方面

锻炼学生借助课前复习单，独立复习、整理和在学习单上填写圆的概念、圆的半径、直径及它们间的关系知识的能力；促进学生课前独立做好新课学习知识准备之良好行为习惯的养成。

2）课堂"独合结合"探究公式乐学善学素养方面

一是锻炼学生课始参与反馈课前独立复习、整理的圆的概念、圆的半径、直径及它们间的关系知识的能力；注意听取教师的随机激励与引导，促进良好课前独立复习和参与课始交流良好行为习惯的养成，激发后续参与探究学习圆的周长公式的兴趣。二是锻炼学生借助教材、课中学习单、教师运用多媒体和其他"三式"的引导，"独合结合"进行阅读教材材料、动手操作和尝试推理的过程，理解圆的周长含义、圆周率的意义和圆的周长公式三个概念；锻炼学生相应的能力，让学生体会几何公式学习的乐趣。三是圆的周长公式运用中，学生小组讨论变式例题，并尝试向同学表达自己的想法，提高运用圆的周长公式解

决生活实际问题的能力和完善解题基本步骤和书写规范的能力；增进学生"独合结合"探究学习圆的周长公式和尝试解题应用的成功感和小组合作、互帮互助的意识。四是锻炼学生在课尾集中合作小结活动中，对课前复习内容与价值、新课所学三个概念和结合实际运用圆的周长公式进行解题练习、测量方法、数学思想等多方面的内容，以及探究学习的方式方法进行回顾、梳理和概括提炼的能力，增强学生多元表现表达小结结果的能力，内化课前、课中探究学习数学概念的方式方法，增进这样学习数学概念类新课的兴趣。

3）课后独立解应用题乐学善学素养方面

培养学生课后独立、及时进行新学内容的自主复习，按质完成教师补充的五道运用圆的周长公式解题拓展练习题的能力；借以进行自主检测、补救，巩固所学新知的良好课后学习习惯；培养学生利用信息技术查阅与"圆周率"发展史的知识，进行梳理概括，下次课始参与全班交流的能力；进一步培养学生独立探究学习课外新知的良好习惯和探究学习的兴趣，增进应用意识。

2．实施形式

1）学生"三程""独合结合"探究学习活动式（五项）

（1）学生课前独立复习活动式：学生独立完成课前复习单任务，独立举例说明生活中的圆，复习、梳理和在学习单上记录周长、正方形和长方形周长的公式、圆心与圆的半径、直径及其相互关系、表达符号的知识，借助工具，画一个半径为2厘米和直径为3厘米的圆，巩固已学知识。锻炼课前自主复习、整理数学知识的能力，为提高新课学习的实效奠定前关联知识的基础。

（2）学生课堂"独合结合"探究"圆的周长"新知学习活动式：一是学生以小组合作形式，通过阅读教材和对圆形实物进行实际测量，探究学习圆的周长、直径的测量方法，锻炼相应能力，掌握圆的周长公式；增进小组合作意识。二是运用圆的周长公式，师生合作完成两个例题，锻炼学生及时运用新知参与完成结合实际解例题的能力，感知圆的周长公式在生活中运用的广泛性。三是学生小组合作讨论完成圆的周长公式的变式应用题，培养学生灵活运用圆的周长公式的能力，加深对其适用性的理解；增强互帮互助的意识。四是课尾学生参与集中合作小结活动，锻炼对课前复习内容与价值、新课所学三个概念，结合实际运用圆的周长公式进行解例题和变式应用题练习、测量方法、数学思想等学习内容，"独合结合"探究学习的方式方法进行回顾、梳理和概括，以及多元表现表达小结结果的能力。以此内化课前、课中探究学习数学概念的方式方法，增进这样学习数学概念类新课的兴趣。

（3）学生课后独立应用新知完成作业活动式：学生独立完成课后学习单上教师补充的五个结合生活实际的应用练习题，自主查阅圆周率发展史的知识并制作成简单PPT，下次课始参与全班交流，培养学生课后独立、及时进行复习、应用圆的周长公式完成作业、巩固新知的能力和良好的课后学习行为习惯。提高学生独立利用网络收集所需信息与借助多媒体整理与结合口头说明表达信息的能力，拓展圆周率发展史的相关知识。

2）借助"三程"学习活动单式

（1）借助课前独立复习活动单。学生在课前独立复习单的引导下，独立举例说明生活中的圆，复习、梳理和在学习单上记录周长、正方形和长方形周长的公式、圆心与圆的半径、直径的概念及其相互关系、表达符号的知识,借助工具,独立画一个半径为2厘米和直径为3厘米的圆,以巩固周长、正方形和长方形周长,圆心与圆的半径、直径及其相互关系、表达符号的知识。锻炼独立复习、梳理和记录相应知识,唤起对生活中圆的印象和借助工具画圆的能力,为后续课中自主探究"圆的周长"含义与公式,提高课中新知学习效率奠定基础。

(2) 借助课中"独合结合"探究"圆的周长"新知学习活动单。学生借助课中"独合结合"探究"圆的周长"新知学习活动单,一是小组合作测量直径的方法,独立记录有圆心和没有圆心的两种情况。二是独立阅读教材,概括测量周长的两种方法。三是小组合作测量圆形物体的周长和直径,计算圆的周长与直径的比值(商),并利用学习单记录测量与计算的各自结果。四是师生合作,运用圆的周长公式,解2道应用性的例题和1道变式练习题。锻炼小组合作测量和概括圆的周长的两种方法,测量圆形物体的周长和直径,计算与它们间的比值(商)的能力,师生合作运用圆的周长公式,解例题和变式练习题的实际应用能力。从中,增进小组合作探究获得圆的周长公式和加以应用解题的成功感、合作互助意识和这样学习新知的兴趣,体会数学知识与生活息息相关。

(3) 课后作业单。学生根据课后独立作业单,一是独立完成给出直径、半径分别解求图中2个圆的周长(的公式)。二是独立完成运用圆的周长公式解4道应用题。三是独立通过网络收集圆周率发展史的相关知识,进行整理,制成简单的PPT;下次课始,与其他作业一起,参与全班交流的任务,及时巩固圆的周长的公式新知。从中,锻炼应用圆的周长的公式的独立解题应用题的能力、收集整理所需信息和参与全班交流的能力,进一步增进圆的周长与人们日常生活紧密联系的感受、独立解题的成功感与自信,以及这样完成课后作业的兴趣;促进课后独立、及时和按质完成作业,注意解题步骤与规范书写要求良好行为习惯的养成。

3) 借助多元引导式

一是板书引导。课中,教师通过板书,展示圆的周长公式及变式,强化学生相应认知;展示例题1的规范解题格式,提高学生解题书写的规范性。二是PPT引导。教师借助PPT,将教学中的图形、图片、例题中示意图、重要的公式、各环节的引导性问题,较精确、快速地呈现在学生面前,使学生更容易观察、感受呈现的内容,提高学生的上课效率,并锻炼相应的观察、感受、解题和归纳的能力。三是口头引导。学生小组合作学习圆的周长过程中,教师注意进行口头的引导,帮助学生解决遇到的疑惑,提高理解的速度和质量。四是问题引导。师生合作运用圆的周长公式解决实际问题例题和变式练习题的活动时,教师注意设置合理的问题,帮助学生理解题意,提高学生快速审题和解题能力。五是追问引导。学生自主复习圆的知识反馈活动中,教师通过一个接一个的简单问题,让学生巩固原有知识的同时,快速地进入本课圆的周长公式新知的学习中。多元引导式的运用,旨在更好地激发学生参与课中各环节的自主进行探究学习的兴趣,提高理解所引导内容学习的速度和质量,保证课中学习的效率。

4) 随机激励式

(1) 课前激励式。教师对于在课前自主复习圆的相关知识反馈活动中积极回答问题、答案正确的学生进行口头表扬,激发学生注意提高课前独立复习的质量和课中独立、小组合作参与学习圆的周长公式的兴趣。

(2) 课堂激励式。一是教师在提出问题要求学生回答时,对表现好的学生进行鼓励,对个别回答错误的学生耐心启发其进行自主纠正,激发他们保持探究学习的兴趣。二是在学生小组动手测量探究圆的周长、记录数据、进行计算的活动中,对参与时积极主动、完成任务速度快、质量好的小组进行鼓励,以更好地保持相应行为,增进学生的小组合作探究的兴趣和合作互助意识。三是对于积极参加课尾集中合作小结所学内容、方式方法全面、交流表达清晰的学生,加以肯定性的鼓励,以锻炼小组合作回忆、梳理和概括提炼所学内容、方式方法和个性化学习体会与经验的能力;注意增进课尾集中小结的意识。

(3) 课后激励式。在下次课始,学生参与全班交流课后独立查阅圆周率发展史的活动中,教师对学生大胆阐述自己掌握的资料、交流的内容较为全面,或具有一定的独特性等情况的,给予肯定性的激励,以拓展学生圆周率发展史方面的知识;培养独立借助多媒体和口头说明展示交流课后所收集与整理的所需网络信息的能力;注意提高收集材料的全面性和一定独特性,增进这样完成课后作业的兴趣。

3. 思路总括

鉴于上情,本课基于乐学善学核心素养理念下,围绕"圆的周长"公式的内容学习,课前、课堂与课后"三程""独合结合"学习相结合,整合其他"四式"实施,引导学生独立完成课前独立复习和课始交流活动的任务,课中"独合结合"探究圆的周长相关知识、圆的周长公式和尝试运用公式解决应用性例题和变式练习题探究活动的任务,课尾集中合作小结本课所学内容与方式方法的任务,课后独立完成三类作业和下次课始参与全班交流任务。使学生把握圆心、圆的半径、直径及相互关系、圆的周长两种测量方法和圆的公式及其计算,以及圆周率的发展史方面的知识;培养学生"有独有合"完成"三程"各自任务时的梳理与概括、动手测量与记录数据、进行计算、运用公式解应用性例题、变式练习题和课后作业题的探究学用圆的周长公式的能力,小组合作探究学习的能力;增进规范解题步骤和数学规则的意识、小组合作互助意识和这样学习几何公式类新知的兴趣。

二、教学目标

(一) 知识与技能

了解圆周率的意义,熟练掌握圆周长公式,能够运用公式进行圆的周长相关实际问题的计算,掌握规范的解题步骤和书写格式;锻炼动手测量操作、推理圆的周长公式能力,"三程""有独有合"进行梳理、概括和交流的能力;增进对基于乐学善学核心素养理念"三程""独合结合"整合实施"五式"在引导探究学习圆的周长公式方面的独特价值。

(二) 过程与方法

经历小组学习圆周长与直径的数量关系的研究过程,掌握圆的周长测量的方法(绳测法和滚动法),学会几何公式学习的动手操作法,结合"三程"学习单和教师多元形式引导下对圆的周长公式的"有独有合"探究学习的过程,锻炼"有独有合"完成"三程"各自任务时的梳理与概括、动手测量与记录数据,进行计算,运用公式解应用性例题、变式练习题和课后作业题的探究学用圆的周长公式的能力,小组合作探究学习的能力;把握课前、课堂、课后几何学习的方法(表格法、多元练习法——基础性练习、巩固性练习及课后反馈练习、听师生讲解交流法、小组讨论交流法和收集梳理概括法),体会课堂小结的方法(看PPT法、听讲法、看板书法、自主实践法、反思改进法)和"五式"所蕴含学习方式。

(三)情感态度与价值观

体验"化曲为直"的思想;激发"有独有合"探究学习圆的周长公式的积极性、成功感和自信心;增进小组合作探究、互助意识;借助网络查找中国古代数学家对圆周率发展史信息和收集、梳理与交流,渗透爱国主义教育,增进对学用数学的价值意识。

三、教学过程

过程一: 教师借助PPT组织学生课前独立复习圆的相关知识反馈活动,培养参与交流能力、独立做好新课学习知识准备的良好课前复习行为习惯和增进独立完成课前复习任务的自觉性(3分钟)。

(1)学生积极发言,说说生活中的圆。

师:请同学来说说生活中常见的圆。

生1:车轮;生2:硬币;生3:盆子的外圈……

师:注意倾听学生发言并对学生提到的常见圆,加以随机激励,表扬学生的善于观察。

师:借助PPT展示生活中圆的图片。

生:独立观、听、思、内化。

(2)复习圆的相关概念:圆心、半径、直径。

师:借助PPT和课前学生独立复习单,组织学生反馈课前独立复习、梳理和在学习单上记录的周长的概念、正方形、长方形周长的公式、圆心与圆的半径、直径及其相互关系、表达符号等知识,并提出问题,要求学生参与回答。

生:独立观、听、思、忆,参与回答问题。

师:注意倾听,并作随机激励与引导。

生:独立听、忆、思,内化。

(**课题研究**:培养学生借助课前独立复习单,参与交流课前梳理的知识和从中撷取有用信息的能力和独立做好课前知识准备的良好习惯;增进后续独立和合作参与学习圆的周长公式的兴趣。)

过程二: 教师借助课堂学习单和PPT,引导学生完成小组合作尝试运用圆的周长公式解应用性例题探究学习活动,培养应用能力和参与课堂交流的能力,增进解题规范和小组合作意识(20分钟)。

(1)借助生活实际问题引入课题,增进学生探究学习兴趣(2分钟)。

师:借助PPT展示实际问题,两辆遥控赛车分别沿边长为3米的正方形和直径为3

米的圆形赛道进行比赛。如果它们同时、同速从同一点出点,那么谁先回到原出发点?要求学生积极思考并回答。

生:独立观、听、思、忆,参与回答问题。

师:引入课题"圆的周长"并板书。

生:独立观、听、思、忆。

(**课题研究**:让学生感知数学几何与人们日常的生活息息相关,提高学生探究学习圆的周长公式的兴趣。)

(2)学生借助阅读课本、学习单和教师随机引导小组合作测量圆形物体周长与直径,进行计算,锻炼小组探究圆的周长公式能力(18分钟)。

小组合作学习课本内容,尝试测量圆形物体的周长与直径,加强几何动手操作能力。

师:借助 PPT 和课堂学习单,引导学生以小组合作方式自学书本 105 页关于圆的直径和周长的测量方法的介绍;运用自主学习到的测量方法,小组合作动手测量圆的周长和直径,并计算求出周长与直径的比值。

生:独立观、听、思,结合课堂学习单,自学课本内容,得出测量方法:滚动法和绳测法;小组合作、相互配合,动手操作测量圆的直径和周长,填写学习单并计算出周长和直径的比值(商)。

师:巡视教室,对学生测量圆的直径和周长的规范操作加以指导,适时激励。

生:独立听、思,内化。

学生阐述小组操作学习结果,师生合作得出圆的周长公式,增强学习数学几何公式的能力和初步成功感

师:请同学到讲台处演示自主学习到的圆的直径和周长的测量方法。

两位生:合作演示测量直径方法,使用直尺和两根三角尺对黑板上的圆的直径进行测量,并详细介绍了测量原理——滚动法、绳测法。

师:对积极上台演示的同学加以赞赏,表扬学生操作规范,解释清晰,借助 PPT 对学生的演示的实测方法进行再次巩固。

生:独立观、听、思,内化滚动法、绳测法。

师:追问引导,得出圆的周长公式 $C = \pi d$,并在黑板上规范板书。生:独立观、听、思、忆,记录。师:继续追问引导,得到圆的周长公式的变式:$C = 2\pi r, d = C \div \pi, r = C \div 2\pi$,并在黑板上进行公式的板书。

生:独立观、听、思,回答老师的追问,内化圆的周长公式及其 3 个变式。

实际教学中,每位学生都乐于参与圆的周长和直径的小组合作测量,对于几何学习中的动手操作过程有浓厚的兴趣。好几个小组,都能够在有限的时间内进行多个物品的周长测量,精确度也比较高。

(**课题研究**:本环节内容采用"先学后教"教学模式,即学生自学教材测量圆的周长和直径的两种方法,并尝试小组合作,进行实测、计算和记录,并在教师的追问引导下,得到圆的周长公式及其 3 个变式,培养"有独有合"阅读概括、实测、计算、提炼得出圆的周长公式及其 3 个变式的探究学习能力和参与课堂交流的能力;增进"有独有合"探究学习的成功感受和学习几何公式的乐趣。)

过程三:借助 PPT 和板书,运用圆的周长公式解决实际应用问题的解题交流活动,锻炼学生及时运用新知的能力,感知数学知识在生活中运用的广泛性(13 分钟)。

(1) 师生合作运用圆的公式列式计算,锻炼学生运用圆的公式列式计算解例题的能力和增进学习的成功感(9 分钟)。

师:借助 PPT 展示例题 1,一张王莲的叶子近似于一个圆,它的直径长约是 0.95 米,这张叶子的周长是多少米?(结果保留到两位小数)。追问:题目现在需要求周长,已知了什么条件;根据学生回答板书已知条件,运用圆的周长公式求解周长,完成例题讲解。

生:积极回答,寻找条件,独立观、听、思、记、内化。

师:借助 PPT 展示例题 2,一颗卫星围绕地球飞行,飞行轨道近似为圆形,已知卫星距离地球表面 500 千米,飞行了 14 圈,问卫星一共飞行了多少千米(地球的半径长约为 6 400 千米,计算结果保留 π)?要求学生小组合作讨论,结合题目先画出示意图,再规范列式、计算解题。

生:独立仔细认真地审题、思考,积极参与小组讨论、交流、动手画出示意图;列式计算,得出结果。

师:巡视课堂、适时点拨、表扬讨论积极的小组、鼓励内向的学生参与到小组讨论中,并要求回答。

相关被叫生:阐述小组讨论、画图和计算的结果。

师:仔细聆听、对学生的正确阐述加以肯定赞扬。

生:独立听、思、记、内化。

(**课题研究**:锻炼学生在教师借助多媒体、口头说明和随机激励与引导下审清题意,"有独有合"运用圆的周长公式列式、计算和规范书写,解决生活实际问题的能力;感知数学公式在生活中应用的广泛性,增进应用数学公式解决实际问题的成功感和兴趣。)

(2) 小组讨论完成例题 3,锻炼学生运用圆的周长公式的变式进行解题的能力和增进解题的成功感(4 分钟)。

师:借助 PPT 出示例题 3,如图,圆环的外圆周长 $C_1 = 250$ 厘米,内圆周长 $C_2 = 150$ 厘米,求圆环的宽度 d(结果精确到 0.1 cm)。要求学生进行小组讨论、交流,先画出示意图,再列式、计算,完成例题 3 的解题过程。

生:独立观、听、思;积极参与小组讨论、交流,尝试列式、计算,规范书写解题,得出结果。

师:注意巡视,加强观察,对个别不太理解圆环图案的小组,帮助学生画出示意图。

被叫学生小组代表:借助学习单、多媒体和口头说明,分析题意,出示所画示意图和解题过程,说明列式与计算结果;其余学生仔细倾听、核对解题步骤和计算结果,内化。

师:注意观察与倾听,并作随机激励与引导。

生:独立观、听、记、思、内化。

(**课题研究**:培养学生先画出示意图,再运用圆的公式变式列式、计算和规范解题书写的能力;进一步加深对圆的周长知识的理解;增进小组合作解变式题的成功感和互帮互助意识。)

过程四:组织学生合作小结活动,培养课尾集中合作总结所学内容、方式方法和个性化学习体会与经验的能力和课尾集中小结的意识(3分钟)。

师:借助PPT、学习单引导学生合作小结全课所学的内容、方式方法和自己或小组的学习体会、经验。

生:积极参与组内讨论、交流,梳理本课所学内容、方式方法和个人与小组的学习体会与经验,用多元方式记录小结的结果,自主内化小结方式方法。

被叫学生合作小组代表:借助学习单、多媒体和结合口头说明,交流本组小结的结果。不仅提到了本节课的内容,如,圆心、圆的半径、直径和周长的测量方法,圆的公式及其三个变式,解题时注意先画示意图,再列式、计算,注意解题时的步骤和书写规范;更有提到课前的复习的作用、测量圆周长的数学思想、小组合作的体会等。

师:仔细观察、倾听,并作随机激励和引导。

生:独立听、思、记,内化。

(课题研究):培养学生在教师PPT、学习单、口头说明、随机激励与提示等引导下,用多元形式对全课所学内容、方式方法、测量方法、数学思想、课前复习和小组合作学习的价值、个性化体会等进行小结和表达的能力,及时内化新知概念、重点、难点;增进学习的成功感,课尾集中小结意识和合作互助意识。)

过程五:学生课后独立完成学习单作业和下次课始参与全班活动,培养学生及时、独立进行复习,按质完成作业巩固新知和拓展知识的习惯和锻炼自主完成作业能力(布置作业:1分钟)。

师:借助多媒体、学生课后独立作业学习单和口头说明,要求学生课后完成三项作业:求图中各圆的周长题。解四道应用题。自主查阅中国古代圆周率发展史的相关知识网络信息收集、整理题,并制作简单PPT第二天课始参与全班交流。

生:独立观、认真听、记;课后,按要求独立、及时、按质完成作业;下次课始,在教师的组织下,学生先在组内进行交流;再部分被叫学生参与全班交流反馈。

师:注意观察、倾听,并注意随机激励与引导。

生:独立听、观、思、内化。

(课题研究):培养全班学生课后及时进行新学内容的自主复习、检测、补救,巩固新知的良好学习习惯和独立完成作业,下次课始参与组内和全班交流的能力;拓展中国古代圆周率发展史方面的知识,增进民族自豪感。)

四、实效与反思

(一)实效

1. 学生乐学善学素养方面

1)课前独立复习善学素养方面

对学生的预习检查和教师课堂反馈表明,全班学生都能够借助课前复习单,独立完成复习、梳理,在学习单上记录周长、正方形和长方形周长的公式、圆心与圆的半径、直径及其相互关系、表达符号的知识和借助工具，独立画一个半径为2厘米和直径为3厘米的圆的任务，有效锻炼了学生独立复习与整理相应知识的能力；促进了新课学习前做好相关知识准备良好的独立复习行为习惯的养成；引发后续探究新知的兴趣，为提高课中学习的实效奠定了基础。

2）课堂乐学善学素养方面

从观课老师的评价、执教者自身对学生课堂的观察，以及课后执教者与部分学生的交流沟通可知：这节实践研究课课堂的整体效果良好，学生"独合结合"探究圆的周长和应用解题的乐学善学素养得到了提高。具体表现在以下方面。

（1）学生课前独立复习素养得到了较为扎实的培养。从课前教师对学生课前复习单的批阅和课始学生参与全班交流反馈的情况可知，全体学生独立完成了课前复习、梳理旧知与记录在学习单上的任务，巩固了相应的旧知；锻炼了相应的能力；培养了课前独立复习、做好新课学习知识准备的良好行为习惯，为后续课中自主探究"圆的周长"含义与公式、提高课中新知学习效率奠定了基础。

（2）学生课堂"独合结合"探究圆的周长公式和应用解题素养得到了有效的发展。①借助课中学习单，学生小组合作自主学习圆的周长和直径的测量方法，每个小组都初步掌握"滚动法"和"绳测法"这两种方法，并尝试运用这两种方法，动手操作测量圆形物体的周长。从中，锻炼了相应能力，体验"化曲为直"的思想，体会到了几何公式学习的乐趣，增进小组合作意识。②在圆的周长公式运用中，逐步提升了学生在教师借助学习单、多媒体、其他"三式"和预设问题、随机追问、板书与口头说明引导下，先画示意图，再运用圆的周长公式列式、计算完成例题1和例题2的解题能力，规范了解题的基本步骤和书写格式。③锻炼了学生小组审题，先画示意图再讨论与交流列式、计算，尝试运用圆的周长公式之变式，解变式例题3的能力，增进了应用圆的周长公式及其变式解题的成功感、自信、兴趣和小组成员互助意识。④在课尾的集中合作小结活动中，锻炼了学生在教师借助多媒体、口头说明和随机激励与提示引导下，对全课所学内容、方式方法和个人与小组的个性化学习体会与经验进行小结，借助表格、关键词和思维导图等记录梳理概括的结果，结合多媒体和口头说明参与全班交流小结结果的能力；尤其是有的学生能够总结课前复习对新课学习的价值、"化曲为直"的测量方法、数形结合解题的思想和小组合作互助探究新知的必要性，内化了总结的内容；增进了学生探究新知的成功感、自信、兴趣和课尾集中小结的价值意识、学习与应用意识。⑤课堂教学中，教师经常使用鼓励性的语言，表彰学生独立或小组合作完成相应探究任务中的主动参与、思路清晰、速度快、准确率高、书写规范和合作互助好等行为，活跃了课堂气氛，激发学生保持参与课堂探究圆的周长公式及其变式，运用公式及其变式解题，课尾参与集中小结的积极性，逐步增进了探究的成功感和自信心；增进了继续开展这样学习数学概念、公式类新课的兴趣。

3）课后乐学善学素养方面

根据教师自身对学生作业的批改，可以看到：全体学生能够按时、独立完成课后学习单上的前二类题目，并且准确率较高；解题的步骤和书写也比较规范，说明学生已经熟练掌握了圆的周长公式和规范的解题格式。同时，学生也渐渐养成了及时、独立进行新学内容的自主复习、检测、补救，巩固好新知的相关良好学习行为习惯。对第三项课后学生独立收集与整理中国古代圆周率发展史的作业,在第二天课始的交流反馈表明:同学们都能够积极参与;基本都能够从网络渠道查阅"圆周率"发展史的知识,并加以梳理、概括,制作成 PPT,部分小组代表参与全班交流。拓展了学生中国古代关于"圆周率"发展史的知识;锻炼了借助信息技术进行搜集、梳理、概括和参与班级交流的能力;进一步培养了自主学习课外知识的良好习惯和兴趣;增进了对学用数学的价值意识;培养了学生的民族自豪感。

2. 教师素养方面

教师在本课例的研究过程中,经历了确定研究主题、梳理研究思路、拟定教学目标、完善实践过程的课前静态设计,课后局部修改课前设计中的虚化和不确切部分,撰写实效、反思和意义揭示板块、增补文献和规范全文格式的过程中,锻炼了自己的相应能力。尤其是围绕研究主题,基于乐学善学核心素养理念,整合实施"五式"和其他举措,引导学生"三程"结合、"独合结合"进行探究元的周公式及其应用学习活动的设计、实施、总结和反思素养有了明显的提升。

(二)反思

本课的主要问题是课堂教学相关环节时间的把控方面需要更合理化。

首先,小组合作动手测量周长与直径并推导圆的周长公式的活动用时比较长,导致之后圆的周长公式的运用和学生自主小结时间比较紧凑。自主学习圆的周长公式活动的预设时间为 15 分钟,实际教学中,由于学生动手操作不够熟练,测量所花的时间比较长。另外,计算周长与直径比值比较麻烦,导致本环节实际用时 20 分钟。对此,教师应该在巡视过程中,适时加以提点,及时解决学生小组合作过程中遇到的问题。

其次,圆的周长公式的运用活动中,由于时间不够,讲解得比较仓促,留给学生自主思考与讨论的时间比较少,导致讨论不充分。圆的周长公式的运用环节预设三个例题中,例题 3 只是简单讲了思路,没能详细完成例题过程的讲解,主要原因是操作环节超时 5 分钟。另外,例题 3 的难度较大,对于学生已有知识水平来说理解起来比较困难。教学中没有及时把圆环示意图展示给学生就要求他们讨论,应该在学习单和 PPT 展示出示意图,可让学生更容易理解题意,从而节省学生部分用于理解题意的时间,保证解题的全面完成。

五、意义揭示

(一)发挥"三程"学习活动方面的独特价值——"三性"

1. 学生在"三程"学习中的主体性

这是指"三程"的教学过程,是以学生独立学习或小组合作学习为主实施的,教师只是起到辅助引导学生自主学习活动的作用。这种主体性,主要体现在"三程"五项学习"或独或合"的学习活动中,具体参见学生"三程""独合结合"探究学习活动式(五项)和借助"三程"学习活动单式下概述的拟作和指向和实践过程相应处,此处不再展开说明。

可见,上述"三程"相关学生的主体性的表现,很好地发挥了他们在相应学习活动中的主动性,从而让学生更快速、更高效、更有兴趣地参与完成相应的学习活动任务,在主动建构中学习,发挥学生的能动性、自主性、探究性,不断提高学生自主探究圆的周长公式及其应用的能力,发展了学生乐学善学的核心素养。

2. 学生"三程"学习活动过程、内容和主体性地位落实的系统性

本课主要在三个方面体现了教师在组织教学方面的系统性。一是学生的学习活动"三程"结合,使探究性学习为主的学习活动的过程更加系统,使学生的"三程""或独或合"的探究性学习素养得到全面锻炼。二是对于圆的周长的知识把握更加全面。首先,借助课前复习反馈,由周长、正方形和长方形周长的公式、圆心与圆的半径、直径及其相互关系、表达符号的这些已知引入;其次,在测量圆的周长时,让学生尝试测量更多圆形实物的周长,从而深入地掌握了测量圆周长的两个方法——绳测法和滚动法,培养他们的实测操作能力;再次,通过其后师生推导得出圆的周长公式的过程,使学生对圆的周长公式有更为深入的理解;最后,学生对于圆的周长的应用更加扎实,从直接代公式计算的题型到圆的周长公式的实际应用问题,到圆的周长公式的变式应用问题,圆的周长公式的运用由浅入深,从而逐步提高了学生对圆的周长公式的运用能力。三是学生在"三程"学习中的主体性地位更加突出,保证了"先教后学"完成相应任务的高效和学生探究性学习能力、兴趣的有效发展。可见,这样的系统性,可以提高完成学生完成相应任务的效率、质量和科学性;促进学生有机发展探究性学习的相应能力、兴趣,增进探究学习的自信。

3. 学生"三程"学习活动的实效性

本课教学的实效性,主要可以概括为"六个更"。一是学生学习数学公式的兴趣更浓厚。二是对于圆的知识掌握更全面。三是技能训练更深入。四是圆的周长公式联系生活应用更扎实。五是课堂教学中学生的主体性更突出。六是"三程"结合学习更系统。

可见,这样的学生学习活动探索,可以带来更为全面的实效性,既与学生在"三程"学习中的主体性和学习活动过程、内容和主体性地位落实的系统性紧密相关,也与学生在"三程""独合结合"学习单的引导下,更好地自主学习,实现"先学后教"密不可分,还与教师加强圆的周长公式学习和应用的内容进行贴近学生日常生活的选择与设计,并结合多元方式引导学生"或独或合"进行"三程"探究学习,逐步提升探究学习任务的难度,从而激发与保持了学生探究学习的兴趣和成功紧密关联。

(二)彰显运用"先学后教"模式的独特价值

通过"三程"学习单,引导学生更加自主地投入圆的周长公式知识与技能的学习。在课堂学习中,教师借助课中学习单,借助了"先学后教"的模式。一是要求学生独立阅读教材 105 页相应处,自主列出圆的直径和周长的两种测量方法——绳测法和滚动法。二是学生尝试小组合作,对教师准备的圆形物体进行直径和周长的测量。三是学生在课堂学习单(圆的周长、直径和比值测量结果)中,进行了测量结果的记录并计算,得出周长与直径的比值。四是教师借助 PPT 上相应问题,让学生阐述学到的两种测量方法,并向同学展示。五是教师让各小组组长汇报小组计算所得的周长与直径的比值,发现这个比值是一个定值,从而完成了学生的先学。在此基础上,教师顺势引入圆周率的概念,板书推导

圆的周长公式及其3个变式。实施下来发现,"先学后教"模式体现了如下"四性"——全员性、互助性、全面性、高效性。班级中所有的学生对于"先学后教"的模式兴趣都十分浓厚,不同层次的学生都积极参与合作学习,学生在小组自主学习的过程中能够互帮互助,解决了圆的周长测量方法、用于实测和计算问题,在教师的引导下,推导得到圆的周长公式和3个变式。整个过程,提高了学生几何动手操作的能力,学生能够感受几何公式学习的乐趣;增进了学生小组合作解决数学知识的能力;培养了学生自主探究学习的能力。

课堂上"先学后教"模式的实施,让执教者深深体会到此种模式更加符合以生为本的教育理念。在今后的教学中,可以继续加以尝试,促进学生的自主学习能力的发展和核心素养的形成,从而促进学生可持续发展。

(三)体现激发学生学习兴趣方面的独特价值

本节课的学生"三程"学习过程中,教师整合运用学习单、多媒体、设问与追问、板书和口头说明等多元方式引导,让学生"或独或合"完成课前复习及其课始的反馈,独立阅读教材梳理得出圆的周长测量"两法"和进行实测、计算与填写,师生合作推导出圆的周长公式及其3个变式,学生小组合作运用于解决富有生活气息和应用题和解决变式挑战题,学生小组合作参与课尾集中小结,课后独立完成3项应用为主的作业和下次课始参与组内和全班交流第3项作业完成情况。既提高了学生完成"三程"探究学习活动任务的效果,也激发和保持了学生参与学习活动的兴趣。其突出价值有三:一是学生真正弄懂了本课的核心知识与技能,圆的周长的测量方法和公式的运用。二是使学生喜欢这样的数学概念课。三是真正通过多动手、多探究建构,让数学知识真正融入学生自身的知识体系中。

多元引导的实施,再次验证了爱因斯坦的观点:"兴趣是最好的老师。"也让我意识到灌输不如引导,数学教学程式应该加以改变,用多元化的教学方式方法去引导学生独立学习和小组合作探究学习,才更具教与学的活力。

参考文献

[1] 中华人民共和国教育部.义务教育数学课程标准(2011版)[M].北京:北京师范大学出版社,2012.
[2] 余文森.核心素养导向的课堂教学[M].上海:上海教育出版社,2017.
[3] 韩凤.圆的周长——先学后教,当堂训练教学设计[J].时代教育,2004(6):186.
[4] 李许鹏.初中数学"先学后教"教学模式实践现状及反思[J].中学课程辅导(教师教育),2021(10):92-93.
[5] 郑月宏,卢钦龙.核心素养下学生乐学善学策略的研究[J].教育,2020(28):39.
[6] 董淑霞.转换教师角色 凸显学生主体——初中数学教学中学生问题意识的培养[J].求知导刊,2020(52):57-58.
[7] 陈永丽.谈学习单在学本式成长课堂中的有效运用[J].黑龙江教育(教育与教学),2021(01):57.
[8] 南雪梅.初中数学课堂中以学习单为载体进行小组合作学习的实践探究[J].中国校外教育,2019(25):130-131.
[9] 孙微.实施"五策"提高数学单元复习和自我监控能力培养实效——以《图形的运动》复习课之区级课题研究课两次实践与分析为例[J].浦东教育研究,2018(2):48-51+7.

数学专题复习实施"六步+1"提升学生自主梳理、练习与归纳类素养的学习活动设计和实施

——以"辅助线的运用复习"学生学习活动设计、实践与分析为例

上海市五三中学 蔡志文

【首次执教时间、地点和对象】

2018年6月11日,上午第3节;录播教室;初一(2)班

一、设计思路

(一) 设计依据

1. 学情分析

初一(2)班的学生,数学学习已有一定的基础;但在教师的引导下,进行数学某一专题系统、规范地梳理复习、应用解题与归纳,以及课后再独立尝试进行应用解题,还没有完整经历过。因此,要对学生课中与课后学习的全过程,结合学习单自主复习的能力加以培养;提高学生自主复习梳理、归纳与解题应用的能力。

本课拟围绕"辅助线的运用复习"专题复习内容,教师实施"六步+1"教学基本步骤,借助学习单、白板演示、PPT讲解、问题讨论、解题练习与课后作业等多种举措,实施专题自主复习,提高学生数学相关专题内容复习时知识与技能的梳理、归纳、尝试分析、作图、规范解题和独立作业的能力;提高学生专题复习的兴趣;促进学生自主进行专题复习良好行为习惯的养成。

2. 课标分析

教育部《义务教育数学课程标准(2011版)》(以下简称"课标")指出:培养学生的"自主学习、合作学习、单元复习"是新课标"十大核心概念"的内容。课标还指出,在几何证明题中,学生需通过"观察和操作",认识图形的基本运动"平移""旋转""翻折"等过程中"几何变换思想"。课标还倡导学生要学会数学、联系实际学习数学;在转变学习方式方面,课标非常注重自主学习和合作学习。

因此,本课拟实施"六步+1"基本步骤,引导学生自主复习全等三角形的辅助线添加运用,使学生熟练掌握图形的三种基本运动特征,提高运用添加辅助线来构图、分析解决

实际问题的能力、兴趣，促进自主进行专题复习良好行为习惯的养成，符合课标的上述精神与要求。

3. 教材与学材分析

本课复习内容，是基于上海教育出版社出版的上海市九年义务教育课本七年级"数学·三角形"单元中的第 2 节、第 3 节，共 12 课时的内容整理而来，主要内容是领会图形运动中"几何变换思想"的精神，合理地添加辅助线来解决问题。其重点是熟练掌握图形的三种基本运动的特征，用添加辅助线的方法（即中线倍长和截长补短法"两法"）在几何证明题中构造图形，解决问题；难点是学会灵活运用辅助线的两种添法解决实际问题。伴随着学生学习进程，时不时会出现需要用添加辅助线来解决问题的内容。但是现有教材中对于辅助线的运用，并没有专门的教学内容。所以，学生虽然以前遇到过这种类型的题目，但还没有熟练掌握。

本课学生所使用的学材，是基于本专题所涉 12 课时的教学内容与学生添加辅助线的实际整理设计，主要分为课堂与课后两部分的内容，以课中与课后学习单的形式呈现给学生。其中，课堂内容部分，学生跟随教师引导，在解决不同类型几何证明题的过程中，有目的地尝试添加辅助线，对辅助线的中线倍长和截长补短法两种添加方法有进一步的理解，能够熟练、灵活地应用以解决实际问题；课后内容部分，由学生独立完成辅助线的添加以及问题的推理证明过程，巩固灵活地运用添加辅助线的"两法"解决实际问题的能力，促进课后独立、及时和按质完成良好作业习惯的养成。

（二）课题研究

1. 学生专题自主复习素养培养内容

丰富学生借助教师所编的课中与课后学习单，在"六步＋1"基本步骤和白板演示、PPT 讲解、问题讨论、解题练习与课后作业等举措的引导下，回忆全等三角形的判定与性质、图形的三种基本运动（平移、旋转、翻折）的特征，尝试添加辅助线进行解题和系统、规范地梳理、归纳出辅助线的添加方法——中线倍长和截长补短法"两法"，课后独立借助"两法"完成解题作业。能进一步熟悉全等三角形的判定与性质、图形的三种基本运动（平移、旋转、翻折）的特征；提高全体学生结合课中与课后学习单，对辅助线的中线倍长和截长补短法两种添加方法的运用进行系统、规范梳理、归纳和结合实际加以应用的能力；完善解题过程和规范书写步骤，增进学生的学用意识，促进课后独立、及时、按质完成课后作业和自主进行专题复习良好行为习惯的养成；增进对通过"六步＋1"练习归纳类学习活动进行数学专题复习的兴趣。

2. 学习活动类型——梳理、练习、归纳、巩固

具体参见"实施基本步骤"。

3. 实施基本步骤——"六步＋1"

本课通过组织学生经历"听"（听老师讲解、引导）、"观"（自己的学习单、老师的 PPT、老师的演示）、"练"（课上参与练习两个例题）、"议"（课中生生讨论）、"归"（梳理、总结归纳）、"记"（记录全等三角形的判定与性质、图形的三种基本运动特征、辅助线添加方法、解题步骤和其他相关知识点）六步学习活动，以及每一步间的及时反思活动，激发学生自主

进行《辅助线的运用复习》的求知欲。从中,能够较好地使学生自主回忆全等三角形的判定与性质,进一步熟悉图形的三种基本运动(平移、旋转、翻折)基本特征;通过添辅助线的实践,归纳出辅助线的添法——截长补短法、倍长中线法,进一步熟悉解决问题的思路及方法;完善解题过程,规范书写步骤;初步锻炼自主复习归纳的能力;促进及时整理所学、尝试归纳、小结的良好行为习惯养成;增进对通过"六步+1"练习归纳式学习活动进行数学单元复习的兴趣。

4. 思路总概

本课围绕辅助线的运用复习,教师设计课中与课后学生学习单,结合实施"六步+1"练习归纳专题复习类学习活动的实施基本步骤和借助白板演示、PPT 讲解、问题讨论、解题练习、尝试归纳与课后作业等多种举措的引导,实施专题自主复习,使学生能进一步熟悉全等三角形的判定与性质、图形的三种基本运动(平移、旋转、翻折)的特征;提高全体学生结合课中与课后学习单,对辅助线的两种添加方法的运用进行系统、规范梳理、归纳和结合实际加以应用的能力;完善解题过程和规范书写步骤,增进学生的学用意识,促进课后独立弯沉巩固性作业和自主进行专题复习良好行为习惯的养成;增进学生对这样进行专题复习学习活动的兴趣。

二、教学目标

(一) 知识与技能

进一步熟悉全等三角形的判定与性质、图形的三种基本运动(平移、旋转、翻折)及其特征、辅助线的中线倍长和截长补短两种添法,提高利用图形运动的基本思想和"两法"解决实际问题和自主进行专题复习时的梳理、归纳和课后自主巩固的能力;增进对梳理、练习、归纳、巩固类学习活动和"六步+1"实施基本步骤在专题复习中的价值认识。

(二) 过程与方法

经历围绕辅助线的运用专题复习,在课中与课后学习单、"六步+1"实施基本步骤和借助白板演示、PPT 讲解、问题讨论、解题练习、尝试归纳与课后作业等多种举措的引导下进行专题自主复习,提高利用图形运动的基本思想和通过添辅助线解决实际问题的思路及方法的能力,能归纳出辅助线的添法——中线倍长和截长补短法"两法";能完善解题过程、规范书写要求;初步锻炼自主复习归纳的能力;能自主体悟课中与课后学习单、"六步+1"实施基本步骤等多元引导举措所蕴含的自主复习之学习方式方法。

(三) 情感、态度与价值观

增进学用添加辅助线解决图形运动实际问题的意识;促进完善解题过程、规范书写要求和借助自主回忆、梳理小结、进行练习和尝试归纳、课后独立作业良好专题复习行为习惯的养成;增进对这样进行专题复习的兴趣。

三、实践过程

过程一：听问促思导入活动,激发学生自主参与学习辅助线添加方法的兴趣(3分钟)。

师：对于辅助线我们并不陌生,在几何证明或计算中,就经常会用到。可有些同学还经常会产生这样的疑问："老师,你怎么就能想到连那几条辅助线,而我为什么想不到呢？"同学们,你们也有这样的困惑吗？

生：有。

师：那么,到底辅助线是怎样想出来的呢？今天,我就帮助大家来自主解决这个问题。

（**课题研究**：内化学生提出疑问,确定学习活动的主题的能力；激发学生的主动思考如何合理添加辅助线欲望。）

过程二：教师借助学习单、白板和口头说明等引导学生自主忆、观、练、比、议、概结合,培养自主回忆旧知和归纳辅助线添加方法的能力(30分钟)。

(1) 借助课中学生学习单、白板和口头说明引导学生回忆全等三角形的判定与性质、图形的三种基本运动及其特征,使学生巩固这些知识为后续尝试添加辅助线进行解题练习。

师：借助课中学生学习单、白板,提问："全等三角形的判定与性质是什么？图形有哪几种基本运动？它们有些什么特征？"请与同桌讨论后,老师将抽取同学来回答。

生：独立观、阅、听、忆、思；与同桌讨论与交流。

被叫生：回答问题。

师：注意倾听,并作随机激励与引导。

生：独立听、思,内化。

（**课题研究**：锻炼学生"独合结合"回忆旧知,参与答问能力；巩固全等三角形的判定与性质、图形的三种基本运动及其特征知识；引发后续尝试添加辅助线进行解题练习的兴趣。）

(2) 师借助PPT图示进行讲解和组织学生练习归纳,使学生熟悉辅助线添加方法中的倍长中线法。

师：借助多媒体先后呈现例1,并作规范解题和说明,要求学生注意观察、听、记、内化。

生：独立观察、听、思、记、内化倍长中线法。

例1：△ABC 中,AD 是 ∠BAC 的平分线,且 BD = CD,求证 AB = AC。（方法：倍长中线 AD）

解：延长 AD 至点 E,使 DE = AD,连接 BE

在△ADC 与△EDB 中

$\begin{cases} AD = ED（已作） \\ \angle ADC = \angle EDB（对顶角相等） \\ CD = BD（已知） \end{cases}$

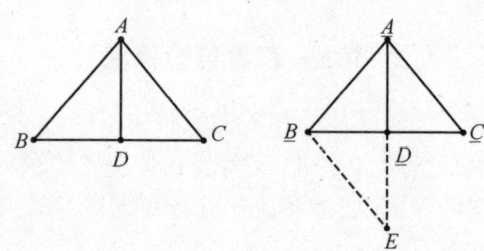

所以△ADC≌△EDB(S.A.S)

所以 AC = EB(全等三角形对应边相等)

∠CAD = ∠E(全等三角形对应角相等)

因为 AD 平分∠BAC(已知)

所以∠BAD = ∠CAD(角平分线的意义)

所以∠BAD = ∠E(等量代换)

所以 AB = BE(等角对等边)

所以 AB = AC(等量代换)

(**课题研究**:培养学生独立观、读、回忆、思考和内化能力,巩固辅助线添加方法中的倍长中线法。)

师:借助多媒体和课堂学习单呈现练习1、练习2如下。

生:独立观察、阅读,在学习单上尝试解题。

练习1:△ABC 中,AB = 5,AC = 3,求中线 AD 的取值范围。

解:延长 AD 到 E,使 DE = AD,连接 BE

在△ADC 与△EDB 中

$\begin{cases} AD = ED(已作) \\ \angle ADC = \angle EDB(对顶角相等) \\ CD = BD(已知) \end{cases}$

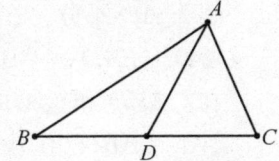

所以△ADC≌△EDB(S.A.S)

所以 BE = AC = 3(全等三角形对应边相等)

在△ABE 中,AB = 5,BE = 3

$\begin{cases} AB + BE > AE \\ AB - BE < AE \end{cases}$

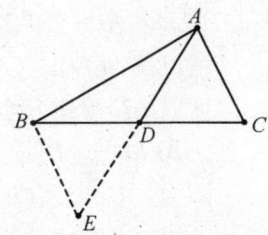

所以 2<AE<8

所以 1<AD<4

练习2:已知在△ABC 中,AD 是 BC 边上的中线,E 是 AD 上一点,且 BE = AC,延长 BE 交 AC 于 F,求证:AF = EF。

解:延长 AD 到 G,使 DG = AD,连接 BG

因为 AD 是 BC 边上的中线(已知)

所以 BD = CD(三角形中线的意义)

在△ADC 与△GDB 中

$\begin{cases} AD = GD(已作) \\ \angle ADC = \angle GDB(对顶角相等) \\ CD = BD(已知) \end{cases}$

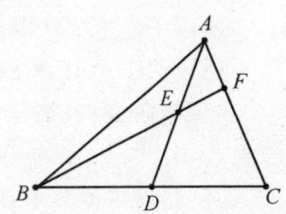

所以△ADC≌△GDB(S.A.S)

所以 AC = GB(全等三角形对应边相等)

∠CAD = ∠G(全等三角形对应角相等)

因为 BE = AC(已知)

所以 BE = BG（等量代换）

所以 ∠BEG = ∠G（等边对等角）

因为 ∠BEG = ∠AEF（对顶角相等）

所以 ∠AEF = ∠EAF（等量代换）

所以 AF = EF（等角对等边）

(**课题研究**：锻炼学生在自主进行解题练习、归纳中，进一步熟悉倍长中线的添加方法。)

（3）教师借助PPT图示进行讲解和组织学生练习归纳，进一步熟悉辅助线添加方法中的截长补短法。

师：借助多媒体先后呈现例2，并作规范解题和说明，要求学生注意观、听、记、思，内化截长补短法。

生：独立观、听、思、记，内化截长补短法。

例2：如图，在△ABC中，∠B = 2∠C，AD平分∠BAC。求证：AB + BD = AC。

证明：在AC上截取AE = AB，连接DE，如图所示

因为 AD 平分∠BAC（已知）

所以 ∠EAD = ∠BAD（角平分线的意义）

在△AED 和△ABD 中

$\begin{cases} AE = AB（已作）\\ \angle EAD = \angle BAD（已证）\\ AD = AD（公共边）\end{cases}$

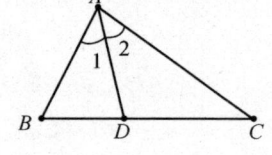

所以△AED≌△ABD(S.A.S)

所以 ED = BD（全等三角形对应边相等）

∠AED = ∠B（全等三角形对应角相等）

因为 ∠B = 2∠C（已知）

所以 ∠AED = 2∠C（等量代换）

又因为 ∠AED 为△CED 的外角

所以 ∠AED = ∠C + ∠EDC（三角形一个外角等于与它不相邻两个内角的和）

所以 ∠C = ∠EDC（等式性质）

所以 EC = ED（等角对等边）

所以 EC = BD（等量代换）

所以 AC = AE + EC = AB + BD（等量代换）

(**课题研究**：锻炼学生在独立观、听、记、思中，熟悉借助截长补短法线进行添加解题的方法。)

师：借助多媒体和课堂学习单，先后呈现练习3，要求学生独立解题。

生：独立观察、阅读，尝试在学习单上解题。

练习3：已知△ABC中，∠A = 60°，BD、CE 分别平分∠ABC 和∠ACB，BD、CE 交于点O，试判断 BE、CD、BC 的数量关系，并加以证明。

解：在BC上截取CF = CD，连接BF

因为 BD、CE 分别平分∠ABC 和∠ACB（已知）

所以∠ABD = ∠CBD，∠ACE = ∠BCE（角平分线的意义）

在△COD 和△COF 中

$\begin{cases} CD = CF（已作） \\ \angle DCO = \angle FCO（已证） \\ CO = CO（公共边） \end{cases}$

所以△COD≌△COF（S.A.S）

所以∠DOC = ∠FOC（全等三角形对应角相等）

CF = CD（全等三角形对应边相等）

在△ABC 中，∠A = 60°（已知）

所以∠ABC + ∠ACB = 120°（三角形内角和为 180°）

所以∠OBC + ∠OCB = 60°（等式性质）

因为∠BOE = ∠OBC + ∠OCB（三角形一个外角等于与它不相邻两个内角的和）

所以∠BOE = 60°（等量代换）

因为∠BOE = ∠COD（对顶角相等）

所以∠COF = ∠BOE = 60°（等量代换）

因为∠BOE + ∠BOF + ∠COF = 180°（平角的意义）

所以∠BOF = 60°（等式性质）

所以∠BOE = ∠BOF（等量代换）

在△BOE 和△BOF 中

$\begin{cases} \angle BOE = \angle BOF（已证） \\ \angle EBO = \angle FBO（已证） \\ BO = BO（公共边） \end{cases}$

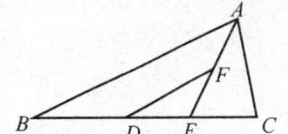

所以△BOE≌△BOF（A.A.S）

所以 BF = BE（全等三角形对应边相等）

因为 BC = BF + CF（如图）

所以 BC = BE + CD（等量代换）

（**课题研究**：锻炼学生独立观、阅、忆、思和尝试添加截长补短法线进行解题的能力；进一步熟悉添加截长补短法线进行解题的添加方法；增进独立解题的成功感。）

过程三：听、忆、思，与同桌讨论，参与交流适用情况，归纳辅助线添加方法，及时巩固添加方法(4 分钟)。

师：这节课，我们复习了哪两种辅助线的添加方法？

生齐答：中线倍长法、截长补短法。

师：请与同桌讨论截长补短法的使用情况。

生：与同学讨论、交流，得出：看到中线想到倍长，看到角平分线想到截长补短。

师：予以肯定。

（**课题研究**：锻炼学生在参与讨论中，自主归纳添加辅助线的适用性能力，及时巩固辅助线添加的两种方法；增进梳理、归纳的成功感。）

过程四：教师借助白板和学习单呈现两道课后习题，要求学生应用方法，课后独立完成，下次课上组织交流反馈，培养学生及时、独立、按质完成课后作业的良好学习行为习惯和巩固辅助线之两种添加方法（3分钟）。

师：借助白板和学生课后学习单呈现以下2道学生课后独立完成的作业。

题目1：已知在△ABC中，$AB \neq AC$，D、E在BC上，且$DE=EC$，过D作$DF//BA$交AE于点F，$DF=AC$。求证：AE平分$\angle BAC$。

题目2：已知$ABCD$是正方形，$\angle FAD = \angle FAE$。求证：$BE + DF = AE$。

生：独立观、读、听、忆、思；课后，独立完成作业；下次课上，参与交流。

师：注意倾听，并作随机激励与引导。

生：独立观、听、思，内化。

（**课题研究**）：培养学生及时、独立和按质完成课后作业的良好学习行为习惯；巩固添加辅助线的两种方法：中线倍长和截长补短法。）

四、实效与反思

（一）实效

1. 学生专题自主复习素养方面

在教师"六步＋1"教学实施步骤和借助学习单、白板演示、PPT讲解、问题讨论、解题练习等多种举措的引导下，学生专题自主复习（辅助线的添加运用复习）素养，有了以下五个方面的变化。

一是学生参与"三程"添加运用辅助线的复习、梳理、练习和作业的热情普遍高涨。

二是从教师对学生课中梳理、解题和课后独立完成作业批阅的情况可知，学生进一步熟悉了全等三角形的判定与性质、图形的三种基本运动（平移、旋转、翻折）及其特征，对全等三角形辅助线的中线倍长、截长补短两种添加使用方法，都已了然于心。

三是从对教师对学生课中解题思路交流中可以看出，学生领会了图形运动中"几何变换思想"，能够注意合理地借助添加辅助线来分析与解决全等三角形的问题，对辅助线添加的适用情况有了更为准确的把握，增进了对梳理、练习、归纳、巩固类学习活动和"六步＋1"实施基本步骤在专题复习中的价值认识。

四是从对教师对学生的课中解题课后作业完成情况可知：学生能熟练运用中线倍长、截长补短两法解题，完善了解题过程和规范书写要求；初步锻炼了自主复习归纳的能力；能自主体悟课中与课后学习单、"六步＋1"实施基本步骤等多元引导举措所蕴含的自主复习之学习方式方法。

五是学生增进了学用添加辅助线解决图形运动实际问题的意识；促进了完善解题过程、规范书写要求和借助自主回忆、梳理小结、进行练习和尝试归纳、课后独立作业的良好专题复习行为习惯的养成。

2. 学生课堂积极情感体验方面

本课中，教师注意将学生放在学习活动的主体地位，以课中学习单、"六步＋1"的实施基本步骤、多媒体、提问法和讨论法等多元举措,一步步带领同学们学习掌握本课知识,学生普遍能够积极思维、尝试观察、回忆、思考、答问、解题、梳理与归纳,主动表达自己的想法,学习兴趣较高,学习的自信增加。

3. 教师素养方面

经历本次课例研究的过程,增进了自身对规范的数学课例研究的认识;提高了确定课题研究主题、有针对性地进行课前静态设计、课中灵活执行与课后课例的务实、细化撰写的能力,逐步提高了课例成果的质量;启发了自身对于数学相关教研主题的探索。

(二)反思

一是例题和习题的设置缺少情境;二是没有较好地体现出层次差异性,容易使部分学习基础较好和基础较弱的学生缺少参与复习、解题的兴趣,进而不能很好地掌握辅助线的添加方法。这在今后的专题复习中,是需要教师加以改进的。

五、意义揭示

本课能够取得较为明显的实效,彰显了基于自主学习核心素养理念下,课中与课后"三程"整合实施"六步+1"基本步骤和多元举措配合,体现了学生独立为主、课中讨论交流为辅进行"辅助线的添加运用"专题复习方面的独特价值——"七性"。

(一)体现学生使用辅助线添加方法学习的主体性

综观学生参与课堂与课后的学习活动可知,学生课中自主观、阅、忆、答、听、练、议、炼与课后独立练相结合,成为课中与课后学习的真正主人公,体会了全等三角形问题中辅助线添加的奥秘,进一步熟悉了全等三角形的判定与性质、图形的三种基本运动(平移、旋转、翻折)及其特征,领会了图形运动中"几何变换思想";能够借助全等三角形辅助线的中线倍长、截长补短两种添加使用方法进行解题;促进了完善解题过程、规范书写要求和课后独立、及时与按质完成作业良好学习行为习惯的养成。

可见,学生只有真正成为课中与课后学习的主人,才可能带来学习活动实效和自主复习素养的真正有效的提升。

(二)增强学生在课中专题复习过程中的体验性

如学情分析所述,学生"在教师的引导下,进行数学某一专题系统、规范地梳理复习、应用解题与归纳,以及课后再独立尝试进行应用解题,还没有完整经历过"。本次的课中与课后学习活动过程,弥补了学生这一过程的不足。在教师的多元举措引导下,学生在梳理中进一步熟悉了本专题的基本知识,普遍能够发散思维、尝试观察、回忆、思考、答问、解题、梳理与归纳,主动表达自己的想法,学习兴趣较高,学习的自信提高。

可见,教师注意针对学情经历中的不足,采取富有针对性的弥补性举措,可以丰富学生相应学习活动的经历,扎实基础知识,提升学习能力,增进学习兴趣和自信,促进后续类似的自主复习活动。

（三）突出教师在教学过程中的程序性和专题复习内容难度的梯度性

本课的课中与课后教学过程，按照"六步＋1"的基本步骤开展，每个教学环节联系紧密，将学习过程程序化，逐步提高学习难度，带领学生循序渐进地进行本专题的内容复习，提升学生学习实效和素养。

可见，教师注意遵循教学的基本步骤，结合反思，并逐步提高学习内容的难度，既可以提升学生学习实效和素养，又可以增进学生复习遵循一定程序（步骤）的意识和挑战意识，提高参与专题复习的兴趣和自信。

（四）增强学生在专题复习时思维建构的方法性

本课的教学，教师实施"六步＋1"的基本步骤，结合运用多媒体演示法、提问法、例题教授法、学生讨论法、练习法与课后作业法等多种教学方法，使学生巩固全等三角形图形的三种基本运动及其基本特征的知识；在观察与记录教师所解例题、自主解练习题、尝试讨论与归纳和课后独立完成运用两法解题的过程中，普遍熟悉添加辅助线的两种方法——中线倍长法和截长补短法这一本专题复习的重点与适用情况的难点：看到中线想到倍长，看到角平分线想到截长补短；进一步领会图形运动中"几何变换思想"；完善了解题过程、规范书写要求；初步体悟本专题复习时教师的单元引导所蕴含的学习方式方法。

可见，专题复习时强调以知识为基础，思维建构方法为核心，注意解题的基本过程、书写规范，有助于学生自主复习素养的可持续发展。

（五）加强学生在学习过程中的反思性

本课为学生反思提供了"六步＋1"的反思性学习活动，在六步学习活动中，学生观察、回忆、答问、观图、听讲（例题）、独立解题、讨论与交流、尝试梳理与归纳、课后独立解题和下次课始参与全班交流。最为显著的是两项反思活动：一是让学生在课中讨论环节，结合其他同学的想法建议，反思自我，及时补充知识点并对错误的理解进行更正。二是让学生通过课后习题，在实际应用中反思自己的知识掌握情况，进行查漏补缺，从而熟悉并灵活掌握辅助线添加方法。学生在反思中，从不同的角度合理地对自己的学习现状进行归因，改进了复习方法，增强了对添加辅助线应用于解题的能力、兴趣和自信。学生的反思活动，也有利于教师了解学情，及时调整教学活动，进行因材施教。

可见，加强学生学习活动过程中的多元反思性，既可以提高专题复习的实效和提升学生自主复习素养，也可以引发教师进行反思，实现因材施教，促进教学相长。

（六）增强教与学的实效性

对比本课实施前的学情和实施后学生素养发展的实效可知，本课既弥补了学生原有规范、系统专题复习经历的不足，又扎实了学生添加辅助线的知识，锻炼了运用添加辅助线的两法进行解题应用的能力，完善了解题步骤和书写规范，促进了专题复习方式方法的内化。

可见，这样的专题复习效率，是较为明显的；学生自主复习素养的提升，也是较为全面的。这在今后的数学复习中,可继续开展类似的尝试与总结,以取得更为规范、科学的结论。

参考文献

[1] 中华人民共和国教育部.义务教育数学课程标准(2011版)[M].北京:北京师范大学出版社,2012.
[2] 余文森.核心素养导向的课堂教学[M]上海:上海教育出版社,2017.
[3] 庞维国.自主学习:学与教的原理和策略[M].上海:华东师范大学出版社,2003.
[4] 巴洛赫.合作课堂:让学习充满活力[M].曾守锤,吴华清,译.上海:华东师范大学出版社,2005.
[5] 孙微.实施"五策"提高数学单元复习和自我监控能力培养实效——以《图形的运动》复习课之区级课题研究课两次实践与分析为例[J].浦东教育研究,2018(2):48-51+7.
[6] 朱律维."独合结合"语文实施体验式提升学生写作详略素养探索——以《叙事要详略得当》区级课题研究课实践与分析为例[J].浦东教育研究,2019(8):53-57.

数学教学实施"五式五法"提升学生自主说题、解题、归纳类学习活动素养的学习活动设计与实施

——以"第九章 整式的计算"复习课两次教学之学习活动设计、实践与分析为例

上海市五三中学 顾丽萍

【首次执教时间、地点和对象】

2018年10月17日,上午第2节;录播教室;初一(8)班

一、设计思路

(一)设计依据

1. 学情分析

初一(8)班的学生数学总体基础一般。经过预备阶段的磨合后,学生学习数学的兴趣有所增强,学习态度端正,大部分学生上课能认真听讲,作业能认真完成。进入初一以来,部分学生上课时虽然能认真听讲,但存在对数学题目的理解流于表面,说题思路不够清晰,解题书写不够规范等问题。遇到解题思路不清或不会解题时,往往依赖教师的思路启发,个人的独立思维还有所欠缺,学生的单元复习整体素养需要提升。

针对这一现状,教师基于学会学习的核心素养的要求,围绕"第九章 整式的计算"复习,课前、课中与课后"三程"结合,整合实施"五式五法"为主的举措,引导学生主动参与"有独有合"完成课前5次说题(寻错题、说错因为主)复习类学习活动、课中12次的说题、解题和归纳活动(包括说题活动7次、解题活动3次和归纳活动2次)和课后3次解题、说题学习活动的任务,锻炼学生在课前围绕复习活动中的重点、难点、易错点准备说题内容,课上规范表述解题思路、方法,运用"二式二法"、计算公式解题,小组合作借助思维导图等进行全章内容的梳理、归纳,课后进行反思改进和独立完成拓展练习题的能力;锻炼学生借助口答、板演、多媒体软件、思维导图等多种方式,进行流畅说题活动的能力;帮助学生对整式的运算法则和公式的形成过程进行梳理,拓展进一步理解文字语言与符号语言表述之间的转化方法,进行计算及其说题、解题与归纳方面的相关知识;培养学生在日常的数学学习中,主动进行"有独有合"说题、解题和归纳的良好的行为习惯;激发学生这样进行单元复习的兴趣;体悟数学单元复习的方式方法,提升学生进行单元复习的整体素养。

2. 课标分析

教育部《义务教育数学课程标准(2011年版)》(以下简称"课标")有四方面要求:培养学生的符号意识、发展学生的运算能力、帮助学生领悟模型思想、基于代数内容的推理能力。这些要求在新课学习阶段,基本已经实施,但在理解运算的算理,寻求合理简洁的运算方法解决问题,以及模型思想的建立,是需要继续在复习过程中加以落实的。课标指出:"学生学习应当是一个生动活泼的、主动的和富有个性的过程,积极思考、自主探索、合作交流都是学习数学的重要方式。"

本课以学生说题学习活动为载体,通过教师对学生"三程""有独有合"系列学习活动加强过程的引导,规范"五式"实施、利用"五法",提高学生梳理、归纳单元复习内容与方法的能力,符合课标精神与要求。

3. 教材分析

本课是根据上海教育出版社出版的上海市九年义务教育课本七年级第一学期"第九章 整式的计算"第40课时的内容,自编而成的一节复习课,复习内容以"三程"学习单呈现给学生。本课的教学重点是教师组织学生开展单元复习时的说题、解题和归纳学习活动,以激发学生单元复习的兴趣,提升思维和说题、解题和归纳能力;教学难点是学生学用规范的数学语言和合理的解题策略,解决较为复杂的整式计算问题,锻炼相应能力。

所以,本课拟围绕"第九章 整式的计算"进行探究,基于"学会学习"核心素养,以学生独立为主、小组合作为辅,以数学说题为载体,在教师整合实施"五式""五法"的引导下,融合学生"三程""有独有合"的说题、解题和归纳的系列学习活动,作为本单元复习的重要举措,来化解学生数学学习,尤其是单元复习中存在的不足,拓展学生整式计算复习方面的知识;锻炼单元复习,尤其是说题、解题和归纳的能力;促进日常"有独有合"尝试说题、解题和归纳良好复习习惯的养成;增进这样进行数学单元复习的兴趣。

(二) 课题研究

1. 学生单元复习自主(含小组合作)说题、解题和归纳素养

1) 课前学生自主说题、解题素养

课前,学生利用思维导图归纳整理"第九章 整式的计算"中的概念及公式,尝试利用做过的习题进行分类,挖掘习题中的易错点,培养学生的单元复习目标意识、问题意识;在小组内进行变式类比说题,培养学生自主解题、说题能力。以此增进这样进行自主复习对课中单元复习的价值意识。

2) 课中学生"有独有合"说题、解题和归纳素养

(1) 在首次实践环节的课始反馈与检测活动中,锻炼学生借助思维导图的填空、完成四道判断准确性的测试题和参与回答;巩固本章概念体系,借助复述、检测提升课前复习的实效;促进单元复习需要关注章的概念体系,以及借助思维导图进行概念体系梳理的良好单元课前复习习惯的养成和这样进行复习反馈的兴趣。

(2) 在首次实践环节的学生独立观察、听取教师说题示范、尝试解变式题和进行说题活动中:锻炼学生独立观察、听取教师说题示范、尝试理解,以及运用完全平方公式和平方差公式(简称"二式")解变式题和进行解题说明能力;促进学生认真观听教师示范和独立

尝试应用"二式"解题、说题良好行为习惯的养成和初步增进解题、说题的成功感。

(3) 在首次实践环节的两个小组合作说题活动中：培养学生独立解题、核对答案和锻炼运用"二法"进行解题的能力，在说解题过程中语言简练，能准确表述变式意图的能力；继续培养学生在整式计算中公式规范书写的习惯、关注本章中经常采取数形结合的数学思想解决整式的计算，在说题过程中准确表达从图形中抽象出数学模型，从而建立数学模型通过求解模型的数学结果得到原问题的结果的能力；增进学生尝试解题、说题的成功感和互相监控解题结果的意识。

(4) 在首次实践环节小组合作解拓展题1，进行说题和归纳活动中：培养学生结合长方形的面积公式和整式的计算进行小组合作解题、说题和归纳的能力，提升解题速度和说题归纳的流畅度；进一步巩固运用"二式二法"进行计算的能力和进一步感受数学源于生活、培养合作意识和增进小组合作解应用题、进行说题和归纳的成功感。

(5) 课尾学生小组合作小结活动环节：锻炼学生小组合作回忆、梳理、归纳"整式的计算"全章复习内容和方式方法的能力；增进学生课尾小组合作复习集中小结意识和促进良好行为习惯的养成。

3) 课后学生自主解题和归纳素养

课后，锻炼学生独立复习，完成拓展练习题，并在小组内进行解题、说题梳理与归纳（解题思路、解题方法、书写规范、易错点等）和尝试师生合作监控（学生录制小组合作说题、归纳视频，借助微信传给教师，听取教师随机激励与反馈），学生独立对比与改进自己作业的能力；促进学生课后独立及时进行复习、解题、巩固所学，参与小组说题、归纳，师生合作监控作业情况，以及注意及时加以改进良好课后作业行为习惯的养成。

2. 学生"三程""有独有合"说题、解题和归纳类学习活动

1) 学生课前"2独3合"5次说题、解题、出题复习活动

(1) 学生独立选题和归纳错因学习活动（"2独"）。一是学生独立整理出自己在第九章练习中的错题。二是独立梳理挑选出典型错题并归纳错因，增进学生反思诊断、分析练习错因的意识。

(2) 学生小组合作说题、归纳活动（"2合"）。一是学生合作小组成员逐一进行自己所整理的典型错题的说题，提出错题中的困扰。二是小组成员互帮互助，化解一定的困惑，锻炼相应能力；增进互帮互助意识和自主复习的自信。

(3) 学生小组合作出题、解题活动。一是学生通过小组讨论，请组内部分学习基础较好的成员，将组内成员的相关典型错题进行变式设计，其余同学尝试解题。二是组内成员相互批改变式题的解题情况，锻炼学生相应能力；增进自测和相互监控学习情况的意识，了解题目难易程度。

(4) 学生小组分工汇总整理的错题、出变式题、录制视频征询教师意见并加以改进、准备参与课中说题学习活动。学生各小组确定参与课中全班说典型错题的题目及其小组所出的变式练习题，选定1名学生负责说题，选定1～2名学生负责PPT的制作，其余同学负责计时和帮助修改讲稿，课前完成5分钟以内的视频录制并传给教师，注意根据教师的修改意见进行修正。以此锻炼学生小组合作对课前复习探究成果的梳理、概括和准备参与全班交流的能力；增进课前整理典型错题和小组合作出变式题的兴趣和价值意识。

2) 课中 12 次"有独有合"说题、解题和归纳活动

(1) 学生"有独有合"说题活动 7 次。①学生独立借助思维导图进行填空式归纳说题活动:锻炼学生相应能力;促进课前独立借助思维导图复习梳理单元概念和对章节内容进行结构化表述的良好单元复习习惯。②学生独立完成判断与选择并进行说题活动:锻炼学生独立运用整式计算的运算公式进行解题的能力,以及用数学语言说题的习惯。③独立听教师说题活动:使学生巩固例题及变式的求解中的几种常见方法。④学生小组合作说题活动:每组派一名学生代表独立讲解小组先学、讨论后确定的例题的解题思路与方法,培养学生参与说题和从中撷取有效信息的能力;激发学生单元复习中小组合作解题后参与班级说题、从中撷取有效信息的兴趣和自信。⑤变式练习时,小组成员一起检测其他组同学把握情况,并由另一名代表对变式练习进行说题活动:培养学生当堂检测、反馈和改进的能力;增进学生单元复习中借助变式题进行解题检测和说题,实施过程监控的意识和兴趣。⑥学生在老师的引导下进行小组合作分析及说解拓展题活动:培养学生正确使用整式乘法和整式加减的计算公式的能力;增进解拓展题的成功感。⑦学生课尾小组合作小结活动:培养学生小组课尾进行集中合作梳理、小结的意识和锻炼梳理、归纳复习内容与方法,以及个人学习体会与经验的能力,促进良好课尾集中小组合作小结习惯的养成。

(2) "2 独 1 合"解题活动 3 次。①学生独立完成教师给出的 4 道有关整式计算方面的判断与选择题活动:锻炼学生根据思维导图独立整理的整式计算的公式,快速进行简单计算及概念辨析的能力;增强课后独立解题复习的成功感和兴趣。②学生独立完成老师出的完全平方和平方差公式(以下简称"二式")的应用及其变式练习活动,以及学生代表出的两道整式加减和整式乘法(以下简称"二法")的应用及其变式练习活动:锻炼学生独立分析问题,运用数学符号语言进行解题,提高学生解决问题的能力,及时独立巩固整式加减和整式乘法应用及其解变式题的单元复习重点知识。③学生小组合作完成有关整式计算的拓展题 1 的解题活动:锻炼学生小组合作结合相应的运算类型,研究其中蕴涵的数学概念与数学原理,整式计算的运算知识、方法,用简洁、规范的语言演绎思维过程的能力;增进这样完成课后作业的兴趣。

(3) "先独后合"归纳活动 2 次。①学生独立借助思维导图进行的填空式归纳学习活动:锻炼学生借助思维导图归纳本单元复习重点——"二式二法"的能力;培养学生每一章节复习需要梳理结构化概念的良好单元复习行为习惯。②课尾学生小组合作完成本节课的小结活动:培养学生进行课尾集中合作复习小结的能力和良好习惯。

3) 课后 3 次"有独有合"解题、说题、归纳、监控反馈与修正作业活动

(1) 学生课后独立完成拓展题 2 的解题活动和在组内进行小组独立解题、说题活动:培养相应的能力;增进解题、说题的成功感和兴趣。

(2) 学生小组讨论完成课后作业互评、梳理和优化解法活动:锻炼学生相应的能力;巩固解题、说题的方法;增进互相监控课后作业情况、注意改进作业的意识。

(3) 学生小组代表独立完成本组说题、归纳视频录制、听取教师反馈和独立修正自己作业的活动:培养学生相应的能力;增进学生作业互控和听取教师反馈意见、独立加以改进的意识。

3．实施形式——"五式"

1）借助"三程·三单"式

（1）借助课前自主复习学习单。一是学生在课前独立复习单的引导下，尝试独立使用思维导图进行"第九章 整式的计算"概念梳理，锻炼学生相应能力；帮助加深对概念的认识和理解，掌握知识结构，建构单元知识网络。二是学生从错题本上挑选出自己的典型错题，摘录在学习单上，再次独立完成解题，培养学生找错题、明错因、独立分析解决问题的能力。三是小组同学进行组内互批，锻炼互相交流作业情况、加以改进的能力。四是挑选组内成员的典型错题，选择一题进行变式设计，其余同学尝试解题；推选一人进行组内说题，帮助其完善说题；参与小组的典型错题收集、解题、析错因和再尝试解变式、进行解题说明与归纳；增进学生对小组合作的价值认识和参与小组合作解题、说题、归纳的积极性。

（2）借助课中自主说题、解题、归纳与监控活动学习单。学生借助课中学习单，一是课始：学生独立完成思维导图的填空和四道选择题，锻炼相应能力和检验课前复习成效，促进良好课前复习准备行为习惯的养成。二是学生在听取教师讲解例题后，独立在学习单上完成例题的变式练习，体会变式的常见方法。三是在小组说题后，其余同学独立完成学习单上的变式练习，说题小组同学巡视并及时批改其余同学的解题过程，完成变式练习的说题，锻炼学生完成变式练习题、尝试分析问题和加以说明表达的能力，增进课中监控独立完成变式练习和说题分析的意识。四是课尾，学生根据三个集中小结问题的引导，参与组内讨论、梳理、概括、记录本章复习的内容，"二式二法"，复习学习活动的类型和"五式"，注意监控与自控互控练习、说题、归纳、个人与小组复习的体会和经验，进行交流，锻炼相应的能力；增进课尾集中合作小结意识和促进相应良好行为习惯的养成。

（3）借助课后学习单。学生借助课后学习单，一是独立完成课后学习单上的拓展题2。二是在小组内进行互批、梳理及优化活动和进行说题、归纳。三是小组代表独立完成本组说题、归纳视频录制，沟通听取教师反馈和独立改进自己作业，在下次课始参与班级交流，培养课后独立复习，完成拓展练习题，及时巩固所学和课后小组说题、归纳的能力；增进学生参与解题、说题与归纳的兴趣，作业互相监控，听取反馈意见，独立加以改进的意识，内化反思性学习的价值。

学生在参与完成"三程·三单"和教师其他"四式"引导下"有独有合"复习任务的过程中，规范单元复习类的学习活动；锻炼借助梳理、解题、说题、归纳、监控单元复习类探究学习活动学习单完成相应任务的能力；体验这样进行单元复习的成功感和愉悦性。

2）独立学习式

（1）课前：一是学生借助课前自主复习单的引导，尝试独立运用思维导图梳理、概括"整式的计算"全章的概念，锻炼相应能力；掌握结构化的单元知识。二是学生独立从自己的错题本上挑选出典型的错题，摘录在学习单上进行错因分析，并再次独立完成解题，培养相应能力。

（2）课中：学生借助课中学习单，一是课始，独立完成思维导图的填空和四道选择题的答题，锻炼相应能力和检验课前复习成效，促进良好课前复习准备行为习惯的养成。二是学生独立听取教师讲解例题。三是在学习单上独立完成例题的变式练习。四是在小组说题后,独立完成学习单上的应用性的变式练习题。五是组内互相批改同学的解题过程后,独立修正自己的变式应用性练习题的解题,锻炼学生独立听教师讲解例题、解例题之变式题和应用性的变式练习题,以及独立核对自己的解题情况并加以修正,巩固"整式的计算"之运用"二式二法"进行解题和参与说题、归纳、监控和改进的能力;增进相应意识和增进这样复习的成功感和自信。

(3)课后:学生一是独立先复习再完成课后学习单上的拓展题2。二是在小组内成员互批、梳理及优化活动说题、归纳后,独立修正自己的作业。三是下次课始班级交流中,注意从中撷取有用的信息,进行思考与记录,修正自己的作业,培养学生课后独立复习、完成拓展练习题,进行说题、归纳,及时巩固所学的能力;增进听取反馈意见、独立加以改进的意识,内化反思性学习的价值;提升这样完成作业的成就感和兴趣。

3)小组合作式

(1)课前:一是小组成员间互批独立完成的错题解题,锻炼互控作业情况,加以改进的能力。二是学生组内合作挑选组内成员的典型错题,选择一题进行变式设计,提供给全组同学尝试解题;推选一人组内说题,帮助其完善说题,参与小组的典型错题收集、解题、析错因,以及尝试解变式、进行解题说明与归纳。以此锻炼学生完成相应组内合作任务的能力;增进学生对小组合作的价值认识和参与小组合作解题、说题、归纳的积极性。

(2)课中:①课始,学生说题小组同学巡视并及时批改其余同学的解题过程,完成变式练习的说题,锻炼学生监控同组成员完成变式练习题、尝试分析问题和加以说明表达的能力,增强课始监控同学独立完成变式练习和说题分析的意识。②学生参与小组合作说题、解例题和变式练习题的活动,锻炼用规范的数学语言表述数学建模的思考过程,完成参与解例题及其变式题,说明解题情况,互相监控解题情况的能力;增进合作解例题、参与说题的成功感和互相监控解题结果的意识。③学生参与小组合作完成拓展题1的解题、说题和归纳活动中,培养小组合作完成解题、说题、归纳的能力;增进解题的成功感和数学与生活联系的紧密性。④学生课尾参与小组合作进行全章集中小结活动,锻炼小组合作回忆、梳理、归纳"整式的计算"全章复习内容、"整式的计算"之"二式二法"、复习活动的类型、复习的方式方法("五式五法")和个人与小组的复习体会与经验的能力;促进良好的课尾小组合作集中小结行为习惯的养成。

(3)课后:一是学生小组合作完成拓展题2,锻炼运用长方形的面积公式和整式进行计算解题。二是学生参与小组合作讨论解题、说题与归纳情况,录制视频传给教师,听取教师反馈意见。三是下次课始,小组代表借助信息技术展示作业、参与全班交流,使学生合作巩固"二式二法"的计算能力。以此锻炼参与小组合作讨论解题、说题、归纳情况,录制视频、听取教师反馈意见的能力;促进课后合作完成作业、进行互控之良好的课后作业行为习惯的养成;增进这样完成课后作业的兴趣。

4)借助信息技术式

(1)学生运用:一是课前学生借助思维导图梳理"整式的计算"全章知识,尝试进行结构化处理。二是对小组分工汇总整理的错题、析错因,出变式题,尝试解题和进行说题与归纳,录制视频、征询教师意见,加以改进、准备参与课中说题学习活动。三是课中学生借助信息技术参与小组合作解例题和变式练习题的活动。四是在完成拓展题1的解题后,借以参与全班解题、说题和归纳活动。五是学生参与小组合作讨论解题、说题与归纳情况后,录制视频传给教师,听取教师的反馈意见。六是下次课始,小组代表借以参与全班交流课后作业和说题、归纳情况。以此锻炼学生借助信息技术进行复习、梳理全章知识,进行结构化处理,参与全班课中与课后解题的说明,归纳和监控、改进作业活动的能力,提高参与交流的速度和质量;增进借助信息技术进行复习、梳理全章知识,参与全班解题的说题和归纳活动的兴趣和监控、改进意识。

（2）教师运用：一是课前,教师借助信息技术布置课前学生"有独有合"自主复习任务。二是课始借助信息技术呈现结构化的第九章,并带有一定空白概念(含计算公式)的知识体系,要求学生回答空白之处的内容。三是现代信息技术呈现例题及其变式题、带有应用性的学生小组合作练习题、课尾集中小结的要求和布置课后作业。以此提高教师呈现相应内容,进行讲解,组织学生参与解例题之变式题、应用题,参与解题说明和归纳,课尾引导学生进行合作总结和布置课后作业的速度、质量和兴趣。四是课后,教师借以组织反馈学生课后解拓展题2的小组合作说明解题情况、归纳所录制的视频。五是下次课始,教师借以进行学生课后独立作业和小组合作说题与归纳所录制视频的情况,以提高完成相应任务的速度、质量,内化学生的相应的知识与技能;增进学生这样完成课后作业的兴趣。

5）借助思维导图式

一是课前,学生独立借助思维导图,梳理、概括"整式的计算"全章结构化的概念性(含公式)。二是课始,教师借助信息技术呈现带有一定空白的全章结构化的概念性思维导图,组织学生参与说明空白之处的内容,进行说明与归纳。三是课尾,部分学生的集中小结,借助思维导图加以呈现。从中,提高师生呈现相应内容的速度;有机锻炼学生借助思维导图梳理、概括和交流全章结构化的概念性知识、技能、进行整式计算的"二式二法"和复习探究活动的类型与方式方法("五式五法")的能力,帮助学生建立知识间的整体联系,提升思维品质;内化复习时需要结构化处理全章（单元)的知识体系和借助思维导图加以处理的良好行为习惯;增进继续加以尝试运用的兴趣和自信。

4. 实施方法——"五法"

1）讲授法

一是课始,学生参与交流思维导图的空白式填空、分析错题错因后,教师指出学生交流中出现的问题,提出改进意见,对"整式的计算"全章的概念性知识,尤其是计算的"二式二法"进行强调和说明。二是在课中的例题环节,教师借助学生课中学习单、多媒体和其他的"方式方法",引导学生尝试参与解例题,以及进行解题说明与归纳。三是在课中第三、四环节,教师继续借以穿插引导学生小组合作解例题之变式题、应用题和参与说明解题思路、计算方法、解题规范等。四是在课尾集中合作小结时,教师借以进行小结内容、小结结果和交流的引导。五是下次课始,教师注意引导小组代表更贴切地参与班级交流课后作业的情况和进行说题、归纳。以此改进教师的讲授法,激发学生"有独有合"参与听授的兴趣;提高学生完成小组合作解题、说题和归纳的速度和质量;教师引导学生注意把握全章内容的重点、难点和易错点,建立结构化的知识网络,体会变式的常见方法,内化章（单元)复习的学生学习活动类型、复习的方式方法。

2）多元引导法

"三程"教学中，教师注意运用"三程·三单"、多媒体、思维导图、设问与追问、口头说明、板演等举措，引导学生课前的独立复习和合作准备，参与课始的交流，课中的独立与合作解题、说题、归纳，课尾的集中小结，课后的独立作业和组内说题、归纳与拍摄视频、听取教师反馈意见、自主修改作业，下次课始的小组代表参与全班交流课后作业与说题、归纳情况。从而，以全程进行的随机激励与引导等多种方式方法，激发学生参与全程复习学习活动的兴趣，保持很高的课堂专注度；使学生能够更快、更好地构建全章结构化的概念性知识体系，增进对"二式二法"的理解；能围绕重点、难点、易错点进行说错误、析错因、说解题的思路、方法、步骤和规范，能根据例题和变式的解题归纳出"二式二法"的使用策略。在解题的过程中，能逐步熟悉将文字语言转换为解题的符号语言，能从中提炼出数学模型进行解题；在说题过程中，注意将符号语言转换为图形语言和文字语言，注重数学语言的准确性和精练性。在课尾集中小结的过程中，能内化全章的结构化知识；更好地把握"二式二法"及其使用策略，单元复习的探究类学习的活动类型、方式方法（"五式五法"）。在课后，能独立完成课后拓展题，参与小组说题与归纳，拍摄视频与听取教师反馈，独立改进自己的作业，更好地参与下次课始的全班交流，增进自主、及时和高质完成课后作业，以及参与下次课始交流的兴趣和自信，进一步提升单元复习素养。

3）师生说题观察法

（1）课前：学生对小组分工汇总整理的错题析因，出变式题，尝试解题和进行说题与归纳，加强组内成员的观察；录制说题视频后交给教师，教师观察学生说题视频，录制反馈意见发回相应小组，学生观看教师反馈意见视频，注意合作加以改进、准备参与课中说题学习活动，锻炼学生相应的能力；增进说题、观察与改进的意识。

（2）课中和下次课始：一是课始，师生观察学生对整式的计算思维导图空白处的答题情况，组员说题分析错题、错因，解变式题，进行说题与归纳，听取教师视频反馈的情况。二是在课中的第二至五环节，教师注意借助"五式五法"呈现学生学习复习活动任务与复习探究的引导，学生独立参与观察尝试解例题，小组合作解变式题和应用题，交流解题说题情况和尝试归纳。三是教师呈现课尾引导学生集中小结的三个问题，学生加强独立观察，参与小组内回忆、梳理、讨论、概括，用多元形式记录小结的结果和参与组内交流。四是教师借助学习单和信息技术呈现课后拓展练习等习题进行说明，学生加强观察与记录，课后独立完成复习与作业，下次课始借助学习单和多媒体，参与全班交流，教师注意观察和倾听，作随机激励与引导，全体学生注意加强观察、倾听、独立思考与内化。以此锻炼学生集中注意力，加强完成课中、课后和下次课始参与完成"有独有合"进行说题、观察、归纳和尝试观察、读题、解题、说题、监控改进、交流与归纳的能力；增进学生这样进行复习的兴趣和自信。

4）练习法

（1）课前4次：学生根据课前复习单的要求，一是独立借助思维导图，完成梳理、讨论、交流与归纳整式的计算全章的概念性知识（含公式）的结构化处理任务。二是学生独立进行本章中自己的典型错题收集、整理、错因分析和订正任务。三是独立进行错题改编微变式练习题,并尝试完成练习。四是小组合作拍摄的错题说题视频教师反馈后,学生独立观看,修改自己的变式解题。以此锻炼学生相应的能力;巩固全章结构化的概念体系和借助"二式二法"进行计算解题和参与说题、归纳的能力;促进自主复习与练习的良好课前学习行为习惯的养成,增进这样进行复习练习的兴趣。

(2)课上7次:一是课始学生参与回答思维导图中空白内容。二是借助课前整理的学习单,小组代表参与错题、错因分析和解变式题的说题、归纳情况的说明。三是在课中的第二至五环节,学生先后独立参与例题的解题与说题、归纳,小组合作解变式题、应用题与四道选择题的练习、说题与归纳,课尾借助教师的三道问题进行小组合作回忆、讨论、交流、梳理和归纳。从中锻炼学生完成相应练习与训练任务的能力;及时巩固全章的结构化概念体系,本章计算的"二式二法"、解题思路、步骤和列式的规范性,以及单元复习的探究类学习活动类型和"五式五法";增进完成这样的练习的兴趣和自信。

(3)课后4次:一是学生独立完成1个拓展练习题。二是学生参与组内解题说明与归纳,拍摄解题的说题、归纳的视频,听取教师的反馈意见,修正自己的作业。三是小组代表参与全班交流课后本组解题、说题与归纳、摄录小组说题视频。四是学生独立听取教师反馈、修正自己作业的情况。以此锻炼学生相应的能力,及时巩固、升华所学知识与技能;增进这样完成课后作业的兴趣和自信。

5)归纳法

(1)课前:一是学生借助学习单上的思维导图,进行整式的计算概念性知识(含公式)的填空归纳。二是学生独立整理自己错题集中本章的经典错题、分析错因、尝试解变式题后进行解题说明与归纳。三是小组合作拍摄、完善本组代表准备参与课始交流的说题与归纳视频。以此锻炼学生"有独有合"完成全章知识体系的整理、解题归纳和小组代表参与课始说题、归纳准备的能力;为提高课始参与全班梳理复述章的概念性知识体系梳理和小组错题收集、错因分析和变式题解题说题、归纳与改进的速度与质量奠定基础;增进课前复习时的归纳兴趣和自信。

(2)课中:一是课始,学生借助参与复述出教师借助多媒体呈现的全章思维导图的空白处,再次内化学生复习时需要结构化地梳理、概括章的概念性知识体系的能力。二是通过小组代表参与交流课前各组合作整理的本章错题、错因,进行解错题和解变式题后的说明与归纳,培养学生归纳整式计算这一章的通性通法即"二式二法",并能将其运用到解题、说题与归纳中,锻炼归纳能力与提高分析、解决问题的能力;增进这样参与归纳的兴趣和自信。三是在课的第二至五环节,学生先后独立参与例题的解题与说题、归纳,小组合作解变式题、应用题与四道选择题练习后的说题与归纳,课尾借助教师的三道问题进行小组合作回忆、讨论、交流、梳理和归纳。从中锻炼学生完成相应练习与训练后的任务后,"有独有合"地进行归纳的能力;及时巩固全章的结构化概念体系,本章计算的"二式二法"、解题思路、步骤和列式的规范性,以及单元复习的探究类学习活动类型和"五式五法";增进学生参与这样的归纳活动的兴趣和自信。

(3)课后:一是学生独立完成1个拓展题,参与组内解题说明后的归纳活动。二是小组拍摄解题说题后的归纳视频。三是小组代表参与全班交流课后本组同学解题、说题与归纳、摄录小组说题视频、独立听取教师反馈、修正自己作业的情况。以此锻炼学生相应的归纳能力;及时巩固、升华所学知识与技能;增进这样完成课后作业后的进行归纳的兴趣和自信。

二、教学目标

(一)知识与技能

进一步熟悉整式计算的结构化概念体系和"二式二法"的运算法则,能够准确地运用这些概念和法则解决"三程"相关计算解题活动的问题,并有机提升单元复习中"三程""有独有合"自主进行错题析因、说题、解题、归纳、监控、改进的能力,积累数学单元复习中的说题、解题与归纳的经验;增进对自主为主、小组合作为辅的"三程"整合实施"五式""五法",进行单元复习中开展错题析因、章的结构式知识处理、解题与说题、归纳学习活动设计与实施之价值的认识。

(二)过程与方法

围绕"第九章 整式的计算"复习,基于自主学习的理念、经历:"三程"整合实施"五式""五法","有独有合"完成课前 6 次、课上 12 次和课后 6 次收集、整理错题析因、梳理概括章的知识体系、摄录视频听取教师反馈意见并加以改进,独立参与章的结构化知识体系与错题析因复述、参与独立解例题和说题与归纳、小组合作解变式题和说题与归纳、小组合作解应用题和四道选择题和说题与归纳、课尾参与集中小结与组内交流,课后独立解题、参与组内说题、摄录视频、听取教师反馈意见、独立改进作业、参与下次课始交流的任务,提高完成任务的速度和质量,锻炼"有独有合""三程"参与章的复习时的梳理、复述、解题、说题归纳、监控和改进等完成单元探究复习类活动任务的能力,巩固"二式二法"的整式的计算的方法;能熟练用规范的数学语言和合理的解题策略解决较为复杂的整式计算问题,利用思维导图理清单元知识脉络,利用"三程"说题、解题、归纳活动提高数学的分析能力和表达能力;内化"三程""有独有合"整合实施"五式五法"开展系列单元探究复习学习类活动中,所蕴含的方式方法。

(三)情感态度与价值观

激发参与完成课前 6 次、课中 12 次、课后和下次课始 6 次"有独有合"进行梳理、复述、解题、说题、归纳、监控与改进复习探究类系列学习活的兴趣;感受这样复习的价值所在,增进主动进行参与这样进行单元复习的学用意识;体会准确和简明地开展单元复习时解题、说明、尝试梳理与归纳时的严谨性;促进单元复习时注意借助思维导图等工具进行章(单元)知识体系的结构化处理和利用"五式""五法"进行说题、解题、归纳的良好复习行为习惯的养成。

三、教学过程

过程一:组织学生借助思维导图复述全章结构化呈现的概念类内容、完成现场测题和进行解题说明,内化"第九章 整式的计算"的结构化知识体系的能力和促进"有独有合"做好全章概念类重点内容复习的良好课前复习行为习惯的养成(8分钟)。

(1)检测学生课前复习情况导入活动:锻炼学生借助思维导图对课前梳理本章概念的复现能力和及时巩固本章概念体系的重点内容(5分钟)。

师:课前,同学们用思维导图,进行了"第九章 整式的计算"的概念的梳理,现在让我们借助思维导图(用多媒体呈现带局部提示的"整式的计算"导图,完成后再集体进行核对),一起来回顾一下这一章的概念。

生:独立观、听、忆,参与答。

师:注意倾听,作随机激励与引导。

借助PPT细化思维导图,引导学生口答整式计算中的概念完全平方和平方差公式(二式),整式加减和整式乘法(二法),在学生回答不完整或者不规范的时候给予鼓励、引导、纠正。

(课题研究:锻炼学生借助思维导图复现课前独立梳理的本章概念体系能力,自主内化结构化的知识体系,进一步锻炼逻辑思维能力;促进单元复习首先需要关注章的概念体系和借助思维导图进行概念体系梳理的良好单元课前复习习惯的养成和这样进行复习反馈的兴趣。)

(2)学生独立完成四道测试题和进行解题说明反馈课前复习情况活动:锻炼学生独立完成测试题和现场解题测试的说明能力和促进及时巩固复习知识与良好课前复习习惯的养成(3分钟)。

师:借助PPT呈现以下四题,要求学生独立作出判断、选择与作交流。

生:独立观、忆、思,进行判断、选择。

被叫生:参与说题交流。

师:注意倾听,并作随机激励与引导。

生:独立听、思,内化。

题目1:下列说法正确的是(　　)。

A. 9不是单项式　　　　　　　　　　B. a^3b^2 没有系数

C. $4-\dfrac{1}{y}$ 不是整式　　　　　　　D. $\dfrac{x}{2}-y+\dfrac{z}{6}$ 不是多项式

题目2:下列等式成立的是(　　)。

A. $x^2+x^2=x^4$　　B. $x^2 \cdot x^3=x^6$　　C. $(b^3)^m=b^{3m}$　　D. $(2a)^2=2a^2$

题目3:如果单项式 $-3x^{4a-b}y^2$ 与 $\dfrac{1}{3}x^3y^{a+b}$ 是同类项,那么这两个单项式的积是?(　　)

A. x^6y^4　　　　B. $-x^3y^2$　　　　C. $-\dfrac{8}{3}x^3y^2$　　　　D. $-x^6y^4$

题目4:下列计算中:①$x(2x-x+1)=2x^2-x+1$;②$(a+b)^2=a^2+b^2$;③$(x-4)^2=x^2-4x+16$;④$(5a-1)(-5a-1)=25a^2-1$;⑤$(-a-b)^2=a^2+2ab+b^2$,正确的个数有?(　　)

A. 1个　　　　　B. 2个　　　　　C. 3个　　　　　D. 4个

（**课题研究**：培养学生独立运用整式的计算的方法（整式乘法的公式）进行测试题判断、选择、说明的能力，巩固第九章所学知识，促进后学（新的学习）；促进及时巩固整式乘法的公式知识与良好课前复习习惯的养成，增进对其应用的价值的认识。）

过程二：学生独立观察、听取教师说题示范、尝试解变式题和进行说明活动：锻炼学生独立观察、听取教师说题示范、尝试理解和学生运用完全平方公式和平方差公式（二式）解变式题和进行解题说明能力；促进学生认真观听教师示范和独立尝试应用"二式"解题、说题良好行为习惯的养成和初步增进解题、说题的成功感（6分钟）。

师：借助 PPT、学习单和口头说明练习 1 的求解和说明；组织学生对多项式添补项使用"二式"变式练习进行解题说明；注意巡视，观察学生完成情况，对于不会做的学生，给予个别辅导。

生：独立观、听、思、忆、内化。

被叫生：进行解题说明。例如，有的学生说到了结合整式的计算中的解题思路：可以进行顺向思维，或逆向思维，或两头凑的解题思路和方法；有的学生则说到了说题的数学语言要准确、精练，感知数学变式的多种方法。

其余生：独立观、听、思、内化。

师：注意观察和仔细倾听，并进行随机激励与引导。

生：独立观、听、思；内化。

练习1：若 $m+n=7, mn=12$，求 m^2-mn+n^2 的值。

变式练习：已知 $a+b=3, ab=2$（要求：不必算出 a,b 的值）。

求：(1) $3(a-b)^2$　　(2) $(a^2-2)(b^2-2)$

（**课题研究**：培养学生独立观察，听取教师说题示范，尝试理解和运用完全平方公式和平方差公式解变式题，以及进行解题说明的能力，体会说题的数学语言要准确、精练，感知数学变式的多种方法，说明解题思路时可以进行顺向、逆向思维和两头凑的解题方法；促进学生认真观听教师示范和独立尝试应用"二式"解题、说题良好行为习惯的养成和初步增进解题、说题的成功感。）

过程三：学生小组说题、解例题和变式题活动，培养学生用规范的数学语言表述数学建模的思考过程，完成独立解例题、变式题和说明解题情况和互相监控解题情况的能力，增进解题、说题的成功感和互相监控解题结果的意识（20分钟）。

(1) 第一组学生代表说题、解题活动。

生：1个小组学生代表借助 PPT，对课中学习单上的例题作讲解，准确地表达出比较两数的大小时，需要化成同底数幂，或者同指数进行比较。

其余生：听、记，内化，并尝试解变式题。

师：注意观察和倾听学生说题中的方法是否正确，并作随机激励与引导。

生：独立听、思，内化。

全体生：在学习单，解变式练习题，组内同学相互检查完成情况。

师：巡视学生解变式的情况，及时辅导解题有困难的学生。

生:组内另一位学生进行说题,反馈其余学生出现的问题。

例题:比较 $2^{98} \times 3^{95}$ 与 $2^{90} \times 3^{100}$ 的大小(4分钟)。

变式题:比较 $6^{9n} \times 3^{5n-2}$ 与 $6^{9n+1} \times 3^{5n}$ 的大小(6分钟)。

生:第2个小组学生代表借助PPT展示学习单上的变式题解题情况和在黑板上画图进行变式题解题的讲解。

其余生:听、画图、思,内化解法。

师:听学生讲题中数形结合的方法是否正确,并作随机激励与引导。

全班生:独立听、观、思,核对学习单完成变式练习题的准确性;组内同学分享不同解题方法,内化。

(**课题研究**:培养学生在说解题过程中的语言简练,能准确表述变式的意图是从"数"到"式"的变化,锻炼运用"二法"进行解题的能力;继续培养对整式的计算中的公式的规范书写的习惯和增进学生尝试解题、说题的成功感和互相监控解题结果的意识。)

(2) 教师组织学生用图说明完全平方公式活动:$(a+b)^2 = a^2 + 2ab + b^2$(5分钟)。

师:借助多媒体和学生单呈现。

变式题:如图,在长方形 $ABCD$ 中,放入6个形状和大小都相同的小长方形,已知小长方形的长为 a,宽为 b。用含 a、b 的代数式表示长方形 $ABCD$ 的长 AD、宽 AB;用含 a、b 的代数式表示阴影部分的面积。要求全体学生独立解题、在组内说明解题情况和核对答案。

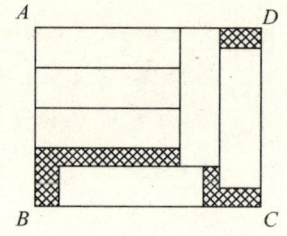

(3) 第二组学生代表:借助多媒体和图示,说明组内同学在完全平方公式之变式题中的解题情况。

其余生:独立观、听、思,内化。

师:注意观察、倾听,作随机激励与引导。

生:独立听、思,内化。

(**课题研究**:培养学生关注本章中经常采取数形结合的数学思想解决整式的计算,在说题过程中准确从图形中抽象出数学模型,从而建立数学模型通过求解模型的数学结果得到原问题的结果;增进学生解题、说题的成功感和相互监控解题、说题情况的意识。)

过程四:学生小组合作课中完成拓展题1的解题、说题和归纳活动:培养学生小组合作课中与课后解题、说题、证明与交流的能力,增进解题的成功感和数学与生活联系的紧密性;学生课后小组合作完成拓展题2,锻炼结合长方形的面积公式和整式的计算,进一步感受基于生活实际的问题,在分析问题的过程中理解运算的意义、作用,培养小组合作讨论说题、解题的单元复习方法,巩固"二式二法"的计算能力(3分钟)。

师:借助PPT出示拓展题1,组织学生小组讨论解题方法和进行解题。

生:独立观、听、思;积极参与小组交流,探讨解题方法,独立尝试列式解题。

第三组学生代表:借助学习单和多媒体,进行拓展应用练习题1的解题说明。

其余生:独立观、听、思,内化。

师:注意观察和倾听学生所讲解题中的方法是否正确,并作随机激励与引导。

全体生:独立听、思,内化。

拓展题 1:小王购买了一套经济适用房,他准备将地面铺上地砖,地面结构如图所示。根据图中的数据(单位:m),解答下列问题:

用含 x、y 的代数式表示地面总面积;已知客厅面积比卫生间面积多 21 平方米,且地面总面积是卫生间面积的 15 倍。若铺 1 平方米地砖的平均费用为 100 元,那么铺地砖的总费用为多少元?

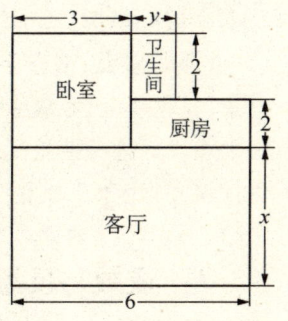

(**课题研究**:培养学生结合长方形的面积公式和整式的计算进行小组合作解题、说题和归纳的能力,进一步感受数学源于生活,巩固"二式二法"的计算能力;增进学生小组合作说题、解题、归纳的成功感和对数学应用价值的认识。)

过程五:课尾学生小组合作小结活动:增进学生课尾小组合作复习集中小结意识和锻炼小组合作回忆、梳理、归纳"整式的计算"全章复习内容和方式方法的能力,促进良好课尾小组合作集中小结行为习惯的养成(3 分钟)。

师:借助 PPT 呈现三个问题和口头说明,引导学生小组合作回忆、梳理、概括"第九章 整式的计算"复习的内容和方式方法、复习的学习活动类型和形式以及还存在的疑惑,将梳理概括的结果,用便于自己记忆、理解的形式,记录在学习单上。

生:独立观、听、忆、思;参与小组合作讨论、梳理和总结归纳;用便于自己记忆、理解的形式进行记录。

被叫生:借助学习单,参与全班交流。

师:注意观察和仔细倾听,作随机激励,并借助课始的思维导图(填写内容后的)呈现全章内容要点和"二式二法"。

生:独立观、听、思,内化。

[**课题研究**:培养学生课尾小组合作回忆、梳理、概括"第九章 整式的计算"复习的内容和"二式二法",复习的学习活动类型("三程""有独有合"说题、解题和归纳类),复习的形式("五式五法")和用便于自己记忆、理解的形式记录在学习单上,以及交流小组和个人复习的体会和经验的能力,进一步提高归纳的准确性;增进课尾集中小结意识和促进良好课尾小组合作集中小结行为习惯的养成。]

过程六:学生课后独立完成拓展题 2(略)、在小组内进行解题说明、梳理归纳和借助录制小组合作说题视频进行师生合作监控活动:培养学生课后独立复习、解题巩固、参与小组合作说题、归纳和师生合作监控说题与归纳情况的能力和良好课后"有独有合"完成作业、进行监控和加以修正作业行为习惯的养成(10 分钟)。

师:借助课后学习单,布置学生课后独立完成拓展题 2;完成后,在小组内进行说解题思路、方法、书写规范、易错点的归纳。

生:独立观、听、思;课后先按要求独立完成解题。

学生合作小组:借助课后作业单和自己的记录,进行说题,归纳相应的解题思路、解题方法、书写规范和易错点等,并且录制说题视频传给教师。

师：认真观看学生说题视频，并进行激励与反馈引导。

生：独立、听、思、记，内化。

（**课题研究**：培养学生课后独立复习、及时完成作业能力，参与小组说明解题思路、解题方法、书写规范、易错点的能力，小组合作录制说题、归纳情况，老师进行反馈后学生进行修正之合作监控作业情况的能力；培养学生单元复习中课后及时独立复习、解题和参与小组合作说题、归纳和及时监控、改正作业错误、不规范之处等良好课后作业行为习惯的养成。）

五、成效与反思

（一）主要成效

1. 课前学生自主（含小组合作）说题、解题素养方面

教师通过检查学生的复习学习单、错题与错因分析本发现，一是全班学生课前能独立利用思维导图，梳理本章结构化的概念性知识体系，能够标注第九章的内容重点：整式计算的"二式二法"。二是每名学生整理好自己的本章错题，进行错因分析归纳，有效进行反思性学习，培养了学生在章的复习时进行概念结构化梳理和概括的习惯。三是教师观看了学生课前独立尝试"出"和"解"变式题后所录制的说题视频后，指出了若干问题，例如，对变式练习的难度掌握不合理；说题时存在语言不够简洁、准确；视频的长度需要控制在4～5分钟内；还提前一周对确定参与课始说题的小组代表，单独进行了指导。各说题小组进行了反思改进的交流准备，锻炼了学生主动吸收教师和组员意见，加以反思、改进的能力和意识，增进这样完成课前作业的兴趣和自信。

2. 课中学生自主（含小组合作）说题、解题和归纳素养方面

通过执教者对学生课始复述课前复习情况、课堂上对学生的参与课堂解题练习、说题、归纳、课尾参与集中小结等各环节的观察与统计和观课老师的评价可知，这节课的整体效果良好，学生说题、解题和归纳的素养，得到了有效的锻炼和提升。一是课始学生借助思维导图进行填空式的说题非常流畅，小组代表借助学习单和多媒体说本组同学收集的经典错题、析错因、出变式题和尝试解题、说题与归纳的过程，也较为流畅，各有特色，及时巩固了全章概念的结构化知识。二是在课中教学的第二至四环节，学生在教师多元引导下，能够独立参与完成例题的解题，小组合作完成例题之变式题的解题，小组合作完成应用题和四道选择题的解题、说题与归纳任务，能力得到了相应的锻炼；学生完成选择题的当堂检测正确率达到95%以上。可见，学生在"有独有合"尝试解题、说题中，体会了完全平方公式和平方差公式在整式计算中的重要作用；培养了学生结合长方形的面积公式和整式的计算，解决生活实际问题的能力；巩固了通过小组合作讨论、交流解题、说题、归纳的单元复习的方式方法。三是学生在参与第五环节的课尾小组合作小结时，由于有教师借助多媒体、学习单和口头说明的三个问题的引导和随机激励与引导，能较快地借助多元形式进行全章所学内容、"二式二法"、单元自主探究复习类学习活动类型、"五式五法"的单元复习方式方法的梳理、概括，提到了一些个性化的学习体会与经验。例如，有的小组学生提到了需要注意加强对课前复习情况，课中解题、说题和归纳情况，以及课后说题、

解题与归纳情况的学生及时自控、互控和听取教师反馈意见;解题时,需要厘清解题思路、方法、步骤;具体解题时,需要遵守列式解题的规范;遇到自己解决不了的困难时,可以及时求助同组成员和老师等。

3. 课后学生自主(含小组合作)解题和归纳素养方面

根据教师课后对学生"三程"学习单的复查,对课后学生作业情况批阅与统计,对学生小组解题说明与归纳视频的审阅,对下次课始学生参与全班反馈课后解、说题,归纳和小组所拍摄视频后教师反馈,组员独立核对、修正自己课后作业中的问题等途径可知,学生能独立完善之前的借助思维导图进行的全章概念的结构化梳理,思维导图整理的内容也更为细化;学生在课后独立完成拓展练习题的完成度高,课后小组讨论优化解法后录制的视频之数学语言规范、解法多样,是单元复习的优秀资料。

(二) 反思与拟改

一是课中拓展题 2 没有讲完,主要是由于课中前半程,学生互动热烈,进入学生说题环节后,一些同学的参与度下降,思维不够活跃,负责说题学生的语言不够准确、精练,说课环节时间比预设时间要多 5 分钟,导致原定课上要讲完的拓展题只讲了一题,另一题只能留作回家作业。二是由于拓展题学生读题时间太短,部分同学数学建模意识模糊,导致学生独立说题忽视解题思路的梳理。

针对首次实践过程中暴露的问题,在第二次实践前,教师从以下三点进行改进:一是针对拓展题 2 没有说完的情况,缩短课堂 2 个小组的说题时间,以提高课前准备的效率为抓手进行改进。二是将教师的引导说题变为学生说题为主,教师点拨为辅。三是留足时间给学生对拓展题进行小组读题,并改为小组合作竞赛说题。

六、再次实践过程

2018 年 10 月 18 日上午第 1 节,在整体素养上与首次实践的班级基本一致的初一(9)班教室,对该班学生进行了本改进实践。

(一) 三点改进之处

(1) 课前的说题,让学生将说题过程落实到笔头,用规范的数学语言表述例题及其变式的解题过程。

一是学生课前的说错题、析错因、说变式题的解题、归纳的视频录制,注意落实用规范的数学语言表述例题及其变式的解题过程。二是将总时长控制在 3 分钟内。三是变式练习的说题中,引入了计时器提醒时长。

(**课题研究**:锻炼学生有效把握说题时间,说清交流内容的能力;提高学生说题时的减时增效的意识。)

(2) 变教师主导说题为学生主导说题。

在第一环节的概念梳理和检测后,以学生为主角,借助"二式二法",进行说理。在教师讲解例题,学生参与独立解例题和后续的小组合作解变式、选择题、应用题的过程中,都以学生为主进行解题、说题、归纳,教师及时穿插点评引导。

(**课题研究**:锻炼学生有效把握全章的知识重点"二式二法"、解题思路与步骤、列式规范和图形,从而进行解题、说题、归纳、自控和互控的能力;提高学生说题时的主动性、成功感、自信心和合作责任感。)

(3) 两道拓展练习题增加小组读题与讨论交流的时间和改为小组间的合作竞赛题。

一是学生合作完成的两道拓展练习题,增加了2分钟读题、讨论与交流的时间。二是采取学生小组竞赛形式,来完成两道拓展题的解题和限时说明与归纳。

(**课题研究**:锻炼学生参与小组读题与讨论和交流能力,为提高解题的速度和准确性奠定基础;激发每位学生的参与小组竞赛的热情,打开解题思路,提高完成解题、说题和归纳任务的速度和质量,锻炼从实际问题中抽象出数学模型,利用数形结合的数学思想解决问题,进行数学单元学习的能力;促进精心读题,借用图形、数学符号、文字,拓展解题思路,规范进行列式,书写解题步骤和进行流畅、准确说题的良好行为习惯的养成。)

(二)再次实践主要成效

1. 学生素养方面

再次实践教学中,一是提高了学生说题的熟练性和进行时间控制的意识。从课堂说题的效果来看,每组说题时间都能有效控制在3分钟内,这一环节总时间缩短了4分钟,学生说题语言的规范性、精练性、熟练性有了明显的提高。二是有效地锻炼了学生把握全章的知识重点"二式二法",把握解题思路与步骤、列式规范和利用图形进行解题、说题,归纳和进行自控和互控的能力;提高了学生说题时的主动性、成功感、自信心和协作性。三是有效地锻炼了学生参与小组读题、讨论与交流的能力;激发了学生参与小组竞解题和说题参赛的热情,打开了解题的思路;提高了学生"有独有合"参与完成解题、说题和归纳任务的速度和质量,锻炼了学生从实际问题中抽象出数学模型,利用数形结合的数学思想解决问题的数学单元复习能力;促进了学生精心读题、借用图形、数学符号、文字,拓展解题思路、规范进行列式、书写解题步骤和进行流畅、准确说题的良好行为习惯的养成。

2. 教师素养方面

1) 课例研究素养方面

教师在本课例的两次实践与研究过程中,对于数学核心素养与课程教学的落脚点,对于研究主题的确定,符合研究主题下的教学设计思路之学情、课标、教材与学材分析,对于学生"三程"自主解题、说题、归纳素养的定位、单元复习素养探究类学习活动的设计,对于落实举措之"五式""五法"之各自"三程"的拟作和指向的确定,对于实践过程的设计与实施,对于课后反思、拟改和再次实践的改进,对于整合两次实践的课例设计的完善、实践过程增补现场执行情况和出彩之处、课的实效、反思与意义的撰写素养方面,有很大提升,课例的字数和质量,有很大提高;提高了后续类似课例研究的速度和质量;增进了自己继续尝试开展课例研究的兴趣。

2) 其他专业素养方面

本课例的研究,增进了教师将"教"与"研"有机结合起来的意识;教师能够关注学生日常学习中相关瓶颈问题,主动探索背后的原因,尝试进行有针对性的设计,开展实践研究;

还能够结合项目化学习的要求,尝试开展跨学科项目化学习的实践探索和成果总结。

3. 学校方面

一是促进了学校数学学科基于学生学会学习的"三程"自主说题、解题和归纳单元复习探究类学生学习活动的设计、实施与总结。二是促进了学校数学学科教与学方式方法改进的探索。三是丰富了学校区级课题之单元复习类学科研究课之课例类成果。

七、意义揭示

本课例的两次实践,都取得了较为明显的效果,尤其是第二次实践效果更为明显。其主要价值,彰显了基于"学会学习"核心素养,教师在厘定了学生"三程"自主说题、解题和归纳之单元复习探究类学习活动素养,借助"五式五法"引导学生"有独有合"完成"三程"说题、解题与归纳系列学习活动的任务,在提升学生整式计算复习素养方面的独特价值——"四性"。

(一)学生在说题、解题、归纳中的主体性

本节课的复习活动中,突出了学生在"三程"复习中的主体性地位。即课前6次、课上12次和课后与下次课始6次的梳理、复述、解题、说题、归纳、监控、改进类系列复习活动,都是以学生"或独或合"的形式实施的,尤其是第二次实践,学生课中学习的主体地位,改进得更为明显。学生全程主体地位的落实,有效地激发了学生参与"三程"学习的主动性;提高了完成相应任务的速度和质量;提升了学生参与"三程""有独有合"知识体系复习结构化梳理、复述、参与解题、说题、归纳、监控、改进类系列复习活动的能力,提升了全体学生的思维水平。

可见,学生在"三程"学习,尤其是课中学习的主体性地位的落实,既能激发学生参与单元自主探究性复习的主动性,也能提高完成各项任务的速度和质量,并锻炼学生"三程""有独有合"进行全章知识体系复习的结构化梳理、复述、解题、说题、归纳、监控、改进类系列复习探究类活动的能力,提升思维水平。

(二)全章概念性知识体系梳理的结构性

一是课前,学生根据教师设计的课前自主复习单之思维导图,独立阅读、梳理和概括"整式的计算"全章的概念性知识(含公式)的结构化体系的大纲,并通过课前学生独立整理自己本章的经典错题、析错、改错,小组内成员相互出变式题进行解题,参与组内说解题情况,进行归纳、拍摄,小组完成解变式题与归纳情况的视频后听取教师反馈意见,小组成员合作完善本组参与全班交流的材料准备,慢慢理清、细化了整章的知识要点,并通过思维导图将分散的知识点添加到结构化呈现的相关分支中加以表述,形成了实化、细化的结构化的本章概念性知识体系。二是课始,学生通过回答教师设计的带有一定空白的思维导图内容,进一步熟悉了全章的概念性知识体系。三是学生通过后续"有独有合"参与完成学习活动第二至五环节的系列说题、解题、归纳、监控、改进和集中小结活动的过程,进一步完善了本单元概念性知识的结构体系,体会了知识结构化表述的优势。四是学生通

过课后独立复习、解拓展题,参与组内说题与归纳,拍摄组内解题、说题与归纳情况听取教师反馈意见,其后核对与修正自己的作业,下次课始小组代表参与全班交流,听取教师的随机激励与引导,各自从中撷取有效信息,再次巩固了全章的结构化知识体系,加深理解了数形结合的数学方式方法在第九章的应用,使平面的知识立体化,体现了数学知识间的联系和结构性。

可见,单元复习中,学生学会梳理、概括和逐步细化结构化表述的知识体系,在不断地参与说题、解题、归纳、监控、改进、小结中,逐步细化所复习单元知识体系。既可以完善单元结构化知识体系,又可以逐步加深对体系的印象,还能够结合解题练习、说题与归纳等任务的实际,灵活地加以运用,提高完成复习探究系列任务的速度和质量,尤其是促进网格化思维的形成,促进学习力的可持续发展。

(三)单元复习强调方式方法的应用性

本节课复习的方式方法,一是整式的计算中的通性通法,即"二式二法",这是本章的学科本体性的方式方法。二是单元复习的"五式五法",这既是契合研究主题之教师所探索的引导学生"有独有合"参与"三程"单元探究复习类学习活动的方式方法,又是具有可持续运用的数学单元复习类的方式方法,尤其是说题、解题、归纳复习类学生学习活动中可以继续加以尝试运用的方式方法,可以推广到常态化的章节复习中,用以促进学生课前进行自主梳理与概括;课始参与复述;课中逐步细化所涉内容的知识结构化体系,并运用于对例题、变式题、应用题、拓展题的积极思考、自主尝试说题、解题、归纳、合作交流、自控和互控学习进程和质量、注意加以改进;课尾参与集中小结,并完善结构化的知识体系;课后继续加以实践运用,提高完成相应任务的速度和质量,提升网格化思维,促进学习力的可持续发展。

可见,单元复习中,教师促进学生重点关注学科本体性的方式方法和引导学生学会和运用自主复习的"五式五法",不仅可以提高学生本课的复习实效,发展单元复习的素养;还可以引导学生触类旁通,运用于单元、节的复习,甚至新课的学习,具有可持续发展的价值。

(四)"三程"说题、解题、归纳的反思性

本节课的课前,一是学生借助思维导图,进行了整式的计算全章概念性知识体系的结构化处理,并在后续的复习,课始复述,课中解系列题的说题、解题、归纳、监控、改进,课尾总结,课后作业、再说题、归纳与下次课始的交流活动中,逐步实化、细化了各分支的结构化知识体系,使学生从中体会了单元知识结构化、简洁化处理的价值。二是课前学生通过试错、析因、编题、解题、归纳,重新审视了自己本章以前解题中的典型错题、错因,进行了再次改错;根据解错题,在同组成员间相互出变式题,尝试说题、解题和归纳,使学生从错题中,发掘出了自主分析、编题、练习、归纳与改进的价值,发现了"二式二法"是全章复习题的重点。三是课中,学生在参与课始复述,课中解系列题的说题、解题、归纳、监控、改进,课尾总结的过程,不断进行着"或独或合"的主动思考,应用"二式二法",进行说题、解题与归纳,在学生自控、同学互控和听取教师反馈监控中,感悟到平方差和完全平方公式的变

形应用和数形结合的思想,是解决整式计算的便利性方法,认识到单元复习需要关注基础知识和基本解法。四是课后学生的独立复习、解拓展题的作业,参与组内说题与归纳,听取教师对小组所摄说题视频的反馈意见后主动加以改进,下次课始从各小组代表参与全班交流和教师的随机激励与引导中,注意撷取有效信息,注意修正自己的作业和完善解题、说题与归纳的经验,使学生从中不断地进行着个人、小组和全班的反思,并有机进行着学科本体性之"二式二法"和单元复习之"五式五法"的实践应用,从而提升了解决数学问题的能力;内化、完善了自己的复习体会和经验。五是在"三程"复习中,进一步体会到了小组和谐、有效合作学习的价值,增进了合作精神。

可见,学生在"三程""有独有合"的复习中加强全章知识体系、典型错题与错因的梳理、复述、说题、解题、归纳、自控、互控,以及对课尾集中小结、课后作业和下次课始交流中的反思,可促进学生主动进行有针对性的实践改进,提炼体会与经验,提升复习和整体学习素养,促进可持续发展。

参考文献

[1] 中华人民共和国教育部.义务教育数学课程标准(2011版)[M].北京:北京师范大学出版社,2012.
[2] 余文森.核心素养导向的课堂教学[M]上海:上海教育出版社,2017.
[3] 庞维国.自主学习:学与教的原理和策略[M].上海:华东师范大学出版社,2003.
[4] 巴洛赫.合作课堂:让学习充满活力[M].曾守锤,吴华清,译.上海:华东师范大学出版社,2005.
[5] 郑金洲.新课程课堂教学探索系列:合作学习[M].福州:福建教育出版社,2005.
[6] 孙微.实施"五策"提高数学单元复习和自我监控能力培养实效——以《图形的运动》复习课之区级课题研究课两次实践与分析为例[J].浦东教育研究,2018(2):48-51+7.
[7] 朱律维."独合结合"语文实施体验式提升学生写作详略素养探索——以《叙事要详略得当》区级课题研究课实践与分析为例[J].浦东教育研究,2019(8):53-57.

数学教学实施"五式"提高学生分析概率问题素养的"独学"与"对学"类学习活动设计与实施

——以"事件的概率·画树形图解题"学生学习活动设计、实施与分析为例

上海市五三中学 蔡嘉云

【第二次执教时间、地点和对象】

2019年5月22日,上午第2节;录播教室;初二(6)班

一、设计思路

(一) 设计依据

1. 学情分析

初二(6)班学生的数学学习基础参差不齐,有的学生数学基础较好,能力较强,多数学生学习态度端正,能主动参与教学活动,但独立学习数学新课、进行思考、完成练习(简称"独学")任务的学习活动能力,总体一般或较弱;有个别学生没有养成良好的"独学"与小组合作学习行为习惯。他们代数运算基本能力尚可,简单的几何证明能够掌握,具备了一定的自主观察、归纳、概括能力,但联系生活现象、问题,运用所学原理、概念解决实际问题的能力较弱。

平时,学生已有按一定标准进行合作学习分组的习惯,会以小组为单位,由组长负责组织小组成员完成作业批改、概念背诵、解题讨论类活动。课前,较少的学生能做到独立高质地完成预习任务,多数学生往往只是课前抽几分钟的时间,粗略地浏览下课本内容,往往难以发现教材的重点、难点,没有产生疑问。课中,多数学生基本能够做到认真进行"独学"和参加"对学"即小组合作(尤其是同学两两合作)学习的活动,但在新课学习活动中,学生"独学"结合"对学"进行相关数学概念的学习,尝试运用概念解例题、练习题,观察、读题、讨论、交流、书写解题过程,互相检查练习完成情况等能力还需要加以培养;课后多数学生能够独立完成复习巩固的课外练习题任务,但在课前、课中和课后的"三程"学习中,独立进行总结、归纳全课的能力,还需加以培养。

教师借助学生"独学"与"对学"学习"三单",在一节课新授课内容的学习中,在其他"四式"相关举措有机配合下,系统地组织学生进行自主学习理念下的多次的"独学"与"对

学"学习活动的设计与实施,也缺少这样的经历,并需要提升组织学生这样开展学习概念类新知学习和解题活动的素养。

因此,本课拟基于自主学习理念,教师通过引导学生参加课前、课堂和课后"三程"结合的相关"独学""对学"的 12 次探究学习活动,结合有机实施其他"四种形式"的相关举措,来提高学生数学新课"事件的概率·画树形图解题"学习实效和提升学生"三程"之"独学"和"对学"之借助画树形图梳理,有条理地进行分析和借助公式进行概率计算解题的自主学习活动的意识、能力和良好行为习惯;增进学生这样学习数学的价值意识和继续开展类似学习活动的兴趣。

2. 课标分析

教育部《义务教育数学课程标准(2011 年版)》(以下简称"课标")提出:"积极倡导自主、合作、探究的学习方式。""教学内容的确定,教学方法的选择,评价方式的设计,都应有助于这种学习方式的形成。"课标中还提出,要以学生的终身发展为理念,培养学生的自主学习能力。自主学习能力需要学生在课堂中主动参与教学活动,善于思考,乐于研究,利用动手、动口等方式参与课堂教学,以此提升学生的分析能力,为社会培养自主型人才。

对于本节课,数学课标要求利用"树形图"的直观性,来分析所有等可能试验的结果,再运用公式进行概率计算。通过概率知识,解释生活中的概率问题,帮助学生增强应用意识,并在用概率知识解释生活中的概率问题的过程中,逐步形成概率意识。

因此,本课拟基于自主学习理念,教师通过引导学生参加课前、课堂和课后"三程"结合、"独学"与"对学"结合的 12 次探究性的学习活动,结合有机实施其他"四种形式"(合称"五式")的相关举措,来学习新课"事件的概率·画树形图解题",在提高数学新课学习实效的同时,有机提升学生"三程"之"独学"和"对学"之借助画树形图梳理有条理地进行分析和借助公式进行概率计算解题的自主学习活动的相关意识、能力和良好行为习惯。增进学生这样学习数学的价值意识和继续开展类似学习活动的兴趣。这也是符合数学课标的上述精神与要求的。

3. 教材分析

本课是上海教育出版社出版的《数学》八年级第二学期第二十三章中第 2 节第 3 课时内容。本章内容是让学生对概率进行相对集中的学习,以获得一些初步的概率知识和形成初步的概率意识。本课内容是在明确了概率的有关基本概念的基础上,提出了等可能试验,主要利用"树形图"所具有的直观性,来分析所有等可能试验的结果,再运用公式进行概率计算。其中,本课的重点是利用树形图求等可能试验的概率;难点是用树形图分析概率问题,用所学概率知识解释生活中的一些简单概率问题。

整个教材学内容的编排较简单,树形图仅涉及两层,很难让学生体会到树形图的第 3 个特征:"如果一个等可能试验是分多步进行,那么树枝相应可以分为多级",可能会影响新课学习的实效,也不利于学生自主借助构建更多层树形图,来发展思维的条理性。

因此,在课前,教师拟组织学生独自进行上一节课所学内容重点、难点的梳理,以及本课的预习,并注意圈画问题,尝试完成一道练习题,以锻炼学生自主梳理已学相关内容之重点与难点的能力,以及预习中的质疑能力和尝试解决部分习题的能力,培养及时进行复习、预习、质疑和初步解疑的良好课前"独学"行为习惯。在课堂上,一是在例题学习活动安排中，教师拟增设产生三层树形图的题目，组织学生进行小组合作讨论交流梳理概括式探究学习活动，总结出树形图的特征，锻炼相应的能力。二是小组合作探究转盘、抽纸牌算大小的学习活动，以锻炼学生小组合作进行生活中概率问题的分析与计算能力。三是在上述活动中，教师注意结合随机激励与引导，激发学生积极参与小组合作探究学习生活中概率问题的兴趣。在课后，教师组织学生"独自"完成拓展练习活动，下节课上交流反馈完成情况，以培养学生及时独立巩固、内化新课所学的良好学习行为习惯。

在全课学习中，还需借助学生"三程"学习单、多媒体（课堂用）、"小老师"和随机激励式，来引导、反馈和激励课前、课堂和课后学生参加"独学"与"对学"探究学习活动情况，提升学生参加探究学习活动的积极性，提高完成活动任务的速度与质量；增进主动参与"三程"之"独学"和"对学"之自主学习活动的意识、合作交流的意识和借助画树形图梳理条理的思维习惯；增进学生这样学习数学的价值意识和继续开展这样的学习活动的兴趣。

（二）课题研究

1. 学生"独学"和"对学"用树形图分析概率问题探究素养方面

1) 学生课前独立复习、预习素养

一是培养学生课前独立、及时复习梳理上节课课题已学内容的重点、难点的能力；二是培养学生独立阅读本课内容，注意圈画问题、提出对画树形图分析概率问题中的疑问和尝试用公式完成一道练习题解题的预习能力；三是培养学生课前独立、及时复习、预习、质疑和初步解疑的良好的"独学"行为习惯。

2) 学生课上"独学"和"对学"探究用树形图分析与解决概率问题素养

（1）课始：锻炼学生参与全班反馈课前学习情况能力；增进学生对课前独立进行复习、预习对探究用树形图分析与解决概率问题的价值认识；增进学生课前独立做好学习知识准备的意识。

（2）新授阶段：一是培养学生概括树形图特征三大特征的能力。二是培养学生"独学"和"对学"探究式学习相结合，在教师其他"四式"的引导下，互帮互助读题、尝试画树形图分析概率事件问题、借助公式进行计算和注意书写步骤和规范解系列练习题、课尾参与合作小结的能力。三是培养学生规范作树形图、遵守解题步骤与书写规范的良好学习行为习惯。四是培养学生课尾参与集中小结的意识、独立思考的精神和互帮互助的意识。

3) 课后独立完成作业和下次课始参与作业交流的素养

学生根据课后学习单的要求，一是独立完成数学练习册中本课的练习内容。二是独立选择、完成教师补充的关于事件的概率拓展题的练习。三是下次课始，先是与同桌交流，再是借助多媒体参加全班交流课后独立作业完成的情况，培养学生课后独立尝试画树形图分析概率事件问题、借助公式进行计算的能力；培养学生注意书写步骤、规范和及时独立、高质完成作业的良好学习行为习惯。

2. 学生学习活动设计与实施类型

指学生"独学"（6次）和"对学"（6次）用树形图分析概率问题探究学习活动类，包括：学生课前2次"独学"活动类，学生课堂2次"独学"与4次"对学"活动类，学生课后独立完成2项家庭作业活动和下次课始参与小组和全班交流（"2独2对"）活动类。

3. 实施形式

1）学生"三程""独学"（6次）与"对学"（6次）探究学习活动单式

（1）学生课前（2次）"独学"单。①学生借助课前独立复习单，独立复习上一节课所学的重点、难点。②学生借助课前独立预习单，独立完成阅读课文，进行圈画，对画树形图分析解决概率问题提出相关学习疑问，尝试用公式解课后练习第一题。以培养学生独立完成课前复习已学、预习新课利用画树形图解决事件的概率的相应能力和及时、独立做好新课学习知识准备的良好学习行为习惯。

（2）学生课堂（2次）"独学"与（4次）"对学"探究学习单。①第1次"对学"：课始，学生借助课前独立复习、预习单，先是与同桌交流；然后参与全班反馈交流，听取教师的随机激励与引导。以此锻炼学生与同桌交流和参与全班展示说明课前独立复习和预习任务完成情况的能力；内化复习和预习的内容；引起后续参与探究利用画树形图分析解决事件的概率问题的兴趣。②第1次"独学"：在课中展开后，学生一是根据学习单的要求，独立在"有一红一白两个除了颜色，其他完全一样的小球"的袋中摸球，统计摸10次中，摸中某种颜色球的次数，初步感受事件的概率。二是独立听老师讲解、思考，内化利用画树形图解决事件的概率意识。③第2次"对学"：在讨论归纳绘制树形图的三大特征时，教师借助学习单、多媒体和口头说明、板书等，组织学生进行小组合作读题、阅读书本、进行圈画、同桌开展讨论与交流、梳理归纳出绘制树形图的三大特征和相互帮助正确画出树形图，锻炼学生相应能力。④第2次"独学"：在学生完成巩固练习第1题时，学生通过借助学习单和听取教师随机讲解引导，独立完成概率题的练习，巩固对事件的概率这一新知的理解。⑤第3次"对学"：在学生完成巩固练习第2、3题时，学生借助学习单和教师随机讲解的引导，与同桌合作讨论与交流解题思路，相互帮助和尝试画树形图，借图进行分析，运用公式进行计算，培养学生互帮互助解决事件的概率分析和计算能力，巩固对画树形图解决事件的概率理解和增进概率意识。⑥第4次"对学"：是在组织学生进行课尾集中小结时，学生先是根据学习单和教师随机讲解的引导，与同桌讨论与交流，在学习单上归纳与记录小结的结果；然后参与全班交流，谈谈本节课的学习内容和方式方法、自己和小组的学习经验与体会，锻炼相应能力；促进课尾集中小结与反思良好行为习惯的养成。

（3）课后学生（2次）"独学"与下次课始（2次）"对学"独立作业和参与交流学习单。学生根据课后学习单的要求，一是独立完成数学练习册中本课的练习内容。二是独立选择教师补充的关于事件的概率拓展练习。三是下次课始，先是与同桌交流课后作业完成情况。四是借助多媒体参加全班交流课后独立作业完成的情况，培养学生课后独立尝试画树形图分析概率事件问题、借助公式进行计算的能力；注意书写步骤、规范和及时独立、高质完成作业的良好学习行为习惯。

2）利用"小老师"式

（1）在第2次"对学"活动中，教师借助学习单、多媒体和口头说明引导学习基础较好的学生当"小老师"，帮助一些基础较差的同桌，完成树形图的绘制，并检查其作图、解题步骤与书写的规范情况，锻炼各自的能力；促进被帮助学生画树形图、解题步骤与书写规范良好的习惯养成。

（2）在第3次"对学"活动中，学生完成巩固练习第2、3题时，借助学习单和听取教师随机与讲解的引导,与同桌合作讨论与交流解题思路,相互帮助和尝试画树形图,借图进行分析,运用公式计算,培养学生互相帮助解决事件的概率分析和计算的能力,巩固对画树形图解决事件的概率理解和增进概率意识和互帮互助意识。

(3) 在第4次"对学"中,组织学生进行课尾集中小结时,学生根据学习单和教师随机讲解的引导,与同桌讨论与交流,在学习单上归纳与记录小结的结果,本节课的学习内容和方式方法、自己和同桌的学习经验与体会,锻炼相应能力;促进课尾集中小结与反思的意识、同学互助的意识。

(4) 在下次课始组织课后作业学生反馈时,学生借助学习单与同桌核对作业完成率、准确性和书写步骤与规范性情况,进行交流,修正出错或不规范之处,锻炼各自相应能力;促进课后良好及时、独立、按质完成作业和与同桌进行核对、自纠之良好作业行为习惯的养成。

3) 借助信息技术式

本课在"三程"学生学习活动中,教师一是借助多媒体呈现课前学习单上的课前作业,结合口头解释,说明2项"独学"作业(复习和预习)要求。二是课上学生借助实物投影仪,参与全班交流,呈现所完成的复习和预习作业情况,全班学生进行核对,听取师生交流情况,自主纠正错误或解题步骤、书写方面等的不规范之处。三是在完成独立练习和小组合作练习题中,教师借助多媒体向全班学生呈现学习单的相关要求、学生所画的解相关题目时的树形图,当堂反馈学生练习完成情况,激励与引导学生参与集体检查纠错,反思归纳提高解题准确性、速度和规范性的方式方法。四是在课尾进行集中小结时,教师借助多媒体呈现小结要求,借助口头进行说明,引导学生小组合作讨论、交流、梳理和概括全课所学内容、方式方法和自己与小组的个性化学习体会与经验。五是下次课始,师生借助多媒体,呈现学生相关课后作业完成情况,引导学生进行自主检查和纠错、纠正不规范的解题步骤和书写。以此培养学生完成相应"独学"与"对学"探究借助画树形图分析解决概率问题任务的能力,内化概率知识;增进这样进行"三程"学习的兴趣、增进概率意识、互帮互助意识、课尾进行集中小结的意识。

4) 引导归纳式

在学生完成"三程"12次"独学"与"对学"探究式为主的学习活动中,教师借助多媒体、学习单、板书、口头说明,结合其他"四式"的举措,引导学生。一是独立归纳上节课学习内容的重点与难点。二是参与课始合作交流课前复习和预习结果。三是合作梳理归纳画树形图的三大特征。四是"有独有合"梳理与归纳借助画树形图分析解决概率事件的作图规范、解题步骤、用公式计算时需要注意的方面和书写规范。五是参与课尾集中小结所学内容、方式方法和个人与小组的学习体会与经验。六是下次课始参与全班交流课后作业完成情况,尤其是个人与小组的学习体会与经验。在提高学生完成相应探究活动与归纳任务速度和质量的同时,锻炼他们"有独有合"完成所涉任务时的相应梳理与归纳能力;增进借助画树形图分析解决概率事件问题的解题成功感、概率意识、归纳意识和合作意识。

5) 随机激励式

在"三程"学习活动中,教师(有时包括学生)对学生(同学)参与"独学"和"对学"态度有进步,完成课前复习和预习,课始参与全班反馈课前知识准备情况与经验,合作梳理画树形图的三大特征,"先独后合"借助画树形图分析解决概率事件问题,课尾参与集中小结,下次课始参与同桌和全班交流等任务时速度快、质量高和有一定独特性的学生,注意借助口头语言、肢体语言、表情、鼓掌等方式,加强随机正面激励,以激发学生保持探究学习的兴趣和内化相应的行为,促进学生自主发展。

(三) 设计思路

基于上情,本课基于自主学习理念,教师借助"五式"(借助"三程"学习单式、"小老师"式、信息技术式、引导归纳式和随机激励式)引导学生在课前、课中、课后的"三程"学习中,实施6次"独学"与6次"对学"探究式学习为主的活动,来提高学生学习用树形图求事件的概率新课学习的实效;有机培养学生"三程""有独有合"完成借助画树形图分析解决概率事件问题的学习活动的相应意识、能力和良好行为习惯;激发学生对数学概念课的学习兴趣;增进学生对"独学""对学"自主探究式活动学习数学的价值意识、互帮互助意识。

二、教学目标

(一) 知识与技能

知道画树形图的三大特征;会用树形图分析等可能试验的全部的可能结果,初步学会用树形图分析概率问题;会画树形图、把握解题步骤、借助公式计算求简单的等可能事件的概率;巩固"有独有合"进行课前复习(梳理重点、难点),预习新课(阅读课文、提出问题、尝试完成部分练习题),课尾参与集中小结和课后完成作业,巩固新学以及下次课始参与同桌和全班交流作业情况与经验的能力;自主体悟借助"三程"结合、"有独有合"结合整合实施"五式"对完成探究式学习活动系列任务,以及提升数学概念类学习兴趣与实效的价值认识。

(二) 过程与方法

在自主学习理念引导下,围绕"事件的概率·画树形图解题"内容,整合实施"五式",完成课前"独学"、复习已学、预习新课、课上"独学"思考、内化、"对学"讨论特征、归纳方法、规范格式之12次"有独有合"探究学习活动的过程。以此锻炼独立归纳上节课已学内容的重点、难点的能力,预习教材、进行质疑和完成部分练习题的能力,合作梳理画树形图的三大特征的能力,"有独有合"完成课中初步的应用画树形图分析解决概率事件问题系列练习的能力,课尾参与集中小结全课所学内容、方式方法和个人、小组学习体会与经验的能力,课后独立完成统一性和自选性作业的能力;体验借助"三程"结合、"有独有合"结合整合整合实施"五式"对完成探究式学习活动系列任务、提升数学概念类学习兴趣与实效所蕴含的学习方式方法。

(三) 情感态度与价值观

培养借助画树形图梳理概率事件问题之条理的思维习惯(即概率意识);借助画树形

图分析解决概率事件问题的应用意识;"三程"学习中"有独有合"进行归纳的意识;互帮互助的意识;增进对"三程""独学"和"对学"相结合、整合实施"五式"之探究为主的活动对学习数学概念课的兴趣。

三、实践过程

过程一: 教师组织学生反馈课前复习和预习新课活动,培养学生课前"独学"做好新课学习知识准备的良好行为习惯,锻炼参与全班交流和自主梳理重点、难点,以及预习课文、提出质疑、尝试解疑能力(3分钟)。

师:课前,同学们已经进行了上一节学习内容的独自复习梳理重点、难点,也预习了这节新课内容,圈画了问题和尝试自主完成了第三道习题。下面,我们抽问以下两个问题(借助多媒体出示)。

(1)等可能试验具有哪两个特点?

(2)等可能试验中,事件概率的计算公式是什么?

生:独立观、听、读、忆、思,参与答问。

师:注意倾听,并作随机激励与引导。

生:独立听、思,内化。

(**课题研究:**培养学生独立做好新课学习知识准备的良好复习和预习行为习惯;激发独自完成预习任务,提高预习质量的兴趣;锻炼参与全班交流、回答教师提问的能力。)

过程二: 教师借助实物、学习单、多媒体、板书、口头说明和随机激励与引导,组织学生"独学""对学"探究树形图概念、画图的三大特征、尝试解题和梳理归纳,使学生了解树形图概念和画图的三大特征;锻炼了独立思考、互帮互助概括特征能力,尝试"有独有合"借助画树形图分析概率事件问题,以及借助公式进行计算解题能力;培养了遵守解题步骤、作图规范与书写规范的良好行为习惯;增进了概率意识和互帮互助的意识(30分钟)。

(1)学生借助课本例题,初步了解树形图概念(5分钟)。

师:袋子中有一红一白两个除了颜色其他完全一样的小球,从袋子中摸出一个球后放回摇匀,再摸出一个球。两次都摸到红球的概率是多少?摸到一个红球和一个白球的概率是多少?

被叫生:尝试两次摸球——只有3种可能的结果:2红、2白、1红1白。所以,摸到2红球的概率,应该是三分之一。

有的生说:两次摸球的可能有3种;有的生说:两次摸球的可能有4种。

师:这些说法,都对吗?

生:独立思考。

师:由于第一次摸出的球被放回,所以两次摸球是在相同的条件下进行的。因此,可以把所有可能会出现的结果一一列出来。借助多媒体,呈现下图的四种可能结果、本题结论、计算公式和树形图的概念(结合口头说明)。

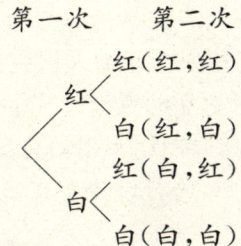

　　第一次　　第二次
　　红 — 红（红,红）
　　　　 — 白（红,白）
　　白 — 红（白,红）
　　　　 — 白（白,白）

故,一共有四种可能的结果出现。

本题结论:两次都摸到红球的概率是 $P(A)=\dfrac{1}{4}$;

摸到1个红球1个白球的概率是 $P(B)=\dfrac{2}{4}=\dfrac{1}{2}$。

揭示树形图概念:是枚举法的一种表现形式,借助"树形图"可以简明地列出所有等可能的结果。

(课题研究: 锻炼学生独立尝试摸球,思考"一红一白两球,摸出一红一白的概率是多少"问题,参与回答并观看教师借助多媒体呈现的四种可能排列图片、本题结论、A、B两个计算公式和树形图的概念(含听取教师的口头说明);初步了解树形图概念和计算公式;激发学用树形图的兴趣;培养主动专心听讲、认真思考、参与问答、听取课堂反馈、注意记录的良好课堂学习行为习惯。)

(2)教师借助多媒体呈现3道例题组织学生独立解题、参与全班交流听取教师随机提问、激励与引导,培养学生借助画树形图分析概率问题和公式计算概率问题的能力,增强应用所学解题的初步成功感(8分钟)。

师:借助多媒体和学习单呈现以下3个例题(见下),要求学生独立在课堂学习单上解题。

例1:袋子中有两红一白三个除了颜色其他完全一样的球,从箱子中摸出一个球后记录颜色并放回摇匀,再摸出一个球。摸到一个红球和一个白球的概率是多少?

例2:袋子中有两红一白三个除了颜色其他完全一样的球,从袋子中连续摸出两个球(均不放回)。摸到一个红球和一个白球的概率是多少?

例3:小张和小杰轮流抛掷三枚硬币,在抛掷前,小张说:"硬币落地后,若全是正面或全是反面,则我输;若硬币落地后,为两正一反或两反一正,则我赢。"假设你是小杰,同意小张制订的游戏规则吗? 请设计一个公平的游戏规则。

生:独立听、读、思,尝试列式解题。

师:组织学生按序交流独立完成的练习情况,随机提问和作激励和引导。

生:有的说:同意小张的规则,很公平;有的说:不同意,对小杰不公平。

师:引导启发,协助修改规则。

生:独立思;小组合作修改规则,参与全班交流;听取教师随机激励与引导,内化。

(**课题研究:** 锻炼学生独立观看教师借助多媒体呈现的3道例题,尝试独立借助画树形图分析概率问题和借助公式进行计算解题,参与全班交流和回答教师的随机提问,以及尝试正确判断游戏公平性和提出改进规则的能力;培养规范作图和解题书写的良好解题行为习惯;增进应用所学解概率题的初步成功感。)

(3) 学生"对学"同桌讨论、交流和小结归纳式探究得出树形图三大特征,了解树形图的三大特征,锻炼相应能力和增进同学互助意识(2分钟)。

师:要求学生小组合作讨论、梳理归纳树形图的特征。

生:组内成员阅读教材,互帮互助,进行讨论与交流,尝试归纳树形图的特征,并记录在学习单上。

师:组织学生交流。

被叫若干生:参与全班交流,陆续概括出以下3大特征。

师:借助多媒体加以呈现。

同一级的每个树枝,都是相应一步试验的等可能结果。最后一级的树枝个数,是试验中所有等可能结果的总数。如果一个等可能试验,是分多步进行,那么树枝相应可以分为多级。

生:独立观、思;在学习单上作三大特征的记录,注意内化。

(**课题研究**:锻炼学生根据教师要求,与同桌读课文、进行讨论、交流和尝试归纳,得出树形图三大特征的能力;增进对树形图及其特征的了解和同学互帮互助意识。)

(4) 学生借助学习单和教师多媒体、口头说明、随机激励与提问的引导,实施"独学""对学"解3道题,锻炼自主应用所学画树形图进行分析、借助公式进行计算解决概率实际问题能力和参与课堂交流能力;增进应用所学解题的成功感和合作意识(15分钟)。

师:借助多媒体和学习单,呈现以下3道练习题。

练习1:甲乙两个同学做"石头、剪刀、布"的游戏,在一个回合中,两人能分出胜负的概率是多少?

练习2:转盘A,等分为三个相等的扇形,号码为1、2、3;转盘B,分为两个扇形(即半圆),号码为1、2。甲乙两个同学想这样玩游戏:甲任意转动A盘,停止时指针得到一个号码;乙任意转动B盘,停止时指针得到一个号码(当指针落在扇形边界时,统计在逆时针方向相邻的扇形内),如果两号码的积为奇数,那么甲胜;如果两号码的积为偶数,那么乙胜。判断:这个游戏是否公平?请说明理由。

练习3:将正面分别标有数字1、2、3,背面花色相同的3张卡片洗匀后,背面朝上放在桌面上,先后从中抽取两张,依次作为一个两位数的十位数字与个位数字,求组成没有重复数字的两位数是素数的概率。

师:要求学生先独立做题,完成解题;然后,在组内交流讨论,说明判断与解题的理由。

生:独立观、听、阅(学习单)、忆、思,尝试完成练习;与组内同学讨论、讨论,说明判断与解题的理由。

师:注意巡视和观察、倾听,并作随机激励与引导。

生:独立听取随机激励与引导,内化。

师:借助多媒体,组织小组代表到讲台处作练习交流。

相关被叫生:上讲台处作交流。

其余生:独立听、纠错,内化。

师:注意观察和倾听,并作随机激励与引导。

生：听取激励引导，内化。

（**课题研究**：锻炼学生借助学习单和根据教师多媒体、口头说明、随机激励与提问的引导，实施"独学""对学"应用所学画树形图进行分析，借助公式进行计算解决概率实际问题的能力，参与组内讨论与交流、全班交流能力；巩固所学知识；增进数学源于生活，又回到生活当中去的感受和应用所学解题的成功感，以及独立思考与互帮互助学习相结合的意识。）

过程三：教师组织学生课尾"对学"的集中小结活动，培养总结所学内容、方式方法和个性化学习经验能力，增进课尾集中小结意识和促进主动反思习惯的养成（7分钟）。

师：借助多媒体和学习单，呈现以下小组合作、总结全课学习情况和交流任务。

(1) 这节课你学会了什么？

(2) 你认为有哪些要注意的地方？

(3) 你还有什么疑惑吗？

请先与组内成员讨论、交流，尝试进行梳理与归纳，并记录在学习单上；再派代表参与全班交流，并注意与小组归纳的结果进行比较，将与本组梳理、归纳得不一样的合理之处，记录在自己的学习单上。

生：独立观、听、思；参与组内讨论、交流，尝试梳理、归纳全课所学内容、方式方法和个人与小组的学习体会、经验；小组代表参与全班交流。

师：注意巡视、观察和倾听，并作随机激励与提问引导，作口头补充完善。

生：独立听、观、思，内化。

（**课题研究**：培养学生课尾参与小组和全班及时进行新课所学小结的良好习惯；锻炼学生在借助学习单、教师小结问题与要求、随机提问与激励和以及口头说明的引导下合作讨论、梳理、归纳和参与组内和全班新课所学内容、方式方法和个性化学习体会与经验的能力，内化树形图的概念、三大特征、作图规范、解题步骤和书写规范等新课之重点、难点的知识；促进课尾集中小结和主动反思习惯的养成，激发学生保持这样进行新课学习的兴趣。）

过程四：教师组织学生课后独自完成作业活动，培养学生及时复习、作业巩固新学习惯，锻炼自主完成作业和下次课始参与全班交流的能力（15分钟）。

师：借助多媒体，出示以下学生课后必做和选做作业（总的在12分钟内完成）。

(1) 独自完成练习册23.3(3)（全班学生）。

(2) 独自完成以下拓展题（学生可自主选做）。

拓展题：迷宫有内外两层，内层有2扇真门1扇假门，外层有2扇真门1扇假门，真假门的外观完全一样，一只熊猫在迷宫内层，它任意推2扇门就从迷宫中出来的概率是多少？

生：独立听、记、思、忆；课后，学生在12分钟独立完成作业；做好下次课始参与全班交流的准备。

生：（下次课始）在组内核对课后作业完成情况；交流出错和如何纠错。

被叫学生小组代表：借助多媒体和口头说明，参与全班交流反馈作业情况。

师：注意观察和倾听，并作随机激励与引导纠错。

生：独立观、听、思，内化。

（**课题研究**：培养全班学生课后独立、及时进行新学内容的自主复习、检测、补救，巩固新知的良好学习习惯和独立完成作业的能力；培养部分学生自主完成拓展练习选做题兴趣、解题探究能力，为后续新课学习奠定基础。）

四、成效与反思

（一）主要成效

1. 学生"独学"和"对学"用树形图分析概率问题探究素养方面

1）学生课前与课始"独学"与"对学"素养

（1）课前：学生课前独立完成了复习和预习任务，锻炼了独立梳理上节课已学内容的重点、难点，巩固旧知的能力，锻炼了独立阅读新课内容，进行圈画、提出对画树形图分析概率问题中的疑问和尝试用公式完成一道练习题解题的预习能力；提高了新课"事件的概率·画树形图解题"的学习速度；促进了课前独立、及时地进行复习、预习、质疑和初步解疑良好课前学习行为习惯的养成；增进了自主预习时的问题意识。

（2）课始：学生通过参与反馈课前学习的反馈，锻炼了参与全班反馈自己课前学习情况的能力；增进了课前独立进行复习、预习对探究用树形图分析与解决概率问题的价值认识；增进了课前独立做好新课学习知识准备的意识。

2）学生新授和结尾阶段"独学"与"对学"素养

①学生在独立思考"摸到一红一白小球的概率"问题时，培养了他们对概率问题新知主动进行探究学习的兴趣。②一是培养了学生在同组成员的互帮互助中，概括出树形图三大特征的能力。二是锻炼了学生借助"独学"和"对学"探究式学习单，在教师其他"四式"和口头说明、板书等举措的引导下，互帮互助读题，尝试画树形图分析概率事件的问题，借助公式进行计算，以及注意解题步骤、书写规范解系列练习题的能力。三是锻炼了学生课尾根据教师小结问题和学习单的引导，参与组内讨论，梳理、归纳和全班交流全课所学内容、方式方法和个人与小组学习体会与经验的能力。③在新课探究学习中，使学生逐步加深了树形图概念、画树形图时需要把握的三大特征、解题思路新知识的理解。④在上述探究学习活动中，一是有机培养了学生规范作树形图，遵守解题步骤与书写规范的良好学习行为习惯。二是增进了学生概率意识、课尾参与集中小结的意识、独立思考的精神，以及有序参与小组合作学习、开展互帮互助的意识。三是增进了这样学习新课的兴趣。

3）学生课后和下次课始"独学"和"对学"素养

学生根据课后学习单的要求，一是在课后独立完成了数学练习册中本课的统一练习内容，部分学生还独立选择教师补充的关于事件的概率拓展练习，锻炼独立完成作业的能力；促进了课后独立、及时完成作业，巩固新学良好课后学习行为习惯的养成。二是学生在下次课始，在参与组内成员互相交流课后作业情况、核对答案、进行纠错和借助多媒体参加全班交流中,锻炼了相应的能力;更好地把握了本节课的学习重点、难点和解题技巧,提高了学生对用树形图解决事件的概率问题和借助公式进行计算的准确性。三是进一步培养了学生在完成作业时注意作图规范、解题步骤和书写规范和独立、及时、高质完成课后作业的良好课后学习行为习惯和作业兴趣,增进了对学用数学的价值意识。

2. 教师素养方面

一是课题研究素养方面。教师在开展本课例的实践研究过程中,对于学生相关类型的学习活动,对于如何确定所定学习活动类型之课例的研究主题,对于符合研究主题之设计思路中的学情、课标和教材这"三情"的设计依据分析,对于课题研究之学生素养发展培养内容的确切定位,对于落实举措之学生"三程"下"独学"与"对学"探究类学习活动的任务、配套举措之实施形式等方面的素养,都有了不同程度的提升。另外,教师对于"五式"下所涉"三程"各自"或独或合"学习活动相应拟作与指向的设计,对于研究思路的总体概括,对于覆盖学科和研究主题"两个本体"之"教学目标"的厘定,对于教学过程之各板块内容的设计,对课题研究课的实施、其后课例的撰写、反思、改进完善等方面的素养,也有了程度不一的提升。

二是课堂随机激励方面。本课中教师经常使用鼓励性语言激励学生,激发学生保持对借助树形图分析解决概率问题的学习渴望,提高解题、梳理概括、贴切交流的速度与质量,增强了学生的参与"有独有合"探究学习的积极性和自信心。

(二)三点反思

一是教师对学习单的设计需要更精简、准确,以更好地发挥其对学生在新课的学习和课尾集中小结时更好的引导作用。二是教师抽取回答问题的学生覆盖面可以更广一些,对象要尽量做到不重复,不能忽略不愿举手、在小组中不愿发言的学生,调动更多学生参与答问解题的兴趣。三是需要加强课例的务实、细化设计与实际实践过程的撰写能力和加强对实效、意义的提炼能力,以更好地提升课例的价值。

五、意义揭示

本课基于自主学习理念,教师借助了"五式",引导了学生"三程"结合、"独学"与"对学"探究式学习相结合,开展"事件的概率•画树形图解题"的学生探究类学习活动;彰显了在引导学生在"独学"与"对学"探究学习类学习活动中,有效地完成"三程"学习活动任务,提升了学生"独学"与"对学"探究学习类学习活动素养方面的独特价值——"四性"。

(一)学生在"三程""独学"和"对学"探究类学习活动中的主体性

从本课的实施类型和学生"三程""独学"(6次)与"对学"(6次)探究学习活动单式(即借助"三程•三单"式)和实践过程可知,学生是课前、课中和课后"三程"12次"有独有合"探究式为主学习活动的主体,在教师结合其他"四式"的引导下,提高了参与完成任务的兴趣;较为深入地学习掌握树形图的概念、树形图的三大特征、画树形图的基本规范,以及借助画树形图分析概率事件解题的基本步骤等知识;提高了解题的速度和质量;促进了遵守画树形图的规范、解题的步骤,与书写规范之良好解题行为习惯的养成;增进了概率意识、做好新课学习前的知识准备意识、"有独有合"探究学习新知意识、课尾需要进行集中小结意识、小组合作时的有序讨论与互帮互助意识。

可见,学生在教师多形式举措的引导下,成为"三程"中"独学"与"对学"的探究类学习活动的主体,能够取得更为明显地完成学习活动任务的实效,并发展自主探究学习数学概念类新课的素养。

(二)课中与课后概念知识学习与应用的趣味性

本课的趣味性,主要体现为:一是课前奠基性质学习的兴趣。即课前学生独立做好知识标准,为新课学习奠基了易于参与的兴趣。二是课始教师组织反馈呼应课前学习情况的兴趣,即开始教师组织的课前学习情况反馈,调动起全体学生的参与交流的兴趣。三是学习新知时遵循了易接受性原则,从而保证了学生学习由知到会,再到熟的实效和参与兴趣,即在教师问题引导下的利用摸球体验从而发现概率情况,激发了学生的乐于尝试、乐于思考和参与后续解题的兴趣。四是借助树形图解决概率问题的学习过程,遵循了先从概括三大特征、初步的概念、明确计算公式,画树形图的规范等基础知识学习开始,再逐步提高解例题和应用性练习题的难度,穿插讨论、交流与概括解题思路与基本步骤之学习新知时由易到难的规律,学生容易理解和学会解题,从而保持了参与新知学习的参与兴趣,逐步增进新课学习的成功感。五是课尾集中小结时,有教师明确的问题引导,小结与交流有方向。六是课后作业不仅有统一的练习题,还有自选的拓展练习题,满足了学生作业的统一性和多样性的需求。七是整个"三程"学生"有独有合"的探究学习为主的活动过程,有教师的"五式"和其他举措的引导(包括学生做同学的"小老师"),化解了学习内容的难度,取得了不一样的实效。

可见,正是有了上述"七个方面"的趣味性,使学生产生想要参与的冲动,并保证了学生学习概率问题由知到会,再到熟的实效,提升了自主学习的素养。

(三)课中概率知识学习的多元引导性

本课"三程"探究活动中,教师借助学习单、其他"四式"、实物(彩色球)、口头说明、问题与追问、板书等,引导学生课前复习上节课的重点、难点和预习本课,课始交流课前复习和预习的知识,新课学习中尝试摸球实验,梳理树形图的三大基本特征、树形图的概念、画树形图的规范,借助画树形图分析概率事件问题和用公式进行计算参与解例题和应用性练习题,课尾参与全班合作小结;课后独立完成统一和自选拓展性作业,下次课始参与全班交流,从而保证了课堂与课后(含下次课始)学生相关"有独有合"探究类学习活动任务的完成,拓展了学生关于树形图和借助画树形图分析解决概率问题的知识,锻炼了相应能力,增进了概率意识、有序合作和互帮互助意识,激发了学生这样学习的兴趣,增进了学习的成功感和自信心。

可见,教师"三程"开展对学生"有独有合"探究类学习活动有针对性、及时、多形式的引导,可以落实学生在"三程"探究类学习活动中的主体性地位,变学生的被动接受式学习为富有趣味性的探究性学习,保证新课核心知识与技能和自主学习素养培养内容目标的较为全面地落实。

(四)概率知识学习与练习的有效性

由于有了前述学生在"三程"之"独学"(6次)与"对学"(6次)探究类学习活动中主体性地位的落实,结合教师其他"四式"和举措的整合运用,增进了整个探究学习活动过程的引导性和趣味性,减少了传统的讲—听授式学习过程时间,增加了学生的摸、猜、理和解例题与应用题、核对与反馈解题的准确性、规范性,以及课尾参与班级集中小结和课后可自选的拓展性练习题类的学习活动,从而取得了数学概念类知识学生不一样的学习实效,并有效提升了学生的"有独有合"探究类学习活动素养。

可见,教师加强多举措引导落实学生在"三程""有独有合"探究类为主之学习活动中的主体性,加强教学过程中的对学生概念新知学习的引导性(减少直接传授性),增进学生在学习中过程的趣味性,及时地组织学生完成难度渐高的例题和练习和及时地加以反馈,可提高数学概念类知识与技能学习的有效性让学生的自主学习变得更具有魅力。

参考文献

[1] 中华人民共和国教育部.义务教育数学课程标准(2011年版)[M].北京:北京师范大学出版社,2012.

[2] 庞维国.自主学习:学与教的原理和策略[M].上海:华东师范大学出版社,2003.

[3] 巴洛赫.合作课堂:让学习充满活力[M].曾守锤,吴华清,译.上海:华东师范大学出版社,2005.

[4] 郑金洲.新课程课堂教学探索系列:合作学习[M].福州:福建教育出版社,2005.

[5] 余文森.核心素养导向的课堂教学[M].上海:上海教育出版社,2017:31-32.

[6] 孙微.实施"五策"提高数学单元复习和自我监控能力培养实效——以《图形的运动》复习课之区级课题研究课两次实践与分析为例[J].浦东教育研究,2018(2):48-51+7.

[7] 朱律维."独合结合"语文实施体验式提升学生写作详略素养探索——以《叙事要详略得当》区级课题研究课实践与分析为例[J].浦东教育研究,2019(8):53-57.

数学教学实施"四式"提高学生自主说题素养的证明举例类学习活动设计与实施

——以"19.2(4)证明举例"学生学习活动设计、实践与分析为例

上海市五三中学　庄轶虹

【执教时间、地点和对象】

2018年10月17日,上午第3节;录播教室;初二(5)班

一、设计思路

(一) 设计依据

1. 学情分析

初二(5)班的部分学生在学习过程中善于观察、动脑,对数学学习比较感兴趣;还有一部分学生基础知识掌握不够牢固,数学学习能力总体较弱,尤其是自主说题证明素养需要加以培养。此前,学生通过实验几何的学习,获得了必要的几何基础知识,得到了几何语言表达的训练和形式化说理的体验,为进入论证几何的学习准备了条件;学生通过"第十九章 几何证明"第一课时的学习,已经知道了平行线的判断与性质、全等三角形的判定与性质、等腰三角形的判定与性质等知识,初步学习了基本的逻辑术语、演绎推理的思考方法及证明的步骤、格式与规范。

因此,在本课("第十九章 几何证明"第二课时)教学中,教师拟设计课前、课中与课后之"三程"学生独立与小组合作多元化的解证明题和进行说题的学习活动,学生在参与课前独立复习梳理等腰三角形的定义和性质、初步完成例题7解题证明思路的活动中,巩固旧知和锻炼复习证明的说题能力;学生课中"有独有合"完成4项难度逐步提高的自行分析证明思路、证明过程和进行说题的学习活动,掌握证明两条直线垂直的两种基本方法,进一步锻炼演绎、逻辑推理和规范表达的能力,培养敢于表达说题证明的自信;课后独立完成教材配套练习册的作业,巩固解证明题的解题思路、过程和规范表述素养;增进学生这样参与"三程"解证明题、进行说题类学习活动的热情。

2. 课标分析

教育部《义务教育数学课程标准(2011年版)》(简称课标)中明确指出:"学生学习应

当是一个生动活泼的、主动的和富有个性的过程。积极思考、动手实践、自主探索、合作交流等,都是学习数学的方式。学生应当有足够的时间和空间经历观察、实验、猜测、计算、推理、验证等活动过程。教师要发挥主导作用,处理好讲授与学生自主学习的关系,引导学生独立思考、主动探索、合作交流,使学生理解和掌握基本的数学知识与技能,体会和运用数学思想方法,获得基本的数学活动经验。"

因此,本课中教师拟以上述课标之精神为引领,探索在课前、课堂与课后"三程"学生学习活动中,让学生课前独立复习梳理等腰三角形的定义与性质、初步完成例题7解题证明思路和课始参与复习反馈交流活动,巩固等腰三角形的定义、2条性质和锻炼自主证明说题能力;课中"有独有合"完成4道证明题的说解题步骤、思路和过程的任务,锻炼说解题步骤、思路和过程时的敢于表达、能够有序和简明扼要地说清楚、写清楚、写规范的能力;课尾参与合作总结,锻炼合作梳理概括全课所学内容、方式方法和个性化体会与经验的素养;课后独立完成教材配套练习册相应作业,巩固解证明题的解题思路、过程和规范表述素养;增进学生这样参与"三程"解题证明类数学学习活动的热情。

3. 教材分析

本课教学内容"19.2(4)证明举例",是上教版数学课本八年级第一学期"第十九章 几何证明"第二节"证明举例"的教学内容。

本节课的学习内容重点是:利用等腰三角形的"三线合一",根据垂直的定义证明两条直线垂直的两种基本方法;难点是:探索证明思路,合理选择证明途径;归纳、总结证明两条直线垂直的方法。

教师拟在课前补充学生独立梳理等腰三角形的定义、完成性质填空,课始进行复习反馈和利用解教材例题7(实质也是等腰三角形的性质证明)与进行说明,复习等腰三角形的定义和2条已学的性质,锻炼学生课前独立复习梳理等腰三角形的定义、性质和进行证明、解题说明的能力;课中,在教师整合实施"四式"和提问、追问与口头说明的引导下,学生通过小组合作讨论、解题、交流完成4道教材例题和变式题、作图题的学习活动任务,锻炼三种演绎推理的解题方法,巩固等腰三角形的定义、性质;课后,学生通过独立完成教材配套练习册的作业和下次课始参与全班交流反馈,巩固逻辑推理的证明方法;在"三程"学习中,有机促进学生解证明时,解题思路先行、注意解题步骤和进行规范表述之良好解题、说明行为习惯的养成;增进小组讨论交流,借助等腰三角形的定义和性质进行演绎推理解决解题证明和说题任务的热情;增进对小组合作讨论、交流解决数学难题价值的认识。

(二)课题研究

1. 学生独立与小组合作证明说题学习活动素养

1) 学生课前独立复习梳理和说题学习活动素养

一是锻炼学生课前独立借助表格,梳理等腰三角形的定义和性质的能力。二是锻炼学生独立初步完成例题7解题证明思路的能力。三是增进学生对课前加强复习的价值意识。

2) 学生课中"有独有合"渐进性地进行证明说题学习活动素养

(1) 课始:锻炼学生参与全班反馈课前独立复习梳理定义与性质情况、参与小组合作讨论与交流完成例题7练习,自主巩固等腰三角形的定义和性质旧知,把握复习重点——证明题的解题思路和步骤的能力;促进良好的课前复习和解证明时解题思路先行、注意解题步骤和规范表述良好行为习惯的养成;激发后续课堂主动参与解题证明与说题活动的兴趣。

(2) 课中教学环节:一是锻炼学生小组讨论交流,完成例题7的变式练习1的证明过程的学习活动任务,进一步熟悉解证明题的推导过程,继续锻炼推导能力和口头规范表达能力。二是锻炼学生参与小组讨论、交流,完成证明例题8和变式练习2的学习活动任务,培养学生敢于说出自己的想法;进一步锻炼演绎与逻辑推理和规范表达的能力;促进良好的解证明时解题思路先行、注意解题步骤和进行规范表述良好行为习惯的养成;增进小组讨论交流、解决解题证明和说题任务的热情。三是锻炼学生参与小组讨论画图题的步骤并操作的过程中,进行动手操作能力、解决问题的能力和合作交流的能力。

(3) 课中教学环节:培养学生在教师多媒体和口头说明与随机激励引导下,参与课尾合作总结全课所学内容、方式方法和个性化学习体会与经验的能力;增进学生主动进行课尾集中自主小结的意识;促进学生良好的解证明时解题思路先行、注意解题步骤和进行规范表述之证明类题目解题、说题良好行为习惯的养成。

3) 学生课后独立巩固证明说题学习活动素养

一是锻炼学生课后独立完成本课教材配套练习册作业任务能力;及时巩固新知识;培养良好的课后独立及时复习和作业良好习惯。二是下次课始,锻炼学生参与全班交流课后独立复习和作业情况能力;巩固解证明题的解题思路、步骤和规范表述的素养;增进解题证明类学习活动的热情。

2. 实施形式

1) "三程"独立与小组合作证明说题学习活动式

(1) 课前学生独立复习活动式

一是学生独立借助表格复习梳理等腰三角形的定义与性质。二是独立尝试完成例题7复习证明思路的活动,锻炼学生独立完成相应复习任务的能力;巩固旧知。以此增进课前独立复习活动的价值意识。

(2) 课中学生"有独有合"渐进性证明说题学习活动式

① 课始:学生参与全班反馈课前独立复习梳理等腰三角形定义与等边对等角、"三线合一"2条性质情况、参与小组合作讨论与交流完成例题7练习活动。以此锻炼自主巩固等腰三角形的定义和性质旧知,把握复习重点(即证明题题解题思路和步骤)的能力;促进良好的课前复习和解证明时解题思路先行、注意解题步骤和进行规范表述良好行为习惯的养成;激发后续课堂主动参与解题证明与说题活动的兴趣。

② 课中教学环节(二):学生在课中学习单、多媒体和教师口头说明、随机激励与引导下,一是参与小组讨论交流,完成例题7的变式练习1的证明过程的学习活动任务,进一步熟悉证明题的推导过程,继续锻炼推导能力和口头表达能力。二是完成小组讨论交流证明例题8和变式练习2的学习活动任务,锻炼敢于说出自己的想法、进行演绎和逻辑推理和规范表达的能力;促进良好的解证明题时解题思路先行、注意解题步骤和进行规范表述良好行为习惯的养成;增进小组讨论交流、解决解题证明和说题任务的热情。三是参与

完成小组讨论画图、解证明题的步骤和进行说题活动的任务,培养学生小组合作读题、讨论和动手操作画图的能力、尝试交流证明思路的能力;增进对小组合作讨论解决数学难题价值的认识。

③ 课中教学环节(三):学生在教师多媒体和口头说明与随机激励引导下,参与完成课尾合作总结活动任务。以此锻炼课尾合作小结全课所学内容、方式方法和个性化的学习体会与经验的能力;增进主动进行课尾集中自主小结的意识。

(3) 课后独立巩固证明说题学习活动式

课外,学生独立完成教材配套练习册的相应作业;下次课始,参与全班交流反馈作业情况学习活动,锻炼独立解等腰三角形证明题的解题思路、步骤和规范表述的能力;巩固新知;促进课后独立及时进行复习、作业和参与反馈之良好作业习惯的养成。

2) 借助信息技术式

(1) 课始:教师组织学生课前独立复习反馈时,借助多媒体呈现等腰三角形的2条性质("等边对等角"和"三线合一")、组织学生参与说明课前所做例题7的解题步骤(含书写规范),呈现解题结果,提高反馈学生课前独立复习情况和规范说明解题步骤与规范的速度;内化学生证明与说题的能力;促进学生课前独立复习良好行为习惯养成和增进复习旧知的价值意识。

(2) 课中教学环节(二):教师借助多媒体,逐步呈现例7的变式练习1、例8与变式练习2和作图、证明题的题目,结合提问、追问、口头说明和随机激励与引导,组织学生参与小组讨论、进行证明和说明交流,同步借助多媒体随机呈现解题步骤和证明理由(所运用的等腰三角形的性质,含解题书写规范),提高组织学生"有独有合"完成解题说题学习活动的速度和质量;锻炼学生敢于说出自己的想法、进行演绎和逻辑推理的能力和进行规范表达的能力;促进解证明时,解题思路先行、注意解题步骤和进行规范表述良好解题、说明行为习惯的养成;增进小组讨论交流、借助等腰三角形的定义和性质解决解题证明和说题任务的热情;增进对小组合作讨论、交流解决数学难题价值的认识。

(3) 课中教学环节(三):学生在教师多媒体和口头说明与随机激励引导下,参与完成课尾合作总结活动任务,锻炼课尾合作小结全课所学内容、方式方法和个性化学习体会与经验的能力;增进主动进行课尾集中自主小结的意识;促进良好的解证明时解题思路先行、注意解题步骤和进行规范表述良好行为习惯的养成。

(4) 课末和下次课始:教师借助多媒体呈现学生需要课后独立完成的作业和下次课始借以组织课后学生作业情况的反馈,进一步锻炼学生课后独立解等腰三角形证明题的解题思路、步骤和规范表述的能力;巩固新知;促进学生养成良好的课后独立复习、作业和参与反馈作业行为习惯。

3) 借助"三程·三单"式

借助教师设计的本课学生课前、课中与课后学生"三程"学习单(简称"三单"),引导学生课前独立完成2项复习任务、课始全班合作反馈课前复习梳理和解题任务、课中"有独有合"完成解4道证明题与说题任务、课尾集中小结任务、课后独立完成作业任务和下次课始参与全班作业反馈任务。以此有机锻炼学生的完成"三程"相应学习活动任务的能力;促进学生养成解证明时解题思路先行、注意解题步骤和进行规范表述的良好行为习惯;增进学生参与小组合作讨论、交流,进行证明题解题与说题的价值意识和这样学习的兴趣。

4) 随机激励式

课中与下次课始,教师对学生参与完成课前独立复习和尝试解例题7情况的反馈,课中"有独有合"进行解题和说明解题思路、步骤和进行规范表述,课尾参与集中合作小结,下次课始参与课后独立作业情况反馈任务时,对完成"三程"学习活动相应任务时速度快、质量高,有一定创意的学生,对参与学习活动踊跃的学生,对参与小组讨论、解题与交流和谐有序的学生与小组,注意借助口头语言、肢体语言等,及时加以肯定,内化学生解证明时解题思路先行、注意解题步骤和进行规范表述素养;增进学生敢说和证明举例自主说题的自信;促进学生主动、有序、和谐地参与小组合作讨论、交流素养的养成。

(三) 思路总括

基于上情,本课围绕"19.2(4)证明举例"的学习内容,教师拟课前、课中、课后"三程"结合,以"三程"独立与小组合作证明说题学习活动式为主,整合实施其他"三式"(借助信息技术式、"三程·三单"式和随机激励式),引导学生完成课前2项独立复习梳理和尝试解题说明,课始参与全班反馈课前预习情况的完成例题7的解题说明,课中独立为辅小组合作讨论与交流为主解4道证明题和进行说题,课尾参与全班集中小结,课后独立完成教材配套练习册作业和下次课始参与全班交流的学习任务,在提高学生参与完成"三程"相应学习活动任务速度、质量的同时,锻炼学生课前独立借助表格梳理等腰三角形的定义和性质的能力,课始参与全班反馈课前独立梳理和尝试小组合作进行解证明题与说题的能力,课中小组合作讨论交流尝试解难度逐步提高的4道证明题和说清解题思路、步骤和解题规范的能力,课尾参与集中小结本课学习内容、方式方法和个性化学习体会与经验的能力,锻炼推理能力和思维的逻辑性;有机发展学生"有独有合"的监控能力和意识;促进学生解证明题时,解题思路先行、注意解题步骤和进行规范表述之良好的解题、说明行为习惯的养成;增进学生课前独立复习和小组合作讨论、解题、交流、归纳的价值意识和自主说题的自信,激发学生保持这样进行数学专题内容自主解题、进行证明和说题学习活动的兴趣。

二、教学目标

基于自主学习的核心素养理念,围绕"19.2(4)证明举例"的学习内容,学生经历课前、课中、课后"三程"结合,以"三程"独立与小组合作证明说题学习活动式为主,教师整合实施其他"三式"(借助信息技术式、"三程·三单"式和随机激励式),引导学生完成课前2次独立复习梳理和尝试解题说明,课始参与全班反馈课前复习梳理情况的完成例题7的解题说明,课中独立为辅小组合作讨论与交流为主解4道证明题和进行说题,课尾参与全班集中小结,课后独立完成教材配套练习册作业和下次课始参与全班交流的学习任务,巩固等腰三角形的定义与2条性质("等边对等角"和"三线合一");锻炼课前独立借助表格梳理等腰三角形的定义和性质的能力,课始参与全班反馈课前独立梳理和尝试小组合作进行解证明题与说题的能力,课中小组合作讨论交流尝试解难度逐步提高的4道证明题和说清解题思路、步骤和解题规范的能力,锻炼借助演绎推理、逻辑推理进行推导证明的能力,课尾参与集中小结本课学习内容、方式方法和个性化学习体会与经验的能力;发展"有独有合"对"三程"相应学习活动进行自主监控的能力和意识;培养学生化解证明时,解题思路先行、注意解题步骤和进行规范表述之良好解题、说明行为习惯;增进课前独立复习的和小组合作讨论、解题、交流、归纳的价值意识和自主说题时的自信,激发保持这样进行数学专题内容自主解题、进行证明和说题学习活动的兴趣。

三、实践过程

过程一:课始,教师借助多媒体、提问和追问、随机激励与引导,组织学生反馈课前独立复习等腰三角形的定义与性质,小组讨论完成例题 7 复习证明思路与步骤学习活动,使学生巩固旧知,锻炼参与全班反馈课前独立梳理和尝试小组合作进行解证明题与说题能力,增进课前独立复习的价值意识,促进课前独立复习和注意把握复习重点之良好课前独立复习行为习惯的养成(8 分钟)。

(1) 教师组织学生回忆性质。

师问:什么是等腰三角形的性质?

被叫生 1:等边对等角;生 2:等腰三角形的三线合一……

师:注意倾听学生发言;并对提到等腰三角形的性质的 2 名学生,表扬他们对等腰三角形的性质掌握得牢固!

其余生:独立观、听、思,内化。

(2) 教师组织学生填空和与说明。

师:借助 PPT 出示 2 题,组织学生完成等腰三角形的性质相关知识点的填空。

题目 1:在△ABC 中,∵ AB = AC(已知)

∴∠_____ = ∠_____(　　　　)

题目 2:在△ABC 中,∵ AB = AC,∠BAD = ∠CAD(已知)

∴_____ = _____,_____⊥_____(　　　　)

师:要求学生独立回忆、思考、填写、回答。

生:独立观、听、思、忆。

被叫生:回答问题。

师:注意倾听并作随机激励引导。

全体生:独立观、听、忆、思,内化。

(3) 教师组织学生小组讨论、交流解例题 7 证明题的证明思路、过程和进行规范说题。

师:借助 PPT 呈现例题 7 的题目。

例题 7:已知,如图,$DB \perp AB$,$DC \perp AC$,且$\angle 1 = \angle 2$。

求证:$AD \perp BC$

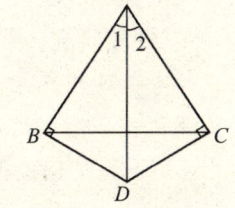

师:借助多媒体和口头说明,引导学生一起回忆证明题的解题步骤;引导学生回忆证明题解题思路,即从条件开始往结论推导、从结论

开始向条件推导、分别从条件和结论开始往中间推导。

生:独立观、听、思、忆,内化。

师:带领学生小组讨论、交流,一起分析例题7的证明思路。

生:独立观、听、忆、思;参与小组讨论,简单交流证明思路和解题步骤。

师:邀请学生代表说出证明思路和解题步骤。

被叫生:口述解题思路和步骤。

师和其余生:观、听、思。

师:注意随机激励与引导。

全体生:独立观、听、思,内化。

(**课题研究**:培养学生参与全班反馈课前复习梳理情况、在教师"四式"引导下参与小组合作讨论与交流完成例题7练习,自主巩固等腰三角形的2条性质旧知和把握复习重点,提升证明题解题思路和步骤的能力;促进复习和解证明题时解题思路先行和注意解题步骤良好行为习惯的养成,增进课前独立复习的价值意识。)

过程二:教师组织学生在"四式"引导下小组合作讨论、交流,完成难度逐步提高的4道证明题,把握证明推导解题的基本思路、步骤和表述规范,培养学生借助演绎推理、逻辑推理进行推导证明的能力和参与小组内有序讨论、交流及借助多媒体等面向全班学生进行说题的能力;增进证明解题和自主说题的成功感和自信;促进解证明时,解题思路先行、注意解题步骤和进行规范表述之良好解题、说明行为习惯的养成(28分钟)。

(1) 学生小组讨论交流,完成例7的变式练习1的证明过程。

生:小组合作阅读学习单上的以下题目。

变式练习1:已知,如图,P 是 AD 上的一点,$\angle ABP = \angle ACP$,$\angle BPD = \angle CPD$。

求证:(1) $BD = CD$ (2) $AD \perp BC$

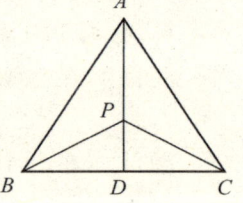

师:邀请学生在黑板上的图上(学生读题时,教师已板画好图)标出已知条件。

其余生:小组讨论此题的证明思路。

师:巡视班级,注意对学生进行随机激励与引导。

被叫的学生小组代表:向全班同学讲解证明思路。

师和其余生:观、听、思。

师:注意作随机激励与引导。

全体生:一起说出证明过程。

师:注意作随机激励。

生:独立观、听、思,内化。

(**课题研究**:锻炼学生参与小组合作读题、讨论、交流和听取小组代表交流及参加全班一起交流证明思路、解题步骤的能力,进一步熟悉证明题的演绎推导过程;增进讨论与交流证明推导过程的成功感。)

(2) 教师借助多媒体、学习单和口头说明等组织学生小组讨论,完成证明例题8和变式练习2,交流证明例题8和变式练习2的证明方法。

师:借助多媒体出示例题8。

例题8:已知,如图,在△ABD中,AC⊥BD,垂足为点C,AC = BC,点E在AC上,且CE = CD,连接BE并延长交AD于点F。

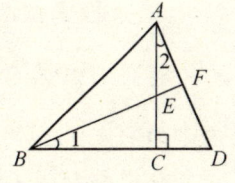

求证:BF⊥AD

师:邀请学生在黑板中教师所作的板图上,标出已知条件。

全体生:参与小组讨论此题的证明思路。

师:巡视班级,注意对学生进行随机激励与引导。

被叫的学生合作小组代表:向全班同学讲解例8的证明思路。

师和其余生:观、听、思;师:注意随机激励与引导。

全体生:独立观、听、思;参与小组讨论,得出两种证明的方法。

方法一:利用边角边证明△ACD≌△BCE,得∠2 = ∠1,再利用三角形内角和180°,证得∠AFE = ∠BCE,从而证得∠AFE = 90°,即 BF⊥AD。

方法二:利用边角边证明△ACD≌△BCE,得∠2 = ∠1,再利用外角,证得∠AFE = ∠BCE,从而证得∠AFE = 90°,即 BF⊥AD。

师:巡视学生解题证明情况;注意对相关小组的学生进行随机激励与引导。

生:独立观、听、思,内化。

(**课题研究**:使学生敢于在小组讨论中说出自己的想法;进一步熟悉演绎证明的方法,提高演绎推理能力和规范表达能力;增进通过小组讨论、交流,提高解决演绎推理证明问题的热情;促进解题思路先行、注意解题步骤和进行规范表述良好解题、说明行为习惯的养成。)

师:借助多媒体呈现变式练习2。

变式练习2:已知,如图,AB⊥BD,ED⊥BD,C是BD上的一点,BC = DE,AB = CD。

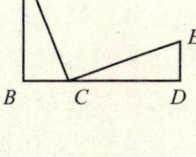

求证:AC⊥CE

师:在黑板的图上,标出已知条件。

生:小组讨论证明思路。

师:巡视班级学生解题证明情况,注意对相关小组的学生进行随机激励与引导。

被叫的学生小组代表:口述证明思路和证明步骤;

师和其余生:观、听、思;师:注意随机激励与引导。

生:独立观、听、思,内化。

(**课题研究**:培养学生小组讨论、交流推理证明两条直线垂直的方法,锻炼学生的逻辑推理能力;增进学生通过小组讨论提高借助逻辑推理进行证明解决数学问题的热情;促进解证明题时思路先行、注意解题步骤和进行规范表述良好解题、说明行为习惯的养成。)

(3) 教师借助多媒体、学习单和口头说明等组织学生小组讨论画图方法,交流证明思路。

师:借助多媒体呈现画图讨论证明要求,结合学习单和口头说明等,边读题,边提醒注意要点,组织学生小组讨论画图方法,交流证明思路。

生:独立观、听、思,参与小组讨论,尝试画图与解题证明。

画∠AOB。

以点 O 为圆心,任意长为半径画弧,分别交 OA 于点 C,交 OB 于点 D。

再分别以点 C 和点 D 为圆心,大于 $\frac{1}{2}CD$ 的同样长为半径画弧,两弧相交于∠AOB 内部的一点 P。

分别画射线 OP,线段 CD。

求证:CD 与 OP 互相垂直。

师:指导学生进行小组讨论。

生:小组再次讨论画法。

师:巡视班级,注意对相关小组的学生进行随机激励与引导。

被叫学生合作小组代表:交流作图和证明思路、步骤。

师和其余生:观、听、思。

师:注意随机激励与引导。

生:独立观、听、思,内化。

(**课题研究**:培养学生小组合作读题、讨论和动手操作画图的能力,尝试交流证明思路、步骤和进行规范表述的能力;增进对小组合作讨论、交流解决证明难题价值的认识,促进借助作图、厘清相应关系,解题思路先行、注意解题步骤和进行规范表述良好解题、说明行为习惯的养成。)

过程三:教师借助多媒体引导学生参与课尾全班合作小结与交流活动,培养学生课尾总结全课所学内容、方式方法和个性化证明、说题体会与经验的能力,增进主动进行课尾集中自主小结的意识(3分钟)。

师:借助 PPT 和口头说明,引导学生参与课尾集中合作小结。

被叫到小组的学生:积极参与说明小结的情况,例如,小结内容涉及面比较广,不仅提到了本课的新学内容,证明两条直线垂直的方法,更有学生提到了小组合作讨论与交流对自己学习的帮助和感悟等。

其余生:独立听、思、忆;自主内化课尾集中小结的内容与方式方法。

师:仔细倾听;并作随机激励和引导。

全体生:独立观、听、忆、思,内化。

(**课题研究**:培养学生课尾从全课所学的内容、证明与说题的思路、步骤与表述规范、推理证明的方法与个性化的学习体会与经验等方面进行小结,锻炼学生内化等腰三角形的定义、性质、解证明题的重点、难点的能力,规范进行语言表达能力;增进证明解题的成功感和课尾集中小结意识,促进解证明题时思路先行、注意解题步骤和进行规范表述良好解题、说明行为习惯的养成。)

过程四:学生课外独立完成作业,培养课后独立、及时复习、完成作业的良好行为习惯,巩固说证明基本思路、步骤和继续锻炼演绎推理、逻辑推理证明的能力,增进说题证明的兴趣(布置任务:1分钟)。

师:借助多媒体,要求学生课后独立完成教材配套练习册习题19.2(4)的练习。
生:独立观、听、阅、记;课后,按要求独立、及时、认真完成作业。
师/生:下节课始,组织/参与全班作业的交流反馈。
师:注意作随机激励与引导。
生:独立观、听、观、思,内化。

(**课题研究**:培养学生课后及时复习、独立完成作业的良好行为习惯,巩固新学的解证明题时,注意思路先行、关注基本步骤和进行规范表述的良好证明、说题的行为习惯;继续锻炼逻辑推理、演绎推理证明的能力;增进"有独有合"进行自主说题证明的兴趣。)

四、成效与反思

(一) 成效

1. 学生"三程"中"有独有合"证明、说题学习活动之乐学善学素养方面

1) 课前学生独立复习梳理、说题活动素养方面

对学生的课前复习提问和教师课堂反馈表明,全体学生能够独立复习等腰三角形的定义与2条性质,并能对相关性质进行填空;多数学生能够尝试完成解例题7,较好地锻炼了学生独立复习旧知和尝试解例题的能力;促进了良好的自主预习行为习惯的养成。

2) 课堂学生"有独有合"证明、说题学习活动之乐学善学素养方面

综观课老师的评价,执教教师自身对学生课堂学习情况的观察,以及课后与部分班中学生的交流沟通可知,这节实践研究课的总体效果良好,基本完成了预设教学目标,学生课堂乐学善学素养得到了较高提升。

一是学生经历"三程"的学习过程,基本达成了预设的"三维"目标。二是学生能积极参与小组读题、讨论、解题证明与交流活动,在小组讨论中能畅所欲言,相互进行良好的沟通交流,也能互相发现问题并及时改正问题。三是在代表小组在参与全班交流时,学生不论是在讲解解题思路,还是在证明过程中,都能思路清晰,表达流畅。四是自主小结活动中,学生能够对新课知识、证明方法等多方面进行小结,学生合作梳理新课所学内容、进行概括提炼和参与全班交流的语言表达能力得到了较好的锻炼。五是课堂教学中,教师经常使用鼓励性语言、表情等激励学生独立探索、参与小组讨论、交流和全班分享,使学生普遍感受到独立学习和小组合作讨论、交流和全班分享的价值,激发了解题证明和参与交流的成功感与自信,增进了这样学习的兴趣。

3) 课后学生独立巩固证明说题学习活动素养方面

根据教师对学生作业的批改结果和下次课始参与全班交流反馈的情况,可以看到:学生普遍能够按时独立完成课后作业,并且准确率较高;对于逻辑证明的格式书写比较规范,大部分学生能够做到思路与步骤严密、表述规范;多数学生在参与下次课始反馈时,积极主动。

2. 教师素养方面

本次课题研究课的实践探索,使教师"三个注重"的素养有了提升。一是课堂中,教师

能够注重学生解题证明、说题学习能力的培养。如,在课堂中关注学生的观察、表达和交流、组织信息的能力。二是教师注重与学生的互动及时。如,能及时提出问题、进行追问,引导学生进行读题、观察、讨论、交流,厘清解题思路、步骤,纠正学生表达中的错误和不规范之处。三是教师注重提高课题研究素养。教师在本课例的研究中,对课题研究课的设计、实施、总结和反思素养,都有了一定提升。

3. 学校方面

一是促进了学校数学教学中对学生探究类学习活动设计、实施与评价的探索。二是丰富了学校区级课题之学科探究类学生学习活动的课例成果。

(二) 反思

一是课堂教学相关环节的时间把控需要更合理化。即本堂课对于学生小组的讨论,用时过长,导致并没有完成所有课堂预设内容。二是学生参与度不全面。如,在学生小组讨论环节,个别语言表达能力较弱和性格较内向的学生还是较少得到口头表达的机会。

对此,可以进行以下两项改进:一是细化课前学习单重点内容的设计,让学生事先对旧知重点进行复习,对新知识进行预习,以便在课堂上能更快、更好地参与互动讨论、解题证明与交流。二是教师需要在课堂中关注更多学生,注意将发言机会留给发言平时较少的学生,对于不自信的学生进行适当鼓励。

五、意义揭示

彰显了学生"三程"系列"证明说题"学习活动在提升学生自主说题乐学善学方面的独特价值——"五性"。

(一)"三程"学习活动凸显学生的主体性

从课前、课中与课后学生"说题"学习活动的设计和实践过程可知,本课是以学生为主体进行的,教师只是辅助引导学生"或独或合"自主地进行复习、反馈、解题、讨论、交流、说题、小结、作业与反馈学习活动。这使全体学生巩固了等腰三角形的定义和2条基本性质,较好地提升了解证明题时说清解题思路、步骤和解题规范的能力;锻炼了借助演绎推理、逻辑推理进行推导证明的能力,以及课尾参与集中小结本课学习内容、方式方法和个性化学习体会与经验的能力;内化了解题思路先行、注意解题步骤和进行规范表述之良好解题、说明行为习惯;增进了课前独立复习的和小组合作讨论、解题、交流、归纳的价值意识和自主说题时的自信;激发了保持这样进行数学专题内容自主解题、进行证明和说题学习活动的兴趣。

可见,落实学生在学习难度高、涉及范围广、答案不唯一独立学习为辅、小组合作探究学习活动为主中的主体性,可以更好地发挥全体学生在"三程"学习的主动性,夯实基础知识,发挥不同小组学生的特长和优势,有效地化解解证明题时把握探究活动中的重点、难题,发展自主说题素养。

（二）"三程"证明自主说题活动的过程强调方法性和科学性

一是学生课前的独立梳理等腰三角形的定义和2条性质复习、尝试解例题7和课始的填空反馈与合作讨论、解例题7题，不仅唤起了学生对之前所学知识的记忆，也初步熟悉了证明题的解题步骤、解题思路（即：从条件开始往结论推导、从结论开始向条件推导、分别从条件和结论开始往中间推导）和表述规范，为学习新知、进行证明题的解题、说题做好了知识铺垫。二是课中环节（二），4道证明的难度逐步提高，学生借助了小组合作讨论、交流的形式，注重了解题思路先行、关注解题步骤和进行规范表达习惯的训练，较好地掌握了两种解题证明方法，锻炼了借助演绎推理和逻辑推理进行证明、说题的能力。三是课尾，学生在学习单和教师借助多媒体、设问与口头说明引导下，对全课所学内容、解证明题和进行规范表述的方式方法与个性化体会与经验进行了梳理概括与交流。四是课后，学生独立完成习题和下次课始参与全班交流，及时巩固了新学的知识与技能。这些学生学习活动的设计和实践过程，既强调了解证明题学习活动的方法性，也体现了本节课在教学设计、实践环节等方面落实了的科学性——从而保证了全课学习活动的实效。

可见，学生"三程"学习活动中，教师注重对学生学习方式方法、良好学习行为习惯的引导与训练，既保障了整个学习活动的科学性，提高了有效性，也可提高学生数学自主学习的素养，促进可持续发展。

（三）"三程"学习说题证明过程的规范性

本课学生"三程"学习活动的"规范性"，主要有以下六个方面。

一是学生"三程"学习中，注意借助学习单，进行独立或小组合作学习。二是新课学习前，学生对已学内容进行了有针对性的重点复习梳理，尝试自主解证明题。课始，参与全班检测巩固等腰三角形的定义与性质；合作解例题7和尝试进行说题，初步归纳了解题、说题的基本规范。三是课中第二环节，学生在教师"四式"和其他举措的引导下，经历了小组合作读题、讨论、交流、解题、说题，进行解4道题的过程，逐步把握了解证明题时，解题思路先行3条推理思路：从条件开始往结论推导、从结论开始向条件推导、分别从条件和结论开始往中间推导），注意解题步骤（即读清题意、标注条件、备注证明理由、进行规范书写），进行规范表述（书面和口头表述）的基本解题与说题规范；必要时，借助作图，厘清已知条件间的相互关系，规范解题、表述，是本课解证明题和进行自主说题的"规范性"之核心。四是课尾注意集中小结全课所学内容、方式方法和个性化的学习体会与经验。五是课后先独立复习、再作业、进行自主监控和下次课始参与全班合作监控，自主纠错的作业规范。六是遇到学习活动任务多、难度高时，学生既要发扬独立探索的精神，更要参与小组合作讨论、交流、班级分享，从中取他人之长补自己之短。正是有了这"三程"之"六个方面"的学生学习"规范性"的落实，才保证了"三程"各项探究性学习任务的完成，学生的自主解题证明和说题"三程"学习活动素养得到了较好的发展，也有助于后续的自主学习。

可见，在学生"三程"学习活动过程中，教师注意落实这样的"三程"之"六个方面"的学生学习的"规范性"，既可保证本课"三程"学生学习活动任务的较好完成，有效地调动学生参与"三程"学习的主动性，提高"三程"学习活动的实效；又可促进学生自主解题、说题证明"三程"学习活动素养的较好发展;还可促进学生的可持续发展。因此,教师在今后的学科教学中,可以继续开展学生"三程"学习活动之"规范性",尤其是核心"规范性"的探索。

(四)实现了学生"三程"说题证明学习活动的实效性

从实践过程和学生的实效可知,本课较好地完成学生"三程"各项学习活动的任务,较为全面地达成了预设的教学目标,发展了学生课前独立复习梳理和说题活动素养、课中"有独有合"渐进性地进行证明说题活动素养和课后独立巩固证明说题学习活动素养。这样的实效性取得,又与"三程"学习活动中凸显了学生的主体性,证明了自主说题的方法性、科学性和说题证明过程的规范性有关。

可见,教师加强课前的科学设计、注重实践过程的落实,保障学生在"三程"学习活动中的主体性、强调方法性和科学性、重视解题与说题证明过程的规范性,是提高学生"三程"自主解题、说题活动实效、提升自主学习素养的重要保障。这样的实践,是需要坚持的。

参考文献

[1] 中华人民共和国教育部.义务教育数学课程标准(2011年版)[M].北京:北京师范大学出版社,2012.

[2] 余文森.核心素养导向的课堂教学[M].上海:上海教育出版社,2017:31-32.

[3] 庞维国.自主学习:学与教的原理和策略[M].上海:华东师范大学出版社,2003.

[4] 巴洛赫.合作课堂:让学习充满活力[M].曾守锤,吴华清,译.上海:华东师范大学出版社,2005.

[5] 郑金洲.新课程课堂教学探索系列:合作学习[M].福州:福建教育出版社,2005.

[6] 王玉梅.刍议初中数学教学中发挥学生主体性作用的方法[J].天津教育.2021(33):20-21.

[7] 孙微.实施"五策"提高数学单元复习和自我监控能力培养实效[J].浦东教育研究,2018(2):48-51+7.

数学教学实施"五式"提高学生勾股定理证明素养的合作探究类学习活动设计与实施

——以"勾股定理"探究课学生学习活动设计、实践与分析为例

上海市五三中学　戴啸天

【执教时间、地点和对象】

2019 年 11 月 20 日，上午第 2 节；录播教室；初二(3)班

一、设计思路

(一) 设计依据

1. 学情分析

通过前面几节内容的学习，学生已经明确了勾股定理，将几何图形进行了数字化处理，突出了"数形结合"和"转化"的数学思想，融入了数学学科核心素养。本课是学生已经学习了勾股定理及其逆定理背景下，以学生小组合作探究为主进行的勾股定理证明的探究课。

初二(3)班的学生，数学学习基础和自主学习能力一般。在课前分小组讨论，在课堂学习单、课后作业单的引导下，进行数学史背景下的合作探究，还没有完整经历过。本节课前，学生已经学过三角形、全等三角形的一些性质、图形的运动、图形的面积公式、面积与代数恒等式之间的关系等学科相关知识；具备一定的观察、归纳、探索和推理的能力，掌握了图形的面积求法、图形割补拼法；学习了一些几何图形面积的计算方法。但学生运用面积法和割补思想解决问题的意识和能力还远远不够。学生对"形"到"数"的运用上仍较为薄弱。同时，他们对数形结合与抽象思维尚不能胜任体会，对从面积的割补来证明勾股定理有一定的难度。可见，学生对数学证明类的知识、方法、梳理与归纳、展示与交流的兴趣、能力与自信，也都需要加以培养。

本课中，学生将首次以小组合作探究的形式和在教师其他的"四式"的引导下，在课前、课中与课后"三程"结合中，了解、梳理中外数学史上对勾股定理的证明方法，参与班级展示、交流对课前小组合作收集、梳理与归纳后的勾股定理证明方法之作品"史话勾股"定理证明方法名称、数学表述方法和小组的个性化学习体会整理表，对所涉及的相关勾股定

理原始证明方法、数学表述方法和小组及成员的个性化学习体会进行展示与交流说明（并在课中第一环节作为小组交流与竞赛题），以拓展学生勾股定理的证明方法；锻炼学生以表格的形式呈现"三程"中小组合作收集、梳理、归纳、展示与交流中外勾股定理之证明方法信息的能力；激发学生这样学习的兴趣和自信，内化中外数学家们的探索精神，体验数学史的文化力量。

2. 课标分析

教育部《义务教育数学课程标准（2011年版）》（以下简称"课标"》）指出，勾股定理教学目标是"探索勾股定理及其逆定理，并能运用它们解决简单的实际问题。"在教学中，教师要激活学生原有的生活经验和知识，引领学生进行积极的亲身体验和探索，经历倾听、质疑、操作、推广的过程，让学生在操作中获得知识和相应方法，不断提高学习的兴趣。

课标指出："作为教师对学生的数学教学内容应当是贴切生活实际的、意义极其重大的、挑战性较强的……"这就要求数学教师要培养学生乐于学习数学的情感，以增强学习数学学习的主动性，激发学生内在知识潜能。

课标指出："学生学习应当是一个生动活泼的、主动的和富有个性的过程。除接受学习外，动手实践、自主探索与合作交流同样是学习数学的重要方式。学生应当有足够的时间和空间经历观察、实验、猜测、计算、推理、验证等活动过程。"教师应认识到合作学习的重要性，在课堂教学中注重"合作探究"的学习方式。

课标还提出："数学文化是教科书的一部分，所以它应该渗透到教科书中。"而数学史，是数学文化的一个组成部分，在课堂教学中起着不可替代的作用。

因此，本课拟基于乐学善学的核心素养指向，教师借助学生小组合作证明勾股定理探究式等"五式"，引导学生"三程"参与对数学史上的勾股定理证明方法进行探究，拓展相应知识；锻炼学生小组合作从网络等途径收集、梳理，借助表格进行归纳，参与全班展示与交流课前探究勾股定理的表格式整理作品与竞赛，尝试应用相关证明方法进行解题的能力；激发学生这样学习的兴趣和自信，内化古代数学家们的探索精神，体验数学史的文化力量，是符合数学课标的上述精神与要求的。

3. 教材分析

本课是上海教育出版社出版的数学八年级上册第19章第三节直角三角形中"19.9 勾股定理证明"的拓展学习要求，是由教师自编的探究课。在与数学教材配套的"教参"中建议：本课应该介绍勾股定理的几个著名证明（如欧几里得证法、赵爽证法等），以及有关的一些著名问题，使学生感受数学证明的灵活、优美与精巧，感受勾股定理的丰富文化内涵。由于没有现成的教材，教师着手撰写本课的学生学习资源（学材）。拟以中外勾股定理证明历程的数学史背景为引入和串联点，设计"三程"学生学习单作为学材，结合其他"四式"，来引导学生有序地完成3次独立、7次小组合作探究类学习活动，在提高学生完成任务的速度、质量的同时，有机提升学生课前小组合作收集、梳理、归纳中外勾股定理证明方法和课始参与班级交流与竞赛的能力和兴趣；课中学生分组介绍勾股定理证明方法能力，合作拼图、作图操作和证明 $a^2+b^2=c^2$ 探究的探究能力，师生合作进行课尾集中小结概括勾股定理证明方法和进行全课学习总结的能力；课后学生独立完成延伸思考与收集、梳理概括勾股定理证明信息制作成PPT或小报，参与下次课始全班交流的能力。以此逐步激发学生的思维潜能,提升思维的品质,增进探究的成功感和这样对这样的探究学习活动的兴趣。

4. 数学史价值

勾股定理在数学发展史上有着重要的地位和作用,是定量几何的基础定理,也是初中数学课程中的经典内容。勾股定理揭示了直角三角形三边之间的一种数量关系,是对直角三角形性质的进一步学习和深入。勾股定理的证明方法,现有500多种,是数学定理中证明方法最多的定理之一,也是用代数思想解决几何问题的最重要的工具之一,数形结合的纽带之一。勾股定理不仅有其作为知识的工具性价值,更有其中蕴含的数学思想方法。如"面积证明法"和"算两次"原理,借助代数推理达成目标。这些方法,在推证乘法分配律和乘法公式时也曾多次用到,是证明数学命题的重要而有效的方法。

数学家吴文俊曾说过:"如果你对从远古时代到现在的数学发展有一定的了解,我认为,如何形成一种思想的背景,你对数学了解得更多。"可见,数学史在课堂教学中起着不可替代的作用。对于教师来说,这有利于教师的日常教学,并被数学家们的精神所感染;学生也可受到不同程度的感染,促进对相关数学内容的学习,增进加强对数学史了解的兴趣。

(二) 课题研究

1. 学生独立和小组合作进行专题探究学习活动乐学善学素养

1) 学生课前独自探究勾股定理证明方法和小组合作完成课前定理证明方法整理表活动乐学善学素养

一是锻炼学生课前独自借助搜索引擎、数学专业网站、翻阅书籍,了解中国、外国、学生和其他人证明勾股定理的方法,借助表格,对证明方法、所使用的数学学习方法和个性化体会进行梳理和分类概括(简称课前定理整理表)的能力。二是学生参与小组讨论、交流,推选准备参与课始交流的课前定理整理表,合作加以完善,形成小组课前定理整理表,做好课始参与交流与竞赛准备的能力。三是增进学生对课前加强预习的价值意识和这样进行预习的乐趣。

2) 学生课上参与小组合作交流课前探究成果,进行定理证明实践与课尾小结探究活动的乐学善学素养

一是课始:锻炼学生小组合作借助多媒体交流课前定理整理表(含5个小组交流的竞赛)的能力,增进学生对课前预习价值的认识和小组合作反馈课前探究表格类整理成果的兴趣。二是课堂中:锻炼学生小组合作读题、讨论与交流解题思路、尝试拼图、作图操作和进行规范书写,证明 $a^2+b^2=c^2$ 成立的小组合作进行定理证明式探究能力,巩固解题思路和证明方法,增进从分享中撷取有效信息的兴趣。三是课尾:锻炼学生与老师合作,进行回顾、集中小结概括勾股定理证明方法和个人与小组学习经验与体会的能力,激发学生的解题思维潜能,提升思维的品质,增进对小组合作进行课堂探究活动的价值意识和保持良好的和谐合作行为。

3) 学生课后与下次课始"有独有合"巩固勾股定理证明方法和探究定理文化活动的乐学善学素养

一是课后:锻炼学生独立进行延伸思考,完成延伸题小论文完成和完成收集、梳理概

括勾股定理证明信息制作成 PPT 或小报能力。二是学生参与下次课始全班交流的能力。三是增进探究的成功感和保持对这样的课后探究学习活动的兴趣。

2. 实施形式——"五式"

1) 学生独立为辅、小组合作证明勾股定理探究式学习活动

学生课前、课上、课后小组合作探索式学习活动 10 次,包括 3 次独立、7 次小组合作探究。

(1) 课前 2 次,学生先独立收集后小组合作制作定理整理表探究活动:学生先是独立从网上收集、梳理中外勾股定理的证明方法,小组合作归纳本组的中外勾股定理的证明方法,制成中外勾股定理证明方法历史演进的"勾股定理数学史定理证明整理表"分享版,做好参与课始全班交流与竞赛的准备,以锻炼学生独立收集、梳理和小组归纳中外勾股定理的证明方法、制成定理整理表的能力。由此增进课前做好知识和课上分享准备良好行为习惯,增进后续主动参与班级交流、竞赛和小组合作进行实践应用解题的兴趣。

(2) 课中 5 次:①2 次合作,学生课前小组合作探究成果分享活动,即课始,学生小组代表借助多媒体,参与全班交流本组的"勾股定理数学史定理证明整理表",组织小组自评、互评和教师参评,得出优胜加分小组以此锻炼学生小组合作展示交流与评价课前探究成果能力;增进课前学习价值意识和课上进行分享准备的良好行为习惯;增进后续主动参与班级交流和小组合作探究的兴趣。②1 次合作:学生进行两个全等的直角三角形证明勾股定理的小组合作解题实践与交流活动,学生经历小组合作观察、阅读教师借助多媒体和学习单呈现题目、尝试拼摆、尝试说理、严谨说明的过程,注意听取教师预设激励,锻炼课上小组读题、讨论交流解题方法能力;增进解题的成功感。③2 次合作:学生小组合作尝试课尾进行集中小结和课后独立延伸思考与梳理、交流活动。教师借助多媒体,一是引导学生小组合作回顾本节课的学习内容、勾股定理的证明方法和其中用到的数学思想;二是借助多媒体呈现延伸思考要求:用一个直角三角形,能否证明勾股定理?课后独立查阅资料,做成小报或 PPT,参与下次课始的交流,以培养学生课尾集中小结意识。由此锻炼学生小组合作梳理、概括课前、课始和完成课堂练习的内容,尤其是勾股定理证明方法和文化史的能力和合作监控能力;激发课后继续探索勾股定理证明的兴趣,感受探索数学史的魅力;增进小组合作进行合作探究结果的监控意识。

3) 课后 3 次:一是学生以小组为单位完善补充本组的学习单,总结归纳几何证明的基本方法。二是独立完成延伸思考和小组讨论、分工从网上收集与勾股定理文化相关的信息,撰写学习体会或者小论文,并形成小组小论文。三是下次课始,小组代表参加全班展示交流 2 种小论文,全班学生参与点评,以拓展学生勾股定理证明方法的文化知识。由此完善学习单与锻炼学生总结归纳几何证明的基本方法,参与小组讨论和独立根据分工从网上收集与勾股定理文化相关的材料,尝试梳理与归纳,撰写探究学习体会或者小论文,参与全班交流与评价的能力;增进多元化地表现表达中外勾股定理文化的兴趣和这样进行课后学习活动的兴趣。

2) 现场监控、反馈式

一是课始小组交流课前定理证明整理表探究成果时:教师组织学生进行小组自评、互

评,教师参评,对优胜小组进行加分。二是课中解题实践时:学生小组成员进行合作读题、讨论与交流解题思路与证明方法,尝试探究两个三角形的证明方法,进行个人自评和小组互评解题情况,锻炼相应能力;增进学生参与交流课前探究成果和运用证明方法小组合作进行解题的兴趣。三是课尾,教师借助设问、板书与口头说明,引导学生参与全班合作回顾、梳理、概括课前、课中探究学习活动经历,尤其是借助表格进行定理证明方法的整理、交流与竞赛和解题实践的个人和小组经验与体会,锻炼学生课尾参与集中小结、自主监控全课学习情况的能力,巩固自主解定理证明题的正确思路和方法;增进课尾进行集中小结的价值意识和结合日常学习,自主尝试学用的意识;加强对学习过程和结果进行监控与改进的意识。

3) 多元引导式

(1) 课前:一是教师借助自己设计的"史话勾股"表,内含"证明方法名称""所使用的数学学习方法""个性化学习体会"三项内容,引导学生独立对中国、外国、学生自己、同学和其他人对勾股定理的证明方法进行梳理、概括,形成个人课前探究成果定理整理表。二是学生小组合作讨论与交流,完善个人课前定理证明整理表。三是学生小组合作讨论与交流,形成小组课前定理证明整理表,做好课始交流、参与竞赛的准备,锻炼相应能力。四是在上述过程中,逐步增进学生"有独有合"做好探究成果准备的价值意识、参与这样完成任务的兴趣。

(2) 课上:一是学生5个合作小组代表在借助课前小组定理证明整理表探究成果、参与竞赛时,注意观察和倾听,并作随机肯定交流的优化之处;提出整理表可以完善的内容和进行有效、贴切交流的素养。二是借助多媒体、学习单、设问、解题局部示范、口头说明与板书,教师引导学生进行小组合作解题实践探究,内化学生小组合作读题、观察图像、进行拼图、移图,明确解题思路和证明方法,书写解题过程,得出正确结论的能力;锻炼学生小组合作现场互评反馈,对小组合作解题实践过程和结果进行监控的能力;增进应用所学、尝试合作解题实践探究和开展组际互控解题过程和结果的意识与兴趣。

(3) 课后:一是教师借助多媒体和学习单和口头说明布置作业时,使学生快速明确课后独立作业和下次课始参与全班交流的任务。二是教师借助批改作业,进行个别书面引导。三是在下次课始,学生借助多媒体参与全班交流,课后收集勾股定理文化制作PPT或小论文探究成果,教师注意加强观察与倾听,并借助口头说明和学生相关作业本,作随机激励与引导,提升学生内化定理文化和进行制订收集、梳理、概括,借助PPT或小论文参与全班现场交流的能力。

4) 借助信息技术式

(1) 课前学生运用:一是学生独立借助网络、数学专题网站收集中外数学家和其他人的勾股定理证明方法,进行梳理、概括,制成电子版"课前定理证明整理表"(或撰写在课前学习单的表格上),锻炼相应能力;增进学生课前独立从网络和数学专题网站收集所需信息,借助电子表格进行梳理与概括的兴趣。二是学生小组合作,完善各自的定理整理表并形成小组准备参与课堂交流的定理表(部分电子版),锻炼学生相应能力。

(2) 课中教师运用:①课始,学生小组代表借助多媒体展示交流课前小组定理证明整理表、参与小组竞赛,锻炼相应能力;增进这样展示交流课前学生独立和小组合作探究成果的兴趣。②课中学生小组合作进行解题实践与交流、互评时,教师借助多媒体,逐步出示课中学生小组合作解题实践的2道题目,利用动画展示数学海螺图,借助几何画板展示两个直角三角形的摆放位置,动画演示其中一个直角三角形可以绕着某一个点旋转90°与另一个直角三角形重合,使学生认识具有这样摆放特征的图形,都可以证明得到勾股定理;提高题目呈现的速度,便于教师作随机激励与引导,方便学生理解题意、快速答题、小组之间加强互评反馈与监控,提高学生解题的速度和质量;增进对小组成员合作,借助信息技术进行课中解题实践训练和互相监控的价值认识和学用兴趣。③课尾,教师借助多媒体和口头说明进行小结内容的引导(课前所学、课始交流、课中解题实践、讨论交流和互批互评、个人和小组个性化学习经验与体会等),小结结果记录和如何交流表述的引导,使学生明白课尾集中小结的涉及的范围、小结的内容、如何加以记录和参与交流;体悟课尾集中小结的方式方法和价值;增进后续继续运用于课尾集中小结的兴趣。④布置作业时,教师借助多媒体,布置课后学生需要完成的2道作业;进行什么是勾股定理文化的展示和口头说明;提示下次课始需要残疾全班展示与交流,提高布置和使学生理解课后作业要求的速度;为后续学生独立完成作业的准确性奠定基础;激发学生课后侧重于从文化角度切入,以网络为主的渠道去收集、整理勾股定理文化,以及借助PPT和小论文进行定理文化探究成果表述的兴趣。

(3) 课后和下次课始师生运用:一是课后,学生独立从网络和数学相关专业网站,收集勾股定理文化材料。二是独立借以进行梳理、概括,撰写小论文或制成PPT。三是下次课始,借以参与全班交流。四是教师注意借助多媒体,结合口头说明,作随机激励与引导,锻炼学生相应的能力;拓展相关勾股定理的文化知识,增进对其文化价值的认识;激发继续借助信息技术进行相关内容的学用兴趣。

5) 激励式

(1) 预设激励式。一是在课中第一环节学生5个小组交流课前定理证明整理表探究成果后,教师组织学生对每组的交流情况组织自评与互评,以及教师参评,对在规定时间内完成交流的小组,进行加分。二是其后,教师在组织学生进行"数学史上话勾股"的定理证明方法小组竞赛,对按抢答速度和回答准确率情况进行小组打分,对获胜的小组予以加分。三是在课中第三环节,教师对小组合作完成运用定理进行实践应用解2道题时,对完成速度快、质量好、证明方法有特色和书写规范的,给予加分,以活跃课堂气氛,鼓励学生主动参与完成课前小组定理整理表探究成果交流、小组合作竞赛和解题实践活动;巩固定理证明、小组竞赛和课中实践解题涉及的知识,锻炼相应的能力;保持学生这样学习的兴趣。

(2) 随机激励式。对学生在"三程"独立为辅、小组合作探究为主的定理探究学习活动中,对相关学生与小组的参与态度方面的进步行为、主动性,参与课尾集中小结时归纳的速度快、质量好、思维的严密性和表述的规范性,对课后独立完成课后学习任务速度快、质量好、收集的勾股定理文化材料数量多,借助PPT和word文档梳理概括和下次课始参与全班交流有特色的等的表现,及时进行口头语言、肢体语言和表情等的随机激励,以增进学生保持参与"三程"探究学习活动的兴趣;提高学生完成相应探究学习任务的速度、正确率和一定特色,巩固勾股定理的解题方法和定理文化;激发学生保持这样进行学习的兴趣。

(三) 思路总括

本课拟课前、课上、课后"三程"结合,围绕"勾股定理"证明方法数学史收集、梳理交流与竞赛、定理证明实践与小结、定理文化收集、梳理交流与评价的探究,实施3次独立、7次小组合作探究式学习活动,结合其他"四式"(现场监控式、多元引导式、借助信息技术式和激励式)的实施,在提高学生参与活动实效的同时,拓展中外勾股定理证明方法发展史和文化方面的知识;培养学生课前独自收集、梳理与概括勾股定理相关信息能力,课始小组展示交流课前探究成果和参赛能力,课中小组合作探究两个三角形证明的勾股定理的应用解题与互批反馈的监控能力,课尾对本课学习内容、方式方法和个性化体会与经验进行小结归纳反思的能力;提高完成相应"3独7合"定理探究学习活动的速度、解题的正确率、一定的特色和思维的逻辑性;有机发展学生"有独有合"的监控能力、意识和直观想象、数学运算、逻辑推理数学核心素养;内化"3独7合"定理探索式学习活动和其他"四式"所蕴含的学习方式学法,激发保持这样进行数学专题内容探究学习的兴趣。

二、教学目标

基于乐学善学理念,围绕"勾股定理"证明方法中外数学史收集、梳理交流与竞赛、定理证明实践与小结、定理文化收集、梳理交流与评价的探究,经历课前、课堂、课后"三程"之3次独立、7次小组合作探究式学习活动,结合其他"四式"(现场监控式、多元引导式、借助信息技术式和激励式)实施的过程,拓展中外勾股定理证明方法发展史和文化方面的知识。以此培养学生课前"先独后合"收集、梳理与概括勾股定理证明的相关信息能力;课始小组合作展示交流课前探究成果、参加比赛和小组自评互评能力;课中展开时的感悟图形与勾股定理($a^2 + b^2 = c^2$)之间的联系,小组合作运用已学过的知识再次证明勾股定理、小组间进行互批监控证明实践过程与结果的能力;课尾,小组合作对本课学习内容、方式方法和个性化体会与经验进行小结与反思的能力;课后和下次课始,能独立完成延伸思考和从网络和数学相关专业网站收集勾股定理文化材料,加以梳理、概括,撰写小论文或制成PPT,下次课始参与全班展示交流与评价的能力。由此,获得"三程"对为辅、小组合作为主探究勾股定理学习活动成功的体验,增强这样学习数学的兴趣和探究学习与加强监控的意识,感受勾股定理文化的丰富内涵和数学证明的灵活、优美;保持这样参与探究学习活动的兴趣;从中有机培养直观想象、数学运算、逻辑推理数学核心素养,体会数形结合、方程等的数学思想方法,发展空间观念和有条理地进行思考和表达的能力。

三、教学过程

过程一:组织课前学生小组合作勾股定理证明数学史整理表分享与竞赛,锻炼学生借助信息技术、表格和口头说明分享课前探究成果、参与小组竞赛能力,增进对预习与分享成果的价值认识、监控意识和参赛兴趣(18分钟)。

(1)师:借助多媒体和口头说明,提出学生课前"先独后合"探究成果——"勾股定理数学史定理证明整理表"5个小组的交流顺序和竞赛评价的基本要求;按序组织小组分享活动(到讲台处),注意记录与自己和小组不一样的证法。

生:独立观、听、思;5个小组成员按序到讲台处参与展示交流课题小组探究成果(同步在学习单上作必要的记录)。

师:注意观察、倾听,并作随机激励与引导。

生:独立观、听、思,内化。

(2)师:再次提示评价要求,组织学生进行小组自评和互评。

生:独立观、听、思;5个5个小组成员进行自评和互评。

师生:统计5个小组自评与互评的结果,评出最佳小组,给予加分鼓励。

生:内化。

(3)师:借助多媒体、最佳小组的分享表,结合口头说明,引导学生一起回顾勾股定理的证法(数学史导向)。

生:独立观、听、思;一起参与回顾(注意在学习单上,随机记录部分自己小组、个人课前没有收集、整理到的方法);注意内化。

(课题研究:培养学生课前预习的良好学习习惯;锻炼小组合作展示与交流课前小组探究成果——定理整理表的能力,根据评价要求进行小组分享成果的自评、互评监控的能力和参与回顾勾股定理的证法能力;增进对课前预习和预习成果分享、比赛监控的价值的认识和引发后续继续参加小组合作的探究证明勾股定理活动的兴趣。)

过程二: 教师借助多媒体、学习单、口头说明,组织小组互批和随机激励等,引导学生小组合作参与读图、拼图、作图操作和证明 $a^2+b^2=c^2$ 探究活动,锻炼相应证明能力和小组间互批监控能力,增进操作和证明,以及进行组际互批的成功感和兴趣(20分钟)。

(1)师:借助多媒体、学习单,呈现操作探究、证明题的整体要求:利用给定的两个全等的直角三角形(两条直角边和斜边长分别是 a、b、c),将它们摆拼成合适的图形(可以适当添加辅助线),再利用这个图形证明:$a^2+b^2=c^2$。

呈现探究活动步骤:①将两个全等的直角三角形摆放成合适的图形。②合作探究:画出摆拼后的图形(可以联结其中一些顶点或添加辅助线),证明 $a^2+b^2=c^2$。③共同交流、总结。

多媒体呈现下图和要求。

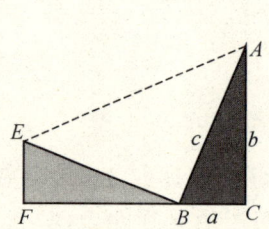 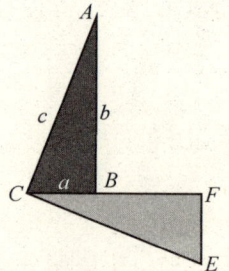

题目1:将两个全等的直角三角形按图所示摆放,其中$\angle DAB = 90°$,求证$a^2 + b^2 = c^2$。

生:独立观、听、思;参与小组读题,讨论与交流证明思路和方法;尝试读图、拼图、作图和添加辅助线,完成小组证明。

(2)师:巡视;注意观察;作随机激励与引导。

相关生:听取教师的随机激励与引导。

(3)师:组织小组间的互相批改与交流;注意观察,作随机激励与引导。

前6个小组小组生:相互交换批改和交流。

第7小组生:组内成员相关批改和交流。

师:参与以第7小组批改与交流,注意倾听,并作随机激励和引导。

第7小组生:独立观、听、思,内化。

师:抽取小组代表参与全班交流证明思路与方法。

师生合作:最终获得以下证明结果。

证明:连接,过点 DB 作 BC 边上的高 DF,则 $DF = b - a$,

$$\therefore S_{\text{四边形}ADCB} = S_{\triangle ACD} + S_{\triangle ABC} = \frac{1}{2}b^2 + \frac{1}{2}ab,$$

又$$\because S_{\text{四边形}ADCB} = S_{\triangle ADB} + S_{\triangle DCB} = \frac{1}{2}c^2 + \frac{1}{2}a(b-a)$$

$$\therefore \frac{1}{2}b^2 + \frac{1}{2}ab = \frac{1}{2}c^2 + \frac{1}{2}a(b-a)$$

$$\therefore a^2 + b^2 = c^2$$

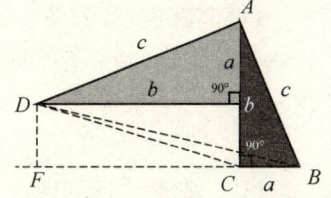

全班生:独立听、观、思、内化。

(课题研究:锻炼学生在经历"尝试摆拼—合作探究—严谨说理"的过程后,再次体验利用图形来证明代数等式,由"形"探"数"的结论的方法;锻炼参与小组合作观察、读图、回忆、联系已有证法合作证明和交流 $a^2 + b^2 = c^2$ 的能力,培养有条理地思考问题,规范地进行数学证明表达的能力,以及小组间和组内成员间进行互批证明题和进行交流说明的能力;增进对解题过程、结果进行监控的意识,增进探究证明的成功感和这样学习的兴趣。)

过程三:师生合作回顾总结,培养集中小结意识和梳理、概括勾股定理证明方法和提炼总结的能力;激发课后继续探索勾股定理的证明的兴趣(3分钟)。

(1)师生合作:回顾本节课的课前探究、开始交流与参赛、勾股定理的证明和其中的数学思想。

(2)师:借助多媒体呈现延伸思考题要求:用一个直角三角形,能否证明勾股定理?请课后独立查阅资料,进行梳理与概括,做成小报或 PPT 交流。

生:独立观、听、思;准备课后完成任务。

(课题研究:培养学生课尾集中小结意识,对梳理、概括的课前探究所得结果,课中勾股定理证明思想、思路、方法和互批、交流内容进行合作提炼总结的能力;激发课后继续探索勾股定理证明的兴趣,感受其文化内涵丰富性和探索的魅力。)

过程四:作业布置,巩固所学和增进探索兴趣(1分钟)。

(1)师:借助多媒体呈现图片和学生课后独立进行探究的要求。

题目2:以直角三角形两直角边向外作两个半圆,以斜边向内作半圆,探索其中蕴含的等量关系。

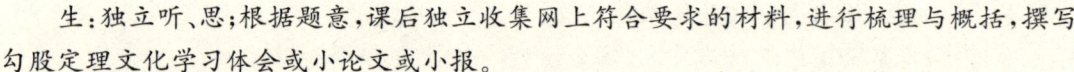

生:听、思,根据题意,课后独立探索其中蕴含的等量关系。

(2)师:多媒体呈现上网探究要求:课后,先从网络收集与勾股定理有关的文化材料,撰写勾股定理文化探究学习体会或小论文;下次课上,将组织交流反馈。

生:独立听、思;根据题意,课后独立收集网上符合要求的材料,进行梳理与概括,撰写勾股定理文化学习体会或小论文或小报。

(3)下次课始,教师抽取2个学生,到讲台处,分别借助多媒体进行展示交流。

师:注意观察和倾听,作随机激励与引导。

全体生:参与评价交流;独立观、听、思、核对自己的作业,进行必要的纠正与记录;内化。

(**课题研究**:培养学生课后独立借拓展延伸题和收集网上勾股定理文化方面的材料,尝试梳理概括,撰写勾股定理文化学习体会或小论文或小报的能力;增进这样完成课后作业和参与交流的兴趣。)

四、成效与反思

(一) 主要成效

1. 学生独立和小组合作进行专题探究学习活动乐学善学素养

1) 学生课前独自探究勾股定理证明方法和小组合作完成课前定理证明方法整理表活动乐学素养

一是有效地锻炼了学生课前独立借助搜索引擎、数学专业网站、翻阅书籍,了解证明勾股定理的方法,借助学习单的引导表格,对证明方法、所使用的数学学习方法和个性化体会进行梳理和分类概括,并制作定理整理表的能力。二是拓展了证明勾股定理的方法等知识。三是有效地锻炼了学生参与小组讨论、交流,推选准备参与课始交流的课前定理整理表,小组成员合作完善表格,形成小组课前定理整理表,做好参与课始交流与竞赛准备的能力。四是增进了学生对课前加强预习的价值意识,这样进行课前预习活动的兴趣,主动参加后续课中小组合作探究证明勾股定理交流与竞赛和进行解题证明活动的兴趣。

2) 学生课上参与小组合作交流课前探究成果、进行定理证明实践与课尾集中小结探究活动的乐学善学素养

一是课始,锻炼了学生5个合作小组借助多媒体和口头说明交流课前定理整理表进行小组自评和互评的能力;培养了良好的预习习惯;增进了借助表格交流课前小组探究成果与借以参赛的兴趣。二是在课堂第二环节,巩固了学生小组合作运用课内外勾股定理

方面的知识,尤其是较好地体验了利用图形摆放和添加辅助线等,来证明代数等式,由"形"探"数"的结论的方法;锻炼了参与小组合作观察、读题、回忆、联系已有证法,进行讨论与交流解题思想、思路,尝试拼图、作图操作、添加辅助线和进行规范书写,合作证明和交流 $a^2+b^2=c^2$ 的能力;培养了有条理地思考问题,规范的数学表达等能力;再次感受了勾股定理的魅力,深入理解了新知,提升了抽象、逻辑推理、直观想象等数学核心素养;增进了从分享中撷取有效信息的兴趣、探究证明的成功感和这样学习的兴趣。三是在课堂第三环节,学生通过参与课尾师生合作集中小结活动,锻炼了回顾课前与课中所学,尝试进行合作梳理、概括学习内容和个人、小组探究体会与经验的能力;激发起学生的解题思维潜能,提升了思维的品质;增进了课尾集中小结的意识和注意保持良好的和谐合作行为。

3) 学生课后与下次课始"有独有合"巩固勾股定理证明方法和探究定理文化活动素养

一是课后,锻炼了学生独立对延伸思考题进行思考、完成小论文的能力;锻炼了学生独立完成从网上收集、梳理概括勾股定理证明文化信息,撰写勾股定理文化学习体会或小论文、制作PPT的能力。二是下次课始,锻炼了学生参与全班交流与评价课后两项独立探究成果的能力,增进了探究的成功感和保持参与这样的课后探究学习活动的兴趣。

2. 教师方面

本次课题研究课的实践探索,显现了教师以下"四个注重"的素养。

一是教师注重学生小组合作探究为主、独立探究为辅,来组织学生开展"三程"勾股定理历史和证明方法的探索过程。二是小组合作探究活动的开展,注重以学生的独立思考为基础。每次的小组合作学习,都是在学生独立思考的基础上,再开展合作探究的,进而引发思想交锋,使讨论成为深化课堂教学,促进合作交流,发展学生数学核心素养的有效途径。三是注重突出重心,凸显"简约"的思想。四是课后两个作业,都是注重围绕课堂探究活动的延伸拓展而设计的,取得了有别传统作业设计的不一样的实效。

3. 学校方面

一是促进了学校数学教学中对学生探究类学习活动设计、实施与评价的探索。二是丰富了学校区级课题之学科探究类学生学习活动的课例成果。

(二) 若干反思

第一,教师对勾股定理数学史知识掌握和对勾股定理证明数学文化价值的发掘还不够全面。第二,尽管教师有对勾股定理教学设计的思考,但是不够深入。第三,学生对勾股定理概念探究和证明的多样化,还有更为全面发展的余地。这些,教师在今后的类似教学设计中,需要考虑更为全面;准备更为充分,以便取得学生探究类学习活动更为全面的实效,更好地促进学生数学核心素养的发展。

五、意义揭示

通过本次实践,取得了更好的课堂教学效果,其主要的探索价值有以下"六性"特征。

(一)学习资源的联系生活性

一是课前,学生借助网络、数学专业网站和图书等熟悉的渠道,搜集与日常生活联系较为紧密的勾股定理中外数学史资料并据表进行整理,不仅较好地调动了学生参与的热情,还能为本节课的课堂学习与课后延伸探索提供丰富的背景知识,有利于知识点的理解与迁移。二是课中,各小组学生以竞赛这种他们喜闻乐见的形式,分享小组的探究成果和小组进行自评和互评,促进了分享的趣味性、有效性和评价的有效性与真实性。三是课后,学生利用网络、书籍等渠道,继续查找已经更为熟悉的勾股定理(侧重于文化视角)的相关信息,形成小论文和参与下次课始的全班展示交流与评价,取得了比传统作业更好的效果。

可见,这样的学习活动,使学生认识到了数学学习与我们的日常生活息息相关。若是学生想要更为全面、系统和有所侧重地加以了解把握,可从多渠道进行收集整理而获得,提高了当下探究学习活动的实效和促进后续的可持续发展。

(二)解题证明方法具有一定的开放性

一是在课前,学生在各小组组长的带领下,先是独立上网搜索古今中外的勾股定理的方法。这些网上的信息是开放的,也是需要收集者加以辨别的。在这过程中,学生发挥了自己的学习主动性,锻炼了判断、辨析,主动寻求解决问题的方法的能力,增强了思维的灵活性与发散性。二是课中,教师所设计的学生小组合作求解由两个直角三角形证明勾股定理的题目,也是一个开放性较强的问题。在之前的各小组的分享内容的总结后,学生会尝试用原来所学的相关的知识解决。实际上,各小组学生在交流中所呈现出的解题证明的方法是多样的。三是课后,学生围绕课前"先独后合"、课中小组合作探究情况,完成选取一个角度撰写学习心得体会,以及课后独立收集勾股定理文化等活动,也都具有开放性的特征。这些,都较好地激发了学生主动完成活动的兴趣;培养了发散性思维,提升了思维的活跃性。

可见,这样的探究学习活动的开展,给了学生更为广大的空间,去发挥自己思维发散性的特征,富有创意地去完成任务和参与小组和班级的表现表达,分享各自和小组的学习活动成果,从中撷取所长。

(三)"三程"学生交流证明材料、解题情况和勾股定理文化中的合作性

从实施形式之学生独立为辅、小组合作证明勾股定理探究式学习活动的设计、课始交流竞赛、课中解题证明、小结与下次课始展示交流勾股定理文化的实践过程可知,本课"三程"实施了7次学生小组合作探究活动,促进了学生相应目标的达成;增进了学生对小组合作探究式类学习活动价值的再认识;增进了学生和谐合作的精神。

可见,针对学习难度高、涉及范围广、答案不唯一的学生探究学习活动,以学生独学学习为辅,小组合作探究活动为主,可以更好地发挥全体学生在探究活动的主体作用,以及不同小组学生的特长和优势,有效化解探究活动中重点、难题,达成预设目标。

(四)"三程"探究学习中的实践性

从本课涉及的"三程"学生"3独7合"探究学习活动设计和实施过程来看,课前,学生独立上网,到图书馆查阅资料,采访个人收集勾股定理证明方法,小组合作借助表格梳理、收集勾股定理证明方法史制作成PPT;课始,参与班级小组竞赛与小组自评互评;课中,小组合作进行拼图、移图、添加辅助线,尝试书写解题证明过程,小组间或组内成员间进行互批;课尾,参与全班集中小结与交流;课后,独立完成撰写学习体会和借助网络等收集与梳理中外勾股定理文化;下次课始,参与全班展示、交流与评价。提升了学生独立和小组合作参与勾股定理证明这一专题探究学习活动的兴趣;发展了相应能力;促进了相应良好行为习惯的养成;有效提升了"有独有合"的乐学善学素养。

可见,学生利用身边的工具、资源等,进行独立为辅、小组合作式为主的操作性强的实践活动,可以促进学生更有兴趣地参与相关"三程"的实践内容的学习;更快更好地达成相应实践操作性内容的目标。这样的实践是需要坚持的。

(五)探究活动过程和结果呈现的简约性

本课展开中的解题证明实践探究活动的主题,是摆拼两个全等的直角三角形,进而利用面积证明勾股定理。这与新授阶段的四个全等直角三角形摆拼成正方形以说明勾股定理的方法是一致的。这样的探究,形式简洁明了,内容方法丰富深刻。对于由"四个"到"两个"的变化,更需要学生剔除对象复杂多样的外在现象,运用理性思维的分析与综合、抽象与具体,获得求证的结果。所以,无论是小组合作探究活动过程本身,还是探究结果的呈现,都体现了"简约"的思想。

可见,遵循"简约"的思想,可以启发学生剔除对象复杂多样的外在现象,运用理性思维的分析与综合、抽象与具体,获得求证的结果。

(六)课后作业设计注重围绕课堂探究活动的延伸拓展性

教师设计的两项学生课后独立完成的作业题,都体现了作业是课堂教学的延伸和拓展,即由原来"三程"对勾股定理求证的数学史和课中的实际求证实践,转向对勾股定理文化史的探索,并要求学生在网上收集,尝试梳理、概括和用小论文或制作成PPT的基础上,参与下次课始的全班展示交流预评价。从教师对学生课后作业的批阅,下次课始时学生参与展示交流与评价作业情况的观察、感受中可知:这样的作业,改变了一些学生对传统作业缺少兴趣、马虎应对的状况,变成完成得主动、及时,速度快、质量高;参与展示与交流和评价踊跃,表述简明扼要;拓展了学生的对勾股定理发展史的知识体系(文化视角);发展了学生的探究学习能力和思维品质。

可见,教师作业设计思想的改变,使题目设计注重于对原来所学的拓展与延伸,是激发学生完成作业的主动、提升质量和具有一定创意性的关键。

参考文献

[1] 中华人民共和国教育部.义务教育数学课程标准(2011年版)[M].北京:北京师范大学出版社,2012.

[2] 张维忠.文化视野中的数学与数学教育[M].北京:人民教育出版社,2005.

[3] 曾昭安.武汉大学讲义:中外数学史(第一编下册)[M].武汉:[出版者不详],1956.

[4] 李文林.数学史概论(第2版)[M].北京:高等教育出版社,2002.

[5] 伊夫斯.数学史概论(修订本)[M].欧阳绛,译.太原:山西经济出版社,1986.

[6] 克莱因.古今数学思想(第1册)[M].张理京,张锦炎,江泽涵,译.上海:上海科学技术出版社,2002.

[7] 吴佩芳.文化视角下的勾股定理教学设计[J].绍兴文理学院学报(自然科学版),2012(4):95-98.

[8] 李金富,丁云洪.中美数学教材设计的一项比较研究——以"勾股定理及其逆定理"为例[J].西南师范大学学报(自然科学版),2013(6):174-178.

数学教学实施"五式"提高学生专题复习素养的自主梳理归纳类学习活动设计与实施

——以"翻折运动专题复习(1)矩形中的翻折问题"学生学习活动设计、实践与分析为例

上海市五三中学　顾晨奕

【首次执教时间、地点和对象】

2019年5月28日,下午第2节;录播教室;初二(2)班

一、设计思路

(一) 设计依据

1. 学情分析

从初二学习三角形、四边形的内容开始,由于考查范围广、内容多,学生解图形运动题的得分情况普遍较低。一方面,对于解"翻折"这种图形运动考查较多,题目难度较大,学生普遍认为肯定做不出,就不愿再思考,所以对图形运动题的兴趣越来越弱。另一方面,学生解图形运动题的困惑,在于不会正确画出运动后的图形、不会添加辅助线、相关的几何知识点掌握得不够好。

初二(3)班的学生,数学学习基础和自主学习能力一般。在课前自主进行错题与解题困惑的梳理、概念复习,以及课堂学习单、课后作业单引导下进行数学单元的系统规范复习,还没有完整经历过;学生对于课前、课堂、课后学习的"三程",进行自主("独合结合")监控的能力,也需要加以培养;参与"三程"专题复习的实效,也需要提高。因此,本课拟基于学会学习的核心素养,围绕"翻折运动专题复习(1)矩形中的翻折问题",教师"三程"整合实施"独合结合"监控式等"五式"来引导学生完成3项独立学习、五项小组合作探究矩形中的翻折问题复习和自主监控复习情况的学习活动,提高学生专题复习和"独合结合"监控能力培养的实效。

2. 课标分析

教育部《义务教育数学课程标准(2011年版)》(以下简称"课标")指出,数学学习活动,特别是课堂教学,教师要发挥主导作用,处理好讲授与学生自主学习的关系,引导学生独立思考、主动探索、合作交流,使学生理解和掌握基本的数学知识与技能,体会和运用数

学思想与方法，获得基本的数学活动经验。对于本单元，课标中对于低年级学生的要求为："体验简单图形的运动过程，能在方格纸上画出简单图形运动后的图形，了解确定物体位置的一些基本方法；掌握测量、识图和画图的基本方法"；对于高年级学生的要求为："探索并理解平面图形的平移、旋转、轴对称"。因此，通过"具体事例""操作活动""观察和操作"和认识图形的基本运动的过程中"几何变换思想"等数学课标的精神，是需要继续在组织学生进行专题复习过程中，加以体现的。学生学会数学是课标的主要精神，课标在转变学习方式方面，非常强调自主学习、合作学习。

因此，本课拟实施"独合结合"监控式等"五式"，来提高学生数学专题复习和自我监控能力培养的实效，是符合课标的这些精神与要求的。

3. 教材分析

本复习课教材是执教者自编的。自编的内容是执教者基于上海教育出版社出版的上海市九年义务教育课本七年级"图形运动"单元和八年级"三角形""四边形"单元的内容，七年级学习画出运动后的图形，八年级、九年级学习出现运动后的图形，能联系三角形、四边形等相关知识点。伴随着八年级和九年级综合卷中填空题考查图形运动题增多，对其进行复习研究，应成为初二期末复习阶段的重点教授内容之一，在教材上具有承上启下的作用。本复习课重点是掌握四类矩形中的翻折问题的基本解题方法；难点是利用解题方法解决新的矩形中的翻折问题。由此，结合上述学情分析，整合而成"三程"学习单。

其中，一是课前学生独立复习内容，包括七年级、4道年级教材中相关重点概念、错题整理、解题困惑梳理。二是课堂复习内容，包括小组合作预习反馈、知识竞赛、4类4道例题和4道变式练习小组合作解题；解题方法合作小结；当堂检测的4道渐进性练习题；课尾小组合作进行全课小结。三是课后内容，学生独立完成作业单和下次课始参与全班交流。

对于上述复习内容和复习过程的实施与监控，以及学生专题复习"独合结合"活动素养的培养，师生主要采取"三程""独合结合"复习监控式、现场监控式、多元引导式、信息技术整合式和预设与随机激励式（简称"五式"），来加以落实。

（二）课题研究

1. 学生专题复习"独合结合"监控式活动素养

1）学生三次独自完成专题复习活动素养

学生课前根据预习单，一是能够独自梳理图形翻折这一基本运动的定义和性质以及矩形、线段平分线性质定理、直角三角形的性质等相关知识点。二是能够独立梳理解矩形图形四类运动题的困惑、课堂例题自主解题任务。三是课后能够独立完成巩固型练习题，以培养学生的"三程"独自梳理解图形运动题的困惑、课堂解例题和课后完成巩固型练习等专题复习活动能力，增进独自"三程"专题复习之梳理、解题、及时进行巩固型练习和注意监控学习结果意识。

2）学生六次课上（含下次课始）小组合作专题复习活动素养

学生课上参与全班交流反馈课前独立梳理解图形运动题时的几何知识和困惑，完成小组两轮竞赛、翻折与矩形等相关几何知识分类应用小组合作解题交流、现场测试完成情况互评反馈、小组合作进行课尾集中小结、下次课始参与全班课后作业情况交流反馈等学习活动,锻炼相应能力,增进小组合作进行课堂专题复习的监控意识、价值意识和保持良好的和谐合作行为。

2. 实施形式——"五式"

1) 数学专题"独合结合"复习解题与监控式学习活动(9次)

(1) 学生独立完成学习活动(3次)。①课前独立梳理知识与困惑准备活动:学生一是独立梳理、巩固图形运动相关的几何知识点,图形翻折这一基本运动的定义和性质以及矩形、线段平分线性质定理、直角三角形的性质等相关知识点。二是独立梳理解图形运动题的困惑(含自己的错题、错因),锻炼独立巩固图形运动相关的几何知识点和进行梳理、反思总结概括能力;增进独立对监控专题复习内容掌握现状的监控意识和初步的成功感。②课堂独立学习活动:一是学生参与独立参与小组对图形翻折和矩形相关几何知识的整理,为小组代表参与两轮小组知识竞赛活动进行准备,熟悉和掌握图形运动及矩形的相关几何知识,锻炼了梳理、汇总能力;提高参与课堂专题复习的兴趣。二是学生独立完成分类例题的解题,尝试归纳解图形运动的类型和解法规范,锻炼逻辑思维、解题和归纳能力;增强独立监控解题和归纳情况的意识,促进解题良好行为习惯的养成。三是学生独立完成教师补充的四道当堂检测题,加深对解图形运动题的方法与解题规范的运用,提高解题速度和正确率;增进独立监控解题结果和规范性的意识,增进这样进行课堂独立进行专题复习的成功感和自信。③课后独立作业活动:学生独立完成课后作业单上教师设计的四道练习题,培养及时复习、完成作业和注意解题规范的良好学习习惯;锻炼独立完成规定性作业的能力,提高高质完成解题任务的速度和正确率;增进这样完成课后专题复习作业的兴趣和自信。

(2) 学生小组合作专题复习活动(6次)。①课前独学情况课始小组反馈活动:在下节课始,学生小组代表参与全班交流,反馈课前独立巩固与图形运动矩形的相关几何知识点和独立梳理的解翻折运动题的困惑(含自己的错题、错因)的情况的活动,锻炼独立巩固图形运动相关的几何知识点和参与小组交流课前所梳理、反思总结概括能力的能力;增进"有独有合"监控专题复习内容掌握现状的监控意识和增进梳理与解题的初步成功感。②课上小组竞赛活动:学生合作小组派代表,进行图形翻折及矩形等相关几何知识的两轮小组竞赛活动,熟悉和掌握图形翻折及矩形等相关几何知识,锻炼了快速反应能力;提高参与课堂专题复习学习活动的兴趣。③课上小组合作解题学习活动:围绕翻折及矩形等相关几何知识分类应用,学生小组合作,先后完成4类图形翻折的4道例题、4道变式练习的解题,归纳解题方法和实际解题结果的交流活动,锻炼相应解题、归纳和监控课堂练习完成情况的能力;增进专题复习解题、自主监控完成情况和参与班级交流的成功感和监控意识。④课上小组互评、反馈活动:学生借助四道难度渐进性提高的测试性题目,完成测试后,进行互评,反馈他们课前、课堂专题复习内容掌握情况,锻炼监控能力;增进小组合作进行专题复习结果的监控意识和测试解题的成功感。⑤课尾小组小结活动:学生在教师问题引导下,参与课尾的集中合作小结学习活动,自主尝试回顾所学内容、复习方式方法、解题规范和自己的个性化体会,尝试运用多样化方式进行归纳活动,锻炼对整个专题复习活动情况进行合作回顾、梳理和带有个性地进行归纳的能力;促进良好的课尾集中梳理、小结、监控和反思与改进等集中小结行为习惯的养成。⑥下次课始全班课后作业交流反馈活动:一是学生对课后作业完成情况,根据学习单的要求,进行组内交流。二是借助多媒体,小组代表参与全班交流反馈。三是同步,教师注意观察和倾听,并作随机激励与引导,学生独立观、听、思,核对作业结果,内化作业素养和监控意识。

2) 现场监控式

(1) 现场测试、反馈式

在课的第5、6环节,学生独立完成4道现场测试题的解题,参与组内交换互评、反馈,归纳解题的方法,提出还存在的疑惑、说明错题、错因和正确的解题方法能力;促进学生"独合结合"借助测试题进行解题、互批反馈、交流错题错因和加以纠正之良好监控行为习惯的养成,增强自主监控意识。

(2) 前后对比、判断式

在课尾,组织进行学生独立对比课前解题困惑,判断已解决的困惑和余下的困惑,思考后续如何迁移运用所学方法和这样的学习经历于专题复习解题,锻炼学生及时围绕专题复习的解题困惑,自主进行前、后对比与反思、总结和思考后三个课时待解决的问题能力;增强自主对比、反思和迁移运用意识。

3) 多元引导式

(1) 借助板书和口头引导

①借助板书引导。一是课前和课始,教师借助板书,引导学生如何梳理解翻折运动题存在的困惑,内化学生梳理、归纳专题复习尚存困惑的能力。二是课中展开组织学生"有独有合"解题过程中,注意随机在黑板上板书四类解矩形中翻折问题及其解决方法,提高学生对解图形运动题的题目类型的归纳能力。三是借助板书随机同步记录各小组得分,提高学生各小组参与课堂解题活动的积极性。②借助口头说明引导。学生围绕解矩形中翻折问题,在"三程""有独有合"梳理困惑、尝试解题、测试、前后对比、归纳、课后作业和下次课始参与全班交流作业情况中,教师注意随机进行口头的激励与引导,帮助他们解决遇到的疑惑、梳理解题类型、方法和解题规范,逐步内化解矩形中四类翻折问题的方法与规范;增强对专题复习全程的自主监控意识。

(2) 借助信息技术引导

①借助 PPT 引导。借助 PPT 将教学中的图形、图片、例题中示意图、各环节的引导问题等,较精确、快速地呈现在学生面前,使学生更容易观察、感受呈现的内容,提高学生的上课效率,并锻炼相应观察、感受、解题和归纳的能力。②借助希沃白板引导。借助希沃白板,将学生学习活动中的课前梳理的解题困惑、小组竞赛、课堂练习题、当堂检测题等,较精确、快速、直观地呈现在学生面前,在学生观察、感受呈现的内容后,能借助白板笔,将自己的思考与大家交流,提高学生的思维能力、上课专注力、上课效率等,并锻炼相应观察、感受、解题、归纳和表述的能力。③借助希沃授课助手引导。借助希沃授课助手,教师能较精确、快速、直观地将题目的分析过程在屏幕上呈现出来,学生可以跟着教师在课堂学习单上,按照老师的分析过程,记录必要的解题步骤和计算结果,提高学生上课专注力、上课效率等,并锻炼相应的观察、感受、解题、归纳和表述的能力。

(3) 借助提问引导

①借助问题引导。运用相关几何知识解决翻折运动问题的活动,设置合理的问题,帮助学生理解题目,提高学生审题和解题能力。②借助追问引导。自主思考解矩形中的翻

折问题的课堂练习中,通过一个接一个的简单问题,让学生巩固相关几何知识的同时,快速进入本节课解四类矩形中翻折问题的学习中。

4) 信息技术整合式

课中,教师借助希沃白板、PPT、希沃授课助手等信息技术,将课前学生自行梳理的解题困惑、课堂展开中呈现学生小组合作比赛翻折类型及矩形几何知识的题目、独立解题的四道分类例题、小组合作解题的四道分类应用题与组织合作交流反馈、"独合结合"进行现场测试、互评、反馈的四道测试题与解题情况、课尾集中小结时的引导问题、布置课后学生独立完成巩固型练习的题目和下次课始组织全班交流反馈作业情况的要求,较为精确、快速、直观地呈现在学生面前,使学生更容易观察、阅读、感受与理解呈现的内容,提高学生解决问题和进行归纳小结的速度,锻炼相应的观察、感受、解题和归纳小结能力,和对课中与课后学习活动的过程和结果进行监控能力;增进监控意识和保持参与"独合结合"解题活动的兴趣。

5) 激励式

(1) 预设激励式

课上,教师组织三种小组合作表现最佳加分激励:一是对学生进行翻折及矩形等相关几何知识小组梳理竞赛获胜方予以加分。二是对在规定时间内完成分类应用小组交流后进行的发言予以加分。三是对完成 4 道现场测试题互评结果的最佳小组予以加分的激励,以激发学生参与课堂小组合作解题类学习活动的兴趣;提高完成相应小组合作任务的速度和质量,并有机强化全体学生对加分活动内容知识点的熟悉度。

(2) 随机激励式

①课前随机激励式。教师对于学生在课前独立复习与矩形中翻折问题相关的几何知识和梳理解图形运动题困惑反馈活动中,能够积极参与和回答问题、梳理困惑质量高的学生,进行口头表扬,激发学生后续自主、合作参与学习解四类矩形中翻折问题的兴趣;促进学生主动做好知识梳理与自主监控预习结果的良好课前知识准备学习行为习惯。②课堂随机激励式。在本课的第一道第六环节和下次课始参与课后作业情况交流反馈时,教师对学生"有独有合"参与完成相关梳理、解题、归纳、测试、小结、交流等学习活动任务中,态度有进步、积极主动、速度快、准确性高、解题书写规范、合作有序、和谐、能够互助等情况,注意借助口头、肢体语言和表情等,进行随机激励与引导,以鼓励学生保持相应行为。③课后激励式。在下次课始,教师对学生参与全班交流反馈课后独立小结解四类矩形中翻折问题的方法交流活动中,能够及时完成全面梳理、解题和质量好、能够大胆、准确阐述自己的观点,给予肯定,以培养学生课后及时、独立、全面和按质完成作业的良好行为习惯;锻炼学生参与课中主动、勇于和准确展示交流课后作业情况的能力;增进全体学生的对课后作业完成结果进行及时监控的意识。

(三) 思路总括

基于上述依据,本课围绕"翻折运动专题复习(1)矩形中的翻折问题",教师拟引导学生实施数学专题"独合结合"复习监控式等"五式"之四道次独立或小组合作解题的学习活动过程,在提高学生完成活动任务实效的同时,熟悉图形翻折这一基本运动的定义和性质以及举行、线段平分线性质定理、直角三角形的性质等相关知识点;培养学生课前独自梳理解矩形中的翻折运动题的困惑,课上主动参与"独合结合"进行翻折及矩形等相关几何知识分类例题的自主解题、分类应用小组合作解题、梳理归纳解四类矩形中翻折问题的解题方法、完成现场测试解题和进行互相核对与反馈,以及对本课学习进行集中小结归纳,课后独立完成巩固性解题、梳理任务题和下次课始参与全班交流反馈作业情况的能力,提高完成相应学习活动任务的速度、思维的逻辑性、解题的正确率,体悟这样上专题解题复习课所蕴含的方式方法;激发保持这样进行专题复习解题学习的兴趣。

二、教学目标

(一)知识与技能

进一步熟悉图形翻折这一基本运动的定义和性质以及举行、线段平分线性质定理、直角三角形的性质等相关知识点;能结合相关几何知识,自主解决矩形四类翻折的问题的填空压轴题;掌握解翻折运动中矩形翻折的四类问题的基本方法;提高解矩形中的翻折问题的正确率;锻炼"独合结合"完成课前梳理图形翻折知识点与困惑,进行课始反馈、课堂梳理概念和解"一个五道、两个四道题"的例题、巩固性练习题、测试题和参与交流反馈结题解题,课尾进行集中归纳和课后独立及时完成巩固型练习的能力,参与下次课始全班交流反馈能力;"有独有合"监控解题过程和结果的能力;增进对"三程"结合、"独合结合",在整合实施"五式"引导下,提高专题复习解题学习活动之价值的认识。

(二)过程与方法

经历实施"独合结合"复习监控式等"五式"完成"三程"学习活动任务的过程,在提高完成任务实效的同时,培养课前独自完成梳理矩形翻折的几何知识、解题困惑(含错题),课上"独合结合"反馈课前所整理的几何知识与解题困惑、矩形翻折知识和解题困惑梳理的小组比赛、"一个五道、两个四道题"分类例题自主解题、分类应用小组合作解题交流、现场测试及互评反馈,课尾参与小组合作小结,课后独立完成巩固型练习和下次课始参与全班交流反馈课后作业完成情况与结果,自主监控解题过程和结果的能力;熟练掌握四类基本矩形中的翻折问题的解题步骤和基本方法;体悟"三程"结合、"独合结合",在整合实施"五式"引导下,实施专题复习解题系列学习活动所蕴含的学习方式方法。

(三)情感态度与价值观

促进"三程""独合结合"良好专题复习解题行为习惯和监控解题过程与结果意识的养成;增进参与"三程""独合结合"复习监控式等"五式"进行专题复习解题学习活动的兴趣;激发后续参与专题复习解题活动中,保持这样学习的兴趣。

三、教学过程

过程一:组织课前小组合作梳理解翻折运动几何知识和解题困惑的反馈活动,锻炼学生参与交流与识记相应知识能力;增强监控意识(2分钟)。

师生:教师要求借助课前独立学习单、电子白板和口头说明,展示与交流课前由各组小组长所收集、整理、归纳的本组同学独立梳理的图形翻折基本运动的定义、性质和矩形、线段平分线的性质定理、直角三角形的性质等相关几何知识点,所梳理的解翻折运动题时所存在的困惑(含错题)。

师:注意观察和倾听,并作随机激励与引导。

生:独立观、听、思,内化。

(**课题研究**:培养学生课前独立、及时完成课前知识识记与梳理困惑与错题的良好预习习惯;锻炼小组合作整理、归纳、反馈预习情况和对预习过程与预习结果进行监控的能力;增进监控意识和后续参与解题的兴趣。)

过程二:组织小组比赛翻折及矩形等相关几何知识与解题困惑、错题的梳理情况活动,锻炼学生参与竞赛能力、监控意识(3分钟)。

教师借助多媒体呈现两轮翻折及矩形等相关几何知识的小组合作竞赛题,每轮由两组同学派代表进行比赛,获胜方加一分。若有错误的地方,由同组学生补充改正。教师黑板板书呈现主要知识点,并作小组加分标记。

(**课题研究**:激发学生小组合作参与课堂复现翻折及矩形等相关几何知识学习的兴趣;促进全体学生有机熟记竞赛涉及的几何知识;增进和谐合作精神和学习监控意识。)

过程三:教师组织矩形四类翻折、五道例题的学生独立解题活动,锻炼独立解题能力、增进解题的成功感和监控解题过程与结果的意识(22分钟)。

师:借助多媒体出示以下矩形"四类翻折、五道例题",结合口头引导,要求学生在课中学习单上尝试独立进行解题。

生:独立观、听、阅、思,主动尝试解题。

师:注意加强观察;并作随机激励和引导;抽取学生交流例题解题情况。

被叫生:借助学习单和多媒体,进行交流说明。

师:加强观察和倾听,监控答案情况;并作随机激励与引导。

生:独立观、听、思,内化。

类别1:求角度

例1:如图,将矩形 $ABCD$ 沿 DE 翻折,若 $\angle CDB' = 30°$,则 $\angle DEB' = $ _____。

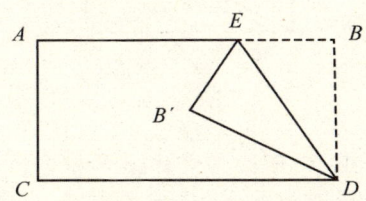

例2:如图,将矩形纸片 $ABCD$ 翻折,使点 D 与点 B 重合,点 C 落在点 C' 处,折痕为 EF,若 $\angle ABE = 20°$,则 $\angle EFC' = $ _____。

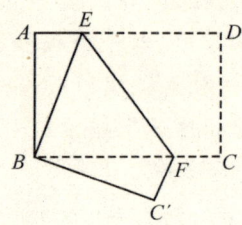

类别 2:求边长、折痕长

例 3: 如图,矩形纸片 ABCD 中,AB = 4,AD = 3,翻折纸片使 AD 边与对角线 BD 重合,折痕为 DG,则 AG 的长为_____,折痕为 DG 的长为_____。

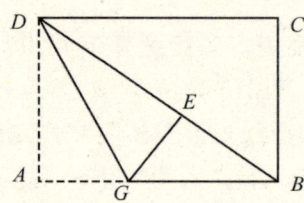

类别 3:求三角形周长

例 4: 如图,长方形纸片 ABCD 的长 BC = 4 cm,宽 AB = 3 cm,如果将纸片沿 EF 翻折,使点 A 与点 C 重合,那么△CDE 的周长为_____cm。

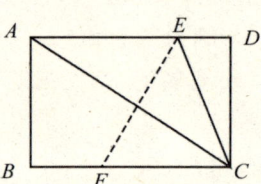

类别 4:求重叠面积

例 5: 如图,在矩形 ABCD 中,AB = 8,BC = 4,将矩形沿 AC 翻折,点 D 落在点 D′ 处,则重叠部分△AFC 面积为_____。

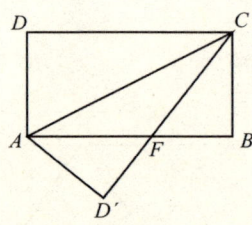

(**课堂研究**:培养学生独立观察、阅读多媒体出示和自己学习单上的例题,听取教师释题,主动参与解题、计算得出最终答案的能力,以及独立监控解题过程与结果的能力;熟悉矩形四类翻折图形的几何知识和解题方法与书写规范。)

过程四:教师组织学生小组合作完成解四道矩形翻折图形的四类题与交流反馈活动,锻炼学生小组合作解题、交流反馈和监控解题过程与结果的能力;增进小组合作解题的成功感、监控意识和保持解题兴趣(3分钟)。

师:借助多媒体出示练习题,要求学生进行小组讨论交流,分别在学习单上完成求角度、求边长与折痕长、求三角形周长和求重叠面积的四道练习题的解题;完成后,派代表参与全班交流。

生:独立观、听、忆、思,参与小组讨论、交流与解题,小组代表到讲台处,借助电子白板作解题的交流。

师:注意观察、倾听;并作适当激励和分析。

生:独立观、听、忆、思,内化。

类别1:求角度

练习1: 如图,把一张长方形纸片 ABCD 沿 EF 折叠后,D、C 分别在 M、N 的位置上,EM 与 BC 的交点为 G。若 ∠EFG = 55°,则 ∠1 = _____,∠2 = _____。

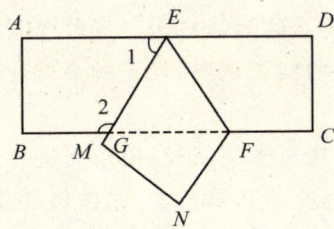

类别2:求边长、折痕长

练习2: 如图,已知矩形 ABCD 中,AB = 5,BC = 3,把矩形翻折,使点 A 落在 CD 边上的点 F 上,且折痕过点 B 与 AD 交与点 E,AE = _____,折痕 BE = _____。

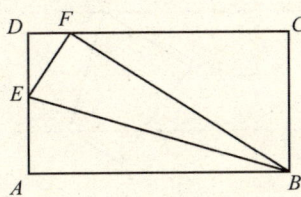

类别3:求三角形周长

练习3: 如图,把一张矩形纸片 ABCD 沿对角线 BD 翻折,已知 AB = 6,BC = 8,△ABF 的周长为_____。

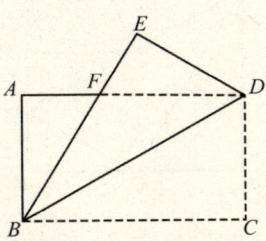

类别4:求三角形周长求重叠面积

练习4: 如图,矩形 ABCD 的边长 AB = 4,AD = 2. 将矩形纸片沿 EF 翻折,使点 A 与点 C 重合,折叠后在其一面着色,则着色部分的面积为_____。

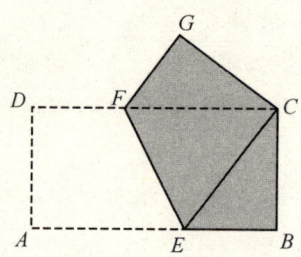

(课堂研究:培养学生独立观察、阅读多媒体出示的练习题和听取教师说明,参与小组讨论、交流和在学习单上完成四道练习题的解答能力,进一步熟悉解矩形中四类基本的图形翻折问题的解题方法和书写规范;增进对练习过程和结果的监控意识、解题的成功感和继续尝试合作解题的兴趣。)

过程五:教师组织学生"独合结合"解四道现场测试题和进行互评、反馈学习活动,进一步熟悉解矩形翻折问题的基本解题方法和书写规范(10分钟)。

师:提前下发课堂学习单中的四道试题,规定独立完成的时间和完成后组际成员间进行互批与交流反馈。

生:独立在学习单上完成四道当堂测试题;小组间进行交换互批,及时沟通批阅情况。

师:借助多媒体和空头说明,公布正确答案,组织错题分析和纠正。

生:独立观、听、思、内化。

题目1:如图,把一长方形纸片 $ABCD$ 翻折后,点 D、C 分别落在 D'、C' 的位置,若 $\angle AMD' = 36°$,则 $\angle NFD' = $ _____。

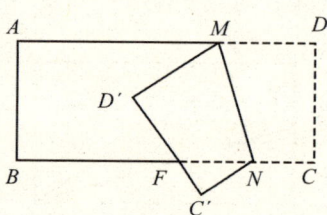

题目2:如图,矩形 $ABCD$ 沿 DF 翻折后,点 C 落在 AB 边上的点 E 处,DE、DF 三等分 $\angle ADC$,若 $AB = 6\sqrt{3}$,则折痕 $DF = $ _____。

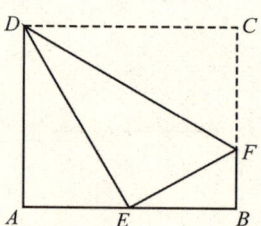

题目3:如图,已知矩形 $ABCD$ 的周长为20,把矩形折叠,使点 A 与点 C 重合,联结 AE,则 $C_{\triangle ADE} = $ _____。

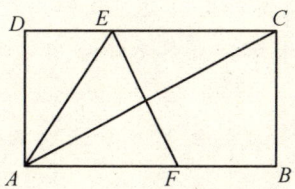

题目 4：如图，将一张长方形纸片 $ABCD$ 沿 DE 翻折，使点 C 落在点 C' 处，联结 $C'E$ 交 AD 于点 F，$AB = 4$，$DE = 5$，则 $S_{\triangle DEF} =$ _____。

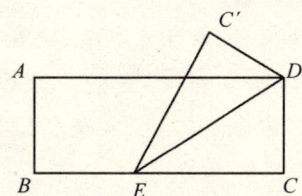

（**课堂研究**：培养学生在规定时间内完成当堂测试题的解题速度，进一步巩固解矩形中四类基本的翻折问题的解题基本方法，提高解题的正确率和书写规范性；锻炼小组之间尝试交换互批和相互反馈批阅情况的能力；增进合作监控意识和解题的成功感与兴趣。）

过程六：教师借助多媒体组织学生进行课尾集中小结与交流活动，锻炼学生课尾集中小结的能力、与课前困惑进行对比的能力，增进课尾的集中小结意识、进行学前与学后对比的监控意识与这样进行小结的兴趣（3 分钟）。

师：借助多媒体呈现以下四道课尾集中小结引导题。

(1) 求填空题的四类基本矩形中翻折问题的题目的解题方法是什么？

(2) 要正确解出答案还需注意什么？

(3) 消除了课前的解翻折运动题的哪些困惑？

(4) 有什么收获？还有什么疑惑？

要求学生小组讨论、交流，在学习单上记录小结结果；派小组代表参与全班交流．

生：独立观、听、忆、思，参与小组讨论、交流，归纳四类基本矩形中翻折问题题目的解题方法、解题需要注意的书写规范等；与课前自己在解翻折运动题方面存在的困惑、错题进行对比，明确解决了什么，还存有什么困惑或错题，尝试寻找原因和化解方法；注意总结小组和自己解题中的个性化体会与经验。

（**课堂研究**：锻炼学生课尾参与小组合作集中小结的能力，与课前困惑进行自主对比变化的能力，增进课尾的集中小结意识，进行学前与学后对比的监控意识，以及这样进行小结的兴趣。）

过程七：教师要求学生课后独立完成二道巩固型练习和下次课始参与全班交流活动，锻炼学生独立、及时、按质完成巩固性练习的良好课后作业行为习惯、参与全班交流反馈与监控作业情况的能力，增进课后作业的成功感、集体监控意识和保持这样完成作业的兴趣（时间由学生自定）。

师：借助多媒体呈现以下两道课后巩固性作业练习题，要求学生独立完成；下次课始，先是在组内进行交流;然后派代表参加全班交流反馈。

（1）汇总之前做过的有关本节课四类基本矩形中的翻折问题的题目并独立完成未完成的解题任务。

（2）独立完成每次综合卷中出现的有关本节课的四类基本矩形中的翻折问题,统计得分率。

生：独立观、听、忆、思,课后,独立在学习单上完成作业;记录遇到的问题;下次课始,参与组内交流反馈,纠正错题;推选的小组代表,借助电子白板,参与全班交流与反馈。

师：注意观、听;并作随机激励与引导。

生：独立观、听、思、记;纠正错题,记录注意事项;内化。

(**课堂研究**：使学生巩固本节课所学,培养良好的课后独立、及时、按质完成作业的良好行为习惯;锻炼综合卷中解翻折运动题的能力,提高正确率,增进独立解题的成就感和自信;锻炼参与组内和全班交流反馈的能力;增进注意监控课后作业过程和结果的意识和这样完成作业的兴趣。)

四、成效与反思

（一）实效

1. 学生多元独立与小组合作专题复习解题活动素养方面

1）课前学生独立完成专题复习预习任务活动素养方面

对学生的解图形运动题困惑的梳理检查和教师课堂反馈表明,一是班级学生都能够借助课前学习单和老师交代的要求,独立完成复习与矩形图形翻折有关的几何知识,梳理解图形运动题的困惑和错题任务,有效锻炼了学生独立整理矩形图形四类翻折专题复习的相应知识(即图形翻折基本运动的定义、性质以及矩形、线段平分线性质的定理、直角三角形的性质等)和尝试归纳出主要困惑与错题的能力;促进了良好的自主预习行为习惯养成;增进了独立对专题复习之矩形翻折几何知识和解题困惑、错题的现状进行监控的意识和初步的成功感。

2）课堂独立与小组合作专题复习解题活动素养方面

从观课老师的评价、执教者自身对学生课堂学习活动的观察,以及课后执教者与部分学生的交流沟通中可知:这节实践课基本完成了预设的教学目标,学生独立与小组合作进行专题复习解题活动的素养得到有效的提高。

（1）课中第一、二环节：一是在教师组织学生小组成员一起梳理与汇总本组的几何知识和对本组的解题困惑、错题与错因进行梳理、归纳和参与班级交流的过程中,锻炼了学生独立参与梳理、归纳、交流解图形运动的类型和解法规范的能力,锻炼了逻辑思维能力;使学生熟悉了相应的几何知识;增进了独立监控解题和归纳的意识;促进了自主预习的良好行为习惯养成。二是在课上小组竞赛活动中,学生合作小组派代表,进行了图形翻折及矩形等相关几何知识的两轮小组竞赛活动,使大家熟悉和掌握了图形翻折及矩形等相关几何知识,锻炼了快速反应能力;提高了参与课堂专题复习学习活动的兴趣;增进了独立对监控专题复习内容掌握现状的监控意识和参与交流的初步的成功感。

（2）课中第三环节：学生在教师多媒体、口头说明和随机激励与引导写下独立完成解"四类五道"矩形翻折例题任务活动中，培养了独立观察、阅读多媒体出示和自己学习单上的例题，弄清题意，主动尝试解题、计算得出最终答案的能力，锻炼了独立监控解题过程与结果的能力；熟悉了矩形四类翻折图形的几何知识、解题方法与书写规范；增强了解题的成功感和监控意识。

（3）课中第四、五环节：学生在教师的多形式引导下，先后完成小组合作解四道练习题和参与班级交流，先独立解 4 道检测题再互批反馈和参与班级交流活动的任务，并观看、听取与记录教师借助希沃授课助手所呈现的解题时基本步骤和计算的结果，与个人和小组代表交流的步骤、答案进行对比，逐步熟悉了解四类矩形图形翻折问题的基本解题思路、解题方法和解题规范，能够计算出正确答案；还体验到了化归的思想，锻炼了举一反三进行解题的能力；锻炼了参与班级交流、说明解题思路、方法、步骤、结果和解题时需要注意之处的能力；增进了小组合作解图形运动题的乐趣、监控解题过程和结果的意识和小组互助、有序合作的意识。

（4）课中第六环节的课尾集中小结：学生在教师借助多媒体呈现的 4 个问题和口头说明、随机激励与引导下，学生能够借助表格、关键词、思维导图等多种形式，对解 4 类矩形中翻折问题、数学思想、解题注意事项、存在困惑作学习前后的对比、还存在的困惑等多方面内容进行梳理与小结，并尝试梳理与归纳个性化的学习经验与体会，参与班级交流，从而内化了解四类矩形中翻折问题专题复习之相应的解题素养；增进了这样进行课尾集中小结的价值意识和学用意识，和参与合作梳理、概括与班级交流的自信。

（5）整节课的课堂教学：一是教师借助小组合作三种预设加分激励。二是经常使用鼓励性的口头语言、肢体语言和表情等，随机激励学生在参与前六个环节中态度有进步、完成任务速度快、质量好、交流有特色等的好榜样，激发起学生参与解四类矩形中的翻折问题的积极性和自信心；增进了后续这样进行专题复习解题学习活动的兴趣。

3）课后独立与小组合作专题复习活动素养方面

根据学生对当堂检测题的互评、反馈和课后教师对学生做综合卷中出现的矩形中翻折问题的作业的批改结果，可以看到：一是学生能够按时独立完成当堂检测题上四道矩形中的翻折问题的课后完善练习题，并且准确率较高。二是学生渐渐养成了及时进行新学内容的自主复习、检测、补救，和巩固学好新知的相关良好学习习惯。三是提升了独立完成作业的能力。四是班级学生基本都能够在自主解题时遇到问题时，能够注意梳理出解题困惑，以"独合结合"的方式主动加以探究。五是在教师的多元引导下，学生能够迁移运用本课所学解题思路、基本方法、解题规范等素养，探究其他类型的图形运动题，并归纳解题思路与方法。可见，学生自主解题的能力，得到了切实的提高；并培养了自主探究解题时遇到的新问题的良好习惯和探索兴趣。

4）学生解图形运动题的正确率和兴趣方面

选取两道类型相似的题目，作为专题复习前后得分对比。两道题目如下。

如图，矩形 $ABCD$，将它分别沿 AE 和 AF 折叠，恰好使点 B、C 落到对角线 AC 上点

M、N 处,已知 $MN=2, NC=1$,则矩形 $ABCD$ 的面积是_____。

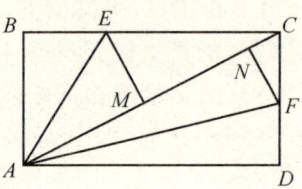

如图,将矩形 $ABCD$ 沿对角线 AC 折叠,使点 B 翻折到点 E 处,如果 $DE:AC=2:3$,那么 $AD:AB=$_____。

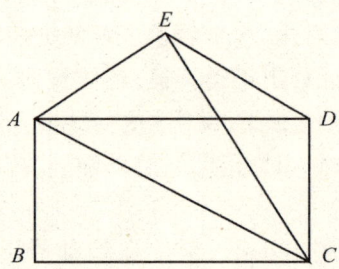

这两题满分各 4 分,答案错即为 0 分。参与本次图形运动题专题复习课的学生人数共 40 人;教师对每位学生的得分情况,作了如下 T 检验,见表 1。

表 1　图形运动专题复习课学生成绩结果成对 T 检验汇总

		成对差分					t	df	Sig.（双侧）
		均值	标准差	均值的标准误差	差值的 95% 置信区间				
					下限	上限			
对 1	VAR00001—VAR00002	-1.10000	2.02295	.31986	-1.74697	-.45303	-3.439	39	.001

从双侧 Sig. 检验值<0.05 可知,(Sig. 检验值为显著性差异)解此类图形运动题得满分的同学显著性差异较小,全对学生数量增加,复习效果显著。随着学生自己解出图形运动题的正确率提高,学生越来越喜欢钻研题目,也喜欢与同学们交流、研究不同的方法及结论;当碰到解答题的难题时,愿意思考,尽自己所能尝试解题。

2. 教师素养方面

（1）课题研究素养方面。教师在承担本课例实践研究的过程中,对引导学生"三程"结合整合实施"独合结合"专题复习解题、监控式等"五式"学习活动的课题研究课的设计、实施,课后撰写课例、实效总结和反思、意义揭示的素养,有了明显的提升。

（2）信息技术能力方面。本课的教学环节,对于学生课前独立与课始小组合作所梳理的解图形运动题的困惑与错题,课中展开时对四类矩形中翻折问题的例题、变式练习题和现场测试题的展示,对课尾集中小结时四个引导性问题和学生参与班级交流小结结果的呈现,以及下次课始学生参与对课后作业的全班交流与反馈,运用了希沃白板、PPT、希沃授课助手等信息技术。引导学生借助电子白板进行课中与课后作业的交流反馈从而使本课设计的学生"三独六合"参与"三程"矩形四类图形运动的专题复习解题学习活动,变得生动活泼,学得较为高效。学生独立与小组合作专题复习解题活动的素养和自主监控解题过程和结果的素养,都得到了较好的训练。这也使教师运用信息技术的能力得到了新的提升,对其在数学教育中的价值有了新的认识;增进了后续继续加以钻研和有机运用的兴趣和自信。

(二) 反思

一是没有全面完成所有课堂预设内容,这与学生在交流解题思路时涌现出不同的解题方法,课堂讨论气氛浓厚,导致教师在时间控制上不理想,直接影响了最后环节没有在课上开展有关。二是学生在小结时有点困难,一些同学还没有及时找到小结问题的结果,这与平时教师缺少对学生这方面的显性引导和常态化训练有关。在今后的教学中,教师需要注意加强对学生学习瓶颈的了解与把握,加强有针对性的设计;并在实施过程中,注意根据实情,开展随机引导,促进学生自主化解困难,提升自主探索素养。

五、意义揭示

通过本次实践,发挥了"独合结合"专题复习与监控式等"五式"在提升学生题复习与监控学习活动素养方面的独特价值——"四性",符合自主学习理论。

(一) 发挥了学生在"三程"专题复习解题活动中的主体性

本课的课题研究之学生"三程""独合结合"专题复习、监控式学习的9次活动的预设、实施,使课前学生独立完成专题复习预习任务活动素养、课堂独立与小组合作专题复习解题活动素养、课后独立与小组合作专题复习作业活动素养有了全面地提升,学生解图形运动题的正确率和兴趣明显提高。

可见,上述"独合结合"监控式等"五式"的学习活动,很好地发挥了学生的主动性,从而让学生能够快速、高效地参与"三程"的"独合结合"专题复习解题与监控学习活动,发挥学生的能动性、自主性、探究性,取得不一样的复习实效,不断提高学生自主探究解图形运动题方法的素养,促进学生的可持续发展。所以,这样的做法还是需要继续坚持的。

(二) 彰显了学生对知识体系梳理与建构的系统性

学生对知识体系梳理与建构的系统性,主要体现在:一是学生在课前独立梳理矩形图形翻折运动的定义与性质、矩形与线段平分线的性质与定理、直角三角形的性质等相关知识点。二是课前独立、开始小组合作梳理矩形图形翻折运动解题中的困惑与错题,分析错因;并进行小组竞赛。三是课中第三至五环节,学生独立解"四类五道"例题并参与全班交流、小组合作解四道变式题并参与班级交流、先独立解测试题再小组间尝试互批和交流之练习解题和对解题过程与结果进行监控。四是课尾学生在教师4个问题引导下小组合作进行全课学习内容、解决课前困惑、尝试梳理与归纳问题、参与全班交流。五是课后学生先独立完善课中课4类基本矩形中的翻折问题的练习题目,再统计每次综合卷中出现的有关本节课的4类基本矩形中翻折问题的得分率,并统计课后巩固性练习与自我诊断专题复习解题的得分率。正是有了这五方面系统性,才能够实现学生"三程"参与四类基本矩形中的翻折问题专题复习解题、监控式学习活动设计,以及实施的科学性、易操作性和有效性。

可见,学生"三程"完整经历了"困惑—问题—解答—练习—迁移—拓展"的思维系统建构的过程,熟悉了四类基本矩形中翻折问题的基本知识体系;逐步深化了基本解题思路,掌握了基本解题方法、步骤和解题规范,从而提高了答题的速度、正确率和监控能力;增进了解题的成功感。因而,实现专题复习解题与监控式学习活动的实效和学生素养的提升,学生厘清和熟悉所涉基本概念与性质是前提;扎实参与完成难度逐步提高的系统性练习与交流,辅以对练习的过程和结果进行"有独有合"及时的监控是重要的保障。

(三)显现了学生"独合结合"参与课堂专题复习的趣味性

趣味性主要体现在五个方面:一是课前,学生夯实了与本课解题有关的基本概念与性质等基础知识;与课始结合梳理反馈,再次强化了基础知识,并明确了课中学习解题的困惑,使得学生在课堂学习活动时容易参与和目标聚焦清晰化。二是借助课中学生参与小组知识竞赛活动。三是学生借助渐进性提高的系列练习,能够逐步提高完成任务的速度和准确率、掌握解题基本思路、解题方法、步骤和解题规范,增进解题成功感。四是教师借助信息技术辅助学生解题、交流、归纳等学习活动。五是借助"三程"教师对学生小组合作解题预设加分激励和全程随机激励。这样,就使得全体学生容易主动参与"三程"解题与监控学习活动,逐步增进学生探究解题思路、方法、步骤与书写规范的兴趣,提升了解题和监控素养,增进了解题自信。这也证明了学习兴趣能够激发学生的探究潜力,保证学生解题与监控类学习活动的有效性;提升了自主"三程"解题素养。

(四)提高了学生"三程""独合结合"对知识把握及熟练运用的实效性

从前述的主体性价值可知,本课学生的"三程""独合结合"学习活动,带来了"三程"专题复习解题与监控素养的提升,学生解图形运动题的正确率和兴趣方面明显提高。这样的实效性的取得,也与学生知识体系梳理与建构的"五个方面"的系统性,以及"三程"学习活动过程中"五个方面"的趣味性紧密相关。矩形四类图形翻转专题复习解题与监控实效性的取得,是"三程"学生"独合结合"九种学习活动中主体性、系统性与趣味性共同作用的结果。因而,在今后的学生专题复习解题与监控类"三程"学习活动设计与实施中,还要注意从有效性着眼,借助主体性、系统性与趣味性相互支撑。

(五)符合自主学习理论

从本课的课题研究之学生"三程""独合结合"专题复习与监控式学习的九次活动的预设、实施可知,学生是整个学习活动的主体,从而能够带来不一样的学生素养发展实效。这与教师整合设计"独合结合"专题复习解题与监控式等"五式",加强对学生"三程"的九项学习活动引导紧密相关。

可见,教师加强对学生"三程""独合结合"专题复习解题与解题过程和结果的监控,可以促进学生更加容易和较为持久、自主地投入"三程"解矩形翻折运动题和注意加强监控的探究学习中。提高解题的速度和准确率；拓展学生"三程""独合结合"的解题知识，逐步熟悉解题基本思路、方法、步骤和解题规范；提升自主监控能力和意识。这正如庞维国先生告诉我们的，自主学习不仅有利于学生提高学习成绩，而且是个体终身学习和毕生发展的基础。

参考文献

[1] 中华人民共和国教育部.义务教育数学课程标准(2011版)[M].北京师范大学出版社,2012.

[2] 李天舟.例谈中考中"图形运动"问题的建构[J].中国数学教育,2011(5):25-27.

[3] 金建伟,冯婷婷.折叠问题中折痕平移、旋转的探索[J].中小学数学(初中版),2016(12):5-8.

[4] 陈培培.数学实验,让课堂更精彩——从一节"平移翻折旋转"课谈起[J].中学数学,2016(8):50-52.

[5] 郭兴礼.以静制动、分类讨论——中考数学图形运动题型解析[J].读与写(教育教学刊),2008(7):114-115.

[6] 刘淑艳.初中数学课堂活动的设计与实施[J].吉林教育,2016(6):62.

[7] 孙微.实施"五策"提高数学单元复习和自我监控能力培养实效[J].浦东教育研究,2018(2):48-51+7.

[8] 庞维国.自主学习:学与教的原理与策略[M].上海:华东师范大学出版社,2003.

数学教学实施"一策三式"提高学生自主解题类素养的学习活动设计与实施

——以"'分类讨论问题'的探究"教学中学生学习活动设计、实践与分析为例

上海市五三中学　邱海兵

【执教时间、地点与对象】

2019年5月22日,上午第3节;录播教室;初三(2)班

一、设计思路

(一) 设计依据

1. 学情分析

初三(2)班,共有36名学生。多数学生数学学习基础扎实,能力较强,学习态度端正积极,能主动参与课前、课堂和课后"三程"的自主学习活动,并具备综合运用数学知识独立或借助小组讨论、交流完成练习题的能力。其中,还有少数学生能通过自学教材,运用所学新知识解决简单问题。学生普遍有过对全课所学进行小结归纳的经历。总体而言,学生"三程"自主学习,即学生独自与小组讨论与交流相结合(简称"独合结合")的学习,有意识地专门进行完成初三阶段数学专题类内容练习的解题式学习活动的过程还较为缺少,能力(包括小结归纳能力)也需要进一步提高。本课前,学生已经知道有的数学问题需要利用分类讨论法进行解决,但由于平时对这类题目进行解题练习的接触较少,常常会犯漏解的情况,导致考试失分严重。这也暴露出学生思考问题不够严密。

因此,本课中教师拟通过渐进性地引导学生自主完成"三程"中对相关"分类讨论问题"的预习、课中例题练习、进行全课学习小结归纳和完成作业的系列解题式学习活动,以增进学生"三程"自主有效解决"分类讨论问题"习题的意识;锻炼和提高学生的解决"分类讨论问题"的能力,包括独立完成预习解题能力,对问题中的讨论对象、对象的分类和解题的方法的交流和总结能力,以及课后独立完成巩固性练习任务的能力。增进学生参与课前独立预习、尝试解练习题,课中参与小组合作讨论与交流如何解题,进行课尾学课小结归纳,及时完成课后作业等"独合结合"解题与归纳学习活动的兴趣;提高完成解题类学习活动的速度、质量和规范性;激发保持这样进行学习的兴趣。

2. 课标分析

教育部《义务教育数学课程标准(2011年版)》(以下简称"课标")指出:学生通过义务教育阶段数学的学习应掌握必要的数学知识、技能以及基本的数学思想方法。

课标中提出,要通过各种途径,让学生学会自行获取数学知识的方法,体会数学思考和创造的过程,增强学习的兴趣和自信心,不断提高自主学习的能力,为未来生活、工作和学习奠定重要的基础。课标也倡导合作学习、探究学习和体验学习,倡导学科教学与信息技术相整合,倡导采取含有激励性举措的相关教学策略。

所以,本课围绕"分类讨论问题"的探究,教师拟基于学会学习理念,组织学生开展"独合结合"解题式等"三程·三式"解题类学习活动设计和实施,在提高教学活动实效的同时,培养学生课前独自完成预习练习、课上"独合结合"尤其是小组合作讨论交流完成分类问题讨论练习。以此锻炼学生解决分类问题和综合运用数学知识解决问题,对全课学习进行小结归纳,课后独立及时完成"分类讨论问题"巩固与应用类解题练习的能力,增进这样学习的兴趣,这也是符合课标的这些精神与要求的。

3. 教材分析

本课是教师根据《初中数学学科基本要求——单元·专题训练》上(以下简称《专题训练》)的132页、133页的内容,设计的关于"'分类讨论问题'的探究"的第一课时。《专题训练》共有18课时。这些课时内容,对于学生而言,都是以提高训练为主的。每课时都针对初中数学中相关专题中较为复杂的问题,要求学生能综合运用所学的数学知识解决。其中,"分类讨论问题",共有2个课时的专题训练课。本课为第一课时,主要是通过引导学生自主完成书上5道例题的练习,着重培养学生利用分类讨论解决问题的能力,以及综合运用这类数学知识解决实际问题的能力。本课的学习重点是利用"分类讨论"的方法解决问题;难点是如何将问题进行"分类"讨论和综合运用所学的数学知识解决问题。

教材的安排,对于学生的认知能力有逐步提高的层次性,也展现了逐步引导学生积极思考的意图。但整个教学内容的编排中,题目难度高,若是解题活动全部在课堂上完成,学生思考时间不足,可能会影响课堂学习的实效。因此,在课前,教师拟先让学生通过独自尝试解一解例题和提出疑惑的方式,既锻炼学生独立解题的能力,又为本课的课中学习的聚焦角度,进行了基础铺垫。课堂教学的开始,增加了教师设计的实际问题:"矩形剪去一个角,还剩几个角?"让学生用已有的经验进行思考,并给出分类讨论法的概念。然后,学生独立解决三个简单的填空题,初步会使用分类讨论法解决问题,增强独立解决问题的能力。接下来,教师设计了学生小组合作讨论、交流解例题和尝试小结归纳的学习活动,会使用分类讨论法解决例题1、2,并能归纳出求解分类讨论问题的一般步骤,再次利用分类讨论法,并综合运用所学数学知识,解决例题3、4、5,最后进行全课学习活动的合作小结、归纳活动,锻炼学生相应自主解题与归纳能力,增进学习活动小结意识。课后练习,使全体学生巩固本课所学,锻炼相应能力,培养良好作业行为习惯,增进学习成就感。

在全课学习中,还需借助多媒体(课堂与下次课始反馈时用)和随机激励式,反馈和激励课前、课堂和课后"三程"学生"独合结合"的探究学习活动情况,促进他们积极参与"三程"学习活动,提高活动速度和质量;增进主动参与"三程"的自主解题类学习活动的意识、合作交流的意识和利用分类讨论法思考、解决问题的习惯;激发这样学习数学的价值意识和继续开展这样学习活动的兴趣。

（二）课题研究

1. 学生学会学习素养（"分类讨论问题"之"独合结合"解题式学习活动素养）

1）学生"三程"三次独立完成解例题活动素养

一是在"三程"自主解例题活动中，分别锻炼学生课前独立预习、尝试完成例题解题任务能力，课上独立完成3道填空题练习题能力，课后及时独立复习、完成作业的良好学习行为习惯和锻炼独立完成规定性作业能力，从而巩固分类讨论问题的解题方法、基本步骤和解题规范；二是有机培养独立解题的兴趣和解题的规范性。

2）学生课上四次小组合作讨论、交流完成例题和进行小结归纳学习活动素养

一是锻炼学生课上参与小组讨论、交流完成教师所示难度逐步提高的"分类讨论问题"例题的解题能力。二是学生能够合作归纳求解"分类讨论问题"的一般步骤，内化小组讨论交流、归纳求解"分类讨论问题"的基本步骤能力。三是锻炼学生课上参与小组讨论交流归纳解题方法的能力。四是课尾学生在教师的问题引导下，参与对全课所学进行合作回顾、梳理归纳活动，增进课尾集中小结意识。锻炼在教师问题引导下对全课学习活动的"分类讨论问题"内容、解题方法、基本步骤、书写规范和个性化体会与经验等，进行合作小结、归纳的能力；促进良好课尾集中小结习惯的养成。

2．渐进性教学策略

第一，鉴于教材中的5个例题难度都较大，若是都安排在课中，由学生直接进行解题，会有较大困难。因此，教师设计了学生课前预习任务：先让学生自主阅读教材内容，对5个例题尝试自主解题；如果有个别问题学生无法独立解决，可以带着问题到课中，与同学讨论、交流，尝试解决，使学生对分类讨论问题的解题有初步的尝试和明确问题所在，提高后续课堂学习的效率。第二，课中，教师在组织学生自主解例题前，增设了一个铺垫性的问题："矩形的四个角，剪去一个，还剩几个？"带着学生的思考，初步体会分类讨论法，并给出分类讨论法的概念。第三，教师组织学生借助学习单和通过阅读教材，独立完成3个简单的填空题的练习，消除他们利用分类讨论法解题的畏惧感，体会解决问题的成就感。第四，教师借助多媒体、学习单、口头说明，引导学生小组合作完成相对简单一些的例题1和2的解题，再次体会分类讨论的思想方法，并总结出分类讨论法解题的一般步骤。第五，由于例题3的解法，是讨论中带着讨论，需要分成四种情况，教师组织学生小组讨论、交流，先分好四种情况；再尝试合作解题，锻炼相应解题能力。第六，例题4的解法，教师引导学生进行小组讨论、交流，先是分清两种情况；再根据题意，画出相关图形；然后，运用三角比和矩形面积公式，自主解决问题，锻炼学生相应的解题能力，熟悉分类讨论法解题的一般步骤；增进自主解决分类讨论问题的成就感和保持自主解题的兴趣。第七，例题5的解法难度最大，得由 $S_{\triangle PBC} = S_{\triangle ABC}$，推出点 P 所在的位置，并分成两种情况，画出相关图形，才能解决问题。所以，教师借助多媒体、学习单、口头说明、板书、问题引导和随机激励，组织学生通过小组合作完成解题；并组织学生合作归纳分类讨论问题的解题方法与一般步骤，锻炼学生小组合作解决复杂分类讨论法解题能力，巩固分类讨论法解题的方法与一般步骤，增进自主解决分类讨论问题的成就感，激发课后独立完成分类讨论问题解题的兴趣。

3. 实施形式——"三式"

1）多元独立与小组合作解题与归纳学习活动式（7次）

（1）学生"三程"独立完成练习题活动（3次）

①课前：学生独立完成例题1—5，锻炼课前自主预习、初步尝试完成"分类问题讨论"方面的例题解题能力和提出问题的能力；唤起背景知识，为提高课堂解题速度和质量奠基；促进良好预习行为习惯的养成。②课上：学生借助课中学习单，阅读教材，独立完成3道填空题，锻炼相应能力；初步消除他们利用分类讨论法解题的畏惧感，体会解决问题的成就感。③课后：学生独立完成作业练习活动，培养及时复习、完成作业良好学习行为习惯和锻炼独立完成作业，巩固应用分类讨论问题的解题思想、具体方法和一般步骤完成课后作业的能力；增进独立完成分类讨论问题作业的成就感。

（2）学生课上小组合作讨论、交流完成习题和进行小结归纳学习活动（4次）

学生在教师多媒体、口头说明和学习单的引导下，进行小组讨论与交流，完成例题1、2的解题练习活动，锻炼课上参与小组讨论与交流，根据分类讨论问题的概念完成例题解题的能力；初步增进解题兴趣。学生在教师多媒体、口头说明、学习单和板书的引导下，进行小组讨论与交流，尝试归纳求解"分类讨论问题"的一般步骤，内化相应的能力；为提高后续课中小组合作解题速度和质量奠定基础。学生在教师借助多媒体、学习单、口头说明、板书等引导下，进行小组讨论与交流，基于分类讨论问题的概念、尝试分清分类讨论的情况，辅以作图和借助已有数学知识技能，遵循分类讨论问题的解题一般步骤，完成难度逐步提高的例题3、4、5的解题任务，锻炼相应解题的能力；增进小组合作解决分类讨论问题的成就感和兴趣；为课后独立完成分类讨论问题解题作业奠定基础。课尾：学生在教师借助多媒体和口头说明小结问题的引导下，参与全班对全课学习活动的合作回顾、梳理与归纳活动，增进课尾进行学习情况集中小结意识；锻炼在教师问题引导下对全课学习内容、方式方法和个性化体会与经验等内容借助多形式进行合作小结、归纳和加以表述的能力；促进良好课尾集中小结良好行为习惯的养成。

2）借助信息技术式

（1）课中：教师借助多媒体，将课中学生自主解题练习题目中的图形、课尾集中小结时的引导问题，精确、快速地呈现在学生面前，使学生更容易观察、感受呈现的内容，提高学生理解题意、厘清解题思路与方法、解决问题和进行归纳小结的速度，并锻炼相应的观察、感受、解题和归纳小结能力；保持参与独学和小组合作解题活动的兴趣。

（2）下次课始：教师借助多媒体呈现学生相关课后作业情况；学生借以参与对课后作业情况的交流；教师借以进行一定的提问，引导学生观察作业中的问题和图片，思考如何正确解题，以锻炼学生借以参与课后作业的课中交流反馈、进行回顾与反思、巩固分类讨论问题解题思路、具体方法和一般步骤的能力；增进学生对自己的作业情况及时监控的意识和反思改进意识。

3）随机激励式

教师加强课前了解、课中观察与倾听和课后作业批阅记录，对学生"三程"独立完成练习题活动和课上参与小组合作讨论交流、小结归纳等学习活动中，与过去相比的进步行为、参与学习活动的主动性、完成"三程"练习和小结归纳的速度快、质量好、思维的严密性和解题的规范性好等的表现,及时进行口头语言、肢体语言和表情等的激励;对学生的小组合作学习活动,注意从小组合作的和谐、有序、有效层面加强随机激励与引导,以增进学生保持参与课中小组合作讨论与交流解题,参与课尾集中小结归纳和下次课始参与全班完成课后作业情况的交流反馈学习活动的兴趣;提高完成相应小组和全班合作学习活动的速度、质量和规范性;增进对合作学习价值的认识。

(三) 设计思路

基于上述依据,本课围绕《"分类讨论问题"的探究》,教师拟课前、课中、课后"三程"整合实施渐进性策略和"独合结合"多元解题式等"三式",组织学生完成难度逐步提高的系列自主解题的学习活动(其中课中7次)过程,在提高学生参与活动实效的同时,培养学生课前独自完成预习练习、课上"独合结合"尤其是小组合作讨论与交流完成分类问题讨论例题与归纳解决分类讨论问题的一般步骤和解题思想方法,并遵循解题步骤和综合运用数学其他知识解决问题、及对全课学习进行小结归纳的能力,课后独立完成巩固性练习的能力,体悟熟练掌握分类讨论问题的解题方法和"三程"之"独合结合"进行专项解题练习的方法;提高完成相应学习活动的速度、质量、思维的严密性和解题的规范性;激发保持这样进行学习的兴趣。

二、教学目标

(一) 知识与技能

理解分类讨论问题的概念,能明确讨论的对象,对涉及情况进行合理的分类;在逐类讨论中,能运用所学过的数学知识解决问题;锻炼"独合结合"完成课前预习、课中"先独后合"尝试完成3道填空练习、5道例题解题任务,尝试合作归纳分类讨论问题解题的一般步骤和参与课尾集中小结、课后独立完成作业任务的能力;增进对"三程""有独有合"整合实施渐进性策略和"三式"完成系列解题与归纳任务的价值认识。

(二) 过程与方法

经历"三程""有独有合"在整合实施渐进性策略和"三式"引导下完成系列解题任务的学习活动的过程,在提高参与活动实效的同时,培养课前独自完成预习练习任务的能力,课上"先独后合"尝试完成3道填空练习、5道难度逐步提高的例题解题任务,尝试合作归纳分类讨论问题解题的一般步骤和参与课尾对全课学习进行集中小结的能力,课后独立完成作业任务的能力。体悟分类讨论问题的解题思想方法(注意读题,理解题意,分清包含几类情况,画出相关图形,运用分类讨论法的概念、数学已有的相关解题知识技巧、遵循解题的一般步骤)和"三程"之"独合结合"在整合实施"三式"的引导下,完成难度逐步提高的系列专项解题训练任务的学习策略和方式方法。

(三) 情感态度与价值观

利用"分类讨论"的方法解决问题,体会思维过程的严密性;增进参与"三程"独立预习、尝试解练习题、参与小组合作讨论与交流尝试解题、进行小结归纳、及时完成课后作业等"独合结合"学习活动的兴趣。

三、教学过程

过程一:师生合作,解决问题,使学生体会数学中"分类讨论"的概念、主动参与数学概念的学习(8分钟)。

(1)师:一张矩形纸片有四个角,剪掉一个角后,还剩几个角?

生:独立听、忆、思,参与回答。

师:注意倾听,作随机激励与引导。

(2)师:借助多媒体,介绍分类讨论的概念,在解答某些数学问题时,因为存在一些不确定的因素,解答无法用统一的方法或结论、不能给出统一的表述,对这类问题依情况加以分类,并逐类进行求解,然后综合求解的解题方法,叫分类讨论法。

(**课题研究**:使学生初步理解"分类讨论问题"的概念;增进后续自主运用"分类讨论法"概念尝试解题的兴趣。)

(3)师:借助多媒体出示以下3道填空题,要求学生独自完成。

题目1:若 $0<\alpha<90°$,则 $\sqrt{\cos^2\alpha - 2\cos\alpha + 1} =$ _____

题目2:一个等腰三角形的两边长分别为3和4,则这个等腰三角形的周长为_____

题目3:一个直角三角形的两边长分别为4和5,则它的第三边长为_____

生:独立观察、阅读;回忆、思考;尝试解题、参答。

师:注意巡视,倾听;作随机激励与引导。

生:独立听、忆、思,内化。

(**课题研究**:锻炼学生独立完成填空练习任务;进一步体会"分类讨论"的数学思想方法;提高后续独立解题的速度。)

过程二:学生在教师引导下,进行小组讨论与交流完成前2道例题解题任务,尝试概括求解"分类讨论问题"的一般步骤,锻炼相应能力、增强思维的严密性和后续应用兴趣(10分钟)。

(1)师:借助多媒体出示例题1、2,组织学生进行小组讨论与交流,完成例题1、2的解答过程。

生:独立听、忆、思,参与小组讨论、交流、尝试解题;组内成员监控答案情况。

师:注意巡视,加强观察和倾听;作随机激励与引导。

生:独立听、忆、思,内化。

例题1:在△ABC中,AB = AC,点O到△ABC的三个顶点的距离相等,联结BO、CO,∠BOC = 90°,BC = 2,求BC边上的高。

例题2:在Rt△ABC中,∠C = 90°,AB = 2,将这个三角形绕点C旋转60°后,AB的中点D落在点D′处,求DD′的长。

(**课题研究**:使学生通过独立观察、阅读多媒体出示的例题和听取教师释题,参与小组讨论、交流和完成例题1、2的解答学习活动过程,培养利用分类讨论的思想解决问题的能力;增强思维的严密性。)

(2)师生:组织和参与学生小组讨论与交流,概括出求解"分类讨论问题"的一般步骤,即明确需讨论的对象,选择分类的标准,进行合理分类(统一标准,不重不漏),进行逐类讨论,得出归纳结论。学生利用"分类讨论法"的一般步骤,对例题3、4、5进行准确分类,能进行规范表达。

师:注意倾听和作随机激励与引导。

生:独立听、忆、思、内化。

(**课题研究**:锻炼学生在教师引导下小组讨论、交流和概括"分类讨论问题"的解题一般步骤的能力;激发后续自主运用"分类讨论问题"的思想方法和一般步骤尝试解题的兴趣。)

过程三:学生在教师引导下,进行小组讨论、交流,利用"分类讨论问题"的思想方法和一般步骤,求解"分类讨论问题"的后3道例题,增强解决问题的能力和学用兴趣(18分钟)。

(1)师:借助多媒体出示例题3。

例题3:已知直线 l 外两点 A、B,它们到 l 的距离分别为 m、$n(m<n)$,试求出线段 AB 的中点到直线 l 的距离。

师:要求学生进行小组讨论与交流,完成例题3的解答,准备派小组组长参与交流。

生:听、忆、思,参与小组讨论、交流,尝试解题;组员间监控答案情况。

师:注意巡视,加强观察;抽取1位组长交流,注意倾听;作随机激励与引导。

生:独立听、忆、思、内化。

(2)师:注意巡视,加强观察和倾听,根据组长的回答,并同时利用课件展现问题的答案,表扬参与答题正确的小组长分类清楚,结题思路清晰、速度快。

(**课题研究**:使学生通过讨论点"A、B 相对于直线 l 的位置情况,以及点 A、B 是否在直线 l 的同一垂线上",这四种情况,进一步提高解决"分类讨论问题"的能力。)

(3)师:借助多媒体和学习单出示例题4。

例题4:已知矩形的长大于宽的2倍,周长为12,从它的一个顶点作一条射线,将矩形分成一个三角形和一个梯形,且这条射线与矩形所成的角的正切值等于 $\frac{1}{2}$。设梯形的面积为 S,梯形中较短的底的长为 t,试写出梯形面积 S 关于 t 的函数关系式,并指出函数的定义域。

师:要求学生进行小组讨论与交流:如何解题?

生:小组讨论、交流,尝试解题。其中,一个小组的组长说出解题方法,其余学生倾听、回忆、思考及内化。

师:注意巡视,加强观察和倾听;根据组长的回答,同时利用课件展现问题的答案,表扬小组长分类清楚,解题正确。

(**课题研究**:使学生通过讨论本题中射线与矩形的长或宽的夹角,以及利用方程组的思想方法,培养学生初步运用数学综合知识解决分类讨论问题的能力,增进解题的成就感和继续尝试解题的兴趣。)

(4) 师:借助多媒体和学习单出示例题5。

例题5:在 Rt△ABC 中,∠C = 90°,AC = 3,BC = 4,点 P 是△ABC 所在平面上的一点,PA = PB,且 $S_{\triangle PBC} = S_{\triangle ABC}$,求 PA 的长。

要求学生进行小组讨论与交流:如何解题?

生:小组讨论、交流,尝试解题,其中,一个小组的组长说出解题方法,其余学生倾听、回忆、思考及内化。

师:注意巡视,加强观察和倾听;根据组长的回答,并同时利用课件展现问题的答案,表扬小组长分类清楚,方法巧妙。

生:独立听、忆、思、内化。

(**课题研究**:使学生通过对点 P 相对边 BC 的位置的讨论,并同时关注线段垂直平分线性质,以及同底三角形的面积相等的两个三角形元素间的关系,提高学生综合运用数学知识的解决分类讨论问题的能力;增进解题的成功感和继续进行自主解题的兴趣。)

过程四:教师借助多媒体出示进行全课堂小结的3道问题、引导学生进行课尾集中回顾、梳理与归纳,增强学生课尾集中小结的能力和价值意识(3分钟)。

师:借助多媒体出示以下问题1、2、3,分别组织学生参与全班的课尾集中小结与交流学习活动过程。

问题1:什么情况下,要对问题进行"分类"讨论?

生:独立观、听,参与回忆、思考,梳理与概括;个别被叫学生进行交流:存在一些不确定的因素,解答无法用统一的方法或结论不能给出统一的表述。

问题2:求解"分类讨论问题"的一般步骤是什么?

生:学生独立观、听,参与回忆、思考,梳理与概括;个别被叫学生进行交流,说出求解这类问题的一般步骤。

问题3:通过课前与课中学习,有些什么收获?还有什么疑惑?

(**课题研究**:锻炼学生回忆今天课前与课中所学经历和分类讨论问题的知识与技能,强化利用"分类讨论"法解决问题的能力,培养学生对"分类讨论问题"解题思想、方法和一般步骤进行个性化梳理、概括的能力;增进课尾进行集中小结的意识和对其价值的认识。)

过程五:课外自主完成作业,巩固所学知识和培养良好的及时作业习惯(1分钟)。

师:课后,要求学生独立完成《初中数学学科基本要求——单元·专题训练》的133、134页作业;下次课始,将组织全班交流。

生:独立观、听;翻阅基本要求、记录、思考;课后,独立及时完成作业;注意核对答案准确性。

生:下次课始,参与全班交流。

师:注意倾听、观察,并作随机激励与引导。

生:独立观、听、思、内化。

(**课题研究**:锻炼全体学生课后独立运用所学解决分类讨论问题的能力和及时巩固本课所学;培养课后独立及时完成规定作业、注意监控答案准确性的良好作业行为习惯;增进应用所学独立完成课后作业的成就感。）

四、成效与反思

（一）主要成效

1. 学生学会学习素养（"分类讨论问题"之"独合结合"解题式学习活动素养）方面

1）意识方面

（1）课前：学生能对书上的例题进行探索，尝试独立完成，并能够提出问题；增进了学生加强课前预习的价值意识。

（2）课中：学生具有独立完成教师指定解题任务和主动参与小组讨论与交流完成解题任务、参与归纳解题思路、一般步骤的意识；具有通过小组讨论与交流，发现自己所写的答案的不足或错误之处，并主动加以改进的意识；具有主动和教师进行交流，探讨结论的意识。学生能够参与总结全课所学内容、策略和方式方法和个人体会，增进对课尾集中小结价值认识的意识。

（3）课后：从学生的作业反馈可以看出学生有独立、及时进行复习的意识；能对分类讨论的问题进行合理分类，独立解决课后习题和对答案的准确性进行自主核对。

2）能力方面

在经历了"三程"围绕"分类讨论问题"的系列"有独有合"的系列解题、梳理与归纳学习活动后，学生的学习能力得到了有效锻炼。一是课前，学生能独立完成预习任务，锻炼了独立完成例题尝试初步解题和提出问题的能力。二是课中，锻炼了学生独立完成填空练习题能力，独立理解"分类讨论"概念的能力，参与讨论、梳理与归纳求解"分类讨论问题"之一般步骤和解题方法的能力；内化了在教师渐进性策略和多元方式方法引导下，读懂题意，参与小组讨论与交流分清题目涉及的分类情况、尝试运用"分类讨论问题"思想、辅以作图、调用数学已有的其他知识与技能，遵循"分类讨论问题"解题的基本步骤，合作完成5道难度逐步提高的例题的能力，并巩固了相应的解题思想、方式方法和步骤；锻炼了课尾在教师3个问题的引导下，参与全班集中小结的能力（需要关注全课所学的内容与方式方法，尤其是分类讨论的概念、解题思想、读懂题意、尝试分类、辅以作图、调用已有的数学知识与技能进行自主解题，注意核对答案）；并用适合自己的相关方式方法呈现课尾集中小结的结果。三是课后，学生普遍能够运用课上所学的"分类讨论问题"的本领，独立解决课后习题的能力。

3）良好行为习惯方面

由于学生认真参与了"三程"的学习，促进了相应良好的解题与归纳学习行为习惯的养成。一是培养了学生课前独立完成预习练习和注意提出不明白的问题的习惯。二是课中，培养了学生"有独有合"根据教师的引导和自主观察、阅读、思考，参与小组讨论、交流，尝试解决分类讨论问题的习惯；培养了主动参与课中学习的过程性和课尾集中小结、解题时遵循解题的一般步骤和解题后注意自主核对答案的准确性的良好习惯。三是培养了学生课后及时复习，并应用所学，遵循解题的一般步骤，独立和及时完成课后习题、注意核对答案准确性的良好课后作业行为习惯。

4）解题自信方面

在上述"三程"学生"有独有合"地围绕"分类讨论问题"的系列专题解题训练学习活动中,随着学生对分类讨论问题的概念理解加深、分类讨论思想和解题方法的逐步掌握、解题能力的逐步提高,尤其是针对复杂分类讨论情况,在教师的引导下,能够调用数学的综合知识与技能进行解题,使学生不仅克服了原来的畏难情绪,而且逐步提高了主动参与解题的兴趣,增进了解题成功的自信。

2. 教师素养方面

1）课题研究素养方面

通过本课例的研究过程,自己对于渐进性教学策略的应用有了更深刻的认识;结合"三程·三式"举措的运用,自身课题研究课的设计、实施、总结和反思素养,都有了明显的提升。

2）教学设计与落实方面

本课的课前、课堂与课后的"三程"解题学习活动中,学生围绕"分类讨论问题",在教师"三式"引导下"有独有合"解题与归纳系列实践活动,既有效地激发了全体学生的学习兴趣,又有效达成了本课的数学教育目标,还有机地提升了学生相应的学会学习素养,并增进了学生的解题能力和自主学习的能力,这使教师对数学教育中的教学设计和落实素养,得到了有效的提升。

3）信息技术能力方面

课中与下次课始,教师通过 PPT 等形式,将解题练习题目的图形、课尾集中小结时的引导问题,下次课始对学生课后作业情况的反馈,较为精确、快速地呈现在学生面前,使学生更容易观察、感受呈现的内容,提高了学生解决问题和进行归纳小结的速度,锻炼了相应的观察、感受、解题和归纳小结能力,保持了参与独学和小组合作解题活动的兴趣。这使教师运用信息技术兴趣增加,能力得到了新的锻炼,对数学教育中的价值有了新的认识。

3. 学校方面

本课的实践与成果,一是启发了本校教师对数学复杂题教学中,如何引导学生自主解题的探索。二是丰富了学校区级课题研究的数学课例类成果。三是由于本课的探索处于学校区级课题行动研究的较早阶段,本教学设计和课例的初稿,启发了本校数学和其他学科教师进行课题研究课的教学设计和课例成果的总结思路。

（二）两点反思

一是本节课的题量较大,课堂时间较为紧张,对于少部分学生,还未能掌握全部所学内容。因此,本节课的教学计划,可以考虑分成两个课时。第一课时:组织学生解例题 1 到例题 3。第二课时:组织学生解例题 4、5。这样分解后,再辅以其他为全体学生参与解题训练铺设台阶的支架类举措,引导全体学生能够主动参与和完成训练任务,提升解题素养。

二是个别学生由于题目难度高,课前尝试解例题 1 时,由于题目难度高就放弃了。因此，在课前，教师可以另外设置一些简单的问题辅助其预习。例如，可以将教案中例题1前面的几个简单题编制成学习单，在学生预习前，发给学生，并要求其尝试独立完成，以激发全体学生自主解决"分类讨论问题"的兴趣，并真正能够体会到"分类讨论"的数学思想方法和主动尝试运用于解题。

五、意义揭示

本课实践彰显了"独合结合""三程"渐进性地整合实施系列自主学习活动在逐步提升学生学会分类讨论问题自主解题与归纳素养学习方面的独特优势——"六性"，符合反思性教学理论。

（一）加强学生解决"分类讨论问题"的针对性

本课前，学生已经知道有的数学问题是需要利用分类讨论法进行解决的。但由于他们平时接触到的这类题目比较少，解题时，就常常会犯漏解的情况，导致考试失分严重。于是，本课教师进行了学生"三程"学习的针对性探究设计。一是课前，增加了学生独立进行预习性解例题练习的设计，以初步锻炼学生独立解决此类问题的能力，并能够提出自己存在的困惑。二是课中，教师进行了化解例题解题难度逐步增高的符合渐进性策略学习活动的设计，增补了3道基础性的填空题，由学生独立完成，增进分类讨论的初步体验；引出分类讨论问题概念；引导学生小组合作讨论、交流完成前2道例题，并合作梳理、概括出分类讨论问题的解题一般步骤；运用新学分类讨论解题思想与方法、基本步骤和数学综合知识与技能，引导学生小组合作解后3道题，提高解题的速度和正确率；组织课尾集中小结，梳理、归纳和强化所学解题思路与方法和基本步骤。三是再次实践，教师有针对性地进行了五点反思，整合为三个方面的改进实践，收到了更好的教与学的实效。四是再次实践后之学生独立完成课后作业后，教师在下次课始，组织了全班有针对性的交流，使学生及时得到了作业情况的反馈，提高了作业的准确率；增进了学生对课后作业完成情况和准确性的自主监控和反思改进意识。

可见，教师注意加强学生"三程"学习活动和再次实践设计和实施的针对性，注意有机引入小组合作学习活动，借以其他辅助举措，可以更好地引导学生主动参与学习活动的过程，逐步克服畏难情绪，提高完成任务的速度和质量，增进学生学习的愉悦性。

（二）提高学生根据解题步骤进行表达的规范性

一是课前，学生独立尝试解决例题，初步体验分类讨论问题的解题步骤。二是课中，学生通过小组合作完成例题1、2的解题学习活动后，学生在教师的引导下，合作归纳出了"求解分类讨论问题"的一般步骤，明确需讨论的对象，选择分类的标准，进行合理分类（统一标准，不重不漏），进行逐类讨论，得出归纳结论。学生利用"分类讨论法"的一般步骤，对例题3、4、5进行准确分类，能进行规范表达。三是课后，根据此方法解决课后习题，提高解题的规范性。

可见，学生主动参与相关专项训练的解题步骤梳理、归纳和尝试运用，可以提高专项训练解题时的规范性,并提高解题的准确性。

(三) 保证学生学习解决"分类讨论问题"的系统性

一是内容学习设计与实施的系统性,即整个学习活动,围绕对"求解分类讨论问题"的专题进行,学生经历了"三程"之系列的解题学习活动,由课前独自尝试解 5 道例题,到课中"或独或合"完成 3 道填空、5 道例题、其间穿插对"分类讨论问题"概念的学习、基本步骤的梳理与概括、课尾的集中小结,以及课后的独自解决作业问题。二是学习难度逐步有序提高的系统性(已在多处有明确的交代,此处不再展开)。三是学生"或独或合"参与方式的系统性(如课中分别为独学 3 次和小组合作学习 4 次)。四是教师借助在"三程"实施中,整合实施渐进性策略、"三式"和其他常规教学举措组织学生参与"或独或合"解题与归纳的系统性。

可见,在这样的"四个方面"系统性设计与实施下,学生能逐步克服畏难情绪,主动参与学习活动;能用分类讨论的思想、明确讨论的对象、合理进行分类并遵循解题的基本步骤,结合其他所学过的数学知识与技能,解决难度逐步提高的系列分类讨论问题;提高了"独合结合"完成课前、课堂与课后预习、讨论与交流和归纳小结、作业任务的能力;使得本课所涉知识更系统,更完备。这样的系统性设计,是需要继续加以坚持和进行完善化设计、实施与总结的。

(四) 体现了学生学习解决"分类讨论问题"的科学性和实现了"三程""有独有合"学习的高效性

从上述"系统性"的"四个方面"做法和实效可知,本课的学生学习活动设计与实施,既是系统性、有序性的表现,也符合渐进性教学策略。这样的设计与实施,彰显了其科学性,从而带来了教与学的实效性和学生在分类讨论问题自主解题方面的意识、知识、能力、良好行为习惯和自信素养的提升。

可见,学生数学解题专项训练学习活动设计与实施,若是能够加强基于学情和教情诊断的教与学的针对性,关注"四个方面"的"系统性"、注意学习难度和进程安排的"渐进性",必然会带来教与学的科学性。从而带来学生"三程""有独有合"学习活动的高效性。

(五) 增加学生解决"分类讨论问题"的愉悦性

渐进性策略和"三式"的整合应用,使得整个教学过程更加流畅。教师以前在有的课上,没有精心设计、使用渐进性教学策略,教学内容的呈现缺少显性的坡度,容易使学生产生畏难情绪;"三式"在练习课中的整合使用较少,无法有力地调动学生参学的主动性和保持解题类学习活动的兴趣。因此,渐进性策略和"三式"的整合应用,学习活动设计的有针对性、系统性、科学性、规范性,并且学生从懂得分类讨论概念,初步解决简单些的分类讨论问题,梳理概括出解题的一般步骤,综合解决课中分类讨论的难题,最后到课后独立应用所学完成课后作业。以此增进了学生参与"三程"独立预习、解练习题与小组合作讨论交流解题、进行小结归纳、及时完成课后作业等"独合结合"学习活动的兴趣,提高了学生"独合结合"学习由初步感知,到解决复杂问题,再到课后独立完成课后作业的能力,增进了学生学习过程的愉悦性。

可见,学生"三程""有独有合"学习活动设计与实施的趣味性,有助于学生积极投入学习过程,学生学习活动设计与实施的有针对性、系统性、科学性、规范性,又可带来学习结果的高效性,这有助于增进学生参学的愉悦性,从而与前"四性"一起,带来学习活动的高效性,实现"四性"的良性循环。

(六) 符合反思性教学理论

在课堂首次实践后,教师在听取同行评议、专家建议和自己独立思考后,提出了五点反思,在三个方面进行设计改进。在数学学习基础基本一致的教师任教的另一初三班级,尝试进行了再次教学的改进实践,取得了更为明显的实效,使学生"三程"系列"独合结合""分类讨论问题"的解题式学习活动任务完成的速度和质量都有所提高;学生学习过程的愉悦性得到增强;学会学习视角下学生"分类讨论问题"之解题类学习活动的意识有所增强,能力得到了更好的发展,良好的解题行为习惯得到了更好的培养。两次教学实践的探索,也更好地提升了教师的反思意识、课例研究素养和数学教研素养。

可见,基于实践的有针对性地反思和改进实践,可以促进教与学的反思;可以取得更好的数学教与学的实效;更好地促进学生提升学会学习的核心素养。这也再次证明了"反思性教学",以探究和解决教学问题为基本点,以追求教学实践合理性为动力,教师越能反思,在某种以上越是好教师。

参考文献

[1] 中华人民共和国教育部.义务教育数学课程标准(2011年版)[M].北京:北京师范大学出版社,2012.

[2] 本书编写组.初中数学学科教学基本要求:单元·专题训练[M].上海:上海教育出版社,2018.

[3] 余文森.核心素养导向的课堂教学[M].上海:上海教育出版社,2017.

[4] 熊梅.当代综合实践活动课程开发的理论基础[J].教育研究,2001(3):40-46.

[5] 庞维国.自主学习:学与教的原理和策略[M].上海:华东师范大学出版社,2003.

[6] 巴洛赫.合作课堂:让学习充满活力[M].曾守锤,吴华清,译.上海:华东师范大学出版社,2005.

[7] 郑金洲.新课程课堂教学探索系列:合作学习[M].福州:福建教育出版社,2005.

[8] 熊川武.反思性教学[M].上海:华东师范大学出版社,1999.

[9] 孙微.实施"五策"提高数学单元复习和自我监控能力培养实效[J].浦东教育研究,2018(2):48-51+7.

英语教学实施"四式五法"提升学生英语连环漫画绘制类素养的学习活动设计与实施

——以"Comic Strips"学生学习活动设计、实践与分析为例

上海市五三中学　陆樱燕

【首次执教时间、地点和对象】

2020年11月20日,上午第2节;录播教室;初三(6)班

一、设计思路

(一) 设计依据

1. 学情分析

初三(6)班的学生已经有了一定的英语语言知识储备,听、说、读、写方面有一定的基础。班级的学生性格活泼开朗,上课积极踊跃,对英语学习充满热情。但对于如何运用英语精读和泛读的阅读技巧,学生们总体较弱,他们很难真正读懂教材文本,特别是对非连续性文本的理解更存在一定困难。好在初中学生对于连环漫画都很感兴趣,但对于如何绘制连环漫画积累的知识不多;学生经历过基于独立学习与合作学习相结合(以下简称"独合结合")整合实施教与学的相关形式与方法开展英语新授课的学习活动,比较感兴趣;但学生对"独合结合"参与连环漫画制作规则的提炼、练习、欣赏、和评价(简称学生连环漫画制作/或创作的"五种"实践学习活动)的意识、知识、能力和良好行为习惯的"四素养",都有待提高。

因此,本课拟围绕"Comic Strips"教学内容,通过基于乐学善学的初中英语课前、课中和课后"三程"整合实施"四式五法",引导学生"独合结合"进行连环漫画制作"五种"实践学习活动设计与实施的探索,来增进学生对参与此类创作实践系列学习活动的意识,扩大知识,提高能力,并促进此类学习相应的良好行为习惯的初步养成。

2. 课标分析

上海教育出版社2017年版的《上海市中小学英语课程标准》(以下简称"英语课标")强调,学生"能读懂相应水平的读物和报纸、杂志,克服生词障碍,理解大意。能根据阅读目的运用适当的阅读策略"。英语阅读教学的目标,不仅要培养学生阅读理解的能力,而是要建立在发展理念之上,让学生掌握有效的英语阅读技巧、养成良好的阅读习惯,具有

自主学习的能力,为终身学习打下良好的基础。英语课标还提出:"在学习中乐于模仿,敢于表达。""对学习中接触的外国文化习俗感兴趣。""让学生乐学就需要改进师生教与学的方式,倡导自主、合作探究、体验学习,强调结合实际语境,综合运用英语。"

因此,本课拟对"Comic Strips"学习内容,"三程"整合实施"四式五法",引导学生"三程""独合结合"进行连环漫画制作的"五种"实践学习活动,即学生在"三程""独合结合"进行精读课文、进行练习活动中,先提炼出的连环漫画绘制规则,再小组合作欣赏连环漫画,尝试小组合作改进表现相关规则的连环漫画,最后小组合作绘制出三到五幅连环漫画,参与全班交流与评价,从而增进学生"独合结合"进行英语连环漫画绘制实践式学习的意识,扩大知识,提高能力,促进此类学习相应的良好行为习惯的初步养成,进而提升学生英语学习整体素养和综合实践素养,是符合课标的上述精神的。

3. 教材分析

本课选用了九年义务教育课本牛津上海版英语九年级第一学期 Module3 Unit7 的 Reading 部分"Comic Strips"。课文主要讲述了如何制作连环漫画的规则,课文以 Terry 被绑架后,机智地与绑架者周旋等待营救的连环漫画为例,呈现了制作连环漫画的规则。本课的文本,分为两部分:六幅连环漫画;如何制作连环漫画规则的文字呈现。编者通过这六幅连环漫画故事和所呈现的文段,让学生通过观察、阅读与练习,理解绘制连环漫画的规则,并总结出绘制规则。

因此,本课中,教师拟让学生"三程""独合结合"精读课文连环漫画及其文字故事,提炼制作连环漫画的规则;结合欣赏相关连环漫画,尝试改进教师补充的六幅有缺陷的连环漫画,进行合作展评。课后,小组合作对课文中的连环画故事结局进行编写和绘制 3~5 幅新的连环漫画(各小组的学生可以根据自己的特长,选择出思路、编故事、绘画、参与班级交流等方面的组内任务),以有机提升学生"独合结合"参与连环漫画制作规则的"五种"实践学习活动之相关"四素养"。

(二) 课题研究内容

1. 学生英语连环漫画绘制实践类学习活动素养

1) 乐学

(1) 课前:学生独立完成预习学习单相应任务,增进主动了解连环漫画制作规则和进行初步绘制的兴趣。

(2) 课中:①学生独立观看教师借助多媒体呈现的经典卡通人物,激活已有知识背景,激发学习新课文的兴趣。②学生独立观看和快速阅读教师借助多媒体依次呈现的教材中的 6 张连环漫画和课文段落,猜测词义,激发运用猜测法进行阅读的兴趣。③一是在输入环节中,学生小组合作精读课文文段,参与梳理和提炼出连环漫画创作规则两条(情节设计和人物个性)和具体绘制时需要关注的"五元素"(边、边框、声效、对话泡泡、思想泡泡)(二者合称"两规则·五元素"),锻炼相应能力和激发尝试制作漫画的兴趣。二是在输出环节中,学生小组合作欣赏教师借助多媒体呈现的六幅新的存在一定缺陷的连环漫画,进行欣赏、设想与交流如何加以改进,激发想要加以改进与制作的兴趣。

(3) 课后:学生根据课文所学连环漫画欣赏与制作"两规则·五元素"素养,独自创作

3~5幅图画组成的连环漫画,下次课始,参与全班交流和评价,培养相应的表现表达能力、兴趣和学以致用的良好行为习惯。

2) 善学

(1) 课前:锻炼学生独立完成预习学习单相应任务,学习、了解连环漫画制作规则和结合自己进行初步诊断的能力。

(2) 课中:学生能运用猜词法,独立快速合理地猜测词义;能独立快速观察课文连环漫画和阅读文段,找出制作连环漫画的两条规则;能参与小组合作讨论、交流、梳理和概括连环画漫画的制作规则,巩固所学;能根据所概括的连环画制作规则,参与小组合作观察、分析教师补充的六幅连环漫画,找出缺陷,进一步巩固连环画制作规则;能参与小组合作,尝试创作连环漫画,进行分享和评价。

(3) 课后:锻炼学生独立编写课文漫画故事结局和绘制三到五幅新的连环漫画的能力;下次课上参与全班交流和评价的能力;增进这样学习的兴趣;有机提升英语综合运用素养。

2. 实施形式——"四式"

1) "独合结合"连环漫画绘制实践式学习活动

(1) 课前:独立诊断学习式学习活动。一是学生填写课前学习单上的连环漫画绘制规则。二是结合自己进行对比、诊断,锻炼独立学习规则、进行自我诊断的能力。

(2) 课中:"独合结合"参与连环漫画制作"五类"实践式学习活动。①独立快速浏览课文合理猜测词义活动,学生根据教师借助多媒体呈现的教材内容和课中学习单的要求,独立快速观察课文漫画、阅读课文,结合上下文合理猜测词义、梳理涉及连环漫画情节和人物个性类词的读音和词义8个,锻炼相应能力。②学生独立快速阅读课文文字材料,找出制作连环漫画的两条规则(情节设计和人物个性),锻炼根据特定问题独立快速阅读课文寻找、提炼答案的能力,并增进这样学习的兴趣。③独立快速阅读教材寻找"两规则·五元素"方面的关键词,锻炼学生独立快速浏览课文,从关键词寻找英语连环漫画绘制方法,并激发后续主动参与绘制、分享和评价的兴趣。

(3) 课后"读合结合"绘制、展评连环漫画实践式学习活动。一是学生根据教师的课后学习单的作业要求,课后独立编写课文中的连环画故事结局和绘制3~5幅连环漫画,培养合理想象、尝试独立续写故事、尝试创绘连环漫画的能力和兴趣。二是学生下次课上,参与展示交流与评价各自续编的故事和创作的连环漫画,培养相应的表现表达能力、评价能力和兴趣。

在上述"三程"学生"独合结合"开展英语系列实践类学习活动中,有机提升学生的英语整体素养和综合实践素养。

2) 借助"三程·三单"式

(1) 借助课前独立学习单。一是学生独立对新单词 plot, dramatic, personality, frame, bubble, text, scenery 和词组 sound effects 进行注音和词义注释,培养独立学习认读新词和了解词义的能力。二是学生独立梳理英语连环漫画创作的两条基本规则和绘制时需要关注的"五元素",锻炼独立阅读、梳理教材连环漫画绘制基本规则与要求,并加以概括、填写在学习单上的能力;增进学习的成功感。

(2)借助课"独合结合"学习单。一是学生独立阅读课文填写连环漫画创作规则,在文中寻找答案,锻炼寻读能力,增进学习的乐趣。二是学生独立阅读课文完成连环漫画绘画规则,在文中寻找答案,锻炼寻读能力,增进学习的乐趣。三是学生小组合作改进六幅有缺陷的连环漫画并参与全班交流,巩固连环漫画制作规则,引发学生想制作的兴趣,同时锻炼英语口语表达能力。

(3)借助课后(含下次课始)"独合结合"学习单。一是学生借助课后学习单,独立完成编写课文中的连环漫画故事结局和绘制 3～5 幅连环漫画的任务,培养合理想象、尝试独立续写故事、尝试创绘连环漫画的能力和兴趣,以更清晰地把握文章重点和巩固连环漫画制作规则。二是学生下次课上,参与展示交流与评价各自续编的故事和创作的连环漫画,培养相应的表现表达能力、评价能力和兴趣。

3)借助信息技术式

(1)在课中导入环节:教师借助多媒体呈现连环漫画图片和 5 个经典漫画人物,激发学生学习了解连环漫画制作规则和进行实践绘制的兴趣。

(2)在课中输入(快速浏览和精读)环节:教师借助多媒体呈现课文段落、问题以及学习单规则填空,引导学生"独合结合"根据问题,在课文中快速观察 6 张漫画、浏览和精读课文文段,寻找八个单词与词组的读音与词义;梳理和概括绘制漫画故事涉及的两条基本规则"五元素"的绘制要求,锻炼快速浏览寻读和精读、梳理与概括课文重点信息的能力;增进这样学习的乐趣。

(3)在课中输出(小组合作练习与讨论、交流)环节:教师借助多媒体呈现所补充的 6幅有缺陷的连环画,组织学生参与小组合作讨论、全班交流不足之处和如何加以完善,锻炼学生运用新学单词、词组和借助已学的文法,参与组内讨论和全班交流能力;及时巩固连环画漫画绘作规则;引发学生想制作的兴趣。

(4)下节课开始,教师借助多媒体呈现学生课后独立续编的课文连环漫画故事的结局和新绘作的由三3～5 幅组成的连环漫画作品,学生参与全班展示交流和借助学习单中的"学生课后独立绘制英语连环漫画评价标准(下次课始参与全班交流中用)"进行评价,培养相应的续写故事、漫画作品表现表达能力、客观公正评价能力,以及这样进行课后学习的兴趣。

4)随机激励式

(1)课前激励式。教师对于学生完成课前预习学习单任务出色的学生进行口头表扬,并在预习学习单上贴上五角星以资鼓励,锻炼学生自我诊断连环漫画绘制规则和基本要求现状的能力和主动尝试了解、进行绘制的兴趣。

(2)课堂激励式。①教师在提出问题要求学生观察课文连环漫画、阅读文段后回答有关连环漫画制作规则的问题时,对表现好的学生进行鼓励,对个别回答错误的学生耐心指导纠正,激发他们观察、阅读并思考的兴趣。②在学生小组讨论、梳理、总结连环漫画绘制"两规则·五元素"时,对表现好的小组进行鼓励,激发他们小组合作学习的专注性、有序性和探索结果的有效性,增进小组合作探索的兴趣。③在学生小组讨论如何改进教师补充的有缺陷的六幅连环漫画环节中,对于表现好的小组和个人进行奖励,激发学生对合作绘作的兴趣。

(3) 课后激励式。在学生展示交流课后独立续写课文连环漫画故事结局和新绘制的由3~5幅组成的连环漫画的过程中,教师引导学生借助评价标准对表现好的学生作品进行口头自我激励和互相激励;同时,教师鼓励学生对需要改进的地方相互指正和提出改进建议,以培养学生续写结局、绘制莲花漫画、进行展示交流、客观公正地进行自评互评和提出合理化改进建议的表现表达能力;增进反思改进意识;激发这样进行课后学习的兴趣。

3. 实施方法——"五法"

1) 猜词法

①根据上下文猜词。课中,教师在组织学生学习课文漫画规则中的 plot 和 personalities 这两个生词时,鼓励通过独立阅读上下文,来合理猜测词义,理解意思,锻炼阅读技巧。②根据图片猜词。教师在课中组织学生学习连环漫画绘制时,鼓励他们对词组 sound effect 和单词 bubbles 与 frame,通过看图片理解意思,锻炼学生据图合理进行猜词、理解新词意思的能力。③根据构词法猜词。教师在组织学生学习连环漫画绘制环节学习新单词 speech 和 thought,鼓励通过对它们的词根 speak 和 think,来猜测词义,以锻炼学生运用构词法理解单词意思的能力。

2) 泛读法

(1) 课前泛读:学生课前独立快速浏览教材,梳理出英语连环漫画的两条规则和基本要求"五元素",并记录在课前学习单相应处,几次进行自我诊断,锻炼独立快速浏览课文、找到所需信息进行填写和结合自身进行自我诊断的能力;激发后续参与学习连环漫画绘制的兴趣。

(2) 课中第二环节泛读:一是组织学生快速略读,找全绘制漫画的两个步骤,并记录在学习单上,锻炼相应能力;帮助学生对文本有一个初步的了解;二是让学生进行寻读,查找关键信息,进一步了解如何绘制连环漫画的规则,以此循序渐进地锻炼学生根据特定问题独立快速阅读课文寻找答案的能力;并增进这样学习的乐趣。

3) 精读法

①在课中第二次小组活动中:教师组织学生仔细阅读文本,总结连环漫画绘制的"五元素",培养学生总结概括能力。②在第三次小组活动中,仔细阅读文本,进一步提炼和巩固连环漫画制作的"两规则·五元素",为输出环节中改进连环漫画作好铺垫,同时提升学生总结和概括能力。③在课中输出(小组合作练习与讨论、交流)环节:教师借助多媒体呈现所补充的六幅有缺陷的连环画,组织学生精心观察,结合所学"两规则·五元素",参与小组合作讨论、全班交流不足之处和如何加以完善,锻炼学生运用新学单词、词组、连环画绘制的"两规则·五元素"和以前掌握的文法,参与组内讨论和全班交流能力;进一步巩固连环画漫画绘作规则;引发学生想弥补有缺陷连环画的兴趣。

4) 回忆唤起法

(1) 在新课导入环节:教师巧用实物和经典卡通图片,激活学生对连环漫画已有背景知识,唤起学生相关知识的回忆,引起学生学习新课文的兴趣。

(2) 在课中输出(小组合作练习与讨论、交流)环节:教师组织学生根据所学"两规则·五元素",结合新旧单词、词组和语法知识,参与小组讨论、全班交流如何改进六幅教材外的有缺陷的连环漫画,使学生巩固连环漫画绘制"两规则·五元素";锻炼相应能力;

引发想制作完善的兴趣。

（3）下次课上参与交流展示与评价时：学生参与全班展示交流与评价课后作品，进一步巩固连环漫画绘制"两规则·五元素"，引发想小组合作完善课上那些有缺陷连环漫画的兴趣。

5）讲授法

（1）课中讲授。一是学生学习新单词、词组时，教师指导学生运用猜词法理解新词的含义，帮助学生巩固猜词阅读法。二是在学生学习连环漫画绘制"两规则·五元素"过程中，教师借助多媒体呈现图片和文字，通过板书以及口头讲解，来帮助学生学习掌握连环漫画的绘制规则与元素。三是最后总结连环漫画制作规则时，教师为主进行提炼和概括，帮助学生巩固规则。

（2）课后（含下次课始展评中）讲授。一是教师对学生共同制订的评价标准进行说明和解释。二是对学生续写的结局和新绘制的 3~5 幅连环漫画作品展评的相关情况，进行必要的引导、说明、概括，培养学生对课后作品内容进行有效展示交流和规范公正评价的能力；增进这样完成课后作业的兴趣。

（三）基本思路

根据上情，本课拟围绕"Comic Strips"学习内容，课前、课堂、课后"三程"学生"独合结合"，在教师整合实施"四式五法"的引导下，共完成 9 项"独合结合"的连环漫画绘制相关的"5 种"实践式学习活动，来提升初三学生英语连环漫画绘制的相关意识、知识、能力和良好行为习惯"四素养"，进而促进学生提升英语学习整体素养和综合实践素养作为总体设计思路。

二、教学目标

（一）知识与技能

全部学生学会、理解和运用新单词和词组 8 个，能够基本了解连环漫画绘制"两规则·五元素"，能够总结所学内容、方式方法和个人体会，增进对课尾集中小结价值的认识，改进提升自我的能力；大部分学生能够初步具备欣赏、改进连环漫画的能力，能够具备用已学的英语单词、词组、语法和连环漫画绘制"两规则·五元素"，小组合作对有缺陷的连环漫画进行流利表达的能力；一半的学生能够根据课本中的连环漫画情节，课后独立续写故事结局和独立绘制 3~5 幅新的连环漫画。学生普遍初步增进了对基于"独合结合"进行连环漫画绘制"三程"系列实践类学习活动意义的认识。

（二）过程与方法

围绕"Comic Strips"学习内容，课前、课堂、课后"三程"，在教师整合实施"四式五法"的引导下，完成 9 项"独合结合"的连环漫画绘制相关的"5 种"实践式学习活动。锻炼课前独立预先学习学习单上的新单词及尝试填写连环漫画绘制规则和元素和对自身的连环漫画绘制规则与要求方面的素养进行自我诊断的能力;课堂通过课文的图片、上下文语境和词缀,来理解单词意思的能力,通过独立寻读、小组合作精读、讨论、交流与总结连环漫画绘制"两规则·五元素"的能力,能根据课堂所学到的绘制连环画规则与要求、新词和已有的语法知识,来参与小组内讨论和全班流利交流如何改进有缺陷的连环漫画创意的能力;课后独立编写课文漫画故事结局、尝试制作三到五幅新的连环漫画和参与下一节课始全班展示交流与评价能力,并从中体悟这样学习英语连环漫画绘制"三程""独合结合"进行系列实践式学习活动所蕴含的方式方法。

(三) 情感、态度与价值观

感受个体和小组成员倾心投入对完成英文连环漫画绘制系列实践式学习活动任务和提升整体素养的作用,进而增强个体的责任意识和团队合作意识;感受英语连环漫画创作实践对提升个人英语表现表达能力和英语综合能力所产生的积极影响;激发保持这样进行英语综合实践式学习的兴趣。

三、实践过程

本课实践过程与各环节时间分配见表1。

表1 "Comic Strips"英语连环漫画绘制课堂实践过程

时间分配	教学环节	教师活动	学生活动	课题研究
3分钟	过程一:学生独立观看教师展示的连环漫画、卡通图片实物和答问活动导入。锻炼学生进行激活学生背景知识、锻炼激发进行独立观看、阅读、分析与交流的能力和参与赏析、交流的兴趣	(1) Show some books of comic strips. (2) Explain the word "comic" and "strip". (3) Show some pictures of cartoon characters. (4) Attentive listening and perform random excitation and guidance.	(1) Look at the comic books. (2) Learn what is comic strips and read the two words. (3) Look at the pictures of some famous cartoon characters and tell who they are. (4) Independent listening, thin-king, internalization.	学生通过独立观察教师现场展示的连环漫画书本和几幅卡通人物图片,激活已有的背景知识,了解在本课的最后将绘制连环漫画的阅读目的;激发后续学习连环漫画制作规则的兴趣
8分钟	过程二:学生根据教师的问题和学习单要求略读课文,根据上下文语境猜测词义活动。锻炼独立快速浏览课文寻找绘制连环漫画规则、根据上下文语境猜测词义能力和激	(1) Ask the questions: a. What is the first thing to do when creating a comic strip? b. What does plot mean? c. What does personality mean? (2) Work out the meaning of the words according to the context.	(1) Skim the reading material and answer the questions. (2) Find the sentence to explain the meaning of the new words and try to figure out the meaning. And read these new words.	学生根据教师的问题和课中学习单的要求,独立快速浏览课文,找出创作连环画的规则,并通过联系上下文语境猜测词义,锻炼独立略读课文找出创作连环漫

（续表）

时间分配	教学环节	教师活动	学生活动	课题研究
8分钟	发学习新课文的兴趣	(3) Attentive listening and perform random excitation and guidance.	(3) Independent listening, thinking, internalization.	画的规则、合理猜测词义能力和激发学习新课文的兴趣
8分钟	**过程三**：学生根据教师的问题独立快速阅读，分别找出创作连环漫画的两个规则和绘制时的五个元素。锻炼根据特定问题独立快速阅读课文寻找答案的能力和增进这样学习的乐趣	(1) Ask the questions of creating a comic strips: a. How does the plot need to be? b. What is the other important thing to do when creating a comic strip? c. Can you tell the different personalities from looking at the four pictures? (2) Summarize the rules about creating a comic strip. (3) Ask some questions of drawing a comic strip: a. What do you need to draw when making the strip? What should we pay attention to? b. What is the use? (4) Summarize the rules about drawing a comic strip. (5) Attentive listening and perform random excitation and guidance.	(1) Skim the reading material and answer the questions and learn the two rules of creating comic strips and five rules of drawing comic strips. (2) Find the sentences to explain the new words about making comic strips. (3) Try to work out the meaning of some new words about how to make comic strips and read these words one by one. (4) Finish the summary of the rules about creating and drawing a comic strip. (5) Independent listening, thinking, internalization.	学生根据教师的问题和课中学习单，独立快速阅读课文，找出创作连环漫画的"两规则·五元素"并记录在学习单上，锻炼根据特定问题独立快速阅读课文寻找答案的能力；增进这样学习的乐趣
5分钟	**过程四**：学生小组合作精读课文、讨论、交流、梳理、归纳连环漫画创作规则（两条）和绘制要领（5个要素）活动。锻炼合作综合概括英语连环漫画创作规则和绘制方法要领的能力和激发借	(1) Let students do pair work and discuss the question: How do we produce comic strips? Give students the clues or the key words to talk about the rules of making comic strips. (2) Guide students and encourage them to	(1) Listen to the teacher's instruction and think about the question. One student talk about the rules of creating the comic strips and the other student talk about the rules of drawing the comic strips.	学生根据教师和课中学习单问题，小组合作精心回读课文重点文段、参与讨论、交流、梳理整体总结连环漫画创作规则（两条）和具体绘制的要求（5个元素），培养小组合作精读

(续表)

时间分配	教学环节	教师活动	学生活动	课题研究
5分钟	以尝试制作的兴趣	talk about the rules of making comic strips. (3) Attentive listening and perform random excitation and guidance.	(2) Discuss with the class and consolidate what they have learned in front of the class. (3) Independent listening, thin-king, internalization.	课文重点、参与讨论、交流、梳理和总体概括能力,巩固所学和激发借助"两规则·五元"尝试绘制连环漫画的兴趣
10分钟	过程五:学生小组合作讨论改进教师补充的六幅教材外的连环漫画的缺陷活动。锻炼小组合作尝试鉴赏与辨别局限性,并提出改进设想的能力,巩固连环漫画绘制"两规则·五元素",引发尝试合作改进的兴趣	(1) Make students work in groups and discuss whether it is good or not and tell the reason why. (2) Give clues to students and guide them to think about the rules we have learned on how to make comic strips. (3) Attentive listening and perform random excitation and guidance.	(1) Work in groups and discuss whether it is good or not and think about what they have learned during the class. (2) Share their opinions with their group members and then show the point of the view in class. (3) Independent listening, thin-king, internalization.	学生以小组为单位进行合作讨论改进连环漫画,巩固连环漫画制作规则的同时,引发想制作的兴趣
5分钟	过程六:学生参与课尾小组合作小结活动。增进课尾集中小结意识和锻炼梳理归纳能力	(1) Make students work in groups and summarize the rules of producing comic strips. (2) Attentive listening and perform random excitation and guidance.	(1) Work in groups and summarize the rules of producing comic strips. (2) Independent listening, thinking, internalization.	学生以小组为单位进行课尾合作总结绘制连环漫画的规则与要求,增进课尾进行小结全课意识和锻炼梳理归纳能力;增进这样学习新课的兴趣
1分钟	过程七:学生根据课后学习单和教师借助多媒体结合口头说明的要求,独立完成课后写与绘作业并在下节课始参与全班展示与评价活动。培养独立续写连环漫画故事结局、绘制连环漫画和下次课始参	(1) Let students create and draw a new comic strip with the help of the rules of making comic strips they have learned in the class. (2) Invite students to show their work and share with the class in the next class.	(1) Read the rules again and create and draw a new comic strip with the help the rules of making comic strips they have learned in the class. (2) Show their work and share it with other students in the next class.	学生根据课后学习单和教师借助多媒体结合口头说明的要求,独立完成课后两项作业:续写课文故事相关结局、运用所学连环漫画制作"两规则·五要素",绘制三到五幅新的连环漫画;下次

（续表）

时间分配	教学环节	教师活动	学生活动	课题研究
1分钟	与全班交流能力、评价能力和兴趣	(3) Attentive listening and perform random excitation and guidance.	(3) Independent listening, thin king, internalization.	课始参与全班展示交流与根据评价标准进行评价，培养独立续写连环漫画故事结局、绘制连环漫画和下次课始参与全班交流与评价能力；增进这样完成课后作业的兴趣

四、成效与反思

（一）成效

1. 学生英语连环漫画创作的"四素养"方面

1）英语连环漫画创作意识方面

一是学生都能独立完成预习学习单上的相应任务，增进了对后续课中顺利学习连环漫画绘制素养的价值意识。二是普遍增进了借助三种方法（根据联系上下文意、图片和构词法）猜测新词意思的意识。三是普遍增进了学用"两规则·五元素"进行连环漫画绘制、进行交流与评价，注意反思完善的意识。四是普遍增进了"三程"在学习单和其他"三式五法"的引导下，"独合结合"进行英语连环漫画创作和绘制之"两规则·五元素"方法系列实践式学习活动的价值意识。

2）英语连环漫画创作知识方面

学生英语连环漫画创作知识方面的拓展，主要有四点：一是巩固了借助三种方法猜测课文八个新词意思的知识。二是领会了连环漫画创作和绘制的"两规则·五元素"。三是理解了连环漫画创作和绘制技能的养成，可以借助欣赏、对有缺陷的连环漫画尝试改进、课内外加强"或合或独"的实际绘制实践和参与讨论、交流分享与评价逐步提升。四是认识到了制订评价标准在引导对自己和同学课外创作的连环漫画进行客观、公正评价方面的价值。五是拓展了对"三程""独合结合"整合实施"四式五法"引导下在提升英语连环漫画创作与绘制和英语综合实践素养方面的价值认知。

3）英语连环漫画创作能力方面

（1）课前：学生都能独立完成预习学习单上的相应任务，锻炼了独立学习、了解、记录连环漫画制作规则和结合自己这方面的能力现状，进行初步诊断的能力。

（2）课中：①导入环节：学生能够独立观察教师现场展示的连环漫画书本和几幅卡通人物图片，激活已有的背景知识和了解本课阅读的目的。②在阅读输入环节：全部学生能够根据教师的问题、学习单题目和借助多媒体等的引导,独立快速完成浏览课文、结合三种方法猜测词义,小组合作精读课文重点文段,梳理、概括出连环漫画创作的"两规则(即情节设计和人物个性)·五元素(即边、边框、声效、对话泡泡、思想泡泡)";绝大部分学生能够学会、理解和能够运用新课的单词和词组 8 个;部分学生能够初步欣赏和尝试改进教师补充的有缺陷的六幅连环漫画。③在阅读输出环节:超过一半的学生,能够结合运用本课所学连环漫画创作和具体绘制的"两规则·五元素"、新学的八个单词和词组、以前所学的相关句法,对有缺陷的连环漫画进行赏析、讨论、设想如何加以改进和实际改进的实践情况,流利地加以表达。④课尾集小结环节:全部学生能够在教师的问题、多媒体和口头引导下,合作总结全课所学内容、方式方法和个人体会,提升了课尾尝试进行回顾、梳理、总结、记录与表达的能力。

(3)课后:一是的学生普遍能够独立根据课本中的连环漫画情节续写结局和运用"两规则·五元素"创作三到五幅新的连环漫画,锻炼了相应能力。二是下次课始,学生能积极参与全班课后习作分享与根据课后学习单表 2 的"评价标准"进行评价,锻炼了相应的能力。

4)英语连环漫画创作良好行为习惯方面

(1)课前:学生能够及时、独立完成预习单的任务。这使学生初步了解了创作和绘制连环漫画的"两规则·五元素",促进了课中的顺利学习,从而提高了学生课前预习的自觉性。

(2)课中:①学生能够继续借助三种猜词法,尝试独立、合理猜测新单词和词组的意思。②学生能够通过自主与合作阅读相结合的形式完成了独立诊断、梳理规则与要求、参与小组和全班交流的过程,促进了相应良好的英语口语表现表达良好行为习惯的养成。③学生通过小组合作精读、归纳等阅读策略,梳理了课文连环漫画创作的"两规则·五元素",合作欣赏、评价和尝试改进 6 幅有缺陷的课外连环漫画、课尾参与集中小结,促进了小组合作运用精读、归纳等阅读策略,梳理了课文连环漫画创作的"两规则·五元素"借以突破课文重点、小组合作审视有缺陷的连环漫画、进行反思改进和课尾参与集中小结之良好小组合作实践类行为习惯的养成。

(3)课后:一是培养了学生先复习、再作业的良好课后作业行为习惯。二是培养了学生学以致用的良好学习行为习惯。即学生独立利用以前所学的句法,本课所学习的 8 个新词、漫画创作的"两规则·五元素"知识与技能,续写了课文中相关故事的结局。学生独立创作了由三到五幅构成的新的连环漫画。学生下次课始,能够参与全班分享交流短文和连环漫画作品。学生能够借助"评价标准",尝试对本组成员和其他小组成员的作品进行客观、公正的评价。这些事实表明,学生学以致用的良好学习行为习惯和积极参与课后作业类成果表现表达和评价,以及主动反思、及时加以改进的课后良好学习行为习惯正在逐步养成。

2. 教师方面

1)课题研究素养方面

通过本课例的研究过程,教师对于积极心理学原理的价值和运用有了初步的认识;结合"四式五法"举措的运用,对课题研究课的设计、实施、总结和反思素养有了明显提升。

2) 系列实践类举措设计与落实方面

本课的课前、课堂与课后"三程"学生的学习活动中,学生围绕文本"Comic Strips"的"独合结合"学习,进行了填写学习单、泛读和精读文本、猜测词义、梳理与概括连环漫画创作"两规则·五元素"和改进有缺陷的连环画、课后独立写作和创作连环漫画等多元化的实践体验式学习,既有效地激发了全体学生的积极情绪体验,又有效达成了本课的英语教育目标,还有机地提升了学生英语连环漫画创作的素养,并增进了学生的绘制连环漫画的兴趣和自主学习的能力。这使教师对在英语教育中,有机地引导学生"三程""独合结合"开展系列实践体验类学习活动的举措(即"四式五法"和实践过程)的精细化设计和有效地加以落实方面的素养,得到了有效的提升。

3) 信息技术运用能力方面

本课的课中七大教学环节和下次课始全班合作反馈作业时,围绕"Comic Strips"课文材料和教师设计的"三程"学习单、补充的学习材料,广泛地运用多媒体技术,来呈现连环漫画图片、经典漫画人物、课文段落、问题(含学习单)、规则填空(含学习单)、6幅有缺陷的连环画、评价标准及学习单等资源,更为快捷、有效、有趣地组织教学导入、引导学生唤起背景知识,自主认读单词和合理猜测词意,略读与精读相结合"有独有合"梳理和概括连环漫画创作的"两规则·五元素",找出补充的6幅连环漫画的缺陷和提出完善的建议,明确课后作业要求和下次课始参与作品分享与据标进行合作评价。从而使课始的导入变得有趣、有效,学生新学知识的输入与输出学习活动变得生动活泼,容量增加,知识拓展,自主梳理、概括和课内外运用连环漫画创作的"两规则·五元素"的能力得到有机、高效和愉快的训练。这使教师运用信息技术能力得到了新的提升,对其在英语教育中的价值有了新的认识。

(二) 反思

化解非连续性文本阅读理解难度方面,在教师组织学生总结归纳连环漫画创作"两规则·五元素"过程中,有些学生无法找到关键信息,难以准确地归纳出结论。课文中所呈现的漫画规则,是属于非连续性文本,班级中英语基础较差的学生,对这样的文本在学习与理解上,感到有些困难,因此教师在设计问题的时候可以有意识地设计一些铺垫性的问题,提高他们的参与度,增强这些学生读懂和参与梳理、概括"两规则·五元素"和后续学以致用的信心。

五、意义揭示

(一) 符合积极心理学原理

20世纪末,形成于美国的积极心理学,有积极情绪体验、积极学习环境和主观幸福感三个主要原理。积极情绪体验,是指源于克里斯托弗·彼得森的情绪二维模式。其在《积极心理学》一书中指出,情绪由激活或唤醒水平和愉快度两个维度组成,将位于愉快度正效阶的这一极,即有愉快感受的情绪称为积极情绪。彼得森在《积极心理学》一书中还指出,为了促使学习者更好地开展活动,需要创设积极的学习环境,学习者的学习观念、动机等,心理因素和学习效果之间有着直接的联系。

本课围绕学生英语连环漫画的创作,开展"三程"9项学生"独合结合"的系列实践类学习活动,来提升学生英语连环漫画创作的意、知、能、行和趣"五素养"的实施过程和结果,比较契合积极心理学的上述"三原理"。

一是从本课例的前述的实践过程和学生英语连环漫画创作"四素养"发展的实效可知:学生英语连环漫画创作的"四种意识"普遍增强、"四类知识"得到拓展、"三程""七个方面"的能力得到了有效的锻炼、"三程""七个方面"的良好行为习惯得到了培养。可见,原定学生英语连环漫画创作的"四素养"都得到有效的提升。

二是整个学习活动,学生不仅学得有效,还感觉有趣,在课内、课外对英语连环漫画的创作活动,保持着积极参与的热情,情绪愉悦。

三是有机提升了学生的英语整体素养和综合实践能力。

四是从执教老师的课中观察与感受、本校老师的观课评价、浦东教发院科研专家的点评,以及执教老师课后与学生的交流等也可证明:学生整个学习的过程,不仅是高效、高质的,而且是愉悦的。这既与学生的英语连环漫画创作素养发展,尤其是与"三程""七个方面"的能力得到了有效的锻炼,有看得见的创意作品的成功积累(即加强积极情绪体验,增进学习者的主观幸福感)有关;又与教师实施"三程"的显性激励与引导(即创设积极的学习环境,增进学习者的主观幸福感)有关;还与本课的主体性、体验性、易接受性的独特价值有关。这些特征促进学生不断积累积极的情绪体验,增进了学生的主观幸福感。

可见,本课学生能够顺利完成"三程"9项"独合结合"的系列实践类学习活动任务,取得科学、高速、提质和愉悦的学生英语连环漫画的创作学习活动的整体实效,基本实现了提升学生英语连环漫画创作"五素养"发展的目标,符合积极心理学的积极情绪体验、积极学习环境和主观幸福感"三原理"。

(二)彰显了"五性"的独特价值

本课例的实施,能够取得较为明显的实效,彰显了基于积极心理学"二原理"、课前、课堂与课后"三程""独合结合"整合实施"四式五法"在促进学生发展"乐学善学"素养方面的"五性"独特价值——主体性、体验性、易接受性、趣味性和有效性。

1. 加强学生"三程"学习活动中的主体性

教师改变了过去把控英语教学过程,学生的自主能动性没有得到发挥的局面,着力于引导全体学生主动参与"三程"完成9项"独合结合"围绕英语连环漫画"两规则·五元素"学用的系列实践体验式学习活动,即新知预习、背景知识唤起、单词与词组学习,"两规则·五元素"的梳理与概括,有缺陷连环漫画的评判和提出改进建议,课尾的集中小结,课后的续写和连环漫画的绘制,下次课始的参与全班交流和根据标准评价。这系列实践体验式学习活动,较好地发挥了学生学习的主体性,从而有效地提升了学生英语连环漫画创作的相关意、知、能、行"四素养"。

可见,有效改变学生乐学善学素养的不足,需要从发挥学生在"三程"学习中的主体性,精心设计学生"有独有合"的系列性、参与性、实践体验性和具有趣味性特征的学习活动入手,并有效地加以落实。

2. 注意增进学生在学习过程中的亲身实践体验性

这里的实践体验性,即学生对英语连环漫画的审美梳理与概括,尤其是亲身参与英语连环漫画的说美、补美(提出弥补有缺陷的连环漫画建议)、创美(课后独立续写课文相关漫画故事结局和绘制表达一定主题、由3~5幅构成的英语连环漫画)、享美(下次课始参与全班交流)和评美(根据标准参与合作评价)实践体验性——合称英语漫画审美体验。这是青少年欣赏和创造漫画作品时产生的认识和愉悦的心理体验。

在本课课中学生通过阅读"Comic Strips"文本体验,感受到了英语连环漫画的风格特点,增进了认识连环漫画美的体验。通过课上猜测词义、快速阅读课文、合作梳理漫画创作规则与元素、小组合作改进有缺陷的连环漫画,体悟到了连环漫画的创作的"两规则·五元素",增进了对漫画故事的体验,同时增进了学生参与小组合作进行审美多元实践体验学习活动有趣、有效方面积极的情绪体验。在课后,学生学以致用:先独立续写课中漫画故事结局,再创作漫画,继而参与下次课始的交流与根据标准评价。这样做很好地体现了学生是实践体验类学习活动的主体性,从而能够取得以往教学时未曾达到过的效果。

可见,学生成为英语连环漫画的审美梳理与概括,尤其是亲身参与英语连环漫画的说美、补美、创美、享美和评美的系列实践体验性学习活动的过程,能够取得以往教学时未曾达到过的效果,是促进学生提升审美体验乐学善学素养的重要保证。

3. 保持学生参与"三程"学习活动时的易接受性

围绕"Comic Strips"的学生学习活动的难度,都是在教师基于积极心理学"二原理"整合实施"四式五法"的引导下,是由简到难逐步提升的。

一是课前:学生借助学习单进行预习,初步梳理了课文中涉及英语连环漫画创作规则与绘制时需要注意的元素。这时,强调的是学生独立做和参与,而不是对漫画创作规则与元素梳理结果的正确、完备。

二是课上:由唤起学生对于漫画的背景知识导入。教师引导学生自主观察、略读、猜测与理解八个新单词与词组的词义。教师组织学生精读课文,小组合作梳理出漫画创作规则与要素、填写"两规则·五元素"的概括结果(在课前学习单上)。学生小组合作鉴赏和提出改进教师补充的有缺陷的漫画和参与课尾合作小结全课所学,尤其是交流连环漫画创作规则与元素的过程,主要是完成了学生对于连环漫画的背景知识唤起,逐步加深对涉及英语连环漫画创作规则和元素的单词、词组之读音与词意的理解,以及对"两规则·五元素"的认知与理解,再加上初步的学以致用(指出教师补充连环漫画的缺陷和提出完善建议),学生对于英语连环漫画的认知素养逐步得到提升;能够初步运用于指出和完善有缺陷的连环漫画。

三是课后:学生先独立进行续写和创作漫画,再参与下次课始的全班交流与合作根据标准评价。这样做,很好地照应了课堂与课后对连环漫画"两规则·五元素"的学习交流和对漫画创作规则与元素的"独合结合"的迁移运用,虽然学习难度达到了最高阶段,但因为学生有课前与课中经历之学习活动所形成素养的基础,从而实施的结果是既有效又有趣的。

可见,上述"三程"学习活动,一是从学习内容的难度上讲,学生主要是由浅入深地完成了对英语连环漫画"两规则·五元素"的认识与理解和学以致用。课前与课中:学生主要以"纸上谈兵"为主,兼及初步的学以致用;课后:是以学生创作"实战"为主,兼及发表作品和进行鉴赏、合作根据标准评价,学以致用。二是从学生学习活动的组合人数来讲,随着学习难度的提升,也由独立为主转为小组合作、全班合作为主。三是从阅读方法上讲,学生略读速览在前,精读分析在后,梳理概括(归纳法的运用)跟进。四是从教师的引导上讲,也逐步变得更为显性:既有学习单的引导,也有其他方式方法的引导,尤其是教师信息技术式、随机激励式和讲授法的全程有机运用,从而能够使全体学生积极愉快、富有效率和内涵丰富地参与了学习过程,较为全面地达成了课题研究和教学目标。经过这样由浅入深的学习过程,学生也就自然不觉得难了。

4. 注意提高学生参与多元实践体验练习时趣味性

一是教师借助多媒体,在课中导入部分,用到若干本连环画实物和经典卡通书人物的图片,拉近了学习内容与学生间的距离,也再次唤起(课前已有)了学生对于连环画的背景知识。二是"三程"学生学习活动内容的难度是由浅入深的。三是课堂与课外学习(含下次课始对连环画创作的交流与评价)的学习资源整合运用。四是连环漫画认知到创作的学习过程,强调了学生由独学开始,到合学介入,再到课后和下次课始"先独后合"多元实践体验性和主体参与性的学习过程,使学生容易理解和接受,逐步积累起实践体验的成功感,从而增进了学习的趣味性。五是教师借助了"三程·三单"式、信息技术式、随机激励式和有机讲解法,引导学生略读、精读、归纳、填写和鉴美、创美、享美、评美的过程,既使课堂更为生动活泼,又丰富拓展了学习内容,还使学习内容更易理解,并化为实战的本领,从而逐步增进了学生学习的成功感。因而使学生的课内外独立与合作学习参与的热情大大增加,对英语连环漫画的特点就有了较好的把握,相应乐学善学素养得到了有效的培育。

可见,保持学生学习活动的趣味性,可以从"三程"途径入手,唤起学生的相关背景知识是前提,学习难度渐进式提升是关键,课内外学习资源整合运用和学生"独合结合"学习是必须,教师基于一定的理论精心设计教案和注重落实相关方式方法的改进举措是重要的保障,服务于学生由认知,到初步运用、迁移运用,再到发表和品鉴自己创作的成果。

5. 学生"三程""独合结合"系列实践类学习活动的有效性

如前述的实践过程和学生方面素养发展的实效表明:本次课例的实践探索,有效地培养了学生英语连环漫画创作的意识、知识、能力和良好行为习惯"四素养";还有机提升了学生的英语整体素养和综合实践能力;整个学习活动,学生不仅学得有效,还感觉有趣,在课内、课外对英语连环漫画的创作活动,保持着积极参与的热情,情绪愉悦。

可见,有了主体性、体验性、易接受性、趣味性为基,学生"三程""独合结合"系列实践类学习活动的有效性,也就有了保证。

参考文献

[1] 钟启泉,崔允漷,张华. 为了中华民族的复兴,为了每个学生的发展:《基础教育课程改革纲要(试行)》解读[M]. 上海:华东师范大学出版社,2001.

[2] 熊梅. 当代综合实践活动课程开发的理论基础[J]. 教育研究,2001(3):40-46.

［3］徐永军.初中英语综合实践活动课的建构与实施[J].基础教育,2013(8):75-80.
［4］孙微.实施"五策"提高数学单元复习和自我监控能力培养实效[J].浦东教育研究,2018(2):48-51+7.
［5］李小华.基于多元智能理论的高中英语漫画写作教学研究[J].浦东教育研究,2015(3):32-35.
［6］朱萍.初中英语阅读教学设计[M].上海:上海教育出版社,2013.
［7］彼得森.积极心理学[M].徐红,译.北京:群言出版社,2010.
［8］任俊.积极心理学思想的理论研究[D].南京:南京师范大学,2005.
［9］赵晓亮.基于积极心理学原理实施"五式"提高初中英语新授课教育实效性"四维度"——以上海版牛津英语6AM3U9"Picnics are fun"(第2课时)教学实践与分析为例[C]//包卫达,曹明.基于积极心理学原理的有效教育实证研究——课例选.上海:同济大学出版社,2021:55-62.

英语教学实施"四策三式"提升学生说明文自主阅读素养的阅读表达类学习活动设计与实施

——以"牛津英语阅读系列"5B"We must save animals"学习活动设计、实践与分析为例

上海市五三中学　王偲虹

【首次执教时间、地点和对象】

2018年10月18日,上午第4节;录播教室;初一(5)班

一、设计思路

(一) 设计依据

1. 学情分析

这次执教的初一(5)班,共有40名学生。这个班级的学生,平均英语能力处于年级中等偏上水平,大部分学生对英语学习有兴趣,对动物这个话题感兴趣,也学习了一些相关的词汇和表达,愿意积极参与课堂自主阅读与交流等学习活动,有较强的表现欲。同时,他们也具有一定的英语自主阅读和交流基础、合作学习能力;学习了KWL表格策略,skimming(略读)、scanning(寻读)等阅读技巧。他们在日常学习中,虽然能经常参与英语阅读训练,但阅读能力总体还是比较薄弱,学生不能自主灵活地运用阅读策略;个别学生只会从头到尾、逐字逐句地进行阅读;大部分学生的单词量有限,尤其对结构复杂、专业术语多的说明文有畏难情绪,缺乏朗读的兴趣。除此之外,大部分学生除了完成老师布置的阅读练习之外,很少主动去读课外的英语读物。

因此,教师拟在拓展阅读课中,组织学生开展课前、课堂与课外(简称"三程")自主为主合作为辅的阅读与交流学习活动,选取了与单元主题内容相关且同学们感兴趣的动物话题,利用学生应用先前这方面的背景知识策略,利用图片理解单词策略、KWL阅读策略,提出问题并由学生回答问题,以及穿插多种学习新词策略,组织借助思维导图形式梳理说明文框架、说明方法和内容和进行交流学习活动,以降低说明文新词多、情节与故事缺乏所带来的阅读难度,增进学生自主阅读说明文的兴趣,提高学生自主阅读说明文时需要的收集、分析、总结归纳、分析与交流信息能力,增进阅读自信和动物保护意识。

2. 课标分析

教育部《义务教育英语课程标准(2011年版)》的四级目标中,要求初中生在阅读方面具有"能读懂说明文等应用文体材料""能从简单的文章中找出有关信息,理解大意""能根据上下文猜测生词的意思"的能力。《上海市高中英语课程标准(2017版)》提出了英语学科核心素养包括语言能力、文化意识、思维品质和学习能力。语言能力涵盖听说读写,其中学生在阅读方面必须做到"能读懂常见题材的阅读材料"。学习能力指"积极运用和主动调适英语学习策略,拓宽英语学习渠道、努力提升英语学习效率的意识和能力"。思维品质指的是"思维在逻辑性、批判性、创新性等方面所表现的能力和水平",使学生能够"对事物作出正确的价值判断"。

因此,本课拟在阅读拓展课中,教师提供初一教材中没有涉及的说明文作为阅读材料,组织学生进行自主为主、合作为辅的说明文阅读、交流的四条实施策略和三种实施形式的相关"三程"学习活动,来培养学生自主掌握生词词义,锻炼借助KWL策略明确背景知识与阅读目标、提出问题、进行略读与精读探索问题,收集与梳理、归纳阅读信息的能力,组织学生尝试完成运用思维导图构建本说明文阅读框架,梳理说明方法、内容细节等阅读信息,课尾进行复述的体验式学习活动,培养借助思维导图梳理归纳文本信息和复述课文、内化文章结构、说明方法和具体内容能力,促进学用思维导图进行阅读与多元表现表达良好行为习惯的养成;在观察视频、阅读寻找与分析人类伤害动物的信息中,培养学生热爱动物、保护动物的责任意识;利用iPad进行教学将信息技术与课程有机整合,促进更好地实施教与学,是符合课标的上述精神的。

3. 教材分析

本课的阅读素材是初中阶段学生需掌握的说明文。说明文,一般是通过解说事物、阐明事理,使人们增长知识和技能,内化所表达的主旨情感。本课的阅读素材节,由教师选于"牛津英语阅读系列5B"(上海教育出版社)第四部分"Save the animals"(保护动物)中的"We must save the animals"。本书提出:适合五、六年级学生。本篇文章字数适中,以短句为主,句子结构并不复杂。文章的话题本身,也是初一学生感兴趣的话题,与教材配套。该文对于拟教班级的学生来说,说最大的障碍有二:高词汇负载,即生词较多,生词数量为15个,包括poacher, factory, ivory, product, rhinoceros, horn, medicine, leopard, crocodile, turtle, wildlife, illegal, charity, conservation, law。说明文缺少曲折的情节和故事。这都会给学生带来畏难情绪,减少阅读兴趣。因此,教师一是拟作"减法",即对文章进行了简化处理,减少字数;删去部分不影响文章整体理解的生词;对文章中涉及动物和动物的身体部位的专有名词配图,减少学生的阅读障碍;课上,不急于要求学生学会表达,保护阅读兴趣。二是拟作"加法":借助KWL策略进行阅读输入和输出;借助iPad的四个软件,引导学生进行深度阅读和多元化表现表达,"有独有合"的课中生词学习、文本框架构建、说明文基本方法和内容的梳理、归纳,课尾的集中小结,课后的增加复现机会,帮助学生逐步化解词汇量大和文本枯燥所带来的阅读困难和少趣;拓展动物和说明文知识;提高深度阅读能力;内化动物保护人人有责意识,注意投入保护动物的宣传活动。

(二) 课题研究内容

1. 学生说明文自主阅读与多元表达乐学善学素养方面

1) 学生说明文自主阅读与多元表达乐学素养

(1) 课前:学生能独立运用 KWL 策略浏览文本标题,在 K 栏写下已知信息,在 W 栏写下想要知道信息,激发阅读兴趣,增进阅读目标意识。

(2) 课中:学生在完成五类独立为主、小组合作讨论交流为辅的任务中,锻炼自主理解 15 个新词词义,借助 KWL 策略进一步明确阅读目的,借助速览文本标题和内容的略读策略和思维导图构形式构建说明文框架与主旨,结合精读策略梳理、概括说明的基本方法与具体内容,借助思维导图形式在课尾合作复述本说明文框架(二级分支)和说明的基本方法、具体内容与所表达的主旨的能力,在学生提高完成深度阅读系列任务的速度、质量和促进自主阅读与多元表达能力逐步提升的过程中,逐步积累对自主学习说明文的成功感,保持课内"有独有合"参与活动、进行探索的兴趣。

(3) 课后:学生开展小组合作制作宣传"保护动物"海报学习活动,增进动物保护意识,锻炼多元化输出阅读信息能力,提高自主阅读成功自信,提升小组合作开展"保护动物"海报学习活动的愉悦性。

2) 学生说明文自主阅读与多元表达善学素养

(1) 课前:学生能独立运用 KWL 策略浏览文本标题,在 K 栏写下已知信息,在 W 栏写下想要知道的信息,以明确阅读目标,锻炼独立借助 KWL 策略速浏文本标题,判断已知、明确想知阅读重点的能力。

(2) 课中:①学生能在教师整合实施四条策略(简称"四策")、前两种实施形式(简称前"二策")、口头和借助 iPad 四种软件的引导下,主动参与独立为主、小组合作讨论与交流为辅的阅读和多元化表现表达学习活动,提升运用 KWL 策略完成四项阅读任务活动能力。②学生能独立利用构词法、上下文猜测词义、参考图片等策略,学习"poacher(盗猎者)"等 15 个单词,锻炼这样学习、理解单词意思的能力。③能使用略读策略,快速浏览文章,划分文章结构,锻炼快速、整体把握文章结构,明确课文阅读目的的能力。④能使用精读策略,收集与填写说明文的说明方法和具体信息于课中学习单的能力。⑤能使用思维导图式完成精读文本,小组合作根据问题进行深度阅读、收集、分析、归纳、总结课文说明文的说明基本方法和具体信息的学习活动任务,锻炼借助思维导图自主记录、梳理与归纳说明方法和具体说明内容信息的能力。

(3) 课后:学生小组合作选择相关动物,完成制作宣传"保护动物"海报学习活动,提升小组合作保护动物的行动力;提高借助课内自主阅读成果,在课外学以致用的英语综合实践能力。

2. 实施策略——"四策"

(1) 借助 KWL 表格策略开展课前和课堂"两程"学生自主阅读学习活动,培养学生深度阅读说明文目标意识、激活动物相关背景知识和自主监控学习结果能力。课前:学生在 KWL 表格的指导下,自主阅读老师所给的说明文阅读文章的标题——"We must save animals",分两步独立完成填写 KWL 表格的活动。第一步,学生独立填写 K 栏(已知),通过头脑风暴,回忆有关动物或者拯救动物的信息,并独立写在 KWL 表格的 K 栏中,以帮助学生在阅读之前,激活与动物和拯救动物有关的背景知识。第二步,独立填写 W 栏(想知),学生独立思考,在 KWL 表格的 W 栏中以问题形式写下自己想要了解的信息,如 Why must we save animals(我们为什么必须拯救动物)? What can we do to save animals (我们如何拯救动物)? 以帮助学生自主建立了各自有所侧重的阅读的目标,为提高课中的深度阅读和多元输出的速度、质量和一定个性特色奠定基础。课上:学生分享回家作业中填写的 KWL 表格中的 K 栏和 W 栏的信息,使同学之间在信息的交换与分享中,得到更多的信息与一定的启示;同时,帮助还没有建立阅读目标的同学,引导、启发其自主成功建立阅读目标。

(2) 学生独立使用略读策略快速浏览标题和文章的开头与结尾、归纳文章大意活动,提升学生独立快速浏览式阅读能力和能把握文章大意。课上:学生使用略读策略,快速浏览文章的标题、全文的开头与结尾、段落的开头与结尾,找出文章中的两句句子,会概括出文章的大意;独立将文章划分为两个段落,锻炼快速把握文章结构、明确阅读目的的能力。

(3)"三程"结合学生借助自主学用生词学习活动,即学生独立借助图片、构词、上下文猜测词义的三种方法,能理解 15 个单词的词义;借助制作海报等策略自主学习和运用生词,培养自主认读、理解与运用生词、已有句法知识和相关美术素养,尝试小组合作制作"保护动物"海报的能力;增进动物保护意识和阅读后的多元表现表达的自信。课前:教师组织学生独立利用图片理解单词活动,即学生在教师提供的相关彩色卡通动物的图片下方,独立写下阅读文本中提到的相关动物的名字,以快速且有效地理解文中相关动物的专有名词,减少阅读障碍,激发学生的阅读兴趣和自信。课上:学生独立利用构词和上下文猜测法独立学习词义活动。学生在学习"poacher(盗猎者)"这个单词时,首先根据它的后缀是"-er",独立猜测这个单词指的是人甚至是某种职业;其次,利用上下文得出他们杀害动物,不是好的职业;最后,老师对比厨师杀动物做菜动作,引导学生理解 poacher 是非法杀害动物的人。以此生动地学习新词词义;巩固借助构词法、上下文猜测法独立学习词义的方法;增强动物保护意识,保持学习新课的兴趣。课后:学生小组合作完成制作"保护动物"海报的活动,即学生课后,根据包含标题、图片和简短的文字的要求,小组合作设计、绘制"保护动物"的海报,锻炼小组合作合理运用标题、图片和简短的文字,自主设计制作"保护动物"海报的英语综合实践力;增进保护动物的意识和这样完成课后作业的兴趣。

(4) 借助思维导图策略学生自主构建所学说明文框架,梳理、归纳、记录说明文之说明基本方法、说明的具体内容和作者想表达的主旨学习活动,培养学生认识理解思维导图并借助思维导图构建文本信息框架(一、二级分支)和小组合作梳理、归纳、记录说明文的基本方法、说明的具体内容和作者想表达的主旨的能力。课上,学生借助 KWL 表格之 K 和 W 栏,独立理清文本两个主题活动。教师引导学生独立在 KWL 表格中 W 栏中,再次提出确认的阅读探索问题,导向本篇说明文,是由两个主题构成;利用 notability 这个笔记软件,要求学生独立在 iPad 上直接划分出两个段落、写出主题。这两个主题,就是思维导图的一级分支,即"动物为何死亡"和"如何拯救动物"。教师示范如何使用思维导图建立一级分支和记录信息,学生独立观察学习活动。教师借助 iPad 中的 notability 笔记软件,向学生示范构建文本两个主题分支和进行具体信息添加的操作方法,学生独立仔细进行观察,看清教师如何构建导图一级分支和添加相关信息的操作过程,初步理解思维导图记录信息的基本方法;引发学生学用思维导图,来自主构建相关级的分支,并尝试添加具体信息的兴趣。教师引导下学生自主梳理阅读信息和观察个别学生构建思维导图次级分支学习活动。学生通过独立阅读第一段,回答自己提出的问题:"动物为何死亡?"得出三个原因;个别学生利用 marginnote 软件,向同学示范拖动收集的信息,形成思维导图的次级分支,使学生们感受思维导图梳理阅读信息、添加到思维导图的基本方法;引发学生学用兴趣。学生尝试自己制作思维导图三级分支和添加信息和借以复述课文主要内容学习活动。学生自主阅读剩下的段落,归纳其信息,写在单独的小纸条上,将其粘贴在学案上已有的思维导图框架上,完成三级分支的思维导图。个别学生在 iPad 上利用 marginnote 软件,以拖动阅读时画出信息的形式,同学们深度阅读文本,将写作梳理、归纳的相关信息填到相应分支处,形成最终呈现的思维导图,以锻炼学生尝试独立梳理、归纳本说明文的说明方法、具体说明内容和作者拟表达的主旨,并添加到思维导图相应分支处,借以有机强化学生对本说明文两大主题、三级分支的架构和说明方法、具体说明内容和作者拟表达的主旨的印象;锻炼梳理、概括、添加和借机进行复述的能力;增进动物保护意识和这样学习的兴趣。

3. 实施形式——"三式"

1) 实施借助 iPad 观察和尝试制作思维导图实践体验式学习活动

课上学生自主观察和尝试运用思维导图梳理阅读信息,进行复述的体验式学习活动,培养学生借助思维导图梳理建立逐级分支、添加阅读文本、梳理与归纳的说明文之说明方法、具体说明内容和作者拟表达的主旨信息能力,以及借以复述课文、内化文章结构、内容与主旨的能力;增进学习的成功感和兴趣。学生三个自主学习活动的具体安排如下。

(1) 学生观察教师示范梳理阅读信息构建思维导图一级分支学习活动。教师根据学生在 KWL 表格中的 W 栏提出的问题,导向本篇文章由两个主题构成。这两个主题,就可以构成思维导图的两个大分支;每个大分支下面,可有若干层层细化的小分支。

(2) 教师引导下学生自主梳理阅读信息和观察教师构建思维导图二级分支学习活动。学生通过阅读第一段回答自己提出的问题 Why do animals die? 得出三个原因;教师把这三个原因作为第一个大分支的三个小分支,示范如何制作思维导图的次级分支,感受思维导图梳理、记录阅读信息的基本方法;引发想要尝试制作的兴趣。

(3) 学生尝试自己制作思维导图和借以复述课文主要内容学习活动。学生自主阅读剩下段落,梳理、归纳信息;将收集到的信息,粘贴在学案上已有的思维导图框架上,完成三级的思维导图。随后,学生在思维导图的辅助下,对课文进行复述,通过思维导图对信息进行再重组,提升学生内化文章结构、说明方法、说明的具体内容的能力;及时巩固所学;增进继续学用思维导图表达阅读所得的兴趣。

2) 借助 iPad 的四个软件引导学生自主阅读活动

(1) 教师使用在线视频播放软件(爱奇艺),播放两段与文章相关的动物视频,激发学生的动物保护责任感;感受在线视频播放软件的播放视频资源的快速、便捷和信息的"保鲜度";增进尝试学用兴趣。

(2)教师在引导学生说出文章大意和段落划分的同时,利用 notability 笔记软件,在 iPad 上直接划分两大段落、写出文章中心大意,提高阅读与梳理、表达的速度与质量;并帮助每位学生,尤其是基础比较差的学生确认自己是否把握文章结构、明确阅读目的。

(3)在学生独立阅读并收集完第一段的信息之后,教师利用 marginnote 软件,(不用书写)拖动收集到的信息,形成思维导图的第一个分支,使学生在独立观察中,直观理解了思维导图分支架构的制作方法;增进学生自主尝试学用 marginnote 软件的兴趣。

(4)学生在电子词典(欧路词典)的带领下,独立朗读 15 个单词,学会正确发音;知道可以利用电子工具书查询生词的意思和读音,扫清词汇障碍,为有效进行深度阅读打好基础。

(5)学生以小组合作形式将收集到的信息粘贴在学案上已有的思维导图框架上;个别学生在 iPad 上利用 marginnote 软件,以拖动阅读时梳理、归纳出的信息划出到相关级次分支的形式,呈现本课说明文完整的思维导图;增进学生对思维导图思维可视化、内容表达结构化、系统化、简洁化和印象深刻化的感受,激发继续学用的意识。

(6)课后学生小组合作制作"保护动物"海报综合实践活动。①课中:教师在 iPad 上使用 notability 软件快速示范如何制作海报、设置标题、图片和简短的文字,然后通过改变字体、大小、颜色,改变文字与图片的位置来美化海报,使学生初步理解电子海报的制作步骤和具体方法。②课后:学生小组合作,一是选择某种或某类动物,并初步设想表达的主题;二是尝试借助 notability 软件的功能,快速绘制宣传海报图案;三是设置标题和简短的文字;四是改变字体、大小和颜色等,美化海报。③下节课时:学生小组代表参与全班交流预评价。在上述"三程"中,锻炼学生独立观察与理解使用 notability 软件制作海报步骤与方法的能力、小组合作实际开展实践制作的能力、参与全班交流海报和进行点评的能力;增进动物保护意识和这样完成课后作业的兴趣。

3) 随机激励式

(1)课前激励式。教师对课前借助 KWL 表格完成出色的学生进行口头表扬,并在学习单上写下"Great""Excellent"等激励语言,激发学生在阅读前激活已有动物方面的背景知识和增进学生阅读目的意识。

(2)课堂激励式。一是在学生以教师提问为线索寻找文本中思维导图相关信息时,对准确找到信息、归纳信息的学生进行鼓励,对个别答错的学生进行提示引导、耐心纠正,激发他们阅读兴趣、培养阅读信心。二是在学生通过对比图片法、构词法和联系上、下文猜测到词义时,鼓励正确和快速理解词义的学生,培养学生继续运用三种方法自主学习词义的能力。三是在学生小组活动中,将收集到的文中阅读信息粘贴在学案的思维导图框架中时,教师对表现好的小组进行口头鼓励,激发他们的学习兴趣和对思维导图进一步的探索,注意粘贴信息的准确性。

(3)课后激励式。在学生展示保护动物的海报时,通过小组投票评选"最佳海报""最佳绘画""最佳文案""最佳创意",对得奖的学生进行口头表扬和激励,培养学生保护动物的意识和多元化输出阅读信息的能力;增强阅读自信和电子海报制作兴趣。

(三) 基本思路

鉴于上述情况,本课以四条实施策略,即借助 KWL 表格策略开展课前和课堂"两程"自主阅读学习活动,来培养阅读目标意识和激活背景知识;"三程"结合借助图片理解单词、构词法、上下文猜测词义和制作海报等策略自主学习和运用生词学习活动,来培养自主认读、理解与运用生词的能力,增进动物保护意识和阅读自信;探索三种实施形式,课上在教师口头和 iPad 引导下,自主观察和尝试运用思维导图梳理阅读信息、进行复述的体验式学习活动,并加以随机激励与引导,来培养借助思维导图梳理归纳文本信息和复述课文、内化文章内容与结构能力,保持学以致用的兴趣,作为总体设计思路。

二、教学目标

通过本课时的学习,学生能够①通过运用 KWL、详读、略读等阅读策略和思维导图的形式,识别、提炼、概括语篇的关键信息和主要内容。②通过小组合作制作动物保护海报的活动,发表看法、说明理由,锻炼小组成员之间有序、和谐、有效的沟通技巧。③增强每个人保护动物的责任感,激发课后积极参加动物保护宣传活动的兴趣。

三、实践过程

本课实践过程与各环节时间分配见表 1。

表 1 "牛津英语阅读系列"5B"We must save animals"实践过程

教学环节	教师活动	学生活动	课题研究
过程一:教师组织学生独立观看两个与动物有关的视频导入活动。激发学生独立观看视频、进行阅读与思考和参与交流的兴趣	(1) Play two video clips of animals on the iPad (APP: IQIYI). (2) Ask the question: a. Do you like animals? Why? b. What do you think of the second video clip. (3) Give random motivation and instructions.	(1) Watch two video clips of animals (2) Answer the question. Most of students express their love to animals. They think some people are cruel to animals because they kill the animals. (3) Listen and think independently.	教师引导学生利用 iPad 上的在线视频软件,独立观看两个与动物(多种可爱的动物和人类伤害动物)有关的视频活动导入,激发学生后续进行自主阅读、分析与交流的兴趣,初步唤起学生对保护动物的意识

(续表)

教学环节	教师活动	学生活动	课题研究
过程二：小组交流课前自主阅读课文后写下的已知信息与想知问题，并引出与文章主旨相关的两个问题，借此划分句子结构学习活动。培养学生借助KWL策略再次确定已知和想知问题、明确阅读目标和划分句子结构的能力，增进阅读目标意识和读好的自信	(1) Lead students to share what they have known (2) Lead them to ask the questions： a. Why must we save animals? b. What can we do to save animals? (3) Lead them to divide the passage into two parts according to the two questions. (4) Write the main idea and divide the passage into two parts on the iPad (APP: notability). (5) Give random motivation and instructions.	(1) Share what they have known. (2) Share what they want to know about the title with the whole class (3) Skim the whole passage divide the passage into two parts according to the two questions. S：Because animals are in danger. We can stop killing animals. (4) Get the main idea with the help of the teacher (5) Listen, think, internalize independently.	学生参与交流课前学生通过自主浏览课文标题，使用KWL策略在K栏写下已知信息，在W栏写下想要知道问题的信息，课上参与交流活动，激活已有的背景知识的能力； 学生在教师使用略读策略引导快速浏览文章的首、尾和各文段的首、尾，利用notability在iPad上直接划分段落、标注主旨引导下，意识到W栏提出的两个问题，实质就是文章的中心大意，并借以划分文章两个部分结构，锻炼学生略读和快速整体把握文章结构、明确本课阅读目的的能力； 增进这样进行浏览式学习的兴趣
过程三：教师组织学生借助思维导图独立和小组精读课文，合作收集、分析、归纳阅读信息，总结说明文的说明方法、具体内容和标注到导图学习活动。锻炼学生独立寻读，小组合作根据问题精读能力和借助思维导图梳理与归纳，标注课文之说明基本方法与具体说明内容的能力；增进这样阅读、梳理、概括与记录阅读与思考、分析与归纳结果的兴趣	(1) Ask the question：Why do animals die? (2) Use the answer of the second question to complete the first part of the mind map on the ipad（APP：marginnote）. (3) Give random motivation and instructions.	(1) Read paragraph one and answer the question. S：Because they are sick. Because people kill them. Because they have nowhere to live. (2) Learn how to make the mind map. (3) Listen, think, internalize independently.	学生参与借助思维导图，根据教师确认的问题，独立和小组阅读，收集、分析、归纳说明文的方法，加以记录的学习活动，锻炼运用寻读方法收集、分析、梳理、归纳和记录信息于思维导图上的能力； 自主观察教师使用第二个问题的答案在iPad中的marginnote软件上完成思维导图的第一部分（二级分支），促进学生理解制作思维导图的基本方法。
	(1) Ask some questions：(Paragraph two and three)Who kills animals? (2) Lead students to guess the the meaning of the word "poacher"	(1) Answer the questions. S：The poachers. (2) Guess the meaning of the word "poacher". S：The people who kill animals against the laws.	学生经历利用构词法和联系上下文猜测词义策略，学习"poacher（盗猎者）"单词的学习活动过程，进一步锻炼利用构词法、联系上下文猜测词义策略学习单词的

(续表)

教学环节	教师活动	学生活动	课题研究
过程三：教师组织学生借助思维导图独立和小组精读课文，合作收集、分析、归纳阅读信息，总结说明文的说明方法、具体内容和标注到导图学习活动。锻炼学生独立寻读，小组合作根据问题精读能力和借助思维导图梳理与归纳，标注课文之说明基本方法与具体说明内容的能力；增进这样阅读、梳理、概括与记录阅读与思考、分析与归纳结果的兴趣	according to word-building and context clues. (3) Give random motivation and instructions.	(3) Listen, think, internalize independently.	能力； 巩固这样学习新词、理解词意的方法； 增进这样学习词义的兴趣。
	(1) Elicit the meanings of the words about animals with the help of the pictures and teach how to read the words with the help of the dictionary on the ipad（APP：Eudic）. (2) Answer students' questions when they need help. (3) Give random motivation and instructions.	(1) Learn the meanings of the words and try to read the words (2) Read paragraph two and three then match the words to make some sentences. (3) Listen, think, internalize independently.	学生借助图片学习文章中与动物相关的词汇，在iPad中电子词典的带领下朗读单词、理解词义，知道可以利用电子工具书查询生词的意思和读音，巩固独立运用图片理解生词词义的方法； 继续锻炼自主根据问题精读课文、寻找答案加以梳理、归纳的能力。
	(1) Ask the question: What can we do to save animals? (2) Ask the question: What else can we do to save animals? (3) Give random motivation and instructions.	(1) Have a brainstorm of the ways to save animals. S：We should stop people killing the animals. We can ask people not buy animal products. We can draw some posters. T：Excellent! They are all good ways to save animals. (2) Read paragraph 4&5 and find the ways to save animals. S：We should not buy illegal animal products. We can give money to wildlife charities. We can save support new wildlife conservation laws. (3) Listen, think, internalize independently.	学生参与"头脑风暴"列举拯救动物的方法、使用寻读法找到文章中提到的拯救动物的方法、标注到思维导图上（即将分类梳理、概括的信息的小纸条，粘贴到学习单思维导图的相应三级分支处），继续锻炼自主寻读、归纳征求动物方法的能力和促进自主理解和初步掌握思维导图建构三级分支、标注梳理与归纳的阅读信息的方法

313

（续表）

教学环节	教师活动	学生活动	课题研究
过程四：教师组织学生自主完善课文阅读、问题解答的思维导图和借以复述基本说明方法和具体说明内容的学习活动。培养学生自主完善思维导图分支细化建构和借以梳理、归纳阅读文本信息的能力和增进这样进行课尾集中小结，有机强化说明方法和内容的兴趣	(1) Help students to make the mind map. (2) Lead students to retell the passage. (3) Give random motivation and instructions.	(1) In groups, put the sentences onto the frame to make a mind map. (Two of the students use iPad to make the mind map)(APP: marginnote). (2) Retell the passage with the help of the mind map. (3) Listen, think, internalize in groups.	学生小组合作参与将收集、梳理和概括的基本说明方法和具体说明内容，记录在小纸条上，并分类粘贴在学案上已有的思维导图框架的相关三级分支上，形成完整的思维导图的学习活动和教师邀请个别学生在iPad上利用marginnote软件呈现思维导图，初步掌握借助思维导图梳理、归纳说明文基本的说明方法、具体内容和反映到学生个人思维导图能力；增进借助完善课文思维导图，参与全班课尾集中小结，有机强化学习内容的兴趣
过程五：教师示范海报制作步骤和基本要素（大标题、图片和简短的文字，以及字体、字号、色彩与位置等美化要求），并融合这些要素，要求学生课后小组合作设计、绘制一份"保护动物"的海报，下次课开始参与全班交流与评价活动。锻炼学生小组合作设计、绘制"保护动物"主题海报，参与全班展示交流与评价的能力和增进这样完成课后作业的兴趣与自信	(1) Tell and show students how to make a poster with a title, several pictures and brief sentences on the iPad. (APP: notability). (2) Give random motivation and instructions.	(1) In groups, make a poster to make an appeal to the public to save animals. Share the poster with other students. (2) Listen, think, internalize independently.	教师在iPad上使用notability软件快速示范如何制作海报的要素：大标题、图片和简短的文字；通过改变字体、大小、颜色和位置，加以美化，使学生知道和理解海报制作的要素与美化技巧；学生课外经历小组合作制作一张宣传"保护动物"海报的过程，初步锻炼海报制作能力；增进动物保护意识和多元化输出阅读信息意识；增进参与全班发表课后小组合作制作海报成果和进行评价的自信；提升后续自主多元化输出阅读信息的兴趣，培养审美品位

四、成效与反思

(一) 成效

1. 学生说明文自主阅读与多元表达素养方面

1) 学生说明文自主阅读与多元表达乐学素养

(1) 课前：一是学生在教师借助多媒体出示的相关彩色卡通动物图片的下方，独立完成了写下阅读文本中提到的相关动物名字的活动——从而快速且有效地理解了文中相关动物的专有名词；减少了阅读障碍，激发课中阅读兴趣和自信。二是学生在 KWL 表格的指导下，独立完成了阅读老师所给的说明文文章的标题——"We must save animals"，分两步独立完成填写 KWL 表格的活动，即回忆有关动物或者拯救动物的信息，并独立写在 KWL 表格的 K 栏中和独立填写 W 栏（想知）的问题信息。在锻炼了学生独立快速浏览课文首、尾和文段首、尾，进行梳理、判断和概括有关动物的已知、须知阅读信息，激活了有关动物的知识，明确各自有所侧重的阅读目标的过程中，增进了预习的成功感和价值意识。

(2) 课中：一是课中导入环节，学生在观看教师借助多媒体出示的两个对比强烈的短视频，即可爱动物集锦和相关动物遭到滥捕滥杀的视频。学生在观看时，可以感受到他们的情绪随着视频内容的变化，由开始的愉悦逐步转向沉闷、惋惜，甚至痛恨，激发其学生保护动物的意识和后续自主阅读课文的兴趣。二是课中导入后，学生在 KWL 表格的帮助和教师的引导下，再次确认了 K 栏和 W 栏的填写内容，激发了各自对 W 栏问题进行自主探索的兴趣。三是学生在借助构词法、联系上下文猜测相关词义和独立观看相关动物图片，据图学习新词词义时，以及交流分享已有的动物知识时，能够积极举手发言，当一名学生发言完毕后，其他学生继续补充；另外，还借助欧路电子词典，快速认读和理解了 15 个新词的读音和词义，增进了阅读课文，探索想知的 W 栏问题的兴趣。四是课中输出环节，学生在各自的课中学习单的思维导图框架上，将阅读中对 W 栏问题探索的结果，用小纸条加以记录，并粘贴到了导图框架的对应处——学生对此兴趣盎然。五是学生各自制作的一张宣传"保护动物"的海报，通过教师课后的评价，不少学生受到表扬和激励，增进了大家自主阅读、梳理归纳和对 W 问题的探索结果多元化地加以表达的兴趣，培养了审美品位。

(3) 课尾到下次课始：一是学生在独立听取和观看老师借助讲解法和 marginnote 软件所作电子海报制作的操作时，普遍注意力集中；能在学习单上注意记录制作要点和相关美化技巧；对借助软件制作"保护动物"海报演示的活动，纷纷表现出跃跃欲试状。二是课后，学生能够主动参与小组合作制作宣传"保护动物"海报的学习活动，提高了运用元素和美化技巧实际尝试制作宣传"保护动物"海报的能力；积累起海报制作的成功感，增进了动物保护意识，锻炼多元化输出阅读信息能力，提高自主阅读成功的自信，提升了小组合作开展"保护动物"海报学习活动的愉悦性。

2) 学生说明文自主阅读与多元表达善学素养

(1) 课前：①学生能独立观察、思考完成在教师出示的相关动物图片下，写下阅读文本中提到的动物名字,快速、有效地理解了文中相关动物的专有名词。②学生在 KWL 表格的指导下,独立完成了阅读老师所给出的说明文文章的标题和快速浏览课文首、尾和文段首、尾,回忆有关动物或者人们拯救动物的信息,确定 K 栏和 W 栏相应信息任务,有效地锻炼了学生独立进行梳理、判断和概括有关动物的已知、须知重点阅读信息能力,明确了各自有所侧重的阅读的目标。

(2) 课中:①学生再次使用 KWL 表格的 W 栏,提出想要通过阅读获得什么信息,锻炼了独立阅读课文、进行回忆与思考、作出判断、提出 W 栏想知问题的能力,建立起阅读的目标意识。②在学习文章中生词时,学生借助构词法、联系上下文猜测法、图片释义法和使用工具书(字典)法,读准发音、把握词义的能力;为后续精读课文、梳理与概括说明文的基本说明方法和内容,扫除词汇障碍。③学生根据 W 栏问题,小组合作使用泛读、寻读和精读等阅读策略,进行自主阅读,帮助学生提高了阅读速度,较快地梳理、概括出了文本基本说明方法和具体内容。④学生"有独有合",观察教师借助 notability 笔记软件,逐步建立思维导图的一二级分支;观察同学借以建立三级分支,理解了思维导图三级分支的构建步骤和操作技巧。⑤学生以小组形式,将对重点问题深度阅读所收集、梳理和归纳的信息,分类记录到小纸条上、并粘贴在课中学习单上的思维导图之相应分支中,初步掌握利用思维导图梳理、归纳阅读信息的方法。⑥在课尾:一是学生小组合作,借助 iPad 的 notability 笔记软件,建立各组的思维导图三级分支;二是将自己小组对 W 栏问题精读课文的结果(L)输入到分支的相应处;三是对三级分支和输入的内容,作必要的美化处理。从而既锻炼了学生小组合作进行课尾集中小结的能力;强化了课文重点精读的知识;锻炼了制作电子版思维导图的操作步骤和技巧;促进了学生思维的外显和结构化、系统化、简洁化地表达自主探索结果思维倾向的内化。

3) 学生自主阅读良好习惯

(1) 课后:学生能够在非教师指导下,独立运用 KWL 表格自主开展阅读,并填写表格 KWL 表格。当教师收集表格观察后 K 栏、W 栏和 L 栏中学生填写的信息后发现:一是大部分学生在能够围绕文章标题提问自己已知信息,从而激活背景知识。二是能够围绕文章主题,提出想要了解的信息,从而建立阅读目标。三是能够利用泛读、寻读的阅读技巧开展阅读,分别归纳出文章大意和找到具体信息加以梳理、归纳,来回答问题。

(2) 相比半年前第一次尝试使用 KWL 表格,学生在本节课后填写的 KWL 表格的字数,有了明显的增多,内容也更为丰富。

(3) 学生在阅读中遇到生词时:能够主动使用构图法、图片协助、上下文猜词和查找字典的方法,把握相关新词的读音和理解它们的含义。

(4) 学生对课外长文阅读的主动性:学会了这些词的认读和词义把握的方法之后,学生对于较长英语文章中生词过多的畏难情绪有所缓解,甚至部分学生愿意主动挑战阅读生词量大的文章,并开始主动积累更多课外词汇。

(5) 学生日常课外阅读时的思维表达倾向:当学生开展课外自主阅读后,能够使用思维导图构建若干级分支,借以对阅读文本的主题、结构和内容进行梳理、归纳和分享交流,结构化、系统化、简洁化、适度美观化地表现表达自己的深度阅读过程和结果,开始成为一些学生的常态。

2. 教师方面

一是课题研究素养方面。通过本课例的研究,在前一次运用 KWL 策略开展学生阅读活动的基础上,对该策略有了进一步的认识,并加强了实践运用。比如,所选择的阅读体裁,其针对性更强,即从原来教师不限定阅读体裁,拓展到了多种特定的体裁。例如,本课是教师组织学生对说明文体裁进行阅读和表现表达的探究;在第一次课例研究的经验基础上,本课例的论文撰写思路更加清晰、内容更加全面、写作速度更加快,自己的论文写作兴趣和能力也有所增长。

二是平板电脑中的四个软件的运用能力方面。在本课的阅读活动中,围绕文本,教师尝试使用平板电脑中的四个软件(notability、marginnote、欧路词典和投屏软件),为学生提供了丰富多彩的多媒体阅读资源,激发了学生的阅读兴趣;直观和便捷地展现了学生的阅读过程,有效地引导了全体学生对课文和课外材料的逐步深入阅读,也帮助了学习能力较弱的学生,得以顺利地参与课堂阅读和输出活动。这使教师运用信息技术能力得到了新的提升。

(二) 反思

一是所选阅读材料难度,需要细化分层设计,对英语阅读基础差的学生增加范例或提示,以提高他们的参与度,增加他们成功完成活动的可能性,增强这些同学读好用好英语的信心。

二是思维导图运用的交流,需要拓展参与交流的面,以更好地发挥其在梳理说明文框架(一、二级分支)、归纳本课说明文基本信息与写作方法,引导学生尝试自己制作思维导图和借以梳理、复述课文主要内容,内化文章主旨、结构、内容与具体写作手法方面的价值。

三是说明方法的总结,需要增加整体性概括。可在课尾组织集中小结时,教师借助学习单、多媒体和空头说明,引导学生合作对说明对象、内容和方法进行小结,并融入思维导图,以强化学生对说明方法的认知,便于在其后,学生自主借助方法开展说明文的阅读,提升阅读和多元表现表达素养。

五、意义揭示

通过本次实践,取得了更好的课堂教学效果。其主要的探索价值有以下三个方面。

(一) 彰显了运用 KWL 表格策略在引领学生自主阅读方面的独特价值——"四性"

1. 有效阅读的方法性

学生在使用 KWL 阅读策略进行阅读时,打破了学生原本漫无目的错误阅读方式,通过填写 KWL 表格,掌握了正确阅读的方法:激活背景知识、明确阅读目标、带着问题阅读、回答问题、总结所读内容、反思、增加后续阅读目标。

如在本课的学生阅读前,首先填写 K(Know)栏,即"(关于主题)我已经知道什么",激活了学生对与阅读材料相关的背景知识；其次，学生填写 W(Want)栏，即"(关于主题)我想知道什么？"学生独立思考，在 KWL 表格的 W 栏中以问题形式写下自己想要了解的信息，建立了明确的阅读目标。阅读时，学生"独合结合"带着 W 栏中填写的问题阅读，并回答出了这些问题。阅读后，学生总结和反思本节课所学内容，填写 L(Learned)栏，即"(关于主题)我已经知道了什么"，完成知识的存档过程。总结之后，学生查看 W 栏，可以增加新的问题，为后续自主阅读增加阅读目标。

在本课的探索中，自己还将 KWL 阅读策略的运用，与借助思维导图构建说明文框架（一、二级分支），归纳本课说明文基本信息与写作方法，复述课文主要内容等结合起来，本课说明文的具体写作手法融入了思维导图分支下，促进了说明文方法的可视化、结构化、系统化、简洁化表达，促进了学生对其认知的强化，提高了后续唤起和调用的便捷性。

2. 阅读实践的高效性

从实践过程与学生素养发展的实效可知：KWL 阅读策略的实施，为学生阅读搭了一个大致的框架，学生使用该策略，可以明确阅读的每一环节要完成的任务，从而提升阅读时的聚焦点、速度、质量、愉悦度和增进一定的独特性（个性化理解、记忆与表达）。

3. 阅读过程的趣味性

课内，学生在分享 KWL 表格中填写的内容后，受到老师和同伴的激励，同时同伴之间的交流激发了自身阅读的思维，从而激发学生后续阅读、分析和交流的兴趣，部分学生将这种兴趣从课内延伸到课外，自行开展自主英语阅读。

4. 策略运用的可持续性

如前述的实践过程和学生说明文自主阅读与多元表达方面素养发展的实效表明：本课例的行动研究，有效地培养了学生借助 KWL 策略和思维导图策略进行说明文框架构建，结合略读、精读策略进行说明方法与内容细节梳理，并融入思维导图，在提升学生说明文自主阅读与多元表达的乐学、善学素养的实效，课堂与课后"三程"的学生独立为主、小组与合作为辅的学习活动，学生不仅把握了说明文阅读的方法性，还实现了阅读结果、目标达成的高效性，并保持了阅读过程的趣味性。这也表明，KWL 策略结合思维导图策略，其运用于学生学习说明文，具有可持续性。

可见，KWL 阅读策略结合思维导图策略，是值得师生在英语说明文和其他文体的阅读和多元化表现表达中，继续加以探索实践，并加以总结、进行推广的，具有促进学生可持续发展的价值。

（二）启示了学生利用多种策略与形式可以帮助克服生词量多的困难

本篇阅读材料，是关于保护动物，涉及较多的生词、词组。为帮助学生化解生词量多的困难，一是课前，教师要求学生将文章中与动物有关的词汇与所给图片配对，这是从语篇的整体角度出发教授词汇，利用图片展现了词汇教学的趣味性和直观性。二是在教授"poacher（盗猎者）"时，教师先是利用上下文"People kill animals. Poachers kill elephats…"引导学生推测"poacher"是杀害动物的人；然后，类比厨师杀鸡做菜，理解"poacher"是非法杀害动物的人。这里，教师用到了情境性的教学策略。此外，在文章的第二段，主要讲的就是盗猎者杀害不同动物制作非法的动物制品，因此理解这个单词有助于学生通过该词的学习,更深入地理解文章主旨。三是在学习词汇时,教师使用电子词典带领学生朗读单词,不仅让学生听到地道的英语发音,同时再次感受到了使用工具书(字典)学习单词的意思和读音的价值所在。

可见,当1篇课文的生词量多时,教师需要利用多种策略与方式方法,来帮助学生在形象、直观、生活化情境中生动、活泼地学习英语单词、词组;也需要注意借助规范与经典的工具书、电子平台等语言学习工具,来学用新词,以化解学生因生词量多而带来的学习困难,增进认读、理解词义和用好英语词汇的自信。

(三) 启示了师生需要挖掘科普类文本蕴含的人文素养来化解文本叙述的无趣

相比记叙文,科普类文本缺乏引人入胜的情节和感人至深的情感,这是教师在进行课堂设计时需要突破的障碍。本课作为学生的拓展阅读课,延续了牛津教材 7A Unit2 "*Our Animal Friends*"的话题,说明了我们为什么要保护动物和我们如何保护动物,给予学生们不少盗猎者杀害动物的事实根据和提供了现实生活中我们保护动物的方法。教师在遵循语言学习规律的同时,注意挖掘了阅读文章的人文素养,有意识、有目的、有计划地引导学生投入对这类人文素养材料的阅读和价值挖掘。本堂课,教师从两段视频(可爱动物与人类杀害动物的强烈对比)着手,然后学生通过观察、阅读、收集、归纳、总结信息,了解动物艰难的生存现状,意识到人与动物应该和谐相处,激发关爱动物、关爱生命之情。最后作为回家作业,学生以小组形式完成一张海报,呼吁人们关爱动物,珍重生命,让学生明白保护动物可以从我做起,从任何一件小事做起,进一步培养动物保护意识和多元化输出阅读信息能力,增进自主阅读自信,培养审美品位。

集体心理辅导实施"五式"提升学生正确认识自我素养的整合式类学习活动的设计和实施

——以"独一无二的我"集体心理辅导学习活动设计、实践与分析为例

上海市五三中学　陈旭莉

【首次执教时间、地点和对象】
2019年5月28日,下午第3节;录播教室;初一(8)班

一、设计思路

(一) 设计依据

1. 学情分析

初中阶段的学生对自己的体貌、个性、智力、人际关系等,开始有所关注与思考。这个阶段,是自我意识觉醒的阶段,对"我是谁"有进一步的思考,并在对"自我"的思考中,逐渐形成了对自身的态度和看法。由此,也影响到他们自信心的确立。他们在发展自我意识的同时,也需要去处理他人对自己的评价。初中生往往从具体的角度来认识自己,通过一些可以观察到的特征来确认自己,在自我认识的发展中,寻求独特性和与他人联系的双重过程,从而达到更好地发展自己的目的。

初一(8)班的学生有一定的小组合作学习的经历、能力和经验,也有参与小组合作学习的一定兴趣。但小组合作学习的过程中,总有部分学生游离于外。究其原因,有时是因为学生座位的安排不利于发挥小组成员间进行合作学习;有时是因为消极地依靠某个学生或一部分学生解决全组的问题。

基于以上情形,本课拟在"独一无二的我"教学中,基于对学生自我认识的探索,采用观视频、自选模拟动物、再观视频的三次独立学习(简称"三独")活动和小组合作彼此进行特性相似度评价与交流、头脑风暴、归纳小结与亲子交流的四次合作学习活动(简称"四合"),尝试对学生进行心理辅导,促进学生客观与辩证认识自我特性;增进主动与人沟通的价值意识和学以致用的意识,保持合作探讨的兴趣;锻炼与人合作的能力;促进审视自我良好行为习惯的养成。

2. 《中小学心理健康教育指导纲要》分析

教育部《中小学心理健康教育指导纲要》(以下简称"纲要")中,提出的心理健康教育总目标是:提高全体学生的心理素质,培养他们积极乐观、健康向上的心理品质,充分开发他们的心理潜能,促进学生身心和谐可持续发展,为他们健康成长和幸福生活奠定基础。纲要中对学生人格发展提出的要求是使学生不断正确认识自我,增强调控自我、承受挫折、适应环境的能力;培养学生健全的人格和良好的个性心理品质。

纲要提出,开展中小学心理健康教育的基本原则之一,是"坚持教师的主导性与学生的主体性相结合。要在教师的教育指导下,充分发挥和调动学生的主体性,引导学生积极主动关注自身心理健康,培养学生自主自助维护自身心理健康的意识和能力"。纲要提出,初中生心理健康教育的主要内容包括:帮助学生加强自我认识,客观地评价自己,认识青春期的生理特征和心理特征;适应中学阶段的学习环境和学习要求,发展学习能力;积极与老师及父母沟通,建立良好的人际关系等。

基于上情,本课拟围绕"独一无二的我"内容,通过组织学生为主的"三独四合"的学习活动,使学生在独立和与他人的合作探索中,加深对自我的"独一性"的客观、辩证认识,提高对正确把握自我特性重要性的认识。

3. 教材分析

本课选自上海市心理活动课统一教材《初中生心理健康自助手册》(试验本)主题八"与自我对话"。

教材主要通过辅导活动,让学生了解"我"的独特性,明白"我"有长处也有不足,但仍然是一个值得肯定的人。首先,教材呈现了一个寻找"我的特质"的活动,让学生用水果、动物等比喻自己,主要目的是创设学习氛围,让学生对自我开始有一个思考的过程;其次,让学生通过故事阅读等形式,感悟自己的独一无二和不可替代性;最后,通过完成填空作业,让学生进一步全面化认识自己,明白"我"有长处,也有不足,但"我"仍然是一个值得肯定的人,并将继续保持个人的优势。

基于上述分析,为了更好地达到本课的教学目标,在教学内容的设计上,除了运用教材的内容和活动设计,教师进行了三项改进:一是注重学生小组合作学习,设计了小组互评、头脑风暴、亲子交流等合作学习的三项活动,并设计了"圈形"的小组座位安排,拟定了小组成员合作的规则。二是注意创设轻松的课堂氛围,运用将自己模拟成动物城中的动物,说说自己眼中的"我",了解别人眼中的"我"的活动,从而更客观地认识自己,增进"独一无二的我"的观念。三是根据儿童心理学家让·皮亚杰的自我理想理论,设计了课后亲子交流活动,通过向长辈描述课中自我评价、同伴交流的自己独特性方面情况,听取长辈对自己的评价,不断充实和完善对自我的认识。

(二) 课题研究

1. 学生独立和合作学习认识自我特性素养培养内容

1) 独立学习素养

在三次课中独立学习活动中,培养学生独立观看《疯狂动物城》视频1、自选模拟动物,和再观看《疯狂动物城》视频2的能力,增进主动参与相应独立学习活动的兴趣和进行观察、思考、参与表达的自信;促进审视自我良好行为习惯的养成。

2)课堂合作学习素养

在三次课中学生合作学习活动中,学生通过交流自选模拟动物、参与讨论、互评、总结如何做好"独一无二的我",培养与同伴交流、评价各自独特性的能力、归纳总结自己独特之处的能力和意识。

3)课后合作学习素养方面

通过向长辈交流描述自己的独特之处和对自己了解的评价,进一步认识自己独特性,培养与长辈交流、合作的能力以及在发展自己正向独特性方面的反思奋进和创新意识。

2. 实施形式——"五式"

1)"独合结合"整合学习式

(1)独学反思、交流、判断、设想式——"三独"学习活动。

①第一项独学学习活动,即在课堂教学的第一个环节:学生独立观看《疯狂动物城》视频1,激发学生对"独一无二的我"进行独立学习的兴趣和锻炼自主观察、收集相关信息的能力。②第二项独学学习活动,即在主题标志活动的环节一:学生自选模拟某种动物并交流选择该种动物的理由,锻炼学生对自选模拟动物特性进行说明的能力、培育自己正向独特性进取心的能力;增强奋进意识。③第三项独学学习活动,即为总结活动的环节一:学生再次独立观看《疯狂动物城》视频2,锻炼自主观看、归纳自我特性的能力;增进对本课学习内容、方式方法的小结意识。

(2)合学反思、交流、判断、设想式——"四合"学习活动。

①第一项合学学习活动,即为课中主题探索活动的环节二:学生以小组活动的形式,评价同伴对自己特性认识的相似度,并选择最具特点的评价表进行互评与交流活动,锻炼小组合作观察同学特征和进行互评与交流的能力。②第二项合学学习活动,即为总结活动的环节二:学生完成自学与模拟动物相似度空格填写并交流、归纳活动,锻炼小组同学合作回顾、梳理、小结归纳自我特性的能力,增进对全课的回顾、反思、总结和归纳意识。③第三项合学学习活动,即为课堂主题活动的环节三:学生以头脑风暴的形式就如何做好"独一无二的我"进行讨论和交流活动,锻炼与同学讨论、进行合理想象、交流能力和奋进、创新意识。④第四项合学学习活动,即为课后拓展亲子交流活动:课后,孩子和家长一起完成"独一无二的我"亲子交流活动,了解家长眼中的自己,锻炼亲子沟通能力和进一步增进、反思奋进与争做"独一无二的我"的创新意识。

2)借助学习活动单式

(1)借助课堂学习活动单式。本课在主题探索活动的第二个环节中,教师借助PPT出示学习单,要求学生以小组合作学习活动的形式,尝试根据自己的观察理解,互相给组员就"角色"相似度进行评分,以锻炼学生参与小组合作、观察、回忆、归纳、交流个人特性的能力。

(2)借助课后学习活动单式。孩子通过在家亲子合作交流怎样成为"独一无二的我"的活动,并在下次活动时参与课堂反馈,听取教师的随机激励和引导,了解长辈眼中的自己具备什么样的特点,锻炼亲子沟通的能力;增进孩子对自我特性的更全面的认识。

3）模拟、代入多元对比反思式

在活动导入环节，教师设计让学生独立观看《疯狂动物城》视频，引发学生对于本课代入"动物"这个活动的兴趣；在主题探索活动的第一个环节中，设计了学生选择最适合自己的某种动物并在课堂上分享选择这种动物代表自己的理由，利用代入"动物"角色的方式，将学生对于自己的认识投射到某一种动物身上，以锻炼学生自主模拟、对比和交流自己特性的能力；初步了解对自己独特性的认识；增进怎样认识自己独特性的兴趣。

4）借助信息技术式

从课始引入到新授，再到课尾小结，后续亲子交流的反馈环节，教师借助多媒体技术整体运用于用《疯狂动物城》视频导入展示相应环节的主题探索和活动内容，讨论环节的背景音乐呈现，呈现拓展学习内容。以此提高课堂学生学习活动的内容呈现和过程组织的更为便捷性、丰富性、流畅性和体验性；提高学生课堂学习活动的实效性；增进学生探索自我特性的兴趣；锻炼自主观看、思考、代入、互评、概括和讨论交流的能力。

5）随机激励式

在课中，教师对学生自选模拟动物进行分享时，鼓励学生的主动分享行为；在小组合作讨论、交流时，对有个人见解的学生给予及时的口头鼓励；在课上学生回答问题、学习单完成后以及小组讨论时，教师注意随机激励学生参与完成相关学习任务时的高速度和高质量的方面。以此激发学生主动参与答疑、讨论、交流的学习过程；锻炼相应的能力；促进审视自我良好行为习惯的养成；促进学生更好地发展成为"独一无二的我"。

（三）设计思路

围绕对于"独一无二的我"认识的探索，采用课中学生自主独观看《疯狂动物城》视频1、自选模拟动物和再观看《疯狂动物城》视频2的"三独"学习活动和小组合作进行主题探索、头脑风暴、归纳小结，亲子交流的"四合"学习活动——合称整合学习式，结合其他"四式"的实施，促进学生对自我特性认识的探索；锻炼相应独立观察、模拟交流自我特性和小组合作进行发散讨论交流、梳理归纳自我特性的能力；增进主动与人沟通的价值意识和学以致用的意识；促进审视自我良好行为习惯的养成；保持对借助"三独四合"整合式学习活动、开展合作探讨学习的兴趣。

二、教学目标

（一）知识与技能

知道每个人都是独一无二的个体，外表、性格、气质、能力都有所不同；初步学会了解自我特性的方法，即诊断自己为人处世的表现和关注他人对自己的评价；锻炼朋辈间、亲子间沟通，对自己独特性进行评价、反思的能力。

（二）过程与方法

围绕"独一无二的我"的认识，经历课中与课后"三独四合"的学习活动探索过程，通过自我诊断、同学和家长对自己特性的评价,不断提高从外表、性格、气质和本领等方面认识自我特性的客观性、全面性的能力,以及锻炼与同学、家长合作讨论、交流和诊断自我特性的能力;体悟基于合作学习的心理辅导实施"三独四合"课中与课后开展探索性学习活动在心理集体辅导活动课学习中所蕴含的学习方式方法。

(三)情感态度与价值观

保持对"独一无二的我"问题合作探讨和独自学习的兴趣,认识到自己的独特性值得欣赏;意识到自己虽然有不足,但仍值得肯定;学习用发展的眼光看待自己,注意不断进行自我反思、改进完善自己的独特性;关注他人对自己评价,从中更好地认识自己的特性;增进课内外结合实施"三独四合"开展探索性学习活动及对新课的兴趣。

三、实践过程

过程一:组织自主观看《疯狂动物城》视频1和学生质检进行讨论交流,激发学生对"独一无二的我"学习探索的兴趣和锻炼自主观看和讨论交流的能力(2分钟)。

师:借助PPT,呈现课题和组织学生独立观看《疯狂动物城》视频1,要求学生准备参与、讨论、交流视频中主人公的表现。

生:独立观,听视频说明,思,准备参与讨论交流。

师:抽取学生进行交流。

被叫生:参与讨论交流。

师:注意倾听和随机激励引导。

全体生:独立听、思,内化。

(**课题研究:**锻炼学生"独合结合"借助观视频探索主题和激发交流"独一无二的我"的兴趣。)

过程二:组织"三独四合"学习活动,培养学生与同学合作、交流的能力和反思意识(28分钟)。

(1)自选模拟动物并交流理由活动,锻炼自主模拟和交流能力(5分钟)。

师:假如你成为了动物城的公民,你觉得自己会是什么动物?为什么会选择这个动物代表你呢?播放课件,组织学生从信封中选取自己最合适的动物形象。

生:独立观、听、思,作选择;准备参与分享交流。

师:组织分享,注意倾听和随机激励与引导。

生:参与分享;独立听、思,内化。

师小结:其实,我们选择的动物至少在某一方面和我们有相似。我们会从不同的方面来认识自己、评价自己,也在各种活动体验中了解自己。

生:独立听、思,作自我对比,内化。

(**课题研究:**锻炼学生独立观察、判断、选择、对比、反思、归纳和交流所选动物特性的能力;增进对自己特性的初步认识和反思意识。)

(2) 小组合作评价同伴对自己认识的相似度并进行交流,锻炼小组合作观察、反思、对比、归纳同学特征和进行交流的能力(15分钟)。

师:播放PPT环节二活动,组员之间进行"角色"相似度评分,非常符合为10分,非常不符合为1分,取整数分。_____给我打_____分,因为_____(要简单说说认为像或不像的理由)。

生:独立观、听、思后,按要求进行小组合作活动:小组成员互相进行"角色"相似度评分,并写出理由,每个学生的学习单都要让小组所有成员进行填写。

师:注意随机激励和引导。

相关生:独立听、思,内化。

生分享:每个小组挑选组中最有"特点"的学习单,派一名同学借助实物投影仪进行分享,说一说原因。

师:注意倾听和作随机激励引导。

生:独立听、思,内化。

师:别人的评价,也是我们认识自己的一个方式。

全体生:听、思,内化。

(**课题研究**:学生了解自己在同伴心目中的评价;锻炼学生参与小组合作观察、反思、对比、归纳和同学间互相交流个性特征能力;增进对自我进行审视和需要完善的意识。)

(3) 头脑风暴:如何做好"独一无二的我"讨论、交流活动,锻炼合理想象、讨论交流能力和增进奋进意识(8分钟)。

师:播放PPT环节三活动:以头脑风暴的形式,组织学生合作探讨如何做好"独一无二的我"。

师:就像世界上没有两片相同的叶子,也没有两个完全相同的人,我们如何把"独一无二"的自己变得更好呢?组织学生讨论交流。

生:思考,以小组为单位进行头脑风暴,讨论如何做好"独一无二的我"。

师:巡回观察、组织分享、注意倾听和随机激励引导。

生:参与分享;听、思,内化。

师:我们要抓住大好青春,不断吸收知识,学习技能,广交善缘,做一个更好的自己。

全体生:独立听、思,内化。

(**课题研究**:帮助学生明白虽然每个人都是"独一无二"的,但只有在现阶段不断学习、历练自己正向的独特性,才能在未来收获更好的自己。)

过程三:再观视频,参与对比和集中小结归纳活动,锻炼小组合作观察、反思对比和梳理小结能力和增强课尾集中小结意识(10分钟)。

(1) 再次自主观看视频,锻炼自主观看能力,增进对本课的小结意识(3分钟)。

师:组织学生观看《疯狂动物城》视频2。

生:独立观、听、思,准备参与讨论交流。

师:组织学生回答问题,注意倾听和随机激励引导。

被叫生:回答问题;其余生:独立听、思,内化。

师：在对自己的能力有了充分的认识后，朱迪同学发挥了她的特长，运用坚持锻炼和自主学习得来的体力、发展的规划意识和技巧，终于以第一名的成绩通过了警校的训练。

（课题研究：使学生进一步了解只有不断提升自我，才能收获更好的自己。）

（2）小组合作集中小结、归纳活动，锻炼合作梳理、小结归纳能力，增进对全课及时进行回顾、小结归纳的意识（7分钟）。

师：就像朱迪同学经过努力，实现了她的警察梦，我们同学在不断成长过程中，需要不断增进了对自己如何发展的规划意识。你希望将来自己会是个什么样的人？组织学生进行讨论并总结。

生：独立听、思，参与讨论、总结。

师：注意倾听和随机激励引导。

生：听、思，内化。

（课题研究：培养学生小组合作讨论、回顾、梳理和归纳如何成为"独一无二的我"的能力；增进自我发展的反思、规划和行动意识。）

过程四：课后，亲子合作交流怎样成为"独一无二的我"活动，下次活动时组织交流反馈和随机激励与引导，锻炼学生亲子沟通和参与班级交流能力，保持对"独一无二的我"问题继续进行合作探讨的兴趣。

师：多媒体呈现课后孩子与家长亲子交流对自己独特性方面评价的要求，并在下次活动开始时作集中反馈，注意随机激励、交流和引导。

生：独立听、思，内化；在家与家长交流、听取对自己独特性的评价、独立反思；下次活动时，参与班级交流和听取随机激励与引导、反思，内化。

（课题研究：使学生了解长辈眼中自己特性，充实对于"独一无二的我"的认识，保持对发展正向的"独一无二的我"的兴趣。）

四、成效与反思

（一）主要成效

1. 学生方面

1）课中独立学习方面

在本次学习活动的课始，学生独立观看《疯狂动物城》视频1，激发起学生对"独一无二的我"进行自主探索的兴趣和锻炼了学生自主观察、收集相关信息的能力；课中，学生通过自选模拟某种动物并交流选择该种动物的理由，从而锻炼了自主模拟动物特性代入自己进行说明的能力，激发起学生发展正向特性的进取心；课尾，学生再次自主观看《疯狂动物城》视频2，锻炼了独立观看、归纳自我特性的能力，增进了对本课学习内容、方式方法的小结意识。学生在三次独立学习活动中，还增进了主动参与相应独立学习活动的兴趣和参与表达的自信，促进了审视自我特定、注意完善良好行为习惯的养成。

2）课中合作学习方面

课中，学生以小组活动的形式，通过评价同伴对自己特性认识相似度并选择最具特点的评价项进行交流活动，锻炼了他们小组合作观察同学特征和进行交流的能力；学生以完成自学与模拟动物相似度空格填写并交流、归纳活动，锻炼他们合作回顾、梳理、小结、归纳自我特性的能力，增进了对全课的回顾、总结和归纳意识；学生以头脑风暴的形式就如何做好"独一无二的我"进行讨论和交流活动，锻炼了讨论合理想象、交流能力和奋进创新意识。学生在三次课中合作学习活动中，还培养了与同伴交流的能力以及归纳总结自己"独一无二的我"的特性的能力和意识。

3）课后合作学习方面

课后，孩子通过向家长交流描述自己的独特之处，一起完成"独一无二的我"亲子交流活动，了解家长眼中的自己，锻炼了亲子沟通能力和进一步增进了反思奋进与争做"独一无二的我"的创新意识。通过本堂课"独合"形式的学习，学生知道了自己是独一无二的个体，和其他人在外表、性格、气质、能力上都有所不同，并初步学会了自我审视、与同学交流、听家长评价等了解自我特性的方法，能客观地关注他人对自己的评价，锻炼了朋辈间、亲子间进行有效沟通的能力；加深了对自我特性的认识，提高了认识自我的客观性和全面性；提高了对课中与课后整合实施"三独四合"多元化的学生学习活动在提升教与学的有效性；促进了学生自主发展认识"独一无二的我"方面的方式的价值认识和学用意识。

2．教师方面

1）提高了课例研究素养

在经历了参与此次学校区级课题的主题式案例的实践研究和总结中，提高了教师基于独立学习与合作学习相结合的教与学方式之集体心理辅导活动课课例类成果总结的能力。一是能确定探索主题，构建设计框架。二是能组织材料，逐步细化课前教案设计。三是能加强实践，体验研究课的实施过程。四是课后能合理撷取评课教师和专家点评意见，自主挖掘课例实效与反思，尝试进行归纳。五是能在专家的引导下，逐步定位案例意义，并阐释意义所在。六是能在课例研究的设计、实施和总结"三程"的不同阶段，选取有针对性的参考文献进行阅读，合适地运用于设计依据的阐释和意义揭示的说明，并规范了文献的尾注。

2）提升了其他专业素养

通过本次课例研究"三程"的实施，提高了自身对学生进行集体心理活动课的设计、实施和总结的规范性、科学性和一定的创意性。这对于自己今后在心理学科日常教学中如何开展教与学方式方法的探索具有一定启示；提高了自己结合教育主题进行日常探索的能力；增进了迁移运用的意识。

3．学校方面

一是拓展了学校心理学科类学生学习活动的设计与实施的渠道。二是丰富了学校课例类研究成果。三是对校内外同类的课例研究，具有一定启示价值。

（二）反思

在头脑风暴的实施环节，教师对于如何做好"独一无二的我"学生自主探索与讨论、交流的时间安排与引导存在一定的不足，学生们未能讨论出一些实际的做法。对此，一是可以考虑增加课中学习单中对此学生讨论与交流学习活动的引导设计。二是课中，注意聚焦学生的讨论思路,由教师列举几个实例。三是增加二三分钟左右的课堂学生小组成员讨论和参与全班交流的时间,并由教师借助关键词,用板书记录学生交流方式方法的要点。四是再由学生合作进行归纳和小结,锻炼相应能力,内化小结内容,增进课尾集中小结的价值意识和主动学用意识。

五、意义揭示

本次实践探索,能够取得较好的课堂教学效果,主要符合以下两方面的理论。

(一) 符合皮亚杰儿童之间互相作用价值的理论

心理学家皮亚杰提出:在适当任务中,儿童之间的相互作用,提高了他们对关键概念的掌握和理解,也就是说,除了成人指导之外,儿童与同伴共同完成任务、讨论问题,可以提高他们已有的认知水平和解决问题的能力。合作活动比个体活动有着更为明显的效果,可以加速认知水平和能力的发展。

因此,在本次探索活动中,自己注意让学生的主体地位得到更全面的体现,学生在代入、交流和感悟等一系列活动中,既深刻理解了新的知识点,又提高了思维的能力。如前所述,本课课中以及课后,学生共有 4 次合作学习活动——前 3 次的课中合作活动,学生评价同伴对自己特性认识相似度并选择最具特点的评价表进行交流活动,完成自学与模拟动物相似度空格填写并交流、归纳活动,学生以头脑风暴的形式就如何做好"独一无二的我"进行讨论和交流活动,锻炼了小组合作归纳自我特性、观察同学特征能力,增进了对课文回顾、总结和归纳意识和奋进创新意识,锻炼了合理想象能力,完善了合作和交流素养。一次课后亲子合作活动,学生通过向家长交流描述自己的独特之处和对自己了解的评价,进一步认识自己的独特性,培养了与长辈交流、合作认识自己独特性的能力、反思奋进和创新意识。通过四次合作活动,学生对合作学习的价值增进了认识,锻炼了有效合作学习的能力,还在征求同伴评价、价值评价的过程中,扩展了对自我特性的客观、辩证的认识,提高了对自身思维的发散性、辩证性和聚敛性,增进了自我反思和发展自己正向独特性的意识。

可见,这些做法和相应的实效,符合皮亚杰的上述理论。

(二) 符合"主体教育理论"

主体性教育的基本理念,有 5 条:①以人为本;②以教育为主体;③以教师为主体;④以学生为主体;⑤以主体参与为核心。卢正芝认为:"主体教育的基本理念中,最强调的就是学生主体的参与,主体参与是主体性教育的核心理念,它贯穿于前面四个基本理念之中。"

本节课中,教师事先选择了利于学生参与的学习活动内容,并精心设计了"三独四合"的课中与课后学生学习活动形式和其他形式;课中与课后,有效地引导了学生进行"三独四合"形式的对"独一无二的我"主题的系列探索学习,发挥学生作为最重要的教学活动主题的学习主动性,很好地奠定了学生作为集体心理辅导活动的主体性地位,激发了学生主动参与探索"独一无二的我"的兴趣,锻炼了学生自主观看、模拟、参与讨论交流能力,小组合作观察、反思、对比、归纳、交流能力和小组合作梳理所学内容和方法的能力,增进了学生主动参与相应独立学习活动的兴趣和参与表达的自信,增进了学生的小结意识、亲子交流意识和主动反思、自我发展规划与行动意识。

可见,这样的做法和相应实效的取得,适应了主体教育的上述理论。

参考文献

[1] 上海市中小学(幼儿园)课程改革委员会.初中生心理健康自助手册(试验本)[M].上海:上海教育出版社,2015.

[2] 中华人民共和国教育部.中小学心理健康教育指导纲要(2012年修订)[M].北京:北京师范大学出版社,2013.

[3] 陶华英.基于积极情绪体验原理实施"四式四法"提高初中心理辅导课教育实效"五维度"——以"学会沟通让心靠近"团体心理辅导实践与分析为例[C]//包卫达,曹明.基于积极心理学原理的有效教育实证研究——课例选.上海:同济大学出版社,2021:130-138.

[4] 皮亚杰.皮亚杰教育论著选[M].卢濬,选译.北京:人民教育出版社,2015.

[5] 卢正芝.学会参与:主体性教育模式研究[M].杭州:浙江大学出版社,2003.

生命科学实施"三策四式五法"提升学生专题复习类素养的学习活动设计和实施

——以"脊椎动物"专题复习课学生学习活动设计、实践与分析为例

上海市五三中学 何 蓉

【首次执教时间、地点和对象】

2018年10月18日,上午第3节;录播教室;初三(3)班

一、设计思路

(一) 设计依据

1. 学情分析

"脊椎动物"在课时的安排上,在八年级第二学期时,学生已经完成了新课的学习;九年级时,需要对"脊椎动物"这部分内容,进行专题复习。本学期初次任教初三(3)班。通过五节课的磨合,发现该班级的学生,生命科学的学习基础比较薄弱,自主学习能力一般。学生自主为主的较为规范系统的复习类学习活动的经历比较缺乏。所以,学生的自主复习素养,尤其是多元化的复习方法,需要加以培养。

基于该班学生的"脊椎动物"的知识储备和专题复习素养的现状,拟围绕"脊椎动物"的专题复习,教师设计课前、课中和课后"三程"学生独立与合作(简称"有独有合")学习活动,结合整合运用思维导图、创设情境、可视化策略(简称"三策")和借助课堂导学单、独立学习式、小组合作学习式和随机激励式(简称"四式"),以及识图法、比较法、归纳法、互学法和反馈法(简称"五法"),组织学生参与专题内容的规范、系统、"有独有合"的自主复习,帮助学生更高效地复习巩固"脊椎动物"之鱼类、两栖类、爬行类、鸟类、哺乳类之五类脊椎动物为适应生活环境,而在体表特征、呼吸方式、运动方式和生殖方式之四个方面所呈现的共性结构特征(简称"四个方面"的结构特征)以及结构上的适应性的知识;培养学生的回顾、观察、比较、分析和借助思维导图的相关类型进行梳理与归纳等复习能力;促进良好的自主复习行为习惯养成;增进规范、系统、"有独有合"进行专题自主复习的价值意识和复习成功的自信,简称初三"脊椎动物"专题复习"四素养"。

2. 课标和教学基本要求分析

《上海市中学生命科学学科课程标准(试行稿)》(2002)(以下简称"课标")的课程理念

中指出,通过让学生积极投入、亲身体验和主动探究,改变学生被动的学习方式。课标设计思路中提到,更强调学生学习方式的转变,培养主动独立的学习态度与人格品质;更注重培养学生对生命科学乐于探究、勇于实践的精神。《上海市初中生命科学学科教学基本要求》(2018)中指出,脊椎动物的主要类群这一学习内容属于B级学习水平,即初步把握脊椎动物五大类群的主要特征。

因此,本课拟尝试学生运用情境创设、思维导图、可视化策略,结合借助学习任务单式、独立合作式、随机激励式学习形式,自主参与五类脊椎动物特征的规范、系统、"有独有合"的专题复习学习活动,培养初三学生"脊椎动物"专题复习"四素养"。

3. 教材分析

本课是沪教版初中生命科学第四章"生物的类群"中第二节"动物"的内容。这一节内容是继植物类群以后学习的第二大生物类群。其主题是介绍脊椎动物的主要类群(五类)。在八年级时,需要用4个课时来完成教学内容。本课内容是教师根据本章(单元)内容和学生实际自编而成,以学习单的形式加以呈现。

本课的设计,首先,学生借助"脊椎动物"课前独立复习单,在笔记本上画出本专题关于脊椎动物的五大类群的思维导图。其次,学生借助"脊椎动物"课堂独立与合作学习结合复习单,一是在笔记本上独立画出脊椎动物五大类群各自结构特征与适应性的思维导图;二是根据五类脊椎动物的主要特征,完善思维导图。最后,学生借助"脊椎动物"课后独立复习单,完成阅读所给材料,独立回答四个问题的练习题。结合教师整合运用"三策四式"组织学生参与"三程""有独有合"的学习活动,有机提升初三学生"脊椎动物"专题复习"四素养"。

(二)课题研究内容

1. 专题复习类学习素养的培养内容

1) 知识方面

学生理解鱼类、两栖类、爬行类、鸟类、哺乳类这五大类脊椎动物适应生活环境的体表特征、呼吸方式、运动方式和生殖方式的结构特点,以及动物的结构与生活环境相适应的生物学观念和人类与动物和谐相处的关系。以此增进对借助"三程"学习单,整合实施"三策三式","有独有合"开展五类脊椎动物分类特征、适应性,以及"四素养"探索的价值认识。

2) 能力方面

(1) 课前:学生借助独立复习单进行自主复习,初步自主建构五大类脊椎动物结构特点的思维导图。

(2) 课中:学生小组合作完成梳理五大类脊椎动物适应生活环境的结构特点学习活动,提高对五类脊椎动物共性特征的回顾、观察、记录、比较、分析,借助思维导图进行梳理、归纳的专题复习能力。

(3) 课后:学生借助课后独立复习单,独立完成阅读材料,回答四个问题的练习,及时巩固五类脊椎动物的基本特征知识,提高独立阅读、理解、比较、分析和归纳的复习能力。

3) 习惯方面

学生借助"三程"学习单的引导,"有独有合"完成五类脊椎动物适应生活环境的"四方面"共性结构特征的思维导图的梳理和巩固性练习,培养自主借助学习单的引导和思维导图来梳理专题复习内容,及时巩固相应知识和技能的良好自主复习行为习惯的养成,增进这样进行自主复习的兴趣和自信。

2. 实施策略——"三策"

1) 情境性策略

(1) 课中:教师借助多媒体呈现"北京奥运会吉祥物——福娃的设计理念"这一案例引出本课复习内容,要求学生概括所融入的原型动物的一个共同特征。从而激发学生后续主动参与五类脊椎动物的复习热情,激活学生已有的关于脊椎动物都有脊柱这样一个共同特征的知识。

(2) 课后:教师继续围绕课堂中的"北京奥运吉祥物"的案例,并结合"藏羚羊"的情境案例,要求学生独立阅读情境材料理解其义,完成其下四道练习题。以此激发学生课后自主巩固五类脊椎动物的结构特点以及与生活环境适应性复习内容的热情;巩固相应知识与技能;促进独立、及时、保质完成情境性复习任务良好行为习惯的养成。

2) 思维导图策略

(1) 课前:一是教师借助PPT向学生介绍思维导图,使学生初步认识思维导图的类型与作用。二是教师要求学生借助思维导图的相关类型,对五类脊椎动物的结构特征进行独立梳理。以此锻炼学生自主借助思维导图构建五类脊椎动物适应环境的结构特征的知识体系的能力;培养学生独立完成课前复习任务,激发学习五大脊椎动物类群的兴趣。

(2) 课中:学生在知识再认知的基础上,对已经构建的五类脊椎动物特征框架的思维导图进行补充、修改、完善,使学生学会运用图文并重的技巧,把五大类脊椎动物主要特征的思维导图中各级主题的关系表现出来,从而起到良好的记忆以及巩固效果。

(3) 课后:学生独立利用已经完善的五大类脊椎动物特征的思维导图进行梳理巩固;借助学习单,独立完成课后情境材料下的四道练习,培养借助思维导图和学习单独立、及时巩固所学的良好行为习惯。

3) 可视化策略

(1) 借助信息技术手段呈现相关教学内容。教师利用视频、图片等方式,结合iPad等,将脊椎动物适应环境的结构特点具体化、直观化,以提高学生参与课中复习兴趣;能更清楚地观察、对比、分析五类脊椎动物的结构特点,内化思维导图的相关类型、五类脊椎动物的特征知识,提高学生的复习兴趣。

(2) 思维可视化手段。学生借助思维导图课前尝试独立完成五类脊椎动物特征的梳理任务、课中合作完善相关思维导图、课后独立梳理、概括五类脊椎动物适应环境的结构特点,以调动学生的视觉接收能力参与复习梳理,从而提高学生课堂复习效率,深化五大类脊椎动物特征的复习内容记忆;增进学生对这样进行专题复习的兴趣和尝试继续加以运用的兴趣与自信。

3. 实施形式——"四式"

1) 独立复习活动式

(1) 课前独立复习活动式。学生通过独立完成脊椎动物五大类群特征的思维导图,搭建五类脊椎动物特征的基本框架,锻炼借助思维导图的相关类型独立复习、梳理五大类脊椎动物适应环境的结构特点的能力。

（2）课中独立复习活动式。学生在进一步复习脊椎动物特征的基础上，独立完善课堂复习单上的关于脊椎动物特征的思维导图，以锻炼学生独立运用思维导图相关类型梳理五大脊椎动物适应生活环境特征的能力；巩固五类脊椎动物适应环境的结构特点；激发继续尝试运用思维导图进行学习的兴趣与自信。

（3）课后独立复习活动式。学生独立完善借助思维导图的相关类型复习、梳理五大类脊椎动物适应环境的结构特点，完成课后学习作业单上的情境材料题下的四道练习题，并尝试自主运用思维导图的相关类型开展复习、梳理下一课时的专题复习活动以提高学生的复习兴趣和自主运用思维导图的相关类型开展专题复习、合理梳理复习内容的自主学习的能力。

2）小组合作梳理学习活动式

课中，学生以小组合作的形式自主复习脊椎动物适应环境的结构特点。

（1）教师引导学生全班随机分成五个小组，小组代表抽签决定各组承担以下五项不同的复习任务：鱼类有哪些结构是与水中生活有关？青蛙有哪些适应陆地生活的形态结构特征？为什么爬行动物是真正的陆生脊椎动物？鸟类有哪些适于飞行的特点？为什么哺乳动物是最高等的脊椎动物？通过识图的方法，从动物的体表特征、呼吸方式、运动方式、生殖方式等方面入手，小组合作寻找、借助思维导图的相关类型梳理、概括五类脊椎动物适应生活环境的"四个方面"共性特征，以锻炼学生小组合作借助思维导图的相关类型梳理、概括五类脊椎动物四个方面结构特征的能力；提高学生参与小组合作运用思维导图梳理、概括五类脊椎动物"四个方面"共性特征的热情和自信；增进合作意识。

（2）五个小组派代表交流各自的合作复习成果，锻炼交流复习成果的能力，增进学生自主复习五类脊椎动物结构特征的兴趣和信心。

3）借助学习任务单式

（1）借助课前学习任务单式。学生结合复习单上的要求，利用已构建的关于脊椎动物类群的知识，独立完成脊椎动物分类的思维导图，初步建立复习五类脊椎动物适应生活环境的结构特点（四个方面）的框架。以此锻炼学生借助气泡型思维导图对五类脊椎动物的相关知识体系进行梳理和简约化表达的能力；激发继续加以运用的兴趣和用好的自信。

（2）借助课堂学习任务单式。一是学生结合课堂老师给出的脊椎动物图片以及问题的引导，独立与合作相结合复习五类脊椎动物适应生活环境的四个方面共性结构特征，进一步理解脊椎动物的特征与生活环境相适应的生物学观念。二是学生结合课堂五个小组抽到的完成梳理概括五类脊椎动物结构特征的复习任务时，小组合作观察学习任务单上的动物图片，从中圈出与归纳各类脊椎动物适应其生境的结构；进一步深化结构特点与生活环境相适应的生物学观念；增进借助思维导图小组合作梳理、概括专题复习内容的兴趣和复习好的自信。

（3）借助课后学习作业单式。一是学生借助独立完善五类脊椎动物结构特征思维导图和阅读情境性材料完成四道练习题，锻炼独立、及时和按质完成课后复习与练习的内容，及时巩固专题复习内容的能力；促进借助思维导图的相关类型，独立梳理、概括专题复习内容良好行为习惯的养成；增进这样复习的兴趣和复习好的自信。

4）随机激励式

（1）课前随机激励式。教师关注学生课前独立复习情况，对于在课前自主、主动、高质借助思维导图的气泡图，尝试梳理、概括五类脊椎动物结构特点的学生给予口头表扬，激发他们后续独立与小组合作梳理、概括课堂与课后复习脊椎动物适应环境的结构特点的相关知识的兴趣和这样复习好的自信。

（2）课堂随机激励式。一是教师在提出问题要求学生回答时，对能够积极参与回答问题并能用自己的语言回答出来的学生进行鼓励。二是教师在学生合作小组的交流过程中，对每一小组的表现进行点评，发掘闪光点，对能够描述出脊椎动物特征的小组进行鼓励。三是教师在学生独立完成课上巩固性练习的过程中，对于能够独立、及时和正确完成课后复习、练习任务的学生，给予口头鼓励，激发学生后续的复习参与热情。

（3）课后随机激励式。教师对于学生在课后能够熟练掌握并应用课堂复习内容的学生给予鼓励，提高其后续参与复习的积极性。同时，鼓励学生独立运用已学的思维导图相关类型，尝试运用于下一课时专题内容的复习，巩固用法；提升学生这样进行专题复习的兴趣和自信。

4. 实施方法——"五法"

1）识图法：课中，学生通过小组合作进行观察、对比与分析，从老师给出的五类脊椎动物图片中找出其与生活环境相适应的结构特点，梳理、概括出四个方面的特征，锻炼相应能力，并帮助学生进一步理解脊椎动物结构与功能的适应性。

2）比较法：课中，教师要求学生在五个小组找出每一类脊椎动物适应环境的结构特点的基础上，进行比较与分析，帮助学生进一步理解脊椎动物生活环境及结构特点上的进化规律。

3）归纳法：一是课前，学生独立借助思维导图的气泡图，独立梳理、概括出了五类脊椎动物适应生活环境的框架特征。二是课中，学生通过小组合作观察五类脊椎动物图和进行比较、分析的方法，找出五大类脊椎动物的结构特点和独立归纳出脊椎动物在进化过程中的规律。以此锻炼相应能力，增进借助思维导图尝试归纳专题复习内容的兴趣和运用好的自信。

4）互学法：课中，学生在小组合作识图找出脊椎动物特征的过程中，通过互相帮助、各自梳理、补充的过程，较快地借助思维导图，梳理、概括出体表特征、呼吸方式、运动方式和生殖方式"四个方面"的结构特征，提高梳理和准确概括的效率，增进对互学价值的认识和兴趣。

5）反馈法：一是课前，教师注意随机了解学生独立借助思维导图气泡图梳理、概括五类脊椎动物结构特征情况，注意随机激励与引导。二是课中，注意观察学生五个合作小组复习进程，倾听各组代表的交流内容，随机加强个别小组的辅导和全班的集体辅导。三是教师及时批阅学生课后作业完成情况，和下次课始注意倾听学生交流的独立完善课中复习归纳的脊椎动物五大类群特征的知识框架、在作业单上独立完成填空及案例分析题的情况，进行随机激励与引导，促进学生内化反馈情况，提升"三程"复习的实效。

（三）基本思路

基于上述分析，本课在明确提高五类脊椎动物适应环境的结构特点专题复习的素养的基础上，整合实施"三策四式五法"。课前，学生通过借助思维导图的气泡图，独立梳理、概括五类脊椎动物结构特征的框架；课中，学生小组合作观察脊椎动物图，尝试进行观察、比较、分析、讨论、归纳和交流，细化五类脊椎动物四个方面结构特征；课后，独立完善思维导图与情境材料题的四道练习的过程，来更好地把握鱼类、两栖类、爬行类、鸟类、哺乳类之五类脊椎动物之体表特征、呼吸方式、运动方式和生殖方式"四个方面"的结构特征知识、动物与生活环境相适应的生物学观念和人类与动物和谐相处的关系。以此锻炼学生借助思维导图的相关类型对"脊椎动物"专题复习的内容进行规范化、系统化、简洁化表述的能力；内化借助"三程"结合、"有独有合"整合实施"三策四式五法"自主进行专题复习的能力，提高复习效率；增强学生借助思维导图"有独有合"进行复习的兴趣和用好的自信；促进这样进行专题复习、自主学习良好行为习惯的养成。

二、教学目标

（一）知识与技能

进一步理解常见脊椎动物的五大类群的四个方面（体表特征、呼吸方式、运动方式和生殖方式）基本特征及其与环境的适应性；通过对图文的分析，锻炼借助思维导图梳理专题复习内容知识体系能力；增进人类与动物和谐相处关系的认识；增进对"三程""有独有合"整合实施"三策四式五法"在提升专题复习效率和愉悦性方面的价值意识。

（二）过程与方法

经历"三程""有独有合"整合实施"三策四式五法"，借助思维导图完成脊椎动物五大类群"四个方面"共性特征的预习、复习和课后巩固练习任务，锻炼"有独有合"进行梳理、观察、阅读、记录、比较、分析、讨论、再梳理、归纳、交流、巩固练习和自主建构思维导图的复习能力，提高复习效率；内化专题复习的"三策四式"，尤其是"五法"（识图法、比较法、互学法、归纳法、反馈法）。

（三）情感、态度与价值观

本课实践可以使学生更好地把握五大脊椎动物结构特点与环境适应性的生物学观念，增进"三程""有独有合"整合实施"三策四式五法"借助思维导图完成脊椎动物五大类群共性特征的梳理、概括，提升这样进行自主复习、建构知识体系的价值意识，以及这样进行复习的兴趣，继续发扬合作精神。

三、实践过程

本课实践过程与各环节时间分配见表1。

表 1 实践过程

时间分配	教学环节	教师活动	学生活动	课题研究
1分钟	**过程一**：阅读"北京奥运会吉祥物——福娃的设计理念"案例导入。锻炼独立读、听、思、忆，激发自主参与专题复习的兴趣	(1) 借助课堂学习单，出示情境材料"北京奥运会吉祥物——福娃的设计理念"，并提问：福娃的造型中融入了哪几种动物的形象？这些动物结构上的共同特点是什么？被叫学生回答；注意倾听，并作随机激励与引导。 (2) 借助板书和口头说明引出本课专题复习内容——脊椎动物	(1) 独立听、观、读、思、忆，参与回答：鱼、大熊猫、藏羚羊、雨燕；都有脊柱，是脊椎动物。 (2) 独立观、听、思，准备参与复习	激活学生已储备的关于脊椎动物的知识，感受动物世界的精彩纷呈，激发主动参与复习的兴趣
8分钟	**过程二**：组织自主初步构建脊椎动物五大类群内容的思维导图。锻炼借助思维导图建构知识体系，提高自主复习能力	(1) 借助口头说明提问：脊椎动物的主要类群有哪些？准备从哪几个方面复习脊椎动物的主要特征？ (2) 借助思维导图，根据教材内容，引导学生通过一级分支及二级分支，在笔记本上初步构建五大脊椎动物类群的基本特征；注意随机巡视、观察，作随机激励与引导	(1) 独立听、思、忆，参与回答：鱼类、两栖类、爬行类、鸟类、哺乳类。 脊椎动物：鱼类、哺乳类、鸟类、爬行类、两栖类 (2) 独立阅读教材，尝试制作脊椎动物分类的思维导图，独立听、观、思，内化	锻炼学生借助思维导图自主建构五类脊椎动物五大类群结构特点的知识框架体系；提高借助思维导图进行专题自主复习能力；初步感受这样复习的价值
1分钟	**过程三**：组织小组合作复习五类脊椎动物的主要特征及结构适应性内容的活动。巩固识图、分析、比较、归纳、互学等五类复习方法，提高自主复习能力	(1) 组织学生随机分组(5个)。 (2) 借助复习任务单，通过随机抽签，分派五个小组不同的复习任务：鱼类有哪些结构是与水中生活有关？青蛙有哪些适应陆地生	(1) 参与随机分组。 (2) 合作阅读复习任务单上的任务并思考，准备参与复习	激发学生小组合作完成复习五类脊椎动物基本特征及结构适应性的任务；增进合作意识

(续表)

时间分配	教学环节	教师活动	学生活动	课题研究
1分钟	过程三：组织小组合作复习五类脊椎动物的主要特征及结构适应性内容的活动。巩固识图、分析、比较、归纳、互学等五类复习方法，提高自主复习能力	活的形态结构特征？为什么爬行动物是真正的陆生脊椎动物？鸟类有哪些适于飞行的特点？为什么哺乳动物是最高等的脊椎动物？		
10分钟		(3) 借助复习任务单上的动物图片，要求学生各小组在图上圈出各类脊椎动物适应其生境的结构；组织交流；注意倾听和作随机激励与引导。 (4) 组织学生借助小白板，归纳梳理各组脊椎动物结构的主要特征	(3) 合作观察图片，用红笔从图中圈出各类脊椎动物适应其生境的结构，梳理、归纳和书写主要特征；被叫小组代表参与交流并在白板上书写特征。学生独立观、思、内化。	培养学生小组合作识图、比较、讨论、分析、互学、梳理、归纳自己小组脊椎动物结构特征的专题复习能力；增进这样复习的成就感
15分钟		(5) 借助课中复习任务学习单，组织五个学生合作小组代表交流对各自承担的动物结构特征进行梳理、归纳的复习成果。注意观察、倾听，并作随机激励与引导。 (6) 借助口头说明提问并组织学生补充；借助思维导图，引导学生修改、完善关于脊椎动物的特征的知识架构	(4) 合作交流复习成果：第一组说鱼类体表覆盖鳞片，有鳃呼吸，鳍游泳……；第二组说两栖类四肢运动，皮肤裸露……；第三组说爬行类体表有角质鳞片，肺呼吸……；第四组说鸟类被羽毛，前肢特化成翼，产羊膜卵……；第五组说哺乳类胎生、体表被毛……。独立听、思、内化。 (5) 独立听、观，参与补充、修改和完善思维导图（参见附录2脊椎动物四方面主要特征的思维导图）	锻炼学生交流和独立听取小组合作梳理、概括相应动物结构特征的能力，合作完善和进一步熟悉五类动物的结构特点；增进这样进行自主复习，尝试梳理、概括和分享小组成果中逐步完善思维导图的兴趣和用好的自信心

(续表)

时间分配	教学环节	教师活动	学生活动	课题研究
2分钟	**过程四**：引导自主完善脊椎动物五大类群内容的思维导图。锻炼借助思维导图自主建构知识体系的能力,培养自主复习能力	(1) 借助学习单和多媒体,引导学生在思维导图上,总结梳理本章节关于脊椎动物五大类群的共性的基本特征; (2) 组织学生交流,注意倾听和作随机激励与引导,呈现完善后的思维导图,强调四个方面的共性结构特征:体表特征、呼吸方式、运动方式和生殖方式	(1) 独立修改、补充、完善自己的思维导图。 (2) 参与交流,独立听、思,内化四个方面的结构特征	锻炼学生进一步建构脊椎动物五大类群适应环境的结构"四个方面"共性特点的知识体系,培养自主复习能力;增进这样进行专题复习的兴趣和自信
3分钟	**过程五**：借助课后独立作业学习单引导自主完成五类脊柱动物内容的巩固性练习。锻炼借助课堂复习单检测自主复习效果,培养自主复习能力和及时巩固复习内容	(1) 借助课后作业单和多媒体,布置学生课后先独立完成情境性材料的阅读理解;再独立完成其下的四道巩固性练习题。 (2) 下次课始,组织交流反馈;注意观察与倾听,并作随机激励与引导	(1) 独立观、听、思;课后,按要求独立完成巩固性练习题。 (2) 参与交流反馈;独立听、思,内化	培养学生及时、独立、认真和高质完成课后作业的习惯,巩固专题复习内容;增进自主监控作业完成情况的意识;增进独立完成这样的巩固性练习的兴趣和自信

四、成效与反思

(一) 成效

1. 学生复习素养方面

1) 课前复习素养方面

从教师对学生的预习检查及课堂反馈表明,一是学生能够借助课前独立复习单,对已积累的脊椎动物知识点进行了初步梳理,初步建构了关于脊椎动物五大类群适应生活环境的结构特点的知识体系。二是学生已经能够运用思维导图的气泡图进行初步梳理,提高了学生对专题复习的内容进行结构化、规范化和简洁化梳理,比较和归纳的自主复习能力。三是初步培养了学生借助预习单和思维导图独立进行预习梳理良好的课前复习行为习惯。

2）课堂复习素养方面

从教师对学生课中表现的观察和交流反馈中可以看出，一是通过课堂的小组合作系列复习行为，提高了学生的复习热情，增进了同学之间的合作意识，锻炼了学生的表达能力。二是学生通过对教师给出的动物图片的观察、比较、分析、讨论，找出了与五类（鱼类、两栖类、爬行类、鸟类、哺乳类）脊椎动物生境相适应"四个方面"（体表特征、呼吸方式、运动方式和生殖方式）的共性特征，巩固了对动物结构与生活环境相适应的生物学观念和人类与动物需和谐相处的关系的认识，锻炼了学生小组合作时的观察、识图、阅读、比较、分析、梳理、归纳和交流的能力。同时，这种可视化策略，给学生带来了直观的视觉感受，提高了复习的兴趣和效率。三是整堂课"三程"坚持运用思维导图，帮助学生梳理、概括、完善五大类脊椎动物在结构上对环境的适应性结构的共性特征，结合整合运用"三策四式五法"，从而既锻炼了相应能力，又加深了对结构特征与生境适应观的理解，还强化了这样进行复习的良好行为习惯，并增进了这样进行专题复习、自主学习的兴趣和用好的自信。

3）课后复习素养方面

从教师对学生课后独立复习单的完成情况批阅和学生参与课堂交流反馈的情况来看，一是学生能够独立完成课后复习单上对新的情境材料题的阅读理解，以此为基础独立进行五种脊椎动物的结构特点的填空练习题，并且准确率较高，绝大多数学生已经掌握了脊椎动物五大类群的主要结构特征。二是学生能够对新的脊椎动物图，从结构上的适应性进行分析，表明学生在经历"三程""有独有合"整合实施"三策四式五法"借助思维导图进行专题复习之后，提高了自主进行迁移复习的能力，培养了良好的这样进行自主复习习惯和复习好的自信。

2. 教师素养方面

一是课题研究素养方面，教师确定课例研究的主题，基于"三程""有独有合"借助思维导图，整合"三策四式五法"进行专题复习内容系列活动的设计和实施，对课例研究的情况进行总结、反思和逐步完善方面的素养，有了明显的提升。二是指导学生借助思维导图进行专题良好复习素养方面，教师通过本节课的"三程"复习指导，已经可以较为熟练地借助思维导图，围绕主题复习内容，整合实施"三策四式五法"，指导学生运用专题内容的复习，促进学生结构化、规范化和简洁化地梳理、概括复习内容，并可以明显提高学生的复习效率和热情。三是探索习惯方面，经历这一探索的过程，促进了自身在今后的初三生命科学总复习中的针对性运用，提高初三阶段生命科学整体复习的实效。

（二）反思

本节课在小组交流过程中，由于参与交流的学生代表在能力上还是有参差的，所以占用时间超过了预计时间，导致总结板块时间不足，缺乏完整性。可以改进小组交流的预设显性引导，使学生的交流内容更具指向性，从而节约相应的时间，保证课尾集中小结的时间，从而提升小结的质量。

五、意义揭示

本节课能够取得学生"三程"专题复习方面较为显性的实效,彰显了"三程""有独有合"借助思维导图整合实施"三策四式五法"引导学生进行专题复习类学习方面的独特价值——"五性"。

(一)学生在"三程"复习中的主体性

从设计思路、"三程""有独有合"的系列专题复习活动安排和实际执行情况可知,学生是借助思维导图进行课前自主预习、课中小组合作观察、阅读,借助思维导图进行五类脊椎动物适应环境的结构特点梳理、归纳和课后独立完成巩固性练习的学习主体。正是由于学生在"三程""有独有合"的系列专题复习活动中主体地位的落实,才提高了复习的实效;促进了学生专题复习"四素养"的全面提升。

可见,教师在"三程"教学过程中始终以学生为学习的中心,可以有效地巩固学生梳理归纳专题复习的知识;锻炼"有独有合"借助思维导图进行专题复习的能力,提高复习效率;激发学生继续加以尝试实践的热情和运用好的自信。

(二)学生在"三程"复习中的主动性

以前,对于复习类课程,学生总是缺乏积极主动性。这是由于学生在复习过程中,缺乏有效的复习策略与方式方法、良好的复习习惯和明确的复习目标。本次课例研究,教师在进行有针对性的"三情"分析基础上,明确了学生五大类脊动物结构特征专题复习"四素养"的培养目标,设计了学生借助思维导图"有独有合"进行"三程"复习的学习引导单,设计了富有针对性的"三策四式五法"的系列复习举措,解决了学生以前对复习课缺乏主动性的三大方面瓶颈,从而有效地激发了学生参与"三程""有独有合"地进行复习的主动性。随着复习目标的达成、过程的高效和学生复习素养的提升,他们对参与复习的成就感大为提升,愉悦度也进一步提高,从而带来了"三程"自主复习的兴趣保持、知识拓展、能力和效率提高和良好复习行为习惯初步养成的良性循环。

可见,学生在"三程"复习中的主动性的实现,需要教师根据原因,从定位明确的专题复习目标、寻找有效的复习策略与方式方法、保证复习过程效率和促进良好的复习行为习惯入手,加强学生自主复习活动的规范、系统设计,注重实施,加强课后反思与总结。这是提升学生"三程"复习中的主动性,得到令人满意的实效。

(三)五类动物结构特征梳理、概括的结构性和简洁性

专题复习,需要教师站在单元或跨单元的视角,对涉及的单元或跨单元的专题内容进行有别于单个课时逐节课教授时,呈现单节课的知识框架的做法,也就是需要对涉及的内容进行结构化和简洁化的梳理、概括。本课的"三程"实践表明,对专题复习内容借助思维导图进行结构化和简洁化的梳理、概括是最常用的,也是有效的方法之一。本课中,学生在教师整合实施"三策四式五法"的引导下,通过借助圆圈图、气泡图、大括号等不同形式

的思维导图类型,自主做到将五类脊椎动物分类、适应生境的四个方面结构特征知识点,以及它们之间的相互联系,进行了结构化和简洁化的处理,帮助学生更好地理解脊椎动物专题复习的知识和观念,促进了学生更好地对后续的专题复习内容,自主尝试进行结构化和简洁化的处理,提高了自主复习的能力和唤起、迁移运用的实效。

可见,思维导图就是通过利用图像、分支和关键词等元素,充分调动学习者全脑来记录和表达,凸显了复习过程中的知识体系的结构化呈现,可帮助学生更好更快更主动地自主整体理解复习内容,提高学生自主复习素养。

(四)借助思维导图分类和梳理归纳五类脊椎动物特征的高效性

从本课例的实践过程和实效可知,本课的"三程"专题复习任务基本全部完成;对五类动物适应生境的"四个方面"结构特征及相互关系,做到了结构化、规范化、系统化和简洁化地加以表述。学生对五类动物特征借助思维导图和其他举措进行专题复习,能更好地发挥主观能动性;更好地寻找到了自己在专题内容学习方面的盲点和优势,成倍地提高了学生的复习速度和效率;更快地复习和整合已学知识,并将一些零碎的知识融会贯通成为一个系统,帮助学生快速记忆本专题复习的知识点;促进了后续的迁移运用。

总之,学生在经历了这样的主题复习过程后,借助思维导图"三程""有独有合"进行专题复习的"四素养"得到了有效的提升,也为提高后续的复习类课程实效、提升学生复习兴趣和素养奠定了基础。

参考文献

[1] 上海市教育委员会.上海市中学生生命科学课程标准(试行稿)[M].上海:上海教育出版社,2004.
[2] 上海市教育委员会教学研究室.上海市初中生命科学学科教学基本要求[M].上海:上海科学技术出版社,2018.
[3] 余文森.核心素养向导的课堂教学[M].上海:上海教育出版社,2017.
[4] 周建秋.促进学生科学核心素养发展的"学习进阶"[J].现代中小学教育,2017(5):50-52.
[5] 龚赟.借助思维导图基本功能提高初三化学总结素养的途径[J].浦东教育研究,2018(2):29-32.

第 4 篇

主题式案例

以归纳、分析"五法"活动提升学生语文核心素养

——以"基于自主学习理念下实施'五法'组织小说人物分析、归纳学习活动"实践与分析为例

上海市五三中学　康燕君

一、背景

初三学生高中阶段升学考试(简称中考)语文试卷中,记叙文阅读为22分。本校学生平均得分一般在13分,失分严重。对于学生来说,这是语文中考卷中和作文一样,学生难以把握、失分较多的部分。出现这种情况,既与初三学生阅读分析方面的素养不足有关,尤其是对文中事件的概括、人物分析、主旨理解能力薄弱有关,也与教师的教学有关。从教学方式而言,之前的小说人物分析归纳教学,基本由教师讲授,学生聆听,缺乏互动与思考交流,教师讲解得疲惫不堪,学生听得枯燥乏味,学生的基础知识把握得不扎实,分析方法掌握得也不牢固。

面对现实,如何帮助学生提高记叙文阅读方面的核心素养?教师在参加了本校张剑敏校长的区级重点课题"基于核心素养理念下初中生课堂学习活动设计与实施的实践研究"组织的实践研究时,聆听了张校长和浦东教发院原资深科研员曹明老师的例说区市级课题研究课教学设计与课例的撰写、主题式案例的撰写等讲座,感到茅塞顿开。结合面临的问题,教师发现:需要树立以学生自主学习为主的理念,让学生主动参与课前、课中和课后"三程"的学习活动,通过独立思考、小组合作等方式,组织小说人物分析归纳的"三程"学习活动,提高学生的阅读、分析和归纳的主动性,发展阅读、分析和归纳能力,增进理性认识,并从中有机培养学生语文学科核心素养。抓住教材中写人记事的叙事文章,尤其是中外的小说文本,开展基于自主学习理念下实施"五法"组织学生参与"三程"自主(独立与小组合作)为主的小说人物分析、归纳学习活动,是提升学生记叙文阅读素养,进而提高学生语文学科核心素养的关键。

因而,教师拟以学生感兴趣的中国近代小说(4篇)阅读为切入点,从小说的人物分析入手,用"五法",即独立质疑法、引导概括法、分角色朗读与精读法、图表分析法、合作归纳法,来指导学生自主开展"三程"小说阅读,分析、归纳人物形象,探究其主旨内涵,提高对小说人物的阅读理解能力和思维的深度与广度的学习活动,渐渐地能初步自主鉴赏文学作品,丰富自己的精神世界,提高文化品位,提升语文学科核心素养。

二、过程

片段一:独立质疑法的运用——以胡适先生的《差不多先生传》的导入环节为例。

在本课的导入环节:教师板书课名《差不多先生传》,抛出开放性问题:面对课题,同学们心中有疑问,请问你想知道什么?(朗读课题,学生质疑)

生1:差不多先生到底是个怎样的人?(人物形象)

生2:为什么要为差不多先生立传?(写作意图)

生3:为什么此人叫差不多,又称他为先生?(此人名字)

教师引导和小结:好问题,我也想知道。看来,胡适先生取了个好题目——让同学们从人物形象、写作意图、此人名字三个角度,提出了质疑。那就让我们来拜读这部作品,解释谜底吧!

爱因斯坦曾说:"兴趣是最好的老师。"所以,将心理学中的直接兴趣,即学生对学习内容本身的激发给出来,作为导入设计。实践下来,学生的好奇心和注意力全部被课题吸引了。随着老师"对课题,同学们心中有疑问,请问你想知道什么"的提问,学生围绕课题,纷纷投入独立质疑,快速提出了具有关键性的三个问题,锻炼了学生的质疑思维和表达问题的能力,也为后续阅读小说,开展独立与小组合作学习(简称"独合结合")分析、归纳人物形象活动,探索作者想要表达的主旨,奠定了基于学生自主质疑提问的思维基础。

片段二:引导概括法的运用——以《孔乙己》的整体感知环节为例。

小说是需要勾勒情节,来塑造人物形象的。所以,通过引导学生自主阅读、梳理、分析与归纳的过程,来梳理小说的重要情节,就显得非常必要。因为课堂时间有限,借助多媒体通过呈现主语,让学生带着问题边阅读边圈画情节,以完成整体感环节。

教师展示的课件提示语如下:

(1) 众人取笑_____;(第4段)

(2) 众人奚落_____;(第6段)

(3) 孔乙己_____;(第7段)

(4) 孔乙己_____;(第8段)

(5) 侧面交代孔乙己_____;(第10段)

(6) 孔乙己最后一次_____。(第11段)

师:请同学们通过课件上的提示,边阅读边圈画出关于主人公孔乙己的重要情节。

生1:我找到第4段的情节——众人取笑孔乙己脸上添了新伤疤。

师:孔乙己脸上为什么会添新伤疤呢?

生1:因为偷窃被打了。

师:请你重新概括一下。

生1:众人取笑孔乙己偷窃被打了。

师:聪明,一点就通!言简意赅,找到情节的关键短语。

学生按照教师的引导和提示，一一找对了文中的情节，并进行了自主梳理概括。这样，既锻炼了学生快速浏览、整合关键信息，尝试进行梳理概括的能力；又为理解人物形象、体会作者的写作目的奠定了基础。该题作为语文中考中记叙文阅读分析中的第2题（8分），学生不仅在课堂上学到了快速浏览文本、寻找关键信息、进行梳理概括的技巧，还为提高他们记叙文阅读分析应试能力和得分奠定了基础。

片段三：分角色朗读精读法的运用——以鲁迅先生《故乡》的精读作品、品读人物环节为例。

师：杨二嫂是个怎样的人呢？请欣赏分角色朗读。（第39—52段）

相关被叫生：按要求进行分角色朗读。

师：请同学们圈画出能体现杨二嫂外形特征的语句和关键词，并在旁边作批注。（3分钟）

生1：我从"凸颧骨，薄嘴唇，50岁上下的女人站在我面前，两手搭在髀间，没有系裙，张着两脚，正像一个画图仪器里细脚伶仃的圆规。"中看出，杨二嫂极其消瘦，作者把她比喻成"圆规"了。我们学习中使用的圆规，非常纤细。可见，作者的这个比喻，非常贴切。

师：你对文章看得很仔细！那杨二嫂为什么会如此消瘦呢？

生1：可能是因为贫穷，因为背景里交代"辛亥革命后破败的农村"。

师：厉害！你能上节课的内容联系起来了。哪位同学来给同学们做出"凸颧骨，薄嘴唇"，和"细脚伶仃的圆规"的样子（一名男同学上台表演，全班哄堂大笑）。

师：在笑声之余，不禁发人深省：农村怎样的贫穷，让曾经颇具美色的"豆腐西施"变成了"圆规"了呢？

生2：是温饱都成问题的贫困不堪。

师：你说得真贴切。鲁迅先生刻画的杨二嫂，颇具漫画色彩，并且入木三分啊！我们刻画人物时，也要注意学一学（教师观察到部分阅读基础薄弱的学生，阅读速度较慢，作批注时落后，也影响了参与分角色朗读精读的热情与实效）。

学生对小说人物杨二嫂外形和造成原因的分析、归纳能够顺利完成，是因为分角色朗读有一种情感上的代入感，仿佛在欣赏一部精彩的课本剧，即使是下午的课，学生也毫无困意。所以，分角色朗读在语文课堂上展现出不可替代的魅力，丰富了学生的语言积累，培养了语感，很好地促进了学生朗读中对杨二嫂的形象的关键信息的精准圈画和对其造成原因的贴切理解。再结合课堂上的分析，学生对人物形象有了更深入的理解，全面理解人物和作者塑造人物形象，向作者学习塑造人物的方法，使课堂内容顺利逐层深入地加以展开。由此，激发了部分学生课外主动阅读、分析归纳小说人物，品析表现手法的热情。

片段四：图表分析法的运用——以《差不多先生传》的整体感知环节为例。

在上《差不多先生传》时，采用了图表分析法引导学生自主小结小说结构上的特点。

师：文章记叙了差不多先生的哪几件事？（呈现表1，要求学生边独立阅读，边在自己的学习单上作填写，可与同学讨论、核对所填信息。3分钟。）

表1 《差不多先生传》自主阅读任务单

时间	人物	事件	详略安排
小时候	差不多先生	买错糖（颜色不分）	略
上学时		答错题（方位不分）	略
算账时		写错字（数字不分）	略
搭乘火车时		不守时（时间不分）	详写
得病时		寻错医（大夫不分）	详写
去世时		生死不分	略

师：同学们根据阅读和所填表格思考：课文是如何刻画人物的？

生1：是按照时间顺序，有详有略地刻画人物的。

生2：是按照情节的严重性，从小到大来刻画的。

师：两位同学的逻辑思维能力强！那么，作者为何挑选这几件事，来刻画人物呢？

生3：因为这几件事，更能突出人物形象。

师：说得真好！这叫作典型事件。哪位同学，能试试把刚才三位同学的回答整合起来加以表述？

生4：作者抓住几件典型事件，有详有略，刻画了差不多先生人物形象特点；并且，是按照时间顺序和情节的严重性，从轻到重的顺序写的。

师：看来，你听得很专注；概括得也好！

图表分析法的运用，引导了学生独立为主、同学讨论为辅，结合全班交流，快速、高质地完成了小说整体感知环节的任务；锻炼了学生的借助表格进行自主阅读、梳理概括、核对所填信息的能力和解读表格信息，以及加以整合表达的能力以及逻辑思维能力；让学生加深了对写作中如何有条理地构思文章结构的重要性，促进了后续写作中如何构思的完善。这一环节，为本课展开人物分析、精读课文内容奠定了阅读、梳理、归纳、记录、讨论、交流与整合表达的基础。

片段五：合作归纳法的运用——以《猫》探究主旨环节为例。

小说人物分析之后，就要深入探究小说的主旨，即作者的写作意图。这是对文本的深入理解，也是课堂的高潮部分。教师采用合作归纳法，让学生筛选写作背景的关键信息，进行合作探讨，最后总结归纳出文章主旨，理解作者给予小说的深意。

师：为什么"我"对于第三只猫的死亡，比前两只猫的亡失"更难过得多"？

生1：因为第三只猫的死，责任在"我"，是我冤枉它，用棒打它，致使它两个月后死亡——这个过失，"我"无法补救了。所以，"我"内心自责、悔恨、内疚。

师：完成以下板书。

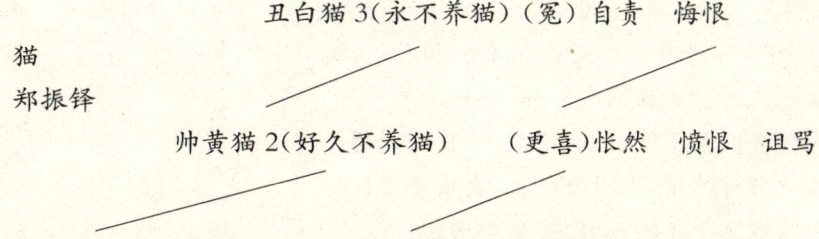

猫

郑振铎

帅白猫1(安慰　要一只)　　（喜)情感：一缕的

师：谢谢你帮助我完成了板书最后的情感！作者自责、悔恨的情感不仅因为冤枉了丑白猫，害死了它，还因为什么呢？想知道作者的写作意图，就要联系写作背景。拿出学习单，小组讨论成员所查询的资料，筛选出能帮助我们理解作者写作意图的写作背景。

生：小组讨论。

师：走进一个个小组，听听学生的讨论情况，作适时引导。

小组一：《猫》创作于1925年11月7日。20世纪20年代，郑振铎深受五四时期从西方传入的科学、民主、博爱等思想的影响，但在思想上却非常彷徨，他无法看清水深火热之中的国家出路在何方。与其说是作家主动选择家庭生活作为创作的题材，还不如说是当时反动军阀段祺瑞执政时期黑暗的政治恐怖笼罩了整个社会的结果。

生1：我认为最后一句不需要交代，因为与课文关系不紧密。

生2：我认为要增加郑振铎的作品。

生3：我认为不需要增加作品，因为是写作背景，而不是作者简介。

生4：所以，我们就用前面两句语句介绍写作背景。

小组二：《猫》是现代作家郑振铎于1925年创作的一篇散文。此文通过叙述了一个发生在一家人与三只猫之间的故事，真切地表现了作者复杂的内心情感。全文以浅显直白的话语，将三只小猫勾勒得形神俱全，借助形象的刻画和故事的推进，写出了人的恩怨情感，而透过人的感情变化，又极其自然地托出了人生哲思，情深意挚，哲思醒人。其作品可以分为三类：一是研究专著，如《俄国文学史略》《中国历史参考图谱》《伟大的艺术传统图录》《插图本中国文学史》《中国版画史图录》等。二是文学创作，如小说《取火者的逮捕》《桂公塘》，散文集《蛰居散记》《山中杂记》等。三是翻译著作，如《飞鸟集》《新月集》等。

生1：我觉得这个背景太冗长了，应该缩减。

生2：我觉得作家作品删去，因为不是介绍作者。

生3：我觉得内容概括也不需要。

生4：我觉得缺少了当时的时代背景介绍。

师：你们的想法有道理。这样吧，小组二去看一下小组一查询的写作背景，再提建议。

小组三：本文写于1925年，是郑振铎从事文学创作的早期作品。他深受五四时期"民主、自由、平等"精神的影响。所以，他在这一时期的作品中，表现出新思想、新观念；表达出同情弱小无辜，谴责专制霸道；弘扬公道、民主、博爱的思想。

生1：我觉得我们查询的资料挺好的，简洁又完整。

生2：我觉得也是。

全班生：朗读小组三整理的写作背景。

师：由此可见，信息可以查询，但要进行筛选对于主旨理解有帮助的重要信息。那么，根据小组三的写作背景，作者写下此文的真正意图是什么？

生1：可能作者想告诉我们猫像人一样，是自由的。

生2：作者想告诉我们世界是公道、民主、博爱的思想。

生3：作者认为这样对待猫，太不公平了、太残忍了！

生4：作者认为生命是平等的，我们要保护动物。

生5：要保护生命，善待生命，这样才平等。

生6：民主、博爱也适用于像猫一样的生命。

师：是啊！作者通过写猫的遭遇、作者的情感，以及联系写作背景，要怎样对待生命呢？

生：要公正、平等地对待一切生命！

师：是啊！郑振铎真不愧是郑振铎！用《猫》来警示我们要公正、平等地对待一切生命。

学生在阅读写作背景，并筛选与小说有关的信息后进行小组讨论，思考胡适先生的写作用意。在学生各抒己见后，梳理、归纳出了共识，更深入地理解了作品的社会意义和作者真正的用意，提升了学生文化品位和审美的语文核心素养。从课后反馈来看，这对辐射到课外，学生去自主阅读这一时期作家的其他作品，把握其精髓也起到了作用。

三、成效

（一）学生方面

1. 自主阅读兴趣和进行小说人物分析、归纳学习素养方面

根据教师课堂上观察学生的注意力得知，学生在阅读课题，进行质疑时，积极发言，在聆听分角色朗读时，非常安静，注意力非常集中，说明学生对学习内容感兴趣，能集中注意力。

学生在完成自主浏览、精读和进行圈画批注的过程中，从教师巡视时观察和课后对学生课堂学习单的检查批阅可知，学生独立进行快速阅读整体感知小说情节、进行精读梳理概括人物形象、借助表格和学习单等梳理、记录归纳小说人物关键信息的能力，都得到了有效的提高。在合作归纳环节中，学生讨论热烈，渴望了解作者的写作意图，提升了学生独立思考、参与同学间的交流和合作梳理、得出作者写作主旨共性认识的能力。

2. 语文学科核心素养方面

根据教师课堂上观察学生对标题积极质疑情况得知，独立质疑法的实施，激发了学生的学习兴趣和表达的欲望；引导概括法，帮助学生浏览课文、梳理小说情节，提升了筛选信息能力和概括与表达能力；分角色朗读精读法的实施，提升了学生对小说人物形象与背后原因、作者表达方法的鉴赏能力；图表分析法的运用，加深了学生对写作中如何有条理地构思文章结构的重要性认识，有效地锻炼了逻辑思维能力，促进了后续写作中注意文章结构的合理性；合作归纳法的实践，锻炼了学生的独立思考和小组之间进行有效讨论、交流、

梳理、归纳和表达能力,很好地把握了作者所要表达的主旨。

可见,以上事实表明,"五法"的整合实施,较好地有机提升了学生"语言建构与运用""思维发展与提升""审美鉴赏与创造""文化传承与理解"的语文学科核心素养。

(二)教师方面

1. 课题研究素养方面

通过研究课的教学设计与运用实践、参与听课评课,提高了教师对自主学习理念下学生"三程"学习活动设计思路的较好把握、教学目标准确定位、教学过程实化、细化安排和与课的研究主题、学生素养发展培养内容、落实举措等的相互"匹配"能力;提高了教学过程中"五法"的有效实践能力;逐步提高了自身主题式案例类研究成果总结的主题与框架构思、材料收集、文稿写作、经验提炼与反思、改进和完善能力;增进了自主研究的兴趣;积累了一定的研究经验。

2. 其他专业素养方面

通过参与课题研究课的教学的设计、课件的制作、教学的尝试、主题式案例的撰写等,提升了教师常态化教学设计、实施和总结能力;提高了学生相关方式之学习活动的学习单设计与运用能力、信息化教学活动设计与运用能力和语文相关教研主题的写作能力;进一步提高了课堂教学的趣味性和实效性。

四、反思

在《故乡》一课的分角色朗读精读法实施中,有小部分学生因基础薄弱、阅读理解的速度慢、良好的阅读学习行为习惯没有养成,导致在圈画批注时落后了。教师课上因特别注意引导超时,导致课尾的集中小结拖堂了2分钟。今后,教师应该注意加强训练学生的限量、限时阅读能力,利用课前学生间互相学习、参阅他人的读书笔记的方法,帮助这些基础薄弱的学生逐步提高阅读、理解能力,注意养成阅读时作批注圈画的好习惯。

五、意义

本主题涉及的案例,以引导学生自主进行小说人物分析、归纳活动为载体,着力于提升学生的语文核心素养,取得了较为明显的实效,具有以下"四性"的独特价值。

(一)凸显了课中学习活动中学生的自主性

通过片段一的实施过程表明,学生对教师创设的对课题的质疑产生了浓厚的兴趣,引发学生对小说内容的猜测,激发起他们主动一探究竟的自主性。片段三的实施过程表明,学生对分角色朗读感兴趣,也通过朗读让学生更能自主把握人物形象。片段五的实施过程表明,概括课文主旨是通过学生自主讨论完成的,合作归纳法也发挥了学生的学习自主性。这都体现了学生是这些学习活动的主人,从而大为提高了学生课堂参与独立学习、小组合作学习的兴趣,激发了思维潜能,保证学习的实效。

（二）彰显了语文学习的工具性

片段二的实施过程表明，引导概括法让学生在概括的同时，学到了概括的方法。小说阅读中，教师引导学生运用"五法"，提高了他们对小说的阅读兴趣、阅读速度和阅读质量，有效地促进了对小说整体情节发展、人物形象、写作手法和作者所要表达的主旨的把握，并在思想和情感上引起共鸣。这彰显了学生掌握好语文学科的工具性（方法性）的重要性，促进了语文课程"工具性与人文性的统一"目标的实现，也与《课标》中的"初步掌握学习语文的基本方法"相一致。

（三）展现了学生演绎小说人物时的创意性

片段三的实施过程表明，专门找与杨二嫂合作者有相似性格的学生进行分角色朗读。这样还原当年精彩片段的演绎，具有一定创意性；表演的学生和欣赏的学生，都表现出津津有味，甚至课后还意犹未尽，将演杨二嫂的学生直呼"杨二嫂"。可见，杨二嫂的角色已深入人心，也正是通过这样有创意的分角色朗读，让学生更能准确演绎和把握人物形象。

（四）彰显了课中分析、归纳学习活动的实效性

片段四的实施过程表明，图表分析法通过横向纵向的比较，让学生一目了然，引起思考，得出结论：按照时间顺序和情节的严重性从轻到重、有详有略来写，有明显的实效性。可见，在教师引导学生进行小说人物分析归纳教学中，较好地落实了学生的主体地位、加强了语文工具性学习方法运用的引导、学生多样化地进行自主学习和小组合作学习活动的尝试，可保证和提高具体学生课堂学习活动的实效性，有效促进了学生语文学科核心素养的发展。

参考文献

[1] 朱律维."独合结合"语文实施体验式提升学生写作详略素养探索——以《叙事要详略得当》区级课题研究课实践与分析为例[J].浦东教育研究，2019(8):53-57.

[2] 陆智瑾.借助微课"四化"优势，培养学生化学学科核心素养——以"化学第一课"微课为例[C]//柴建荣，曹明.自主学习 主动发展——微课支持下的校本探索.上海：上海科学普及出版社，2021:272-281.

[3] 中华人民共和国教育部.义务教育语文课程标准（2011年版）[M].北京：北京师范大学出版社，2012.

[4] 上海市教育委员会教学研究室.上海市初中语文学科教学基本要求（试验本）[M].上海：上海教育出版社，2018.

学生小说阅读素养，在"三程"系列活动中提升

——以《狼》一课学生"三程十二项"学习活动实践与分析为例

上海市五三中学　杨唯旎

一、背景

教师任教的初一年级学生在语文学习中，小说阅读素养仍存在不足，无法把握小说"三要素"——人物、情节、环境之间的联系，进而深入文本内核。这对学生的语文学习也带来了一些不利影响：一是他们停留在"反射性阅读"阶段，只体会了愉悦感，知道"写了什么"却不知道"为什么"。二是阅读时，割裂开了文本，以一种割裂、静止的视角看文本，失去了文本的整体性以及阅读的思辨性。

所以，教师在参加本校张剑敏校长领衔的区级课题"基于核心素养理念下初中生课堂学习活动设计与实施的实践研究"的探索过程中，尝试组织学生参与独立学习和小组合作学习相结合（简称"独合结合"）之课前、课堂和课后"三程十二项"学习活动，激发学生参与小说阅读活动的兴趣；并且熟悉小说阅读相关知识，把握小说"三要素"——人物、情节与环境之间的联系；结合作者观点以及时代背景，对小说主题形成深层思考，进而提高学生小说阅读的素养；促进整体性阅读和思辨性阅读的良好学习习惯的养成，进而提升学生的语文整体阅读素养。

以下以教师于 2021 年 11 月 25 日下午第一节所上的《狼》一课的学生"三程十二项""独合结合"文本阅读学习活动的实践与分析为例，说明本探索的实践操作与相应实效。

二、实践——"三程十二项"学生学习活动

过程一： 课前，开展学生独立"读一读"扩展阅读活动，把握故事情节。

学生独立借助文言文字典，读懂《狼三则·其一》以及《狼三则·其三》的文章大意，概括"拓展阅读"的情节，形成对主旨的初步思考。学生根据学习单，独立进行拓展阅读与记录活动。

本文为蒲松龄《聊斋志异·狼三则》（其二，以下简称《狼》），请独立阅读《狼三则·其一》以及《狼三则·其三》，思考并填写以下问题：

《狼三则·其一》中的狼企图＿＿＿＿＿＿＿＿＿＿，结果＿＿＿＿＿＿＿＿＿＿。
《狼三则·其三》中的狼企图＿＿＿＿＿＿＿＿＿＿，结果＿＿＿＿＿＿＿＿＿＿。

通过课前"读一读"活动,培养了学生根据问题引导,独立阅读文言小说,梳理概括小说情节和初步把握主旨的能力;为课堂的交流以及深化把握写作意图打下基础;培养了学生带着问题阅读文本的良好习惯。

过程二:课堂,组织学生合作"编一编"舞台剧活动,借助情境,加深对文本的理解。

设置情境,将《狼》由学生合作改编成一部舞台剧,赋予学生编剧、导演的身份,锻炼学生相应能力,引发学生思考问题和进行阅读、演绎的兴趣。

(1)组织学生合作回顾第一课时所学和"品一品"《狼》的情节和写作特点活动引入新课,整体把握《狼》的情节与写作特点。

教师借助口头和多媒体,引导学生合作回顾第一课时所学,继续品味《狼》的情节与写作特点。在此基础上,结合鲁迅的评价,让学生对《狼》的情节与写作特点形成更准确认识的导入教学。

师:请学生共同回顾第一课时所学;齐读课文《狼》。

生:参与合作回顾和齐读课文。

师:随机提问学生《狼》的情节特点和写作特点。

被提问到的学生:快速说出观点,其他同学回顾品味课文。

师:播放演示文稿,出示鲁迅对《聊斋志异》的评价——"用传奇法而以志怪",以及"唐传奇"的介绍——"唐传奇是一种小说体裁,以情节曲折、语言华美、富于文采著称"。整合《狼》这篇文章的特点,语言生动形象,情节一波三折。

教师对上述活动实施的观察表明,学生对于第一课时的所学记忆犹新,对于《狼》的情节和文章的写作特点都有自己的观点,能品味出文章的特点,对文章主旨有了初步认识。初步发现这篇文章的生动细腻,小说情节的一波三折是尚未深入学习的,激发了学生继续探索新知的兴趣。

(2)组织两次舞台剧情境演绎合作活动,锻炼合作演绎课文情境和整体把握文章情节的能力。

一是组织合作"选一选"舞台布景活动,把握小说环境和情节。通过学生合作为舞台剧选定布景的"选一选"活动,引导学生小组合作从文章中找依据,选定小说的地点以及环境,锻炼学生把握小说环境、设想如何加以演绎的能力和激发合作演绎小说环境的兴趣。

师:元旦文艺汇演将近,由于这篇小说生动有趣,我们班的小玉同学提出要将这篇小说改写成舞台剧,在座的34名同学都是这场演出的导演,请各位导演们共同集思广益,攻坚克难。首先是第一个难题,请"导演们"为舞台剧选取布景,一共需要几处?

生:两处。

师:分别是哪两处?第一处是什么?

生:独立思考后回答,在回家路上。

师:依据是什么?

被提问的学生：朗读相关句子。

师：播放演示文稿，请为这句话断句。

生："一屠晚归/担中肉尽/止有剩骨。"

师：追问，为什么"止"后面不用停顿？

被提问的学生：解释"止"的含义。

师：需要什么道具？

生：担子。

师：担子里需要什么？

生：骨头。

师：几根，为什么？

生：两根，因为一共扔了两次。

师：灯光如何？

生：自由回答，昏暗。

师：是否需要群演？

生：不需要。

师：为什么？

生：傍晚行人稀少，没有求助对象。

师：播放演示文稿，出示夜晚小路图片；问，第二处布景是什么？

生：田野上的打麦场，依据"顾野有麦场，场主积薪其中，苫蔽成丘。屠乃奔倚其下，弛担持刀"。

师：这一句中，有两处"其"，含义是否一样？

被抽到的学生回答：都是代词。第一处，代指打麦场；第二处，代指柴草堆。

师：还需要什么道具？

生：刀以及柴草堆。

师：什么样的柴草堆？

生：覆盖成小山一样的。

通过"选一选"布景设想活动，学生在合作选择布景的过程中，对小说的情节有了进一步把握，对小说的环境，包括时间、地点和背景，有了具体清晰的认识，也掌握了"止""其"等字的含义；激发了这样学习文言文小说的兴趣。

二是组织合作"配一配"背景音乐活动，细致把握情节。通过引导学生合作为小说情节的开端、发展、高潮和结局，匹配相应背景音乐的活动，引导学生划分小说层次，进一步把握小说情节的发展过程。

师：播放演示文稿，口头引导：各位"导演"的下一个任务，是为舞台剧选定背景音乐，请大家依据提示，思考如何匹配小说的开端、发展、高潮和结局的音乐。

生：独立思考1分钟；有生举手回答，开端是"间或一两声虫鸣"，以声衬静。

师：开端是文章哪一部分？

被提问的学生回答：文章第一段。

师：应该匹配什么背景音乐？

生举手回答:对文章第二、三段,配以一段低沉紧张的旋律。因为当时情节非常紧张,两只狼始终跟随着屠户。

师:高潮呢?

生:高潮是文章第四段;可以配以一段急促的鼓点。因为屠户杀了两只狼,情节非常激动人心。

师:那结局是第五段吗?

生:第五段是作者发表的议论。小说结局是第四段最后一句话。所以,第四段前面部分是高潮。

师:那为什么结局要用一段留白呢?

生:因为这时候屠户突然醒悟了,给观众留下空白和思考的空间。

通过"配一配"音乐活动,学生互相合作交流,结合老师给出的提示,对课文情节的四大环节(开端、发展、高潮和结局)发展的过程,把握得更加细致化;还能够体会每一部分的氛围与情感基调,促进了对课文写作特点的体悟;增进了这样学习文言文的兴趣。

(3) 组织学生三次合作学习活动,具体把握人物形象。

一是组织学生合作"补一补"狼的心理独白活动,初步把握狼的形象。学生通过结合示例,揣摩狼的心理,填写心理独白,并朗读演绎的方式,为狼增补心理活动,最终合作归纳狼的特点,来锻炼学生合作揣摩狼的心理、进行表达和把握狼的形象、尝试归纳的能力,激发学生参与这样学习文言文的兴趣。

师:请大家为两名狼的扮演者增补一些内心独白。这是示例:途中两狼,缀行甚远。为下划线的两狼增添内心独白,"你若是给我们肉,我们便放你一条生路;若不给,今天就拿你来打打牙祭。"读的时候,语气应该怎么样呢?

生:恶狠狠,凶狠。

师:板书狼的特点——凶狠。请大家前后讨论2分钟,试着说一说。

生:前后讨论后,举手发言。第一句"屠惧,投以骨,一狼得骨止,一狼仍从。"后一只狼"我的呢?你只给了他,我的呢?"第二句"复投之,后狼止而前狼又至。"前狼:"一根骨头怎么够?你打发谁呢?"

师:这又可以看出来狼有什么样的特点呢?

生:贪心,贪婪。

师:板书,贪婪。

学生通过填补狼的心理独白和合作归纳狼的特点这一活动,体会了狼做出这些行动时的心理,无形中也感受到了狼的形象特点——凶狠又贪婪;锻炼了合作演绎表达狼的形象、尝试加以归纳的能力,激发这样学习文言文的兴趣。

二是组织学生合作"理一理"屠户心理活动,把握屠户的形象。学生借助学习单的表格引导,通过合作梳理与概括屠户的处境以及对应表现的学习活动,认识屠户的形象;锻炼相应能力。

师:借助多媒体和学生学习单,出示表1。

生:独立观察、阅读和思考。

表 1 屠户心理梳理表

处境	表现	心理
＿＿＿＿＿＿（处境非常＿＿＿＿）	"投以骨""复投之"	＿＿＿＿
"骨已尽矣,而两狼之并驱如故"(处境非常＿＿＿)		
＿＿＿＿＿＿（处境似乎＿＿＿）		

师:屠户的扮演者无法准确把握人物特点,请大家前后讨论,为屠户的扮演者梳理屠户在不同处境下的表现,体会屠户的心理变化及性格特点。填写课堂学习单中的表1。播放演示文稿。

生:讨论3分钟。第一次处境是"晚归""肉尽""两狼""缀行甚远",当时是傍晚,少有行人,肉卖完了,没法喂饱狼,有两只狼紧紧跟着屠户,处境非常危险。

师:根据屠夫的表现,可以看出他这时的心理怎么样?

生:恐惧、焦虑、妥协。

师:板书屠户的处境和心理。那第二次处境如何呢?

生:"窘",困迫为难。

师:板书处境困迫为难。屠夫做出了什么表现?

生:"奔倚其下,弛担持刀"。

师:用了几个动词,体会他的动作。

生:四个动词,跑、倚靠、卸下和拿起,非常果断。

师:反映出屠户当时什么样的心理?

生:决定奋起抗争。

师:板书屠户心理:决定奋起抗争。那么,最后一次呢?

生:处境"狼不敢前,眈眈相向""少时,一狼径去,其一犬坐于前。久之,目似瞑,意暇甚。"处境似乎安全了。

师:为什么突然出现了"犬",一只狗?

生:这里是名词用作状语,像狗似的。

师:板书处境似乎安全,那么屠户作出怎样的表现呢?

生:"屠暴起,以刀劈狼首,又数刀毙之""转视积薪后""自后断其股,亦毙之。"

师:表现了屠户什么样的特征?

生:果断、谨慎,勇敢抓住时机。

师:为什么屠户的处境,"似乎"是好转了?

众生:默默思考。

学生通过"理一理"的合作学习活动,首先,对于屠户在三种不同处境下的表现的梳理,增进了对文章的环境与情节更深一步的认识。其次,借助表格和小组合作,增强了对小说环境及人物对应表现的梳理和概括能力。再次,通过屠户在不同处境下的表现的梳理,学生能够从中直观体会到屠户的心理,从最初的畏惧妥协,到勇敢反抗的合理变化过程。最后,激发了学生主动思考:为什么屠户的处境是"似乎"好转了的兴趣。

三是组织合作"演一演"狼的行动活动，深化把握狼的形象。学生通过合作"演一演"活动，用亲身参与演绎或直观观看的方式，把握狼的行动路线，解决前面活动留下的疑问，深化对狼的形象特点的把握。

师：为什么屠夫的处境是似乎好转？请大家读一读"狼不敢前……盖以诱敌"这一部分内容，试着用手偶演一演。

生：一学生朗读"狼不敢前……盖以诱敌"这一段内容，一学生用手偶表演屠户的表现，两位学生用手偶演绎狼的行动路线，其他同学观看并思考为什么处境是"似乎好转"。如果屠户没有转身，那么丢掉性命的可能就是屠户。

师：可以看出狼什么样的特点？

生：狡猾。

师：板书，狡猾。

通过手偶表演活动，调动了学生的兴趣，并且让学生形象直观地体会到了这一情节所体现出的两匹狼的狡猾以及如果屠户没有勇敢出击，可能会丧失性命的后果，充分体会到了狼的贪婪。

（4）组织学生开展四次合作学习活动，深刻把握写作意图和写书指向。

一是组织学生合作"填一填"文章主旨活动，三步结合，初步把握文章主旨。学生通过结合作者观点，完成"填一填"文章主旨活动，培养学生合作梳理概括文章主旨的能力。

师：狼的演员认为这篇文章是为了赞扬狼的足智多谋；屠户的演员认为是为了赞扬人的机智勇敢。大家认为呢？

生：自由发表见解。

师：找出反映作者观点的语句。

生："狼亦黠矣，而顷刻两毙，禽兽之变诈几何哉？止增笑耳。"

师：播放演示文稿，出示这句句子。请学生抓住关键词，体会语气。

生：亦解释为也，顷刻解释为一会儿，几何解释为多少。这是讽刺的语气。

师：播放演示文稿，出示填空。

生：共同填写文章主旨：本文讽刺了狼的_____，在_____勇敢、主动出击_____的人面前，最终不堪一击。

学生通过思考问题、合作填空活动，结合作者的议论以及之前对情节和人物的把握，能准确地确定文章的主旨；增强了学生合作概括课文主旨的能力。

二是组织学生开展合作"议一议"写作意图活动，结合预习，初步把握拓展阅读《聊斋志异·狼三则》的写作意图。学生通过教师引导合作完成"议一议"学习活动，结合考察课前阅读和思考的情况，培养学生小组合作概括《聊斋志异·狼三则》写作意图的能力。

师：作者写这篇文章，只是为了讽刺狼吗？请学生讨论课前拓展阅读的思考题。

生：在《狼三则·其一》中，狼企图吃屠户货担里的肉，结果因为吃挂在树上的肉，被钩子刺穿了上颚而死。在《狼三则·其三》中，狼企图吃了屠户，结果被屠户用"吹豕之法"制服了。

师：播放演示文稿，出示清代何垠的评论："狼以贪死，以诈死，恃爪牙而亦死，乃知禽兽之行，决不可为。"议一议《聊斋志异·狼三则》的主旨。

生：看似在写狼，实际以狼喻人。

学生通过扩展阅读《聊斋志异·狼三则》以及前人对狼的评论,进行议论和交流各自的见解,体会了文章不仅是在讽刺狼,更是以狼喻人,讽刺的是人的写作意图;锻炼了小组合作阅读、梳理概括《聊斋志异·狼三则》的写作意图,提高了对蒲松龄《聊斋志异·狼三则》写作意图的概括能力。

三是组织学生开展合作"想一想"写作意图活动,结合背景,深入把握以狼喻人的写作意图。结合更多背景、图文材料,培养学生结合背景,知人论世,深入把握作者以狼喻贪官酷吏的写作意图的能力。

师:"禽兽之行"仅仅是在讽刺那些恶人恶事吗?播放演示文稿,出示清代补服图片——文官补服纹饰为禽类,武官补服纹饰为兽类。

生:讽刺的还有那些贪官酷吏。

学生通过合作阅读更多背景资料、观察清代补服的图片,进一步认识到"禽兽"还是官吏的隐喻,让学生明白《聊斋志异·狼三则》不仅是以狼喻人,还是以狼喻贪官酷吏,进一步全面把握了文章主旨。

四是组织合作"添一添"舞台剧画外音活动,深入把握写书指向。学生通过"添一添"尾声画外音和结合评论思考作者写书指向的学习活动,培养学生深入思考作者写书指向的能力,增进深层思考和这样学习的兴趣。

师:播放演示文稿——蒲松龄的自志:"浮白载笔,仅成孤愤之书。"解释含义。出示郭沫若的评价:"写鬼写妖高人一等,刺贪刺虐入骨三分。"出示画外音的填空。

生:为整个舞台剧添补画外音尾声:原来其中寄托了一腔孤愤,讽刺了那些恶人恶事、贪官酷吏。

学生通过《聊斋志异·自志》以及郭沫若评价的补充和添补尾声画外音的活动,改为全面地把握了作者的写书指向;培养了学生梳理概括和内化写书主旨的能力;增进了这样学习文言文小说的兴趣。

过程三:课后开展独立尝试"写一写"以动物喻人短文活动,巩固以动物喻人的写作手法。

学生通过课后"写一写"以动物喻人的短文,锻炼以狼喻人的写法能力;并和单元目标结合起来,加强对人和动物间关系的思考与体悟。

师:动物就像是一面镜子,人在与动物相处的过程中,往往能从动物身上看到自己的影子,并引发深刻的思考。请大家选择一种动物,学习本文以狼喻人的方法,写一写自己的发现与思考(约200字,20分钟内完成)。

通过这一活动,学生能将思考形成书面文字,巩固以动物喻人的写法,增强了学生的写作能力;进一步激发起这样学习文言文小说的兴趣。

三、成效

(一)学生方面

一是在小说阅读兴趣方面:课前,学生通过《聊斋志异·狼三则》其余二则的阅读,对于蒲松龄笔下狼的形象产生了好奇与思考;课堂上,以"三程十二项"的系列学习活动作为展开,层层深入,引起了思考的同时,也感受到了《聊斋志异》这部志怪小说集以及小说文本的趣味与内涵;课后,学生对舞台剧改写和演绎兴趣浓厚,并对《聊斋志异》产生兴趣,能够在课后进行延伸阅读。

二是在小说阅读知识方面:通过对于小说环境、情节以及人物的层层深入,学生熟悉了小说"三要素"及其相互间的联系;初步熟悉了层层深入逐步表现以狼喻人主旨的写作手法。

三是在小说阅读能力方面:学生通过层层深入的小组合作学习系列活动,结合作者观点以及丰富的拓展资料,在积极深入地进行思考、讨论、交流中,对小说的情节得以逐层细化,培养了合作梳理概括小说情节的能力;对小说人物形象的逐层深入,也增强了学生揣摩人物心理和合作归纳人物特点的能力;对小说的写作意图的不断挖掘,培养了学生结合预习、背景资料、图片以及他人评论,理解作者小说写作意图的能力。

四是在良好学习行为习惯方面:学生在教师层层设问、知人论世的写作方法引导以及将小说"三要素"有机结合,培养了从情节发展线索、环境与心理描写细节入手,进行文言文小说情节和写作特点梳理概括和把握主旨的良好行为习惯、课内外材料结合进行整体性阅读和思辨性阅读的良好学习习惯,增进小组合作进行系列学习活动的价值意识。

五是在学生整体阅读素养方面:课前,学生开展扩展阅读,结合思考题,提升了学生的自主阅读速度与效率;课中,教师以课文角色情境演绎为切入,以丰富的学习活动为展开的学习方式,提高了学生对文言文小说课堂学习的参与度,保持了一种高专注度、高效的课堂学习状态;通过对主旨的层层深入探索,还提高了学生的整体阅读能力与批判思维,培养了他们的个性化表述能力;课后,学生独立写作以动物喻人的小短文,增强了写作手法的迁移运用能力。学生在完成"三程十二项"独立为辅、小组合作为主的探索性收集、阅读、讨论、交流、梳理与概括、写作和演绎等学习任务中,增进了对这样学习文言文小说的价值认识,内化了自主阅读素养。

(二)教师方面

一是提高了教师指导学生用"三程"系列活动的方式来引导学生进行文言文小说阅读的能力。二是提升了教师对主题式案例总结的能力,即将整个探索实践过程,在明确的主题和一定的框架、理论引导下,规范、科学、系统和"干货"化进行整理、提炼和书面化地加以表述的能力;三是启示了教师在以后的语文教学中,可以继续尝试有计划地带着活动主题,进行设计和教学实践,然后加以总结、提炼,形成基于实践、富有理性思考和个性特征的语文教研成果。

(三)学校方面

一是促进了学校语文学科对学生独立为辅、小组合作为主"三程"开展文言文小说阅读系列化活动设计与实施的探索。二是丰富了学校区级课题的主题式案例类成果。三是本成果对语文学习活动设计、实施和总结产生了一定的对外影响。

四、反思

本探索的反思，主要可以概括为"三个需要细化"。第一，需要细化课后"写一写"活动的要求，在写之前，可以先要求学生设立提纲，确定主旨、内容和方法，写完后，进行对照自查。第二，需要细化语文课堂学习活动目标，关注学情、课标和教材分析分析与学习活动目标细化的关系。第三，需要细化教学活动设计与实施的过程预设，以便进一步提高研究的针对性、实践性、科学性和创意性，提升研究成果的辐射价值。

五、意义

《狼》一课的探索实践，能够取得良好效果，主要意义有以下"三个相结合"。

（一）主体性与趣味性相结合

本堂课以情境设置为切入，以课前、课堂和课后"三程十二项"学生学习活动为主线，落实了学生学习活动的主体性，提升了学习活动的趣味性。十二项"独合结合"活动趣味性浓厚。例如，合作"选一选"活动，将把握小说的结构和环境，转化为了为舞台剧选定舞台布景，配合多媒体，激发了学生参与课堂阅读、选择环境与布景的浓厚兴趣；合作"补一补"活动，将学生体会狼的心理和把握狼的形象活动，转化为了为两名狼的扮演者增补心理独白，结合声情并茂地朗读，使这一过程的学习变得形象化；合作"演一演"活动，将书面文字直观化、视觉化，增加了学生参与课堂的热情。

本堂课"独合结合"的形式，赋予了学生舞台剧导演的身份，将学习的主动权交还到了学生手中。通过"三程十二项"学生独立为辅、小组合作为主的学习活动，由学生自主把握小说的情节、环境以及人物描写特点，最后引发对课文表达主旨的思考，导演身份代入性，都彰显了学生在"三程"学习活动中的主体性地位。从而，也保证了本课学习的有效性。

可见，主体性与趣味性相结合，可以引导学生更主动、更快、更好和愉悦地完成相关学习活动任务；并有机提升学生的文言文阅读"四素养"和语文整体阅读素养。这是可以继续加以探索的。

（二）理论与实践相结合

本堂课丰富的学习活动，为学生提供了文言文小说《聊斋志异·狼三则》搜、听、读、思、议、比、理、概、享、演、观和写等的多元阅读输入与输出为主的实践机会，能够对小说情节"三要素"、环境描写、心理描写和以狼喻人写作主旨进一步加以学习，并尝试学以致用。这些过程，较好地引导了学生将小说写作理论运用于对课内外文言文小说的文本资料与其他资料的阅读、观察、思考、讨论、理解、梳理、概括、交流、演绎和迁移运用，既巩固了小说情节"三要素"和环境与心理描写方法，又层层深化了对以狼喻人写作主旨的把握，还尝试了以动物喻人表达主旨写法的课外运用；在运用中，又促进了对这些小说写作理论与知识的个性化理解与巩固。例如，学生在课外以动物喻人的"写一写"活动中，写出了自己对动物和人之间关系的思考,印证了实践是认识的来源,又深化了对理论价值的认知。

可见,理论与实践相结合,可以引导学生自主阅读文言文小说,把握小说的情节的"三要素"、环境描写、人物心理描写的方法和作者想要表达的主旨,进而巩固习得的文言文小说的阅读、写作理论与知识;又可以在运用中,经过思考,对这些理论与知识产生新的认识,促进理论与知识的个性化理解与运用,提升对理论与知识把握的层次和运用的灵活性、创意性。

(三)活动与能力相结合

检阅本课"三程·十二项"学生学习活动的实施,包含着一定对学生独立为辅、小组合作为主相关文言文小说阅读多元化输入与输出能力的培养。例如,在"选一选""配一配"活动中,学生认识了小说的环境与情节,培养了学生对小说"三要素"的梳理概括能力;在"补一补""理一理"活动中,培养了学生从文章中获取信息,感知人物心理,并进行个性化表达的能力;在"议一议""想一想"等活动中,引导学生层层深入思考,增强了学生结合预习、背景以及评论概括主旨的能力,提升了学生的思辨能力。

可见,学生"三程"自主学习活动与相关能力培养相结合,既是可以做到的,实效也是明显的,是值得持续加以探索的。

参考文献

[1] 马雅玲.小说的类型和小说教学的内容[J].语文教学通讯·初中刊,2006(1):6.
[2] 郭跃辉.转变"要素板块框架",重构小说教学内容——以《林教头风雪山神庙》为例[J].中学语文,2017(3):13.
[3] 张心科.语文有效阅读教学:精要的内容与适宜的形式[M].上海:华东师范大学出版社,2020.
[4] 刘学文.素质教育:中国教育的希望[M].北京:长城出版社,2000.
[5] 王荣生,李冲锋.小说教学教什么[M].上海:华东师范大学出版社,2015.
[6] 朱律维."独合结合"语文实施体验式提升学生写作详略素养探索——以《叙事要详略得当》区级课题研究课实践与分析为例[J].浦东教育研究,2019(8):53-57.

队员主题式辩论活动素养，
在少先队辩论赛活动中提升

——以少先队活动课"网络语言对汉语言文学的影响"
辩论赛活动实践与分析为例

上海市五三中学　姚佳慧

一、背景

随着我国经济发展，网络技术也得到了迅猛的发展，新鲜事物也随之增多，其中最为明显的就是网络语言。网络语言带来了一些有别于传统的汉语言意思之外的含义。对此现象，有人认为，随着时间的变化，人们在使用汉语言的基础上，可以创造出更多的网络语言，在丰富汉语言的同时，也在一定程度上推动了汉语言的发展。此外，网络语言也具有传统汉语文学所缺少的自由性。这使人们在使用网络语言的过程中，可以根据使用者的想法进行不断变化，具有文学所缺少的自由性。也有人认为，网络语言最初时，是为了满足人们聊天中的诙谐幽默；但是，现在部分网络语言较为低俗，不良网络语言严重影响了汉语言文学的发展。

网络语言对初中生的语文学习，同样有着正反两面的影响。一方面，网络语言独特的幽默性、感染力、灵动性和影响力，能推动初中生们自主探索、学习、感受语言的魅力，在潜移默化中培养他们自主创新、探索的能力。另一方面，网络语言的广泛传播使大量不规范的网络用语充斥着人们的日常生活，容易使初中生将其作为平时学习、生活的用语，对传统汉语言的理解产生歧义。若是不及时纠正，将不利于初中生的汉语言文学思维发展，也不利于他们对汉语言文学内容的规范记忆和使用。

鉴于上情，教师在参加学校张剑敏校长领衔的区级重点课题"基于核心素养理念下初中生课堂学习活动设计与实施的实践研究"的实践探索中，尝试结合少先队活动课，为孩子们举办一场别开生面的辩论赛，主题为："网络语言对汉语言文学的影响"。随后，让他们自由分组，再以小组为单位，经历辩论赛前、中、后"三程十四步"活动的过程，以增进队员参与合作辩论的意识，拓展参与辩论的知识，锻炼辩论需要遵守的基本程序（步骤）和相关辩论技巧，增进参与辩论的兴趣（以下简称合作辩论"四素养"），有机促进队员提升网络语言对汉语言文学学习的正向积极影响。此前，队员已经学习了辩论的基本知识和步骤，以下总结本次活动实施与成效等相关情况。

二、实践——实施基本步骤"三程十四步"

(一) 辩论活动准备(六小步)

1. 确定辩题

组织队员观看两段有关对网络语言看法的视频。视频中,图案、声音讲解和文字说明同时呈现;内容主要包括:什么是网络语言、学生最讨厌的网络语言和网络语言是否必要;要求队员独立观察、思考,并进行必要的记录,以便让大家体会网络语言的出现对汉语言文学而言是把双刃剑,人们因此对其看法不一。

初中阶段的学生对网络语言更为熟悉,也较有话语权,在与班中的队员们讨论后,确立了"网络语言对汉语言文学的影响"这一辩题。一方面培养了队员迅速提炼素材重要信息的能力,为辩论赛时即时捕捉关键信息打下基础。另一方面方向明确,使队员聚焦到网络语言对汉语使用者的文学素养所产生的影响,以及影响两面性的辩证思维。

2. 选择辩方

辩者双方代表,需要通过抽签来选择辩方。两位队员代表现场即兴比拼飞花令,由胜利的一方,首先抽签决定辩方为反方;另一队则自动归为正方代表。此次正方的主要观点是"网络语言对汉语言文学而言利大于弊";反方的主要观点是"网络语言对汉语言文学而言弊大于利"。这样一来,既调动了正反双方成员,尤其是辩手们的活动兴趣,又营造了一种紧张、活跃的气氛,使其余作为观众、评委的队员也能乐在其中。

3. 明确分工

各组内的四位成员,进行自主选择分工,明确各自任务:一辩负责开篇陈词、攻辩小结,二辩、三辩负责攻辩,四辩负责解题和总结陈词。这样,一方面担任辩手的队员根据自己所长自主选择分工,需要辩手之间进行协商,他们的合作交流能力也有机得到了锻炼;另一方面正反双方队员方向明确,目标清晰,方便后续梳理观点,为提高参辩的效率奠定了基础。

4. 分工搜集资料

四辩,先从辩论对象入手查找资料,其中包括何谓网络语言,网络语言的起源是什么,网络语言的性质如何等内容。一辩,负责搜集能从正面支撑己方论点的事实论据和理论论据。二辩,搜集能从反面支撑己方论点的事实论据及理论论据。三辩,搜集能支撑对方论点的各类论据。双方的非辩手成员,参与为自己一方的成员收集资料和为后续如何有效地进行阐释与辩论出谋划策。如此,辩手们和双方成员,一方面在搜集材料、整理观点和出谋划策的过程中,培养了队员他们各自相应的能力,尤其是独立思考的能力;另一方面,各方辩手和成员更有针对性地进行着材料的准备,为后续提高双方辩论的整体效率做好了知识与技巧的准备。

5. 梳理观点

首先,双方辩手所在的各组成员,将各自搜集的材料进行汇总、分享、交流和集中梳理。组员根据搜集到的正反两面的论据,共同协定一个观点明确、旗帜鲜明且用之攻守兼备的总论点。其次,围绕所搜集到的对己方有利的论据,商讨可给对手进行"下套"或作反驳预设的角度、观点与材料。最后,由双方的辩手们各自撰写辩词。如此,可以较好地锻炼了正反双方各自成员和辩手们汇总、分享、交流、集中梳理所收集的材料,协定总论点、给对手进行"下套"或作反驳设想的角度、观点与材料和辩手撰写辩词的能力,尤其是设想如何有效地进行阐释的思辨能力和辩证思维。

6. 组内演练

组员针对攻辩与自由辩论环节进行组内演练:一辩与四辩充当对方二、三辩的角色与己方二、三辩进行试辩。试辩结束后,组员们迅速共同进行总结,对原先准备的辩词和论辩技巧作相应的调整、修正和补充。如此,一方面检验了双方辩手对自己的赛前准备是否充分;另一方面队员可提前进入角色,培养自己参辩的临场经验。

(二)辩论活动实施(六小步)

1. 队员主持比赛

辩论赛开始,主持人宣布辩题,介绍参赛代表队及所持立场,介绍参赛队员、评委及点评嘉宾。在辩论过程中,计时员严格控制比赛时间;主持人需根据计时员的铃声提示主持每一环节的进程。这样,一是能确保辩论赛的流程正常进行。二是能培养队员的主持能力和加强观察、思考、及时根据实情进行有针对性控场的能力。

2. 开篇陈词

正方一辩开篇立论,结合论据明确己方论点"网络语言对汉语言文学而言利大于弊",再围绕总论点"网络语言对汉语言文学的利弊最终取决于人的主观性"展开论述。随后,反方一辩开篇陈词,明确己方论点"网络语言对汉文学而言弊大于利",再围绕其总论点"学生缺乏自制力,极易受到网络语言影响导致缺乏规范的汉语言文学素养",结合各类论据展开论述。这一环节,一是培养了辩手开门见山直击辩题的技巧和深入探究的能力。二是快速让观众浸入一种论辩的氛围中,增强了相关队员的演讲感染力。

3. 攻辩环节

攻辩由正方二辩开始,正反方交替进行,共四轮。每一轮攻辩阶段,为1分45秒;攻方的每次提问,不得超过10秒;每轮必须提出三个以上的问题;辩方每次回答的时间,不得超过20秒。四轮攻辩阶段完毕,先由正方一辩再由反方一辩为本队作攻辩小结,限时1分30秒。在这个环节中,攻方尽可能掌握主导权。以活动中正方二辩攻辩环节的一个片段为例,队员以水为喻,提出"水无定性,受外界影响可改变形状,人也如此,网络语言确实对汉语文学而言有利有弊,但是一旦对手采取某些正向措施,便可让其顺着设想的渠道而流。那对人们而言,不也是如此吗?只要得到正向的引导,网络语言对汉语言文学而言,是利大于弊的"。队员结合语文课堂所学文言文内容,从孟子的比喻论证中得到了灵感,学习其自始源域"水"出发,激活"水"概念中的某一蕴涵,通过投射转移到目标域概念上去,再反映到语言实际中"这一论证方法,体现出其较强的知识迁移的能力。

4. 自由辩论环节

这一阶段,两名计时员分别为双方辩手计时,各4分钟,正反方辩手自动轮流发言。

发言辩手落座为发言结束,即为另一方发言开始的计时标志;另一辩手紧接着发言;同一方辩手的发言次序不限。此次活动中,反方时间已经用完,正方可以继续发言,也可向主席示意放弃发言。自由辩论提倡积极交锋,队员面对对方提出自己所没有预设过的假设时,便会迅速捕捉、吸收关键信息,挖掘对方漏洞,将其转化为对己方有利的观点或材料,巧妙加以应对。辩论的对抗性强,队员容易因为紧张而出错。这一过程,既锻炼了正反方辩手自动轮流阐释机房观点的能力,也锻炼了双方辩手迅速发现辩论中的不足,找出对方之误,证明己方之正的快速反应、巧妙积极应对的能力;有机地锻炼了队员既要沉着稳定,又要急中生智快速出击的心理素质。

5. 总结陈词

反方四辩总结陈词,对己方观点中的关键点予以总结和重申,弥补己方比赛中出现的漏洞;尽量找出对方观点中的漏洞,予以反驳。比赛尾声部分,正方四辩升华主题:"网络语言对汉语言文学的影响的关键,不在于它本身的性质,而在于创造、使用它的人。如果人们能正确地看待网络语言,取其精华,去其糟粕,网络语言对文学的影响一定是利大于弊的!"这一过程,很好地锻炼了队员的总结陈词、强化己方关键观点、弥补不足之处和反驳对方纰漏之处的能力;提高了演讲的感染力;引发了全体队员的自主反思,内化了辩证思维。

6. 评委打分

评委团各自打分,评判出优胜队和优秀辩论员。主持人组织赛场听众就辩论的问题发表意见。队员评委们评判完毕之后,由其中一名代表对双方的辩论情况作出评议;然后将评判出来的优秀辩论员和优胜队名单,交给主持人;由主持人当场宣布辩论的结果。这一过程,培养了队员回顾、总结整个活动内容、过程、双方辩论中表现的能力;锻炼了评价员收集双方辩论信息,进行汇总、整理和作出客观、公正的评价和对评价情况的作出简要说明的能力;加深了全体队员对于辩题及其利弊的印象。

(三)课后反思(两小步)

1. 思考积累的经验与不足

以各辩论小组为单位,组织队员思考并讨论初次参与辩论活动所积累到的经验。参赛小组成员对比赛进行复盘。首先,组内成员讨论并整理出自己组内在赛场上的闪光点,总结出自己擅长的技巧。其次,分析自己的不足之处。最后,还未参赛的队员小组,根据参赛小组的表现,讨论他们的优点与不足之处,注意扬长避短。这一过程,较好地激发全体队员的积极思考,拓展了他们的思维,也培养队员有理有据加以表达的能力。

2. 呈现反思结果

首先,由参赛小组各派一名代表,将本组成员讨论的结果进行分享交流。其次,再请各小组依次派一名代表补充分享。最后,教师进行总结。因每组成员的表现和看问题的角度不同,所分享的内容便也不尽相同,恰好起到相互补充的作用。如此一来,队员们对辩论赛的认识也能更全面、更深刻。

三、成效

（一）队员方面

1. 主题式辩论活动素养

一是培养了队员对于演讲、思辨的学习兴趣。二是拓展了队员相关辩论知识，如"三程十四步"的基本步骤，各步的主要任务，各步实施中的需要注意的方面等。三是初步锻炼了如"借对方攻击之力反击对方""剔除对方论据中存在缺陷的部分，换上于我方有利的观点或材料"等辩论技巧。尤其是有效培养了队员们自主探究、独立思辨、辩证思考、合作探讨、临场反应能力以及辩论的感染力。四是有机培养了队员们在面对难题时不轻言放弃，先独立思考再合作探讨的良好学习习惯。

2. 网络语言对队员语文学习的影响

队员认识普遍认识到，一是对待网络语言，应采用取其精华去其糟粕的态度。二是在语文学习中，不妨对如何将网络语言的丰富性、趣味性和灵活性合理地加以运用，作为探索的主题，以赋予传统汉语言在运用的这些特性，提升汉语言实践运用的时代感。三是在日常生活中，队员可以适度使用较为流行、意思确切的网络语言，表达自己当下的感受。四是鉴于语言最要功能在于人们之间进行便捷的交流，仍需要注意减少应用不规范的网络语言，尤其是意思存在歧义、不确定的语言来表达自己的观点，避免因意思的歧义而引发误解，或带来交流的不畅。

（二）教师方面

1. 主题式辩论活动组织素养

一是锻炼了教师对于少先队员主题辩论活动的策划能力。二是启示了教师在以后的教学中，需实化、细化设计。三是提升了自己将学科教学和日常队活动结合的综合性素养。

2. 成果总结素养

此前，教师对于主题式案例涉及的"主题与指向、背景要义、步骤型举措的框架与操作要点、实效、反思、意义"6个方面认识不清，实际性素养较为欠缺。在浦东教发院原资深科研员曹明老师的倾力相助下，教师经历了本次活动实践上述6个方面的构思、含义理解、材料收集、具体撰写成文，逐步修改完善，形成本成果的过程，清楚了解主题式案例6个方面的含义，提高了相应的能力。尤其突出表现在：一是学会了如何结合自己学校少先队大队辅导员的日常工作，挖掘主题式案例可以探索的主题，并明确地加以表述。二是学会了对相关少先队主题活动的实施步骤（基本程序）予以梳理，并结合本主题式案例，提炼了"三程十四步"的活动框架。三是细化了实施每一步的操作要点和各自的实效。四是锻炼了与研究主题预设指向相匹配的本次活动实践实效的总结能力，提高了反思的针对性，增强了自己在主题式活动后的反思意识。五是初步尝试了对本次活动实践的意义进行挖掘，总结了"六性"的独特价值。此外，在曹明老师的提示和修改下，也增强了自身规范标注文献的意识。

（三）学校方面

一是拓展了学校区级课题课堂学习活动的类型——少先队活动课类。二是丰富了学校区级课题主题式案例类的成果。三是促进了后续此类活动的组织和成果的总结。

四、反思

本次活动实践的反思，主要包括以下三个"需加强"：一是需加强实赛前的有形设计。二是需加强对队员辩论赛活动的预设评价标准设计和尝试运用。三是需加强结合学科教学和日常队活动，组织队员进行更多相关主题辩论赛类活动，使少先队员在进一步熟悉相关辩论知识和技巧的基础上，加强实战体验，尤其是需要加强从对方辩论信息中迅速抓住破绽，挖掘己方材料，加以辩驳的能力。

五、意义

本少先队员的辩论赛活动的探索实践能够取得良好效果，彰显了"三程十四步"的多元体验式活动在提升队员辩论素养与语文学习素养方面的独特价值——"六性"。

（一）"三程"系列活动过程中队员的主体性

本次活动实践，都是以队员为主体的，教师只是起到激发队员兴趣，辅助引导队员理解相关辩论程序、其他知识和技巧的作用。这种主体性，主要体现在"三程十四步"的队员体验学习活动中。一是活动前的准备，队员根据教师提供的视频，自主观察、思考视频中所反映的社会现象，随后通过交流、分享得出"网络语言的出现对汉语言文学而言是把双刃剑，人们因此对其看法不一"的结论，培养了队员在接受外来信息时自主观察并注意整理记录的习惯，而后队员各抒己见，分享自己的观点，自然地引出"以此为题举办辩论赛"这一想法。在赛前准备过程中，全程由队员自己进行组内明确分工、组员分工搜集资料、梳理观点以及进行组内演练，教师仅扮演"顾问"这一角色，队员有困难时适当提供建议。二是活动中，辩论赛活动的各环节出席人员，皆由队员组成；双方辩手在活动中，注意捕捉对方的逻辑漏洞，自主加以记录并注意加强组内成员间的配合，在下一轮"交战"中针对所记录的"逻辑漏洞"问题，展开有针对性的攻势，培养了双方快速捕捉对手交流的信息、独立思考、作出判断和加强队员间的合作，并进行积极应对。辩论赛的总结陈词阶段，四辩的阐释，既在情感价值角度上升华了主题，又说服了各评委，培养并提高了队员的共情能力。三是活动后，无论胜负，队员自主反思、总结双方各环节的高光时刻和有待改善之处，培养了队员及时自我反思、总结能力。

可见，上述"三程"相关队员主体性的表现，很好地发挥了队员的主动性，从而让队员更高效、更有兴趣地参与辩论活动。队员能够在自主探索体验中，主动学习辩论知识与技巧，进行多元实践，发挥了双方队员的主观能动性；提高了队员自主观察、记录、思考、表达、共情、反思、总结的能力,有机培养了全体成员的语文核心素养。

(二) 活动内容、形式和过程的趣味性

本次"三程"系列活动中,主要从以下两个方面来增强队活动的趣味性:一是能够联系队员较熟悉的流行网络语言,以此为话题调动队员参与队活动的积极性;随后以别开生面的辩论赛这一活动形式代替传统的少先队活动,激发起全体队员的表达欲望,并主动去探索有效辩论的知识与能力。二是在活动准备阶段时,采取多样化的形式代替传统的活动模式。队员通过"飞花令分胜负"的形式获得辩方选择权,不再是传统的教师为队员指定辩方或是简单地抽签决定,丰富了活动形式,参赛队员更有参与性;以竞赛形式决定选择权,观赏性也较高,其他作为观众的队员也能作为评委或是场外求助积极参与其中。

可见,上述"三程"相关设计,既有活动主题与内容自身的趣味性,也有辩论活动形式对队员的吸引性,还有队员站队的自主选择性,更有辩论过程的一辩到四辩的自觉性和背后团队援手的相互配合性,另有其他队员的各司其职,从而让全体队员更积极地参与了这一辩论活动,也带来了更好的实效。这再次证明了对于学习者来说:兴趣是最好的老师,热爱是最大的动力。

(三) "三程"活动中两大层面的合作性

本次"三程"系列活动中,队员之间的合作配合是关键要素,主要体现在以下两个方面:一是在辩论活动准备时,通过交流,队员根据自己所长自主选择分工并明确各自资料搜集的方向;组员将各自搜集的材料进行汇总、分享、交流和集中梳理,组员根据搜集到的正、反两面的论据,共同商量后确立一个观点明确、旗帜鲜明且用之攻守兼备的总论点;围绕所搜集到的于对方有利的论据共同商讨可进行反驳的角度及观点,提高了队员间的合作意识。二是在辩论活动实施过程中,各环节不仅考察辩手们个人的临场反应能力,更是考验团队的协作性。如在攻辩环节,守方不得回避攻方提出的问题,若主攻或回应队友遇到困难,其他队员可以在草稿上提供思路帮助队友化解"危机";自由辩论时,更可以在队友的攻势上乘胜追击,或是在队友劣势下力挽狂澜。这就很好地使参赛队员和双方的后援团成员感受到了加强合作的重要性,普遍增强了合作意识。

可见,上述"三程"相关设计,较好地调动了队员的合作信念,有机锻炼了合作能力,增进了对合作价值的认识和必要性的意识,让整个辩论活动变得更为有效。

(四) 辩题、立场、观点、材料、阐释、互攻和总结陈词间的逻辑性

辩论,是与人们的逻辑思维能力密切相关的。在此次辩论赛的"三程"系列活动中,队员们经历了确定辩题、选择辩方、明确阐释立场与观点、收集材料与证据、辩手间进行阐释、记录、判断和互攻(包括双方后援团的悄悄助力)和总结陈词,是一个思维严密、层层相扣的过程,全体队员,尤其是辩手,通过明确概念、判断、推理、论证的过程,有效地锻炼了自己的逻辑思维能力。一是从辩论对象入手查找资料,其中包括通过何谓网络语言,网络语言的起源是什么,网络语言的性质如何等内容来明确概念。二是判断并搜集能从正、反面支撑双方论点的事实论据和理论论据。三是在梳理观点时,队员根据搜集到的事实论

据,注意从特殊到一般推理得出对己方有利的结论。四是在辩论过程中,队员将搜集到的论据及推导出的结论流畅、清晰地陈述,辩驳也有理有据,结构严密,令人信服。

可见,上述辩论赛"三程"相关活动设计和过程的实施,较好体现了辩论活动中逻辑性价值,可以有效地培养参与者的主题辩论,以及日常学习和生活中的逻辑思辨能力。

(五) 现场判断、搜集证据和攻辩反应的即时性

即时性是指在辩论过程中,队员尽管在充分准备的情况下,面对对方提出自己所没有预设过的假设时,迅速吸收、捕捉关键信息,挖掘对方漏洞,将其转化为对己有利的观点或材料,巧妙应对。辩论的对抗性强、能够反应的时间短促,队员需要克服因为紧张而出错的心理。

可见,主题辩论赛的形式,决定了参与者需要在辩论中快速地进行输入相关辩论信息、现场判断、搜集证据和攻辩反应。这些都可以有效地锻炼参与者的临场反应能力和心理素质。

(六) 功能的综合性

在此次辩论赛的"三程"系列活动中,一方面培养了队员对于演讲、思辨的学习兴趣;另一方面,拓展了队员相关辩论知识以及"借对方攻击之力反击对方""剔除对方论据中存在缺陷的部分,换上于我方有利的观点或材料"等辩论技巧。由此,锻炼了队员自主探究、独立思辨、辩证思考、合作探讨、临场反应能力以及辩论的感染力,尤其是锻炼了逻辑思维能力。此外,也在一定程度上培养了队员在面对难题时不轻言放弃,先独立思考再合作探讨的学习习惯。可见,上述辩论赛的"三程"活动设计与实施,较好地体现了这样的队活动的综合性价值。

参考文献

[1] 张丹丹."硬核"网络语言对汉语言文学的影响[J].汉字文化,2020(12):36-37.

[2] 韦世强.辩论:提升大学生逻辑思维能力的重要途径[J].桂林师范高等专科学校学报,2021,35(5):97-100+116.

[3] 张贝昳.浅谈网络语言对汉语言文学发展带来的影响[J]青年时代,2008(11):1-2.

[4] 熊浩莉.《孟子》比喻研究[D].福州:福建师范大学,2006.

[5] 黄国雨.美术在线教学把握"十步"提升初中生表现表达素养——以"抗疫公益广告设计"教学为例[J].浦东教育研究,2020(4):42-44+45.

[6] 朱律维."独合结合"语文实施体验式提升学生写作详略素养探索——以《叙事要详略得当》区级课题研究课实践与分析为例[J].浦东教育研究,2019(8):53-57.

[7] 张振宇.问题转化式学习素养:在"独合结合"学习中逐步提升——以《无限循环小数化为分数》一课教学片段实践与分析为例[C]//杨龙,曹明,杨蕾.基于独立学习与合作学习相结合的教学方式研究·案例选.上海:同济大学出版社,2022:63-69.

英语教学实效，在线上线下学生自主学习活动相融合中得以提升

上海市五三中学　陆樱燕

一、背景

新冠肺炎疫情期间，学校开启了"停课不停学"的线上教学活动。教师走进了课堂直播间里，开启了远程教学之旅。于是，线上教学的优缺点也逐步显现。

线上教学优势是可以便利地运用多媒体和网络的资源，打破时间和空间的约束，使师生交流能够及时进行，从而提高教学沟通与反馈的效率。但线上教学的不足也是明显的，最显著的就是教师对学生学习活动的监管过程弱化，学生听课状态、作业完成过程和质量令人担忧。电子产品的吸引力，往往使部分初中生沉迷于非教学活动的其他方面。此外，师生互动的形式相对单一。线上教学，虽然让老师能够和学生直接连麦互动，但这种单线交流也相应地减少了生生之间的互动，原来线下教学中的小组讨论形式在线上教学期间很难实现。学生的"学"，无法得到及时、全面的体现，容易变成教师单方面的"教"。从教学效果来看，总体上有所弱化。因为线上教学期间，往往难以对学生相关阶段的学习内容结果进行规范的测试，因为学生可以通过各种途径寻找答案，甚至可以互相私下交流，教学效果就难以得到真实的反馈。

恢复线下教学后，采取线下线上相融合的教育方式，恰好可以弥补单一的线上教学或者线下教学各自的短板，从而发挥各自的优势，通过二者的有机结合优势互补，组织学生相关英语内容的独立学习、小组合作学习活动，从而达到更好的教学效果。

二、实践

过程一：预习阶段，发挥线上多媒体资源的优势，激发预习兴趣和帮助初步整体把握预习内容。

预习，是课前学生独立学习活动的一个重要阶段。平时，教师布置预习作业时，经常会被部分学生所忽视，学生往往是匆匆地读一遍课文就算了事，看过等于预习过。现在，教师利用线上教学平台，与学生分享丰富的预习资料，激发学生独立完成预习学习活动的兴趣，促进学生初步整体把握预习课文的内容，及时反馈朗读类预习活动的效果，从而提高教与学的实效。

(1) 利用相关动画视频与歌曲视频材料建立直观形象,帮助学生快速、整体把握课文内容。

例如,牛津英语七年级下的两篇文章——Module 2 Unit 6 中的 The grasshopper and the ant 和 Unit 9 Mr Wind and Mr Sun 都相对较长,学生往往对这类长文缺少阅读的兴趣。鉴于此,教师提前让学生观看了与课文内容相关的动画视频,使之借以对课文的内容有了大致了解;学生再阅读文章时,不仅没有感到以前独立预习阅读长课文时的那种枯燥乏味感,还提升了对独立预习课文的兴趣。又如 Unit 11 中的 Electricity around us 是一首歌曲,教师借助学生对唱歌的兴趣,提前让学生播放歌曲的视频,跟着曲调学唱。在唱歌过程中,学生渐渐地了解了歌曲的内容,也对课文产生了一定的阅读兴趣,对提升后续课中的教学效果奠定了基于唱歌曲和独立阅读课文的预习基础。

教师在选择预习视频材料时,一要注意结合文章的特点。二要注意视频不宜过长。三要注意服务于学习课文内容的重点、化解难点,切记不可喧宾夺主。四要注意自己先提前看过,以便选择更具针对性和趣味性的视频资源。这样,才能保证巧用多媒体视频资源,用于激发学生参与预习活动的兴趣,提高预习质量,从而也为提高课中教与学的实效奠定基础。

(2) 利用音频及朗读打卡,引导学生主动完成朗读预习任务和检测预习。

现阶段的多数学生已熟悉音标,但不排除部分学生没有掌握牢固,且有些多音节生词有部分学生不一定能读准确。对此,教师选择相关课文中多音节单词比较多的音频资源,提前让学生播放与跟读。比如,在教授 Unit 8 A more enjoyable school life 课文时,存在较多多音节生词,教师将这一课单词的音频,课前提供给学生听读,并要求学生发送打卡朗读的音频。这样,既帮助学生读准了那些多音节单词,又使学生自主检验了朗读单词的完成情况和准确性,增进了预习的自主监控意识。

过程二:课中阶段,加强生生互动质疑与解疑、口语交际与写作和跟着同学朗读与课后自主跟读对比,锻炼相应能力、提高教学实效和培养合作精神。

(1) 小组讨论,互相质疑、讨论、交流、解疑,提升相应能力和加深理解课文。

课堂教学中,教师注意组织学生进行小组讨论,在互相质疑、解疑中弥补学生线上学习缺少互动的不足,发挥线下教学生生互动的优势,促进相关问题在生生间相互碰撞、讨论与交流中更好地加以化解。例如,线下的每节课前五分钟,教师一般会提问同学们:关于之前线上教学学习过的课文,你还有什么未解决的疑问?全班同学参与讨论、解答质疑。这样的学生提问、全班参与解疑热身完毕后,再进入新课的学习,既锻炼了学生的质疑、合作解疑能力,又有效地逐步调动起学生的思维,迅速进入上课状态,还激发了后续学习的兴趣。

(2) 小组合作,培养口语交际、写作能力及合作精神。

学生小组合作,对于英语学习有着重要的意义。线上教学,一般很难开展有效的学生小组合作类学习活动。为此,教师注意借助线下教学,组织学生开展小组合作对话、讨论与交流的活动,增加学生锻炼口语的机会,同时培养团结合作的精神。比如,在教授 Unit 6 The grasshopper and the ant 这篇阅读文章时,学生先是通过老师的提问和讲解,初步理解了故事的内容;然后,教师安排了 Role play 这一活动,让学生自己组团合作,生动演绎课文中故事的情节。学生在揣摩、思考课文人物故事,尝试进行合作表演过程中,注意通过语音语调及语气的变化,来表达人物的性格特点以及情感态度,既加深了对文章的理解,又增进了同学之间的合作和交流,达到了线上教学难以实现的教与学的实效。又如,在课中学生写作后,教师组织他们开展小组成员间的互批互改。比起教师冷冰冰的红笔批注,学生更喜欢同伴之间合作相互指正的互动过程,从而带来了线上教学无法达到的实效。

(3) 跟着同学朗读,加强情感体验、提升学生自主朗读素养。

线上教学期间,教师对于学生的独立朗读情况难以把握,从而影响学生英语朗读素养的提升。为解决线上教学期间,重点放在单词有没有读准上的不足,在线下教学中,教师注意播放班级中英语朗读素养好的学生的朗读作品,让同学们欣赏、跟读;学生读音不准时,邀请他直接进行现场朗读。课中,教师对优秀学生的朗读资源进行录制。课后,对还存在新课学习中存在朗读困难的学生要求他们反复听自己和同学的朗读录音,尝试跟读和进行对比,找出不足加以改进。这样,由班级学生的朗读音频和现场进行有针对性的朗读示范,取代线上音频资源的示范朗读后,更能引起全班同学参与朗读的兴趣和共鸣。课后,让部分存在朗读困难的学生,反复听自己同学的朗读录音,进行自我对比寻找不足并加以改正,逐步提升了学生的朗读素养,增进了自主朗读的兴趣。

过程三:反馈阶段——线上线下结合反馈、分享学生练习、作业和思维导图梳理所学情况,提升学生相应能力和提高课后学习反馈实效。

(1) 练习反馈,线上分享学生基础性练习答案资源,线下教师进行针对性讲解,提升学生自主分享练习资源、对比练习情况进行自我监控能力,提高练习与反馈效果。

线下,教师通过对学生的练习进行评价,与线上公布基础性练习题的答案相结合,以提高学生自主练习的速度、质量和自主监控练习的结果。学生基础知识性练习题的答案,教师一般会分享在线上,方便学生可以随时查看、进行自主核对。针对学生练习中所暴露出来的一些共性问题、相关学习内容的重点和难点,教师在线下作一定的讲解。这样,既提高了学生自主进行课后练习与反馈的速度和质量,又锻炼了学生借助线上平台自主分享练习资源、检查基础性练习答案自我监控练习结果的能力,使他们在听取教师所反馈的练习情况时,注意讲解的重要性。

(2) 作业、笔记、作文反馈,线下教师讲解与线上分享、组织生生自我对比、评价与修正相结合,内化相应能力,提高学习效果。

首先,教师每日批改完学生作业后,会选取作业做得准确率高、书写规范的同学进行表扬;还会把这些作业每日分享在线上教育平台,让所有学生可以直观地看到其他同学好的作业范本,对比自己的作业情况,寻找不足之处。其次,教师会选择学生中记得好的听课笔记,在线上平台进行分享,鼓励上课来不及记录的同学,让其在线参考其他同学的笔记进行自主对比、补正,顺便强化下课中所学。再次,教师在线下进行作文评讲中和后,会选择学生中一些优秀的作文和其他范文,分享在线上平台,供学生们学习。最后,教师会线下和线上分享学生的一些问题作文,让大家参与修改和评价。教师围绕学生优秀作业、课堂笔记、作文以及问题作文的线下、线上相互融合的点评、分享和鼓励学生参与点评与修改作文的举措,既有机地强化了全体学生的所学,又锻炼了各自相应的能力,提高了学习效果,使学生注意扬长避短、及时监控、反思和自我修正。

(3) 思维导图,借以引导学生自主整理知识点,线上分享展示,互相学习并自我检验和评价学习效果。

课后,教师要求学生借助思维导图,一是在一课学习结束后,独立梳理一课所学习内容、方式方法和自己的学习经验。二是在单元学习结束后,独立梳理单元所学习内容、方式方法和自己的学习经验。三是在参与线上分享、对比,注意修正自身不足。这样,学生既独立梳理了一课和单元所学内容、方式方法和学习经验,及时巩固了所学,又锻炼了结构化、简洁化地处理所学的逻辑思维和聚敛思维,促进了思维的外显、可视与成果的分享,以及自我对比与修正,增进了线下、线上的分享与监控意识,提高了学习效果。

三、效果

(一) 学生方面

学生的英语学习素养和学习实效,表现在以下七个方面:一是通过这一段时间线上线下教学融合的实践,全体学生完成"三程"学习活动任务的及时性、规范性和高质性,都有了明显的提高。二是学生对英语学习积极性有了明显的提高。如,很多学生平时能主动学习英语,并向老师、同学提问;有些平时比较内向害羞的学生,会借助钉钉、腾讯会议等平台,私下向老师请教不懂的地方。三是增加了学生日常进行语言实践的机会,使英语交际能力有了明显的提高。教师线下的讲解、生生间的随机对话、讨论、交流、梳理、概括;师生参与线上多样化资源分享、学生独立学习优秀资源和尝试比照、纠错以及参与对同学问题作业的评价、提出修改建议等,都在显性或者随机地带着学生进行丰富多元的英语书面和口头语言的实训,尤其是促进了学生口语交际能力的显著提高。四是部分学生参加当众交流的自信有了明显的提高。由于定期的线上朗读打卡作业的实施,让有些原本内向、羞于当众朗读的学生重拾起朗读的自信,无形中慢慢走出了"哑巴英语"的困境。五是教师从学生完成"三程""或独或合"的多样化的语言输入、输出学习活动批阅、观察与感受可知,全体学生完成学习任务的及时性、规范性和用英语进行交流的自然性,都有了明显的提升,养成了良好的英语学习行为习惯。六是学生"三程"学习英语的自主性、加强"三程"学习自我监控的意识,都有了明显的提升。七是由于学生学习英语的自主性明显提高,教师布置作业的数量相应减少,达到了减负增效的作用,显著提高了教学效益和教学质量。教师所带的初一(6)班学生,在参加2021年1月的期末考试中,取得优异的成绩,平均分位于年级第一,获得校领导和家长们的一致好评,这正是受益于线上与线下教学的有效融合。

(二) 教师方面

教师素养的变化,主要有以下三个方面:一是教师主题式案例研究的能力提高。教师在经历了本主题式案例如何定题、设想、实践、梳理框架、收集材料、概括举措、提炼经验、进行反思、合理吸纳专家指导意见、逐步提高成果总结质量的过程中,研究能力不知不觉中得到了有效锻炼与提高。二是教师信息技术的学习意识和运用能力提高。由于线上教学,需要教师一定的信息技术能力,不论教学视频的选择和制作,还是线上教学活动的安排和组织,都需要教师拥有一定的信息技术能力。因此,在线上教学的多元化实践中,不断学习和提升了自身信息学用意识和能力。三是教师变革教与学方式的探索能力提高。由于从传统线下单一的授课方式,到现在线上线下相结合的教学方式的转变,需要教师做好充分的备课工作,更灵活地根据学情、课标、教材和教学内容实际,设计与运用贴切的教与学活动的多样化方式,并尝试进行一定的总结,因此提升了教师变革教与学方式探索能力。

四、反思

与线下教学相比,线上教学确实存在不利于教师掌握学生的真实学习效果等弊端。但是,本探索的实践证明:线上教学也具有可弥补线下教学不足的明显优势。后疫情时代,如何推进线上线下相结合的新型教学模式,要深入研究学生特征,因材施教,以提高教学质量和教学效果。

对于线上线下更好地开展优势互补,有以下两条建议。一是线下教学的课前:教师可用线上预习系统检测学生的课前学习情况。线上预习系统,可以根据线下课程的章节,对应设置词汇诵读和课文阅读的预习等要求。同时,可以设定相关内容的开放式讨论要求等。在系统中,应方便教师设定学生预习的时间、预期效果的评判机制,将学生线上预习的得分情况纳入学习的整体评价中。二是线下教学的课后:教师可以应用线上复习系统,监督学生课后练习情况。运用线上复习系统,教师应根据线下课程的章节,设定课后训练时长检测功能和训练效果评分功能,便于教师精准掌握每个学生的实际学习效果。同时,教师也可以建立课后线上交流平台,让学生通过线上讨论学习内容、交流难点问题、分享学习成果等,促进生生交流,激发学生学习的主动性。

五、意义

本次活动实践彰显了线上线下融合式学生自主学习活动之教与学方式在提升学生英语素养方面独特的"五性"价值。

(一)加强落实线上线下融合式学生自主学习活动时的主体性

本次活动的实施过程表明,在预习、课中和课后学习反馈"三大阶段"学生的学习活动中,学生是独立或小组合作学习的主体,学生的英语学习素养和学习实效,正是在这样的以学生为主的自主学习活动中获得的。

可见,教师避免单一的教学模式以及灌输式学习,可以使学生自觉投入观察、听讲、阅读、讨论、交流、梳理、概括、课后写作与反馈等线上线下融合式的自主学习活动,实效得到了保证。

(二) 注意提高学生参与线上线下融合式自主学习活动时的趣味性

在预习阶段,教师借助多媒体播放与课文内容相关的动画和动画与歌曲视频材料,可以使学生在观看和视听过程中,对课文产生一定的阅读兴趣;在使学生对学习内容建立直观形象的基础上,组织学生独立阅读、朗读相应课文的段落,帮助学生快速、整体地把握课文内容。这样线上与线下融合式地引导学生自主学习,可以使学生把握课文内容既快又好,增进了学生积极的学习情绪。

可见,教师利用相关视频材料帮助学生先建立直观形象,激发学习兴趣,结合线下学生自主对课文的阅读、朗读,从而使学生又快又好地把握课文内容,再次提升了学生主动参与线上线下学习活动的兴趣,可以激发和保持学生积极参与预习阶段自主学习的活动、努力达到目标的兴趣和勇气,从而实现单一的教学模式难以达到的效果。

(三) 关注促进学生参与线上线下融合式自主学习活动时的体悟性

上述"三个阶段"相应做法的实践过程与实效告诉我们:学生无论是线上或线下听老师讲解练习、阅读文本,还是线上线下相结合的自主学习活动,最终都是学生或独或合地主动听讲、阅读、练习、讨论、交流、总结、写作、吸收与内化的结果。

从中可以感受到:学生在线上线下相融合式的自主学习活动中,"或独或合"地进行听、读、练、享、读、炼、写和化中,得到自己的认识、本领与体验,即多元化"或独或合"学习+自主体悟所得价值的不可取代性。

(四) 保持学生参与线上线下融合式自主学习活动过程中的及时反馈性

在引导学生线上线下三个阶段融合式自主学习活动实践中,教师注意加强了解、反馈、观察、批阅、组织交流等,对出现的问题及时作随机的集体和个别辅导。课中学生朗读时,提示注意语音语调的模仿、引导学生对文本的理解进行质疑;学生小组合作时,提示注意相互倾听、有效进行讨论与交流,指出口语表达的不足或错误之处,帮助同学自主纠错;"三程"学生线下线上自主学习时,注意引起学生进行独立或小组成员间进行互相提示、检查,促进学生对自己或小组的学习进程、结果等进行自主反馈、监控的意识。

可见,线上线下融合式学生自主学习活动中,教师关注学生的日常预习,课中阅读、讨论、交流、梳理、概括、分享和课后写作等况,及时予以提示,并引导学生进行"有独有合"的自主反馈、监控,是提升学生英语综合学习素养和实效的重要保证。

(五) 保证了学生参与线上线下融合自主学习活动的实效性

从上述案例前的学生现状,对比实践过程与实践后学生英语学习素养与实效的变化可知,取得了七个方面的"明显提高"。可见,教师"三个阶段"多元引导下学生参与线上线下融合式的系列自主学习活动,可以有效提升学生的英语学习素养与和"三程"学习的实效。从对教师素养的促进事实的考察也可知,对这样的"三阶段"以及线上线下融合式学生自主学习系列活动的探索,同样可以促进教师研究素养和其他专业素养的提升。

参考文献

[1] 王蔷.英语教学法教程[M].北京:高等教育出版社,2000.
[2] 朱萍.初中英语阅读教学设计[M].上海:上海教育出版社,2013.
[3] 龚纯洁.浅谈KWL理念对提升英语阅读能力的重要性[J].英语教师,2016(7):65-68.
[4] 顾洁."KWL表格"在小学英语阅读教学中的妙用[J].江苏教育研究,2013(11):58-60.
[5] 朱律维."独合结合"语文实施体验式提升学生写作详略素养探索——以《叙事要详略得当》区级课题研究课实践与分析为例[J].浦东教育研究,2019(8):53-57.
[6] 赵晓亮.基于积极情绪体验原理实施"五式"提高初中英语新授课教育实效性"四维度"——以牛津上海版6AM3U9"Picnics are fun"(第2课时)教学实践与分析为例[C]//包卫达,曹明.基于积极心理学原理的有效教育实证研究——课例选.上海:同济大学出版社,2021:55-62.

学生"假如唐僧师徒遭遇新冠"四格漫画创作素养,在整本书阅读项目化学习活动中提升

——以《西游记》整本书阅读项目化
学习任务群活动实践为例

上海市五三中学 王丹旦

一、项目简介

教育部《义务教育语文课程标准(2022年版)》(以下简称"课标"),区别于原版本的显著突破有以下三点:一是围绕核心素养建构语文课程目标。二是用学习任务群架构课程内容。三是研制了学业质量评价标准。在课标的要求下,素养导向语文课堂的探索空间被无限扩大。2022年末,上海市教委的空中课堂再次"上线"。这段时间,正值教师带领初一学生阅读《西游记》原著阶段。教师尝试在课标的要求下,以"文学阅读与创意表达"学习任务群设计为入口,既关注学生阅读名著质量,又联系他们的生活实际,通过对"西游精神"的理解,以"唐僧师徒遭遇新冠会怎样面对"为驱动性问题,厘定学生学习的核心知识和学习目标,明确驱动性问题和设计课前、课中与课后"三程"学习活动任务,即通过情境设计、头脑风暴、综合讨论、创意创作、分享成果和加强多元评价的方式,组织项目实施过程,促进学生独立为辅、小组合作为主把握《西游记》整本书的核心内容、西游精神、唐僧师徒人物性格特点等核心知识;锻炼自主学习四格漫画和项目化学习的基本知识与技能,结合"唐僧师徒遭遇新冠会怎样面对?"进行创作设计,参与组内与班级分享交流与评价,改进完善创作和发表最终创作成果和进行合理评价的能力;促进学生在面临疫情所带来生活和学习等困难,能发扬"西游精神",保持积极、乐观的心态。

二、核心知识

核心知识指向思维层面,目的是让学生能根据已有的认知水平展开抽象的思考。《西游记》的核心知识有以下两个方面。

(一)文本解读方面

学生通过整体阅读,结合实践活动、自我总结,以及用"四格漫画"进行创作设计、交流

与评价的举一反三,逐步加深理解其作为章回体小说体裁的特殊性、人物塑造个性鲜明的文学性、思想性,以及整本书中神性、人性的复杂统一。

(二)"西游精神"及其创作变现表达方面

学生通过对《西游记》整本书独立为主、小组合作为主的阅读后,理解"西游精神",把握情感价值:人生要有所追求,为了实现理想而披荆斩棘,不畏艰难险阻,以超强韧劲和斗志战胜一切困难,直至达到胜利。以此对照目前我们遭遇的疫情及其所带来的日常生活、学习与交流等方面的困境,保持不怕困难、积极与乐观的心态,并能结合"四格漫画",借助"唐僧师徒遭遇新冠会怎样面对"问题,进行"有独有合"的创作设计,参与组内与班级分享交流与评价,改进完善作品,发表最终创作成果和进行合理评价,锻炼相应的能力,进而增进积极、乐观的心态。

三、驱动性问题

明确核心知识后,需要将这些知识以驱动性问题的形式进行呈现,引导学生思考,将学生引入一个他们感兴趣的情境之中。于是,在一天的线上阅读、分析的课间,教师无意中听到学生在对话中提起了一个问题"假如唐僧师徒重回人间,他们也遭遇了新冠肺炎疫情会怎么办",心想:"如是如此,那么他们是如何感染?谁会感染?感染后会有怎样的表现?谁会通过什么方式做什么事?与《西游记》中哪一章节相似?如何模仿《西游记》的体裁进行创作?最后的结局对我们有什么现实警示作用?"

对这些问题的回答,需要学生对《西游记》整本书的故事情节有所熟悉、对人物不同的性格把握准确、对《西游记》的体裁和表述风格有所掌握、对人物的语言特色非常熟悉等;尤其是需要学生研透"西游精神"。同时,四格漫画由于表现形式较为简单,学生容易入手;但对结合唐僧师徒的西游情节、对话和"西游精神",借助四格漫画的艺术形式,来加以展现,是需要进行精心和精简设计的。这也考验学生的语言运用和审美创作表现表达素养。

这样,虽然没有经过与学生们之间的正式讨论交流,但借助学生们正在进行的《西游记》的线上整本书阅读和容易入手的"四格漫画"的艺术形式,来表现唐僧师徒如何直面抗疫的这样一个富有历史与现代对话的创意性的驱动性问题,就这样在不经意之中形成了。

四、学习目标

(一)知识与技能目标

学生运用"精读与跳读"法,自主进行《西游记》整本书阅读,把握小说主要故事情节、人物性格特点、掌握章回体小说的体例特点;在分组合作查找《西游记》作品的演变过程中,了解"西游"故事内容和人物形象变化历史,增强文学与现实的联系;初步了解四格漫画基础知识和创作特点;能小组合作借助四格漫画,遵循项目化学习的基本流程,表达唐僧师徒如何直面抗疫的创意作品。

（二）方法与技能目标

通过线下独立运用"精读与跳法"进行《西游记》整本书阅读，围绕小组所选探索主题小组合作进行主题探究、头脑风暴等多样手法，培养从故事情节、人物对话与性格特点、章回体小说的体例特点和所表达的主旨（"西游精神"）等方面入手，"有独有合"进行整本书阅读的能力；通过线上对《西游记》整本书的阅读、小组主题探究与分享，熟悉相应的信息技术方法；通过借助四格漫画表现表达唐僧师徒如何直面抗疫作品的创作过程，掌握借助四格漫画的构图布局、局部细节、一定的文字与色彩搭配等方法，从而创作艺术化地表现表达蕴含"西游精神"的唐僧师徒如何直面抗疫的创意作品，锻炼"有独有合"创作、展示交流和客观公正地进行评价能力和自主修正完善作品、最终发表（分享）产品、反思的能力。

（三）情感与态度

激发主动参与独立进行《西游记》整本书"精读与跳读法"，对小组所定《西游记》整本书阅读的探索主题进行合作探究，梳理故事情节、人物对话特点和"西游精神"和借助四格漫画创作唐僧师徒如何直面抗疫作品、展示作品、客观公正地自评、互评，自主修正完善作品、最终发表（分享）的兴趣，增强对于古典名著的整本书"有独有合"进行的自主阅读的兴趣；提升文化自信；促进"有独有合"对我国古代经典文学作品进行整本书"精读与跳读"，在把握其精髓基础上，借助一定的艺术化形式有机地加以创意表现表达良好行为习惯的养成。

五、实施过程

过程一：由空中课堂的"闲聊时间"，确定项目化学习探索主题（驱动性问题）。

学生根据第一阶段阅读学习单的独立阅读，完成了对《西游记》的整本书的初次阅读。此时正处线上教学阶段，在对《西游记》人物进行分析分享课堂的课间，教师无意间听到了学生之间的议论："假如唐僧师徒也遭遇疫情，他们会怎样做？"于是，学生们在"聊天栏"中，纷纷开始表达自己的意见。教师意识到这是一个很好的组织学生进行项目化学习的契机，即刻与学生讨论决定以此作为驱动性问题，根据《西游记》整本书阅读和项目化学习的探索主题实施的基本过程与操作要领，进行情境设计和备课。与学生交流并提出"假如僧师徒遭遇疫情会怎么做"作为四格漫画创作的项目化学习主题后，他们爆发出一片欢呼声。由此，开始了本项目化学习的实践。

过程二：学习任务一，借助学习单架设引导学生整本书独立阅读"支架"，组织学生进行独立"精读与跳读"学习活动，把握《西游记》故事情节、人物性格与对话特点，了解《西游记》不同版本的沿革变化和加深对"西游精神"的理解。

根据教育部所编的九年义务教育语文教材七年级上"名著导读"要求，《西游记》阅读需要指导学生学会"精读"和"跳读"阅读方法的要求，教师设计了以学生作为整本书阅读主体的两个阶段的自主阅读单,让他们独立尝试借助"精读"和"跳读"法进行《西游记》的整本书阅读,重点是梳理、概括《西游记》的主要故事情节、人物性格与唐僧师徒的对话特点;了解《西游记》不同版本的沿革变化,加深对"西游精神"的理解。

(1) 组织学生根据阅读任务单完成独立"精读"活动。

第一阶段的学生独立"精读",教师选定了以《尸魔三戏唐三藏 圣僧恨逐美猴王》作为精读的片段,指导学生进行圈画环境、人物描写,找出西游中"正派""反派"的不同身份、性格和结局特点。

(2) 组织学生集体线上进行投票选择同一篇目的"跳读"。

第二阶段的学生"跳读",要求学生在对《西游记》整本书阅读的基础上,选出其中的1~2回,与"三打白骨精"片段进行比较阅读。通过课堂集体连麦,引导同学间相互交流、参与发言,听取教师提问与引导,在合作比较、分析、梳理中,逐步找出了唐僧师徒的人物性格特点,最后把握到了"唐僧——不识好坏、善良、固执""孙悟空——好勇好斗、嫉恶如仇、倔强不屈""猪八戒——贪吃懒惰、挑拨是非、知错能改""沙僧——老实巴交、本分做事"等多面人物性格特点。

(3) 组织学生通过小组合作阅读单进行《西游记》不同版本历史沿革探究活动。

学生根据课后阅读单小组合作阅读学习活动的要求,先是利用 CLASSIN 软件进行线上分组;然后以小组为单位,对《西游记》的不同版本变化的"前世今生"进行跳读探究,了解《西游记》不同版本的沿革变化,初步加深对"西游精神"的理解。

过程三:学习任务二,组织小组合作梳理和交流《西游记》版本的变化和"西游精神"活动,锻炼学生相应能力和把握《西游记》的核心精神。

在学生进行了一段时间的独立"精读",小组合作进行集体空中课堂"跳读",以及小组合作探究《西游记》不同版本历史沿革后,借助阅读单的梳理、记载,进行分享,教师组织以"《西游记》的进化史"为主题的线上讨论课,以锻炼学生的相应能力和把握"西游精神"的核心精神。

(1) 小组课后讨论、梳理与交流版本变化活动。

学生小组根据《西游记》序言中对版本变化,利用"中国知网"等论文电子数据库搜集资料,了解相应《西游记》版本中故事、人物与情节变化。学生在小组合作比较、梳理与交流不同时代《西游记》版本的变化过程中,既锻炼了相应能力,又更好地把握了内核精神,还提出较为高频的核心问题(图1)。

(2) 线上小组分享对核心问题看法活动。

教师先是线上出示学习单上的核心问题:"为什么玄奘毫无法术确是团队的核心领袖",然后组织学生根据任务单查找到相关的历史信息、文化背景,开展小组讨论、分享,并引导学生进行深度自我分析。

有小组分享中提出:"唐僧能成为主角并成为团队'领袖'的原因,在于其执着的信念和不怕艰苦的精神。"学生发现:"《西游记》中每一个人物,都有各自的前世今生,他们都在取经道路上救赎着他人和进行着自我救赎,无论是人、神、佛、妖,都有其复杂多元的一面,取经的八十一难,就是自我救赎、不断成长的道路。"有学生答道:"西游即人生。"教师引导大家理解:"如今,我们也面临着疫情的冲击及其所带来的各种困难。我们唯有抱着克服八十一难的'西游精神',才能面对困难,无惧而奋勇向前。"

图1 学生小组合作线上汇报并分享"西游记的来由"

这一任务的完成,拓展了学生《西游记》版本变化的知识;较好地锻炼了学生小组合作梳理和交流《西游记》版本和"西游精神"的能力;较好地使学生把握了《西游记》的核心精神。

过程四:学习任务三,组织线上欣赏"四格漫画"设计要点,联系生活头脑风暴构思四格漫画设计逻辑链与情境,线上分配四个小组和选定分工讨论创作情节,启动小组创作实践活动,拓展"四格漫画"设计知识与技巧,锻炼相应能力和增进小组合作借助四格漫画创作唐僧师徒如何抗疫作品的兴趣与自信。

这是指教师举行一堂以CLASSIN为线上教室的空中课,来组织学生参与线上独立欣赏"四格漫画"设计要点,联系时下疫情危险及其所带来的困难展开头脑风暴构思四格漫画设计逻辑链与情境,线上分配四个学生合作小组和各自选定分工、讨论"四格漫画"创作情节、启动小组作品创作实践活动,以拓展学生"四格漫画"设计知识与技巧;锻炼相应能力;增进小组合作结合社会时下热点,借助四格漫画创作唐僧师徒如何抗疫作品的兴趣与自信。

(1)组织学生开展"四格漫画"欣赏活动,确定"四格漫画"设计要点。

线上,教师通过多媒体组织学生独立欣赏多个其他主题的"四格漫画"内容,梳理归纳此类作品的特点,并出示"四格漫画"设计要点。锻炼了学生线上独立欣赏"四格漫画"实例内容、作品特点的能力;拓展了"四格漫画"需要把握的设计要点;为后续创作作品提供了设计要点和样例参照的图示化思维支架(图2)。

(2)通过头脑风暴活动,确定创作"四格漫画"的主要逻辑链和情节内容。

教师通过线上连麦组织讨论,与学生共同商量出此次"四格漫画"创作中需关注的6个问题和四个小组各自作品需要表达的情节内容。其中,在与学生讨论的头脑风暴中,教师关注到了一些问题,并要求学生尝试解答问题来梳理成情节。

问题1:我们创作的这一章回标题是什么?新冠病毒是否需要一个"称号"?

问题2:根据小说情节创作表述的"开端—发展—高潮—结局"四阶段,故事发生的情境如何设计?

问题3：四人之中，谁会感染新冠肺炎？为什么？
问题4：他们感染后的情况是什么样的？
问题5：如何与病毒战斗？
问题6：最后结局如何？

在此基础上，教师组织四个学生小组，各自讨论自己小组作品需要表达的情节内容。经过10分钟左右讨论，学生小组得出的结果为："新冠病毒的称号是'新冠疫魔'。"学生还根据章回体小说特点，设计此章回体回目名称为"四圣人间再逢敌，疫魔无情人有情"。经过对故事情节讨论，通过板书完成构造，准备进行漫画创作。依据小说情节发展的四阶段，形成了如下拟表述的主题。

第一组：开端——四圣归来遇疫魔
第二组：发展——四海之中求法宝
第三组：高潮——大圣无惧斗疫魔
第四组：结局——归去还望四海平

这样，既锻炼了学生与教师共同协定"四格漫画"创作中需关注的共性问题和四个小组借助"头脑风暴"明确各自作品需要表达的逻辑链和情节内容的能力，又使学生了解了后续的小组创作路径和任务，为提高完成后续任务奠定了基础。

（3）利用线上教室随机分组，确定创作伙伴和具体分配情节内容活动。

教师通过 CLASSIN 软件的随机分组，将全班46名学生分为4个小组。依据六个问题，组织学生进行分组讨论，教师进到各小组中。每组代表回答问题，并由教师汇总，作为主要情节设计，开启各组"四格漫画"实际的合作创作实践活动。

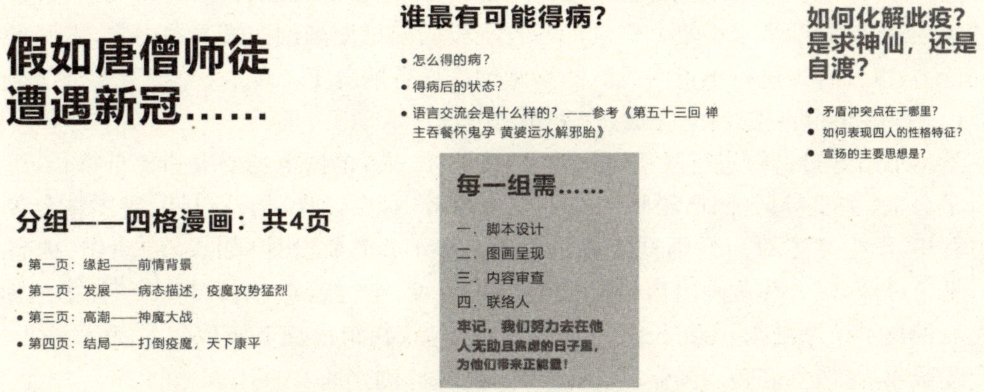

图 2　教师线上"图文结合"引导学生把握"四格漫画"设计要点

这既锻炼了学生听取教师线上指导的能力，又培养了参与分享、交流、梳理作品表达情节和协定小组成员分配、情节分配的协调能力与合作精神，还激发了参与小组创作"四格漫画"的兴趣。

过程五：学习任务四，学生开展"假如唐僧师徒遭遇新冠"四格漫画分组创作活动，锻炼小组合作进行漫画脚本片段的情境设计，尝试绘作、合成、修改和完善作品的创作能力，以及增进小组合作自主反思与完善作品意识、创作的兴趣和自信。

(1) 学生通过头脑风暴开展小组合作设计四格漫画脚本的四个片段情境创设活动。

学生分四个小组,通过解答问题、参与课堂头脑风暴,确认了各自小组与小说情节发展四个阶段的匹配关系,设计了各自阶段的漫画创作脚本内容,初构了四格漫画的结构布局。

开端(第一组):唐僧师徒取经归来已成"四圣",他们继续游历人间解决民间疾苦。来到2022年年末,悟空先行探路,发现前方"魔都"正遭遇"新冠疫魔"侵袭,商店纷纷关门,众生面临种种困难。面对此情,悟空自恃本领高强,不畏劲敌,便不愿戴口罩;唐僧认为自己已是"金身",再加有佛祖保佑,便不怕病毒;八戒贪吃,刚到魔都,就四处找吃食,放松了对疫情的警惕。

发展(第二组):不久,唐僧师徒中,三人不幸感染,纷纷出现发烧流涕、周身疼痛等症状,如同在女儿国喝了"母子河"的河水一般。四人中,唯有沙和尚老实听话、谨小慎微,根据国家卫健委的抗疫手册要求,能够保持戴好口罩、手套、勤洗手。如今,眼见师父师兄遭罪,沙和尚便去南海观音菩萨那里请得如此"法宝":布洛芬、连花清瘟、口罩、酒精消毒液。

高潮(第三组):法宝到手,沙僧悉心照顾师父、八戒;悟空克服困难,变成小虫飞进八戒身体中,与疫魔缠斗。经过几番搏斗,三人终于先后战胜疫魔,身体逐步恢复如初。

结局(第四组):师徒4人进行了回顾总结,经过集体反思,得出结论:面对疫情,决不可掉以轻心,务必根据国家和地方卫健委的要求,严格做好自我保护、相互保护工作;悟空还专门向魔都守城人"大白"致敬;师徒四人,还积极参加"魔都"相关地区的抗疫志愿服务。随着人间逐步恢复车水马龙,唐僧师徒四人准备前往他处,并再三叮咛"魔都"百姓,还望大家保持戴好口罩、勤洗手,邻里之间互帮衬的良好习惯,谨防疫魔卷土重来。

这一过程,既确认了学生各自小组与小说情节发展四个阶段相匹配的关系,又发挥了合理想象的能力,锻炼了小组合作设计各自阶段的四格漫画创作脚本的内容、漫画的结构布局能力,以及合理进行小组内成员的漫画创作任务的分工。

(1) 开展小组自主绘作、合成、修改和完善创作活动。

学生小组通过钉钉进行联系,每个小组10~12人,根据组长要求和各自特长,组员间进行了分工,主要包括:四格漫画中的主要绘图者、对白设计、情节设计、拼图整合等。在此过程里,学生基于对唐僧师徒人物的理解,进行了形象设计(如衣着、动作、神态和语言)、情节设计,以合理刻画出唐僧师徒的形貌特点、个性特点、语言特点。各小组通过3天左右的自主绘制漫画,由组长汇总合成完成作品,在组内交流听取组员赏评意见,由组长合理吸收,修改和完善漫画作品,完成"四格漫画"创作。

学生在这个阶段,大都经历了较为难受的新冠疫情的感染期和发作期,通过头脑风暴,他们与伙伴吐露自己的病情情况或家人经历的痛苦,将自己"干饭株""头疼株"等现象投射到创作中,用一种乐观的心态来对照虚拟形象,帮助学生通过自我映射完成心理解压。学生合作创作小组间同伴的线上交流,也缓解了他们在家上课的孤独感。

这一过程,较好地锻炼了各小组学生借助钉钉合理进行组员间的分工能力;基于对唐僧师徒的形貌、个性和语言特点,合理进行衣着、动作、神态和对话等形象与情节静态设计的能力;小组成员根据分工独立完成各自承担的任务,细致地进行漫画绘制实践、组长进行汇总合成、作品征求组员意见后加以修改和完善漫画创作的能力;从图3的学生各组漫画的作品来看,各组能够准确地反映小说情节发展四个阶段之相应阶段的特征,结合社会疫情和自身的感染情况,有机融入漫画创作,较为形象地刻画出了唐僧师徒的形貌、个性和语言特点,并富有一定的创意。

图3 学生创作四格漫画作品集萃

过程六:学习任务五,学生小组合作开展线上"假如唐僧师徒遭遇新冠"四格漫画展示与根据标准评价活动,锻炼小组合作进行漫画作品线上分享、交流、展示和根据标准进行客观、公正的自评、互评的能力,内化"西游精神"和抗疫精神。

(1) 开展小组线上分享、交流、展示活动

由教师线上主持,学生四个小组的组长,按小说情节之"开端—发展—高潮—结局"四个阶段发展顺序,分别代表自己小组借助多媒体对作"四格漫画"创作品的汇报。组长的讲述,主要围绕本组同学对唐僧师徒人物的理解,进行人物形象(如衣着、动作、神态和语言)与情节的设计,把握人物的形貌、个性和语言特点,有机融入自己面对疫情危险和种种不便与困难的心理,进行"四格漫画"的布局、细节、文字、颜色和其他装饰的设计和创作,组织组内展示交流,合理吸收意见进行作品修改与完善,交流上述过程中的收获和还存在的问题。其他小组及组员聆听、思考和记录,并利用表1的评价标准进行评价。

(2) 利用评价标准进行自评互评活动

各小组展示作品时,学生借助表1的评价标准,围绕《西游记》整本书阅读知识与能力的达成度、四格漫画作品的审美效果、小组漫画作品展示的成效度、小组成员间的合作度和特色加分理由,进行合理评价,根据评价说明,计算得分和等第转化,得出评价结果。

表1 《西游记》整本书阅读暨"假如唐僧师徒遭遇新冠"四格漫画创作展示交流评价标准

展示小组:_____;评价任务:_____;评价者:_____

序号	一级指标(分)	二级指标(分)	评价要求(分)	计分	
				各项得分(分)	分类得分小记
1	小组成员间的合作度(30)	我在"假如唐僧师徒遭遇新冠"四格漫画创作项目化学习任务执行过程中积极、主动,专注投入,参与度高(10)	符合(9~10);较符合(8);一般(6~7);较少符合或不符合(0~5)		
		我有明确的学习目标,能学会解决小组合作中问题的方法,组内成员间能和谐地进行沟通(10)			
		我们小组成员分工明确,各成员能基本完成个人任务(10)			
2	小组漫画作品展示的成效度(30)	小组成员能积极发言,大胆表达,主动阐述清楚自己对四格漫画创作中的观点(10)	达到(9~10);较好达到(8);一般(6~7);较少达到或达不到(0~5)		
		小组的漫画展示方式灵活适切,资源运用合理,内容丰富,结构分明(10)			

(续表)

序号	一级指标(分)	二级指标(分)	评价要求(分)	计分	
				各项得分(分)	分类得分小记
2	小组漫画作品展示的成效度(30)	小组成员的语言表达生动规范,讲态亲切自然,能激发同学投入观赏、品鉴漫画的兴趣,气氛活跃(10)	达到(9~10);较好达到(8);一般(6~7);较少达到或达不到(0~5)		
3	四格漫画作品的审美效果(30)	小组的漫画作品主题清晰、总体布局合理(10)			
		唐僧师徒人物形象、情节特点细节丰富到位(10)			
		画面文字、图案造型、色彩运用搭配合理,突出主题,具有艺术性(10)			
4	小组成员对《西游记》整本书阅读知识与能力的达成度(30)	通过整本书阅读,我已对《西游记》相关人物、情节熟悉,了解了他们的性格特点(10)	熟悉与了解(9~10);较熟悉和了解(8);熟悉和了解度一般(6~7);熟悉和了解度较少或不(0~5)		
		通过整本书阅读,我对《西游记》的主题有了有理有据的见解(10)	是(9~10);较多是(8);一般(6~7);较少是或不是(0~5)		
		通过整本书阅读,我掌握了整本书阅读时进行反思和总结的方法,有启发性的阅读策略和方法(10)	掌握(9~10);较好掌握(8);一般(6~7);较少掌握或不掌握(0~5)		
5	特色加分(20)	加分理由:	明显(18~20);较明显(15~17);一般(12~14);较少或无(0~11)		
评价说明	(1) 满分:120 分。 (2) 特色加分的处理:计入总分;但计入后的总分,不超过满分(120 分)。 (3) 各评价主题的权重:一致。 (4) 分数和等间的转化:108~120 分,为优;96~107 分,为良;72~95 分,为合格;71 分及以下,为需要努力					

学生任务五的完成,有效锻炼了学生按小说情节发展四阶段的顺序,小组合作进行"假如唐僧师徒遭遇新冠"四格漫画作品线上展示交流和其余小组成员根据评价标准之《西游记》整本书阅读知识与能力的达成度、四格漫画作品的审美效果、小组漫画作品展示的成效度、小组成员间的合作度和特色加分理由,客观、公正地进行学生自评与同学互评的能力;有机强化了《西游记》整本书阅读的相关知识,尤其是更为熟悉了西游记人物和小说情节发展的"四阶段";内化了"西游精神"和抗疫精神;增进了发表项目化学习任务群总体成果的兴趣和自信,增进了根据评价标准进行客观、公正评价的意识。

六、活动收获

(一)用开放性问题激活全员参与阅读活动并积极思考

对于《西游记》这样全体学生较为熟悉的文本,如果教师只是作单纯的情节提问,那么可能对于学生来说思考性不强。因此,为了把握其内核精神,在学生进行整本书初步阅读后组织头脑风暴,并提出"唐僧为何可以成为团队领袖"这样较有挑战性问题,引发学生寻找历史原因,知晓了玄奘法师的故事和不同版本在传经故事演化后的原因,更把握了《西游记》的核心知识。不同的学生都有了自己的理解,每个人都有公平表达的机会。这就有效地激发起大家思考的兴趣,不会神游在外;有机地引导学生去辩证地看待问题,加强学生对于人物的全面认识和评价,提升其思维水平;为增强学生对《西游记》进行整本书的深入阅读兴趣也奠定了基础。

此处,收录两个学生的课后反馈。

学生反馈1:在阅读的过程中,我常常钦佩孙悟空的神通广大,又有时为八戒捧腹。但发现他们在前半部分与后半部分性格有不同,悟空初识嫉恶如仇,不问三七二十一就是一棒打死,而后他学会了以智取胜,这是他的成长。我们在创作四格漫画的时候,大家都把在阅读中对人物的感受进行交流,才最后确认了我们的四格情节。特别是悟空的语言,他不会自称"我",骂人时候也很有特点,我们就抓住了这一特点,进行他的语言设计。八戒贪吃,所以最后设计了他得了"味觉""嗅觉"丧失的"长新冠"症状,也是大家故意为之。

学生反馈2:在创作四格漫画时,我们非常有兴趣。我们组负责最后的结局以及主旨提升,这也正是我们心中想表达的。新冠疫情折磨全球人民三年之久,如今我们国家放开后,大家也经历了痛苦的"搏斗",但病毒并未真正消失,它会有卷土重来的时候。那我们就要有和唐僧师徒一样的"西游精神"去面对它,增强免疫力,继续做好个人清洁,这样,相信属于我们的"八十一难",终能取得真经,获得成功。

作为耳熟能详的《西游记》,学生对于情节、人物的把握比其他名著可能更为熟悉,如何做好真阅读?通过联系现实世界,学生把自我与小说中的人物进行投射,会更易产生共鸣。在大家阅读、讨论、分享、创作与展示的过程里,不仅拓展了学科知识,更得到了精神的释压和审美的创作与展评。这样,学生不仅充满了阅读兴趣,而且加深了对《西游记》内核精神和我国抗疫精神的理解,在拉近了历史与现实间距离中,内化了这些精神。

(二)用情境化问题呈现个性化阅读感受

1. 师生在非正式的合作中明确了有效的驱动型问题

如前所述,这一项目化学习的驱动性问题,并非教师引导学生参与讨论所得,而是教师在组织线上教学的课间休息时间,学生面对当时正在扩散的疫情及其所带来的负面影响的随意一句提问式的想法。教师意识到这是一个确立跨学科探究性学习项目,是将历史与现实结合起来加以研究的好时机。于是,一个富有创意和趣味的结合《西游记》整本书阅读+项目化学习任务群的探索主题(驱动性问题),就这样诞生了。真可谓无心插柳柳成荫。

虽然,从表象看,这一驱动性问题的产生,是由教师确定;但实际上,还是来源时下的抗疫实际和学生正在进行的《西游记》整本书阅读。

可见,项目化学习驱动性问题的提出,根本还在于联系学习主体感兴趣的内容,以及正在实施的任务,在历史与现实中找到两者的联系点。这样真实的驱动性问题,学习者才更具参加与保持进行探索的兴趣。

2. 用项目化学习方式有效推动阅读

学生通过自主、独立合作阅读的方式,能在以"入项—实践—创作—反思—交流—评价"的完整项目化学习过程中得到阅读体验和创作的快乐,有个性的发挥,有阅读兴趣的提高,有思维的深度建构,有审美的表达,通过项目化学习的主题探索,有效地促进了阅读质量的提升和"四格漫画"创作创新度的凸显,提高了学生语文综合性学习的素养。

(三)用多元演绎的小组项目化学习阅读成果表达高层次的阅读感受

整本书阅读交流中,学生习惯以文字形式进行创作,这是教材对教学的要求。对于在"创作新故事"这一综合学习的要求上,为何不能以学生喜闻乐见的方式来进行呢?于是,在与学生的交流中,以及本学期《朝花夕拾》立体书制作的过程里,发现本班学生图画表达能力较强,并在阅读分享中发现他们阅读漫画式书籍较多。因此,结合以上情况,师生合作决定了大家以四格漫画形式,对《西游记》的故事情节发展四阶段和唐僧师徒性格、形象、对话等特点,结合他们会如何面对抗疫的合理设想,以及代入自己面对疫情时的心理,进行小组合作创作与展评,取得了明显的实效。

可见,借助多元演绎的小组项目化学习阅读成果,同样可以表现表达高层次的阅读感受。

(四)用多元化过程评价和结果评价增进学生监控意识和提高学生评价与迁移运用能力

在本项目化实施过程中,有持续不断的教师口头评价,课中学生线上参与互动交流,课后参与复习、作业与自学情况的交流反馈,借助评价量表进行项目化学习成果展评,都提高了学生客观、公正地进行自评与互评的能力,借助评价标准的运用,又引导了学生内化评价标准的要求,促进学生去主动参与整本书阅读,加强小组之间、全班之间的合作学习,注意监控自己和小组的学习进程和结果、联系现实进行多元化的表现表达,从而促进主题阅读水平的提高及不同形式阅读创作能力的发展,增进他们的阅读兴趣,达成多元学习目标。

参考文献

[1] 郑国民,李宇明.义务教育语文课程标准(2022年版)解读[M].北京:高等教育出版社,2022.

[2] 杨国杰.用整本书阅读引领经典阅读——以《西游记》的整本书阅读为例[J].中学语文,2020(15):14-15.

[3] 高洁."阅读进阶":整本书阅读教学的实施路径——以《西游记》整本书阅读为例[J].福建教育学院学报,2019(8):8-10+129.

[4] 王跃平.深度学习视域下的整本书阅读教学——以《西游记》为例[J].教育研究与评论(中学教育教学),2019(1):37-40.

[5] 夏雪梅.项目化学习的实施[M].北京:教育科学出版社,2020.

[6] 吕俐敏.谈如何设计有价值的课外阅读学习任务——以阅读《西游记》为例[J].语文建设,2022(4):14-19.

[7] 张炤坤.基于积极的主观体验原理实施"五式"提高初中历史新授课学习实效性"五维度"——以"禁锢与封闭"专题教学实践与分析为例[C]//包卫达,曹明.基于积极心理学原理的有效教育实证研究——课例选.上海:同济大学出版社,2021:84-94.

[8] 朱律维."独合结合"语文实施体验式提升学生写作详略素养探索——以《叙事要详略得当》区级课题研究课实践与分析为例[J].浦东教育研究,2019(8):53-57.

[9] 金艳,曾爱莉.项目化学习的校本实践:让学生在真实情境中深度学习[J].甘肃教育研究,2021(1):123-124+128.

[10] 陆智瑾.借助微课"四化"优势,培养学生化学学科核心素养——以"化学第一课"微课为例[C]//柴建荣,曹明.自主学习 主动发展——微课支持下的校本探索.上海:上海科学普及出版社,2021:272-281.

学生语文课本剧编演评素养，在"七环节·37小步"的实施中得以逐步提升

——以《最后一课》课本剧"编演评"拓展学习活动设计、实践与分析为例

上海市五三中学　许珠莉

一、背景

（一）提升初中语文核心素养

教育部《中国学生发展核心素养》总体框架中指出，所谓核心素养，"是学生应具备的，能够适应终身发展和社会发展需要培养的必备品格和关键能力"。学科核心素养，是指学生在特定学科的学习中所形成的关键能力及其拥有的独特价值。初中语文学科核心素养，是由语言的建构、文化的理解、思维的发展和审美的鉴赏组成。其中，语言的建构与运用，是指学生在丰富的语言实践中，通过主动积累、梳理和整合，促进语言运用能力形成、思维与审美品质发展、文化的传承与理解。可见，这些素养，都是以语言的建构与运用为基础的。

（二）贯彻落实初中语文课程标准"纲要"精神

2017年，教育部组织编写由人民教育出版社出版的《普通高中课程标准》（以下简称"课标"）明确提出："语文课程是一门学习祖国语言文字的运用的综合性、实践性课程。"还在《中小学综合实践活动课程指导纲要》（简称"纲要"）中的综合实践活动的教师指导部分，对活动的准备、实施和总结"三大阶段"分别提出了要求，特别提到了现场考察、设计制作、实验探究、社会服务、绘画、摄影、戏剧与表演等多样化的综合实践活动的形式，强调了学生在"三大阶段"（或过程）的综合实践活动的项目选择、设计、实施和成果总结与评价中的自主性。学习语文的实质就是为了实实在在表达思想、交流情感、传承文化的语言文字运用，即语言实践活动。其中，课本剧表演是学生所喜闻乐见的综合实践活动形式。开展这类活动，是基于语文学科的相关课文；但学生完成课本剧的自主选择、文本研读、确定表达的主题、编写剧本、进行演准备、实施、评价和成果总结，不仅需要精读语文课文，还要有敏锐的眼界、独特的思考、捕捉突发的灵感，需要音乐、美术、信息技术等学科素养的整合运用。

因此，教师选择语文课本剧"三大阶段"之"七环节·37小步"选、编、演和评为主的学

生活动,从中有机培养学生的语文课本剧表演的选、品、编、演、评、改、创(以下简称课本剧"编演评")的意识、能力和良好行为习惯,是落实语文课标和纲要精神的需要。

(三) 培养学生"乐学善学"语文综合实践素养

语文课本剧,首先是以语文课文为素材,在学生"独合结合"选好课文,学生对课文的写作意图、时代背景以及其他相关资料有所了解的基础上,对课文内容要有正确的感知,对课文主题要有深刻的理解,反复研读课文,品味、咀嚼富有个性化的语言,对人物语言、动作、神态以及内心活动进行细细揣摩、反复推敲,并有所感悟,确定表演主题以及情节展开的思路。

在老师指导下,首先,由学生自己编写剧本、设计场景、协定导演、开展排练、相互磨合、提升准备质量与创意。其次,学生相互配合,进行表演,并做好赏析和根据协定的评价标准进行小组间的互评、教师和其他观众的参评。再次,学生进行反思、总结和交流的综合实践活动形式。这种形式,既有学生的独立学习,又有小组合作学习、全班合作学习和师生合作学习,在多种学习结合的学生学习活动中,把书面语言转换成适合舞台演出的口头语言、形体语言,加入音乐、美术和信息技术等元素,可以很好地调动学生参与读、选、编、练、演、评、炼(即反思总结提炼)、享(即交流分享)、创(课后创编课本剧)、评(根据"评价标准"进行小组自评和互评)和释(阐释评价理由)的积极性;提升学生语文课本剧"编演评"素养、语文整体素养和综合实践素养;促进相应良好行为习惯的养成。

(四) 丰富学生学习活动类型,推进学校区级课题研究

根据上情,教师在参加学校区级课题"基于核心素养理念下初中生课堂学习活动设计与实施的实践"研究时,尝试在初中语文学科《最后一课》的教学实践中,组织语文课本剧选、品、编、演、评、改、创"三大阶段"之"七环节·37小步"的学习活动,从而有机提升学生这样学习活动之程序性的能力,以及相关具体方式方法性的能力;增进课本剧表演类学习活动的兴趣;促进相应良好的活动前、活动中、活动后"三程"之相应良好行为习惯的养成。

二、过程

整个历时2个多月的学习活动中,学生经历了先对一学期的语文课文的浏览,按照师生合作制订的要求,共同选定了其中一篇符合以上要求的课文,根据学生自己编写的剧本,进行课后自行排练;课上组织表演,演出后依据自定的评价标准表格,进行评价打分;在表演与评价交流后,各组自主改进自己准备和演出过程中的不足之处,参照之前的准备流程,编演题材相近的新剧本,进入新的"三大阶段"之"七环节·37小步"的活动。

整个环节分为"三大阶段"之"七环节·37小步",从中有机锻炼学生根据基本条件进行判断和选择课文的能力,品味课文构思、情节、语言、角色性格的能力,小组合作改编课文为剧本的能力,协定导演、配套服饰、布置灯光、配以音乐、进行排练的能力,小组合作演出中角色相互配合、沟通的能力,制订评价量标准(可在演出前完成)和根据评价标准进行小组间互评的能力;增进参与课本剧编演评活动的兴趣促进"三大阶段"之"七环节·37

小步"课本剧编演评活动中各自相应良好行为习惯的养成。

下面以《最后一课》课本剧的选、品、编、演、评、改、创之"三大阶段"之"七环节·37小步"活动为例,说明各步的操作与实效。

(一) 选

所谓"选",是指学生明确选择课文的基本条件,在教师引导下合作选定准备研读课文的语文教材中的相关课文,了解选文的条件。提升根据条件快速地浏览课文、尝试判断和选定课文的能力;激发选文的兴趣和做好后续精细品读课文、编演剧本的准备。

教师在综合实践活动的起始课上,借助多媒体和口头说明,使学生快速了解选择改编成课本剧的课文,必须具备以下四个条件:课文叙述具有"四性"特点,即叙事性、戏剧性、冲突性和情节的精彩性;文中人物的性格鲜明;选文长短要适中;蕴含的价值观是正向的。

教师引导学生合作选题的主要操作过程,分为以下四步:第一步,请学生们一同翻阅初一年级第一学期的语文课文,找出符合要求的记叙文、散文,并把课题写在黑板上。第二步,在这些课题中,要求学生朗读课文,并按小组再次阅读课文,筛选出符合"四个条件"的课文。第三步,请小组学生代表说出本组选择的理由。第四步,教师和学生们交流后,选择了法国作家都德的小说作品《最后一课》。

各组学生讨论与交流热烈,分别点到小说《最后一课》符合选择编演的4个方面条件,尤其普遍说到这篇小说渗透着强烈的爱国主义情感。而爱国主义正是我们这一代学生需要被激发的情感,通过学习这篇文章,可以促进大家理解当时沦陷区人民的感情,并从中受到教育和感染,更加热爱自己的祖国,激发对自己祖国的忠诚和崇敬。而且,文中的小弗朗士,与同学们的年龄相仿,故事也是发生在教室里,从人物和环境的角度来看,也能让大家很快进入情境当中。

这个过程,既强化了学生选择适合编演课本剧课文的四个基本要求,又有序、快速锻炼了小组合作浏览一个学期课文进行研究判断,并最终选定公认的一篇课文和阐述理由的能力;激发了学生后续参与课本剧编演的兴趣。

(二) 品

所谓"品",是指学生在教师多元引导下,小组合作品读课文的构思、情节、语言特色和角色性格。锻炼了学生合作能力,并对《最后一课》的内容有整体的认识和一定的知识储备,便于后续课文剧的改编与呈现。

1. 品构思

一是教师按照故事情节,把课文分为三个部分,要求学生在独立读懂课文的基础上,小组合作尝试对内容进行了概括,从而了解课文大意:第一部分(1~9段),小弗朗士在上学路上和到校后所见。第二部分(10~23段),描写最后一课的教学活动,突出韩麦尔先生的爱国主义精神和小弗朗士的思想变化。第三部分(24~29段),韩麦尔先生结束了最后一课。二是欣赏文本的行文思路和脉络,圈画关键语句,进行赏析,并记录笔记。

这两个小步,锻炼了学生小组合作"品构思"、圈画关键语句的能力,也为后续构思课本剧发展阶段和选用相关关键语句、对话打下基础。

2. 品情节

学生通过教师的引导,小组合作精读,将课文三个部分中的情节,又细化为三个部分。第一部分:小弗朗士上学路上见闻和到校后感觉到的异样。第二部分:教室里的严肃气氛,韩麦尔先生宣布这是最后一堂法语课,学生上语法课、习字课。第三部分:韩麦尔先生悲痛地写下"法兰西万岁",结束最后一课。

一方面锻炼了学生小组合作精读,细化三部分情节梳理概括的能力;另一方面使学生对课文的内容有了更具体的了解,便于后续编演时的场景设计与人物情感的把握。

3. 品语言特色

学生结合之前已有的品语言特色的知识,依据课文中句式运用的特点、修辞手法、人物的个性化语言和所反映出的性格等,独立进行赏析;挑选情节和人物的关键句,在小组内有感情地进行朗读;并标注朗读中的情感符号(重音、拖音、轻音等)。这样,既强化了学生独立品析课文语言特色的知识,又锻炼了小组合作朗读和合理标注朗读时情感符号的能力,为后续把握课本剧编演时课文的语言特色和人物语言情感奠定了品读基础。

4. 品角色性格

《最后一课》在刻画人物上运用了很多景物描写、细节描写,也把人物的动作和心理活动紧紧结合在一起。课中,教师一是要求学生自己结合之前所学的语文知识,在文中圈画人物的五种动作、心理描写和环境描写文句,分析人物心理;二是小组合作揣摩归纳人物心理与景物、细节描写的匹配性;三是学生小组分角色,有感情地朗读出所揣摩的人物心理描写与景物描写的匹配性。

从现场观察反馈,可以看到学生的调动了过去语文知识的积累,既锻炼了独立概括了文中人物的五种动作、心理描写和环境描写的文句和分析人物心理的能力;又锻炼了学生小组合作揣摩归纳人物心理与景物、细节描写间的匹配性,并在分角色朗读中读出这样的感情的技巧,而且学生揣摩归纳和分角色模仿时的互动流畅,兴趣盎然,讨论十分热烈;这也为后续编演时,学生如何确切地把握人物所处历史背景、动作与心理特征及与环境间的联系,奠定了扎实的"有独有合"地进行品读、概括、模仿、讨论和完善的基础。

(三)编

所谓"编",是指学生合作小组以课本的内容为蓝本,将其中整体构思清晰、故事性较强、情节较复杂的课文改编成剧本,通过艺术的加工,如人物性格塑造、气氛渲染、情节优化、动作美化并有机整合运用相关音乐、美术及信息技术等元素,完成课本剧的编写,从中有机锻炼学生小组合作的改编课文为课本剧的相应能力,调动学生改写课本剧的兴趣,为后续演出奠定基础。

首先,教师请学生小组合作,把都德的《最后一课》改编成剧本。剧本要有明确的主题,情节发展需分若干部分,剧中要有旁白,有环境、人物语言、动作等的描写。其次,我让学生们自由组合,全班40名学生分为5组,每组8人;组内成员自行进行职责分工:导演(负责组织排练)、演员(认领角色,编写对话)、编剧(编写环境描写,并把已编写的对话插入适当的情节)、道具员、后勤员等。组内同学按照自己的强项,明确了各自的分工,大家都有事可做,积极性很高。再次,各组成员,按分工熟悉自己承担的职责。一是选择具体角色。即由分组导演负责牵头，小组内的演员根据与拟承担相关角色间的性格、外形和声音条件等因素间的适切性，进行选定。二是音乐、美术元素设计方面。组内其余同学，根据自己美术、音乐等特长，选择担任群演、道具、服装、音效、背景等方面的工作。三是借助信息技术运用方面。由电脑技术运用流畅的组内同学，担任相关表演场景背景PPT的制作和配套音乐的选择和播放。

在这个过程中，学生们讨论热烈，有的为了一个角色争执不下，相互比拼表演才能；运用美术和劳技课上的知识，动手制作道具，培养了孩子的细心和审美能力；运用信息技术课上的知识，检索所需图片背景，截取恰当的音乐，在操作中学生们自己探索小程序、APP，培养了网络信息资源的选择、判断和运用能力；在小组合作中，增强了相互间的沟通能力，也培养了各自的责任感和团队合作意识；组内每一名同学都领到了适合自己的任务，激发了大家完成自己所承担分工任务的积极性，组员间也能够相互出谋划策，完善所承担的分工任务。

（四）演

所谓"演"，是指先由全班学生协定课本剧小组合作表演的评价标准，然后在小组内进行课本剧的排练，再在班级舞台上正式进行课本剧的表演的过程，锻炼学生合作协定和及时内化评价标准、小组合作进行课本剧表演排练与实施的能力，增进表演的兴趣和自信。

1. 班内协定评价标准

讨论下来，一是小组合作明确了评分标准中的评价内容，分为四部分：剧本主题和情节发展；角色把握和编演技巧；成员合作与环境支持匹配；活动组织有序和富有吸引力。二是对四部分内容商讨了各自的评价内容细节、要求和计分的分值（表1），以此为基，教师对评价标准的二级要素评价内容进行修正。三是教师增补了评级操作的说明，完善了评价标准。这样，一方面，锻炼了学生小组合作协定评价内容、要求和如何计分的能力，使其明白评价标准还需要有如何操作实施的评价说明；另一方面，在学习制订评价标准的过程中，引导了学生之后的合作排练的准备和表演的实施，内化了评价标准的要求，增进了基于标准进行评价的意识，为后续的评价提供了较为客观、公正的评价依据，激发了之后学生小组合作进行课本剧排演的兴趣。表演的结果由学生打分选出，充分将舞台上和舞台下还给学生，体现了课堂以学生为主的思想。

表1 《最后一课》课本剧小组合作表演类活动评价标准

评分项目（分）	具体内容	计 分				得分
		评价要求				
		(9~10)	(8)	(6~7)	(0~5)	
剧本主题和情节发展（30）	剧本表达的主旨符合课文愿意	符合	较符合	一般符合	不太符合或不符合	
	情节编排合理，跌宕起伏，有明显的矛盾冲突	合理与明显	较合理与明显	一般合理与明显	不太合理与明显或不合理与明显	

(续表)

评分项目(分)	具体内容	计分 评价要求				得分
		（9～10）	（8）	（6～7）	（0～5）	
角色把握和表演技巧（30）	角色把握到位；演员举止大方，表演自然	到位和大方自然	较到位和大方自然	一般到位和大方自然	不太到位和大方自然或不到位和不大方自然	
	语言：符合角色，充满感情，口齿清晰标准	符合	较符合	一般符合	不太符合或不符合	
	动作：符合角色，得体，流畅	符合	较符合	一般符合	不太符合或不符合	
成员合作和环境支持匹配（20）	演员之间的互动自然，配合默契	自然默契	较自然默契	一般自然默契	不太自然默契或不自然默契	
	服装、道具、音乐、美术、信息技术等互相支持匹配	匹配	较匹配	一般匹配	不太匹配或不匹配	
活动组织有序和富有吸引力（20）	准备工作充分，对剧本熟练；对其他配合性安排合理	有序和有吸引力	较有序和有吸引力	一般有序和有吸引力	不太有序和有吸引力或无序和无吸引力	
	演出时间严格控制在5～8分钟	演出时间符合限定范围	演出时间4分钟或9分钟	演出时间3分钟或10分钟	演出时间2分钟或11分钟	
	观众现场气氛投入	投入	较投入	一般投入	不太投入或不投入	
特色加分（10）	加分理由：			明显（9～10）；较明显（8）；一般（6～7）；较少或无（0～5）		
总计	_____分		等第			
评价说明	（1）满分：100分。 （2）特色加分的处理：计入总分；但计入后的总分，不超过满分。 （3）各评价主体的权重：一致。 （4）分数与等第间的转换：各评价主体的净得分总数相加后，除以评价主体的人数后所得分数，按以下标准分为四等，90～100 分，为优；75～89 分，为良；60～74 分，为合格；59 分及以下，为需要努力					

2. 小组内合作排练

学生们分头准备，利用课余时间，进行小组独立彩排活动。全体同学为了精彩的表现,都积极投入时间和精力,把自己承担的任务做好,台词背熟,参照已制订的剧本,反复练习;进一步研究表情、动作、语调、站位,注意与背景音乐、美术道具、信息技术等音效相结合。在这个过程中,全体同学进一步加深了对课本剧剧本的编排,语言表达、表演技巧、团队合作能力都得到了进一步的锻炼。

3. 参与全班表演

在教室中,一是各小组的学生,根据教师的要求,自主把桌椅围成一个圈,演员们在中间表演。二是表演前,8名学生合作小组成员分别在舞台上进行简单的布置,准备相应的道具,配上合适的音乐。三是开始表演时,演员们注意根据剧情、人物性格、环境,掌握好语调、速度、节奏以及停顿,顺利地推进表演的进程。

在表演的过程中,承担演员角色的学生,根据剧情、人物性格、环境,自主把握好语调、语度、节奏以及停顿的口头语言表达、肢体语言表达,借助道具与环境等进行适合表达能力和彰显表演主旨的能力,都得到了有效的锻炼,自信心也明显得到了增强。分组表演的过程中,无论角色大小,每一名学生都参与其中,激发起学生愿意和敢于承担责任和表现表达的兴趣;台上和台下的学生,沉浸于角色之中,也唤起了他们的爱国之情,民族之情;锻炼了学生的参与感和集体荣誉感。

(五)评

所谓"评",是指在分组演出中和演出后,各个合作小组对别组参与全班表演的情况,根据评价标准,进行打分和全班交流,从中有机锻炼学生的观察能力、研读评价标准的能力、根据评价标准进行客观判断的能力;促进认真观察,增进表演和评价的兴趣;促进客观公正地根据标准评价及时进行反思和自主加以改进良好行为习惯的养成。

评价的实施,一是台下各观赏小组合作,根据已制订的课本剧小组合作表演活动评价标准,对表演组学生的表现进行打分并展示分数。二是被评小组的学生,随机抽取非表演组的同学,说一说自己组表演的优点和可改进之处。三是教师在过程中注意倾听,对好的行为随机激励和注意引导,从中引导各小组学生对自己小组的表演进行自主反思,注意从中撷取他组之长,补自己小组之短。

在这个过程中,各小组学生能认真观看演出,记录表演的情况,对照课本剧表演评价,进行鉴赏、判断和评价,锻炼了根据评价标准小组合作进行客观公正评价的能力;促进及时进行自主反思,注意撷取他组之长,补自己小组之短良好反思行为习惯的养成。

(六)改

所谓"改",是指课后对参与全班交流的小组课本剧编演方面的不足加以确认和尝试修改剧本、改进舞台表演,并拍摄成视频保存,以锻炼学生相应能力;增进小组反思改进意识、表演兴趣与自信。

一是由组内学生记录参评小组和老师提出的修改意见,并在组内针对评价标准的内容,进行逐项自评,尤其是自查不足,商讨修改举措。二是各小组局部修改完善剧本;教师收集整理8个小组的课本剧新改稿,审阅确认后,使之成为最终定稿,并装订成册。三是各组学生利用课余时间,根据修改后的剧本,再次进行排练,演出成熟后,录制表演视频。

四是教师对各组录制的完善后的表演新视频,在班级群分享。

在这个过程中,锻炼了各组学生演出后复盘表演情况,根据标准进行自评,合理撷取其他小组互评意见,独立和合作反思、修改完善课本剧设计,据此完善排练、表演和设置新的表演视频的能力;增进了自主反思、改进意识;与剧本装订成册和视频录制分享,还激发了学生把事情做好,精益求精的处事态度,以及继续开展课本剧编演评的兴趣。

(七) 创

所谓"创",是由原组学生,根据教师的提示:参照都德《最后一课》的写法和编演课本剧的过程,合作创编中国抗日战争时期某地(不限)的《最后一课》课本剧,以锻炼学生迁移运用都德《最后一课》的写法和编演课本剧的过程,多途收集和梳理相关信息,尝试小组合作创编、讨论交流和逐步完善《中国某地的最后一课》课本剧的能力;增进爱家乡、爱祖国的情怀,激发小组合作尝试迁移创编的兴趣和自信。

"创"的实施过程,有以下6小步:一是协定地方。由于教师任教班级的学生,有一半是外地户籍的学生,另一半是上海户籍的学生,会很自然地选择各自的家乡。结果,有的小组选了《中国贵州的最后一课》《中国上海的最后一课》《中国安徽的最后一课》等。但学生原来的8个小组,不是按照户籍分组。因此,相关小组选定写某地的一课,是小组成员协商的结果。二是分途收集和梳理信息。即学生按照组内分工,通过上网、查阅书籍、采访老人等,收集中国某地遭受日军侵略时期的历史信息,尤其是文化侵略方面的信息。三是先复习,再创作。即学生小组合作,先是复习了都德《最后一课》课文,进一步熟悉了课文中的人物及其刻画人物的环境、语言、外貌、行为和心理描写方法,课文中故事情节的开端、发展、高潮与结局,所处的社会和自然环境,课文所表达的主旨等况,据此进行对应的创编设想;然后,学生小组合作,根据课本剧的环节步骤,结合所选地方和当时的历史背景,模仿都德《最后一课》课文的上述写法,运用于新的课本剧的创编。四是组织班内交流与评价。五是小组自主反思和改进。六是教师在班级群分享创编的新剧本。

围绕"创"之6小步的实施,使学生有效地锻炼了小组合作商定所选地方、分途收集和梳理所需历史信息的能力;进一步熟悉了都德《最后一课》课文的情节发展、人物与历史背景和班级环境描写的方法、所表达的主旨和课本剧迁移创编的基本步骤;有效地锻炼了小组合作,尝试迁移运用所学和合理想象进行新的课本剧创编、参与班级交流与评价、自主反思加以完善的能力;增进了小组合作创编课本剧的兴趣、自信和合作意识;拓展了历史、地理知识,增进了爱家乡、爱祖国的情怀。

三、效果

(一) 学生素养方面

1. 语文课本剧编演评素养方面

1) 知识与能力方面

本次语文本剧编演实践式学习活动,历时两个多月,学生们紧紧围绕课本剧"选、品、编、演、评、改、创"的七大步骤实施过程展开,从而熟悉了课本剧编演评各环节的步骤和实施的具体过程(37小步及其具体做法),学习了各环节相应的知识。

学生们认领的角色不同,分别锻炼了依据课文改编成剧本的能力;整体构思,谋篇布局的能力;在舞台上大胆用语言和肢体,借助道具、环境设置、气氛烘托,与之匹配地展示剧中角色特点、心理的表演能力;认真揣摩了人物性格特点,研究角色描写的能力;每一名学生在团队中,承担至少一项任务,并保证完成的能力;学生根据评价标准,进行班内、组内等多元的评价,并进行总结反思、改进提升课本剧编演评素养的能力;学生小组合作协定所选中国某地,然后收集所在某地历史、地理知识,先复习课文再迁移运用《最后一课》所学和已积累的课本剧编演评知识与技能,结合合理想象创编新的课本剧,参与班级交流与评价、自主反思和加以完善的能力。

2)兴趣与习惯方面

在课间、午休时,教师发现:有学生们三三两两聚在一起,拿着自己改编的剧本,有感情地在排练,兴趣盎然;在迁移创编课本剧阶段,教师也时常看到各组的学生在课余时间,交头接耳,时不时地在讨论交流创编的想法,或进行记录。教师对比前、后两次完善后所编的课本剧,可以看出:学生整体构思、谋篇布局领先,注意合理设置故事情节发展过程,从人物外貌、语言、行为、心理等入手描写人物性格和特征,注意交代所处社会和自然环境,从各段(幕)细节着手描写、表达主旨的习惯,已初步养成。

3)责任和情怀方面

在小组合作为主的课本剧编演评过程中,各组学生都能完成自己所承担的任务;在编演评的不同阶段,各小组成员能够通力合作,力求做得更好,为本组争光;在编演评都德《最后一课》课本剧过程中,增进了对小弗郎士的同理心;在创编《中国某地的最后一课》过程中,增进了爱家乡、爱祖国的情感,提升了自己好好学习的责任感。

2. 语文整体学习素养方面

本次语文课本剧编演评实践式学习活动,以课本剧为抓手,培养了学生精读课文,深度理解文本构思、故事情节发展、人物与社会和自然环境描写方法,以及结构紧凑、语言简练、从细节入手表达主旨等写作方法,有效地锻炼了学生的口语表达、文本记诵、有感情地朗读、编写课本剧的能力和协定评价标准、进行客观公正评价的能力。根据都德《最后一课》的写法,小组合作创作新的课本剧的活动,有效提升了学生基于都德的写作手法和已积累的课本剧编演评步骤与经验,进行迁移运用和合理想象加以再创作的素养。

在日常对学生的预习检查和课堂反馈过程中可知,他们对于语文的学习更积极了;课上的朗读更有感情,甚至有的学生会禁不住做起动作来。尤其那些平时不太爱背课文的男同学们,收获巨大:有的学生要背出大量的台词,都需要在课余时间进行记诵,在团队合作精神的感召和触动下,他们投入了时间和精力,圆满地完成了台词背诵和在台上合理演绎的任务,对语文学习的兴趣和自信心也得到了激发。

3. 综合实践素养方面

本次语文课本剧编演实践式学习活动,基于语文,融合了音乐、美术、心理、信息技术、地理、历史、劳技等学科的相关知识。一是学生进行剧本的舞台表演前,精心制作了各种道具、网上选择并购买了相应角色的服装,体验了戏剧这种艺术形式,并在适当的环节配入合适的音乐,艺术素养得以提升。二是在观众面前进行公开的表演展示,同学们的心理素质得到很大的增强和锻炼。三是整个演出流程借助了信息技术烘托环境背景,并进行情节的推动。四是在创编《中国某地的最后一课》时,学生通过检索网上,结合阅读相关专著、采访老人等途径,收集当地的地理和历史信息,筛选出课本剧所需要的内容,拓展了这方面的知识,锻炼了收集和梳理多途来源信息的能力。五是整个课本剧表演活动的实施,从编演都德的《最后一课》到创编《中国某地的最后一课》,大约用了两个月的时间。在这个过程中,不断有班级的任课教师说到,班级学生在学习其他学科的积极性方面大有提升,思维更活跃,回答问题的速度更快,反应更灵敏。六是根据家长反馈,孩子在家里面也更愿意朗读课文了,还会在镜子前面纠正自己的表演动作,甚至会请家人作为观众,演给家人看,使得亲子之间的关系更为和谐。

可见,课本剧的编演评活动,促进了学生其他学科综合素养的发展,也提高了学生参与学习活动的兴趣和表现表达的自信,这说明:课本剧带来的价值不是单一的,可有效地提升学生综合实践活动素养。

(二) 教师素养方面

1. 提升了教师指导学生编演评课本剧的素养

教师首次和学生一起,共同体验了语文课文改编为课本剧的活动,与学生共同参与创编,把课堂学习与课后排练、课上表演与评价活动相结合。教师在此过程中,拓展了剧本创作和戏剧表演的相关基本要素,体验修改并完善了学生小组合作编写和创编的剧本、帮助学生润色台词、完善舞台场景布置和音效道具的和谐配合等全过程。以改编《最后一课》课文为抓手,经历了课本剧编演评"七环节·37小步"的实施基本步骤指导学生的过程中,进行了对各组学生活动推进的有效的组织和协调,自身在这方面的素养也得到了提升。

这为今后教师继续开展语文课本剧编演评类的教学有效积累了实践性经验。

2. 提升了教师成果总结素养

本次语文课本剧的编演评综合实践探索活动,教师对如何进行学生课本剧编演评活动的设计与实施,尤其是在课本剧具体实施过程大环节和小步骤,以及如何指导学生研制规范、合理、具有针对性的评价标准方面,都进行了更清晰的思考、实践和总结。对自己承担的这一主题式案例的实践研究,在浦东教发院曹明老师的一步步专业指导下,教师对这类成果的规范化总结和有一定个性化地加以表述,尤其是分"程"、分"类"后,进行逐步实化、细化、规范化和清晰地加以表述的能力,有了明显的提升;成果总结的整体质量和字数,在经历了九稿后撰写和修改后,有了很大的提升。这也进一步提升了自己继续开展这方面探索活动和进行其他教研主题实践探索和总结的兴趣和自信。

(三) 学校方面

一是教师所任教的班级代表学校,参加了浦东新区青少年艺术节的比赛,分别获得了浦东新区青少年艺术节课本剧展演预赛和决赛的二等奖。二是促进了学校语文学科课本剧类学习活动的设计、实施与成果的总结。三是丰富了学校区级课题的成果,促进了主题式案例类成果的总结(图1)。

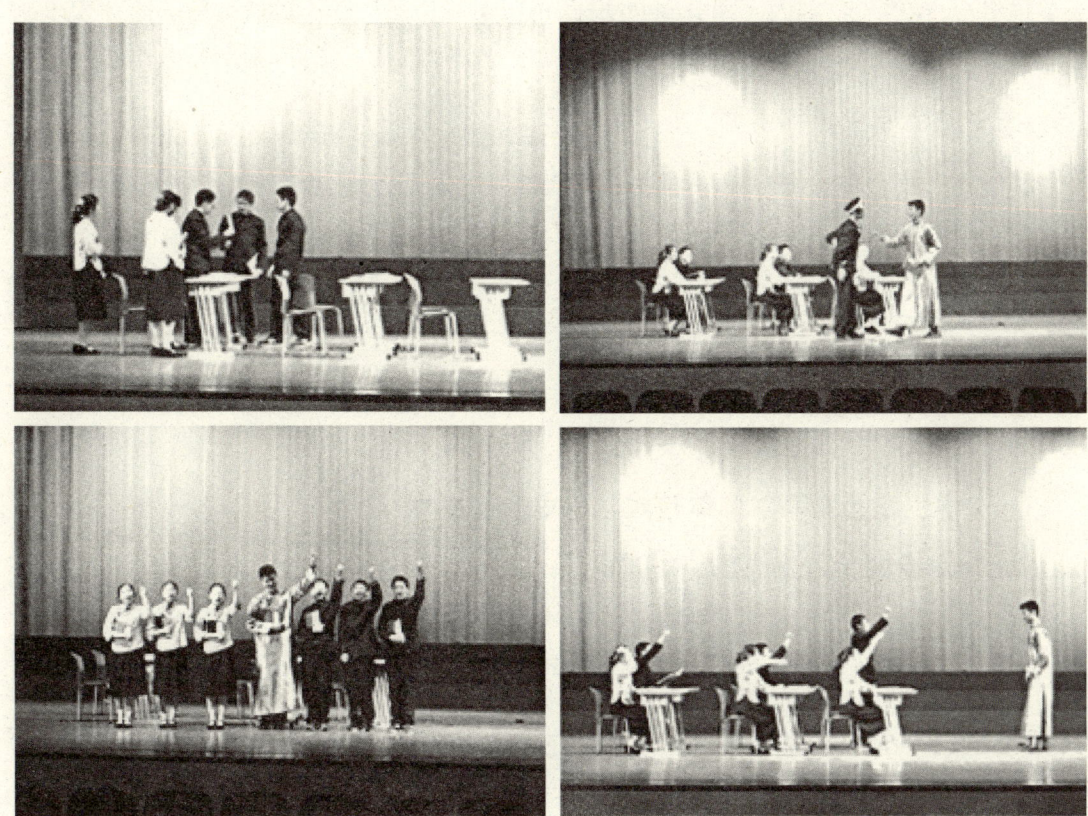

图1　学生在2020年浦东新区青少年艺术节比赛现场表演课本剧

四、反思

(一) 台词的处理可以进行优化

初一年级的学生，他们对课本剧编演评的经验，都是不足的。所以，在课本剧的编演练习等方面，花费了大量的时间和精力，课间时间也比较短，学生能完整排练的时间十分有限，直接导致了他们台词记忆不够熟练，在台上会出现忘词的情况，僵持在那里，比较尴尬。教师也缺乏经验，今后可以提醒学生适当压缩大段的台词，无关的台词可以删繁就简；语言表述上，要尽量进行口头化处理，并注意贴合人物的形象。

(二) 展示的平台可以更多元

学生是很积极地在准备的，表演虽然还有些瑕疵，但是修改后小组在舞台上的效果还是很不错的，他们需要得到更多平台来展现、鼓励实践成果。教师虽然把这些剧本收集起来，制订成册，在班内进行了交流、传阅。学生完善后的演出，也拍摄成了短视频，上传到了班网平台。但总体来说，学生作品传播的渠道和范围，还比较单一。若是学生作品能够传到学校官网、公众号,或者教师可以开设一个班级的抖音视频公众号,把演出的视频成果上传平台,在更大范围内实现分享和交流,可以更好地激发学生以后参与编演评课本剧的兴趣,并撷取更广范围的意见,促进反思,注意合理吸收他人意见,不断完善作品。

(三)亟待专业老师引领

教师个人能力有限,若以后能请来有舞台经验的老师,给学生在编写和表演上的更专业指导,估计效果会更好;同时,学生专业化的素养也可以得到更好的发展。

五、意义揭示

本实践能够取得较为明显的实效,彰显了基于语文课本剧整合多学科知识与技能引导学生"有独有合"开展语文综合学习活动的独特价值——"七性"。

(一)学生在语文课本剧体验式学习中的自主性

常规的语文课,课堂上是以教师讲授为主,学生被动接受,跟随教师引导的思路,思考并回答问题。学生参与学习活动的方式比较单一,导致学生学习课文、理解思想情感的学习积极性不高,相关语文素养难以得到有效的锻炼。

从本课主要让学生经历《最后一课》课本剧的选、品、编、演、评、改、创之"三大阶段"之"七环节·37小步"的实践体验过程可知,学生是整个活动的主体,他们在教师的多元引导下,"或独或合"地完成选、品、编、演、评、改、创之"37小步"的任务,在有梯度的活动中,逐步体验了课文人物、情节发展和细节描写的品位,剧本写作、道具与服饰、音乐与环境等的设置,台词背诵、课下参与演练,小组成员互相评价、修改细节,脚本再完善和参与现场表演、进行自评互评的实践中,获得关于课本剧排演的知识或技能;增进了参与活动的主动性和表现表达成功的自信。

可见,学生在"三程"学习活动中主体地位的落实,可以很好调动他们"有独有合"参与课本剧学用实践体验式学习的主动性,提高参与完成任务的速度、质量和一定的独特性,锻炼"三程""有独有合"地参与活动、完成相应任务的素养。

(二)课文写作方法运用于课本剧编演的迁移性和"三大阶段"之"七环节·37小步"实践体验的有序性

本课的"迁移性",主要有三个方面:一是以选取的课文为例,在具体可感的文本中分析人物外貌、行为、环境与心理描写,推进故事情节的启动、发展、高潮和结局完整叙述故事的方法,表达对异族统治的悲愤和对祖国的热爱,可以使学生在把握课本剧编演环节的具体要求时,注意迁移到自己的课本剧创编与训练和表演与评价中。二是课外,学生根据学习单、教师的口头说明和新学的课文与课本剧编演的素养,独立选择日本侵华时期中国某地,编演《中国某地的最后一课》。三是评价标准运用的迁移性,即课中协定的评价标准,迁移运用到了课外新的课本剧的创编和下次课始的评价中。这样的"三个方面迁移",既增进了学生"有独有合"研读课文,把握其精髓,进行基于原文改编为课本剧加以表演的体验性素养;又将课文的写法、表达的情感和首次编演课本剧的经验与体会,运用到中国的抗日战争时期,提升了学生迁移运用编演课本剧的整体素养。

在本课的"三程"学习环节中,学生经历了选(课前选择合适的文本)、品(学习人物与环境的描写、情节发展构思的方法和表达的主旨)、编(将课文的内容编写为剧本习作)、演(演出前的演练准备和在舞台上的正式演出)、评(根据制订的评价表点评打分)、改(修改反思演出和评价中的不足)、创(基于之前的环节迁移运用到日本侵略中国时期的某地创编新的《最后一课》剧本)之"七环节·37 小步"实践体验的有序性。这样的有序性,既锻炼了学生语文课本剧编演评素养和迁移运用的素养,又提升了语文学习整体素养,还锻炼了综合实践素养。

可见,学生多元实践体验类学习活动的有序性和迁移性,是顺利完成"三程"各项任务,有机提升学生参与活动的直接素养、学科整体素养和综合素养的重要保证。

(三)学生对课本剧编演评价的客观性

如前所述,此次课本剧活动中,学生与教师共同制订了评价量表,分为四部分:①剧本主题和情节发展;②角色把握和编演技巧;③成员合作与环境支持匹配;④活动组织有序和富有吸引力。学生在教师的指导和参与下,还明确了量表的评价要求、计分方法和评价说明。在现场表演环节后的学生小组自评、互评中,学生能够对照评价标准的要求,对自己小组和其他小组的所编演的课本剧进行客观、公正的评价;在阐释评价理由时,语言做到清楚、连贯、不偏离话题,注意适当地运用语气和语调,能针对性地提出自己的意见。这样,一是锻炼了学生小组合作协定评价标准的能力。二是引导了他们合作完善课本剧的编写、排练和表演,内化了评价标准的要求。三是锻炼了学生根据评价标准,课中对课本剧的表演进行客观、公正评价的能力。四是引导了学生课后小组合作创编《中国某地的最后一课》课本剧、下次课始参与全班交流和评价说明,即迁移运用评价标准的能力。五是内化了学生协定评价标准和根据评价标准进行客观、公正评价的意识。

可见,教师注意引导学生协定课本剧表演的评价标准,带来了锻炼学生协定评标、引导编演、进行客观公正评价、迁移运用评标和增进根据标准进行客观、公正评价意识的多元价值,可以继续开展这样进行语文学习的活动尝试,巩固学生的学、研、用评价标准的素养。

(四)迁移创编主题的共情性

在此次活动的课后学"程",教师设计了"创"这个环节,要求学生把之前学到的课本剧编写和评价的方法,迁移运用到课后小组合作创编一出新的剧本:《中国某地的最后一课》。这一创编活动,在表达的情感上,与都德的《最后一课》十分吻合;在年龄上,学生与《最后一课》中的小弗郎士比较接近;在经历上,学生刚刚学习过课本剧的小组合作"编演评"的过程。选择这个时机,开展这一课后活动,比较容易延续孩子们的创编热情;容易加深他们对都德借助韩麦尔先生和小弗郎士所表达的憎恨异族入侵者、爱家乡、爱祖国情怀的理解,从而将这种情感主旨植入创编剧本中;激发学生小组合作尝试迁移创编成功的自信。从教师对学生课后创编的剧本和下次课始的交流与评价阐释来看,也基本达到了这样的目标。

可见,基于学生新课所学,借助课文的情节发展、人物与环境描写的手法、作者所表达的情感主旨、文中主人公的年龄接近等"共情"因素,引导学生挖掘家乡的同类事件元素,参照评价标准,进行迁移创编与交流、评价和阐释活动,可以更好地激发学生小组合作挖掘家乡的同类历史事件的兴趣和潜能,在创编体验中感悟、记录生活,从而既锻炼写作与表达生活的能力,增进学生爱家乡、爱祖国的情怀和增强好好学习的初心使命感。

(五) 语文课本剧"编演评"实践的综合性和运用的可持续性

如前述的实践过程和学生各方面素养发展的实效表明:本次语文课本剧编演实践式学习活动,基于学生对语文课文的精心合作品读,融合了音乐、美术、心理、信息技术、地理、历史、劳技等学科的相关知识,在课本剧的编演评活动中,提升了学生课本剧编演评素养、语文整体素养和其他学科综合素养;提高了学生的评价素养、表现表达的自信、合作责任和家国情怀。

可见,语文课本剧"编演评"实践活动,既提升了学生对课文"有独有合"进行精读品味的素养,又锻炼了学生对原文进行加工,融合音乐、美术、心理、信息技术、地理、历史、劳技等学科的相关知识与技能,以及协定评价标准,进行课本剧"编演评"的素养,锻炼了学生小组合作迁移运用于创编同类剧本、进行交流与评价阐释的素养。这说明课本剧带来的价值不是单一的,可有效地提升学生对本体学科课文的研读素养、加以多元演绎的素养和综合实践活动素养。这对学生来说,有促进可持续发展的价值。在今后的语文故事性课文的学习中,课本剧活动"编演评"类学习活动,是值得师生继续加以探索实践、总结和推广的。

参考文献

[1] 中华人民共和国教育部.普通高中语文课程标准[M].北京:人民教育出版社,2017.
[2] 王映辉.表演让阅读更有趣——校园课本剧精选[M].北京:北京团结出版社,2016.
[3] 黄国雨.美术在线教学把握"十步"提升初中生表现表达素养——以"抗疫公益广告设计"教学为例[J].浦东教育研究,2020(4):42-44+45.

学生英语自主阅读和教师研究素养，在借助 KWL+OE 策略组织学生自主阅读和教师自我成果总结活动中得以逐步提升

——以两项借助 KWL+OE 策略组织学生自主阅读主题系列活动的课例研究之整合成果表述实践与分析为例

上海市五三中学　王偲虹

一、研究背景

尽管学生在日常学习中经常开展英语阅读训练，但是阅读目的往往是完成考试或练习；教学时的阅读素材，往往不贴近学生，阅读形式单一，导致学生阅读能力比较薄弱，部分学生没有掌握有效的阅读策略，只会从头到尾、逐字逐句地进行阅读，遇到生词就有畏难情绪，不仅阅读速度很慢，也丧失了对阅读的兴趣。因此，大部分学生除了完成老师布置的阅读练习之外，很少开展自主阅读，能主动读课外的英语文章或书籍的几乎没有。

为改变上述现状，教师将 KWL 阅读策略引入英语教学，开展英语自主拓展阅读课堂学生学习活动设计与实施的实践，进行了两次课例研究。课例一，为 2018 年 6 月 8 日教师执教的区级课题公开研究课"实施 KWL 策略开展英语自主拓展阅读课堂学习活动的实践研究——预备年级英语 Qu Yuan 课外自主阅读交流活动研究课教学设计"，文章选用的是一篇关于屈原的人物传记。课例二，为 2018 年 10 月 18 日教师执教的区级课题公开研究课"基于乐学善学的提高初中学生英语说明文自主阅读素养学习活动设计与实施的探索——以'牛津英语阅读系列'5B 'We must save animals' 学习活动设计与实施为例"，文章选用的是一篇关于如何保护动物的说明文。两次课例研究，旨在探索如何提升学生运用 KWL 策略进行自主阅读语篇的能力，即激活背景知识、建立阅读目的意识、概括文章主旨大意、分析文中关键句并查找特定信息、小组合作演绎所学和合作评价的能力。

二、活动实践

在两次实践活动中，学生利用 KWL+OE 策略在课前、课中、课后"三程"开展六种阅读活动，锻炼了课前梳理激活背景知识、建立阅读目标，课中概括文章主旨、查找特定信息

等自主阅读素养。同时,通过小组合作演绎和合作评价活动增强了阅读兴趣和自信。

(一)激活背景知识活动

在课例一的课前,学生在教师的指导和示范下,通过头脑风暴回忆有关屈原和端午节的信息,并填写在KWL表格的K栏(Know,已知信息)中。该活动帮助了学生在阅读之前梳理已有的关于屈原和端午节的背景知识,为接下来的阅读做好了一定的背景知识铺垫。

在课例二的课前,由于学生已经学会了使用KWL表格,他们自主通过头脑风暴,分别回忆有关动物和动物保护的信息,填写K栏。学生在课例一中的表现是完全不了解KWL表格,需要教师的指导;而在课例二中,他们能够借助KWL表格,自主开展课前阅读与填写活动,说明该活动在课前能够有效帮助学生在阅读之前激活和梳理已有的背景知识。

(二)建立阅读目标活动

在课例一的课前,学生激活背景知识之后,根据教师的指导和示范,在KWL表格的W栏(想知)中,以问题形式写下了自己想要了解的信息。大部分学生写了Where did Qu Yuan come from?(屈原来自哪里),What job does Qu Yuan do?(屈原是做什么工作的)等细节问题。

在课例二的课前,学生已经能够KWL表格自主开展讨论,并自主写下想要了解的问题。如,所提问题:Why must we save animals?(我们为什么必须拯救动物),What can we do to save animals?(我们如何拯救动物)等,已经更加贴近文章的主旨。

在两次课例中,该活动都帮助学生有效地建立起阅读目标。尤其是在课例二中,有了课例一的铺垫,学生能够完全自主地开展此活动;所提问题已从细节问题跃升到直面主旨的问题;填写KWL表格的速度,也有所提升。这都说明学生在KWL表格的帮助下,学会了如何建立有效的阅读目标。

(三)概括文章主旨大意活动

在课例一的课中,学生使用"skimming略读"的阅读策略快速地浏览文章,找到了文章主要角色,合理想象主要角色之间的关系。然后,学生使用略读的策略阅读文章后,给图片排序,并设计了三个表演场景。

在课例二的课中,学生利用表的W栏,记录了自己提出的问题;在教师的口头提示和平板电脑上marginnote软件相关信息的提示下,使用略读策略,快速浏览了文章的开头与结尾,段落的开头与结尾,找出了文章中的两句句子来概括文章大意;还划分了文章两个段落的结构。然后,学生以思维导图的形式记录、梳理与归纳阅读信息,借助思维导图概括文章主旨大意。这就有效地锻炼了学生借助W栏记录问题与相关信息和思维导图梳理归纳文章主旨大意的能力;增进了自主略读的兴趣与自信。

（四）查找特定信息活动

在两次课例的课中，学生都使用"scanning 寻读"的阅读策略，自主阅读文章中与自己提出的问题相关的细节，回答问题，填写在 KWL 表格的 L 栏中。除此之外，在课例二的课中，学生还使用寻读技巧，找到了相应句子，自主完成了将盗猎者杀害的不同动物、杀害的目的、与用其制作的产品进行配对的活动任务。

通过这些活动，学生在建立阅读目标后可以根据目标筛选信息，使用略读策略快速找到相应段落，重点分析相关信息，而不是逐字逐句地阅读文章，提升了学生自主阅读的速度和锻炼了更准确地获取特定信息的能力。

（五）小组合作演绎所学活动

在课例一的课中，学生在问题链的指导下，使用寻读的阅读策略回答问题从而获得三个场景中人物关系和故事脉络的信息；然后，独立分析人物性格，小组合作设计对话、排练、表演屈原的课本剧。

场景一中的问题：What can we do in Scene One? Who would introduce Qu Yuan in the play? What would the narrator say?

学生回答：To introduce Qu Yuan. The narrator. Qu yuan was a poet. He was born during the Warring States Period.

场景二中的问题：What was the advice Qu Yuan gave to the old king? Did the old king take his advice? What was the advice Qu Yuan gave to the old king? Did the new king take his advice? Did other officials agree with Qu Yuan?

学生回答：To choose some capable people to be their officials. Yes, he did. To work with the State of Qi to fight against the most powerful state of Qin. No, he didn't. No, they didn't.

场景三中的问题：Did Qu Yuan still work for the new king? Where did he go? How did Qu Yuan die? Why did Qu Yuan die? What did the villagers do after Qu Yuan jumped into the river?

学生回答：No, he didn't. He was forced to leave the country. Qu Yuan drowned himself in the Milou River. They threw rice balls into the river to feed the fish, so they would not eat his body. Someone poured realgar wine（雄黄酒）into the river to kill the monster and protect Qu Yuan's body.

学生将问题的答案填写到 KWL 表格中，注意分析人物性格，并将其改编成人物对话，最终形成剧本并加以演绎。这就锻炼了学生根据文本中的角色定位，借助 KWL 表格记录、分析人物信息，合理地进行对话想象和自主编写出符合屈原对话场景剧剧本的能力。同时，作为本课的输出环节，让学生意识到之前所有的阅读、分析与交流与角色对话场景剧演绎的关系，加深理解了通过阅读能够学习阅读策略，有效获取和分析信息，将处理过的信息用于实际学习生活的现实意义。

在课例二的课中，学生小组合作制作主题为"保护动物"的海报。首先，根据阅读文本、KWL表格记录的文字和观察图片时的灵感,设计海报的标题,添加相应图片和简短的文字。然后,通过改变字体、大小、颜色,调整文字与图片的位置来美化海报。在该活动中,学生通过布局、协商、增加细节、完善海报,进一步增强了动物保护意识。锻炼了多元化输出阅读信息能力,提高了自主阅读和制作海报的自信和审美品位。

(六)合作评价活动

在课例一的课后,教师设计了一张评价记录表,评价内容包括:口语表达、内容选择、角色表现、表演效果、综合评价和特色加分。首先,学生对其他小组的角色扮演进行打分,评价满分为100分(特色加分计入总分,但计入后的总分不超过满分)。其次,学生在评价表上写出"最值得我学习的地方",找出被评组学生表演的优点,在课后分享、交流。再次,学生统计选票评选出小组合作演绎中的"最佳剧本""最佳导演""最佳主角""最佳配角"和"最佳小组"。最后,教师对得奖的小组颁发奖状和进行口头表扬激励。

合作评价活动和教师正面、积极的激励,一方面,激发了学生互相学习的精神和动力,增强了学生学习的自主性和积极性;另一方面,激发起学生对参与这样的小组合作进行创作和表演情景剧的兴趣。此后,每当教师继续结合相关课内外材料组织学生进行自主阅读、尝试编、演情景剧时,学生总是能积极响应。

三、研究实效

(一)提升了英语自主阅读的能力

两次课例中,学生根据KWL表格中自己提出的问题,进行了回忆文章相关主题的信息活动,锻炼了自主激活背景知识的能力;通过提问关于主题想要知道的问题活动,锻炼了自主建立阅读目的的能力;通过划分文章结构活动,锻炼了快速整体把握文章结构的能力;通过使用寻读策略收集信息来回答KWL表格中自己提出问题的活动,锻炼了准确收集信息能力;通过输出环节中表演所创编的课本剧和制作保护动物海报及其评价活动,锻炼了小组合作整合信息、自主演绎所学知识和对课本剧和海报制作情况进行多维度自评、互评的能力;通过自主将KWL表格中自己所填写的问题与回答情况的梳理、归纳成思维导图活动,锻炼了相应的能力;通过利用构词法、上下文猜测词义策略学习单词(如"poacher"),锻炼了使用构词法、上下文猜测词义策略学习单词的能力。

(二)有效激发了课外开展英语自主阅读的兴趣

通过使用这些阅读技能,学生不再逐字逐句阅读,而是自主获取文章中有用或感兴趣的信息,体会作者的写作意图,感受阅读文章的乐趣,提升文化意识和思维品质,在一定程度上减弱了对英语阅读的畏难情绪。同时,随着阅读兴趣的提升,学生能够自主开展课外阅读,促进了良好自主阅读习惯的养成。在课外自主阅读实践中,又进一步锻炼了阅读技能,提升了自主阅读能力。

(三)提升了学生运用KWL+策略进行自主阅读的素养

在课内学习KWL策略之后,学生产生了主动运用KWL+策略来开展自主英语阅读的意识,能够按照KWL策略的三步程序(已知、想知、所学),自己进行阅读,学生变成阅读过程中的积极参与者,并注意内化KWL表格的自主阅读能力。如:利用回家作业中,学生自由选择一篇感兴趣的英语文章,使用KWL策略阅读,并将所学内容以读书小报的形式呈现。

(四)提升了教师的课例研究和其他专业素养

经历了两个主题研究课的设计、实施和课例成果的总结,教师自身的课例研究知识有了新的增长;能力得到了看得见、感受得到的提高。课例二研究完成的速度和质量得到提高;自身研究兴趣和自信得到激发;能够在日常教学中,注意运用相关教与学的策略、信息技术、改进教学方式方法,来促进学生开展独立或合作学习,提升学会学习的素养。

四、发展简析

经过两节课例的研究,针对利用KWL策略开展初英语学生自主阅读活动的设计和实施,仍有发展完善的余地。

(一)需要加强KWL策略与文章体裁阅读方法总结和学生课外自主应用的显性结合

课例一的学生学习文本,是关于屈原生平,文章体裁特征不明显。课例二的学生学习文本,是一篇关于"如何保护动物"的说明文,学生对阅读说明文还缺乏整体认知,这是因为课尾教师未组织学生对说明对象、内容和方法进行小结。若是在学生自主完成思维导图梳理所学后,教师能引导学生对说明文的阅读方法进行总结,会更有助学生课后借助阅读方法,更好地自主开展说明文的阅读。

(二)需要加强KWL策略与学生分层阅读活动设计的显性结合

两个课例中的两篇自主阅读材料的难度,都高于日常所学的课文。由于文章篇幅长、生词量大,班级中英语基础较差的学生,会在独立阅读过程中感到有些吃力。比如,教师通过课堂观察发现,在课例一中,部分学生在梳理屈原为什么会自尽时,无法找到特定信息,或找到相关信息却无法独立进行有效的梳理概括。在课例二中,部分学生在配对盗猎者捕杀的动物名称、捕杀目的和用其制作的产品时,因不了解单词含义,无法找到特定信息进行配对。

在设计这些环节时,若是教师有意识地注意增加梯度(如,分成A、B自主阅读材料,A材料为原版,B材料减少或替换部分生词),对基础差的学生增加学习范例或提示,会有助于提高他们的参与度,增加他们独立成功完成活动的可能性,增强化解阅读与输出学习难度的信心。

五、意义揭示

通过两次实践,发现借助 KWL+策略组织活动有效提高了初中学生英语自主阅读素养。

(一) 彰显了"三程"学习中发挥学生主体性作用的价值

在两次课例 KWL 策略运用的实践中,教师注重落实与发挥学生在"三程"学习中主体性地位,从而使学生在 KWL 策略的引导下,通过自己提出问题,独立建立阅读目标,借助略读和寻读策略,分别概括文章主旨大意,查找特定信息,参与小组合作借助情景剧,自主制作"保护动物"海报演绎所学并能够进行自评互评。上述过程是对学生自身的思维过程、思维结果进行再认识的检验过程,有效地激发了学生自主阅读的兴趣;锻炼了相应的能力;促进了良好的"有独有合""三程"良好阅读行为习惯的养成;增进了自主读好课外文字多、难度高英文的自信;增进了主动借助 KWL 策略进行课内、外自主阅读的价值意识和学用意识。

可见,在课前、课中与课后"三程"自主阅读中,注重学生学习活动主体性地位的落实,尤其是借助 KWL 策略对课外相关英语文本体裁进行"三程""有独有合"的自主阅读,可将学生对阅读的外部动机转化为内部动机,有效地增强学生对学习材料本身的兴趣和自信,提高自主阅读素养。

(二) 符合元认知理论

元认知即对自身认知的认知,阅读中的元认知活动是对阅读认知行为的调节和监控,它运用自我监控机制确保阅读理解任务的成功完成。在初中英语阅读教学中运用元认知策略,要求教师把初中英语学习与教学任务有效地结合起来,通过相关策略(主要为合理的计划、实施监控和有效的评估策略)完成阅读任务,并在完成任务的过程中,让学生主动探究,激发学生的学习兴趣以及学习动机,提高学生在英语课堂上的情感体验。在初中阅读教学中运用元认知策略,能够加强初中英语阅读教学的有效性,提高教学质量。因为该策略始终把阅读主体放在学生身上,具有自主性、应用性以及合作性等诸多优点。

如上所述,教师执教的首次实践课例所经历的六大环节学习"三程"学习活动过程、再次实践的改进过程,以及学生借助 KWL 策略进行"三程"自主阅读的过程,正契合了元认知理论的三条实施策略:首先,学生自主诊断学情和提出问题,独立建立阅读目标。其次,学生借助略读和寻读策略,概括文章主旨大意,查找特定信息,参与小组合作借助情景剧,自主制作"保护动物"海报演绎所学,探究问题并解决问题(穿插多次对阅读策略、问题探究的即时反馈)。再次,参与自评互评(对于借助情景剧表演与自主制作"保护动物"海报演绎阅读探究成果的结果性评价)。所以,能够取得明显的自主阅读实效,提升学生借助 KWL 策略,"三程"进行自主阅读的相应兴趣、能力、良好行为习惯、自信和继续尝试课内外进行应用的意识。

参考文献

［1］王蔷.英语教学法教程［M］.北京:高等教育出版社,2000.
［2］谢忠平.中学英语阅读课程与教学［M］.上海:华东师范大学出版社,2017.
［3］吉桂凤.思维导图与小学英语教学［M］.北京:教育科学出版社,2015.
［4］王蔷.非故事类英语读物教学的意义与有效途径［J］.英语学习.2018(2):44-48.
［5］黄赣生.初中英语教学中英语阅读素养的培养及其意义［J］.考试周刊,2018(84):103.
［6］顾洁.2013."KWL表格"在小学英语阅读教学中的妙用［J］.江苏教育研究,2013(11):58-60.
［7］OGLE D. K-W-L:A teaching model that develops active reading of expository text. Reading Teacher, 1986, 39(6):564-570.
［8］朱萍.初中英语阅读教学设计［M］.上海:上海教育出版社,2013.
［9］龚纯洁.2016.浅谈KWL理念对提升英语阅读能力的重要性［J］.英语教师,2016(7):65-68.
［10］刘黎.元认知与元认知策略对外语教学的启示［J］.陕西师范大学学报,2002(5):62-66.
［11］吕中舌,涂远程.中国学生英语阅读策略研究［J］.清华大学教育研究,1998(3):27-30.
［12］赵晓亮.基于积极情绪体验原理实施"五式"提高初中英语新授课教育实效性"四维度"——以牛津上海版6AM3U9"Picnics are fun"(第2课时)教学实践与分析为例［C］//包卫达,曹明.基于积极心理学原理的有效教育实证研究——课例选.上海:同济大学出版社,2021:55-62.